国家出版基金项目
NATIONAL PUBLICATION FOUNDATION

中国少数民族设计全集

The Design Collection of Chinese Ethnic Minorities

土家族

中国少数民族设计全集编纂委员会 编

山西人民出版社 人民美术出版社

图书在版编目（CIP）数据

中国少数民族设计全集．土家族／中国少数民族设计全集编纂委员会编；胡万明著．—太原：山西人民出版社，2019.9
ISBN 978-7-203-10899-3

Ⅰ.①中… Ⅱ.①中… ②胡… Ⅲ.①土家族–民族文化–研究–中国 Ⅳ.① K28

中国版本图书馆CIP数据核字（2019）第111587号

中国少数民族设计全集．土家族

编　　者：	中国少数民族设计全集编纂委员会
著　　者：	胡万明
责任编辑：	张书剑
复　　审：	刘小玲
终　　审：	阎卫斌
装帧设计：	谢　成

出　版　者：	山西人民出版社　人民美术出版社
地　　　址：	太原市建设南路21号
邮　　　编：	030012
发行营销：	0351–4922220　4955996　4956039　4922127（传真）
天猫官网：	https://sxrmcbs.tmall.com　电话：0351–4922159
E — mail：	sxskcb@163.com　发行部
	sxskcb@126.com　总编室
网　　　址：	www.sxskcb.com
经　销　者：	山西出版传媒集团·山西人民出版社
承　印　者：	山西出版传媒集团·山西新华印业有限公司
开　　　本：	889mm×1194mm　　1/16
印　　　张：	41
字　　　数：	500千字
印　　　数：	1—1 000册
版　　　次：	2019年9月　第1版
印　　　次：	2019年9月　第1次印刷
书　　　号：	ISBN 978-7-203-10899-3
定　　　价：	460.00元

如有印装质量问题请与本社联系调换

中国少数民族设计全集编纂委员会

总 主 编 （按年龄排序）
　　　　　　张夫也　王立端　戴晋明　廖　军　王　琥　李豫闽　过伟敏　顾　平
　　　　　　王　强　李　岗
执 行 主 编　王　琥
编 务 统 筹　张明山

中国少数民族设计全集编辑工作委员会

主　　　任　刘伟冬
编　　　委　（排名不分先后）
　　　　　　王　琥　王　峰　王　强　王立端　王浩滢　白　波　过伟敏　许　星
　　　　　　许边疆　李　岗　李　丽　李豫闽　成光虎　肖　飞　余　强　汪传跃
　　　　　　罗　力　杨明朗　陈　述　陈见东　邱　珂　胡万明　顾　平　郑　静
　　　　　　郭立忠　姬　莹　张夫也　张泽国　张明山　张秋平　张耀引　梁盛平
　　　　　　樊　进　谢　玮　熊　伟　熊　微　熊建新　蔡克中　葛　芳　鞠　斐
　　　　　　魏　洁　廖　军　戴晋明

中国少数民族设计全集出版工作委员会

主　　　任　胡彦威　周　伟
执 行 主 任　姚　军　欧京海
编 务 统 筹　阎卫斌　周小龙
编　　　辑　（排名不分先后）
　　　　　　王新斐　史美珍　冯　昭　冯灵芝　吉　昊　吕绘元　刘小玲　任秀芳
　　　　　　孙　琳　孙宇欣　李广洁　李建业　李　靖　员荣亮　张小芳　张志杰
　　　　　　张书剑　何赵云　陈俞江　吴春华　武　静　周小龙　柳承旭　郝文霞
　　　　　　赵　玉　赵晓丽　席　青　秦继华　高　雷　郭向南　阎卫斌　崔人杰
　　　　　　傅晓红　蔡咏卉　翟丽娟　樊　中　薛正存　魏　红　魏美荣
整 体 设 计　谢　成

中国少数民族设计全集·土家族

本册著者 胡万明

求同存异 和合共荣

刘伟冬

中华民族，是一个由56个民族组成的大家庭。在漫长的文明发展史中，汉族和各少数民族都为中华文明的繁荣发展贡献了自己的聪明才智。纵观中华文明史，其实就是一部各族群之间"求同存异，和合共荣"的文化演进史。

从根子上讲，4000年前的"中国"，仅指北方中原地区，居住在这里的相传是上古时期黄帝部落和炎帝部落的后裔，故而自称"炎黄子孙"。其时的"中国"，不过是黄河中下游（西起陇山，东至泰山）区域。在千年发展与民族融合之后，尤其是晋末"衣冠南渡"，南迁的中原汉族与南方百越民族彻底融合，来自北方的鲜卑等民族融入汉族，使汉族前所未有地壮大发展，逐渐形成后来疆域辽阔、人口众多、物产繁盛、文化昌明的中华民族的主体族群。特别值得强调的是，自从作为一个民族整体之后，中华民族就从未中断过自己的民族发展史——这在世界历史上是硕果仅存、独一无二的。

中华民族具备兼容并蓄、虚心好学的民族天性。仅以设计学范畴的事例讲：在数千年文明发展历史中，中华民族在不断向外输出优秀的文明成果（如烧造之陶瓷砖瓦、营造之榫卯斗拱、织造之丝绸刺绣、锻造之"失蜡"分模等），影响全人类的日

常生活与生产方式的同时，也不断地吸纳域外各民族的优秀文明成果，如汉魏之印度佛教和西域音乐、隋唐之西亚服饰和家具、宋元之东洋印染和漆艺、明清之西洋机器与建筑……在中华民族内部，这样的文化交流更是从未停止过，而且是风生水起、枝繁叶茂，愈发流畅、深入，中华民族各族群之间"求同存异，和合共荣"的文化大演进，共同创造了中华民族极为灿烂辉煌的造物文明历史。仍以设计学范畴为例：原本是匈奴人发明的单足绳圈，被晋代的汉族人设计成铁质双镫；最早是鲜卑人原创的毡毯卷边，被晋代的汉族人改造成"高桥马鞍"，这宗中国式马具设计案例，被誉为"13世纪中国传入欧洲的最重要文化成果"（李约瑟语）。再如，西域（今新疆地区）是全世界最早的皮靴生产地，哈尼族为主的红河地区出现了全世界最早的梯田。再如，全世界最早的"干栏式建筑"和全世界最早的稻米人工育种、栽培，均起源于长江中下游的百越地区；全世界最早的竹藤编结器物起源于闽越地区……由中华民族共同创造、发明，后来又影响了全人类文明进程的优秀造物设计案例很多，不胜枚举。几千年中华民族的文明史，就是各种文化多元融合、共同发展的最好例证。不了解中华民族内部各族群的文明交流史，就无法真正理解中国文化史，也不能理解为什么中华民族总是能在逆境中成长强大。甚至可以说，能否完整地理解中华民族的文化史，是检验每一个当代中国知识分子（特别是文史哲专业的学者）文化立场的"试金石"。

随着改革开放的逐渐深入，各民族地区的经济与社会状态已发生了天翻地覆的变化。令人遗憾和担心的是，由于各地区政策执行力度不平衡，保护措施不得力，少数民族的文化特性正在逐步衰退，有些地区的少数民族文化特征甚至已经消失殆尽，仅仅

存在于徒具形式，充满口号、标语的民族文化村旅游景点中。有学者预言，再不加快整理抢救工作，中国的少数民族可能在物质形态和文化内涵的特征上，若干年后将不复存在。

从少数民族地区反映古代中国社会某些面貌的文化遗存看，这些少数民族之所以一直与汉族地区差距巨大，存在多方面的原因，其中历代汉族统治者对少数民族的歧视政策是主要原因。此外这些地区本身就处于偏僻荒地，不是沙漠就是山区，自然条件远不及汉族聚集地区，社会发展水平滞后。20世纪50年代，有相当比例的少数民族在当时仍处于原始农耕社会或奴隶制社会，不要说通电、通水、通汽车，不少人一辈子连铁器长什么样都没见过。部分少数民族聚集地的各种自然条件也较差，缺肥少水，基本生活来源，一靠老天爷恩赐的"望天收"农作物；二靠家庭手工作坊制作些竹藤编结物和土织、土陶等土特产来换取粮食；三靠养猪、兔、羊和鸡、鸭、鹅等家禽来换取日用品，如灯油、农具、衣物和油盐酱醋等；四靠为土司、头人和大户们出卖劳力（社会底层奴隶身份），年老即被抛弃。中华人民共和国成立后，党和政府在这些地区实行社会主义改造，打倒以土司、巫师和头人为首的剥削阶级，将土地和生产资料一律收归集体所有，解放了全体少数民族民众，使他们历史上第一次有了自由劳作和生活的权利。

中华人民共和国成立之初，党和政府就高度关注民族事务问题，为如何保护、关心各少数民族制定了一系列方针、政策，也为当代中国社会处理民族问题、保护民族文化树立了光辉典范。中央人民政府政务院于20世纪50年代初发布了《关于民族事务的几项决定》，为新中国民族政策奠定了最初的思想基础，其主要内容是：一、各大行政区军政委员会（人民政府）须指导各有关

求同存异　和合共荣

省、市、行署人民政府认真推行民族区域自治及民族民主联合政府的政策和制度，并随时向政务院报告推行经验，请示者须事前向政务院请示。二、各大行政区军政委员会（人民政府）须指导各有关省、市、行署人民政府认真并有计划地实行政务院在1950年颁发的《培养少数民族干部试行方案》，并将该项工作进行情况定期加以检查，每半年向政务院报告一次。中央民族学院及西北、西南、中南各军政委员会和新疆省人民政府的民族学院，必须依计划实行，并向政务院报告。三、政务院于1951年下半年适当时间将同时召开有关少数民族的卫生、教育及贸易三个专业会议，责成政务院文教委员会、中财委指导中央卫生部、教育部、贸易部开始筹备，并责成中央民族事务委员会协助进行。有关部门如农业部、文化部也须派人参加。四、责成中央人民政府各委、部、会、院、署、行注意建立有关民族事务的业务。五、在政务院文教委员会内设民族语言文字研究指导委员会，指导和组织少数民族语言文字的研究工作，帮助尚无文字的民族创立文字，帮助文字不完备的民族逐渐充实其文字。六、扩大中央民族事务委员会委员名额，责成中央民族事务委员会提出补充名单的建议，并于1951年下半年召开中央民族事务委员会扩大会议，检查与总结关于推行民族区域自治及民族民主联合政府的经验。

20世纪50年代，中央人民政府和政务院，曾多次组织"中央慰问团""土改工作队"和"普查工作队"等，花费大量人力和物力，深入各少数民族地区，进行了大量较为翔实的社会历史调查。50年代这轮由政府统筹、由中央民委组织行政领导和人类学、社会学专家学者以及民族同志组成工作队与考察队的少数民族大考察活动，1953年正式启动，1956年结束（个别地区延期至1958年才结束）。直接成果之一，就是为1956年国务院公布的55

个少数民族的正式定名和划分，提供了可靠的依据。

从当时考察的资料看，各少数民族的社会发展水平参差不齐，不少民族呈现类似汉族曾经历过的各种历史发展状况，为我们今天考察、了解并研究过去的历史以及各学术分支问题，提供了绝好的活体范本。比如以"设计发生学"研究为例，以山寨（村落）为主的初级社会组织形态，原始手工业在农耕环境中的地位，原始造物的手工技艺与设备、工具等，都是我们极感兴趣的研究对象。

在西北、西南和东北各少数民族聚集地区，有些古时流传下来的本民族手工造物技术，迄今仍保存良好。其吸收了汉族和其他兄弟民族的技术长处之后演变出来的各时段手工造物技术，则印证了各民族互相融合、取长补短的史实。更有些原始手工艺，特别具有艺术和历史研究价值。以维吾尔族人为例，本世纪初，笔者在新疆喀什城艾格孜艾日克老街看到几样手工艺绝活：其一是整条街的维吾尔族乐器店，除了热瓦普、曼陀林和冬不拉等少数维吾尔族知名乐器外，全是些笔者叫不上名来却似曾相识的弹拨乐器和拉弦乐器，于是从心里认可了"西域古乐成就了中国传统民乐"这句话所言不谬。其二是亲眼所见一个拖着鼻涕的不到10岁的维吾尔族小男孩，拿着电砂轮在铜壶上信手飞快地刻着精美细腻的图案，一不要底稿，二没有图纸，真是佩服得五体投地，也相信了"汉族人长于热铸，西域人长于冷锻"这个说法。其三是在喀什近郊著名的大巴扎"金器一条街"上看见近百家金店生意红火，家家门前毡毯上都围坐着一群金店伙计和顾客，正在热烈讨论、共同设计着花样繁多的未来金饰嫁妆，感受到了"中国传统样式的金银首饰工艺，最富有创意的设计和最先进的工艺制作，原来在维吾尔族人手里"这句大实话。还有，笔者

在云南景洪县城集市上，曾亲眼见过景颇族老乡用古老的"焖烧法"烧出的红彤彤的土陶——跟笔者一知半解的仰韶彩陶的烧制工艺几乎一模一样。还有，笔者在大西北甘陕宁各省亲眼所见的回族、保安族、裕固族和东乡族老乡巧手做出的那些花样繁多、样式复杂的面塑造型，真是个个精妙绝伦。这方面的事例实在太多了。

50年代的少数民族地区社会大普查，以及半个多世纪以来社会各界对其丰富而珍贵的考察、研究，意义深远，价值极为重大。这些地区客观上保存的较为完整的、与数千年前中国原始社会最初形态近似的许多社会特征，为我们研究社会的最初形态形成和当时的经济、文化、政治的基本状况以及"设计发生学"的相关课题，提供了珍贵的类型学"活化石"范本，价值非凡。改革开放以来，这些少数民族地区也获得了前所未有的巨大发展，人民生活日新月异；但与此同时，少数民族地区的民族性在不可避免地愈发衰减、退化，甚至消失。如果我们再不采取保护措施，若干年后，各少数民族的许多宝贵民族文化遗产将无法挽救地彻底消亡，这部分同属于全人类精神财富和中华民族集体智慧的宝藏，我们将再也看不到了。

在"设计发生学"问题上，我们一向秉持文化多元论的观点，认为人类文明是全世界人民共同创造的，各国家、地区、民族均做出过大小不一、形态各异的贡献；同理，中华民族的灿烂文明是中国的各族人民共同创造的，每个民族都对中华传统文化做出过贡献，也都应当得到尊敬和肯定。中国的各少数民族在中华文明漫长的演化过程中，都曾经以自己独特而充满智慧的文明成果，补充、完善甚至改良着中华文明。比如，古代西域的龟兹古国各民族创造或引自西亚的弹拨乐器和拉弦乐器以及音律、曲式，彻底改造了中国古代音乐，新创作出代表中国古乐精髓的江南丝竹；南疆的维吾尔族和北疆的哈萨克、塔塔尔、塔吉克等族首创了制革术，并引进古波斯革皮书籍装帧术和制靴术、制毡术、毛衣编结术；海南岛的黎族率先种植棉花并纺织棉布，传入内地后棉织业逐渐形成中国古代手工行业的"天下第一营生"……保护少数民族的民族文化特性，就是保护我们的历史遗产，就是传承我们的文明。我们应进一步发扬文化兼容的优良传统，把振兴中华的百年民族复兴梦，逐步落实为将大中华建设成为中国各民族共同拥有的美好家园。

由上千名来自全国各高等艺术院校的教授、研究生组成的55支团队参与编撰的《中国少数民族设计全集》（55卷），正是有识之士基于对各少数民族的民族文化特性正在快速衰减、消亡的严重现实问题的深切忧虑而进行的抢救、发掘、整理中国少数民族文化遗产的重要文化工程。经过两年精心筹划，六年努力写作，在国家出版基金管理部门的支持下，在山西人民出版社和人民美术出版社的策划和组织下，目前《中国少数民族设计全集》的书稿编撰工作已基本完成，即将付梓。在长达八年的漫长过程中，全国兄弟院校各团队涌现出的各种可歌可泣的事迹经常感动着笔者，并不时鞭策着全体作者克服千难万险，一路向前。有的分卷作者身患绝症仍不眠不休地忘我工作，有的分卷作者遭遇各种意外仍坚持工作。特别是，很多民族同志公而忘私、不计较个人得失，有人不惜将自己赚钱的企业关张歇业，全身心地投入各自所负责分卷的繁重编撰工作中；有人义无反顾地将自己珍藏多年的本民族实物、资料和研究成果无偿提供给相关分卷作者。大家万众一心，克服各种复杂得难以想象的困难，以确保这部凝聚了众人八年心血的巨著，能按计划如期完成。借此机会，笔者谨

求同存异　和合共荣

代表本丛书编委会全体成员,向领导、编辑和作者们表示衷心的感谢!

作为一项文化创举,笔者深信《中国少数民族设计全集》必将在未来岁月的长期检验中,愈发显现其非凡的、独特的文化价值。

2017年夏季于南京

前言

一、土家族传统造物历史概述

(一) 土家族人口构成与族群构成

土家族是我国的少数民族之一,土家族人自称为"毕兹卡",意即"本地人"。1956年10月,国家民族事务委员会通过民族识别。1957年1月3日,正式确认土家族的民族身份,确定土家族为单一民族。和众多的少数民族一样,土家族也是在历史的长河中一路走来,融合了多个民族之后方成为现在的土家族,土家族自夏代初年开始至今,经历了兴盛—衰落—复兴的历史进程。

1. 土家族的族源、社会特征及文化品质

土家族的形成过程是民族融合的过程,而在漫长的历史进程中,这种民族的融合过程极其复杂,很多的资料与信息都已丢失。在土家族族源问题的研究中,各种观点与争论非常活跃,最终形成了几种主要的说法。其一,巴人后裔说,该学说于1955年由潘光旦在其《湘西北的"土家"与古代的巴人》一文中提出。至20世纪80年代,经彭武一丰富完善后,提出"巴人主体说",该学说得到了彭英明、李绍明和陈国安的一致认同。其二,乌蛮说,由王承尧和罗维庆提出,这种观点认为历史上的"乌蛮"是组成土家族的主源。其三,土著先民说,由谭其骧在《近代湖南人中之蛮族血统》中提出,之后的彭勃和叶德书等学者也持这一观点。其四,濮人说,由徐中舒在《巴蜀文化续论》中提出,之后,何介均、邢敏建和颜勇等学者均支持这一观点。其五,氐羌说,该学说由彭官章于1981年通过其文章《从语言学角度谈土家族源问题》中提出,刘尧汉、彭武文等学者都持相同观点。其六,江西迁来说,向泽新在《湘西土家族来源于江西》

一文中提出此观点，另有彭继清和彭秀枢分别在其论著中对此观点进行了论证。其七，蛮蜒说，刘美裕在《试溯湘西土家族的族源——兼探土家族先民"蛮蜒"与楚、巴、淮等的关系》一文中提出。其八，东夷说，何光岳在《虎方·白虎夷的族源和迁徙——论土家族主要的一支先民》中提出。其九，多元说，伍湛在《四川土家族的形成及其发展轨迹述论》中提出，赵大富和曹毅都支持这一观点。

西南大学的杨亭综合了相关文献资料和学者们的研究成果，认为古代巴人、原古濮人和乌蛮人、原始土著先民历经朝代的更迭和社会的变迁，而不断地辗转迁徙，唐代后最终在武陵地区和清江、乌江、酉水流域定居，形成现在的土家族。杨亭在其著作《土家族审美文化研究》中对其进行了整理，总结出土家族形成的示意图，笔者以为，此图对于研究土家族的族源问题具有很高的参考价值（图一）。

从古代巴人、乌蛮人、原古濮人、原始土著先民到现在的土家族共同体的最终形成，其间的演变过程曲折而复杂。同时，因所处的自然环境不同、各族群之间的差异、多种外来因素的影响等，都直接或间接地导致了各族群或其内部不同支系的发展状态的不平衡。体现在地处深山的群体相对封闭，较少受到外界先进文化的熏陶及影响，生活模式固守传统，长年不变。而处于相对开放的自然环境中的群体，则不断借鉴与融合外来文化的诸多要素，发扬本族群的文化传统。土家族的形成，也是在与周边其他民族（主要是汉族和苗族）之间的征战与调和、交流与融合的历史进程中完成的。并且土家族也在不同的文化思想和审美意识的相遇和冲突中逐步走向了统一。

统一后的土家族有自己的语言，土家语属汉藏语系藏缅语族，语支未定。有人认为归入缅彝语支，是藏缅语族内一种十分古老独特的语言。大多数土家族人由于长期与汉族杂居，很早就开始使用汉语、汉字，只有少数偏远聚居地还完整地保留着土家语。土家族

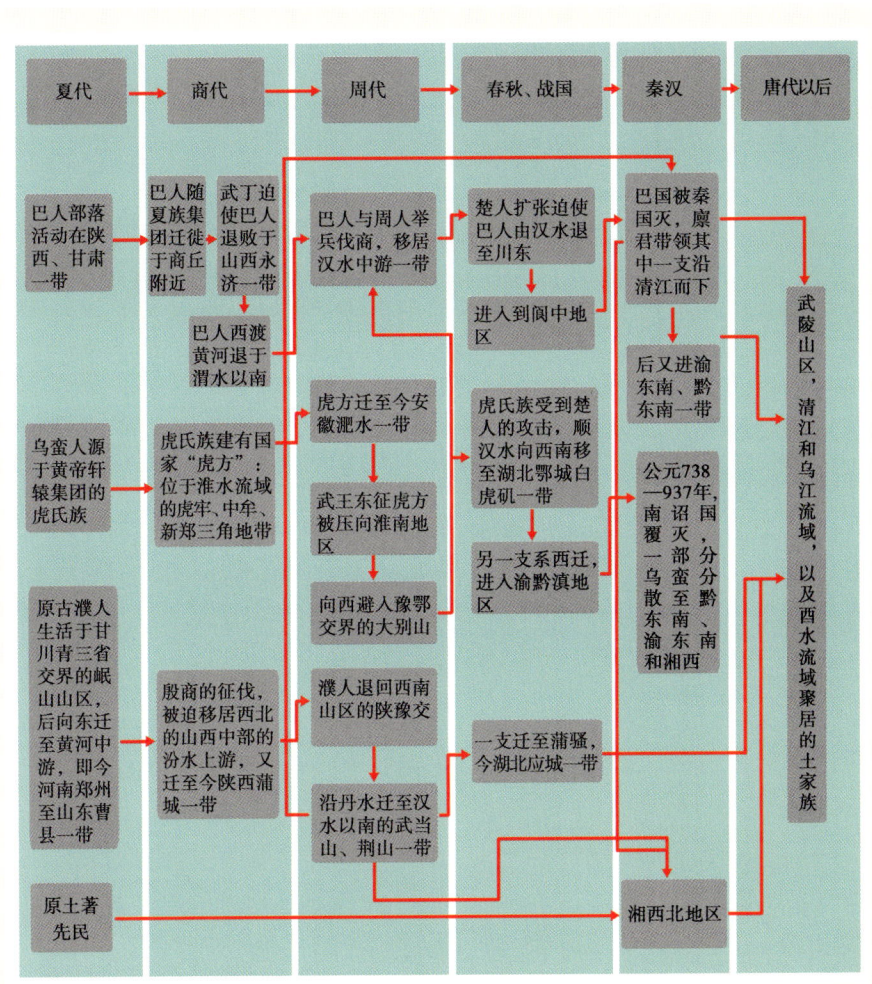

图一　土家族族源形成示意图

无文字，通用汉字，也使用拉丁文字。关于土家语的系属问题，罗常培、傅懋勣合著的《国内少数民族语言文字的概况》一文中讲："……土家语言中有些特点跟彝语近似，也应暂时列入彝语支"，此外尚无定论。

2. 土家族的主要聚集地以及人口分布

土家族主要居住在云贵高原东部的大娄山、武陵山及大巴山地区的十万余平方公里的区域内，分布于湘、鄂、黔、渝毗连的武陵山区。自1957年成立了湖南省湘西土家族苗族自治州以后，1983年又成立了湖北省恩施土家族苗族自治州，其后又相继成立了酉阳、秀山、石柱、长阳、五峰、印江、沿河等民族自治县。目前土家族主要分布在湖南省湘西土家族苗族自治州及所辖的龙山县、永顺县、保靖县、花垣县、古丈县、吉首市、凤凰县、泸溪县，张家界市的桑植县、慈利县、永定区、武陵源区，常德市的石门县、桃源县，怀化市的沅陵县、溆浦县、芷江侗族自治县、麻阳苗族自治县；湖北省恩施土家族苗族自治州所辖的恩施市与利川市、建始县、巴东县、宣恩县、咸丰县、鹤峰县、来凤县，宜昌市的长阳、五峰两个土家族自治县，杂居区有兴山县、秭归县、宜都市等县市；重庆市的石柱土家族自治县，秀山、酉阳土家族苗族自治县，彭水苗族土家族自治县，杂居区有巫山县、巫溪县、云阳县、奉节县、万州区、涪陵区等；贵州省的沿河土家族自治县、印江土家族苗族自治县，杂居区有德江县、江口县、石阡县、思南县、松桃苗族自治县。

2010年第六次人口普查统计，土家族人口数为835.39万人，占全国少数民族人口的7.34%，仅次于壮、回、满、维吾尔、苗、彝族，在全国各民族中排第八位。

其中湖南土家族人口263.25万人，占全省少数民族人口的40.18%，占全国土家族人口的31.51%；湖北土家族人口210万人，占全省少数民族人口的85.07%，占全国土家族人口的25.15%；重庆土家族人口139.87万人，占全市少数民族人口的72.21%，占全国土家族人口的16.75%；贵州土家族人口143.7万人，占全省少数民族人口的11.58%，占全国土家族人口的17.2%。散居地区前十位的分别是浙江

22.7万人、广东21.25万人、福建8.98万人、四川5.92万人、江苏4.13万人、上海3.36万人、北京2.36万人、新疆1.79万人、广西0.92万人、河北0.81万人。

3.土家族家庭基本构成

土家族的家庭结构，可分为改土归流前、后及中华人民共和国成立后三个阶段。

土家族地区自秦汉时期起就由强宗大姓统治，自唐宋时期起从土官制发展为土司制。"土司官九级，自从三品至从七品，皆无岁禄。其子弟、族属、妻女、若婿及甥之袭替，胥从其俗。"在改土归流以前，土家族地区的家庭内部等级森严。

土家族多是一村一寨聚族而居，每个自然村多为同姓同宗，外姓人较少。土家族有分家的习俗，清末至民国时期，土家族地区四五代同堂的大家庭有之，三代同堂的中型家庭亦有之，但以夫妻儿女两代同堂的小家庭占多数。历来土家族家庭成员一般为五至六人，父亲为家长。儿子成家后，多与父母分居，分居时父亲给儿子一份土地、房屋等财产，儿子分居一般不离老屋，儿子、媳妇住老屋的右室，父母住左室。若有两个儿子，小儿子婚后，住父母原住的左室，父母则住偏房。儿子多的，父母就得设法在主房两侧加房子，形成"凸"字形三合院。女儿出嫁时，家庭富裕的，还有"陪嫁田""私房田"。

土家族自古尊老爱幼，父母老了由儿子赡养，父母死了，家产由儿子继承。无子的家庭可抱养一个儿子，改名换姓后可继承财产。无后的兄长，可由弟弟的儿子继承其财产。若姐姐无后，妹妹的儿子可过继到姐姐家，继承姐姐的财产。

土家族地区在清代改土归流前有"坐床"和"填房"的习俗，家庭以一夫一妻为基本组成单位，但"官有七妻，民有三妻"的现

象普遍。土司们多妻妾成群，在一夫多妻的家庭中，大夫人协助男人管家，不事劳作，诸妾其实是家内奴隶，地位低下，土家俗语言"找长工不如找小娘"。

在百姓的家庭中，受土司的影响，男人在家中享有绝对的权力。有的地方，女人下田耕作，男人则在家交朋会友。如嘉庆刻本《恩施县志》载："乡间辟处，男坐家中，接宾客饮酒食，而刀耕火种，皆妇女。" 再如乾隆《辰州府志·风俗》卷十四引《沅陵县志·郎志》载："谚曰，男子习猎，学刑名，女子刈禾负薪，朝作夜爨。"

中华人民共和国成立以后，土家族家庭实行一夫一妻制，一夫多妻的现象消失。劳动耕作时，成年男女分工协作。老人则喂猪、养鸡鸭、带小孩和看管田水等。在农忙季节，则只要力所能及，男女老少全动手。

4. 家族本位的宗族观

"中国以农立国，国基于乡，民多聚族而居，不轻离其家而远其族，故道德以家族为本位。" 家族是人伦的原则与归属，家族本位思想对土家族文化的影响根深蒂固。土家族多聚族而居，一村一寨同姓聚居，"家—房—族"的模式是土家族宗族组织的基本架构。

（1）家

家庭是土家族宗族的基本单位，明清至近代，其家庭模式有祖孙三世同堂、父母和子女两代共居、一夫多妻等类型，各类家庭均以父权为中心。改土归流后，受汉文化的影响，土家族重男轻女思想严重，妇女在家庭中处于从属地位而多受歧视。女子的婚事也由家长主宰，婚后不得离婚，因娘家将其视为伤风败俗的莫大耻辱。中年丧夫的寡妇更无自由，或是坐床转房，或在改嫁时由婆家索取高额的"赎身钱"。这种以父权为中心的若干同姓个体家庭构成了宗族的第二层结构——"房"（或叫"宗支"）。

（2）房（宗支）

"房"是"家"与"族"之间的中间环节，"房"内有统一而明确的班辈排列。土家族房内的班辈排列以男性为核心，多以五言诗句（20或40字组成的绝句）中的字序来区分长幼辈分，谓之"字派"。派语多强调忠、孝、仁、义等封建伦常，受儒文化影响颇深。同一辈分取名时，中间或末尾的字相同，不同辈分取名时，绝不能混淆字派，辈分关系一目了然。在族谱中按字派编排血缘世系关系，形成纵横交错的坐标，使得宗属关系固定化、规范化、永久化，维系和稳定了宗支内部的血亲关系，强化了族人尊祖合族的观念。

宗支内部实行劳动互助和经济互助，在婚丧大事上，宗支内部无论谁家，同宗支的族人都鼎力相助，出钱出力。宗支内族人之间互相具有一定的财产继承权，其原则是"有亲归亲，无亲归房，无房归族，无族归外"。

宗支内部具有利害相关的整体感，有共同的首领和共同的祭祖活动。宗支内的共同首领是房长，由房内辈分最高、年龄最长者担任，他与个体家庭中的家长和家族中的族长一起构成了家族的权力机构。

（3）族

"族"即家族、宗族，建立在"房"之上，由共同血缘关系结成的高级血亲组织。由五代之内或若干代的同姓血缘宗支组成，有浓厚的宗族性，并通过众多形式维系其宗族性，具体为：家族内有共同占有的财产——族田；家族内有维系血缘关系的纽带——族谱；家族内有共同祭拜祖先的场所——宗祠；家族内有共同制定和遵守的根本大法——族规；家族内有世袭继承或选举产生的宗族首领——族长。

"家"是社会宗族制度中最基层的组织，"房"(宗支)是宗族制度的中间组织，"族"是宗族制度的高级组织，它们层层扩展，层层隶属，构成了土家族社会三位一体的宗族制度的固定模式。

（二）土家族村寨分布与自然条件

土家族属于历史上的五溪蛮之一，其居住区域地处深山，因而土家族村寨都是依山顺势，成寨而居，虽偶有田坝，但为了节约有限的土地资源和充分利用耕地，少有村寨建在坝子中间。从安全角度考虑，土家族村寨多选择建在坡度较缓的山坡或山脚，除交通要道和集市之外，土家族村寨也不会临河而建。土家族成寨而居，形成一个整体，可以抵御各种灾害的侵袭，也有利于各种资源的共享，并且有利于人与人之间的交流。

村寨多靠山面坝。背靠之山为耕地之所在，便于生产。山寨的选址，饮用水源为第一要素，要有充足的井水和泉水。村寨的大小，因饮用水资源的多寡决定，泉水丰富，村寨居民会越聚越多。水资源少或者枯竭，山民就会寻找新的饮用水源而迁往别处。这也是千百年来人类活动的一般规律，直到自来水出现以后方有改变。

土家族村寨在选址时，除了考虑取水方便之外，也会考虑房屋的朝向，以坐北向南为最佳朝向。此种朝向的村寨民居可不向北面开门，避开北风，又可保证有充足的日照，利于晒粮。如果在大山的下半腰左右有小山环抱，又可避免过山风的袭击，则属建寨的上乘选址。

村寨四周多植树种竹，树首选为柏，柏树有常青常绿之美，又有百年安定的寓意。种竹主要是为满足生产工具所需，土家族的很多生产工具都以竹为原料。另外，各家各户在房前屋后还会栽种果树，随着季节的变换，桃红梨白，花香馥郁，果实诱人。

土家族村寨建筑，依山顺势，高低错落，青瓦屋面，木柱吊脚，黑柱头、红板壁、白窗门，走马转角，简洁而不单调。

（三）土家族传统器具的分类

千百年来，土家族人民充分利用自己的聪明才智和当地丰富的自然资源，根据生产生活的需要，创制了类型繁多、经济实用的器具，成为土家族物质文化的重要组成部分。

1. 生产工具

生产工具包括：农事工具、畜牧工具、渔猎工具、采集工具、运载工具、手工业工具等。

生产工具种类繁多，多就地取材，充分利用原材料的自然形态，稍事加工即可成器，大多较为粗糙，注重其实用性，很少关注其造型和美观。

2. 生活用具

生活用具包括：炊食用具、坐卧用具、洗刷用具、礼俗用具等。多充分利用当地资源，以木制、竹制为主，且同一名称的用具其形制不同而用途各异。与生产工具相比，生活用具制作更为精细，多有精美雕刻。

3. 文艺用品

土家族民间文艺丰富多彩，民族文艺使用的器具包括：书画用品、工艺用具、乐器、演出器具等。少有外面引进的器具，多根据活动需要再结合当地资源制作而成，特点鲜明。如有的器具直接取之于自然，如木叶；有的器具本身就是生产和生活用具，如跳茅古斯用的道具就是生产中的器具。多数文艺器具都做工精致，外形美观。

4. 宗教祭祀用具

土家族是一个巫术盛行、宗教信仰繁多的民族，宗教和巫术占据人民生活中的重要位置，以梯玛和道士为代表。土家族人在祭祖敬神等活动中制作了一系列祭祀用器具，包括：梯玛用具、道士用具等。除梯玛、道士等宗教职业者使用成套固定的法器外，其他祭

祀和巫术用具都很简单，多为生活中的用具。梯玛、道士和其他巫术虽门派及活动的范围不同，但所用器具大致相同。

5. 战争武器

土家族是一个勇敢善战的民族，在历史上以战功著称于世，在战争中，土家族先民们创制并使用了属于自己的武器，包括：早期武器、竹木石武器、金属武器等。土家族在历史上所使用的武器多就地取材，金属武器一部分从外地购入，一部分自己制造。

6. 体育器材

土家族用的体育器材丰富多样，简便易得，多是取自然之物为之，如石头、木棒、陀螺、扁担等。适宜儿童的体育活动特别多，适宜妇女的极少，多以娱乐为主，竞技性不强。

（四）土家族传统手工艺产业现状

随着现代工业技术、市场经济的发展，加之人们的审美观念、生活方式的变化，土家族很多传统手工艺面临生存的危机，如何使传统手工艺适应社会的变革，扩展其生存和发展空间是亟待解决的问题。

1. 传统工艺所面临的困境

传统手工艺历史悠久，源远流长，它凝聚着劳动人民的智慧，也反映了历史文化的变迁。但当代土家族地区传统手工艺正日益萎缩，其市场也日渐缩小，许多传统工艺陷入尴尬的困境。虽了解传统手工艺品的价值，但传统手工艺品无人问津；虽积极鼓励传统工艺品的生产，但民族工艺企业普遍倒闭。比如，土家族织锦西兰卡普的生存现状就值得关注，传统的师传徒、母传女、婆传媳的家庭式传承方式已不能适应社会发展，其工艺和方法的保存与延续已经面临危机，土家族织锦面临断代失传的困境。其他传统工艺品企业，因产品研发与市场需求脱节等一系列原因也自身难保，甚至面临人亡艺绝的境地。究其原因，大致如下：

其一，因土家族只有本民族语言而没有文字，很多技艺与资料只能通过口传心授，并无文字资料可查。

其二，传统手工艺品多数品种单一，花样有限，同一地区，其工艺品市场商品类同，千篇一律。

其三，个人作坊、家庭经营、小型企业等普遍缺乏开发、设计能力和财力、人力的支撑，缺乏现代设计理念和方法，更缺乏先进的设备和技术。

其四，土家族区域多发展缓慢，手工艺品数年不变，难以满足消费者复杂多变和求新求异的需要。

土家族传统工艺虽拥有鲜明的民族特色和浓郁的地方风格，其制作过程也充满着爱心的倾注，对人们精神的寄托和心理的作用，是工业产品所无法比拟的，而且整个社会也普遍呼吁挽救土家族传统手工艺。但是，任何一种技艺，如果无法继续为技艺拥有者提供物质或精神财富时，难免会走向消亡。土家族的传统手工艺也面临这一困境。

2. 旅游业发展，传统工艺崭露新机

土家族生态文化旅游的发展，给予传统手工艺新的发展契机，在对传统手工艺进行保护与传承的同时，使之成为独具民族和地方特色的旅游纪念品。例如五峰县的土家编织拖鞋、西兰卡普、土家特色布包就是很好的旅游纪念品且销售状况较好。其中土家编织拖鞋，因其民族性、民间性、实用性、观赏性、保健性而广受好评。湖北省电视台还以此为主题专门制作了《容美往事》专题片。土家编织拖鞋是传统工艺与现代理念相结合的产物，它源于土家布草鞋，本是殷实人家的奢侈品，随着时代的发展，其实用性逐渐蜕化。改良的土家编织拖鞋能适应现代人的家居环境，材料上发生了变化，但制作工艺和独特风格不变，是土家布草鞋的一种再生。与

汉族的千层底绣花鞋相比，土家编织拖鞋具有鞋底更加柔韧舒适、鞋帮绣花装饰效果更强、制作周期短、成本低的优点。土家编织拖鞋孕育着丰富的文化内涵，体现着土家族粗犷豪放的民族性格。

西兰卡普和编织拖鞋主要是由土家族农村妇女手工制作而成，她们有丰富的乡土知识和传统手工艺技能，但没能有效地发挥和发展，导致其在市场经济中的发展空间受到限制。土家族地区山大人稀、交通不便，常规工业的发展有很大的局限性。但传统手工艺可分散作业，产品集中验收、集中销售，生产过程相对简单，对于土家族传统手工艺与市场的结合是一种有益的尝试。

3. 传统手工艺须迎接市场挑战

传统手工艺的发展，其难点在于须在传统的技艺基础上推陈出新，结合现代设计理念及技术，既要保留其民族特色，又能融入现代人的生活，满足不同群体的多种需求，实现产品的市场化。

传统工艺的旅游纪念品，因其多为家庭和个人作坊生产，地摊式经营，缺乏必要的行业机制及信用管理，导致市场混乱、鱼目混珠、漫天要价，游客多只看不买，虽赞不绝口，但担心上当受骗。所以，传统工艺品的开发，必须要制定行业规则，树立品牌意识，在政府舆论宣传和政策的扶持下，严格实行企业市场化运作。

传统工艺品须与现代科技相结合，以提升其价值，拓展其花色、品种、款式，增加其外观的美感，以贴合现代人的审美标准，为不同的群体提供多元选择。民族工艺品进入市场，要具有一定的艺术性，整体设计须新颖别致、美观独特。民族手工艺的传承与发展须更新观念、破除陋俗，改变传统的师承方式，方能使传统手工艺源远流长。

曾经，土家族的传统手工艺受困于大山阻隔与信息传播的艰难，宛若深谷幽兰，静静地绽放而无人采撷。今天，受益于高速公路的开通、信息工程技术和大众传媒的普及，土家传统手工艺品向世人展现了自己的美丽，借生态文化旅游的东风，或将迎来新的春天。

二、土家族生活方式与传统造物设计

（一）土家族传统服饰设计

1. 土家族服饰的历史演变

土家族服饰有文献记载的历史可追溯至宋代，宋之前的史料文献未见专门涉及土家族服饰的描述。土家族服饰的发展演变历程大体分为三个阶段：

（1）雏形阶段——远古时期

远古时期的土家族先民多居住在深山野林之中，生存环境恶劣，生活水平低下，其服饰以天然材料手工编织而成。这种服饰至今还可在"茅古斯"表演中窥其原貌，"茅古斯"服装用茅草、稻草或棕叶制作而成，从"茅古斯"中可见，原始的土家族先民们生活方式极为落后，尚未学会通经纵纬的技术，只能将原始材料编结起来蔽体御寒。这是人类社会进步的必然起步阶段，与很多民族一样，土家族也经历了茹毛饮血的原始阶段，所不同的是，这一阶段的历史被他们用"茅古斯"的艺术形式保留了下来。

早在新石器时代，土家族地区就已有了原始纺织工具，出现了纺织活动，湖北城背溪遗址中发掘出的陶制纺轮即是很好的证明。只是大山阻隔了土家族先民与外界的交流，使得这一阶段比之外界更加漫长。

（2）形成阶段——古代时期

秦汉至五代十国时期，是土家族服饰的形成阶段。秦汉时期，土家族先民已掌握绩织之术，学会了缝制简陋服饰的技能，开始步入土家族服饰形成阶段。

据《华阳国志·巴志》记载，武王时期，土家族先民的纺织技术日益提高，纺织品已被纳为"贡品"。许慎《说文》中称："幏，

南郡蛮布也。""賨，南蛮赋也。""幏"即"賨布"。制作"賨布"的目的虽是为了向朝廷纳赋，但仍有部分剩余成为土家族先民服饰的原料。随着历史的发展，"賨布"经历了从"兰干细布""斑布""溪峒布"至今天的土家织锦的历史演变，为土家族服饰发展提供了良好的物质条件。

《溪蛮丛笑》记载土家族先民的服饰："绩五色线为方，文彩斑斓可见。俗用为被或衣裙，或作巾，故又称峒布。"《后汉书·南蛮传》又载："织绩木皮，染以草实，好五色衣服。"《太平御览》中载："五色斑布，以丝布，古贝木所作。……欲为斑布，则染之五色，织以为布。"可见这一时期土家族先民已用色彩斑斓的布来装饰自身，是土家族真正服饰的开始。

（3）发展阶段——土司时期

五代至明清改土归流前的土司时期，是"羁縻制度"的沿袭与发展。清乾隆《永顺县志》记载："所设宣慰、知州、长官，不问贤愚，总属世职。"土司时期，土家族社会等级森严，土司占有大量土地，强制征兵、征税，甚至还有"杀人不请旨"的特权，百姓饱受压迫。

土司时期，土家族文化受中原文化影响较大，这种文化的影响，一方面使原本贫穷的土家族先民在忍受土司压迫的同时，还要承受来自遥远的封建王朝的盘剥，生活更加窘迫不堪。另一方面，正是这种压迫从客观上促进了土家族先民在生产实践中，不断完善和改进生产技术，提高生产力，尤其是纺纱织布技术的发展，促使了当时土家族纺织风气的盛行。

这一时期土家族服饰逐渐丰富，民族特色突出。清乾隆《永顺县志·风土志》载："土司时男女服饰不分，皆为一式。头裹刺花巾帕，衣裙尽绣花边。"《华阳国志·巴志》载："男女短衣跣足，

以布裹头，服斑斓之衣……喜垂耳圈，两耳累累然，又有项圈、手圈。"《来凤县志》载："男女垂髻，短衣跣足，以布勒额，喜斑斓服色。"由此可见，土司时期土家族男女服饰无明显区别。此时期，土家族与汉族虽来往频繁，纺织技术水平有所提升，但土家族服饰基本没受汉文化的影响，同时，其"男女一式"的服装形式仍处于相对原始、落后的阶段。

（4）演变阶段——改土归流时期

清雍正年间，政府实行"改土归流"制度。撇开对于其他方面的影响不说，单从服装方面来讲，"改土归流"促进了土家族服饰的革新，是土家族服饰史上最重要的转折点。

清同治《保靖县志》载："今蒙皇恩改土归流，凡一切有关民俗事，宜相应兴举，从前陋习，合行严禁……即将衣履改换。"乾隆《永顺府志》也载："服饰宜分男女也。查土司地处万山中，界连诸苗，男女服饰皆一式，头裹花布巾，前裙尽刺花边，与红苗无异。分别服制，革除唱和，应加严禁。"流官以"服饰宜分男女"为由，彻底改变了土家族服饰"男女一式"的形式，男女着装的区别越来越大，逐渐形成了土家族完整的服饰体系。

2. 土家族服饰分类

（1）男子服饰

改土归流之后，土家族男子服饰融合了中原服饰的元素。男子由刺花衣裙而改穿满装，改八幅罗裙为裤装，不再编发椎髻，头部包人字形巾帕。青年男子的上衣多为对襟短衣，门襟开口于胸前正中处，以7~9对蜈蚣扣相连接，最多达11对。领、袖和门襟两边镶2~3道彩色绣花，腰缠绣花板带。老年男子上衣多为满襟衣，满襟衣的门襟开口从颈侧向右腋下，直至右侧下摆，满襟衣衣袖宽大，多为立式小领或无领，领口、袖口、门襟处镶青边或不镶边，与汉

族地区老人的装束区别不大。男子下装一律穿7寸白布裤腰的"扎扎裤",裤脚短至膝盖,裤脚与下腰较宽,缀以2~3道宽度不等的绣花,无前后之分。在日常生活中,腰间多系"三幅围裙",常佩以铁刃与荷包,一为生产需要,一为情人赠送。

(2)女子服饰

土家族女子服饰的品种、色彩都较男子服饰丰富,所蕴含的服饰文化也纷繁多样,土家族、汉族服饰文化元素的交叉、组合更为细微、精致。土家族已婚女子头裹绣花布帕,与男子头包人字形布帕不同,贫家妇女多包"沙撮袱子",未婚女子则在辫梢系上彩色布条。而在日常服装中,土家族女子上衣最为普遍的有三种:一为"外托肩",无领,滚边,向右开襟,衣襟、袖口处镶有两道不同的青边,不贴花条,多为老人穿着;二为"银钩",矮领,衣襟、袖口镶一条宽青边,然后等距贴上三条五色花梅条,胸襟前用彩线钩花,多为中、青年女性穿着;三为"青蓝白布衣",是一般妇女日常穿着的生产劳动的服饰,即内穿白布衫,外穿青布大襟背褂,黑白对比强烈。下装一般为八幅罗裙,或改裙为裤。女裤喜用青、蓝布,裤脚处理为青布蓝边或蓝布青边,缀三条不同宽度的花梅条。在吉庆场合,裤子外面罩绣花褶裙。

土家族女子对鞋十分考究,除在鞋口滚边、挑花外,还在鞋头正面绣上各种寓意吉祥的图案,鞋底也垫绣花鞋垫。土家族女子喜佩戴耳环、项圈、手圈等饰品,多为银质,做工朴素,稍事雕琢。

(3)儿童服饰

土家族的儿童服饰在衣裤上与成人服饰相似,只尺寸大小不同,但重视鞋帽,土家族儿童的鞋帽做工考究,饱含了父母的美好愿望。土家族男童一般头戴虎头帽,其面料为大红色绸缎,额头处绣有"王"字,后脑绣双龙抢珠等纹样,帽后悬挂金银链,胸前挂刻有"福、禄、寿、喜"等吉祥文字的金锁银牌。儿童的鞋也名为"老虎鞋",系红绸缎制作而成,鞋尖往后翻,鞋头上两只耳朵镶以兔毛,中间绣"王"字,两侧附以对称的绣花。这些都有父母为了祈求孩子辟邪免灾、健康成长的吉祥寓意。

3. 土家族服饰的主要特点

土家族服饰具有浓郁的民族气息和丰富的民族特色,是土家族历史的见证,并肩负着文化传承的使命。具体看来,可归纳如下:

(1) 土家族服饰文化语言特点

① 农耕文化的物象化

土家族是一个以农耕和渔猎为主的民族,因为交通不便以及大山的阻隔,千百年来,土家族服饰作为一种原生态的民间艺术,在一种极为封闭的环境下世代相传。服饰的设计者和制作者都是土生土长的土家族山民,服饰制作的本身就是在穷乡僻壤中,未经过正统审美教育的土家族山民的一种淳朴的、原生态的造物行为。正是这种群体性的造物行为,满足了土家族民众在精神和物质上的多层次需求。因此,土家族服饰作为一种文化符号不可避免地有本地区的农耕文化的特征,进而成为土家族地区农耕文化的典型物象之一。

② 祖先、图腾崇拜的祭祀文化

土家族地处深山、资源匮乏、生产力落后、环境恶劣,虽然说靠山吃山,但对于自然的变化无常却显得力不从心,对自然界所蕴含的无穷力量充满了敬畏,于是相信"万物皆有灵",并通过主观想象将自然现象人格化、神化。

祖先崇拜是土家族信仰中的一种重要形式。土家族人相信已故先祖的灵魂永存并拥有强大的力量,一定会庇佑其子孙后代,使其平安幸福。为此,土家族服饰的传统用色即崇黑、忌白、喜红,以传递对祖先的崇拜与追思。敬白与忌白同时存在。土家族先民自称

是白虎的后裔，用白虎为族徽，视其为祖先神，故敬白。而民间亦流传"白虎当堂过，无灾就有祸"，故忌白。土家族人对于白虎的复杂情节，使虎的形象成为其服饰图案中永不消退的主题，"台台花"图案就是以虎头为原型，"猫脚迹"亦呈现虎爪造型。虎的形象同时被赋予了保护神的意味，引入儿童服饰中，寓意可防御野兽的伤害、幸福安康。

③ 祈福纳祥的寓意

土家族服饰除了蔽体御寒的基本功能之外，更关键的是表达土家族人民祈福纳祥、趋吉避灾的情感诉求，而祈福纳祥、趋吉避灾乃是人的本性，土家族人也不例外，土家族织锦的纹样就直观地体现了这一点。无论是延年益寿、添子添孙、升官发财，还是五谷丰登、风调雨顺，都是土家族人民朴素而美好的愿望，唤起人们生命深处的纳祥意识，并通过土家族织锦作为吉祥寓意的符号，表达土家族人对生活的热爱和对生命的颂扬，寄托着土家族先民追求美好生活的美好心愿，凝聚着土家族人的真情实感。

（2）土家族服饰的艺术语言特点

① 简洁实用的结构造型

土家族服饰在造型上融合了土家族、满族、汉族及其他少数民族服饰特点。其结构造型特点尚简朴、重实用、喜宽松、简洁干练，上衣、下裳配比造型和谐，而宽松的服装也满足了土家族人生产劳动实用性的需求，有利于土家族人在崇山峻岭间行走、农耕、习武和渔猎，具有浓郁的民族特色。

② 灵活配置，以色润形

土家族服饰色彩艳丽多姿、丰富饱满，其用色没有固定的模式，多追求浓厚的装饰色彩，喜用纯度高、对比强的色彩配置，常以红、黑或蓝、青为底色，红、橙、黄、绿、蓝、紫、白等色为点缀。土家族喜红色，因其热情而充满活力，是光明的象征，更重要的是其更深层次的寓意——祝福、辟邪和壮胆等心理功能。土家族流传的一句谚语曰："绘画无巧，闹热为先，用色无巧，斑斓为佳。"这正是土家族人对色彩的要求，也表达了土家族人民质朴善良的民族精神。

土家族多以当地山林生长的植物为染料。蓝靛、红花、五倍子、姜黄、桑叶果等都是很好的天然染料。而蓝靛又称"靛青""土靛"，是土家族地区的特产之一，用蓝靛染过的布料，其色彩经久不褪。

③ 题材丰富、形式多变

图案是土家族服饰的一种符号，也是土家族民间文化的一种重要的载体，完整地记录和描绘了土家族社会发展的历程。土家族服饰图案多取材于现实生活，舍形取意，将客观对象进行抽象化再设计，形成新的艺术形象。其特点为抽象与写实结合，极具审美意趣，是土家族先民感受自然的物化显现。其抽象变形的过程，对服装起着装饰与美化的功能，使服装呈现千姿百态、绚烂夺目，并传递一定的社会文化信息。

土家族服饰图案大致分为四大类：自然物象图案、宗教图腾图案、生产生活图案、几何和文字图案。各种图案经过变形处理，装饰在服装上，彰显出土家族的民族特色。

④ 自纺、自织、自染的面料

《华阳国志·巴志》记载，早在先秦时期，土家族先民已开始养蚕植麻，从事农桑的生产，并将桑、麻、丝等纺织品上贡朝廷。缴纳的赋税为"賨布"，唐宋之后更名为"溪峒布"，即为早期的土家族织锦。而土家族百姓衣着所用的布料则是自纺、自织、自染的"土布"。"土布"品质纯良，质地粗而软，透气性、吸汗性

好，富有浓郁的乡土气息。随着历史的发展，土家织锦——西兰卡普也成为常用的服饰面料，是土家族服饰的特点之一。西兰卡普作为服饰面料，是实用性和艺术性的完美结合，是土家族服饰的一面旗帜，是民间艺术中的一朵奇葩。

⑤严谨考究，工序繁复

土家服饰的制作工艺十分考究。一是土布的制作工艺烦琐复杂，二是土家织锦的制作工艺更为烦琐。

土布为手工织制而成，其织造工艺复杂。从初期的采棉纺纱到后来的上机织布，大致要经过六道工序、七十二道流程，其过程复杂烦琐。与土布相比，土家织锦更能展现出土家族女子超凡的织造水平。土家织锦的工艺制作流程较土布更为复杂，主要表现在"打花"与"牵花"上，"打花"是指织锦编织的过程，而"牵花"则是织造前的准备工序的流程的总称。土家族谚语称："打花容易，牵花难。""难"指的是整个工艺流程不易，通常"打花"易于"牵花"，"牵花"是"打花"的关键。"通经断纬，反面挑织"，土家族织锦主要有十二道工序，细小的工艺流程不计其数。

（二）土家族传统居住方式分析

在广大土家族地区，其传统居住方式与其特定的自然环境和历史背景以及民族文化状况密不可分，可归纳为以下几点：

1. "聚族而居"的宗族思想

在土家族地区，山寨或村落一般由各种结构类型的民居构成，山寨多依山而建，村落则贴山近坝。一姓一寨或整村一姓，具有很强的宗族思想以及"四世同堂""合家欢"的家族观念。随着现代社会的发展，各民族内部以及民族间的联系不断加强，土家族相对独立的传统村寨也逐渐从封闭走向开放，村寨逐渐形成多民族交错杂居的局面。"聚族而居"的院落逐渐变为自立门户的单家独院。部分传统的聚居院落仍然得到保留，成为村寨历史传承的见证。

2. "人神共居"的宗教习俗

土家族人重礼教尊祖先，祭祀习俗传承已久。在土家族民居的堂屋正面的墙壁上均设有神龛，由于土家族居民多从外地迁徙而来，故各村寨祭祀的神也有差异。书香门第多供奉"天地君亲师位"和"至圣先师"，唯向氏供奉"坛神"。土家族人认为房屋室内既是后代的栖身之地，也是祖先和神灵盘踞之所，只有"吃水不忘挖井人"，侍奉好祖先和神灵，他们的在天之灵才会保佑自己世代福禄安康。另一种现象是土家族传统民居中均设有火塘。火塘有诸多禁忌，火塘之火象征着家庭生计永不熄灭，也象征着种族香火绵延不绝，是土家族宗教文化的体现。

3. "人畜半混居"的建筑模式

土家族地区地处深山，多农耕，生产力低下，土家族先民靠山吃山，自给自足，其生活敞向自然、贴近自然。土家族村寨中的民居，多为人畜伴居，即人居其正，畜养其偏；人居其上，畜栏其下，其空间形态主次关系明确。尤其是吊脚楼将正屋、横屋的下部空间架空，其上部空间作为人的居住空间；下部空间用作猪圈、牛圈和碓磨坊，或存放农具、杂物。居住空间底部架空能使空气流通利于驱湿，适合山地环境及潮湿的气候特点，同时对于牛、猪的圈养，方便贮存畜肥。

4. "天人合一"的居住理念

土家族村寨或依山而建，择险而居；或顺山而筑，山林掩映；或挟"龙口水"，自成一体。这种依山傍水，聚族而居，山、水、桥、木无一缺，千楼吊脚自有别，人、屋、景致自和谐的建筑风格，正是土家族民居"天人合一"的居住特点之体现。尤其是吊脚楼，分阶筑台，临坎吊脚，宜山宜水宜平地，顺坡顺地顺其自然，

既充分利用了有限的土地，又达到了与周边环境的和谐统一，体现出人与自然的相得益彰，是我国少数民族建筑中具有鲜明地域特色的生态建筑。土家族村寨的建筑展现了土家族建筑发展的足迹，凝聚着土家族人的智慧和才华，饱含着土家族悠久的历史与文化。

5. 地域与文化引来的差异

土家族民居主要以石、木、砖三种材料混合建筑，在村寨的选址上颇讲究"风水堪舆"。但从地域来讲，虽材质相同但受地域文化不同的影响也各有差异。例如鱼木寨的匠人多来自四川，建筑设计受西南地方文化的影响，其建筑样式或斗拱飞檐隐匿于山间，或碉楼险崖凸显其宏伟壮观，具有古朴的建筑韵律，彰显出独到的民间创造力。而滚龙坝建筑则风格迥异，据《向氏宗源》记载，向氏先祖向大发，字八斗，明官军头目，于崇祯七年（1634年）携眷征战，始于豫，复经楚，后由彭水经施州，奔至滚龙坝挽草落户。所以，向氏最早的祖先其实是汉族，只是到了土家族地区与本地的土家族生息繁衍了近20代，才演变成了土家族人而已。所以其建筑构造是一种具有楚汉文化特点的四合院式天井屋，或山墙高耸、浮雕墀头，或深宫大院、走亲而不出户，有别于土家族其他吊脚楼群落建筑，是土家族建筑形式与外来建筑形式结合的实物展现。

（三）土家族传统饮食方式与餐饮具设计

1. 土家族传统饮食习俗

土家族多居住山区，山多田少。粮食多为苞谷、稻谷、小米、红苕、大麦、小麦、荞麦、燕麦、杂豆、洋芋等。旧时常年吃杂粮，只节庆祭祀时吃大米，用鼎罐煮饭，铁锅炒菜。饭类有苞谷饭、小米饭、红苕饭、麦子饭、豌豆饭、三合饭（几种粮食做成）、大米饭等。土家族人日食三餐，尤重晚餐，有些日食两餐，主、副食搭配。

粑粑是土家族人的主要副食，种类繁多，风味各异，有"糯米粑粑""麦粑""苞谷粑""小米粑"等。"糯米粑粑"由蒸熟的糯米捶打而成，有的将糯米和糯性高粱、小米等合制而成。其形如月饼，有大小两种。小的留作自己食用或馈赠他人，大的叫"库弄粑粑"，又叫"年粑粑"，专门在春节时用来祭祀祖先和土王的。过年时，一般人家要打几十斤"糯米粑粑"，存放于水中或茶油之中，经年不坏。除此外，粑粑中还有作祭祀用的"鬼王粑粑""斋粑""小儿粑粑"等。"鬼王粑粑"重六七斤，上画有五颜六色的鬼王，祭祀时和"斋粑"一齐甩给众人，让人们哄抢，据说吃了可免灾消难。有婚姻用的"耳朵粑粑""过礼粑粑""哭脸粑粑"等。订婚之日要由男方挑上几箩"耳朵粑粑"送给女方，女方将此粑粑送给亲友，每户两个。迎亲前三日要给女方送"过礼粑粑"，便于女方招待亲友，婚前一日要给女方送"哭脸粑粑"，送给陪伴哭嫁的人吃。有修屋建房用的"富贵粑粑""梁粑粑"等，上梁时唱上梁歌后将"富贵粑粑"甩给主人，主人扯衣衫跪接，口念"富也要、贵也要"。"梁粑粑"甩给看热闹的人哄抢。有过节用的"粉粑"，用糯米粉和粘米粉制作而成。中华人民共和国成立前，有的地方于清明节做"蒿子粑"，不少的地方做"蕨粑"，以度饥荒。

土家族人还喜做团馓，团馓是将糯米蒸熟后加工而成的，形似薄饼，晒干或烘干后贮存，可油炸后嚼吃，或泡开水放糖吃，或做成饭吃，是招待客人的膳食佳品，也是拜年的主要礼品。团馓饭加鸡蛋是妇女坐月子时吃的最好的营养品。

土家族菜类繁多，四季皆有新鲜蔬菜，还有椿芽、竹笋等野菜，家中六畜、野外山珍野味均可食用。土家族有腌制腊肉的习惯。春节前杀了年猪后，用花椒、胡椒、木姜子和食盐腌放六七天，然后用棕叶悬挂于火塘上的炕架上用烟熏，使其尽弃水分，可存放几年不腐烂变质。土家族人喜吃大块大块的猪肉，不喜欢吃细

小肉片。

土家族人也喜欢制作坛菜和干菜。坛菜有酸菜、酸辣子、霉豆腐、麦子酱等。干菜有干青菜、干笋子、干蕨菜、干萝卜菜、干萝卜片等。喜欢吃的名菜有"泥鳅拱豆腐""木耳炖鸡肉""板栗焖鸭肉""燕麦粉蒸螃蟹"等。土家族常用的佐料有辣椒、花椒、胡椒、木姜子、姜、大蒜、葱、五香、八角等。土家族人喜吃辣椒，有的拌盐吃生椒，有的将辣椒用火烤后拌盐吃烧椒。辣椒可制作多种风味食品，如做成坛菜的"坛辣子"、拌苞谷粉的"酸辣子"、拌糯米的"糯米酸辣子"、将糯米灌在辣椒内的"粑粑酸辣子"，还有把鲜椒切丝用生姜、盐等佐料放在坛内的"沼辣子"。

土家族有一定的节日礼仪饮食，年节礼仪饮食颇有讲究，过不同的节，食不同的饭菜。过年时要吃蒸饭和蒸熟的坨坨肉，其数量很多，足够吃十几天，叫"年饭""年菜"，谓之"年年有余"。还一定要吃"合菜"，将数种菜合在一起炒。同时全家人要团聚共餐，不得缺席。腊月三十时，要杀一只雄鸡，专吃鸡肉。正月初一吃团馓或糯米油饭、糯米粑粑等。正月举行摆手仪式后便杀牛，大家手抓分食，不用筷子。正月十四、十五时，吃半边猪头肉和库弄粑粑。二月社日吃"社饭"。社饭以糯米为主，掺和腊肉细丁和嫩野蒿，蒸熟后食之，美味可口。三月清明节吃半边猪头肉，俗言"清明节酒醉，'毨壳巴'（猪脑壳）有味"。有的地方吃蒿子粑粑。四月八日"作粢宰豕，脱为大脔，糁糯米蒸之，祀祖完毕，环坐啖之"。五月端午吃粽子。六月六吃新苞谷棒，合寨杀牛蒸饭，村人聚而共食。九月重阳节杀"重阳鸡"。十月十日为"斋节"，吃豆腐粑粑，不吃肉。长阳贺家坪覃姓土家族人于腊月二十四日以后，就相邀轮流吃年饭。

土家族办喜事或来贵宾，要办酒席，有"砍剁席"和"酥扣席"

两种。"砍剁席"有盖面肉、炖肉等主要菜肴。盖面肉又叫"过桥肉"或"大块肉",长且厚,能盖住莲花碗口,像搭的肉桥,有四五两,一般是主人敬此肉给客人吃。客受而不辞,主人便十分高兴。"酥扣席"主要有酥肉、扣肉、蒸肉等菜肴。席上除此外,还有其他家禽山珍等。

土家族的饮料主要有茶、酒两种。茶是土家族人喜爱的一种饮料,各地皆产名茶。以茶作彩礼习俗在土家族婚俗中很是流行。结婚次日,新郎带着新娘给亲友敬茶,亲友要给"茶钱"。土家族人特别喜欢喝"油茶汤"。土家族地区喝"油茶汤"的习俗记载最早见于唐代。陆羽《茶经》记:"荆巴间采茶叶作饼,叶老者,饼以米膏出之。欲煮茗饮,先炙令赤色,捣末,置瓷器中,以汤浇覆之,用葱、姜、桔子芼之。其饮醒酒,令人不眠。"现今土家族"油茶汤"用茶叶、阴米、苞谷泡、腊肉、炒黄豆、豆腐干、花生米、芝麻等物,加上姜、葱、蒜、花椒、辣椒等佐料,用茶油炸焦,用水煮沸而成,其味清香可口。

土家族人喜欢喝酒,爱用碗而不用杯。土家族的酒有白酒、咂酒、甜酒之分,尤以喝咂酒习俗很特别。咂酒又名钩藤酒,是用糯米或苞谷、高粱、小麦酿成的一种甜酒,盛于坛内储藏一年或数年,然后用开水冲泡,以竹管吸吮,一人一口,多用于招待亲朋好友。

2. 土家族餐饮器具的材料与工艺

土家族饮食器以陶瓷器具为主,陶器系用泥片贴接或泥条盘筑成型,器形从整体高大粗糙演变为矮胖精细,瓷器系陶器之后的产品,比陶器更为精致细腻。

(1)土家族历史餐具的分类

历代以来土家族使用的餐具,根据其出土的数量和次数的多寡,可分为:罐、钵、盆、豆、杯、瓮、鼎、碗、盘、壶、釜、

鬲、盂、缸、支座、器盖、碟、器座、簋、尊、甑、匜、匕、敦、勺、柱形器、瓶、锅、高圈足器、盉、鬶、觚、罍、甗、盒、熏炉、井、灶。而罐、钵、盆、豆、杯、瓮、鼎、碗、盘是土家族人民在历史上使用最多的器具。

（2）历史上土家族餐具的形态特色

土家族原始时期的陶质餐具均由手工制作而成，从城背溪遗址的"泥片贴接"工艺到大溪文化遗址中的"泥条盘筑"工艺，直至屈家岭遗址中"轮制技术"的创新，显现出这一时段的陶器从粗糙笨拙向矮胖精细发展演变。石家河遗址中，陶器制作的"轮转技术"较之以前又有了新的发展，因而这一时期的陶器造型在矮胖精细的基础上变得更加圆润。

陶器从原始社会直到汉代，其材质没有发生本质的变化，但陶器的形态、外观与轮廓由生硬呆板逐渐变得柔和有曲度，再由稍显生硬的曲度演变成具备一定节奏与韵律的柔美曲线，最后发展成为挺拔饱满的优美线条。

唐宋时期是陶器逐步隐退而瓷器取代其日常生活地位的转折时期。随着工艺技术的发展，且此阶段土家族地区与汉族的交往逐步频繁与密切，出土的陶瓷器多受唐文化影响，与同时期汉族的陶瓷器极为相似，且多数本为汉族传入，难以辨别其是否为真正土家族特色。

（3）历史上土家族餐具的材质与色彩

历代以来，土家族陶瓷餐具常见的几种材质有泥质陶、夹砂陶、夹碳陶和瓷。而夹碳陶的"碳"是木炭、草木灰、稻谷壳、蚌壳末、骨末等材质的杂糅。

历代土家族餐具的色彩主要表现在以下几个方面：

器物本身的色彩。陶器本身的色彩以暖色调的大地色系为主，有红褐、褐、红、灰、黑、橙黄、橙红、黄褐、黄、灰褐、灰黑等颜色。瓷器本身的色调偏冷，色彩高雅，有灰白、影青、黑、白、青等颜色。

陶衣或釉色。陶衣的色彩比较单一，具体有内黑外红、鲜红或深红色；瓷器上的釉色有黄釉、黑釉、绿色釉、青色釉、深酱色釉等。

器物表面的彩绘纹饰色彩。红地黑彩，红褐彩绘、黑彩纹饰，以朱色为普遍，朱、黄两色套用或者以朱、黄、白三色兼施，红、黄、黑三色兼施等。

（4）土家族历代餐具的纹饰特征及种类

纹饰的形成最初是建立在功能需求的基础上，有加固（如堆纹）、防滑（乳丁纹、绳纹等）、开启以及指示等作用。而不同的纹饰对于不同的民族来说又各有寓意，我国古代陶瓷器具上的纹饰技法多样，且"图必有意，意必吉祥"，常用象征手法寄托吉祥的寓意。

土家族餐具上的纹饰早期多出于实用功能的考虑，如防滑、加固等需求，在满足实用功能之后，逐渐考虑到纹饰的寓意，于是出现了来自日常生活中所熟悉的诸如米粒、橘皮、树叶等动植物为素材的纹饰。这些纹饰在满足实用功能的同时寄托了土家族先民期待风调雨顺、食物充足的美好愿望。随着生产力的发展以及生活水平的提高，土家族先民又有了更高的审美需求，于是，饮食器具上的纹饰由随意、自由变得规律、细致、形式优美。

总的说来，历代土家族饮食器具上的纹饰都相对简约、朴素，与土家族纯朴民风相得益彰。陶器上的纹饰元素部分与土家织锦中的装饰元素相通，源于自然、朴实单纯。

（5）当代土家族餐具

当代土家族人使用的餐具从材质上可分为陶质、瓷质、铁质、竹质、塑料制品；从器物类型来看，有碗、盘、杯、筷、锅、钵、炉；从色彩上看，有白、橙、褐、黄等颜色。土家族餐具中，陶土制成的炉与钵尚具有土家族特色，而其他陶瓷制品中丝毫看不出土家族的特色元素，与汉族餐具无异。然而，当代土家族的炉和钵也被铁质的火锅支架和铁锅所替代。

土家族传统饮食文化中的物化寄托已渐渐消退，由于土家族在其演变发展过程中与汉族的联系紧密，当代土家族人的生活中处处都受到汉族文化的影响，导致土家族的日常器具也越来越接近汉族，甚至已很少用到传统的器具。

当代土家族餐具已基本失去其自身的特色，多数土家族家庭都使用价格低廉的大众化的陶瓷或铁质餐具。纹饰上，除瓷器外几乎都为素面，瓷器上的花纹也为千篇一律的工业化生产的纹饰，毫无民族个性可言，更谈不上饮食文化内涵的民族性体现、审美价值取向等，仅满足餐具本身应具有的盛载食物的实用功能。从饮食文化上说，是饮食文化物化承载的缺失与退步，但也是工业文明发展的必然趋势。

（四）土家族传统出行方式及运载工具

旧时，土家族人多居住在高山峻岭、穷乡僻壤，有山歌唱曰："从前我们穷山窝哪，山高水多石头多哟。"土家族人出行，须上坡下山，交通不便，通常是"对山喊得应，一走大半天"。人们赶集，上山要翻几个坡，下山要走几道坳，到了集镇稍有逗留就得往回赶。很多老人，一生都没有赶过集，更不知道外面世界的面貌，过着"山中无甲子，落叶知春秋"的生活。

土家族山区中山重水复，多用骡子载运货物，每头骡子载重一二百斤，在崎岖山路上"得儿得儿"地缓慢而行。人工搬运，多肩挑背负，遍布山中的都是土家族背篓，"人不离篓、篓不离背"正是土家族背篓客的真实写照。土家族男女上山割草打柴、收获苞谷杂粮等全靠背篓运回家。走在土家族山中，随时可以遇见土家族人背背篓像背一座山。土家族妇女走亲戚也是把小孩放在背篓里，打把油纸伞，行走在弯弯山道上。就是平时赶集出门，背篓里也放把雨伞背着走，他们信奉"晴带雨伞，饱带干粮"的古训。

土家族人民在生产劳作中利用山地的天然材料，创制适宜山地运输行走的工具。竹制的运载工具有背柴、背猪草等用的柴背篓，木制的有背质量轻而体积大的东西的笮笼，挑粮食和其他东西的箩筐，挑秧或挑草用的竹夹，背粪用的背桶，背东西用的背架，挑草等用的扞担，扛木料、抬东西用的打杵等。其他如棕绳、草绳、藤子、筋带（用篾和稻草扭成的）都属运输工具。

土家族人世代居于武陵山区，大小河溪众多，除了陆上的骡马、背篓运输之外，也用竹筏、木筏顺水放排，将竹木、兽皮等大批运往山外，用船将桐油运出去，将食盐、大米运进来。船夫纤夫放歌水上，来往如梭，一派繁忙景象。

土家族的运载工具多是就地取材，充分利用竹木的天然形状，制作简便，经济实用。如拐杵就是用一根质地坚硬的、有叉的小树枝做成，一般用于扛大一点的木材或抬运东西，行走时可以撬住木料，使双肩分担重物，也便于撑住重物歇息。土家族运载工具有的地方男女有别，男人一般用挑的、扛的工具，女人一般用背的工具。

三、土家族生产方式与传统造物设计

（一）土家族传统农耕与农具设计

1. 土家族农耕的发展

土家族是一个以农业生产为主的群体，农耕文化在其生产、生活中占有重要的地位。土家族从事农业，已有悠久的历史。据《华

阳国志》记载，早在春秋战国时期，巴子国的领域里就有"土植五谷，牲具六畜。桑、蚕、麻、苎、鱼、盐、铜、铁、丹、漆、茶、蜜、灵龟、巨犀、山鸡、白雉、黄润、鲜粉，皆纳贡之"。土家族居住地属古代巴子国的"南极"之地。这里因有乌江，虽然山高谷深，但土地肥沃，气候温暖，很适合"植五谷"。

正是由于地理条件所限，土家族地区的农业生产发展较为缓慢。唐宋以前，几乎是处于刀耕火种状况。元明后，土司执政，土家族地区开始进入封建领主经济，涌现了一批豪强大姓，出现了较大的聚落村寨。他们与中原地区政治经济联系加强，引进中原发达地区水利，农业经济得到较快的发展，逐步改变了刀耕火种的落后生产方式，开始耕田犁地，种植的苞谷、高粱、小米、豆类等，以及蚕桑、苎麻和蜂蜜等生产也有了新的发展。

2. 土家族农具

（1）农事生产工具

农事工具是土家族人在农业生产活动中经常使用的必不可少的工具。它又可分为木质工具、竹质工具、金属工具、复合工具。木质工具如浇水用的筒车，插秧用的秧盆，上山劳作装刀具的刀盒等；竹质工具有种苞谷、黄豆用的笆篓、灰篼，筛火灰用的筛灰篮，打谷用的挡席等；金属工具有砍柴用的砂刀，割谷麦用的有齿镰刀，剥桐子用的桐子撬等；复合工具有打黄豆用的连枷，翻田用的犁铧，耙田用的犁耙，挖土用的挖锄等。农事工具以木制品和竹制品最具特色，如挞斗、笆篓、刀盒等极富民族个性。金属工具多从外地引进，为适应地方需要，在形制上有所变化。

（2）采集工具

在采集活动中，土家族人也创制了一些别致的工具，如割漆用的漆刀、竹篮，装漆用的竹筒，采茶用的围腰，挖蕨和加工蕨耙用的挖锄、根棒、黄缸，采摘各种野菜用的背篓等。土家族创制和使用的生产工具种类繁多，同一类工具因用途不同和地区千差万别，仅背篓一项就达上百种。另外，生产工具充分利用当地材料和原材料的自然形态，稍加斧削，即可成器。土家族生产工具大多较粗糙，只注重其耐用和实用，很少关注其造型和美观。

（二）土家族传统编织、刺绣工艺

1. 编织

土家族地区不论城乡，不论男女老幼，人们背上的背篓都十分显眼。土家族地区的背篓与土家族人的生产生活关系密切。竹编的背篓不仅能载物，还能背小孩，是土家族人生活必不可少的用具。竹编背篓只是土家族人编制艺术中的一种。在土家族地区，编制艺术分藤编、草编和竹编。

（1）藤编

土家族地处山区，藤类植物多。主要采集青藤、绵藤，脱皮后成为编织材料。按需要编织成藤椅、藤箱、藤篮、藤盘、藤席、藤包等。

（2）草编

土家族先人，乃至人类的起始时代，都与草结下了不解之缘。原始社会住的是草棚，睡的是草窠。草的编织随着人们的需要而产生。

草服饰：最初编织的是草衣、草帽，土家族传统舞蹈"茅古斯"就是穿的原始服装稻草衣或棕叶衣，土家族山区至今还普遍使用蓑衣作为雨具，蓑衣用专门工具编织而成，其制作工艺称为"撬蓑衣"。

草鞋：是最常见的草编，土家语叫"迹枯苏"（打草鞋）。

还有草席、草凳、草玩具等，还可把稻草连接起来，编成长长的草把龙，春节时玩龙灯。

（3）竹编

土家族山区竹多，竹的种类丰富，竹子易弯易折又能打结，人们利用竹子的性能，编织各种日用品。土家族竹编工艺大致可分三类。

篾编类：划竹成条，去掉篾黄，用青篾编织筐、簸、席、篮、箱等以及装饰品。

丝篾编类：篾条剖开后用匀刀细分，细匀如麻线，韧柔如钢丝。主要编织花篮、饭篓、背笼和小儿摇篮等。

综合类：用竹筒、竹片、竹条、扁篾、丝篾等组合编织，制成桌椅、板凳、竹床、花架、鸟笼、玩具等工艺品。

2. 民间织锦

土家族姑娘在出嫁前一年就在家里为自己编织出嫁用的嫁妆——织锦、刺绣。土家族地区织锦的历史渊源久远，从众多的资料中可以了解，早在清朝时期，土家族妇女的织锦工艺已十分精湛，织锦中最有盛名的是"西兰卡普"。

西兰卡普是土家语，指床上的被盖。土家族姑娘出嫁，娘家的嫁妆中都要打几套铺盖。其中最珍贵是姑娘亲手织的西兰卡普。土家族姑娘的西兰卡普织得好不好，是姑娘是否能干聪明的标准。同时土家族男子跳摆手舞时，披西兰卡普（披甲）来炫耀自己家的女人心灵手巧。

土家族地区的织锦装饰题材丰富，大致有动物、植物、生活习惯、生活用具、山水风情、风俗、土家族历史沿革等，还有与其他民族类似的题材等。

3. 民间挑花与刺绣

挑花又叫十字绣，即在直纹平布上的经纬线之十字交点处，用与底布本色不同的线挑成图案。它做工轻巧、简便，无复杂的工艺和机器，是土家族妇女日常的手工活。姑娘的挑花帕过去曾是姑娘嫁妆中重要的物品。旧时布置新房不能关门，以挑花巾作为门帘使用，以挑花巾上的挑花渲染婚庆的气氛，展示新娘的心灵手巧，是男人非常看重的嫁妆。

土家族的挑花还用于枕巾、枕套、桌套、围裙、围兜、帐帘等。挑花的图案多样，有花、鸟、虫、鱼、龙、竹、草、树和一些故事图案。

刺绣也是土家族姑娘的手工活。其图案与挑花相似，与其他民族的刺绣技术大同小异。

（三）土家族传统木作造型与工具设计

1. 民居传统大木作工艺

传统土家族民居的房屋主体为穿斗式木结构，其主要部件为柱、穿枋、斗枋、梁、檩五种。此种结构的特点是沿着房屋的进深方向立柱，柱距较密，柱与柱之间用穿枋衔接，形成一榀榀的排扇，两榀排扇之间用檩条架设于柱头之上使其连接，再沿檩条方向用横向的枋把柱子串联起来，形成整体的屋架。各枋与屋架构件之间均通过榫卯结构进行连接，结构紧密且具有弹性。土家族民居中，大木作各构件的装饰成分较少，其外形特征视屋架整体受力情况决定，多直接暴露在外，自然淳朴。

土家族聚居区多为山区"地无三尺平"的复杂地形，穿斗式木构架的结构能完全适应这种地形变化，使建筑与环境相得益彰。另外，穿斗式木构架用料节省，结构稳定性好，木料自身的性质决定了这种结构具有弹性，抗震性能较好。穿斗式木构架结构系土家族匠人世代传承的传统工艺，也是土家族文化在建筑上的完美体现。相比较而言，土家族大木作构架组合方式与汉族穿斗式木构架在结构上基本相似，各构件之间均通过榫卯构造相连接，但名称上差异较大。

传统的穿斗式木构架虽然木材用料较小，结构整体性强，但因

排布紧密的柱子对室内空间的制约较大，且木材消耗量大，故土家工匠以传统穿斗式木构架为原型，因地制宜地对穿斗式木构架结构进行改造，发展出多种形态类型的木构架形式，即土家族地区常说的"几柱几童"（几柱代表落地柱的数量，几童代表不落地柱子即骑童的数量），归纳起来有以下几种形式（表1）。

建筑主要构件：

（1）挑廊

挑廊位于横屋龛子丝檐（"歇山"顶下的屋檐）的正下方，土家族人称之为走栏，用于休闲观景或晾晒衣物。挑廊是室内外的过渡空间，土家族吊脚楼中的"吊脚"就是指二楼构造上的这种悬挑做法。走栏扶手固定在吊脚柱上，吊脚柱由枋支撑，其下端不落地，多雕成"瓜柱头"等形状作为装饰，是土家族吊脚楼重点装饰的部位之一。

（2）龛子转角挑

有的吊脚楼具有两面或三面出挑的挑廊，加之其上部覆盖着的"歇山"顶，共同组成了土家族最富有特色的横屋龛子。龛子正面的两个转角向上翘起，下部由牛角挑支撑，成为整栋吊脚楼中形态最为突出的部分，也是整座吊脚楼的重点装饰部位之一，各种天然弯木材的使用，加强了形态上向上的张力及构造上的美感。

（3）柱

柱为土家族吊脚楼的基本构造之一，是穿斗式木构架结构的主要承重部件，可分为地柱和骑童两类。如中柱、金柱和檐柱都为落地柱。柱多为圆形，直径多在150毫米到200毫米之间，柱下有石磉墩（柱础），磉墩的作用是在地面与木柱之间加上隔断。以防木柱直接立于地面而吸潮腐朽，土家族多用杉木、紫木、椿木、楠木等作为制作柱子的材料。

表1 正屋木构架形制一览表

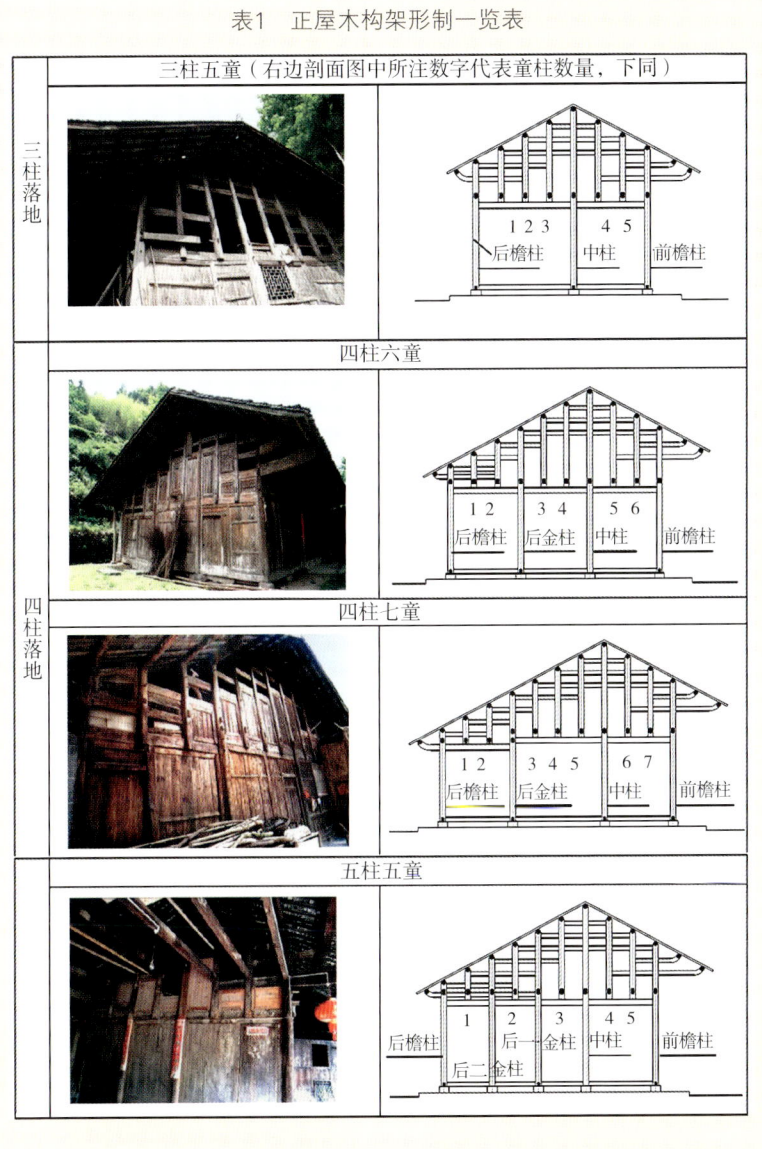

续表

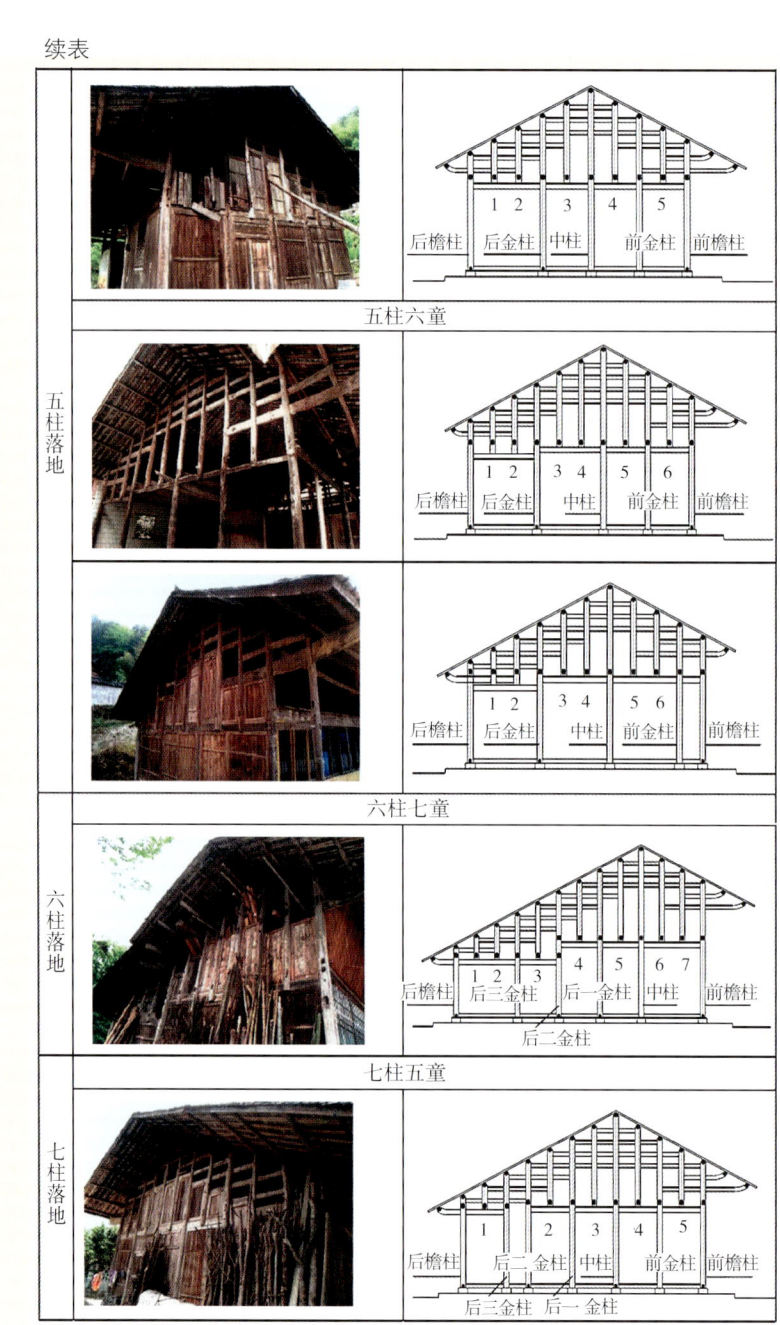

五柱落地		五柱六童
五柱落地		
五柱落地		
		六柱七童
六柱落地		
		七柱五童
七柱落地		

骑童：骑童也称棋柱，是不落地的柱子，通过底部的凹槽，架于穿枋之上。其顶部承托檩条及屋顶的竖向压力，再将这些力传递到横向的穿枋之上，通过穿枋再传递到落地的柱上。

将军柱：将军柱也叫"伞把柱""冲天炮""车心柱"等，将军柱只存在于"L"形和"凹"字形的吊脚楼中，此类吊脚楼的正屋正脊、横屋的正脊、转角屋斜脊的三脊端头的交汇处立将军柱，来自正屋和横屋的脊檩、转角斜脊的各类穿枋都在此柱头上交接，将军柱像雨伞的把柄一样承托着四周骨架，因此，鄂西地区土家族人也称其为"伞把柱"。

（4）建筑连接体系

枋：可分为穿枋和斗枋，穿枋是把柱子串起来形成排扇，穿枋起联系作用，承拖不落地的骑童，以及安装形成房屋墙面的板壁。架数越多则穿枋也越多，每个穿枋都有自己对应的名称。斗枋的作用是连接两个排扇形成"间"。

梁：作为连接部件的梁因其所用地方不同，其名称也不同，如看梁、大梁、额枋等。梁的用材多为椿木和杉木。

① 大梁：大梁位于正厅脊檩的正下方，一般较脊檩更加粗大。堂屋的屋梁是土家族人心中最重要神圣的梁，其步骤也神圣复杂。偷砍梁木、上梁仪式等，都是土家族文化的重要内容。大梁的用材也是所有穿枋中最好的，多选用较直的杉木，大梁两头直径的尺寸不同，大的一端比小的一端大0.6寸（20毫米左右）。

② 过梁：是柱间或承重墙腰身部分的横向联系结构。

2. 建筑附件的传统小木作工艺

门窗是建筑中主要的安全防御和通风采光的构件，土家族吊脚楼每个房间均开一个门用于出入，开一个或多个方形或圆形窗户来通风、采光。窗户多雕刻花草鸟兽等图案，俗称亮窗。门有单扇和

对子门(两扇相合)之分，门内侧都安装一至两根木闩，以防御盗贼或猛兽侵袭，晚上睡觉之前须把门闩好。土家族安装大门非常讲究，堂屋前面正门须在厚实的木质门槛上安装三对两扇共计六扇门，须按照"生、老、病、死、苦、生"的顺序安装。

（1）门

实拼门：木板拼接而成，背面装龙骨，坚固耐久，有单扇、双扇之分。因其质地坚固防御性强，一般用作外门。

隔扇门：隔扇门是以木料榫卯接合作为框，框内镶嵌雕花板，也叫框档门，多用于堂屋正门。隔扇门的雕花图案可每扇自成一体；也可中间两扇组合成一个完整图案，形成视觉中心，其余各扇为陪衬；还可以中间两扇图案相同，其余各扇自成图案。图案的题材多为民间故事、花鸟走兽等。

（2）窗

土家族地区喜用嵌在墙内的木质花窗，花窗不能开启，不够便利。花窗的图案样式可由主家自定，也可由匠人决定，但基本样式相差不大。花窗完全镂空，其保温性能差，多会在内侧糊上塑料布，但又会影响室内通风及采光。土家族使用的花窗纹饰有寿字格、田字格、万字格、三字格、王字格、一根藤、打烂冰、大包小、冰夹梅、鼓落格、豆腐干等，其雕刻精美，技艺高超。

窗的制作工艺

材料：窗户所用的木料多为椿木、杉木、枞木，因窗户须经风吹日晒，故选用木材比较结实。窗户做好之后一般只刷几遍桐油，保留木材的天然纹理。

尺寸：窗户的檩条宽度是约27毫米，厚度约45毫米。

构件名称：水平和垂直的檩条分别叫横川和直川，四周维合的叫边条，边条外是窗框，窗框外是窗枋和登枋。即从里到外：横川、直川—边条—窗框—窗枋、登枋。

做法：木工艺人先做好窗框，再将窗花的构件尺寸等比画在薄木板上，做成模板，根据模板切出窗花构件，各构件之间以榫卯相接，之后进行精细的雕花。

连接：窗户各构件之间采用榫卯连接，其连接方式有以下几种。如果横川和直川在中部连接就使用三角形企口或方形企口互相咬合；如果横川和直川在端部连接，则使用格肩榫接合方式；如果横川和直川需要丁字形接合，则使用垂直平榫结合方式。

（3）栏杆

栏杆是土家族吊脚楼的维护构件，其上部用于扶靠部位称之为扶手，下部支撑扶手的部件称之为栏杆。一般从楼地面到扶手上表面的距离约为850毫米，扶手厚度约100毫米，面宽约120毫米，多为枞木制作，其上方两棱切磨圆滑，外表面打磨光滑。支撑部件的栏杆可分为直栏杆、花饰栏杆、美人靠三种，直栏杆无修饰，花饰栏杆简洁粗犷，美人靠为下设条凳，上连靠栏，向外探出的靠背弯曲似鹅颈。

直栏杆：直栏杆在土家族民居中使用较为广泛，有两种形式，即方楞直条式和圆柱雕花式。方楞直条式只满足安全需要，由横川和直川拼接成，没有装饰。圆柱雕花式的木条呈圆柱形，其上雕刻纹样，制作上较前者复杂。

花饰栏杆：花饰栏杆常出现在富贵人家中，其做法类似于窗花的做法。多用截面约30×30毫米的细木棂以榫卯拼接的方式组成各种图案。从安全角度考虑，栏杆的用料比窗花大，雕刻也不及窗花精致。

美人靠：吊脚楼上的美人靠下设条凳的宽度约150毫米，栏杆间距约85毫米，较其他栏杆密，栏杆呈曲线形，扶手台面的宽度约150

毫米。

（4）楼梯

土家族吊脚楼内的楼梯构造形式主要有三类：井框式木爬梯、梁板式木梯、实木踏步楼梯。

井框式木爬梯：多用枞木、椿木、杉木制成。由两根直径约80毫米的木料竖直排列，用若干长度约600毫米的木料水平连接，其间距约350毫米。井框式木爬梯与梯子类似。

梁板式木梯：梁板式木梯也是土家族民居中最常见的楼梯，主要用于室外，设置在地平面落差处，也有设于院落或天井的回廊一侧，斜搭于厢房外廊之地板边缘。梁板式木梯较井框式木爬梯短。由两段块状木梁（一般用弯木料较多，主要取针叶树木根部制作）作为主要承力构件，其间榫插连接以片状木板作为踩踏的踏面。

实木踏步楼梯：实木踏步楼梯是最牢固、最精致，也是土家族山区中较为少见的，主要用于室内空间宽敞、层高较大、经济条件较好的土家族宅房内。其形式和现代楼梯接近：有圆木扶手栏杆，有木质踏面和踢面，有木质楼梯栏杆。

实木踏步楼梯的材料主要还是杉木、松木、椿木、白杨等。每级踏步几乎等同现代楼梯踏步，楼梯宽度视空间大小而定。在土家族民居中，三种楼梯并非独立存在，在某些地方往往是几种方式同时混合使用，因空间大小和主人需求不同而改变。楼梯的级数颇有讲究，只能是单数。

3. 家具的传统小木作工艺

土家族家具是指在土家族地区具有土家族特点的一般民用家具。

（1）家具的用材

① 常用木材

土家族家具用材主要特点是就地取材，因土家族地处山区，各种木材及竹材资源丰富，为家具提供了丰富的用材。优良的桐油、生漆又为家具的保存创造了条件。

杉木：又名沙木、沙树、刺杉，乔木，树高可达30米，树干通直，材质轻而韧，易加工。其纹理美观，木材芳香，不变形，抗蚁蛀，耐腐，适于水运。杉木生长快，易成林成材，其分布范围广，全国各地均适宜其生存。

松木：松木是土家族山区主要的速生树种之一，其断面纹理清晰；本色涂饰色泽清新、明快；材质柔韧、弹性好；在适当的使用条件下使用寿命长；其出材率高，易加工。

樟木：樟木为常绿乔木，产于我国东南沿海及湘黔等地，樟木心材红褐，边材灰褐，大者须数人合抱，肌理细腻，错综有纹，切面光滑富有光泽，宜于雕刻，干燥后不易变形。樟木中因含有樟脑成分，其木气芳香，可驱虫防蛀，但较易爆裂，其价值低于楠木。民间多用此材做樟木箱，适宜存放衣物，还可制成柜橱、屏风等。

槐木：槐木为豆科槐属落叶乔木，高可达25米，原产华北，在土家族山区也广为栽种，多作各种农具及房屋、家具用材等。槐木边材狭窄呈黄色或灰褐色，心材呈深褐色或浅栗褐色。切面有光泽，无特殊气味，槐木木材平直，纹理清晰，美观大方。加工性能良好，不易老化，防腐，防虫，稳定性好，不易变形。

②硬木

楠木：樟科常绿乔木，楠木有三种，其一为金丝楠，木材纹理在光照下可看到金丝闪烁，光亮璀璨，精美异常，旧时为皇家专用木材。多出于川蜀之地的深山中，数量稀少，价格堪比黄金。其二为香楠，木材微紫，香味很浓郁持续，纹理美观，没有金丝楠细腻，多产于南方地区。其三为水楠，是楠木中木质最差的一种，它的质地较松软，色泽轻淡，与水杨相似。在柴木家具中楠木为高档

木材，其颜色为浅橙黄色，纹理淡雅，质地温润，无收缩性，不易变形，雨天或黄梅天时还会发出阵阵幽香。

梓木：樟科，檫木属落叶乔木，广泛分布于全国各地，木材浅黄色，材质优良，细致，耐久。梓木耐水湿、耐腐朽、抗蚁蛀，且易干燥、易加工、切面光滑、尺寸稳定、无翘曲和开裂现象，广泛用来制作家具。

柏木：柏木属乔木，是我国分布最广的树种之一，生命力强，四季常青。柏木材质坚韧细密，纹理美观，芳香四溢，耐腐耐久，是建筑、造船和家具的良材。

③ 竹材

竹为喜热的常绿植物，在我国南方的亚热带地区分布广泛，土家族山区竹类资源丰富，种类繁多，种类有毛竹、水竹、湘妃竹、慈竹、吊丝球竹、黄杆竹等等。竹质家具以竹为原料，做工精细、结构严谨、造型优美、凉爽、舒适、经久耐用。竹质家具除椅、凳外，还有桌、柜、床、枕、席、灯具、屏风以及成套的折叠家具等品种。

（2）传统土家族家具的种类

① 躺卧类家具

土家族传统的躺卧类家具大体分为三种形式，即架子床、拔步床、罗汉床。

架子床：架子床的形制为四角装立柱，床面两侧和后方装围栏，上端四面装横楣板，顶上有盖。围栏多用小木做榫拼接成的各式几何纹样，因床上有顶架，故名"架子床"。架子床的优点显而易见，其一，左右围栏设计，使睡者放松，无落床的忧虑；其二，架子床缩小了睡眠的空间，如再加上围帐，便如一间小屋，藏风聚气。

拔步床：拔步床是架子床的一种，在架子床的基础上增加了更多的实用功能，其造型也就相对烦琐，在架子床前方安放在一个木制踏板，踏板长出床沿1米左右，甚至更长。踏板四角立柱，镶以围栏，在床前形成走廊，两侧小型家具，整体像一幢独立的小屋子。因南方夏天炎热多蚊虫，床架可挂蚊帐。而冬天湿冷，床前的走廊，放置必备的起居用品，如此冬天不用下床即可方便取放物件，将卧室空间浓缩其中。雕花滴水床即为拔步床的一种，又名"千工床"，其用料讲究、做工精致、雕刻精美，非大户人家不可为。

罗汉床：指左右两侧及后面装有围栏的床，围栏多用小木做榫拼接而成，也有用三块整板制成。后背稍高，两侧稍低，其造型朴实典雅。这类床的大小不一，通常较大者称"床"，较小者称"榻"。

② 椅坐类家具

靠背椅：有后背无扶手的椅子，分为一统碑式和灯挂式。前者的椅背搭脑两端不出头，与南方官帽椅形式一样。后者椅背搭脑两端长出柱头且微向上翘，如挑灯的杆，故名"灯挂椅"。通常，靠背椅较官帽椅略小。用材与装饰上，硬木、杂木及各种漆饰皆有，靠背椅轻巧灵活，多置书房、卧室等地，使用方便。

扶手椅：有靠背和扶手的椅子的总称，有两种形制，其一为南方官帽椅，形制矮小，后背和扶手与椅座垂直，南方称之为文椅，北方则称之为玫瑰椅；其二是四出头官帽椅，其搭脑和扶手都探出头，造型颇像古代官员的帽子而得名。土家族地区的扶手椅以直背居多，曲背的曲度也不大，这与当地家具用材有关。其形式繁简各异，多成对放置于厅堂，体现庄重之感。清代，民间将所有的扶手椅统称为太师椅。

③ 凳类

土家族的凳子和坐墩的造型形式多样，有长方、正方、圆形、

六角形、八角形、梅花形和海棠形等，形式上可分为有束腰和无束腰两种。有束腰凳多用方材，曲腿，足端多为内翻或外翻马蹄儿；无束腰凳则方、圆材皆用，直腿，腿足少作装饰。

长凳分长方和长条两种。长方凳的长宽比差距不大者统称方凳，长宽比差距明显者称为春凳，可供两人并坐。长条凳座面窄而长，凳面宽约20厘米，长约300厘米，腿足多向外撇，腿足占地面积为座面的一倍以上，牢固稳定。长条凳为多功能家具，不仅可供多人并坐，还可当临时卧榻使用，乡间喜庆宴请时还可用作"流水席"的餐台。圆凳造型敦实，三足、四足、五足、六足、八足均有，腿足呈弧形，牙板随腿足膨出，足端削出马蹄，下端为环形托泥。

绣墩又称坐墩，源于汉族，是传统凳具家族中最富有个性的坐具，圆形，腹部大，上下小，其造型似古代的鼓，又叫鼓墩。绣墩的历史悠久，战国时已有此造型，为凳子中的佼佼者，灵秀、富丽。土家族绣墩多用木板攒鼓的手法，做成两端小，中间大的腰鼓形，雕刻精美，多与梳妆台配套使用。

④ 摆放类家具

桌子：桌的外观有方桌、圆桌、半圆桌、长桌和条桌，其结构样式可分为有束腰和无束腰两种。有束腰是桌面下方与桌腿上方的一部分造型结构向内收缩，外观看去如给家具系上一条腰带，故名"束腰"，腿足多装饰。无束腰是四腿直接支撑桌面，腿间用牙板或横枨连接，以加固桌腿，无束腰桌腿足无装饰。

案：案的腿足装在两侧向内收进一些的位置上，腿足间有牙条和横枨连接加固。案足做法有两种：其一为案足直接落地，腿足部分于横枨以下分别向外撇出增加稳定性。其二为案足不直接落地，而是落在托泥上，以托泥落地。这两种案上部的做法基本相同。

写字台：用于书写、办公，陈设于书房中的家具。清前期为书案，清中后期，融入了西方家具的元素，将书写、存储等功能合并，是中西合璧的产物，写字台的屉面多以绦环板装饰。

香几：用来焚香置炉的家具，多成组或成对使用。香几呈花瓶式，多为束腰形式，自束腰下开始向外膨出，足下带托泥。多为三弯式高腿足，高度约在90~100厘米不等。

矮几：是摆放在书案或条案之上陈设文玩器物的小几，越矮越好。案头所置小几，以板为面，以四牙代替腿脚，其长约67厘米，宽约40厘米，高约10厘米。矮几雕饰精美，有的还镶嵌金银宝石。其上或陈设香炉或香盒，或置一二卷册，或置雅玩，俱显其妙。

茶几：以方形或长方形居多，其高度相当于扶手椅的扶手，多设在两把椅子的中间，以放置杯盘茶具，其雕饰花纹与配套的扶手椅一致。

⑤ 盛装类家具

盛装类家具主要有橱柜、柜、箱等，用以存贮各种物品。

橱柜：将橱和柜结合在一起，兼具橱、柜、案三种家具的功能，其上部为橱，下部为柜，兼具展示与收纳功能。橱柜的形制有桌形和案形两种，与桌案等高，顶面下置抽屉，抽屉下装柜门两扇，柜门上部多镂空，橱柜内分上、下两层，以板隔开，上部为展示空间，下部为储藏空间，左右及后面镶板封闭。

柜：土家族最常见的柜是顶竖柜，由底柜和顶柜组成，又名"顶箱立柜"。其形如衣柜，大漆装饰，柜门上饰有"富贵平安"等纹样。

箱：形体不大，两边装有提环，便于携带与搬动，用于存储衣物等。箱子由于经常挪动，易损坏，故在各边及拼缝棱角处常用铜叶包裹以加固，兼具装饰作用。

⑥ 室内装置、装饰类家具

屏风：种类和式样繁多，用以挡风遮蔽、分隔室内空间，彰显使用者的财富和地位。

梳妆台：婚嫁用品，为女方带来的嫁妆，大者似桌，桌面有梳妆盒存放脂粉、梳篦等梳妆用品。梳妆台前还配置凳子或绣墩。

衣架：卧室中挂衣服的架子，木质，其上为横梁，两头雕龙凤纹、灵芝、云头之类，横梁两侧与立柱榫接且端头长出立柱许多，立柱下端榫接木墩底座以固定衣架。

巾架：其结构与衣架相似，长度与衣架差别甚大，多与盆架组合使用，用于悬挂毛巾，也挂衣服。为一人使用，或可称为单人衣架。

盆座与盆架：承托盆类容器的架座，有四、五、六、八角等多种形式，顶面有几角，便有几条腿足，唯圆面可随意决定腿足数量。腿足下均有托泥。还有一种集盆架和巾架于一身的盆架，其下部结构同桌的形制类似，桌面下有抽屉，上部巾架装饰精美，玻璃质地的镜子嵌入，属清末后期制品。

⑦ 其他

土家族地区有一些小型木雕盘、盒，多为清末民初的作品，为富裕家庭所使用，如果盘、果盒、梳妆盒、怀表盒、镜架等。木雕酒桶、礼担也是民国时期富裕家庭使用的器具，它们雕工细腻，以棕红色为主，辅以黑色和金色，古朴富丽。

（3）土家族家具的装饰工艺

土家族家具多以漆装饰，主要装饰工艺有漆饰、雕刻两种类型。

因土家族木质家具多以柴木为材料，加之土家族地区地处南方山区，空气潮湿，天长日久，柴木必会受潮腐朽，以漆髹涂可将家具的木质胎骨密封起来，隔绝空气，以起到胎骨封固的作用，另外，

以大漆髹饰还可遮掩木质胎骨的瑕疵，起到遮丑的作用。而大漆的颜色沉稳、厚重、历久弥新的特性更是深受土家族喜欢。

漆饰的主要手法有素髹、描绘、镶嵌等，视所需装饰的家具而定，相比较之下，镶嵌用得较少，多为富贵人家所采用。

雕刻技法因费工、费时而采用较少，多数在木胎雕刻完成后，髹漆描绘。

土家族家具装饰题材多选自日常生活所见，经过匠人的加工，民族特色浓厚。

（四）土家族传统烧造工艺

1. 烧造工艺——土陶制作工艺

土家族的制陶工艺源远流长，和土家族文化联系密切。考古发现，早在新石器时代，土家族先民就制作出灰陶、黄陶、黑陶、白陶、彩陶等陶器，其器形有陶钵、陶豆、陶盒、陶罐、陶盆、陶斧等，造型多样，工艺精湛。屈家岭遗址和石家河遗址中的"轮转"制陶工艺至今仍在使用，与土家族人的生活密不可分。

土家族人称陶器为"窑货"，传统烧制陶器的场地为一口长长的土窑，土窑的两侧是用于烧窑的窑眼。制作陶器的工具就是一台"车子"、一块修板、一块地板、一个花印、一根拉线和两个脏槌。"车子"为制作陶器的操作台，上小下大的圆柱状锥体构造，上方为平台，可将陶泥放在上面，内部为空心，圆心处为轴，轴深埋在地下，整个操作平台可围绕轴作高速旋转，制陶者坐在"车子"一侧的上方，用脚蹬"车子"上方平台的边缘，让其旋转。修板是一块简单的铁板或木板，单手可握，制作过程中用于控制陶器的形状。地板是用来盛放制作好的陶器胎体，多木质，窄而长。花印为陶质盔体，也叫瓦盔，刻上花纹，用来给陶胎印花。拉线由一根铁丝制成，两头系上布头，胎体成型后用拉线将胎体从操作台上

切割下来。脏槌为木质，用于捶打陶胎，使其进一步成型。制陶工艺中最关键的也最难掌握的是烧陶，其次是装窑，而做泥坯是最容易的。

制陶的第一道工序是做泥坯。做泥坯前需要到山上取陶土，把陶土挑下山后晒干，用石磙碾细，再用筛子过滤，过滤后的泥粉浇湿拌成团，在背光处阴一天后上大堆，即可用来做胚。陶土有两种：一种是白色陶土，取于地表，可做小型的陶器，如油盐罐、坛子之类。另一种是黑陶土，黑陶土黏性强，须从很深的地层下挖掘出来，可做水缸等大件陶器。为使陶器表面光滑好看，陶胎还须上釉。釉料的配方不同，烧制出来的器皿颜色就不同，常见的有板栗色和青色。

第二道工序是装窑。装窑需两个窑匠和四个搬运工。窑匠的装窑技术决定着烧制成品的数量和质量，装窑时要保证每件泥坯能充分吸收热量，又不能在中途倾斜。

第三道程序是烧窑，烧窑前要做到胚干、窑干、柴干。头天晚上开火，称为烧草火，到第二天早上，看第一排泥坯红透以后就开始烧赶火，赶火需要两个窑匠从两边的窑眼同时烧，从窑底第一排窑眼一直烧到靠近烟囱的最后一排窑眼，烧完后闭窑，冷却一到二天后即可从窑里搬出成品，称为出窑。

2. 金属锻造——铁工艺

土家族地区多有固定的铁匠铺。"铺"多是一间破旧的房屋，正中安放一座用于煅烧铁坯的火炉，炉边架一个风箱，拉动风箱可给火炉内注入足够的空气，使炉内燃料燃烧充分，增加炉火温度。铁器锻造的主要工具有：小铁锤、大铁锤、铁钳子（用来夹烧熟了的铁坯）、铁砧子（打铁的平台）等。需锻打的铁料先放在火炉中烧红，然后用铁钳子夹着将烧红的铁料移到砧子上，由徒弟手握大锤进行反复锻打，师傅左手握铁钳不停地翻动铁料，右手握小锤一边用手势指挥徒弟锻打，一边修改关键位置，将铁料打制成需要的形状。

传统的铁匠师傅会带一到两个学徒，学徒的主要工作是用大铁锤，帮助师傅把铁毛坯打成所需的形状。在最后的成形阶段，主要由师傅来完成。铁器制作有时还要放入水槽内淬火，淬火是一项技术活，全凭实践经验，很难掌握。淬火技术不过关，制作的铁器就不会耐用，或者根本不能用。

3. 烧炭工艺

将树木枝干烧制为炭。《魏书·刑罚志》载："畿内，民富者烧炭於山，贫者役於圃潠。"土家族地处深山，树木资源丰富，很多树木都可以作为烧炭的原料。

烧炭，先是择窑址挖窑孔，然后是砍树锯木、装窑、烧窑、封窑和出炭等几个流程。

炭窑：窑孔位置应选择在岗头垄背等平坦之处，以通风、干燥的地方为宜。窑孔呈半圆形状，先用锄头划一个大致的轮廓，然后把圈内的沙石泥土都挖出掏空。窑高约1.6米，宽约2米左右，四周靠边沿之处，留三至四个烟囱洞和一个观火眼。

伐木装窑：多砍伐碗口粗的树木，斩头去梢，将中段砍成五尺来长，不带枝叶的光木段，拖到窑里。将树段竖直，从里到外排列于窑孔之内，把含有松脂的、容易燃烧的松木段放在引火口。然后在排列着的木段上端盖一层厚厚的柴草，柴草之上再覆盖厚厚的黏性较高的黄泥，用长木棍子不停捶敲，将黄泥捶紧捶实，起密封作用。

烧窑：烧窑时先用干柴引燃，塞进窑口洞里，用火烤里面的木段，将其烤干，至松木段燃烧起来。起初，炭窑冒出的烟为白色，

带有水蒸气，几昼夜后，烟变黄，再变青，直至冒出的烟成为看不见的气即可封窑，将洞口、烟囱和观火眼都用黄泥密封住。

封窑：封窑须由烧炭多年的老炭工把关，烧过了头，留下的是灰，徒劳无功。反之烧不透，封火过早，炭的中心部位还是木质，叫生炭，用起来有烟，且炉温不高。封窑一星期后方可开窑透气，再冷却三天，即告完成，烧一窑炭前后须半月之久。

取窑：打开窑门把一段段乌黑发亮的木炭从窑内取出。

（五）土家族传统酿酒工艺

土家族酒文化独具特色，土家族山区各地均有上等好酒，有道是高山流清泉，好米酿好酒，酒是土家族的主要饮料之一。酿酒的最早原料有植物茎和果实，后来用谷物如苞谷、高粱、红苕、大米等。土家族酿酒历史悠久，其先民"賨人"有特产"清酒"，早在周代就被列为三大名酒之一。秦时，清酒作为赎罪品，与汉族"黄龙"一样珍贵。《后汉书》记秦王与"賨人"刻石盟约时规定："秦犯夷，输黄龙一双，夷犯秦，输清酒一钟。"汉时禁酒，专以"清酒为圣人"。《水经注·江水》记："江之左岸有巴乡村，村人善酿，俗称巴乡清郡出名酒。"《太平寰宇记》载："巴州以竹根为酒注子，为时珍贵。"土家族有多种酿酒技术，能自酿米酒、苞谷酒、高粱酒、红苕酒、竹根酒、茅草根酒等，品种繁多，品质优良。

1. 白酒

白酒即为清酒，清澈无色，味甘香浓烈。旧时土家族人爱喝酒，男女老少也都会酿酒。白酒在土家族地区称为"烧酒"，以不同的粮食为原料可以酿制不同的烧酒，如大米酿的大米烧，苞谷酿制的为苞谷烧，还有高粱烧、小米烧等。以粮食酿酒，须将粮食蒸至熟透、晾凉，温度要适宜，拌曲要适量均匀，发酵过程和蒸馏取酒要适当，所用之水为最好的清泉水。

苞谷酒是烈性烧酒，土家族男人多爱喝苞谷烧。《中国土家族习俗》中说："土家族汉子最喜欢喝苞谷烧，有'苞谷烧，苞谷烧，三碗不可少，十碗不为多，再来几大碗，好汉醉不倒'的酒歌。"

2. 咂酒

土家族咂酒的历史悠久，如乾隆四十年（1775年）刻本《石柱厅志》载："土风为民风之倡。……死亡不从凶而从吉，家家燕乐闹丧……其尤可怪者，邀集男女会饮咂酒。遂贮糟，糟注水成酒，插竹筒糟中，轮吸之。" 土家族酿制咂酒用高粱或糯米为原料，陶罐发酵，饮前注入开水浸泡约10分钟，再插入竹管或麦秆吮吸，其香气扑鼻，使人神清气爽、心旷神怡。土家族人逢年过节都会用咂酒来作为祭祀和庆祝的酒。

3. 甜酒

很多民族都喜爱甜酒，甜酒在土家族地区的历史也十分悠久。清光绪《龙山县志·风俗》载："居城市者，贫富皆饭稻。其米精凿，极利养生。酒性多峻烈，过饮或至病。惟糯稻酿酒者，曰甜酒，并糟食之性较温平。"甜酒多用粳米、糯米作原料，其中以糯米甜酒最为香甜。甜酒是土家族人爱吃且不醉人的好酒。用甜酒煮鸡蛋、煮糍粑、炸猪肘子都是土家族的特色美食。

酿制甜酒时十分讲究清洁卫生，所有工具都要洗干净，糯米和粳米的淘洗讲究，直搓至雪白为止。蒸糯米的火候要得当，糯米饭须蒸得不软不硬，粒粒可数。拌曲发酵约24小时后才可品尝。发酵地点须温度较高，传统发酵约三五天。

（六）土家族传统石作类型

土家族地区山高坡陡石头多，人们在长期的生产与生活实践中

掌握了各种石作技术，在还没有现代工具之前，像石辗、石磨、石擂钵、石棺、石水缸、石猪槽及修屋的柱基石磉墩、屋坪前的石板坪等，都是由石匠们所作，故石匠多受人尊敬。石作工艺中的主要形式即为石雕，土家族石雕的主要形式为牌坊、墓碑、柱础等，多为浮雕，少有透雕、圆雕、线刻等。单独的圆雕作品，如石佛、石马等也占有一定的比例，且影响较大。

石雕中以墓碑居多。墓碑形式有牌坊式和亭阁式，现存最高的墓碑达6米。碑身上雕刻的内容有历史、传说和戏曲故事等，也有反映世俗生活的内容或花草、动物等图案。

牌坊有功德牌坊和贞节牌坊两类。功德类牌坊以渔、樵、耕、读、琴、棋、书、画及车马出行、威风排场为内容。贞节类牌坊以神话、历史题材为主，内容多为夫妻恩爱、勤劳孝顺、相夫教子等。

柱础按用途可分为民居与宗教建筑两类。民居柱础的石雕以动物、植物花卉为主，反映家族繁衍、多福多寿的愿望。宗教建筑柱础的石雕以人物为主，多为二十四孝、端公做法事、横渡苦海及福、禄、寿、喜等内容。

作为土家族地区数量最多的民间美术作品，石雕不仅与人们的生活密切相关，而且在土家族地区影响深远，虽历经千百年的变迁，其艺术光辉仍然没有衰减。

四、土家族礼俗宗教与传统造物设计

（一）土家族图腾崇拜

土家族在数千年的历史实践中创造了自己的图腾崇拜，又随着生产技术的不断进步而衍生出不同时期的精神文化。

1. 白虎图腾

土家族人崇拜白虎其实也是对祖先和英雄的崇拜。土家族的先祖

廪君具有超人的智慧和勇气以及超凡的能力，为氏族的生存繁衍立下了不朽功勋。《后汉书·南蛮传》中记载土家族领袖廪君死后变为白虎。这种记载反映出土家族远古先人对权力和能力的崇拜，也是对英雄的崇拜而产生的美丽幻想。

土家族有敬白虎的习俗，旧时梯玛跳神时须"还人头愿"，就是将自己额头刺一小口，用几滴人血来祭祀"坐堂白虎"。因坐堂白虎是好神，要敬奉它。崇虎者，有的将虎像作为祖坟上的守护神。恩施的土家族人认为自己是巴人的后裔，也崇虎，并把白虎视为祖先神。潘光旦教授认为，因古篆体字中，"䖝"（虎）与"帝"（帝）相近，可能白帝天王的"帝"，为虎之误，白帝天王就是白虎天王。

2. 崇虎与射虎

虎要伤人，这是土家族的现实问题，而赶虎，在土家族先民心目中，除了有自我生命保护之外，也是畏惧自然界带给人们无法抵抗的灾难的表现。

《黔江县土家族苗族自治县概况·民族信仰》中载："在黔江土家族人中，有敬白虎的习俗，也有赶白虎的习俗。在部分土家族的迷信中，最怕白虎神，尤其是不满周岁的小孩，时常提防被'白虎星'所害。小孩一旦害了翻白眼、吐白沫的病，便认为是被'白虎星罩了'，立即请梯玛（土老司）来赶白虎，以消除灾星。为了防止小孩被白虎所害，带小孩出门时，即用锅烟墨涂脑门画十字，在小孩身上插一把剪刀之类的铁器以作杀虎武器，以示小孩是'打虎匠'。"

白虎因会"吸人血"，所以古人在祭拜它的同时又要杀它。彭继宽先生在《土家族原始宗教述略》中说："鄂西土家族地区古代流行'还人头愿'风俗，每次祭白虎神，要杀一人以祭之，后来

社会进步，认为杀人祭祀过于残忍，便逐步改为在巫师额上开一血口，称为'奸头血祭'，或'还相公愿'，以后又改为杀牛祭祀，称为'还牛头愿'。湘西土家族则认为白虎神有两种，一为'行堂白虎'，一为'坐堂白虎'，前者凶恶视为邪神，必赶之，后者家神，视为尊神必敬之。"

（二）崇神忌鬼及祖先崇拜

1. 诸神崇拜

神灵崇拜也叫自然崇拜，土家族先人认为，万物皆有神灵，这些神灵中，与土家族人起源有关的有"雷神""太阳神""月亮神"等。

雷神：土家族庙里供奉的雷神是一位瞪着突出的双眼，怒气冲冲的黑脸神。在古人心目中，雷神是备受敬畏的凶神，能分善恶，得罪雷神会遭灭顶之灾。古人看来，雷神的威力最大，雷鸣电闪，显示其强大和神秘，雷神还带来狂风暴雨，甚至引起火灾水涝，使五谷不生，六畜不旺，甚至击毙人畜。因此，古往今来，土家族人祭祀时，总不忘祭天、祭雷神。

四官神、五谷神：是土家族民族传承的好神。据说四官神管六畜，五谷神管五谷。也有说四官神是财神的，各地说法不一。

土地神：据说土地神管理着本地的邪魔妖怪、鸟虫兽害，土家族人敬奉土地神，希望他保佑五谷丰收，六畜兴旺。另说土地神类似乡约保正，专管地方治安。在土家族地区，常可看到路边、地边有一个个筑得十分考究的房屋式的"土地庙"，有的有一人多高，供奉着泥塑或木雕的土地公公、土地婆婆，与汉族土地庙很相似。

灶神：《黔江土家族苗族自治县概况·风俗习惯》载："土家族人认为灶神是玉皇大帝的通信大使，是管一家安乐的神灵。每年腊月二十三日，家家户户要送灶神上天去见玉皇大帝，到了三十还要

接回来。有的还认为灶神是秉公评理的神灵，人们发生纠纷，往往当着灶神发咒了事。"在土家族各县的县志中多有祭灶神的记载，说明灶神在土家族人心目中地位之高。

《湘西土家族苗族自治州民族志·宗教信仰》载："土家族以往迷信诸神，凡是认为能为自己消灾造福的'万物'，均属迷信对象。除了奉敬祖先神、土王神和'梯玛神'之外，还敬奉灶神、土地神、四官神、五谷神、梅山神、白虎神等等。"

2. 忌敬鬼魅

土家族先人认为善者为"神"，恶者为"鬼"。是鬼者，均为驱除物，凡神者，皆为崇拜对象。在土家族地区，崇拜神，也忌敬鬼。因为土家族人认为万物皆有灵，生病是因为撞鬼了，须到天王庙许愿，病好了须请梯玛作法还愿；遇到倒霉的事，是麻阳鬼作祟，须请梯玛、端公捉麻阳鬼；人死了要请道士、梯玛做道场，跳丧，超度亡灵；小孩病了，是行堂白虎作祟，须请梯玛赶白虎；逢旱祈雨，须举行隆重的仪式送瘟神。

土家族地区旧时敬鬼，故多有从事巫术活动的人。中华人民共和国成立后，通过社会主义改造，已少有人从事巫术活动，梯玛也只是在农村的丧事上以跳丧舞、串花等形如文艺表演的方式来热闹丧家。

3. 祖先崇拜

土家族崇拜祖先并将祖先神化，他们认为各行各业都有其先祖在保佑，土家族供奉的神坛上，或是没有对象一个空神位，或是有名有姓的神，且都是其先人。崇拜祖先是土家族人很重要的精神寄托，在他们心里，除了天地之神外，祖先神就是最好、最有本事的神了。在土家族地区，人们认为他们历代祖先去世后都变成了神，过年过节都要祭祀一下，特别是氏族的祖先和土司官吏。

土家族人的祖先崇拜带有鲜明的地域性和宗教色彩，如始祖

神，鄂西敬奉的有芝兰飞、覃阿土希、覃阿土贞；湘西敬奉的是依窝阿巴、布所雍尼、傩爷傩娘；川东敬奉的是傩爷傩娘；黔东北敬奉的有东山圣公、南山圣母。

就土司祖先来说，不同的土司地区敬奉也不同。鄂西祭祀的土司神有：覃土王、田好汉、向大官人；湘西祭祀的土司神有：彭公爵主、田好汉；渝东南敬奉的土司神有：飞山令公、黑帝土主、杨宣慰、向宣慰；酉阳敬奉的是冉、杨、田（或安姓）三姓土司等等。土家族对祖先的祭祀大多通过梯玛活动来表现。

（1）祭土司祖先

由于土家族地区历史上是土司分立，各据一方，故各地信奉的土司祖先各有侧重。土家族人多将土司祖先的仙位立于寺庙之内，在佛寺里加入了本民族的祭祀色彩和内容。旧时，土家族地区也有专门的供奉土司祖先的庙宇。如在清江流域、娄水流域多立向王庙或向王天子庙；酉水流域多立土王庙、三神庙、彭公庙；来凤北部到重庆的酉阳一带立有三抚宫。民国以前的土家族村寨，多设有土司祖先的土王祠、摆手堂，供奉彭公爵主、向老官人、田好汉等，但极少有宗祠。

祭祀土司祖先，并不代表土家族人对历代土司的敬仰。因土司制度下的土家族人的生活非常艰苦。对土司祖先的敬奉，源于土司后代对祖先的祭祀。作为土司的后代，为了巩固其统治，在自己辖区强制推行个人崇拜。也出于内部凝聚和一致御敌的需要，及千百年形成的惧官心理而产生"土司崇拜"。

（2）氏族祖先崇拜

在土家族氏族祖先神中，最著名的要数八部大王神。传说八部大王是湘西土家族地区的八个部落首领，他们分别为：敖朝河舍、西梯老、西呵老、里都、苏都、那乌米、拢比也所也冲、接也飞也那

飞也八人，为孪生兄弟，因出生时长相奇特，被其父弃之荒野后为龙凤所收养。龙和凤传授他们本领，八兄弟力大无比且本领高强，后为朝廷效力，被皇帝重用，封他们为八部大王，遣回乡后各管一峒。土家族人认为是八部大王在湘西创造了土家族的历史，因其立下奇功，故把八部大王作为氏族祖神来供奉。

此外，土家族人也信奉大二三神。《鹤峰县志》载：大二三神为"田氏之家神也"。在湖北鹤峰、五峰，湖南的桑植、永定、石门，贵州的沿河，民间传说大二三神是田氏家族远祖，他们帮助女娲补天，建立了功勋。旧时，在鹤峰、五峰、利川等地的庙宇中，后人根据大二三神的传说将其装扮成红黑白三种脸谱的神，世代供奉。

（3）敬家先

敬家先，在土家族各地无异。每个家庭的堂屋正中上方都摆有神龛，供奉历代祖先。家庭条件好的，神龛做成讲究的雕龙刻凤的木柜，没有条件的人家，则简单地用一张红纸写上"天地君亲师位"贴于神龛的位置。

（三）梯玛崇拜

1. 梯玛的社会作用

梯玛，土家语意为敬神的人，也有老师、领头人的意思。土家族地区汉语俗称为土老司，意为巫师，即祭祀过程中主坛的师傅。土家族先人把梯玛看成是人们对神祈求的代言人，又是神的意志的表达者。既能代表人们向神鬼提出请求和愿望，又能传达神的意志，替神为人们排忧解难，消灾灭祸。故在土司制度时期，梯玛是土家族人看得见摸得着的崇拜对象。在土家族先人心目中，梯玛的社会地位崇高，土司们也对梯玛敬畏三分。

梯玛是世袭制，也有从师学艺的。梯玛是土家族祭祀活动的主

祭人，在改土归流前是很有权威的宗教人物，影响着基层执政者的思想意识，有一定的实际权力，还操持着民间宗教仪式，对于民族地方上的一切大事小情都有涉及。改土归流后，梯玛主要替人驱邪赶鬼、求福消灾、祈祷天地，主持还愿、求雨等祭祀仪式以及给人操办红白喜事。梯玛不仅能表演摆手舞、铜铃舞、跳丧舞，还掌握着土家族的史诗、典故、各家各户的主要功德，是土家族历史文化的主要传承者，对土家族的历史文化传承曾做出过巨大的贡献。因土家族没有本民族的文字，在历史上，有什么需要记载的，就以石刻画图的形式记下。所以大量的历史传承都是通过梯玛的经歌——《梯玛神歌》口传心授地传承下来，《梯玛神歌》是土家族再现历史的史诗。

中华人民共和国成立后，梯玛活动曾一度停止三十余年，几乎断代，也导致《梯玛神歌》的一些内容失传。为了使梯玛文化得以流传，有些梯玛的后代和从事民族民间文化工作的部门或个人合作，用汉字把一些尚能记起的《梯玛神歌》内容记录下来，以示后人。

2. 梯玛的造型

做法事时，梯玛的服装是凤冠、法衣、八幅罗裙，主要道具有月皮（神图）、司刀、长刀、牛角、竹卦等，在不同的场合所用的道具不同。

服装：梯玛的服装为法衣、八幅罗裙以及凤冠。法衣为满襟或开胸对襟的红色长衫；八幅罗裙为八种颜色条布缝制而成的长裙；凤冠为八角形半通透的帽子，每一角绘有一个神像，称之为八部大王。梯玛的法衣用于拜见神灵，八幅罗裙和凤冠为上天拜见天神之用。

月皮：梯玛做法事用的神图，大、中、小各一张。大月皮分十二层，对应十二个月，含天、地、神、灵、火、山、鬼、人、水等内容，做法事时挂于东家大门内。法事按大月皮中的层面有序进行。中月皮分两层，上面是彭公爵主，下面是八部大王，挂于在东家神龛的左边。小月皮共一层，绘三仕女、龙、凤、虎、蛇、鸭、鸡、猪、塔、打花兵、官骑兵、星伞兵、抬轿人、推车人、打旗人等，用于做法事上天河时铺在长凳搭成的天桥上。

铜马：由铜铸成，共五匹，其中大马一匹，重约200克，上骑有八部大王，小马四匹，重约100克，无骑者。在作法事时铜马须摆放在神桌上。

铜铃：即八宝铜铃，做法事时边唱边在大腿上槌，发声清脆悦耳，是贯穿梯玛法事始终的主要伴奏道具。

司刀：铁质，用于算命和驱邪。其刀柄有南北斗星，下有一个铁环，铁环上有24个大小不一的铁圈，小铁圈能从大铁圈中穿动自如。

长刀：用铁制成，刀柄尾端有一铁环，其上系各种布条，用于赶鬼赶白虎。

竹卦：竹质，分大、中、小三种，用于测吉凶祸福。

牛角：系水牛角做成，吹奏，用于渲染气氛。传说其音调浑厚，对鬼神有震慑力。

梯玛祭祀是一件极其严肃的事，场面也十分考究。

土家族地区农历初一、十五还会烧香敬茶，逢年过节要敬酒、敬肉、烧香、烧纸。寨内遇水、旱、火、风灾害以及疾疫等，都要请梯玛举行祭祀，求神消灾降福。一年一小祭，三年一大祭，大祭以宰牛为重礼，祈祷人丁健康、六畜兴旺、风调雨顺、五谷丰收。祭堂(包括摆手堂)之地，禁止人畜践踏，保持庄严、肃穆。

（四）土家族传统婚丧事行序与器物设计

1. 土家族传统婚礼行序

传统的土家族的婚俗制度，按婚姻的发生顺序，依次分为恋

爱、提亲、认亲、拜年、备妆、插花披红告祖礼、花圆酒、开脸、哭嫁、迎亲、拜堂、烧袱子、入洞房、闹洞房、出拜、圆席、回门、谢媒等步骤，其主要内容如下：

（1）恋爱：土家族早期实行自由恋爱，常以木叶情歌沟通、定情。但这种自由恋爱在清雍正改土归流之后改为家长做主的包办婚姻，直至中华人民共和国成立后恢复。

（2）提亲：男方托媒人带着一把伞来到女方家提亲，商谈后，若女方未将伞归还，则女方对亲事初步认可。

（3）认亲：提亲成功后，男方须接受女方家长的审核，称"试婚"。此时，女方在家中设宴，召集众多亲戚赴宴，称"放话酒"。认亲时，男方须在族中亲长的陪同下，携带礼品（尤其是猪腿）前往女方家中拜见。女方盛情款待，鞭炮相迎。

（4）拜年：表示男方与女方家族之间亲戚关系的即将形成，一般在大年初一，男方到女方家拜年，拜年有荤素之分，荤年的礼物主要是糍粑与烟酒等；素年则主要送一斤左右重的面条，以红纸捆好。

（5）备妆：即置备嫁妆。嫁妆是女方家族为女儿准备的出嫁后的财产，属女方单独所有，包含必备的日用品及部分财物，其中，最必不可少的是火盆与脸盆架。

（6）插花披红告祖礼：在婚礼前一日，男方宴请亲友的席间进行插花礼与披红礼。插花礼时，堂前摆放神位，另摆两张方桌，其上摆数对花瓶，准新郎对神位行礼，恭立中间，其长辈亲属依次上前向准新郎献花、插花。插花结束后，进行披红的仪式，须将准新娘缝制的红色披肩披在准新郎身上。结婚前夜，须进行告祖礼，准新郎在礼官的指导下向祖先上告结婚事宜。

（7）花圆酒：是出嫁前一日女方宴请亲朋好友，与男方的插

花同时进行。花圆酒当天待嫁姑娘躲在闺房中,客人须去向她祝福。女方将嫁妆摆好供亲友观赏,最后由男方请来的"夫子"抬走。"夫子"抬嫁妆时须向女方奉送猪肉、糍粑等礼品,为"迎嫁妆"。嫁妆中的火盆与洗脸架上放有红纸叠成的小包——"红封封",里面包有金钱,作为女方给"夫子"搬嫁妆的酬劳。

(8)开脸:女方出嫁前的化妆,由姑嫂协助化妆,用两根棉线绞尽脸上汗毛,眉毛绞弯,长辫梳成发髻,戴上头花、耳环等首饰,穿上民族服装,等待出嫁。

(9)哭嫁:哭嫁是新娘出嫁当天(或出嫁前三天甚至半月前开始)用痛哭的方式表达对父母家庭思念的方式。出嫁时不哭或者哭不好都会被认为不能干也不吉利,因此哭嫁也是土家族姑娘从小就要学习的一门技术。

(10)迎亲:男方未发轿迎亲前,备好猪头、鸡等物祭祀土王,称为"敬土司王"。起轿时需要杀鸡滴血于轿子四周,称为"封轿",新郎坐轿中,等轿子走到朝门才能下来,称为"压轿"。由夫家备好花轿乐队,押礼官带队,新郎随同,一路吹打去女家迎亲。新娘在婚日着露水衣,打露水伞,由兄弟背负上轿。在男方轿子出发的同时,男方家人将会邀请木匠师傅到家中"安床",重新修葺两人新房中的床,并进行祈福消灾的仪式。

(11)拜堂:花轿停于中堂,女宾将新娘扶出轿外,指导新娘熏四眼、跨过"七星灯",与新郎并列堂前,开始拜堂礼仪,主要内容是拜天地、拜父母、夫妻交拜,最后送入洞房。

(12)烧袱子:在拜堂的同时进行的一种简易的祭祀活动。男家在拜堂的同时,焚烧写有此次婚姻信息的纸片,意在向冥界传递消息,告诉祖先此次婚姻的现状,并表示女方将成为男方的家庭成员,拥有共同祖先。

（13）入洞房、闹洞房：进入洞房后，夫妻将争先坐在床上，谁先坐定，就表示谁在日后的生活中掌握家庭的主要权力，称为"坐床"。同时进入洞房的还有一位男方的长辈妇女，她将为夫妻铺床，且一边铺床，一边口唱祝词，表达对夫妻双方婚后生活的祝福。进入洞房之后，闹洞房开始，许多亲友插科打诨，戏弄夫妻二人，场面热闹。

（14）出拜：是新郎、新娘在婚礼次日早晨拜见男方长辈的过程，正式表明新娘成为男方的家庭成员，将与男方一起承担家族责任。新郎、新娘在礼官的指导下向长辈们一一行叩拜礼，向受拜者送上新娘亲手做的布鞋，称"送茶鞋"，而长辈则向新娘赠送礼钱，称"丢拜钱"。

（15）圆席：婚礼次日下午由新郎、新娘与男方家人进行一次宴席，介绍长辈亲友，从而在家族内部确立女方的合法地位，也要求女方进入家族履行义务。

（16）回门：婚后第三天，由新郎陪同新娘回家看望父母，称为回门，回门之后，新郎、新娘须回自己家居住，不能在新娘家过夜。

（17）谢媒：回门后，婚礼程序基本完结，最后一个仪式是向媒人致谢，赠送衣料、酒、猪头等物品，对媒人的工作进行奖励。

土家族的婚俗过程，也因地域不同而有差异，在整个婚礼的过程中，最为独特的是哭嫁的传统。事实上，哭嫁并不仅限于土家族，汉族、壮族、藏族等民族都有哭嫁的传统，但尤以土家族的哭嫁最为著名。根据相关的研究与现状分析，自近代以后，土家族婚俗已进入衰退期，其原因有：多年的战乱影响了土家族婚俗的发展，中华人民共和国成立后虽对其进行了保护，但社会基础已经解体。改革开放后，外来文化的涌入冲淡了土家族的婚俗，土家族婚嫁风俗也越来越难以延续了。

2. 土家族丧葬习俗

据相关资料记载，土家族改土归流前基本为原始的丧祭方式：人死后，环尸号哭且歌且舞，尸体置村外，不复礼祀，三年后再打鼓踏歌而葬，或火葬或悬葬。

至清代改土归流以前，土家族的整个丧事由梯玛主持。死者家房屋四周及路口，插若干竹弓竹箭，堂屋神龛正上方屋顶须揭开几块瓦，称"开天门"。"天门"口置纺车，堂屋正中搭一座三米多的高台，称"哈哈台"，院中竖一根竹桅杆，用一匹数十丈长的白麻布，一头系在"天门"口的纺车上，一头遮过神龛，铺过"哈哈台"，扯出堂屋门外，系在竹桅杆上端，谓之"天桥"。

死者洗尸后穿好寿衣，随后将死者双腿盘坐或平卧在"哈哈台"上，脸上盖黄纸。祭祀亡灵时，梯玛要先将"天门"口的纺车慢慢倒纺三下，然后手摇八宝铜铃、司刀，开始祭祀。祭祀过程中，梯玛还要假扮死者，身背背篓，从左至右绕"哈哈台"转几圈后出门到桅杆处，曰"过天桥，上天堂"。祭祀过后，死者便可入棺埋葬。

改土归流前后土家族丧葬习俗本质上没多少变化，但祭祀的内容更为精致、烦琐，增加了立碑的内容。如乾隆《辰州府志·风俗》卷十四载："……而丧家鼓吹歌讴，高会召客如吉事。既宾，或谒葬不立碑墓。亲有善行，不知备礼……子孙不知三世以上祖宗为何人，此俗之大弊也，近日士君子多送立木主以祀。"

改土归流后至民国时期，随着佛教、道教的流行，土家族的丧事多由道士主持，但当地老百姓并不称其为道士，而称为"先生"或"土老司"。改土归流后的丧事，多停尸三、五、七天为"丧礼日"。安葬前两天为大葬日，要宰猪羊祭祀亡人。停灵期间，死

者子女披麻戴孝。道士或梯玛唱丧歌、跳丧舞，哀歌悲号，炮声连天，牛角与铜铃齐鸣。祭祀后送葬出门，死者入土为安。

土家族地区传承至今的丧事程序流程主要有：

下柳床：即老者停止呼吸，穿好寿衣后，由四个人将他放在六尺长的白布上，轻轻提起放在门板上。

置灵堂：灵堂一般设在死者家的堂屋。将棺材放在堂屋正中的两张长凳上，头朝神龛，用皮纸遮住神龛，以避死者尸体污浊祖先神位。再在棺前设祭祀桌，祭祀物品。

荐亡：每天吃饭前摆祭品于灵柩前祭祀。

交牲：给死者宰杀牲口，供应肉食。

上熟：将煮熟的牲口肉祭祀死者。

散花解结：孝男孝女跪在灵柩前，由道士（或梯玛）唱三十六解词，解除死者的罪孽。

解五方灯：给东南西北中神位进贡，求死者安全。

解传灯：祭十殿阎王。

解小灯：与解传灯相同，不同的是将十殿阎王像挂于灵柩两旁。左为一、三、五、七、九，右为二、四、六、八、十。

解大灯：祭祀间，进行唱孝歌、十荐亡、十探亡、十散花等礼俗。若死者是妇女，还举行"血湖池"葬俗。

辞灵：出柩仪式。

扫屋：出殡后，随即要打扫房屋，驱走邪魔，求后人平安。

土家族地区的丧葬习俗沿袭至今，民族特点浓郁。

（1）穿花（跳丧舞）的历史传承

自古以来，土家族地区都把丧事视为吉事，并"其歌必舞"。清乾隆《乾州厅志·风俗志》载："初丧，举家绕白布于首，浼道士取河水浴尸，奏佛事，里党无论亲疏皆来坐夜，锣鼓喧阗，歌呼达旦,名曰闹丧……"

土家族地区几乎每个村寨都有跳丧习俗,城里也不例外。土家族跳丧又叫穿花,多为五人,也有七八人不等。道士领头,四人配合。敲锣打鼓围绕棺柩且歌且舞、前后穿梭,名曰穿花。其内容为颂死者、请鬼神、度亡灵,并为生者求平安等。

(2)丧葬图腾物——葫芦、雄鸡(鹤或凤凰)

土家族葬俗中,棺罩上的图腾为葫芦和雄鸡(鹤或凤凰)。

葫芦是许多民族再生说的图腾,崇拜葫芦和五彩的鹤(凤凰)是土家族视死亡为再生的开始,用鹤和葫芦为亡者开路送葬,好将亡者再送到另一个世界重新生活。以五彩尾巴的活公鸡代鹤,在土家族的丧葬礼仪中很常见,反映土家族人的敬祖心理。

(3)梯玛"化身"与孝子"三锄"

土家族自古崇拜梯玛,梯玛在土家族丧葬祭祀中深受敬仰。梯玛在丧葬仪式中可以充当亡者,被称为"化身",再现亡者与亲人的生死离别,这种是土家族人特有的祭祀文化。

土家族葬礼中还有一个本民族独特的风俗习惯是孝子的"三锄"。孝子"三锄"是指送葬上山到达死者的墓地,所有孝子都要围着棺柩跪下行礼。土家族人的墓穴都是上了山后临时挖的,且要披麻戴孝的长子拿着锄头在选好的墓地上先挖三锄,挖一锄哭一声,唱一句,挖完三锄后,才由帮忙安葬的亲朋好友赶紧挖。

梯玛"化身"和孝子"三锄"习俗都是土家族特有的丧事习俗,反映出土家族人尊敬老人、忠孝两全的民族传统。

(4)墓碑的文化内涵

在土家族的丧事习俗中,墓碑上的文化内涵十分丰富。有钱的人家用大石碑,二米左右高;没钱的也要打一座石碑。

墓碑的内容有墓志铭和石雕。墓志铭一般记述的是死者的生卒

年月和主要生平事迹，以及后代的姓名。碑上镌有对联，石雕多雕刻神话图，顶盖有横额。土家族人崇拜神灵，在墓碑上雕刻神话故事，表示对神的敬仰，也是为亡者送戏、送故事，以免亡者在阴间闷得慌，还可展现后人对亡者的孝心，也有以此来炫耀家庭的富有。

（五）土家族传统节庆行序与器物设计

清光绪《彭水县志》记载土家族山区的农事安排有："二月，农民治田器，犁山土。惊蛰后，浸稻成芽，撒田中，曰下秧。总揽天之寒暖，地之高卑，以为下秧之早晚。妇女摘桑叶饲蚕。三月，山农皆种御麦，植茶者采茶，艺麻者耘麻，收诸豆及春蔬。四月，秧长五六寸，农人通功栽插，疏密成行。芸御麦，以二人司钲鼓，田歌相应，以节劳而趣工，曰打闹。山农刈麦，摘晚茶。五月，五月端阳日，户插菖蒲艾叶，以雄黄入酒饮，并涂小儿额，及洒墙壁阴湿处，以避虫蛇。采百草煎水浴身，馈角黍，观竞渡。……艺麻者剥麻，肃去粗皮，曝干售之。养蚕者缫丝。六月，农人薅秧。前后必三四薅。则苗茂。薅御麦者，亦然。收诸瓜壶。七月，农民获稻，诹吉荐新于田祖及其先代。御麦者，亦然。……艺麻者再收麻……八月，中秋节，土民具茶果，祀月于庭。九月……农薅晚稻，刈诸豆秸，收甘薯，艺麻者三首麻。十月，刈获者皆竣，登仓廪。复种荞麦、蚕豆、豌豆及冬春诸蔬。山农采桐子，有遗者，贫妇小儿随拾之。十一月，山农剪茅覆屋。采蕨及甘薯，各作粉售之。榨桐子为油。十二月，山农伐薪草，焚以御寒。"

作为一个农业民族，土家族的传统节日习俗与生产活动密切相关，是随着生产力的发展及社会的变化而产生、形成及演变。

1. 立春之日鞭土牛

土家族地区的官吏到民间同庆春日，是清朝之前就有的习俗。立春的前一天，守令亲率同城僚属去东郊迎春，接小土牛。土家族民众备好一头小耕牛在祭祀祖神的地方，祭祀后便是迎春活动，撒春枝和春花、扮故事、结彩亭，热热闹闹地将小牛迎入官署。

城里乡间"夙兴盥沐，焚香祀祖，先长幼以次拜贺，放爆竹出行，亲友往来，相赞饮酒"。县守令"鞭土牛，谓之打春。另以小土牛用鼓吹送绅士，谓送春。农人以松针作秧，插田中，击鼓群歌，以相贺者"。"至是日，随采仗往来街市，唱山歌，曰送新春。"

2. 四月初八牛王节，祭婆婆神嫁毛虫

耕牛是农民的命根子，土家族人也不例外。土家族地区的耕牛有黄牛和水牛两种，土家族人更喜欢黄牛。土家族人将牛视为家庭的一员，每年的农历四月初八还给牛过节，称"牛王节"。这一天，要给牛吃最嫩的草，还要给牛灌鸡蛋吃，牛和农夫都要休息一天。

四月初八还有一个祭祀内容为"祭婆婆神嫁毛虫"。黔江的土家族人，在四月初八这天还要敬婆婆神，祈求婆婆神别放毛虫，保佑庄稼不受虫害，五谷丰登。湘西土家族人称之为"毛娘节"。这一天用朱砂书写驱毛虫的"毛虫帖"，贴于屋内墙壁上，其内容为："佛生四月八，毛虫今日嫁，嫁出青山外，永不到我家。"以此来祈祷五谷少虫害。

3. 夏日辰日祭龙

夏日辰日祭龙是土家族地区旧时的一种节日习俗。清乾隆《乾州厅志·风俗志》载："夏日辰日祀龙，河溪、百里等寨以四月，溪头、上劳等寨以五月，喜鹊、梁章等营以六月。惟祀钱神，三五岁一举，其祭，以小瓦缺罐插六七寸竹管于内，管头彤五色彩条十余层冒其上，置于正寝，割牲延巫，或一昼夜，或三昼夜，名曰

'还傩愿'，亲友以礼物相贺，名曰'歌钱'，虽积十余两，俱为巫师所得。"夏日辰日祭龙，是土家族人祈求风调雨顺、丰衣足食的一个祭祀习俗，其祭祀也十分讲究。

4. 六月六吃新与晒龙袍

土家族农历六月六为吃新节，旧时六月六这天，土家族家家户户备办酒肉，请来亲朋好友共度节日。这一天土家族人不仅要在田头用酒肉祭祀五谷神，还用新鲜的辣椒、苞谷、谷穗敬祖先。同时每家都拿出棉衣、棉被和新衣到屋外晾晒，称为"晒龙袍"，史书和县志上说是为了纪念阵亡的祖先。时至今日，六月六的祭祀内容少了许多，多地已没有祭祀内容，但"晒龙袍"流传至今。

农历六月六多为大暑前后，为一年中天气最炎热之时，适于曝晒衣物。南方多地有"晒霉"习俗，有"六月六，晒得鸡蛋熟"的讲法，或为"晒龙袍"流传至今的原因所在。

5. 十月朔日降香俗

土家族"十月朔日降香俗"是一个古老的传统节日习俗。清光绪《秀山县志·礼志》载："至孟冬朔月舂糯为粢，煮芫菁于庭，飨神乃取竿井纸钱焚之，合报赛之义。"

清乾隆《辰州府志·风俗》载："十月朔日，剪纸为衣，具酒馔奠于祖茔……是月望日，农家祀五谷神，曰降香，亦古报赛之礼。"

（六）祭祀节日习俗

土家族地区的节日习俗都与祭祀有关，有些还专为祭祀而设。

1. 赶年祭祖

赶年就是提前一天过春节，以农历为准，月大为腊月二十九，月小则在腊月二十八过年。土家族赶年的来历虽说法不一，祭祀方式也不完全一样，但过赶年时都要祭祖，给犁铧、牛栏、猪圈祀粑饭，有的地方还要谢树，给果树"喂粑饭"。有祖先崇拜和自然崇拜的内涵。

土家族早在清朝（或更早之前）就已形成过赶年的习俗，相关资料记载，此习俗源于土家族出征，因趁敌不备打了大胜仗而流传至今。

土家族人过完了自己的赶年后，还要与全国一样再过一个大年。

2. 大年三十插松柏、梅花祭祖

土家族地区大年三十都喜欢折一些松柏、梅花插在自家神龛上，用以祭祀诸神与祖先。《中国土家族习俗》解释说："过年这天，家家户户要在神龛上、堂屋中柱、大门上到处插上一些柏树枝和梅花枝，这样做与土家族祖先的战争生活有关。据说出征官兵集中过年时人多，没有那么多房子，也没有那么大的房子作餐厅，只得在村外梅花园中和松柏树林下过年。后人在过年时插松柏、梅花，意在重现古时土家族的战争生活，表示对祖先的纪念。"

3. 砣肉祭祖

土家族大年三十的团年饭中祭祖之物是一砣砣蒸熟的猪肉。大年三十那天土家族人一定要架甑子蒸饭和蒸肉。将猪肉切成一大砣一大砣，用米粉裹着放在甑子上格蒸，下格蒸饭。上桌时，每个碗里要先放一砣肉，饭上要插上筷子，表示祭祖，且饭后不能立即抹桌洗碗。这些习俗也是祖先崇拜的表现。

4. 正月摆手祭土司

土家族春节期间须举行摆手祭土司的活动。每年的正月初三至初六，或从初三至十七，鸣锣击鼓摆手祭土王。此习俗源于土家族先民为祈求风调雨顺，于正月间男女集体歌舞祭拜。至土司时期，摆手舞成为土司的娱乐节目。清政府将其视为伤风败俗之习，纳入改土归流改革的内容，但因摆手舞是生产劳动中产生的文化，其渊

源根深蒂固，虽然不再为土司专门表演，但土司的后人及姓氏宗族在祭祀祖先时，仍以摆手舞为祭祀的主要内容，摆手舞成为既是节令祭祀又是祭祀土司的活动。

5. 七月十四洒"鬼稀饭"

在祭祀节日习俗中，土家族祭鬼节不是在传统的农历七月十五进行，而是在农历七月十四，这一天，土家族人会把田里采回来的新谷碾成米后，煮成稀饭，再烧些纸钱在里面，到了傍晚，在大门外远点的地方去洒稀饭，这个习俗，土家族人叫作洒"鬼稀饭"。

七月十四洒"鬼稀饭"，源于本民族信仰和传说。《中国土家族习俗》中载有这么一段传说：古时候由于战乱，部分土家族先民流入云南，终身不归，成了在外的亡人、野鬼。他们的家人对他们万分怀念，每当稻谷、苞谷等所有大秋作物即将成熟时，家人对在外的故人和亡者更思念。因此，在七月十五给家祖烧香纸之前的一天，先祭死在远处的亲人。

五、土家族传统造物设计的研究价值

历经数千年生产生活与社会实践，土家族传统造物承载了该民族在历史演进中的种种观念与信息。对土家族传统造物进行设计艺术学的研究，对总结土家族的设计思想及设计理念无疑具有积极的意义。土家族传统造物拥有完善的体系及发展脉络，蕴含丰富的民族文化，为我们研究土家族传统文化思想提供了具体的实物证明，集中地反映了土家族地区各时期造型特征、装饰风格、科学技术的发展及社会制度与生活风俗。土家族传统造物作为土家族文明发展见证，形象地展现了土家族人生活及生产方式的演变进程，其包含的设计思想对于现代艺术设计来说，也是一笔丰厚的财富。

（一）土家族传统造物的文化价值分析

土家族传统造物是土家族优秀的文化遗产，从内容和形式上看，它是一个多元价值复合体，具有多种价值功能。土家族传统造物也是一种珍贵的民族历史文化，深扎于土家族生活的土壤中，具有鲜明的民族特点，反映了土家族的历史，表现出土家族的生产、生活方式，蕴藏着极为丰富的民族历史文化内涵。土家族历史悠久，两千年以前，他们的祖先就定居于今天的湘西、鄂西一带，在长期的劳动生活中创造了光辉灿烂的民族文化。土家族传统造物不是一个时代的产物，而是若干世纪造物历史的延伸，真实地反映了千百年来土家族人民生活的各个方面，是一种珍贵的历史文化。

土家族传统造物具有鲜明的民族特点，是历史的积淀，在土家族的历史上起着重要作用，具有重要的历史文化价值。

（二）土家族传统造物的文化内涵

精神文化总是依附于一定的物质条件，从事一切精神文化活动必须在解决了衣食住行等物质生存条件之后方能进行。同时，精神文化也是以物质世界和人类的物质创造作为自己表现、描绘或研究的对象。人类的物质创造凝聚着智慧、意向和审美意识。土家族所创制和使用的造物虽然属物质的存在，但其中蕴含的精神、价值取向、审美等，却是丰富多彩的，与土家族人的信仰礼俗、文体活动密不可分。

1. 造物与民族精神

造物是人类劳动创造的物化结果，人类的一切美好愿望、想象力、创造力、征服自然的能力以及价值取向、对其他文化的态度等，都可从中体现出来，是民族精神的物质化外延。

（1）表达了土家族人的美好愿望。土家族人创制和使用的造物有许多人物故事、神话传说和花草鱼虫等图案，各种花鸟鱼虫雕刻或编织在器具上，表现出土家族人向往美好的生活、追求美好生活的强烈愿望。

（2）充分体现了土家族人利用自然的能力。土家族造物都依托当

地的现有资源，故木器、竹器、石器较多，山上的树枝、藤条、树叶、青草、石块、石子都被充分利用起来，用作工具、乐器或游戏的器材。

（3）表现了土家族人非凡的想象力和创造力。土家族造物的外形丰富多彩、变化无穷，图案的设计新颖多样、不拘泥于现实，以上都表现出这方面的才能。

（4）表现出土家族人吸收外来文化的睿智和为我所用的价值取向。土家族是一个思想开放的民族，从其先民巴人吸纳楚文化、蜀文化和中原文化开始，大胆接纳外来文化一直是土家族的优良传统。土家族传统造物中不少是从汉族、苗族、侗族等民族中学来的，外族文化极大地丰富了土家族造物的种类。

2. 造物与信仰、礼俗

民间信仰和礼仪习俗是一个民族的重要特征，宗教祭典、礼俗活动都必须在一定的场合进行，且凭借礼器或法器来表现，方能为受众所接受。土家族民间的梯玛、道士、巫师、神汉在婚、丧、喜、庆等礼仪中所用的法器和礼器丰富，这些礼器和法器是信仰和礼俗文化的物质载体，表达人们思想愿望的媒介。

3. 造物与文体活动

土家族的文化体育活动类型繁多，民族特色浓厚，如摆手舞、茅古斯、跳丧、傩戏、抢花炮、踢毽球、打陀螺等等，这些文体活动都有相应的道具和器材方可开展。此类器具既是文体活动产生的基础，也是土家族传统文体活动得以表现和传承的必要条件。

4. 造物与审美情趣

造物产生于人类的劳动实践，任何一种造物的产生都是人类创造意识与审美意识的结合，土家族造物作为人们劳动的结晶也自然蕴含着审美观念。

（1）自然美：自然即为美，土家族传统造物在创造过程中充分利用原材料的自然造型，在色彩上也以自然色为主，少有彩绘，充分表现对自然美的追求和向往。

（2）实用美：土家族人制造造物首先考虑其实用性。许多造物须从实用性来考量，而不可用艺术家的眼光去审视，因为它经济实用，所以在土家族人的心目中它就是美。

（3）技艺美：技艺美蕴含于创造过程之中，是人类智慧与创造力相结合的一种美的物化。土家族工匠总是尽可能地把造物修饰得精美绝伦，这实际上是追求技艺的结果。所以刘骁纯说："技艺美属于依存的美、意蕴的美。它的美不在形式自身，而在于形成中的意蕴，这意蕴就是制作者的智慧和技能。"

（4）圆润美：在土家族众多的造物中，圆形器具占多数。生产和生活用具，都以圆形、半圆形居多，除好用的因素外，也与土家族人的审美有关。因圆形从视觉上看比方形好看，又简单、易于制作，所以为土家族人所运用。

（三）造物与科技知识

历史上的土家族少有科学发明与创造，但技术知识并不落后，其技术知识多体现在各种造物的创造和使用上。早在春秋战国时期，土家族的先民就掌握了较高的青铜冶炼、炼丹、煮盐、编织等技术。巴人的后裔深入到武陵大山的腹地后，虽然长时间处于相对封闭的状态，但造物的制造工艺仍不断更新，通过造物的制造和使用，使生产技术和手工工艺得以流传。造物的不断创造和改进，是土家族生产经验和各项技术得以传承和进步的重要原因。

胡万明于皋城
2016年5月

目录

第一章　土家族传统建筑

土家族石砌小屋　002
土家族茅屋　006
土家族吊脚楼　009
土家族彭家寨　015
土家族摆手堂　019
土家族热水坑牌楼　022
土家族屋顶结构　025
土家族马头墙　030
土家族门楼　034
土家族院场　038
土家族走廊　043
土家族楼梯　046
土家族柱础　049
土家族阁楼　053
土家族火铺房　057
土家族猪圈　062

第二章　土家族传统服饰

土家族右衽琵琶襟　066
土家族青布对襟衣　069
土家族男夹衣　072
土家族包头青丝帕　075
土家族露水衣　079
土家族外托肩女装　082
土家族八幅罗裙　086
土家族挑花女裤　091

土家族儿童服装　095
土家族儿童凤尾帽　100
土家族镂空蝴蝶纹金发簪　104
土家族童锁　107
土家族布鞋　112
土家族绣花鞋垫　116
土家族西兰卡普　119

第三章　土家族传统餐饮

土家族土灶　126
土家族三角　130
土家族碗橱　133
土家族餐饮具　137
土家族酸菜坛　141
土家族木甑　144
土家族擂钵　148
土家族竹饭盒　151
土家族果盘　155
土家族"金包银"饭　159
土家族腊肉　161
土家族血豆腐　164
土家族团馓　168
土家族炒米　171
土家族粑粑　174
土家族合菜　178
土家族合渣　182
土家族咂酒　184
土家族辣椒　187

　　土家族社饭　191
　　土家族油茶汤　194
　　土家族醪糟　198
　　土家族麻糖　200

第四章　土家族传统生活用具
　　土家族鸡公车　204
　　土家族神驳子　207
　　土家族稻箩　210
　　土家族钎担　213
　　土家族背架子　216
　　土家族拐杵　219
　　土家族竹笓　222
　　土家族滴水床　226
　　土家族束腰八仙桌　230
　　土家族木雕家具——太师椅　234
　　土家族翘头案　239
　　土家族条凳　242
　　土家族摇窝　246
　　土家族坐架子　250
　　土家族座桶　254
　　土家族竹椅　257
　　土家族咚咚喹　261
　　土家族木叶　264
　　土家族唢呐　268
　　土家族溜子锣　273
　　土家族梳妆台　278
　　土家族脸盆架　282

土家族连箱柜　285
土家族木台镜　289
土家族木梳　293
土家族笓子　297
土家族大烟杆　301
土家族桐油灯　304
土家族巴氏柳叶剑　307
土家族虾子锁　311

第五章　土家族传统生产工具

土家族竹夹　316
土家族土铳　320
土家族耖　323
土家族犁　327
土家族牛轭　333
土家族铁耙　336
土家族秧盆　339
土家族月锄　342
土家族水碾　345
土家族筒车　350
土家族秧箕　355
土家族连枷　359
土家族风簸　363
土家族拣斗　367
土家族竹筛　371
土家族檑子　374
土家族斧子　378
土家族柴刀　381

土家族有齿镰刀　386
土家族木锨　390
土家族木扬叉　393
土家族升子　396
土家族木质水桶　399
土家族手摇纺车　402
土家族石磙碡　406
土家族手推石磨　410
土家族碓窝　414
土家族药碾子　417
土家族西兰卡普织机　421
土家族草鞋耙　425
土家族风箱　430
土家族铁砧子　435
土家族锯子　438
土家族刨子　443
土家族凿子　448
土家族墨斗　451
土家族手拉弓木钻　454
土家族割漆刀　458
土家族割漆筒　461
土家族抹泥刀　465
土家族瓦刀　468
土家族棉花弓　471
土家族篾刀　474
土家族土砖模　478

第六章　土家族传统手工艺

　　土家族蜡染　484
　　土家族背篓　488
　　土家族蓑衣　493
　　土家族斗笠　498
　　土家族"台台花"　501
　　土家族篾箍木桶　503
　　土家族皆纸
　　　　——湖北利川土法造纸　507

第七章　土家族传统民俗和宗教造像

　　土家族茅古斯　512
　　土家族三棒鼓　515
　　土家族哭嫁　518
　　土家族花轿　522
　　土家族礼担　526
　　土家族葬礼　530
　　土家族八宝铜铃　532
　　土家族牛角　536
　　土家族虎钮錞于　539
　　土家族傩戏面具　543
　　土家族吞口　548
　　土家族梯玛造型　551
　　土家族神龛　555

　　参考文献　558

第一章
土家族传统建筑

土家族石砌小屋

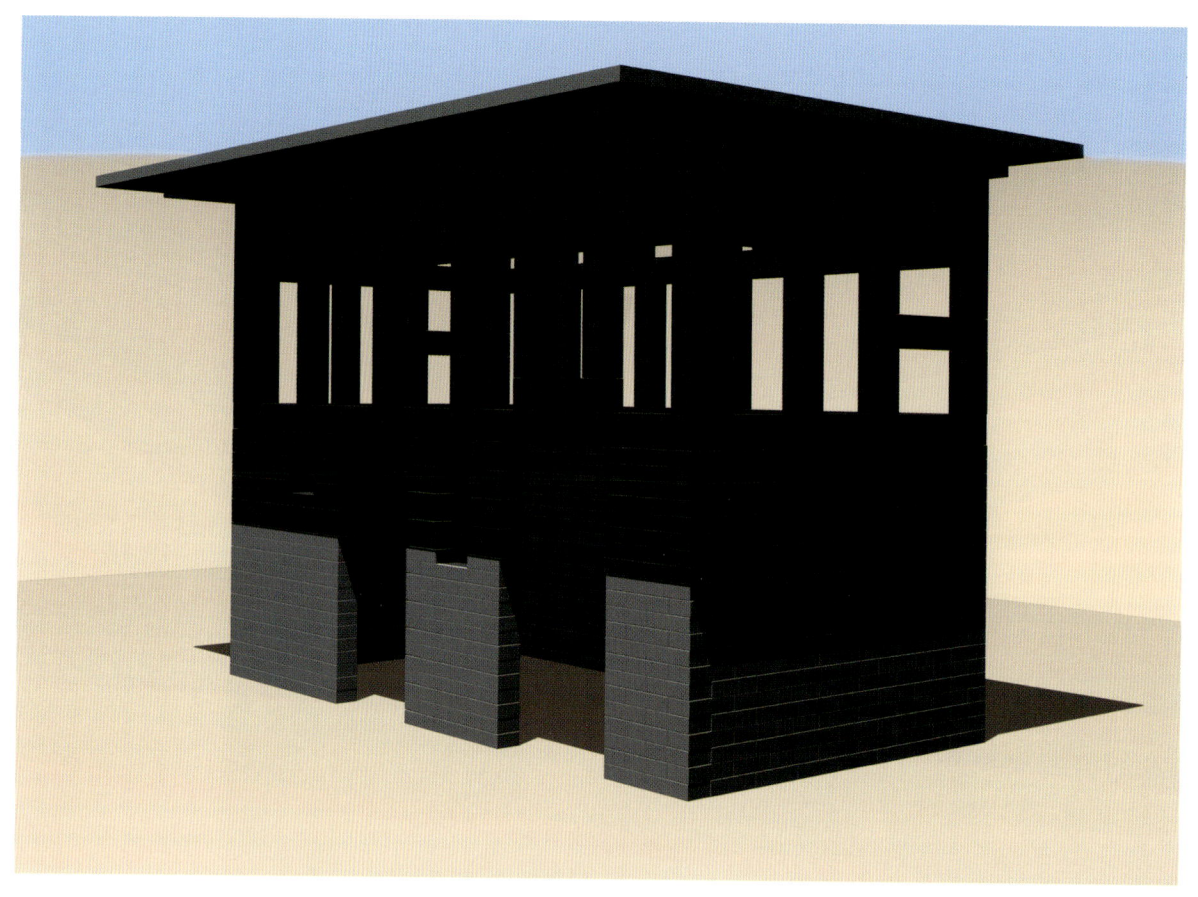

图一　土家族石砌小屋主图

鱼木寨位于恩施州利川市谋道镇，在鱼木寨里随处可见一种土家族石砌小屋（一般多为牛棚、猪圈等），其建造形式独具一格。

本案例尺寸长约6000毫米、宽约3000毫米、高约4000毫米，两层，上层堆放杂物，下层分为厕所和猪圈两个区域，屋顶由现浇在石条短梁上的混凝土板构成。该石屋水平方向没有屋梁连接平行墙体，层与层之间的分隔，为搭在两侧石墙上的木条上的木板，因此，屋顶是整个建筑中墙体部分的唯一连接。

此石屋的石块之间是没有任何黏结材料，仅靠石块的粗糙表面的摩擦力维持石屋的稳定性。在水平方向上，凹凸的表面能够阻止石块之间的相互滑动，石块要想滑动，必须将另一块石块挤碎。与此同时，由于石块本身的巨大重量，石块之间便会有足够大的压力，使得石块之间相互滑动变得几乎不可能。

垂直方向上，由于没有黏合剂，整体的重心平稳就显得尤为重要了。此建筑中，平面上联系各墙体的为转角处和吊顶，搭在墙体上的木杆不提供约束。

由于石块的尺寸规格不统一，在砌墙的时候就势必会有尺寸大一点的凸出来，尺寸小一点的凹进去，这凸出来和凹进去的部分便形成了物理学上的"杠杆"，正是由于"杠杆"的原理，使得墙体维持着微妙的平衡关系，加之墙体之间起连接作用的转角，再加上混凝土屋顶的巨大压力，同时屋顶还使各个墙体联系在一起，起到连接的作用，这样便形成了完整的受力框架，使得整体平稳无虞。

由于石块的尺寸不统一，起到"杠杆"作用的同时，在建造时还须将不同的石块组合。这就使得石块的组合在有意无意之间形成一种有韵律的美感，这是石块本身和建筑跨度的要求而产生的。不同规格的石块，使立面砌缝产生错落变化以外，还形成了不同跨度的洞口，从而适应不同的跨度需求。

此石屋的建造技巧应该是古代就已成熟，而今石砌小屋已远离人们的生活起居，成为饲养牲畜的畜栏。

图片来源

图一至图七　胡万明　制图

图二　土家族石砌小屋石材累加方式示意图

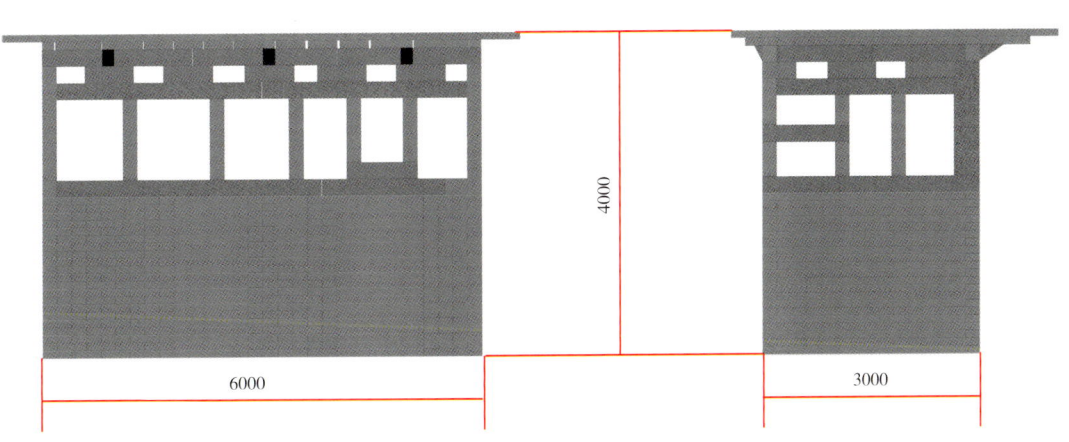

图三　土家族石砌小屋尺寸图（单位：mm）

图四 土家族石砌小屋石材边角处理示意图

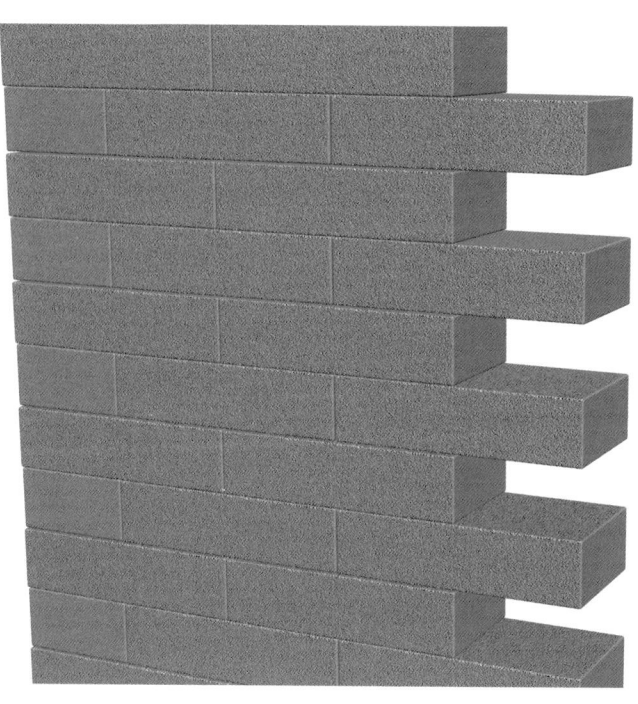

图五 土家族石砌小屋石块咬合方式示意图

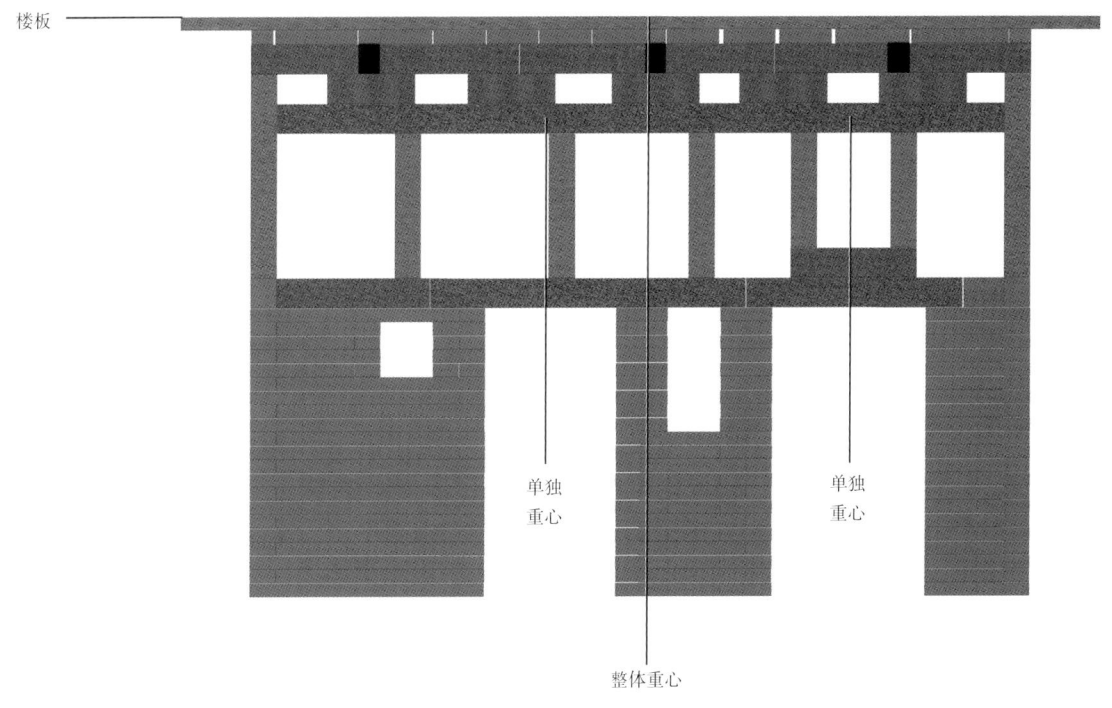

图六　土家族石砌小屋石墙承重示意图

图七　土家族石砌小屋线描图

土家族茅屋

图一　土家族茅屋主图

　　土家族茅屋是土家族吊脚楼的早期形态。土家族吊脚楼是古老的建筑形式，旧称"干栏""干阑""麻栏""格栏"等，从"干栏"的字义来看，横木为"干"，纵木为"栏"，干栏式建筑其实就是以木结构为主体的建筑形式。

　　干栏建筑起源于有巢氏时代的"构木为巢"。《韩非子·五蠹》中说："上古之世，人民少而禽兽众，人民不胜禽兽虫蛇，有圣人作，构木为巢以避群害，而民悦之，使王天下，号之曰'有巢氏'。"早期的巢居有"独木增巢"与"多木增巢"之分。

　　现存的土家族茅屋可以分为两类，一类可以称之为"茅棚"，为原始时期的居住形态，现在土家族人在田边地头搭建的灰棚和看守庄稼不受鸟兽糟蹋的棚子可以看作是当年土家族人居住的茅棚的原形。只是早期用于家庭居住，空间相对较大，现在放弃了居住的功能，空间相对较小而已。其搭建方法较为简单，利用木材搭成两个"人"字形的叉子，"人"字形的叉子下端稍做掩埋用于固定，顶点用一根横梁连接，上面盖上茅草，即可搭成。若是靠近土坎，只需搭一个"人"字形叉子，在土坎上埋一横梁与叉子顶点连接，盖上茅草等，形成十分简陋的遮蔽空间。另一类可以称之为"茅屋"或"草房"，土砖墙砌成的房屋，上部覆盖茅草，空间较大，用于居住且冬暖夏凉。

　　随着历史的推移和文明的进步，土家族先民的居住条件也逐步得以改善，这也是人类社会发展的必然。早在秦汉以前，土家族人的先民们就曾在山坡上"架木为居"。开始是六根柱头落地的两排一间房屋，后来发展到九根柱头落地的三排两间，到后来又发展到十二根柱头落地的三排两间，到后来又发展到十二根柱头落地的四排三间，房屋上面继续盖着茅草或树皮。古人说的"茅茨土阶"，就是说的用茅草盖房子，用土筑台阶，也就是史书上写的"干栏建筑"的开始，此时，屋的概念便形成了。

图片来源

图一至图三、图五　胡万明　制图

图四　徐辉.巴蜀传统民居院落空间特色研究[D].重庆大学，2012.5

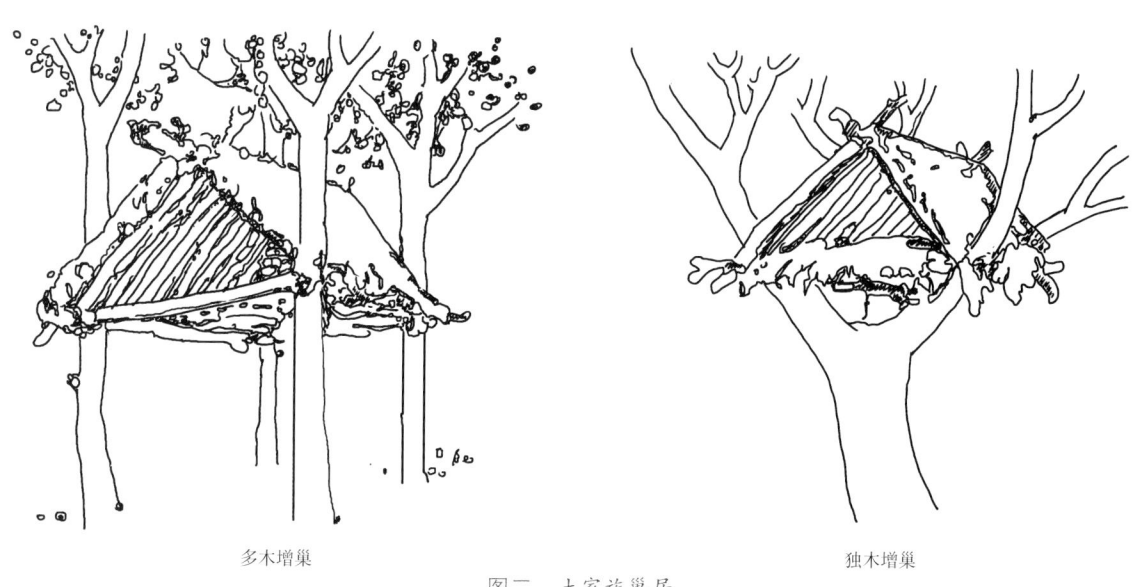

多木增巢　　　　　　　　　独木增巢

图二　土家族巢居

图三　土家族茅屋屋顶

第一章　土家族传统建筑

图四　河姆渡干栏建筑复原模型

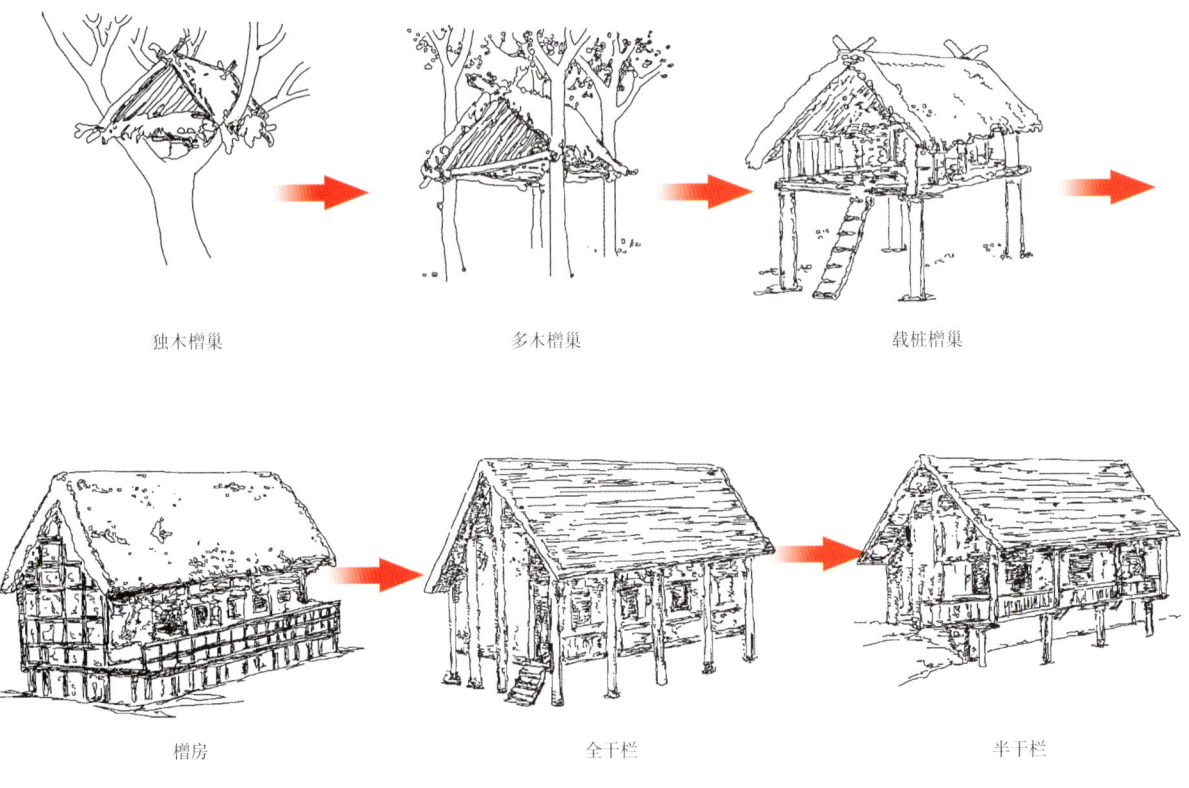

独木橧巢　　　　　　　　多木橧巢　　　　　　　　载桩橧巢

橧房　　　　　　　　　　全干栏　　　　　　　　　半干栏

图五　土家族房屋演变示意图

土家族吊脚楼

图一　土家族吊脚楼主图

　　土家族吊脚楼是土家族特有的居住样式，属纯木结构建筑，依山就势，多呈虎坐形，建造时在山坡处立木柱，以木柱的顶面水平为基准，以木柱之高低来适应地形之变化，如此方能将房屋内部地面呈同一水平。通常前半间的屋地面悬空，地基相对平缓，后半间地基呈坡面，支撑前半间房屋的柱子，构成托举前半间房屋的吊脚，"吊脚楼"因此而得名。传统的吊脚楼一般以杉木为主，榫卯结构衔接固定，以竹编糊泥作墙，以草盖顶。

　　土家族吊脚楼分两层或者三层。吊脚部分悬空，用于储存粮食、圈养牲畜等，正房在吊脚之上，用于居住和活动。土家族吊脚楼将楼房与平房结为一体，为"半干栏式建筑"。布局一般为横排四扇三间、三柱六间或五柱六间。

　　土家族吊脚楼的平面鸟瞰构造可分为以

下几种类型：

一字形：土家族吊脚楼最基本的住宅形式，由三间正屋并列，中间为堂屋，两侧为"人间"。

丁字形：也叫"一头吊"或"钥匙头"，是在一字形吊脚楼的基础上加上一侧吊脚楼形式的厢房，原来三间房子并列的模式并无改变，构成丁字形。

凹字形：又称为"双头吊"或"撮箕口"，在丁字形吊脚楼的基础上，再加上一个厢房而形成的新模式。

回字形：在凹字形上加门或围屋，发展成四合天井式，是土家族吊楼与四合院的有机结合。

土家族吊脚楼的建造特点：

阳台与走廊：吊脚楼的前面有阳台，称为"耍楼"，两边有走廊。阳台和走廊排柱悬空，栏杆多由木条组成。

墙体：吊脚楼因用木构架承重，所以墙体只是起围护和分隔的作用。吊脚楼内、外墙多为木板墙，少数外墙采用石垒墙或土坯墙。

楼板：吊脚楼一般为木楼板，各楼层之间有楼梯联系。水平面上通过回廊进行联系。

建筑装修：土家族吊脚楼为木质材料，建筑部件防潮处理，多刷柚木油，保持木材的原色，少部分刷彩漆。梁和柱一般不作装饰的，栏杆和窗多做雕饰。屋顶多为小青瓦，脊顶正中以小青瓦砌成各种造型。

土家族的吊脚楼是土家族先民天人合一自然观的物质体现，其选址以"左青龙，右白虎，前朱雀，后玄武"为最佳屋场。近年来吊脚楼讲究工艺、重视装饰，柱子及横枋多雕有各种吉祥图案，用料讲究，天然取材，注重环境保护、与自然和谐而居，是土家族文化的重要物质载体。

图片来源

图一　辛艺华，罗彬.土家族民间美术[M].武汉：湖北美术出版社，2004.2

图二　胡万明　制图

图三、图五，图六　姚婳婧.湘西土家族民居营建技艺研究[D].广州：华南理工大学，2012.6

图四　孙雁，覃琳，夏志勇.渝东南土家族民居[M].重庆：重庆大学出版社，2004.9

图七　厉华.湘西干栏民居空间环境再设计研究[D].株洲：湖南工业大学，2012.6

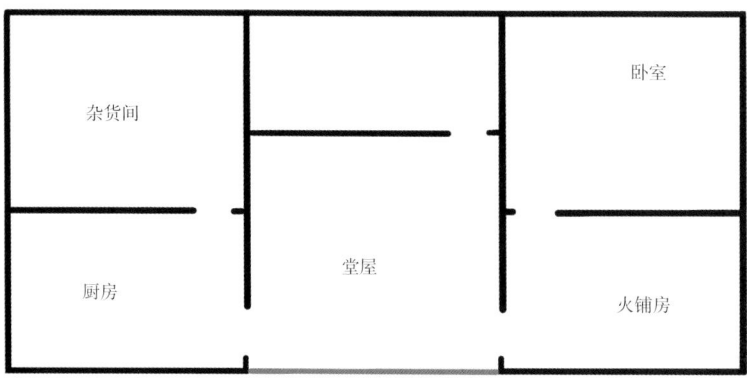

一字形

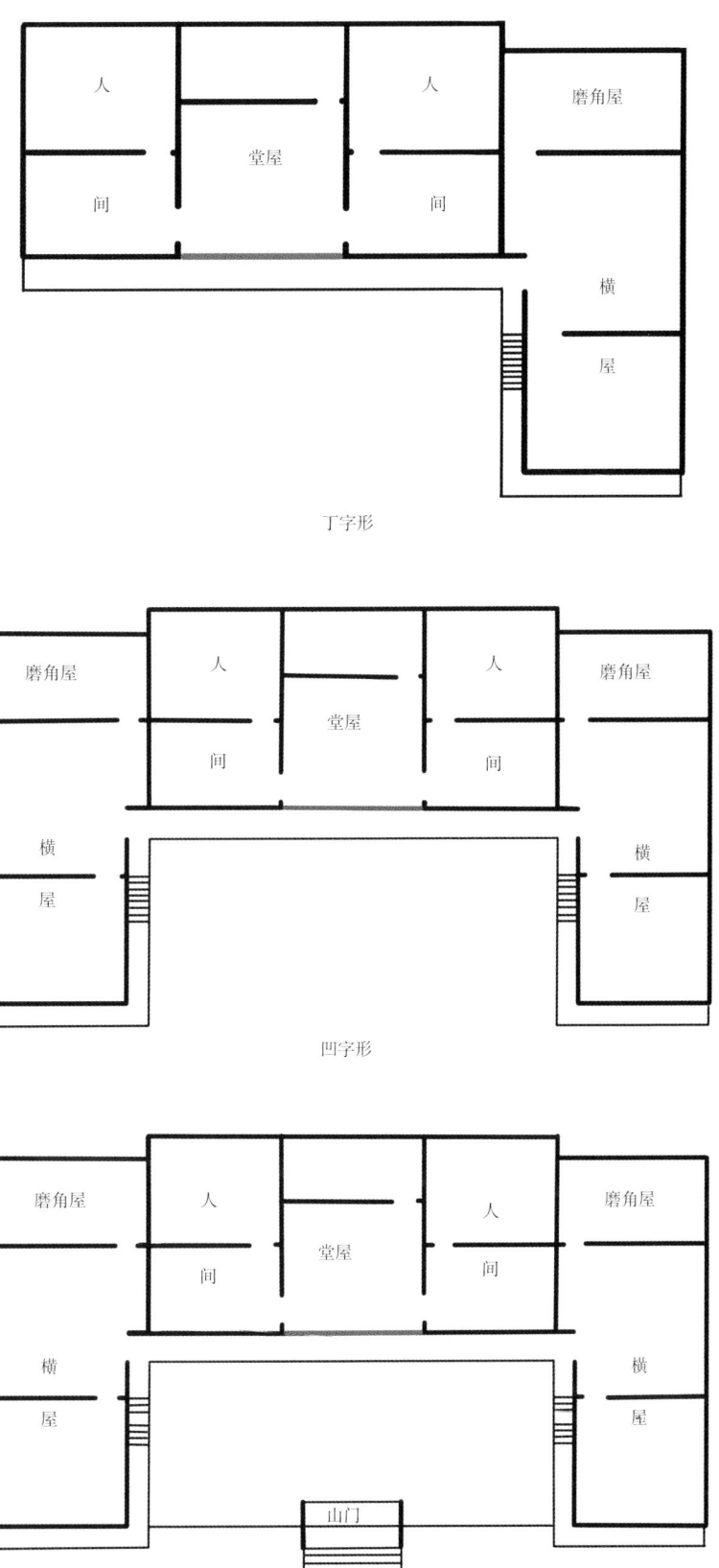

图二 土家族吊脚楼的几种样式平面图

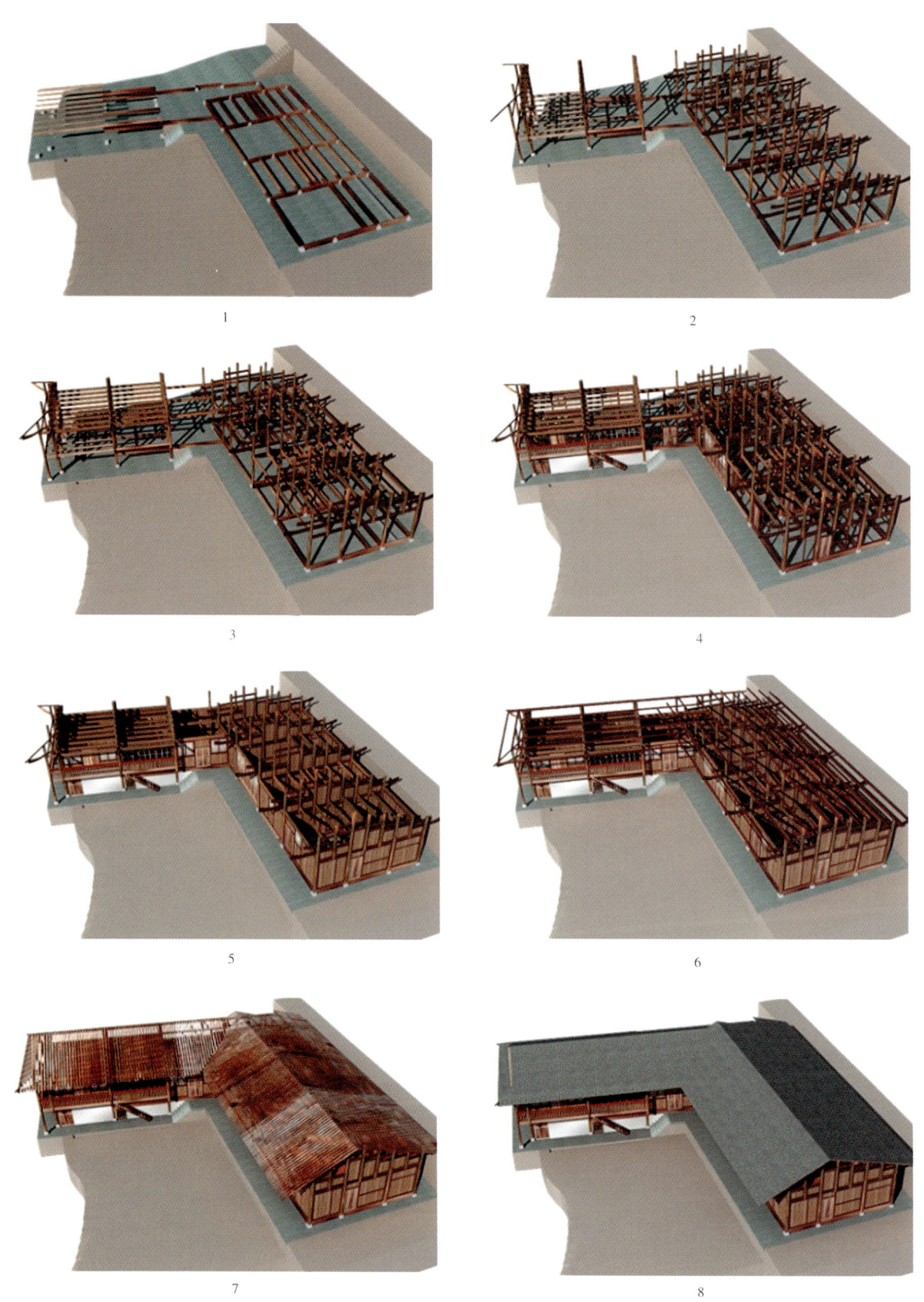

图三　土家族吊脚楼的修建过程

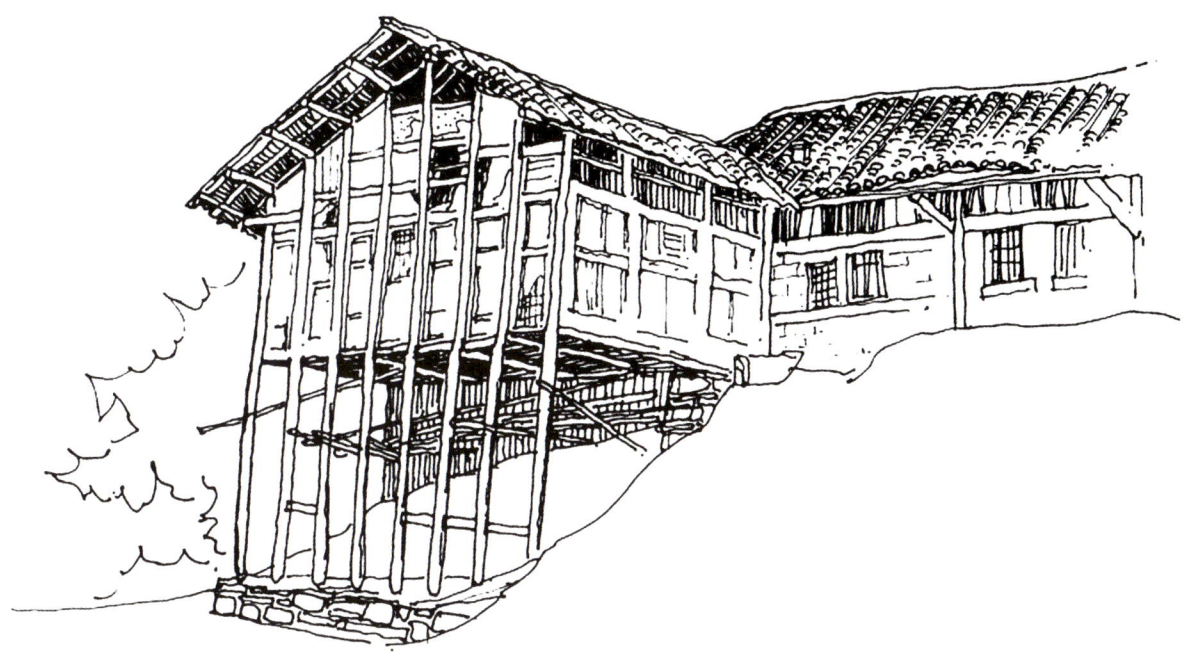

图四 依山附势的土家族吊脚楼

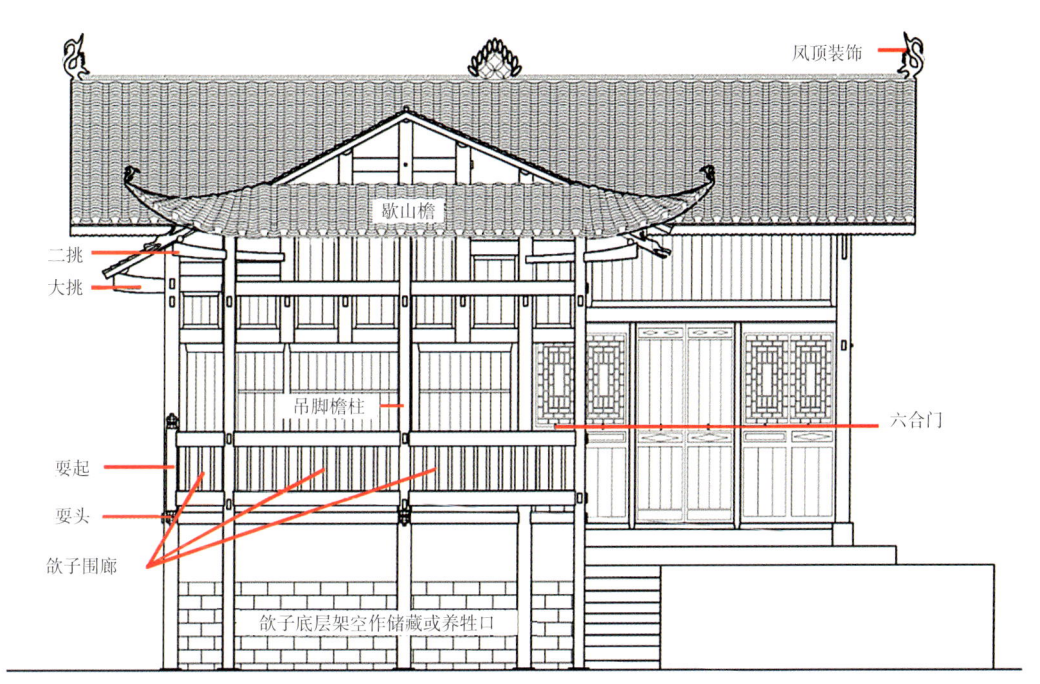

图五 土家族吊脚楼结构名称图

图六　土家族吊脚楼板凳挑

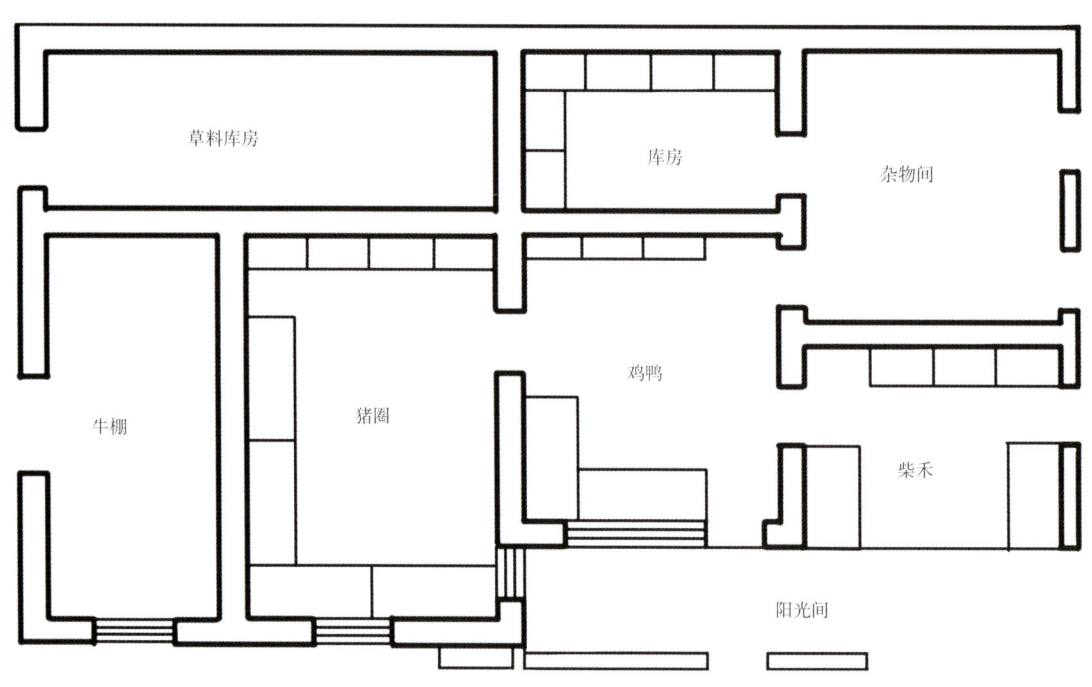

图七　土家族吊脚楼底层平面图

土家族彭家寨

图一　土家族彭家寨主图

彭家寨地处鄂西，与湘西、重庆接壤，是典型的土家族山寨。这里自古封闭，较少受外界扰动，故建筑形式自成体系。彭家寨隶属恩施州宣恩县沙道沟镇两河口村，因居住者绝大多数为彭姓，故名"彭家寨"。

彭家寨是保存完整的土家族山寨，寨子前临龙潭河，后依观音山，与209国道相距约15公里，与鸦（宜昌鸦雀岭）当（宣恩当阳坪）省道相距约3公里。村寨占地面积3.5万平方米，历史建筑面积约1.2万平方米，居民约45户200多人。

彭家寨是典型的血缘型村寨，全寨均为彭氏后裔，在清代由湖南迁徙至此。彭家寨所在的沙道沟镇历史悠久，自古是鄂西的交通要道，也是兵家必争之地。旧时，这里不仅是"湖广填四川"的移民通道，也是鄂西著名的"川盐古道"的交汇口。

彭家寨建筑群以吊脚楼为主，依山而建，坐北朝南，龙潭河环寨而过。山寨两侧及背面密植修竹，前面是一排稻田，山寨面向龙潭河，河上架有铁索桥。山寨左边是召大沟，右边为叉儿沟，沟上有一座百年历史的凉亭桥，河对岸则是公路。

总体来看，彭家寨环境元素具有以下几大特点：

一是观音山。彭家寨地处武陵山区，以喀斯特地貌为主，山形突兀多姿。彭家寨集中于观音山下，山寨建筑依照山势层叠错落，

第一章　土家族传统建筑

015

后一层屋基往往高于前一层屋脊，由于地形坡度较大，呈现出一级一级的高坎或陡坡。观音山的地形特征为彭家寨的房屋分布奠定了基础。

二是龙潭河。土家族的村落一般都逐水而建，河流既是土家族人的生命线，也是他们重要的交通线与运输线。寨前的龙潭河是土家族的"母亲河"——酉水河的源头之一，它发源于沙道燕子岩，至酉水河全长40公里。龙潭河自龙潭集镇至两河口集镇，长约15公里，在龙潭河的两岸现有多个保存完整的土家族村落。龙潭河的走向为彭家寨的村寨走势划定了方向。

三是风雨桥。土家族认为风雨桥是吉祥幸福的象征，在彭家寨的观音山下，有一条小溪长年不干，注入龙潭河。溪上建有一座古老的风雨桥，它建于清同治二年（1863年）前，桥体为穿斗式结构，长10.1米、宽4.5米、高3.6米，两柱一骑四排扇，小青瓦盖顶，桥体素面朝天，形式古朴。桥边栽有芭蕉树、桂树，桥头一排青石板路与邻村相连接。风雨桥还是人们交往娱乐的重要场所。

四是铁索桥。寨前的龙潭河跨度较大，丰水季节水流湍急，不易建造木构的风雨桥，土家族人便搭建了铁索桥。该桥使山寨与河对岸的沙龙公路相连，桥长45米、宽5米，建于20世纪50年代。铁索桥南北两端用粗铁链铆在结实的混凝土桩上。两侧焊接扶手架，桥面上铺垫厚实木板，并将铁丝挽成股，在桥两侧做成护栏和扶手。铁索桥悬于空中，甚是壮观。

五是水府庙。一方面土家族人逐水而居，依赖水道的运输优势生存繁衍与交往；另一方面，水涝灾害又使土家族深受其害，为祈平安，人们在龙潭河边合资兴建了一座"水府庙"。庙虽然很小，却是土家族的精神中心。现庙已毁，遗存石碑一块，碑文记载修庙时集资者姓名，立碑时间是清乾隆五十七年（1792年）。可见在1792年前，彭家寨从建筑到人文已具规模，已有成熟的组织制度、宗法观念和宗教信仰。

六是相邻山寨。彭家寨相邻山寨均沿龙潭河布置，顺河而下是江家寨、符家坞、袁

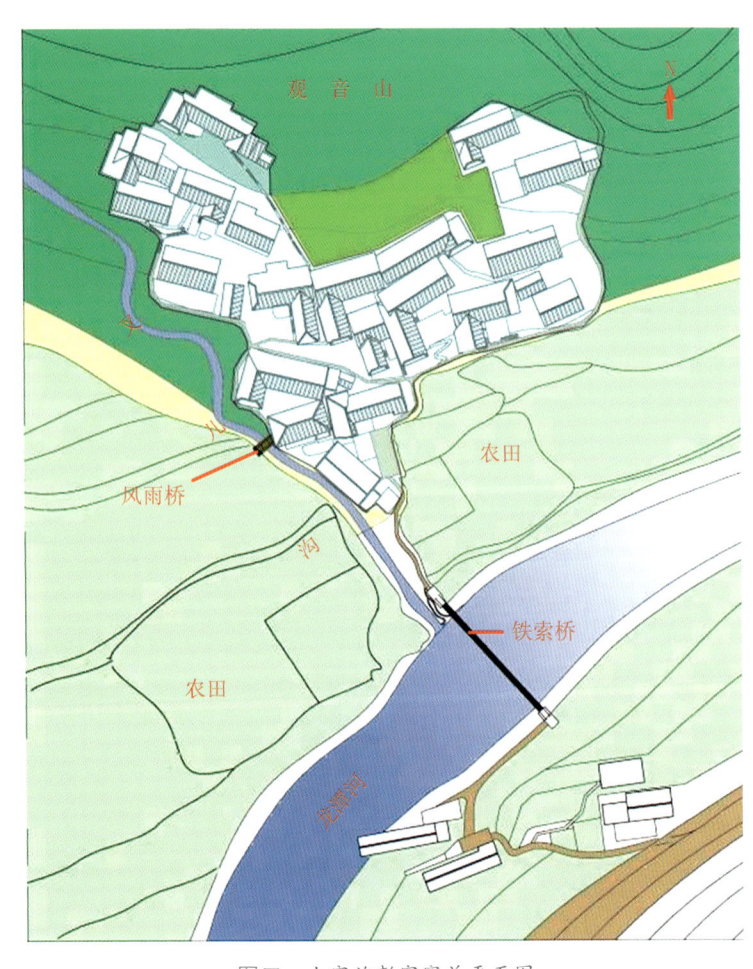

图二　土家族彭家寨总平面图

家寨、覃家坪，直到两河口集镇，前行约4公里，即到沙道沟集镇。逆流而上是曾家寨、罗家寨、梁家湾，到龙潭集镇，继续东北行，翻过八大公山，直至湖南省的桑植县、湖北省的鹤峰县。龙潭河沿线村寨以土家族山寨为主，也有苗寨、侗寨，基本还保持原貌。

图片来源

图一、图三、图四　北京大学聚落研究小组，湖北省住房和城乡建设厅，湖北省恩施土家族苗族自治州住房和城乡建设委员会.恩施民居[M].北京：中国建筑工业出版社，2011.5

图二　潘伟.鄂西南土家族大木作建造特征与民间营造技术研究[D].武汉：华中科技大学，2012.2

图三　土家族彭家寨局部图1

第一章　土家族传统建筑

图四　土家族彭家寨局部图2

土家族摆手堂

图一 土家族摆手堂主图

摆手堂即神堂，土家族用于祭祀祖先和跳摆手舞的地方。旧时，湘西永顺、龙山，恩施来凤、宣恩等地，凡有土家族聚居的村寨，均建有摆手堂或土王庙。酉水河畔的来凤县舍米湖为土家族摆手舞的发祥地，舍米湖摆手堂是土家族最古老的摆手堂之一，位于湖北省来凤县百福司镇河东乡舍米湖村，始建于清顺治八年（1651年）。

来凤舍县米湖村地处湘鄂渝三省交界，坐落于武陵山余脉的群山之中，距百福司镇7.5公里，全村170户共600多人都属土家族，且百分之九十以上为彭姓，为唐末迁居此地的先祖彭相龙的后代。村里民风淳朴，摆手舞盛行。

舍米湖摆手堂位于村南的山坡上，占地500多平方米，总体平面呈长方形，地面用条石镶嵌，周围院墙以山石砌筑。堂前立古碑一块，系清道光二十七年（1847年）和同治二年（1863年）维修时所立。大门位于院墙前方正中，呈牌坊状，两立柱和横楣皆为长柱形条石，在立柱与横楣接榫处，左右各镶半月形石牙一块，大门与摆手堂之间是一条石铺甬道，位于院落的中线上，道旁夹植五株古柏，高大茂盛，既增添气氛的幽静，又便于跳摆手舞时悬挂红灯。摆手堂的墙壁也是石块砌成，上覆"人"字披的黑瓦，不事雕琢，简单厚重，供奉的是土家先祖彭公爵主、向老官人和田好汉塑像。

每年新春佳节，舍米湖寨内男女老少齐聚摆手堂，场内柏树上张灯结彩，人们围绕柏树跳舞，锣鼓相伴，通宵达旦。清咸丰年间陈秉钧在《题土王词》中写道："五代兵残铜柱冷，百蛮风古洞民多，而今野庙年年赛，里巷犹传摆手歌。"同治年间彭施锋著诗云："福石城中锦作窝，土王宫畔水生波，红灯万点人千叠，一片缠绵摆手歌"，更证明该地摆手舞相当盛行。

图片来源

图一至图三、图五　杨建平.鄂西土家族民俗文化变迁研究[D].武汉：中南民族大学，2011.5

图四　向民航.湘西民俗映像[M].北京：中国出版集团·东方出版中心，2006.9

图二　土家族摆手堂塑像

图三　土家族摆手堂外的场坝

图四 土家族跳摆手舞

图五 土家族舍米湖村全景

土家族热水坑牌楼

图一 土家族热水坑牌楼主图

牌楼也叫牌坊,是封建时期皇帝为表彰贞洁烈女或军功卓著的将士而立的标志性建筑。土家族改土归流以后,属封建王朝统治,为表彰军功或贞洁烈女,封建王朝在土家族境内也设有牌坊,热水坑牌楼即为典型代表。

热水坑牌楼是湘西土家族苗族自治州保存较为完好的几座牌坊之一。原竖立在永顺县车坪乡通往岩板铺的大路上,1983年因文物保护需要,由永顺县文物管理部门迁至不二门国家森林公园。清光绪二十三年(1897年)为表彰向张氏所立。本地傅时之、杨国寿、姜必勤等人联合其他高手共同建造而成,为古代石雕艺术中不可多得的珍品。牌坊原来的所在地车坪乡以塔卧石雕闻名于湘西地区,而至今保存较为完好的几座牌坊均在塔卧、车坪。因塔卧境内石材资源丰富,素有"七山半水一分田,剩下多半是岩山"(当地民谣)的说法,塔卧石雕历史悠久,早在明代初期就很有影响,并一直流传至今。

热水坑牌楼整体为青石构造,四柱三门重檐形式,宽5830毫米,主楼高7990毫米,副楼高6290毫米,由四根方形石柱作为支撑,石柱截面规格为310毫米×390毫米,中间两根高度为6050毫米,两侧的两根高度为4350毫米，柱脚附有高1650毫米、厚180毫米的石鼓扶持。牌楼中门宽1640毫米、高3210毫米，两侧耳门宽1480毫米、高2290毫米。

两侧门头自右向左各刻有"清河""正范"二字，阑额上刻"五龙捧圣"浮雕，中门脊顶刻"鳌头争珠"浮雕。该楼除"五龙捧圣"及脊顶"鳌头争珠"着意雕刻外，其余抱鼓石、楼檐、阑额、由额等皆朴实无华。

牌楼保存较好，只有门内雀替损失及一龙残缺。

图片来源

图一　湖南省建设厅.湘西历史城镇、村寨与建筑[M].北京：中国建筑工业出版社，2008.12

图二　胡万明　制图

图三、图四　湘西土家族苗族自治州民族文化遗产保护中心，湘西土家族苗族自治州民族工艺美术研究所.湘西民间工艺美术精粹[M].北京：学苑出版社，2007.9

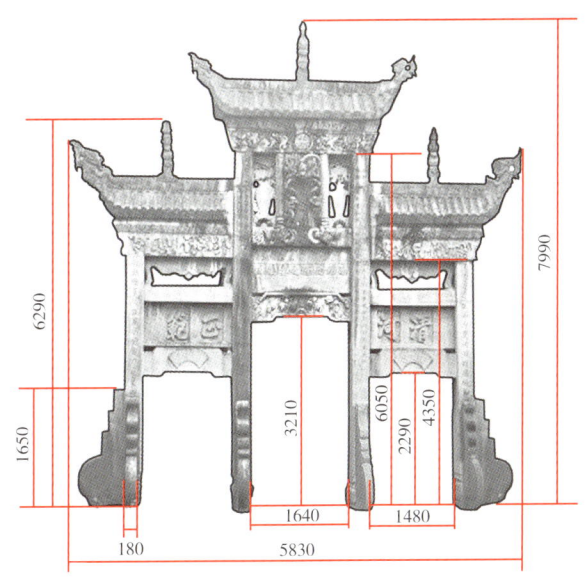

图二　土家族热水坑牌楼尺寸图（单位：mm）

图三　土家族塔卧石雕现场

图四　土家族热水坑牌楼局部图

土家族屋顶结构

图一　土家族屋顶结构主图1

屋顶是土家族吊脚楼中最突出的部位，多为悬山式（图一）和歇山式（图二），加以屋脊形式变化多样，使得建筑式样丰富多彩。悬山式也称"挑山式"，屋顶为双面斜坡，屋脊较长，使两侧屋顶面悬伸于山墙之外，形成出檐。

歇山式也称"九脊"式，由悬山式衍变而来，一般位于吊脚楼的厢房之上，屋顶由一条正脊、四条垂脊和四条戗脊组成，因此叫"九脊"式。也即一座悬山屋顶放在一个四面斜坡的屋面上部。

屋面，即屋顶的表面。根据屋顶的类型，可分为双坡悬山式屋面和歇山式屋面，根据屋顶的形态，又可分为矩形屋面和梯形屋面。在实际操作中，随着地势的走向，屋面的形态变化也较多。

土家族吊脚楼一般地处山区，夏季炎热，冬季寒冷，因此在制作屋面时特别注意避暑与通风，保暖与御寒。屋面是由木椽子、檩条和青瓦组合而成。檩条嵌入柱头。分别在椽子和檩条上钻孔，然后按照一定的宽度用竹钉将椽子固定在檩条上，最后在椽子上用小青瓦反、正铺沟盖瓦，铺瓦的方向是从檐口往屋脊方向。早期的吊脚楼屋面多铺设杉树皮、茅草和小青瓦，随着时代的变迁和经济的发展，现在已经没有杉树皮、茅草屋面，基本上都是小青瓦。湘西地区的吊脚楼一般都不做防水层，直接将瓦铺在椽子上，不使用坐浆处理，所以屋面的水坡度就非常的重要，如果坡度过大则挂不住瓦，坡度太小下雨时就会回水。在风比较大的地方，屋脊和檐口处要做坐浆处理。

瓦的质量也很重要，作为一栋普通的"三柱四骑三开间"的吊脚楼，大概需瓦片

图二　土家族屋顶结构主图2

图三　土家族屋面形式图

8000~10000个。使用小青瓦的目的，一是为了减轻屋面重量；二是小青瓦的传热和散热，有利于避暑和御寒；三是便于更换，易于维修，可持续住几代人甚至更久。

屋脊，即房屋的脊梁。有正脊和双面坡的边脊之分，共五条。屋脊装饰特色鲜明，有钱形纹、方形纹、花瓣纹等，形象精美，装饰性很强。这也是最容易体现吊脚楼的气势和华美的地方，是彰显主人身份和地位的地方。

图片来源
图一至图三、图六　张爱武.土家族吊脚楼营造技艺及其传承与保护研究——以兴安村为例[D].武汉：中南民族大学，2012.5
图四、图五、图七　姚婳婧.湘西土家族民居营建技艺研究[D].广州：华南理工大学，2012.6

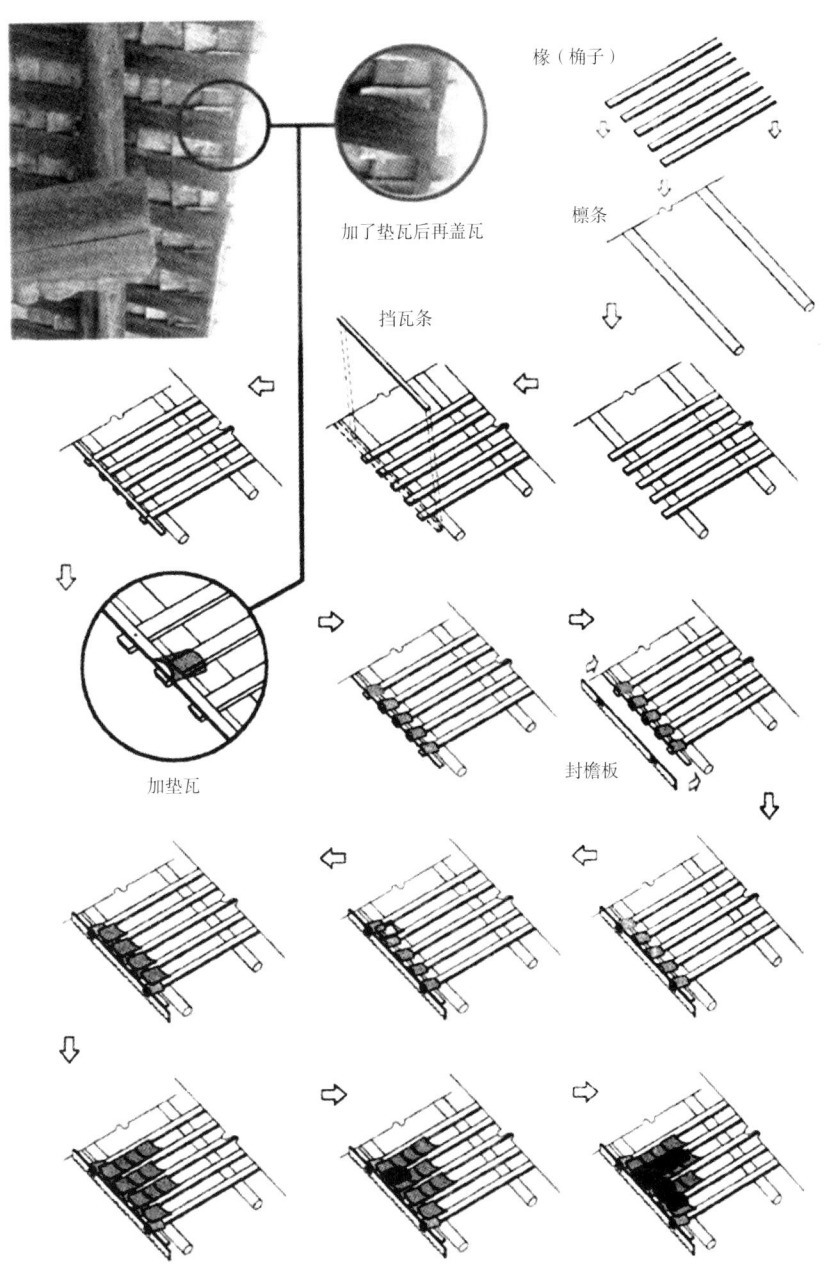

图四　土家族屋面制作流程图

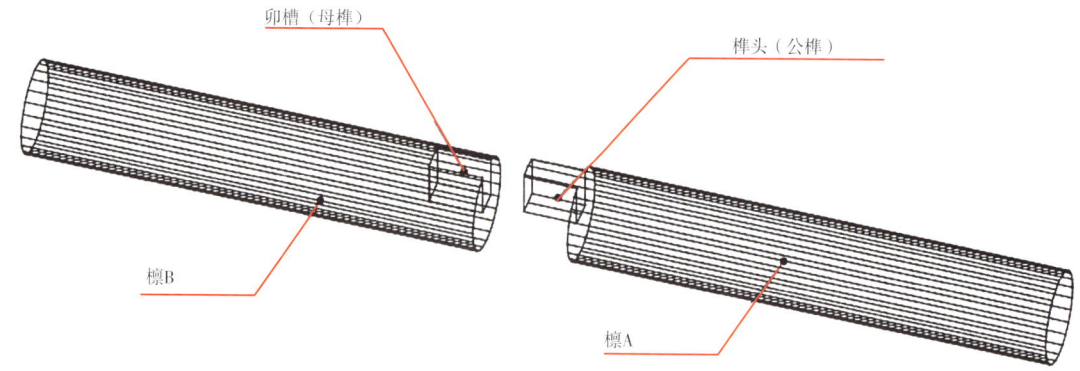

图五　檩条之间的安装

钱形纹

十字架

花瓣纹与钱形纹组合

花瓣纹

图六　土家族屋脊的装饰形式

图七　土家族屋面盖瓦

土家族马头墙

图一 土家族马头墙主图

在湘西的土家族民居中，马头墙较为常见，是土家族建筑文化的重要标识。其形式多样，类型各异，基本结构均是将房屋两端的山墙升高，超过屋面及屋脊500~1000毫米左右。因为人字坡顶的关系，都是屋脊处最高，再向前后屋檐降低，并以水平条状的封火墙檐收两端。

马头墙墙体所用的材料一般是砖和夯土，夯土墙体较为少见。砖墙多采用当地烧制的清水灰砖，因为承重的是木结构，砖墙都是空斗砌筑，更利于保持室温和阻挡噪音。在墙脚处，为使脚部坚固耐用和增大底部的稳固程度，多用条状红岩石作为基石。

在马头墙的上部，出挑宽窄不等，其上

一次出挑

内弧形出挑（一次出挑和二次出挑）

外弧形出挑（一次出挑和二次出挑）

图二　土家族各种造型的马头墙

为挥头。常用做法是用青砖平砌，逐层相叠挑出，用青砖层层叠涩，宽度在一匹砖到两匹砖之间。斜挑面用砂浆抹成斜面或曲面。也有不出挑的，墙体由墙基直接砌到墙头，上下通直，这种类型较少。

墙顶两侧一般分上中下三段：下段用砖叠涩出挑三步，叠涩部分有的用灰抹成正反弧形的袅混线；中段叠涩成的台面上用砖砌成人字形两坡短檐，有的民居就为素砖面（也有可能瓦被揭去），有的覆以小青瓦；上段以小青瓦竖立成排压顶，装上脊头。

脊头也叫鳌尖，是马头墙外缘挑起的装饰。湘西土家族民居的马头墙，其脊头一律起翘，并多以凤凰造型装饰。大致构造可分成用瓦，砖瓦结合，泥塑，砖、瓦、泥塑多样综合等。因材料的不同，造型方式也有所差异。一般来说用瓦和砖瓦因受材料的限制，供匠师发挥的余地不大，造型较为平实，而泥塑形式造型能力较强，在传统建筑上运用很广，除了屋脊的脊垛、脊头之外，墙上的装饰都可以采用泥塑形成凤凰冲天的形式，但造型较单薄。用砖、瓦、泥塑相结合的方式，先用砖垫成坡，将整个脊线向上延伸，其上立瓦压顶，砌成起翘状，中间镶嵌预制好的凤鸟造型泥塑，整个形象饱满有力，具有一飞冲天的意向。

总的说来，湘西土家族传统民居的马头墙整体造型轻盈活跃，以整体势态取胜，具有江西、湖南民居马头墙的共性。但自身的特质也较为突出，如凤凰状的脊头装饰，虽然在其他地区也有出现，但在凤凰古城内却得到普遍的采用。马头墙形态相似却各有不同，在密集民居区，高低起伏，前后错落，上翘的趋势蕴涵着一种张力，使得整个街道轮廓线充满了活力。

图片来源
图一　孙雁，谭琳，夏智勇.渝东南土家族民居[M].重庆：重庆大学出版社，2004.9
图二　陈英.湘西传统居住文化研究[D].长沙：中南林业科技大学，2008.6
图三、图四、图五　胡万明　制图

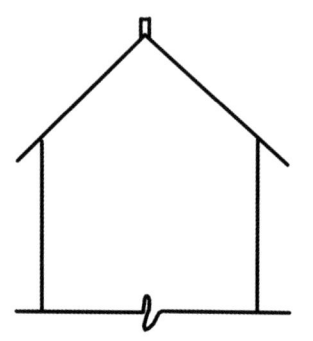 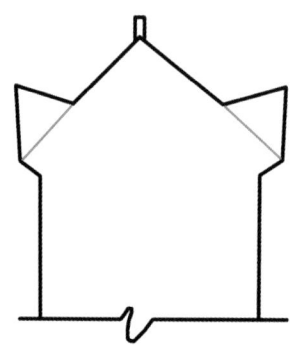 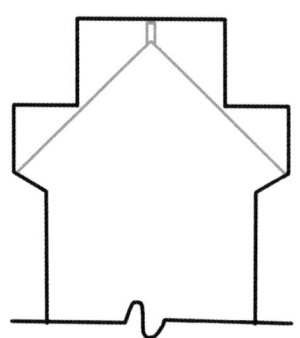

图三　土家族悬山、人字墙、马头墙变化示意图

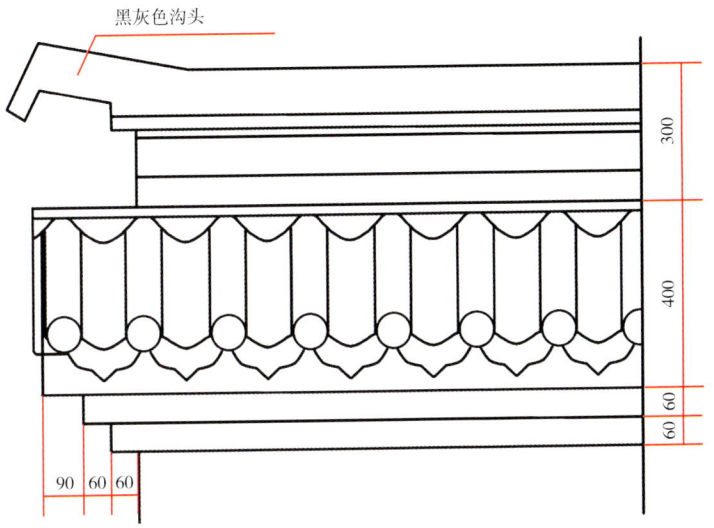

图四　土家族马头墙正面尺寸图（单位：mm）

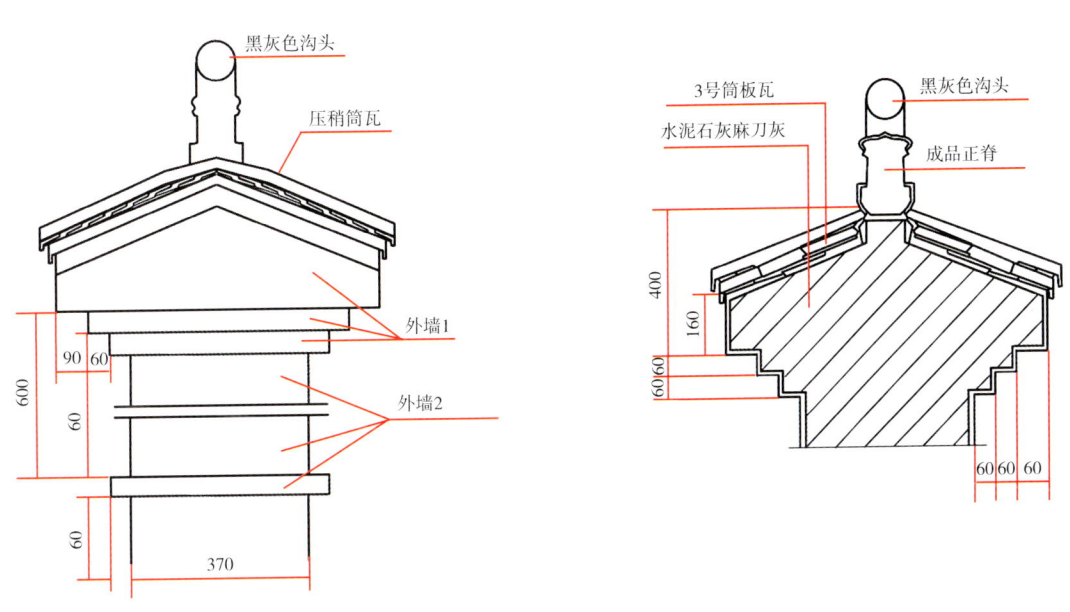

图五　土家族马头墙侧面尺寸图（单位：mm）

土家族门楼

图一　土家族门楼主图

　　门楼，城门上之楼也，在汉族地区，门楼是一户人家财富的象征，一般官宦人家都建有门楼且特别考究。门楼顶部结构和建筑方法类似房屋，门框和门扇装在中间，门扇外面置门环，多铁质或铜质。

　　改土归流以后，受汉文化风水观念的影响，土家族人常在"三合水"房屋前方加设一座山门，即门楼，在土家族，门楼也叫朝门。"大门"在风水中是"纳气"的重要部分，其朝向至关重要。而很多"三合水"房屋因在建造时受地形、地势影响，堂屋大门的朝向不够理想，所以，为了顺应风水，就在"三合水"院坝前加一个朝向理想的门楼，故也叫朝门。

　　因土家族山寨一般建在大山之上，设置门楼原因有二，其一是可防匪防盗；其二是因山路弯弯绕绕，容易迷失方向，设置门楼可作为从山脚仰望寨子的可识别性的标志，看到门楼就知道了入口。山下人如果看见了门楼，便不管怎么绕山，心里始终有个目标方位。就这一点而言，门楼的使用，体现了土家族民居对环境的一种适应。

门楼主体一般为木结构，采用吊脚楼穿榫架梁的方式建造，其最大的特点是门内、外平面均为梯形，为"八"字构造，即"八字朝门"。在构造上，由四根立柱呈矩形立于四角支撑房顶重量，门洞内收，位于矩形内部，其左右各有一根立柱，门框装在立柱之上。门洞前方外椽左右两柱至门洞左右两柱间，装上木隔板，形成平面呈45度角的"八字"。此木板壁通常不设门，但设一孔可观望的窗口。与现代城市建筑中的"猫眼"功能相似。

图片来源

图一至图三、图五 孙雁，覃琳，夏志勇.渝东南土家族民居[M].重庆：重庆大学出版社，2004.9

图四 周亮.渝东南土家族民居及其传统技术研究[D].重庆：重庆大学，2005.5

图六 胡万明 制图

图二 土家族门楼地形图

图三 土家族门楼左右侧面图

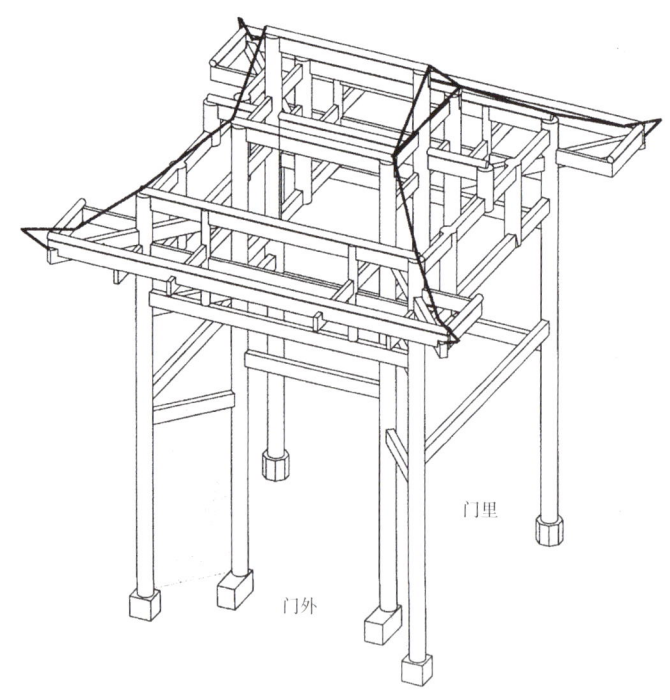

图四 土家族门楼结构示意图

图五 土家族门楼仰视图

图六 土家族门楼线描图

土家族院场

图一　土家族院场主图

　　土家族民居的屋前多设有院场，当地称为院坝或"晒坝"。院场多位于屋前与房屋平行或在房屋斜前方的台地上。院场主要是为土家族人做农活、晒谷物杂粮、堆积杂物等提供场地。其布局和面积大小与正房及厢房的开间、围合方式以及场地的地形、地势有关。若场地够大，院坝前沿差不多到厢房出檐的位置。

　　土家族人在房屋建造之初"平屋基"时就把整个房屋布局（包括正、厢房屋基落脚位置和院场）的地平整好了，院场是在房屋及四周排水沟等修好完善后，房主便根据地形地势和喜好进行院场的处理，以形成后来各种形式，土家族院场不管大小、位置及形状如何，都必须是向阳的。

　　素土夯实的院场，房屋和周围设施基本建好以后，将已经平整过一次的院场再夯实一道。铲除不平的杂石，填平雨天积下的水坑，将土打压紧凑为止。如果没有完全夯实，院场几经风雨后，便会长出杂草来。

　　水泥院场，院场敷水泥是受现代汉族的影响，其优点是干净平整，在晒农作物之前不用在其下做铺垫，可将要晒的谷物等直接铺在水泥地面上，提高了晾晒的效率，更利于收捡。

　　水泥院场铺水泥的程序为：先将土地表面夯实，然后在上面铺一层小碎石子，平铺匀后再在上面浇一层水泥，人工铺平，等水泥干固以后便可使用。也有直接用水泥浇在夯实的素土地面上的做法。

表面铺石板的院场，这也是学习现代汉族农村的做法，具体做法是：先平整场地，夯实，但不要求夯得很死，差不多就可以了。这时的场地仍有一些凹凸，就用干的、废弃压碎的稻草谷料铺在湿土上面，一可吸水，二可找平凹地。最后再将边长约600毫米的石板一块块拼接盖好，接缝处用水泥敷实，若不平，再在其下垫碎石渣或水泥。石板铺设好后，遇大太阳天，晒一两天晒干就基本可用。

筑台（分台）敷水泥的院场，当土家房屋建在高低落差较大的地方时，房前的院场常需要筑台或分台。因地面不平，须砌石拔高低处。做法是：先按需要定好大致位置的垂直标高，然后用小方片石斜向交错垒叠，将台垒成，再在上面平叠几层长扁的石板加固受力，铺设这一层主要是调节台面高度至开始定好的台面位置，最后在上面敷一层水泥，晒干即可。需要说明的是，虽然先是用小方片石斜向交错垒叠，但在台地边缘如转角的地方，为符合受力，则从下到上都是用方体块状青石块水平垒叠。

图片来源

图一、图二、图四　辛艺华，罗彬.土家族民间美术[M].武汉：湖北美术出版社，2004.2

图三　北京大学聚落研究小组，湖北省住房和城乡建设厅，湖北省恩施土家族苗族自治州住房和城乡建设委员会.恩施民居[M].北京：中国建筑工业出版社，2011.5

图五、图七、图八　胡万明　制图

图六　孙雁，覃琳，夏志勇.渝东南土家族民居[M].重庆：重庆大学出版社，2004.9

图二　土家族夯土院场

图三　土家族水泥院场

图四　土家族铺石板的院场

图五　土家族院场铺石板场景图

图六　土家族筑台院场

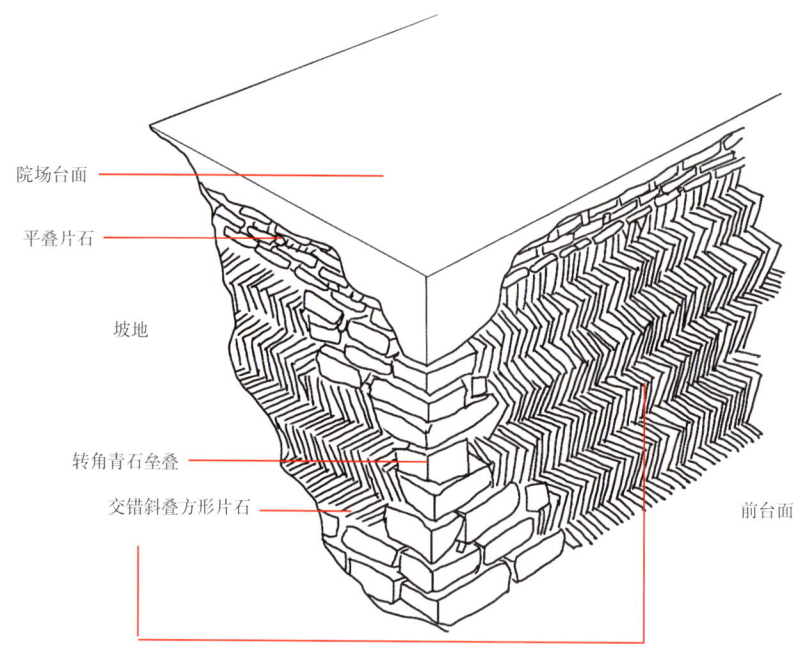

图七　土家族筑台结构名称图

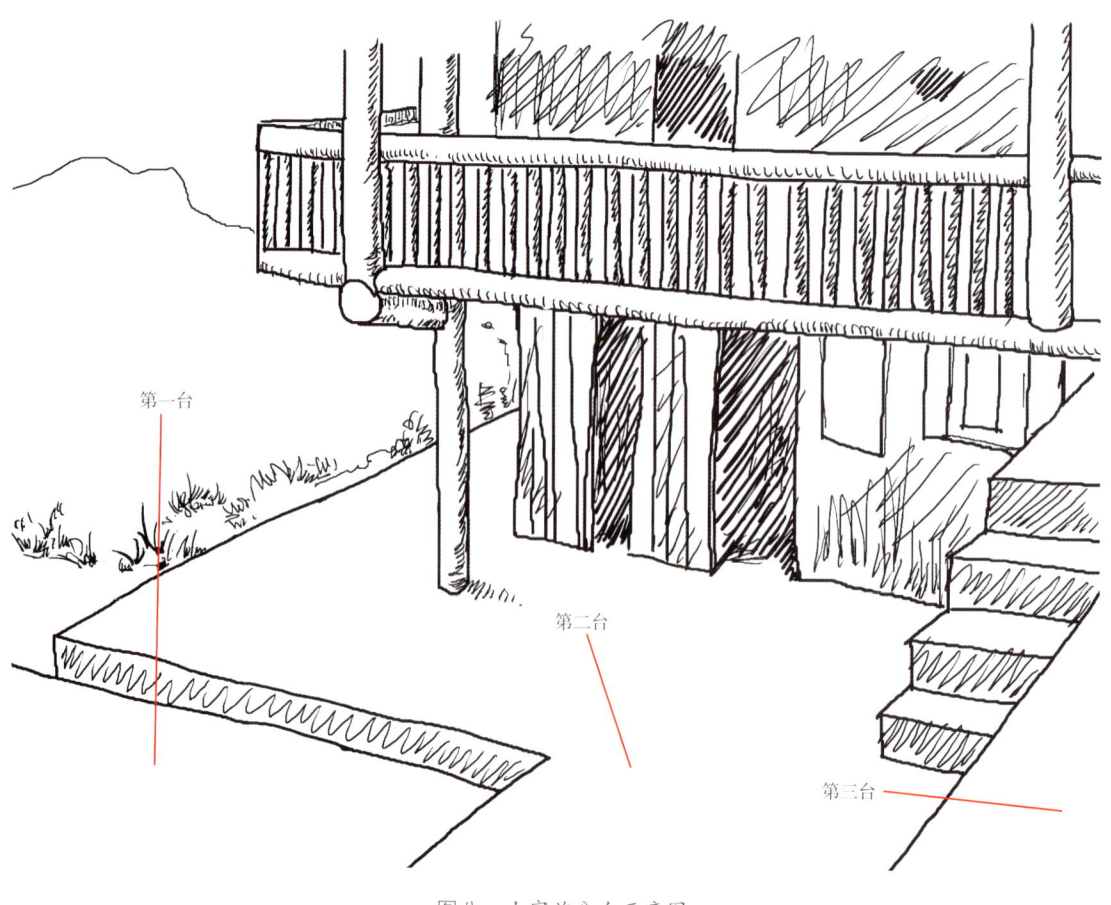

图八　土家族分台示意图

土家族走廊

图一　土家族走廊主图

走廊即过道，在土家族民居中随处可见，广泛应用于三连间及堂厢式民居中。主要分为以下几种形式：

内回廊：设于院落或天井四周，供前后或四周房屋的水平联系及遮阳避雨、休息之用，结构上与房屋一体，或挑或凹，局部独立设置。

凹廊：设于入口处堂屋之外，是湘西土家族民居中较普遍的门廊形式。

外挑内回廊：也叫挑廊，具有向院落和天井中心围聚的空间意向，挑廊向外扩展，是内部空间与外部空间的自然过渡，也是人们感受自然的平台。

挑廊多设在吊脚楼的二层，很多吊脚楼

则三面设廊,呈转角状。这种廊有多种叫法,有叫"走马转角楼"的,也有叫"转千子"的。走马转角楼是因为有的吊脚楼两面设廊看上去呈转角状而得名。类型各异的挑廊不仅丰富了立面造型,给建筑的垂直界面带来了虚实结合的层次空间,也给室内的人们提供了与外界交流的场所和过渡空间。

走廊有如下主要构件:

栏杆:栏杆是走廊中装饰最精彩的部分,俗称"千子",千子多种多样,又称"美人靠"。栏杆的装饰题材丰富,如万字形、喜字形等,形式简单,寓意丰富。在走廊栏杆上有探出去的柱子,俗称悬柱。其形式也琳琅满目,五花八门,简单的有四、六、八棱柱状,表层涂以清漆或色漆用于防腐。悬柱上多雕饰有丰富的纹饰,其主要技法多采用圆雕、透雕等手法,充分表现出民间能工巧匠的聪明才智。

木地板:挑廊结构上和主体房屋一体,在一榀排扇上增设挑檐柱,挑檐柱下穿枋,在穿枋上铺设木地板,以此形成廊道。

吊瓜:栏杆的下端一般都悬挂吊瓜,吊瓜的形式各具特色,有六棱柱、圆形柱、方形柱等美轮美奂的形式姿态。

图片来源

图一　姚姗婧.湘西土家族民居营建技艺研究[D].广州:华南理工大学,2012.6

图二　张爱武.土家族吊脚楼营造技艺及其传承与保护研究[D].武汉:中南民族大学,2012.4

图三　湖南省建设厅.湘西历史城镇、村寨与建筑[M].北京:中国建筑工业出版社,2008.12

图四　陈英.湘西传统居住文化研究[D].长沙:中南林业科技大学,2008.6

图五　胡万明　制图

图二　土家族走廊外观1

图三　土家族走廊外观2

图四　土家族走廊各种类型的吊瓜

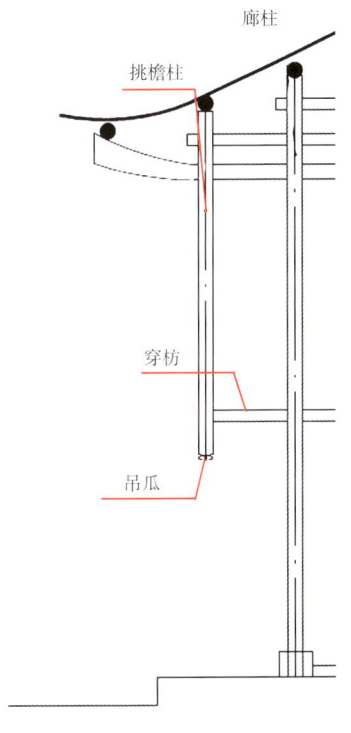

图五　土家族廊道结构名称图

土家族楼梯

图一　土家族楼梯主图

土家族聚居山区，房屋随山势而建，为获得相应的生活空间，房屋多为楼房，楼梯是上下联系的重要构件。楼梯的样式有直跑梯和转角梯，可设在房间一角，也可设在转折处。

楼梯按照构造可分为三类：井框式木爬梯、梁板式木梯、实木踏步楼梯。

井框式木爬梯：井框式木爬梯是土家族

常见的楼梯，主要用于室内。井框式木爬梯做工简单，搭靠在屋内时呈60度以上，占地少，满足了土家民居内部空间使用紧凑和制作简易的要求。还因土家族人生活在山区，早已习惯了爬上爬下的生活，对于井框式木爬梯已经适应，没有山外人对稳定性的额外要求。

井框式木爬梯的材料主要选用强度较高的杉木、松木、白杨等，也可使用其他木料，因地制宜，不受限制。其构造简单，是用两根直径约80~100毫米主木料竖直并排，其宽度600毫米左右，主料之间用短木料或嵌、或钉、或铆，将主木料水平连接起来，牢固结实即可。水平短木料的上下间距约300~350毫米。

梁板式木梯：梁板式木梯也是土家民居中常见的楼梯，主要用于室外，设置在地平面落差处，也有设于院落或天井的回廊一侧，斜搭于厢房外廊之地板边缘。梁板式木梯较井框式木爬梯短。

梁板式木梯的构造：由两段块状木梁（一般用弯木料较多，主要取针叶树木根部制作）作为主要承力构件，其间榫插连接以片状木板作为踩踏的踏面。放置时弧凸向外，更利于承重。

实木踏步楼梯：实木踏步楼梯是最牢固、最精致的，也是土家族山区中较为少见的，主要用于室内空间宽敞、层高较大、经济条件较好的土家族宅房内。其形式和现代楼梯接近，有圆木扶手栏杆，有木质踏面和踢面，有木质楼梯栏杆。

实木踏步楼梯的材料主要还是杉木、松木、椿木、白杨等。每级踏步几乎等同现代楼梯踏步，踏面宽约200~300毫米，踢面高约170~220毫米，楼梯宽度视空间大小而定。

在土家族民居中，以上三种楼梯并非独立存在，在某些地方往往是几种方式同时混合使用，因空间大小和主人需求不同而改变。

图片来源
图一至图五　孙雁，覃琳，夏志勇.渝东南土家族民居[M].重庆：重庆大学出版社，2004.9
图六　周亮.渝东南土家族民居及其传统技术研究[D].重庆：重庆大学，2005.5

图二　土家族井框式木爬梯

图三 土家族梁板式弯木梯

图四 土家族梁板式直木梯

图五 土家族实木踏步楼梯

图六 土家族楼梯的组合使用图

土家族柱础

图一 土家族柱础主图

柱础又叫柱顶石、立柱石，土家族称石磉墩，是一种石制构件，是中国传统建筑的重要组成部分。对于吊脚楼而言，柱础是整栋吊脚楼定平的基准，多安装在各立柱的下方。由于土家族的吊脚楼以木结构为主，而木材受潮容易腐朽，所以木柱不可直接落地，因此在木柱下面垫石，以保护木柱不受雨水侵蚀。柱础的下部分埋入地面，露出地面的部分常雕饰花纹或动物图案。

土家族地处亚热带季风湿润气候，雨水较多。为了有效地隔离地面的潮湿，土家族建筑通常以石质柱础垫于木柱下方，以使木柱不直接与地面接触，起到防潮防腐的作用。土家族建筑的柱础具有丰富多样的形式，在材质、形状、大小、装饰图案等方面都各不相同。

在材质方面，土家族的柱础通常采用花岗石或青石。花岗石比较粗糙，不宜做精细的雕刻，青石的石质细腻，适于雕刻精美的装饰。

在造型上，柱础比较常见的是鼓形、方形或者由鼓形与方形结合起来的混合类型。土家族的柱础常采用的形式有覆盆形、方形、复合造型。覆盆形一般借助覆盆的斜面雕刻莲花瓣图案。方形柱础的每面雕刻独立的装饰图案。复合造型常采用圆柱形和正八边形

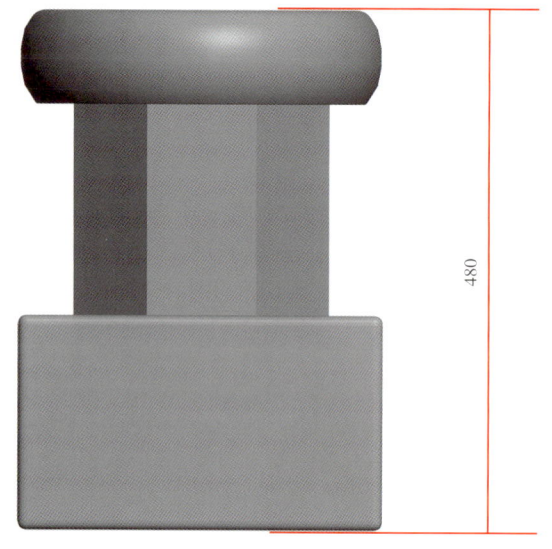

图二　土家族柱础尺寸图（单位：mm）

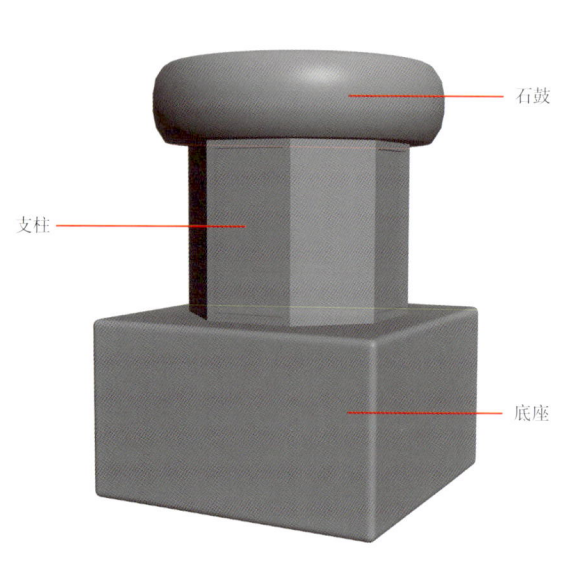

图三　土家族柱础结构名称图

图四　土家族柱础安装方式示意图

组合、鼓形和正四边形组合等等。

柱础在造型和图案题材上极大地丰富了土家族吊脚楼的装饰艺术，体现了土家族人民高超的建筑营造技艺。正如著名建筑学家张良皋先生的评价："土家族吊脚楼的结构和装饰均处于中国传统干栏式建筑的顶端。"

图片来源

图一、图六　辛艺华，罗彬.土家族民间美术[M].武汉：湖北美术出版社，2004.2

图二至图四　胡万明　制图

图五　陈英.湘西传统居住文化研究[D].长沙：中南林业科技大学，2008.6

图五　土家族各种类型的柱础

图六　土家族柱础局部雕刻图

土家族阁楼

图一　土家族阁楼主图1

　　土家族民居以堂屋为中心，堂屋的左右两侧的叫"人间"，以中柱为界，用板壁隔成前后两间，用天花板隔成上下两层，前面作火塘，后面为卧室。卧房的天花用木板铺就以防落灰，称之为板楼，而火塘上方的天花一般用竹条或木条铺就，称之为条楼。板楼上方可以上人，条楼上方则不可以上人。板楼和条楼的上方直到屋顶的这一部分空间都是阁楼空间。土家族民居中的阁楼一般不住人，其主要用途是堆积粮食和杂物，如苞谷、稻秆、红薯及杂草等，是土家民居中的储物间。

　　堂屋不铺天花，为开敞的大空间，能直接看到屋顶的椽子。在堂屋可以利用梯子上下阁楼。阁楼中的板楼和条楼作为储物之用，在功能上也有划分，板楼可上人、堆物，不影响下面房间的使用。条楼不能上人，主要是可放置粮食谷物和需要干燥的杂物。条楼上下空气流通，下方一般有炉灶、火塘等，能够加强烘干以起到防潮的作用。为配合上部空间的使用，山墙上部常常也不加板壁，使屋架通透以利通风。

有的正房将前部阁楼的板楼外挑至屋檐下，与外廊对应，在堂屋外设楼梯上下。

阁楼的具体位置随建筑格局还有相应的变化，如果是两层的吊脚楼，阁楼则设在二楼上至屋顶的空间；三层的吊脚楼，阁楼则设在三楼上至屋顶的空间。阁楼住人是富贵人家的做法，这种阁楼一般建得比较高，并设楼梯上下。与之相对应，外挑的板楼加栏杆形成外廊，楼梯则可设于堂屋，在正堂上方形成回廊。

图片来源

图一、图二、图六　潘伟.鄂西南土家族大木作建造特征与民间营造技术研究[D].武汉：华中科技大学，2012.2

图三　周亮.渝东南土家族民居及其传统技术研究[D].重庆：重庆大学，2005.5

图四、图五　孙雁，覃琳，夏志勇.渝东南土家族民居[M].重庆：重庆大学出版社，2004.9

图二　土家族阁楼主图2

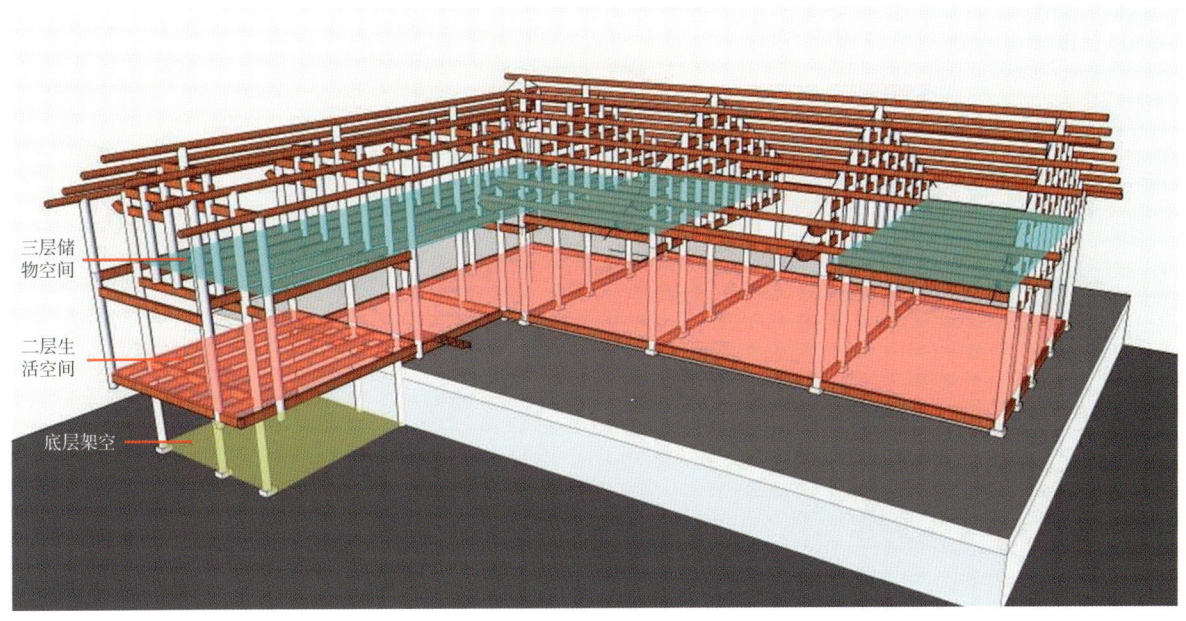

图三　土家族阁楼空间示意图

图四　土家族阁楼中板楼空间

图五　土家族阁楼中条楼空间

图六　土家族阁楼内部梁柱构造

土家族火铺房

图一　土家族火铺房（低火铺）主图

　　火铺是一种在地面上铺设地板并嵌有一方火坑（火塘）的室内建筑。这种室内建筑普遍流行于现今湘鄂川黔土家族聚居区。

　　火铺房是土家族白天活动的主要场所，土家族人喜欢围绕火铺进行做饭、吃饭、取暖、待客、聊天等活动。火铺房也是传承土家族文化和教育子女的第一场所。因为土家族的很多生产生活常识、历史传说故事和做人的道理都是老人们坐在这火坑边传授的。

　　火铺房设在堂屋旁边的人间的前半间。有"低火铺"和"高火铺"之分。

　　低火铺有三种形式：

　　第一种是部分铺板火铺，即是把屋内三分之一留作土地，而三分之二用木板铺成木台，当地称"地楼板"，也有铺木板部分占地三分之一或二分之一的情况。铺成后的木台一般高出室内面200~300毫米左右。然后在高出的木台中间嵌置火坑。

第二种是全铺板火铺，即是在屋中间用青石镶嵌一正方形火坑，再围绕火坑整个房间周围全部铺以木板，在火坑的四周木地板上放置座椅坐人。

第三种是无板火铺，即火铺房没有木地板，只有火坑。

低火铺木板一般用武陵山区山林的杉树木加工而成，若没有杉木，用马尾松（当地人叫枞木）也可。火坑所在室内木地板高出堂屋地面200~300毫米，架木地板有利于通风散热，防潮防火。在木地楼板中央或偏侧一角，挖面积不足1平方米的方形火坑，四周砌以青石。火坑低出室内地面300毫米左右。在火坑青石侧壁或角上设一圆孔，直径约60~80毫米，作为除灰孔。同时有一条地下的、通到房屋角落的立式烟管，这个烟管起到拔风作用，以免烟气在室内充斥。

火坑内置铁制的三脚架，以作炊烧之用。据传，三脚架表示古代的三位护火者，也有说是代表古代的三位老人。土家族人对三脚架有一种敬重感，无论何种情况，都是不准用脚去踩三脚架的，甚至有时为图过路方便，从火坑的三脚架上跨过也是不允许的。

在火坑上方约1800毫米处悬有一方形木架，木架的四个突出角由两根被剖开的竹管（即竹片）撇弯后套住，悬挂在由竹条或木条铺成的条楼上（在黔江后坝、酉阳可大乡与湘西交界的地方，也有全用竹管替代木架的）。木架本身可放置腊肉、苞谷、杂物，也可放置需要火烤加温除湿的物品（如被水浸湿的鞋）。木架下挂有铁钩，主要用于挂烟熏腊肉。火坑不仅可以熏制食品，还能熏蚊、取暖。

高火铺也就是土家族历史上过去的"火床"。各地土家族中，该形式的火铺最少见。据有关资料查证，现在酉阳土家族苗族自治县西部的铜西、铜鼓以及黔江区的南溪一带，仍然设置有高火铺。及至今天，进入土家族聚居的山寨，尚可看到高火铺。

在彭水县鞍子乡大池村火石坡何家大院，仍留存有这种高火铺（火床）。高火铺下为青石和素土夯实的地面，地若不平，就

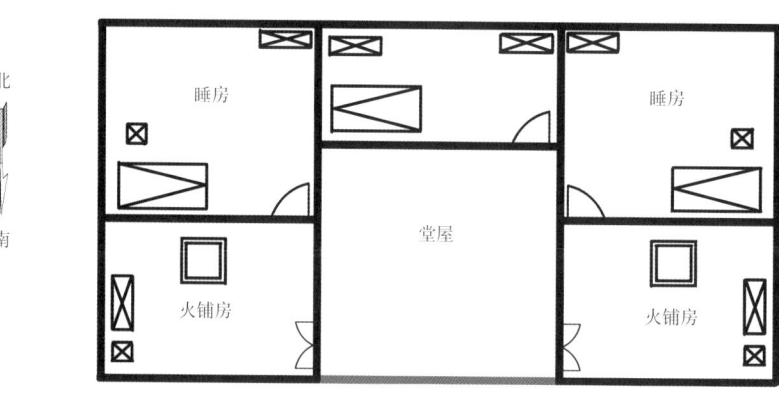

图二　湘西双凤土家族民居平面图

直接用石板垫平,然后立木桩(枞木或杉木),再在上面铺上整块木板。木板面离地有570毫米,长、宽分别为2350毫米。木板中间的火坑为1100毫米见方,以石嵌边,中间也为石底,凹陷部分由下方垫石头承托。楼板与地面之间的空间可供利用,如堆放柴禾等杂物。火坑内仍置有木材、铁三脚和炊烧用具。高火铺火坑上方也可吊竹、木挂架以及铁钩,用于火烧烟熏苞谷、腊肉。高火铺上供人坐的用具为200毫米高的草墩或小木凳,也可用直径较大的树桩来坐,平时将树桩放下面作踏步踩来"上床"。高火铺上火坑位置的布置不是在床板的正中,火坑距床板四边的距离为:距离墙1050毫米,距离窗600毫米,其他悬空两边分别为650毫米、200毫米。

图片来源

图一 辛艺华,罗彬.土家族民间美术[M].武汉:湖北美术出版社,2004.2

图二、图三 胡万明 制图

图四 姚婳婧.湘西土家族民居营建技艺研究[D].广州:华南理工大学,2012.6

图五 孙雁,覃琳,夏志勇.渝东南土家族民居[M].重庆:重庆大学出版社,2004.9

图六、图七 北京大学聚落研究小组,湖北省住房和城乡建设厅,湖北省恩施土家族苗族自治州住房和城乡建设委员会.恩施民居[M].北京:中国建筑工业出版社,2011.5

图三 土家族高火铺模型图

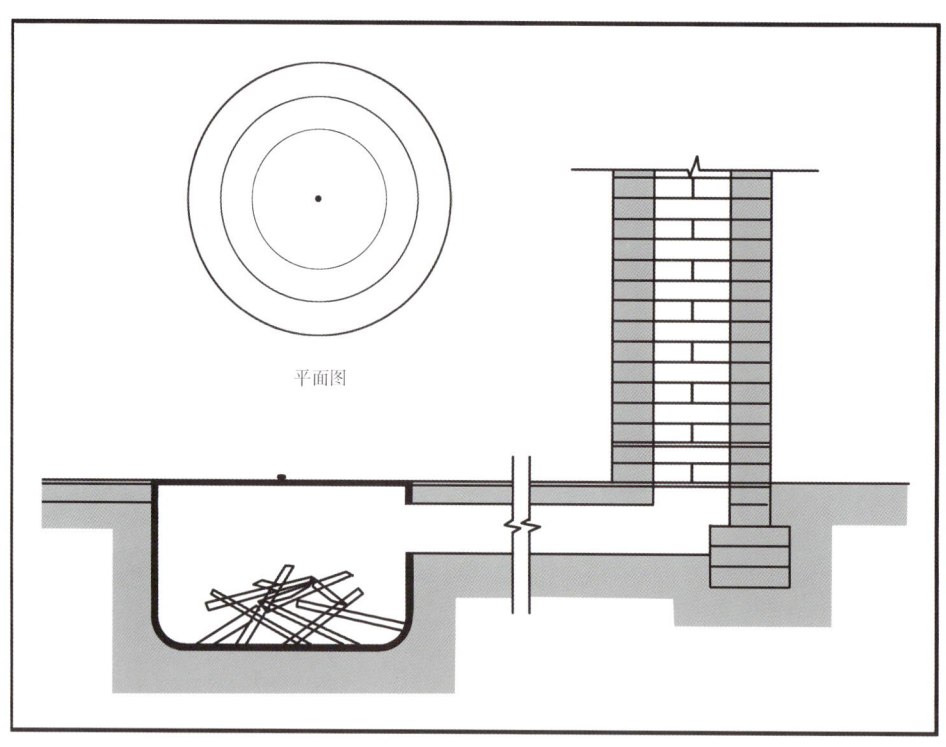

图四　土家族火坑大样图

图五　土家族火炕

图六　土家族火坑上方

图七　土家族三脚架

土家族猪圈

图一 土家族猪圈主图

猪圈就是养猪的屋舍。猪是一种被人普遍饲养的家畜，土家族也不例外，以前，山里的土家族，一年到头的肉食来源就是家里养的一头猪。所以，猪圈在土家族的建筑中也是必不可少的一部分。

在房屋使用功能上，土家族的猪圈除了养猪外，常常在其外围圈一木栏作为厕所，这与许多汉族农村养猪的猪圈相同。同时，空间条件较好的地方，土家族人常利用地势高低落差架起猪圈，并把其前方或正下方作为收集猪排泄物的场所，为农田灌溉积累肥料。

生活在山里的土家族人，由于木材资源丰富，所以建造猪圈用的材料也是木材，只是树种不限，没有建房子那么讲究。猪圈的构造做法较为简单，在事先选好的地上立四根直径约200毫米的木柱子，打桩埋桩因地制宜，围合2000毫米见方的空间，柱与柱之间，横向水平穿插榫接7~8根直径约100毫米的圆木或木板，在一方留一个可以拴上并让猪进出的门，上面加直坡顶铺盖茅草即可。

猪圈若搭接在住人房间的边上，顶一般为单边坡。其做法是：先用几根圆木斜搭在住人房间山墙的穿枋上，另一侧撑在猪圈水平围栏上，然后在圆木上固定檩条，钉椽子，最后铺茅草完工。

土家族地区的猪圈与住人房间的位置关系大概有以下八种：

1. 猪圈搭在正房山墙外缘的偏厦里；
2. 猪圈搭建在厢房旁边的偏厦里；
3. 猪圈搭建在披檐里；
4. 猪圈搭建在吊脚楼厢房下；
5. 猪圈搭建在平地厢房前；
6. 猪圈搭建在平地两层厢房下层；
7. 猪圈顺下降地势而修建在吊脚楼厢房前；
8. 猪圈单独置于房屋外的附近。

图片来源
图一　孙雁，覃琳，夏志勇.渝东南土家族民居[M].重庆：重庆大学出版社，2004.9.
图二、图三　周亮.渝东南土家族民居及其传统技术研究[D].重庆：重庆大学，2005.5

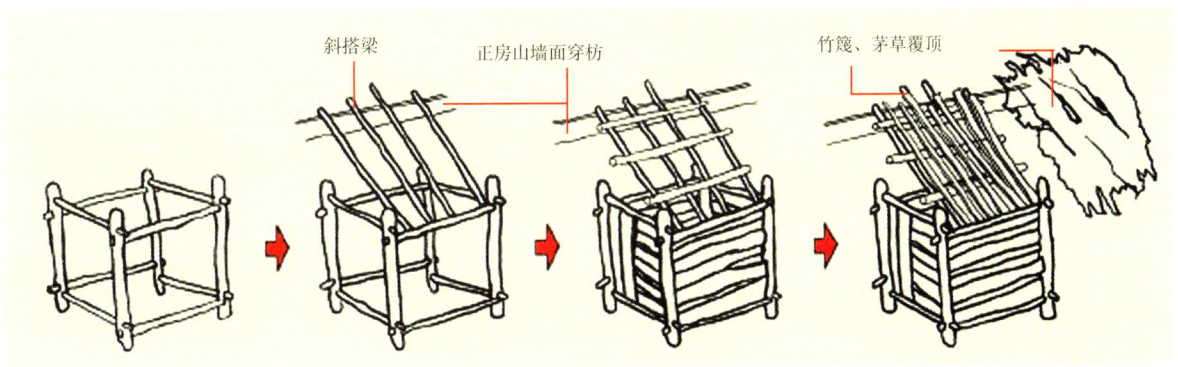

图二　土家族猪圈的搭建步骤图

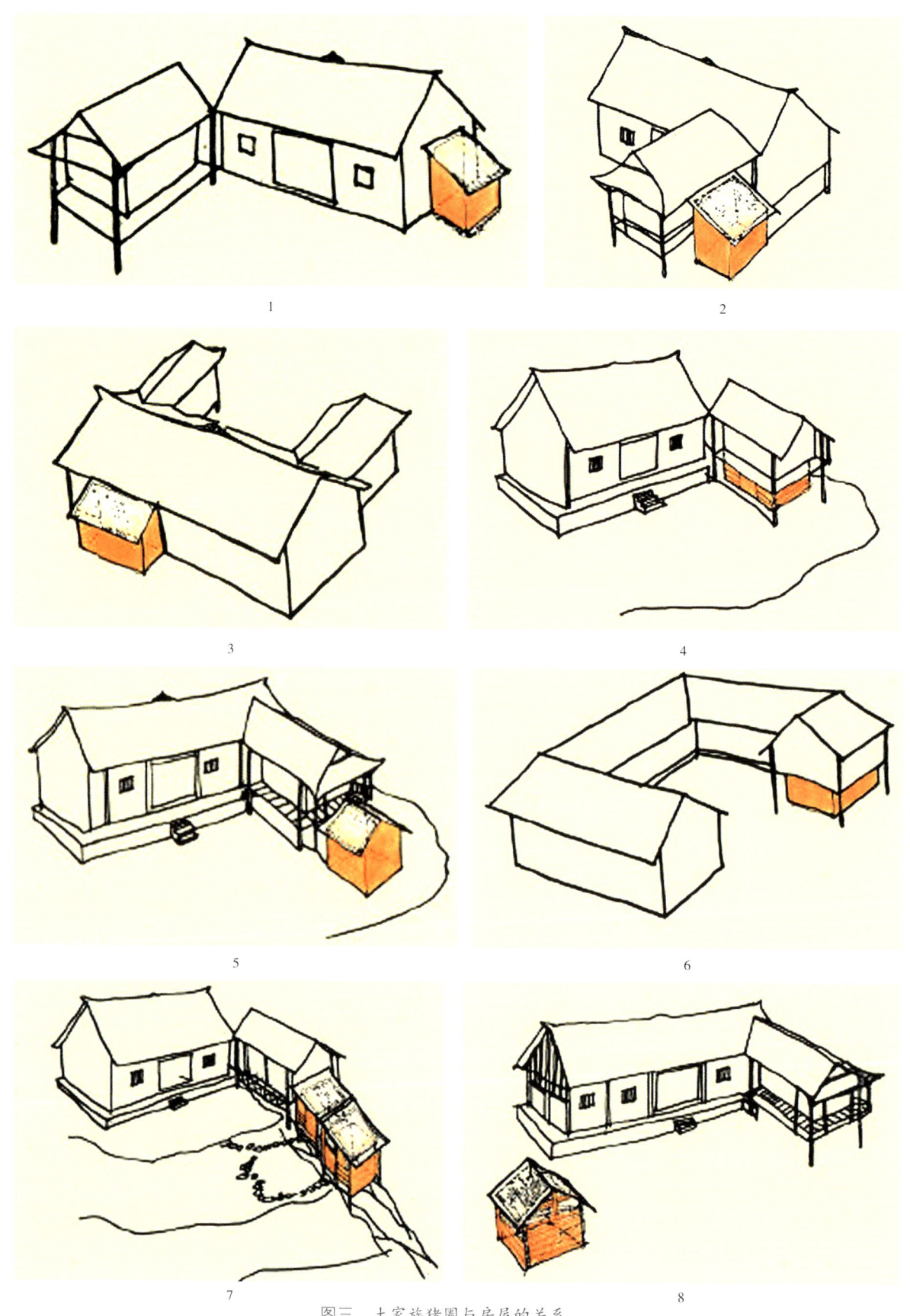

图三　土家族猪圈与房屋的关系

第二章 土家族传统服饰

土家族右衽琵琶襟

图一 土家族右衽琵琶襟主图

《尔雅·释器》："衣眦谓之襟。"门襟为衣服的开启与交合之处，是为了方便穿着而设置的一种开口形式。从领圈处开口，至下摆结束，对衣服的整体造型结构起着重要的作用。

琵琶襟也称为缺襟，前襟下摆分开，右边裁下一块，比左边短约一尺。流行于清代，多用作行服，方便骑射。本案例右衽琵琶襟也叫右衽大襟衣，为旧时土家族中老年男子日常穿着的上衣。右衽是指衣襟由右向左掩，纽扣偏在一侧，从右到左盖住底襟。

土家族先民喜欢色彩斑斓的服饰，这种服饰的习俗一直延续到清代改土归流之前。至清乾隆二十年（1755年），在《皇清职贡图》里第一次出现了土家族先民的线描形象，此时永顺、保靖等地区的土家族男人已开始着裤，上衣为圆领短袍，衣长至大腿，包头巾，系腰带，裹绑腿，已是汉人打扮。

清代改土归流之前，土家族男子还"耳留垂环，大者如镯，以多为胜"，戴铜手镯，均穿右衽琵琶襟上衣。改土归流之后，改为老年男人内穿对襟衣，外罩矮领右衽满襟衣。

图一为清末的一件右衽琵琶襟男装，为张光准私人收藏。衣服通体蓝色，保存完好，有领，高约5厘米，肩宽约52厘米，衣长约80厘米，是一中长款的男式外衣，材质为棉布。自上而下共有7对布扣，土家族人称之为蜈蚣扣，其中领口1个，为扣紧领口用，大襟口2个布扣，往下3个，大襟收口处1个。大襟滚边为黑色棉布，宽约10厘米，紧邻滚边处镶白色花布，宽约5厘米。袖长约65厘米，袖口直径约22厘米，两袖口亦镶黑色棉布，宽约18厘米，黑色棉布上方亦有白色花布滚边。衣服整体和谐，色彩庄重，白色花布的镶嵌增添了活力。

这种大襟衣穿着时，需要从上至下将蜈蚣扣扣好之后，腰上再系上用白嵚几布做成的腰带，下身穿大腰裤，上山干活比较方便，行动灵活。

图片来源

图一　何相频，阳盛海.湖南少数民族服饰[M].长沙：湖南美术出版社，2010.7

图二至图四　胡万明　制图

图五　清代傅恒.皇清职贡图

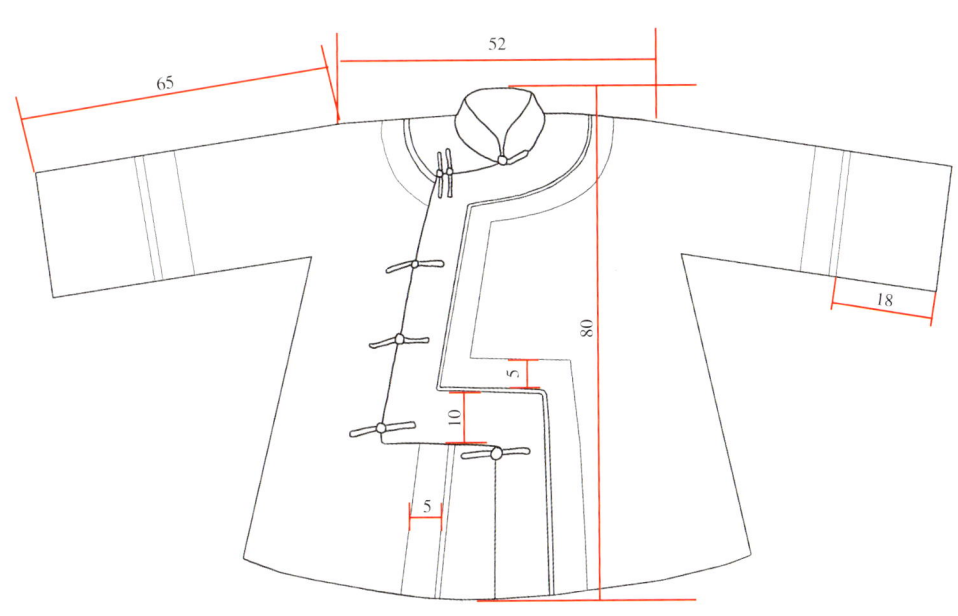

图二　土家族右衽琵琶襟尺寸图（单位：cm）

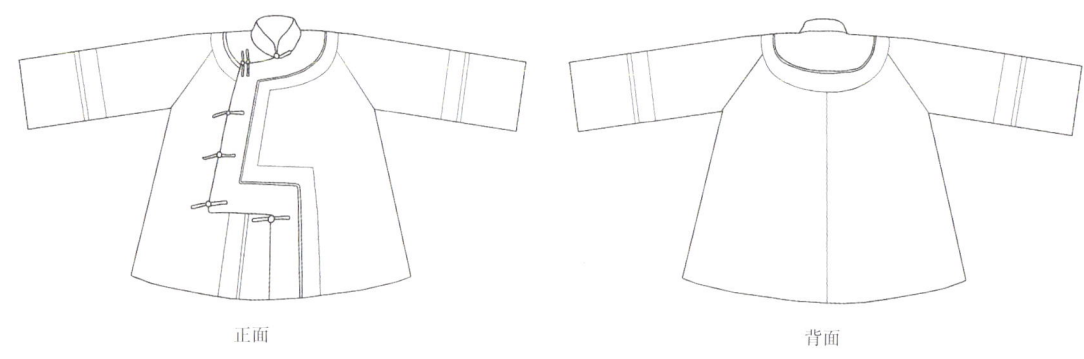

正面　　　　　　　　　背面

图三　土家族右衽琵琶襟正面、背面展示图

图四　土家族右衽琵琶襟穿着示意图

图五　土家族在《皇清职贡图》中形象

土家族青布对襟衣

图一　土家族青布对襟衣主图

青布对襟衣为土家族男子日常穿着，青布对襟衣为立领，门襟钉有7对、9对或11对不等的布扣，俗称"蜈蚣扣"，袖小而长，袖口绲边。旧时，青布对襟衣的布料为土家族自织的嫁几布，然后染蓝靛，成为青布。

本案例为土家族日常穿着的青布对襟衣，现藏恩施土家族苗族自治州博物馆，该件衣服以土家族自织嫁几布为布料，青色，衣长约72厘米，肩宽约51厘米，袖长约70厘米，领高约3厘米，双层，为一色布做成，后领下缘处镶一块白布缝制的扇形内贴，半径约为10厘米，衣服前方对襟处用青布缝制内褊，内褊外面钉两排九对布纽扣，一排为阳扣居左，一排为阴扣居右，互为相扣。前面两对襟下方用一色布分别缝制明口袋，口袋大小与衣服相宜，大的可装一斤葵瓜子。

布纽扣用一色的布料手工盘成，先将布料裁成长条状，几层折叠后，经过缝合，成为一条细长的圆形带子，再将带子盘绕打结后成为阳扣，扣头下留有长布带即为扣腿，确定长度之后将多余的剪下，扣腿缝线，钉于门襟之上。阴扣是将布带对折弯曲后，钉的时候留一截不钉，使对折处为一环带正好容纳阳扣的扣头。阴阳纽扣一一相对，即可将衣服扣上。

安放布扣时先将衣服展开铺平，将布扣按5、7、9对均匀地摆放在门襟两边，用划粉做好标记后再将布扣缝在对襟上。缝好布扣之后还要在每颗纽扣两边缝上一条线，既可增加纽扣的牢固程度，又使衣服有一种线条美。缝好的布扣均匀地分布于门襟两边，使门襟像一条蜈蚣一样，一一相对的阴阳扣腿即为蜈蚣的腿，土家族人形象地称为"蜈蚣扣"。

图片来源
图一至图三　胡万明　制图
图四　何相频，阳盛海.湖南少数民族服饰［M］.长沙：湖南美术出版社，2010.7

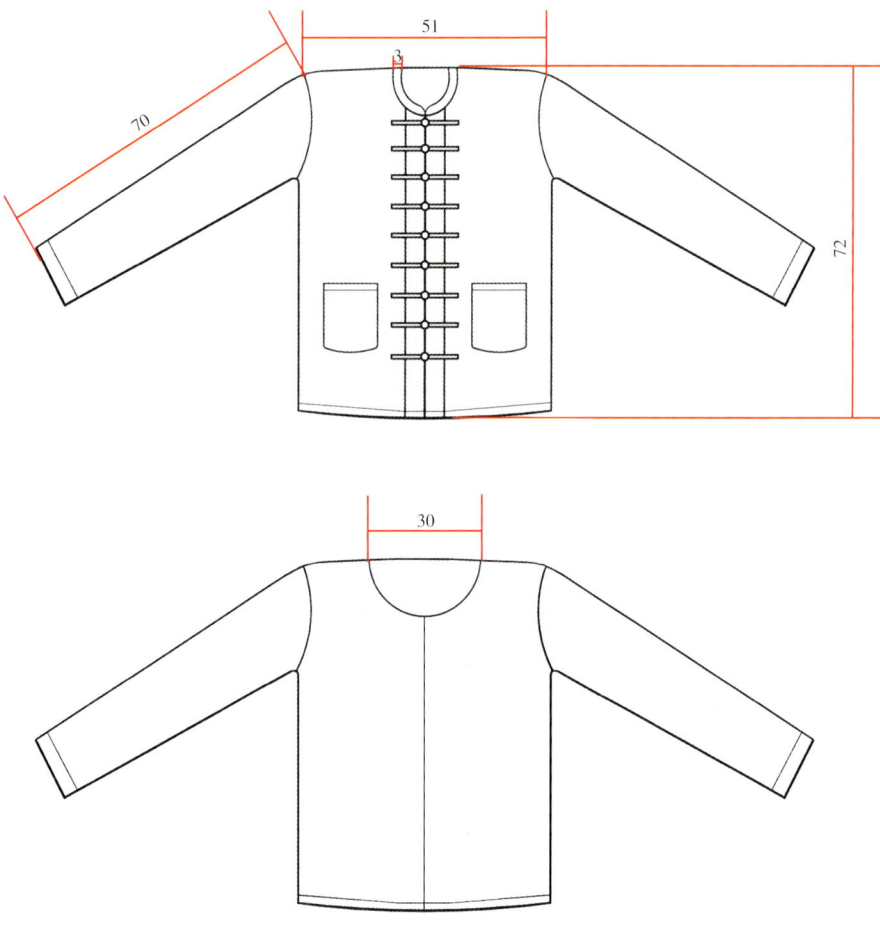

图二　土家族青布对襟衣尺寸图（单位：cm）

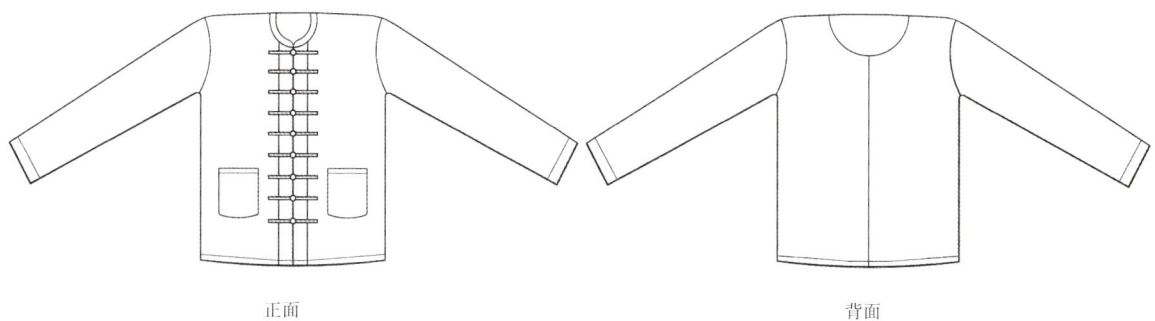

正面　　　　　　　　　　　　　背面

图三　土家族青布对襟衣正面、背面展示图

图四　土家族身穿青布对襟衣的老人

第二章　土家族传统服饰

071

土家族男夹衣

图一　土家族男夹衣主图

土家族对襟衣为青壮年男子的衣服样式，其款式有两种：一种为素色便装，另一种为饰有"如意云勾"的盛装。素色便装为立领，门襟钉上7对、9对或11对不等的布扣，俗称"蜈蚣扣"。其袖小而长，袖口绲边，是土家男子的日常着装。而如意云勾的盛装为家境富裕之土家族男子逢节庆或出门做客时的着装，一般以自纺的土蚕丝为面料，工艺极其精细和特别。

本案例为一件清代蓝呢镶云勾花边开襟广袖男夹衣，现藏湘西土家族苗族自治州博物馆，是该馆1960年从龙山县坡脚乡征集而来。这件广袖男夹衣系手工缝制，据该馆资料记载，此蓝呢镶云勾花边开襟广袖男夹衣周长为328厘米（或应为128厘米，也许记载错误），深蓝色呢子面料，衬里为蓝色织布。该夹衣长83厘米，有领，领高2.5厘米，对襟样式，有铜纽扣5颗，其中领口2颗，其他3颗分布于前襟云勾图案处。该衣下摆微带弧形，腋下13厘米处开叉，袖短而大，袖口径44厘米。其在襟前、背部及前后下摆处贴大朵云勾纹，以门襟为中轴线对称排列。襟前贴花，为倒三角形，最宽处在肩部，从两肩向下10厘米处形成一云勾，再在距领30厘米处的胸部形成云勾，然后合二为一。背部贴花云勾与襟前贴花云勾的花纹、形状、大小相同，以肩为界对称装饰。前后下摆的贴花图案也采用云勾，云勾皆用黑色丝绸剪成，以白布包边，白边处再饰以浅紫色的细花带，袖口处镶黑、蓝丝绸边。

因改土归流之故，土家族传统男式服装流传下来的甚少，据目前已知信息，该衣是湘西唯一仅存的一件清代土家族男夹衣。

图片来源

图一、图五　何相频，阳盛海.湖南少数民族服饰［M］.长沙：湖南美术出版社，2010.7

图二、图三　胡万明　制图

图四　彭华.土家族服饰在现代时装设计中的应用研究［D］.西安：西安美术学院，2011.3

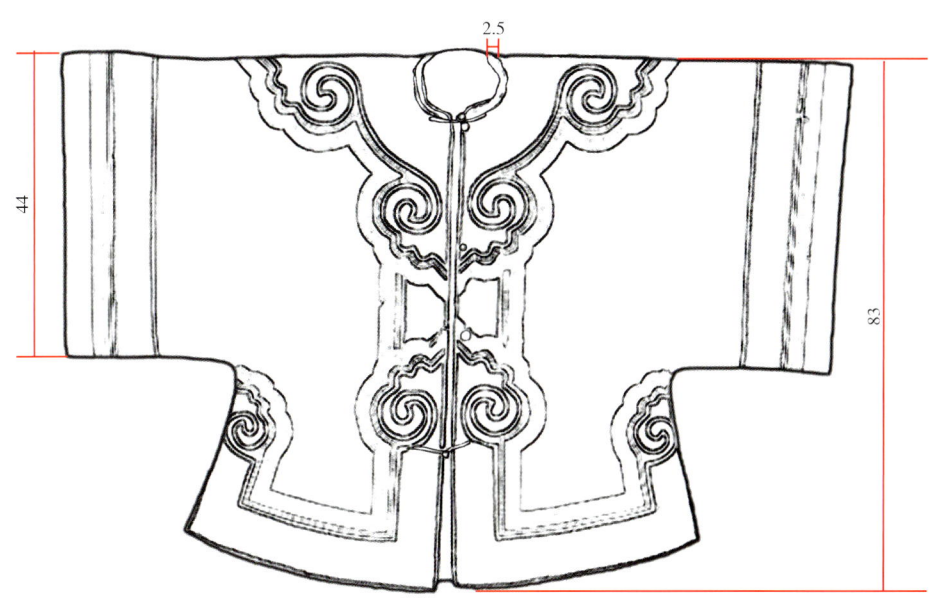

图二　土家族男夹衣尺寸图（单位：cm）

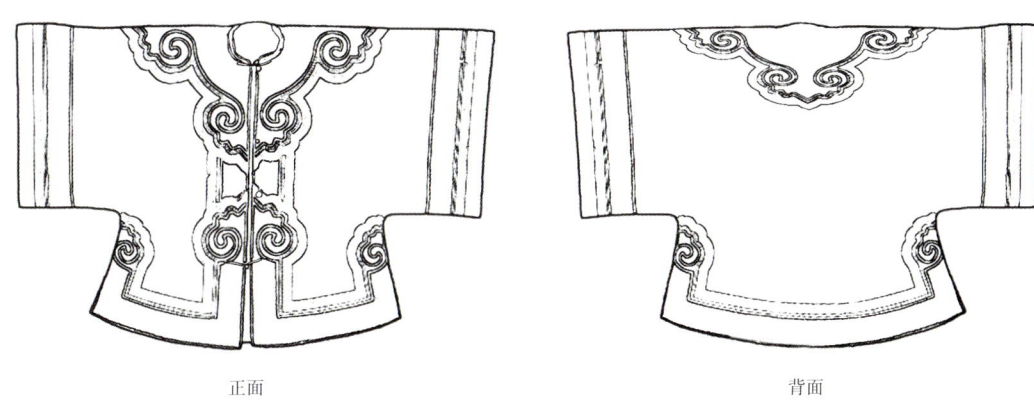

正面　　　　　背面

图三　土家族男夹衣正面、背面展示图

图四 土家族男夹衣与裤子搭配图

图五 土家族男夹衣穿着示意图

土家族包头青丝帕

图一 土家族包头青丝帕主图

青色丝帕是土家族人头上的饰品,是土家族人代代相传的习俗。

改土归流之后,土家族服饰受满服的影响而变化较大,但包头帕的习俗一直保留,头帕一般为青丝帕或青布帕。因改土归流初期,保靖相邻地区的土家族人以白帕包头,故官府下令"示禁白布包头""夫白布乃孝服之用,岂可居恒披戴?……用黑、蓝诸色"。

土家族人成年之后,不论男女都爱在头上包一圈青色丝帕,丝帕为蚕丝织成,冬天用的长度约200~300厘米,夏天用的长度约80厘米。每一个土家族人一生中都需要许多青丝帕,这些青丝帕有自己织染出来的,多数则是购买的,青丝帕质量的好坏土家族人一眼就能看出。

青丝帕包头也很有讲究，根据年龄不同而有几种缠法：

未婚青年男女买回青丝帕后要绣上各种动植物，包头时是从前往后在头上卷成一个圆筒状，紧紧缠住后再把帕头扎进帕筒里面，显现出丝帕上的图案。

已婚男女包青丝帕时，一圈从额头顶上包抄过来，又一圈从额头下包抄过去，交叉之后，使包完的丝帕在额头上形成人字形，虽费时较多但较为精致。

老年人包青丝帕，先用搭头的一段盖住头顶，包三圈后绞紧，在第四圈和第五圈分别吊出两个椭圆形圆圈将双耳罩住，然后缠紧。丝帕几乎将整个头部包完，刮风下雪不会受寒，耳朵也不会生冻疮。

土家族人夏天用短丝帕包头，不论年龄，包的形状大同小异。丝帕一圈一圈包完扎紧后，从右耳上方吊出半尺来长遮在脸颊上，脸上出汗后，就用帕头揩脸，方便实用。

土家族人因喜欢青丝帕包头，男人多剃成光头或理成短平头，便于丝帕的包缠方便，女人多为长辫子，包丝帕之前，要先在头上盘好辫子，丝帕成为保护头发的保护层，避免了灰尘等弄脏头发，而且在丝帕的保护下，头发基本不受阳光直射，所以能使头发更加健康。

图片来源

图一、图六　何相频，阳盛海.湖南少数民族服饰[M].长沙：湖南美术出版社，2010.7

图二至图五　胡万明　制图

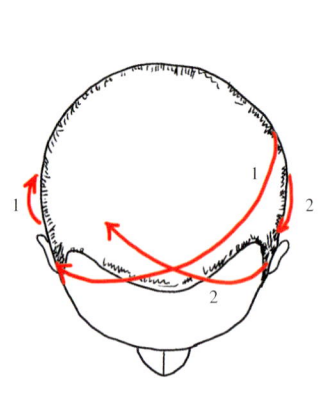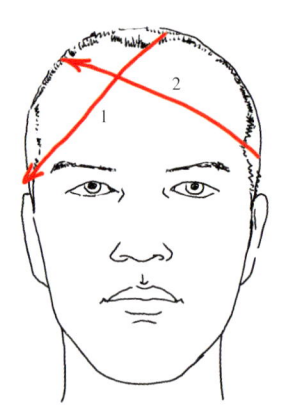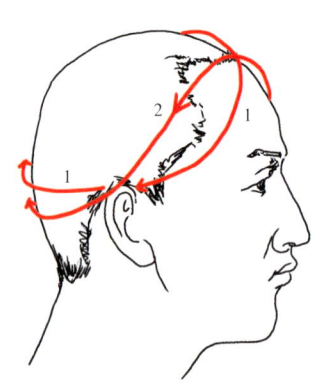

图二　土家族人字形青丝帕缠法示意图

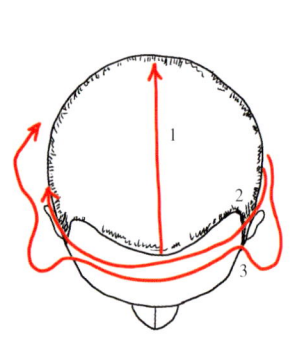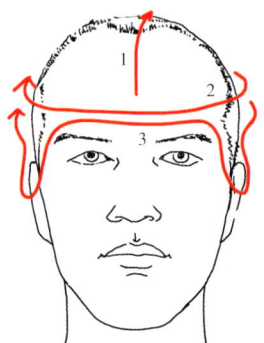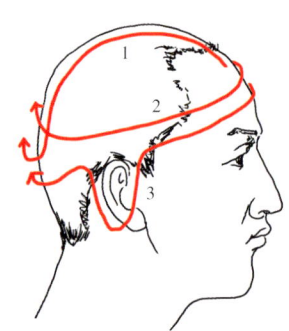

图三　土家族老人青丝帕缠法示意图

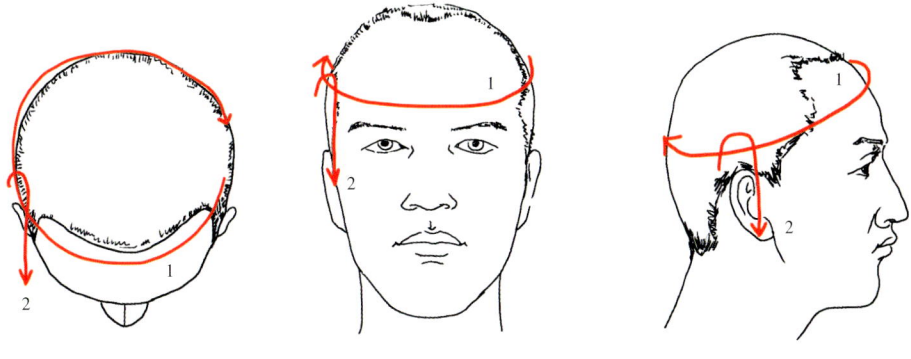

图四　土家族夏天短丝帕缠法示意图

图五　土家族青丝帕包头场景图

第二章　土家族传统服饰

077

图六　土家族包头青丝帕使用情境图

土家族露水衣

图一　土家族露水衣主图

露水衣为土家族女儿出嫁时在途中穿着的服饰，做工考究。土家族的露水衣作为嫁衣可以给女儿代代相传，存于夫家。乡邻之间也可借用。

土家族地处深山，旧时交通不便，土家族女儿出嫁时都是早起步行至夫家，由于山路上野生植物众多，清晨多雾多露，崎岖难行。久之便有了新娘子在出嫁途中穿露水衣的习俗，主要是为了出嫁途中遮风挡雨、避露遮羞之用。临进夫家大门之前，便更换夫家送来的新衣。

新娘子途中的整套装束为上衣为露水衣，下面为八幅罗裙或百褶裙，脚穿露水鞋，手打露水伞。本案例主要研究新娘子的上装——一件民国时期的露水衣，为土家族彭子英家传。

该露水衣为大红色大襟款，衣身宽薄飘逸。布料为土家族自纺、自织、自染的嵝儿布，布纹细腻,织工讲究。

该露水衣长约75厘米,肩宽约45厘米,袖长约25厘米,领口内缘和两个袖口用浅蓝色喀几布镶边,领口镶边约8厘米,袖口镶边约8厘米,领口外缘周围用黑色喀几布布条绲边,胸襟用黑色喀几布镶边,镶边宽约3厘米,领口和腋下各有一对蜈蚣扣,扣头为金色铜扣。

该露水衣整体上色彩艳丽,能很好地衬托出结婚时喜庆的氛围,再配上缀满银宝花的凤冠,胸前再系上一个挂满银链、银牌、银蝴蝶、银石榴等饰物的银扣花,琳琅满目,闪闪发光。相传新娘子戴上它们可以驱邪煞,保平安。

图片来源

图一 何相频,阳盛海.湖南少数民族服饰[M].长沙:湖南美术出版社,2010.7

图二、图三 胡万明 制图

图四 胡建荣.土家族服饰符号语义探析[D].武汉:武汉理工大学,2009.5

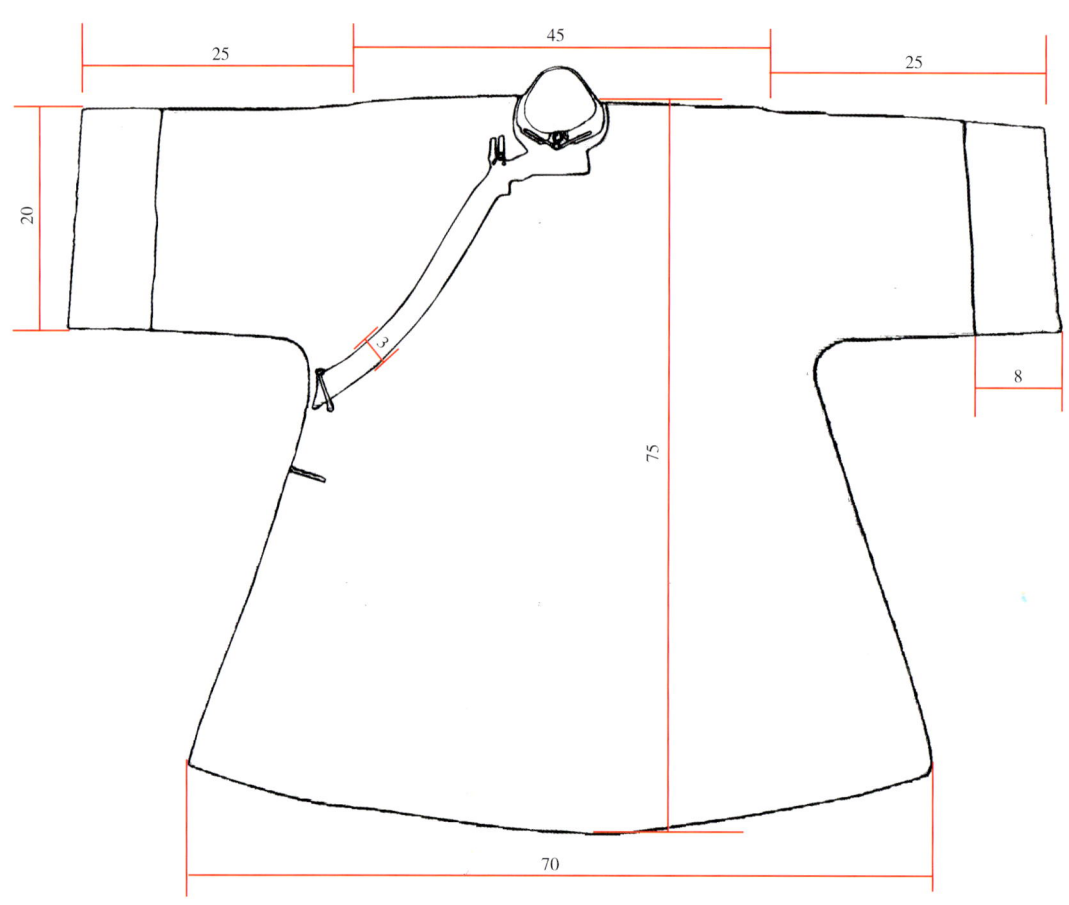

图二 土家族露水衣尺寸图(单位:cm)

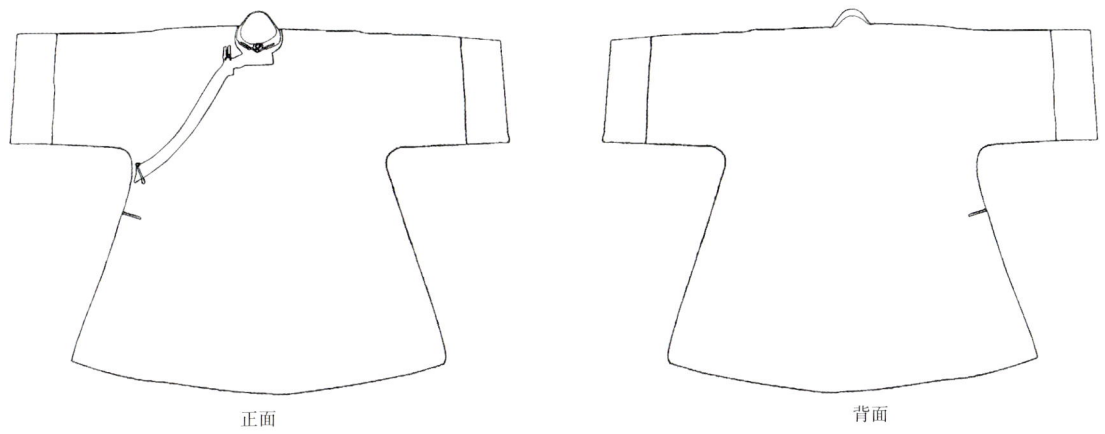

正面　　　　　　　　　　　　　　背面

图三　土家族露水衣正面、背面展示图

图四　土家族穿露水衣的新娘

第二章　土家族传统服饰

土家族外托肩女装

图一　土家族外托肩女装主图

外托肩女装是土家族女子比较普遍的穿着样式，是右衽大襟衣的一种，在领圈、门襟处镶宽边，宽边外镶细边，外圈再镶花边的一种衣服款式。外托肩式样的女装有日常装和盛装之分，在面料与装饰上有所区分。

外托肩日常装简单平实，少装饰，镶一条花边在托肩外缘、袖口加以点缀，或在托肩内外嵌上三道小布边，俗称"三股筋"。该种款式的女装衣大袖大，袖口镶边宽约16.5厘米，领高约1.6厘米，便于日常劳作以及哺乳的方便。

本案例外托肩女装为一款秋冬季的外托肩盛装，尺寸不详，当与图二相近。外托肩盛装装饰相对华丽，秋冬季用蓝色绸缎为衣料，外托肩镶边为黑色，托肩外镶细白边，距细白边少许距离的托肩外缘至胸襟处用刺绣工艺绣上五彩的花草，袖口处镶三道黑边，一道与托肩同宽，位于袖口，其余两道较细，位于宽边之上，再往上为一道花边，一道细白边，整件服装端庄和谐，穿着时多搭配大红八幅罗裙，端庄中充溢着妩媚。

春夏季节土家族女子多穿白布挑花衣，挑花装饰部位因地区而异，龙山一带多用带状花边围绕黑色托肩和袖口，永顺一带多用团状或角状花来装饰前胸、后背以及双肩等处，装饰花纹以凤凰、牡丹、蝴蝶等吉祥纹饰为主，工艺精湛，对比醒目。搭配一条挑花女裤，显得恬静温婉，不失优雅与甜美。

土家族已婚女子，夏天多穿白布衫套青色坎肩，被称为"喜鹊套白"，秋冬季节，多在外衣上套一件挑花围裙，大小合身，松紧相宜。逢节庆或走亲做客，戴上耳环首饰，衣襟口系上绣花手巾，显得十分利落俊俏。未婚女子盛装时，多罩柳叶式小云肩或四合如意式大云肩，显得乖巧甜美而动人。

图片来源
图一、图四至图六　何相频，阳盛海.湖南少数民族服饰[M].长沙：湖南美术出版社，2010.7
图二、图三　胡万明　制图

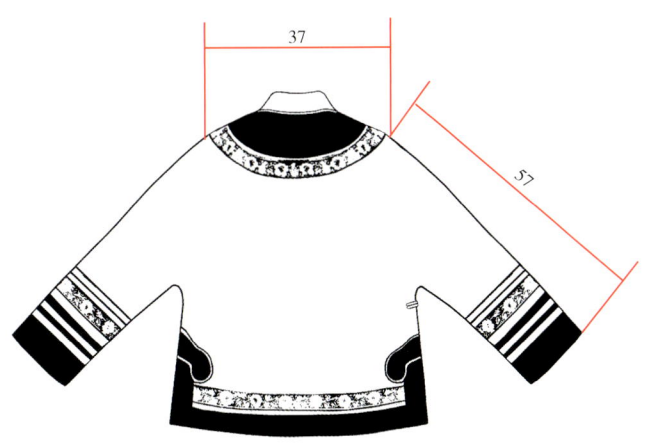

图二　土家族外托肩女装尺寸图（单位：cm）

正面

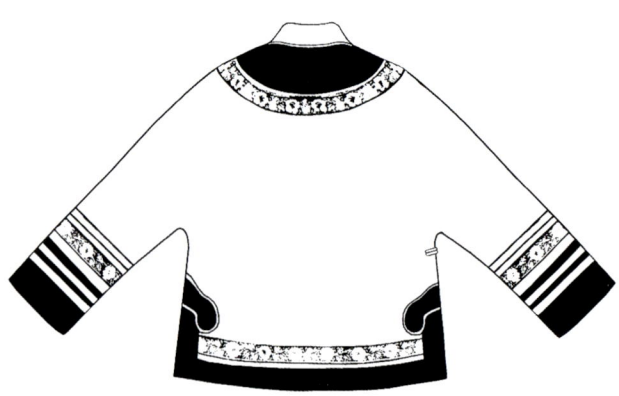

背面

图三　土家族外托肩女装正面、背面展示图

图四　土家族外托肩女装使用情境图

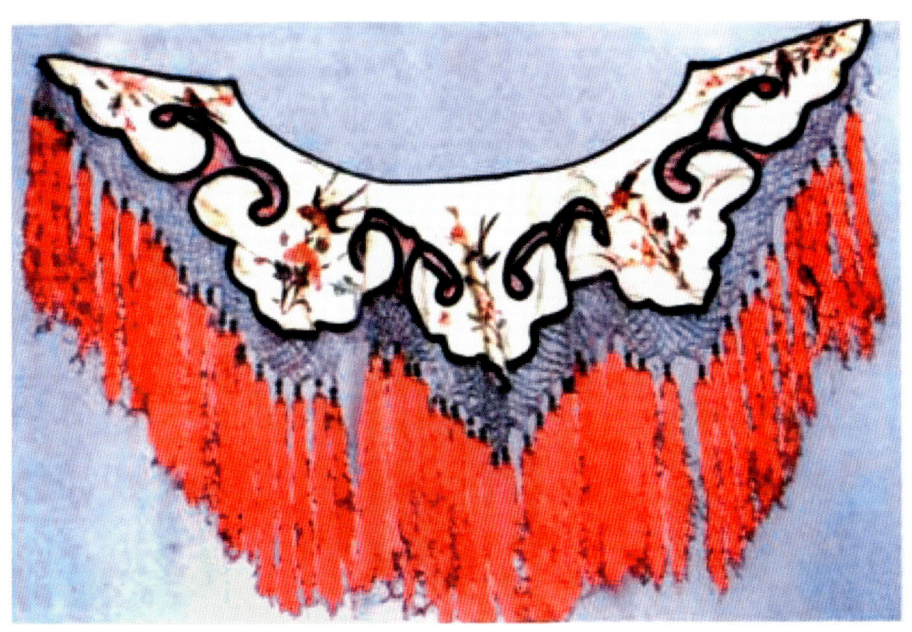

图五　土家族四合如意云肩

图六　土家族女装

土家族八幅罗裙

图一　土家族八幅罗裙主图

八幅罗裙是土家族妇女最具代表性的衣着样式，多为红色。本案例为一件民国时期的红绫镶青缎边八幅罗裙，现藏湘西土家族苗族自治州博物馆。该八幅罗裙保存基本完好，因年代久远，绸面褪色，并有多处小孔状破损。

八幅罗裙相传为梯玛（土老司）所穿，据沈从文先生考证，是正宗土家族服饰。该红绫镶青缎边八幅罗裙，通长95厘米，腰围140厘米，下摆宽200厘米。此裙由两大块三部分组成，上为宽10厘米的白色棉布腰，中段为75厘米的大红绸子打百褶，下为宽10厘米的青缎摆。腰部钉有两组布纽扣，每组3颗。裙身下摆四角挖蝴蝶花，下摆和开叉处贴机织花带，呈如意云纹图案。由于采用青、红绸布与花带镶边组合结构，因而穿在身上看上去有如八幅布料缝制而成，所以称为"八幅罗裙"，实为六幅组成。

整体上精细的大红褶裥、白布腰头、黑色栏杆，三色相互映衬，显得雍容华贵。

关于八幅罗裙的来历，一直众说纷纭，比较有代表性的有两种，一是说八幅罗裙为土家族祖先八部大王祭祀时所穿，二是说由梯玛（土老司）所穿的八种颜色法衣演变而来。而笔者以为何相频、阳盛海在《湖南少数民族服饰》一书中所表述的观点较有说服力，他们认为八幅罗裙应该是改土归流之后受汉服影响的结果。其原因引述如下：

1. 从出土的明代土家族妇女裙子实物及《皇清职贡图》所绘制的土家族妇女裙子样式看，可知土家族下裳一直延续着远古时期的一帘式百褶裙装，与改土归流后的八幅罗裙形制截然不同。

2. 沈从文先生曾说过土家族服饰比较难以界定，因为清以前并无实物考证，也无详细史料记载，若说典型特征，算是八幅罗裙。其时所指的应该是改土归流后的土家族服饰特征。如果沈老能在生前看到明代的出土实物，相信他不会有遗憾了。

3. 八幅罗裙在土家语里并无对应的语言。土家语的"八"叫"叶"，"裙子"叫"聋借"。而八部大王实际上是"拨铺大神"，"拨铺"的土家语就是公公、祖公之意，因其有八个人物名字，故后世将其称为"八部大王"。

由此可见，八幅罗裙与拨铺大神之间似乎并没有脉承关系，而且，茹毛饮血时代的八部大王，何来的丝织罗裙？另外，从形制来看，梯玛（土老司）的法衣与明代和清代的现存实物都相差甚远。

4. 罗裙是历代汉族女子的传统下裳，为丝罗制的裙子，后为女子的代称。五代时便有了"瑟瑟罗裙金缕腰"的描述。宋代时，褶裥罗裙已十分盛行，开始有六幅、八幅、十二幅等样式。到了清代，罗裙种类繁多、盛极一时，连满族妇女都纷纷效仿而成为一种风尚。土家族的八幅罗裙，无论称谓、形制和装饰，都与汉族传统的八幅罗裙几乎一样。

图片来源
图一、图四、图五、图八　何相频，阳盛海.湖南少数民族服饰[M].长沙：湖南美术出版社，2010.7
图二、图三　胡万明　制图
图六　清代傅恒.皇清职贡图
图七　王莉诗.土家族服饰时尚化研究——以鄂西南土家族服饰为例[D].武汉：武汉纺织大学，2013.6

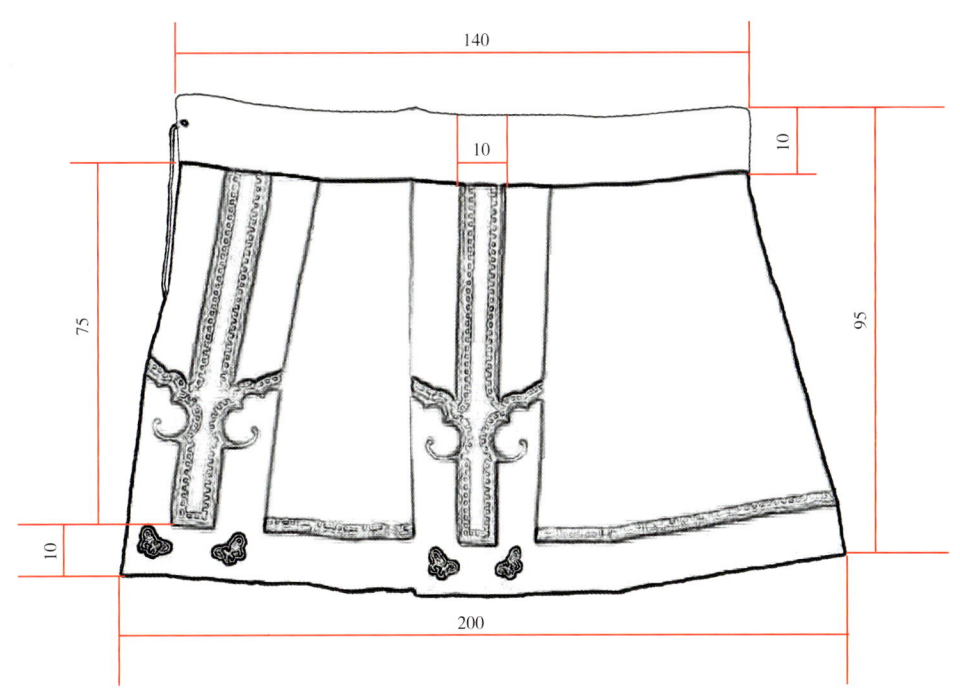

图二　土家族八幅罗裙尺寸图（单位：cm）

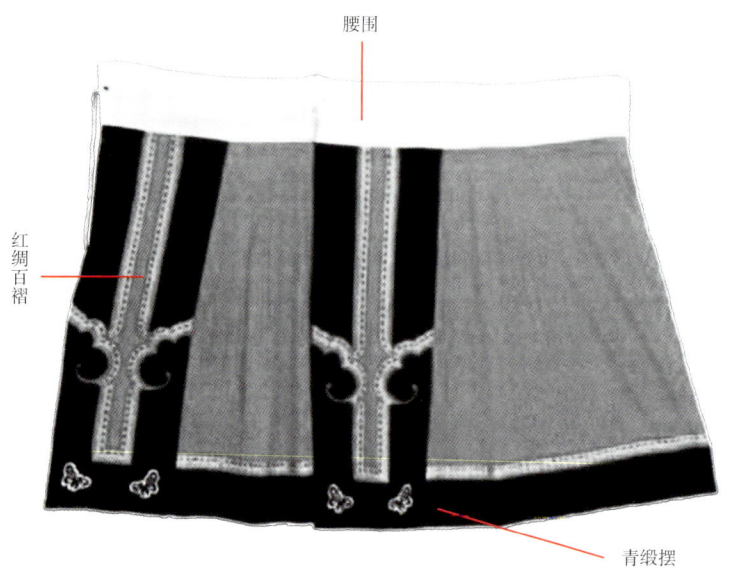

图三　土家族八幅罗裙结构名称图

图四　土家族身穿现代八幅罗裙的女子

图五 清代土家族八幅罗裙

图六 《皇清职贡图》中的土家族八幅罗裙

图七 土家族女子服饰

图八 现代土家族八幅罗裙

土家族挑花女裤

图一　土家族挑花女裤主图

　　挑花女裤即是运用挑花工艺装饰的女裤。早期土家族女子的下裳多为裙装，如八幅罗裙、筒裙、百褶裙等，女裤为清朝晚期之后逐步开始流行。与裙装相比，裤装将两条腿独立起来，行动更加轻便，跋山涉水也更加自由。至中华人民共和国成立初期，土家族的八幅罗裙已很少有女子穿着，土家族女子大多穿短而大的裤子。

　　土家族女子常在裤脚处拼接异色布边，或镶上彩色布条、梅花边，还有的在裤腿外侧、裤脚处分别挑绣团状或带状花纹，形成秩序井然、均衡对称的装饰效果。挑绣的女裤被称为挑花女裤，其裤料多为蓝色、青色和米黄色，其中米黄色为棉麻本色，其余颜色为后染上的颜色。布料的颜色与挑花的颜色形成较大反差，给人以朴素淡雅之感。

本案例挑花女裤为民国时期的女裤样式，现藏湘西土家族苗族自治州博物馆，系该馆从龙山县坡脚乡收集而来。该女裤为土家族传统的土布所制，裤腰与裤管均为土布本色，在裤脚处用蓝色土布镶宽边，镶边之上用挑花工艺挑绣黑色花朵，整体素雅、端庄。该女裤为大腰裤样式，其裤腰与裤管均宽大，使行动自由，与男款的大腰裤结构相同。所不同的是男裤更显粗犷，其腰围一般较女裤大，约100厘米左右，除裤腰为白色之外，其余部分为青色，无装饰。男裤与女裤的穿着方式基本一致，将裤子穿上之后绕腰半圈，然后打个结，靠至一边，或用布质腰带系上，保证其牢固。

　　该女裤所使用的挑花工艺历史悠久，在湘西地区称挑纱、数纱或扯扯花，俗称"十字绣"，系在平纹布面上，按照布纹经纬十字交点，用与底布颜色不同的线挑成图案的绣花方法。所绣的花内外两面花纹相同，也称"两面挑花"。从工艺上看，与现代风靡的十字绣如出一辙，或为现代十字绣之先河。土家族的挑花工艺及材料比较简单，只需针线及布料即可，不需辅助设备，也不在布底上起样画稿，全凭记忆或照花样数纱挑制，制出各式各样的挑花工艺品，常用来装饰围巾、衣服、儿童的围嘴等。

图片来源

　　图一、图三、图四　何相频，阳盛海.湖南少数民族服饰［M］.长沙：湖南美术出版社，2010.7

　　图二　胡万明　制图

　　图五、图六　湘西土家族苗族自治州民族文化遗产保护中心，湘西土家族苗族自治州民族工艺美术研究所.湘西民间工艺美术精粹［M］.北京：学苑出版社，2007.9

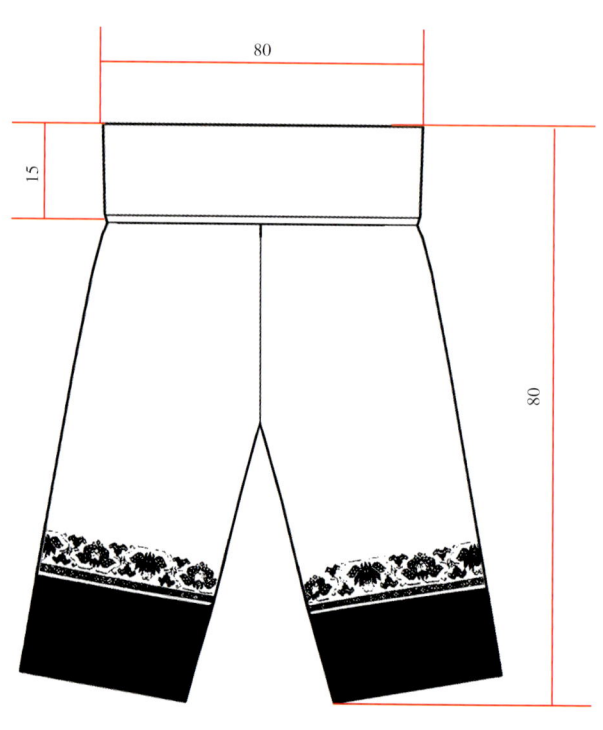

图二　土家族挑花女裤尺寸图（单位：cm）

图三　土家族挑花上衣、下裤搭配示意图

图四　土家族身穿挑花女裤的妇女

图五　土家族刘海戏蟾挑花长巾

第二章　土家族传统服饰

蝴蝶花

莲花

图六　土家族挑花图案

土家族儿童服装

图一 土家族儿童（男）服装主图

在清末时，土家族儿童服装的款式与成人款式差不多，分为对襟和右衽大襟两种，两种款式同时又有有领和无领之分，有领时通常是一种立领式样。男童服装多为对襟衣，一般在胸前饰有硕大如意云勾图案，女童服装多为右衽大襟衣，整体风格较男童服装古朴素洁。

本案例儿童服装为民国时期土家族的男童夹衣，现藏湘西土家族苗族自治州博物馆。夹衣一般为春秋天穿着的服饰，比一般的单衣要厚，又比棉衣薄，一般的夹衣都会用稍微厚一些的布料，在面料与里料之间会有较薄的棉花层用于保暖。本案例男童服装系对襟衣，用白色嵝儿布作为面料，正面领口及袖口镶有黑布宽边，胸前饰有硕大的如意云勾图案与领口的镶边连为一体，领、袖口的镶边以及如意云勾图案的周围，用黑线挑绣蝴蝶花纹，正面两衣角处各饰有一个用黑线挑绣的大蝴蝶，两腰间也各饰有两个挑绣的大蝴蝶。后背正中心位置饰有一个硕大的用黑线绣成的圆形图案，用草、叶的纹理组织成整个图案。袖子宽大，仅及肘下。两襟采用布扣的连接方式，共三对布扣，分别位于领口、前胸、腹部。该男童夹衣具体尺寸不详，根据正常儿童尺寸，应与图二所示尺寸相当。

父母总是希望孩子能穿得好一些、健康

图二　土家族儿童（男）服装尺寸图（单位：cm）

一些，这种愿望在手工时代一般会反映在服装的纹饰上，土家族儿童服装常用黑线在白色的布衣上挑绣各种吉祥纹样，便寄托了父母的希望，如五子登科、鲤鱼跳龙门等。而土家族服饰因崇尚简朴素雅，所以即便是彩线绣花的童装，其装饰也不免给人清秀淡雅之感。

土家族儿童的这种装束直至20世纪60年代时，在龙山捞车河一带还非常风行，后逐渐消失。

图片来源
图一、图三至图五 何相频，阳盛海.湖南少数民族服饰[M].长沙：湖南美术出版社，2010.7
图二 胡万明 制图

图三 土家族儿童（男）服装正面、背面展示图

图四　土家族儿童（女）服装正面、背面展示图

图五　土家族身穿传统童装的男孩

土家族儿童凤尾帽

图一　土家族儿童凤尾帽主图

在儿童服饰方面,土家族人最注重的是童帽。土家族以虎为图腾的传统至今还保留在土家族孩童的穿戴习俗上,土家族儿童头戴虎头帽,脚穿虎头鞋。小孩戴虎帽、穿虎鞋是受虎的威抚,使邪恶不敢侵害,可避邪壮威,从视觉上可使小孩显得天真活泼,伶俐威武。根据土家族习俗,婴儿一般戴棉布缝制的金瓜小帽,年龄稍长之后,春秋戴紫金冠,夏天戴冬瓜圈,冬天戴狗头帽、凤尾帽等。帽子多以各种银饰作为装饰,有文八仙、十八罗汉、福、禄、寿、喜等纹饰,有的还在帽的两侧及后尾部吊上银铃。走起路来叮当作响,甚是可爱。

本案例为土家儿童冬天戴的凤尾帽,系大红绸面制作的棉帽,帽面与帽里之间有棉絮填充,起保暖作用。其两侧带两耳状护翼,可以很好地保护孩子的耳朵。正面帽边装饰为银质"文八仙",其顶上伸出两只耳装突起。

帽的后尾拖得较长，可以搭到肩部，从后面看，整体为大红色底子，其上绣花鸟纹，左边是凤凰牡丹，右边是锦鸡牡丹。除牡丹用玫瑰红外，其余采用粉绿、紫色等冷色，颜色鲜艳，对比强烈。该凤尾帽为赵振兴收藏，尺寸不详。其整体比例协调美观，韵味十足。

笔者以为，旧时土家族地处深山，山高林密，气候易变，高山密林里还有一些隐藏的危险，成年人有戴头巾的习俗，头巾可以很好地保护头部少受外界伤害，又可起到保暖作用。儿童因为年岁尚小，裹头巾较为烦琐，不易掌握，所以童帽便成为土家族孩子的必备物品，用于保护头部，免受风寒。再加之土家族人的勤劳与智慧，将童帽织绣得花枝招展，完全就是一件艺术品。

图片来源

图一、图五　何相频，阳盛海.湖南少数民族服饰[M].长沙：湖南美术出版社，2010.7

图二　胡万明　制图

图三、图六　辛艺华，罗彬著.土家族民间美术[M].武汉：湖北美术出版社，2004.2

图四　彭华.土家族服饰在现代时装设计中的应用研究[D].西安：西安美术学院，2011.3

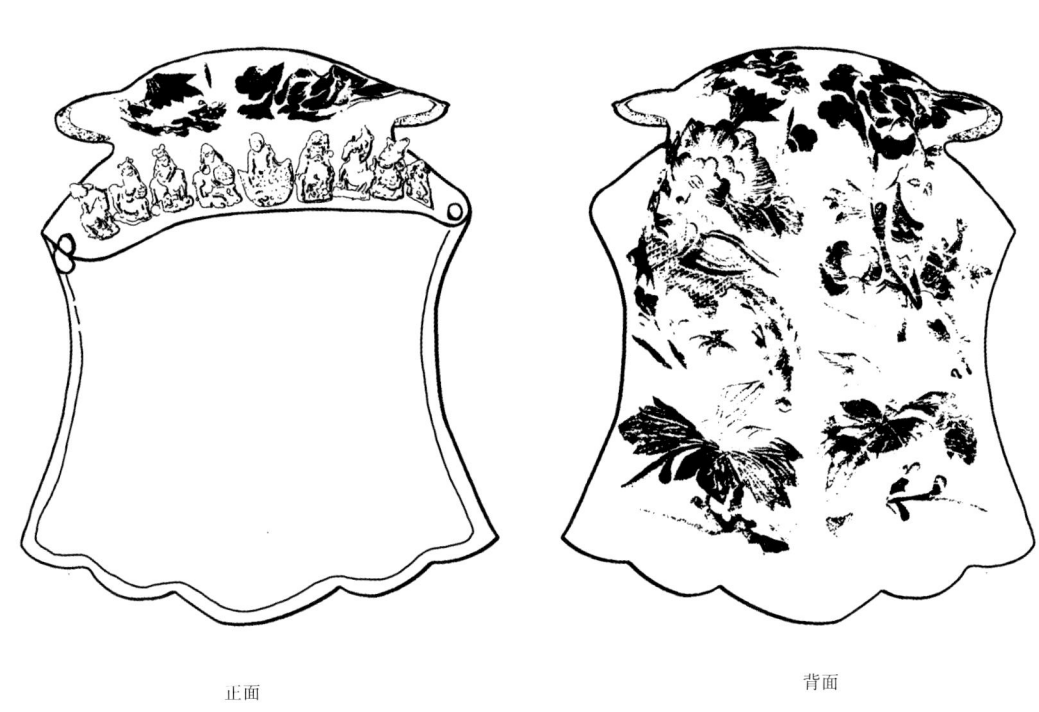

正面　　　　　　　　　背面

图二　土家族儿童凤尾帽正面、背面展示图

图三　土家族儿童凤尾帽正面图

图四　土家族戴凤尾帽的小孩

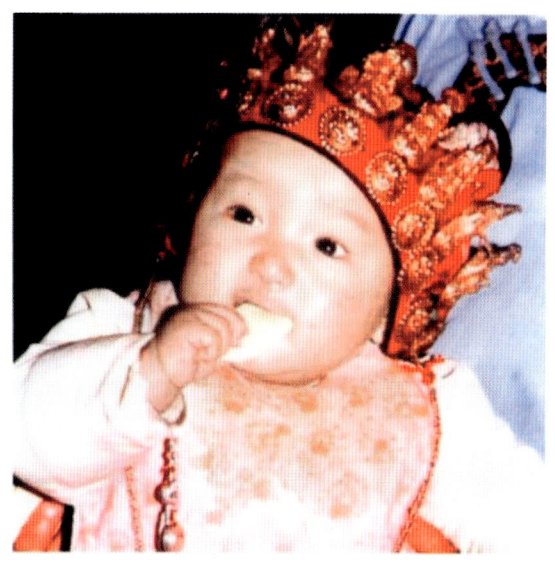

图五　土家族戴福、禄、寿、喜和十八罗汉童帽的小孩

图六　土家族童帽实物图

土家族镂空蝴蝶纹金发簪

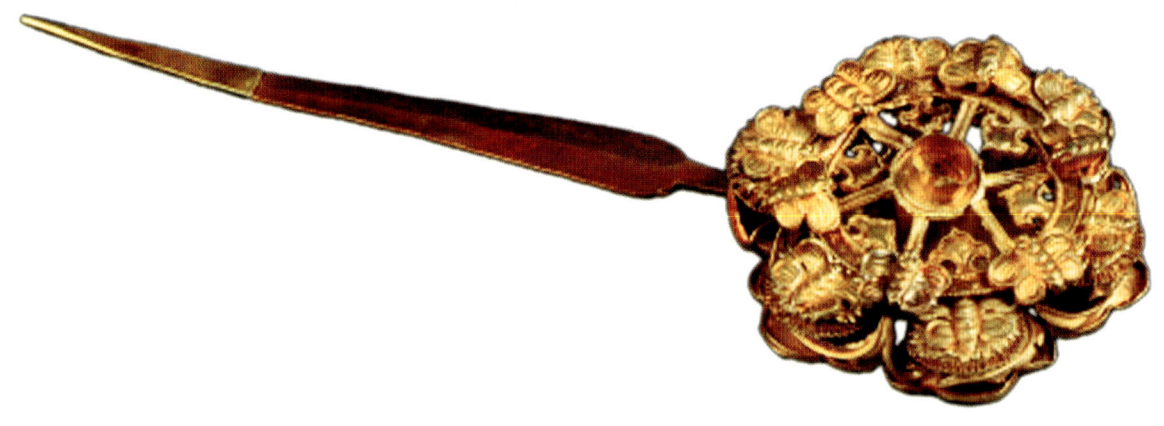

图一　土家族镂空蝴蝶纹金发簪

簪是用以固定头发或顶戴的发饰，兼有装饰作用，单股。簪的前端一般有纹饰，呈现各种形象，可用金、银、玉、象牙、宝石等贵重材料制作，工艺多样。

土家族的先民——巴人早在夏商时期已经有简单的佩饰了，其头饰以椎髻最为流行。直至汉代，土家族先民的头饰仍以椎髻为主。进入土司社会之后，土家族佩饰得到新的发展，种类不断增多，上层土司的佩饰以贵重的金银首饰为主。改土归流之后，土家族的服饰逐渐"尚简朴""无一切奢靡之风"，在首饰上也归于简朴，金质首饰逐渐减少。

本案例为一支镂空蝴蝶纹金发簪，此簪1967年出土于永顺县老司城明代古墓葬，是土司女眷的随葬品，其做工精细，成色较纯，现藏于湘西土家族苗族自治州博物馆。此金簪通长16厘米，重28.2克。分为三层，上小下大，一、二层为上小下大各6只蝴蝶交错排列，最下层为花草纹饰，蝴蝶之中也夹有草叶纹饰。整个簪头形成六瓣花状，花蕊为一粒宝石，已残失，发簪的插尖断裂一小段，有明显断痕，后补接上一小段，以求完整但色泽差别较大。

黄金用作首饰的历史由来已久，土家族黄金首饰的加工技艺之发展也是民族融合的结果。黄金的传统制作工艺都为手工工艺，具体包括：

花丝工艺：花丝工艺是将黄金加工成丝，再经过掐花、盘曲、填丝、堆垒等手段制作成黄金首饰的工艺方法。

錾花工艺：錾花工艺一般用钢质的形状各异的錾子，将花纹錾在过火后的条块状黄金的表面。錾花工艺用錾、戗等方法雕刻出的图案花纹深浅各异。

烧蓝工艺：烧蓝又称点蓝，与点翠工艺相似，为景泰蓝工艺。作为辅助工艺用于首饰的点缀、装饰、增加色彩。

镶嵌工艺：又称实镶工艺，是在黄金首饰上固定宝石等其他贵重材料的工艺，其方法有爪镶、槽镶、包镶等。

图片来源

图一、图三、图四 王琥.中国传统器具设计研究（卷四）[M].南京：江苏美术出版社，2010.1

图二 胡万明 制图

图五 何相频，阳盛海.湖南少数民族服饰[M].长沙：湖南美术出版社，2010.7

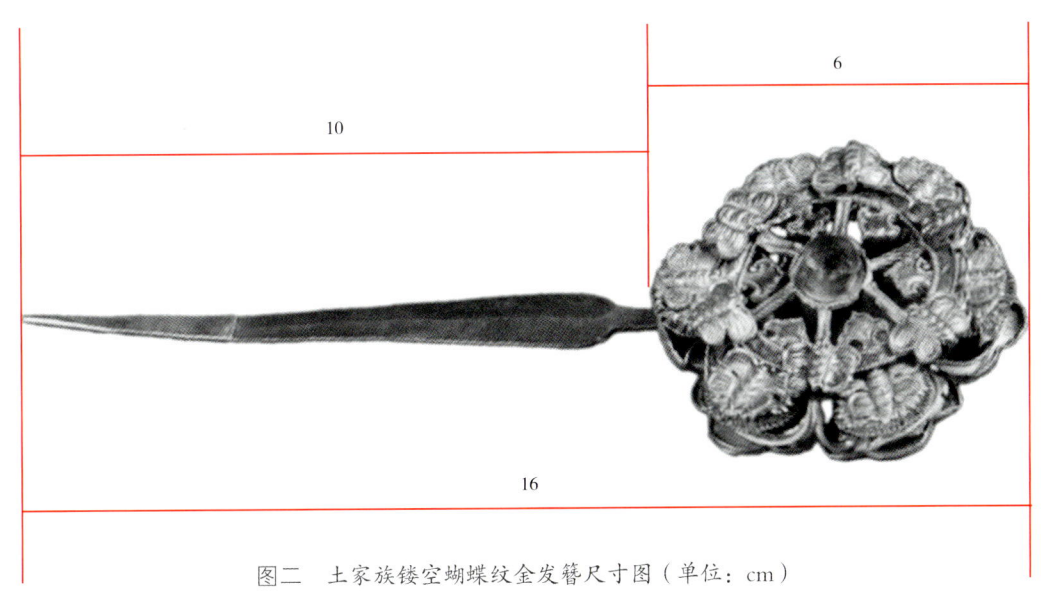

图二 土家族镂空蝴蝶纹金发簪尺寸图（单位：cm）

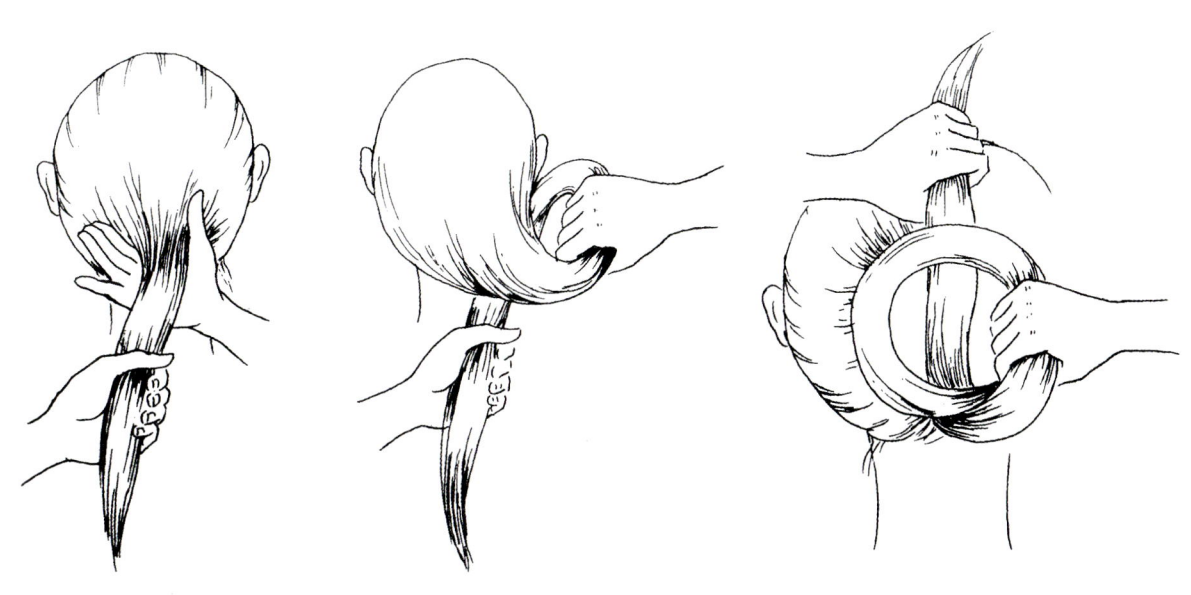

图三 土家族绾髻步骤

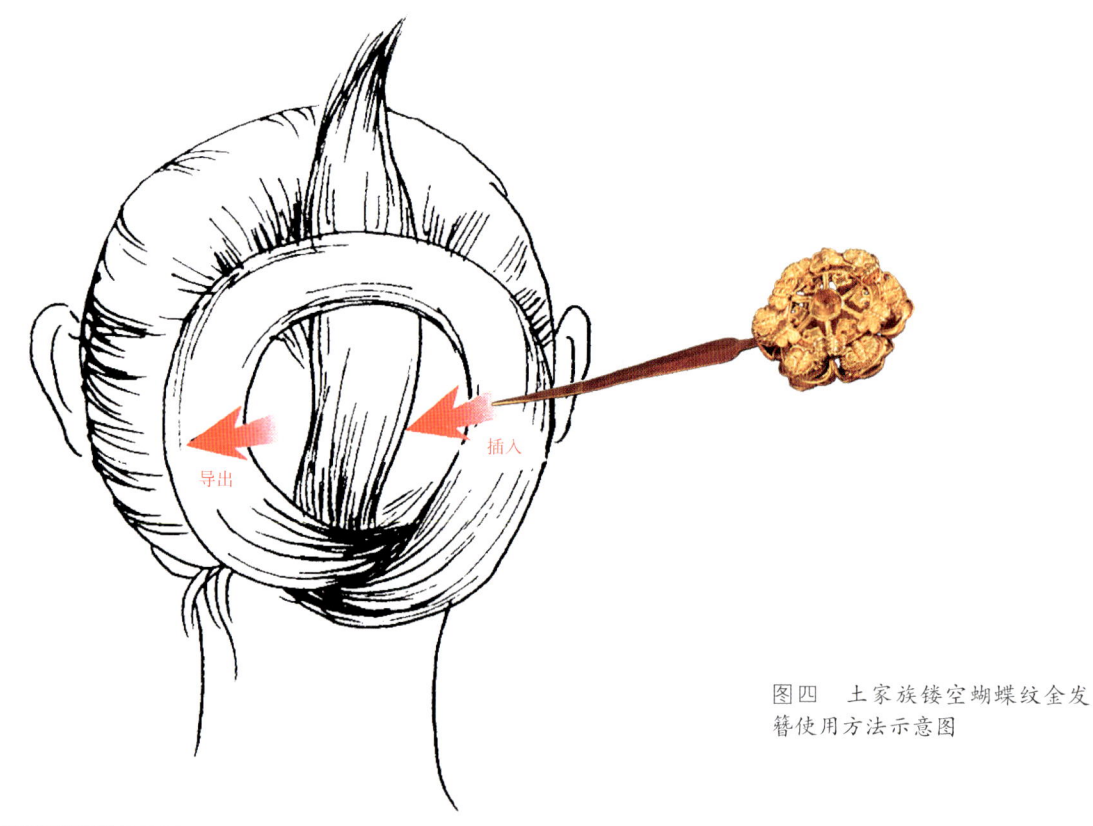

图四　土家族镂空蝴蝶纹金发簪使用方法示意图

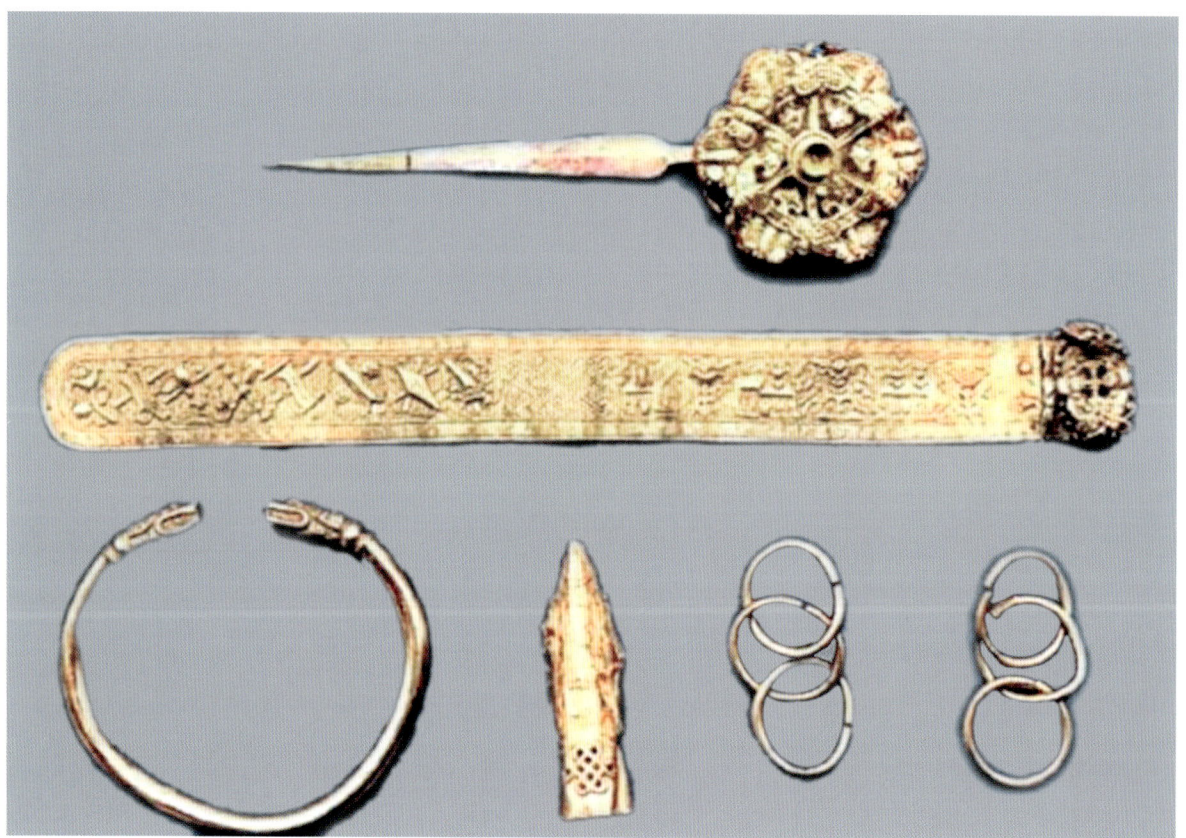

图五　土家族土司夫人金首饰

土家族童锁

图一 土家族童锁主图

土家族的服饰崇尚俭朴，不喜奢华，土家族的银饰相应也简洁朴素。除女子出嫁时与露水衣搭配的首饰花样丰富以外，就数土家族儿童首饰变化多样了。

本案例为一件银质童锁，根据相关资料建模而成。该童锁由三部分组成，通体银质。上端为一银质项圈，下端为一银质挂件，中间以细银链连接。项圈直径约为20厘米，能够顺利通过儿童的头部而将其挂在脖子上，银链长约10厘米，下方的挂件为2个相叠的桃形，边缘较薄，中间略鼓，由2片银片锤制而成。古代有以桃贺寿的传统，故桃形象征长寿，寓意孩子长命百岁。

土家族孩子佩戴银器还包含了大人们美好的祝福，《本草纲目》记载：银器具有"安五脏、定心神、治惊悸、坚骨、镇心、明目"之效。土家族人认为，刚出生的小孩，体内带有"胎毒"，银饰可排除体内的"胎毒"，还有利于避邪。为小孩打造银饰目的，主要是护佑小孩能健康成长，无病无痛，无灾无厄。

传统的银饰的加工技术较为严谨，由银

匠们手工制作，其工艺流程复杂，具体可分为以下步骤：

1. 化银：先用秤秤出所用银料重量，将大块银料砸碎放入坩埚置于炉上熔化；

2. 锻打：趁银料未变冷时，开始锻打，将银坯按设想锻打成型；

3. 下料：比照设计好的银饰图稿下银片；

4. 粗加工：初步捶打出银饰的凹凸；

5. 做铅托：把粗加工银片反面向上置于砂箱中，将已熔化的铅液注入其中，冷却后即成，以前是用松香做托。铅托的作用是托住和固定需要加工的银片；

6. 精加工：这道工序包括了锤錾、錾刻、镂镂等工艺，总称"雕花"。雕花所用的工具是一把小锤和若干支各种造型的錾子，根据需要选用，雕出图案；

7. 焊接：要焊接的银饰在接口处挂上焊药，放入炉火中加温片刻就焊上了；

8. 酸洗：酸洗液由硝酸和硫酸配成，把银饰放入酸洗液中涮，迅速取出后，用清水漂洗。

图片来源

图一至图四　胡万明　制图

图五至图七　何相频，阳盛海.湖南少数民族服饰［M］.长沙：湖南美术出版社，2010.7

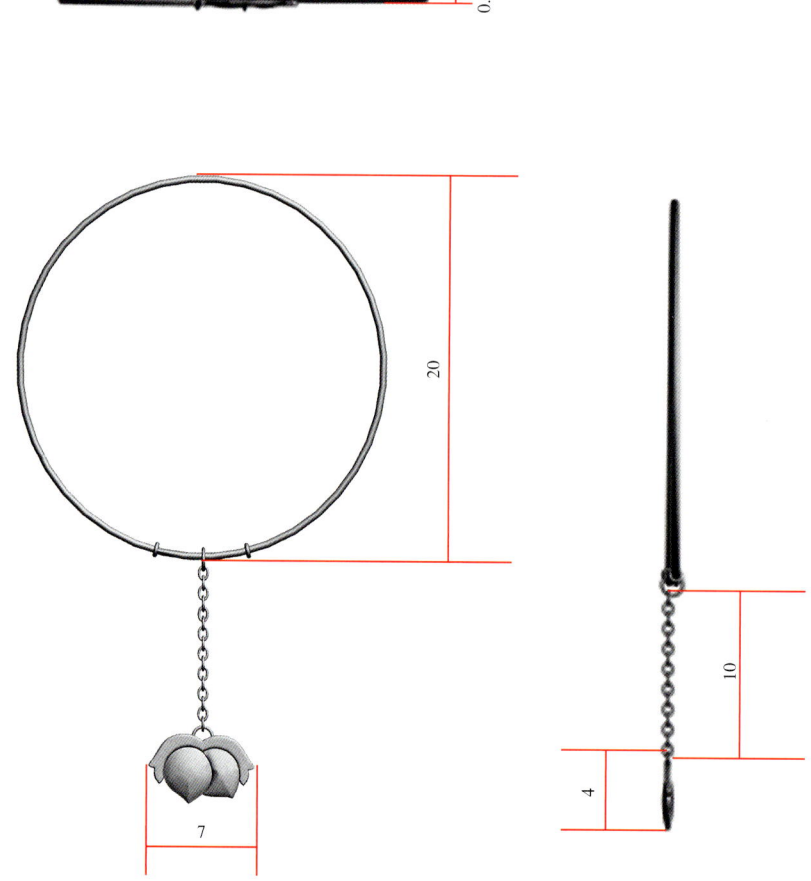

图二　土家族童锁尺寸图（单位：cm）

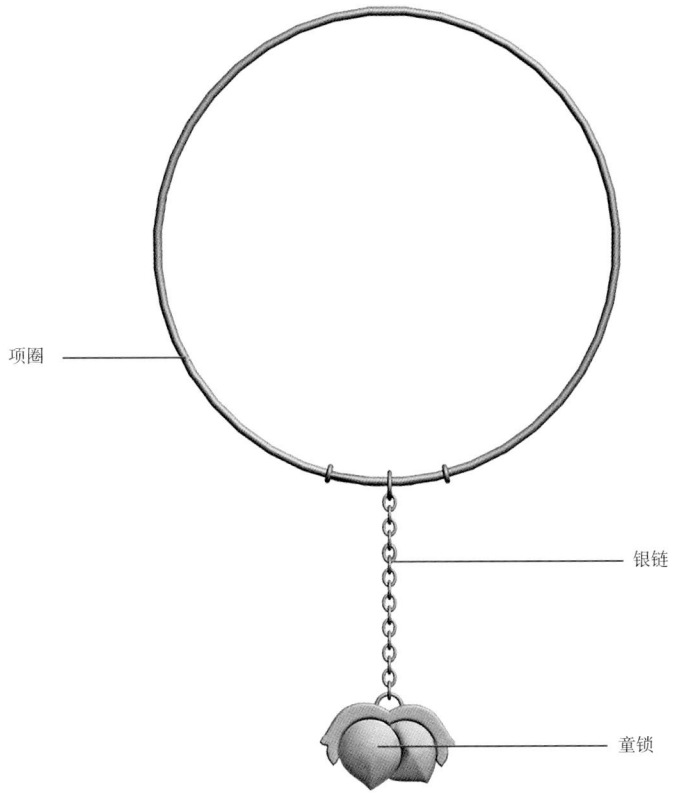

图三　土家族童锁结构名称图

图四　土家族童锁结构分解图

图五　土家族银匠在吹制银链

图六　土家族银器加工炉灶

图七　土家族洗银器的石缸、铜盆

第二章　土家族传统服饰

111

土家族布鞋

图一 土家族布鞋主图

土家族布鞋是土家族的一种传统生活用品，也是湘西土家族的传统手工艺制品，其图案唯美简洁，色彩大胆鲜明，穿着柔软舒适且透气保健。土家族布鞋也是婚嫁聘礼中的必备物品，具有浓厚的文化内涵和重要的文化价值。

土家族布鞋源于秦履，它与苗族绣花布鞋一脉相承而又各具特色，在鞋面装饰上，土家族布鞋主要运用织锦的工艺手法作为装饰手段，而苗族绣花鞋面则主要运用刺绣。旧时主要作为土司贡鞋，并在历代的战争中屡被用作军鞋。

土家族传统手工布鞋做工精细，全部采用麻绳缝制。整个制作过程包括棉壳制作、剪裁底样、切底圈底、纳鞋底、包边、槌底、做鞋面、绱鞋、楦鞋等工序，工艺复杂，分别为：

1. 棉壳制作：俗称"打袼褙"，用米汤或洋芋粉作糨糊，用刷子在门板等平整处均匀涂抹，然后将零碎棉布料层层粘贴至0.8厘米左右的厚度，彻底晾干后即为棉布壳。

2. 剪裁底样：将棉布壳剪成鞋尺码的大小，再层层黏合至所需的鞋底厚度，通常为6～11层。

3. 切底圈底：将重叠的布壳裁切圆顺，酌情加入棕麻和丝瓜瓤（以加强鞋的吸潮、透气、防臭的功能），用麻线把黏合后的鞋底沿四边缝合（这道工序决定着鞋的式样、强度，所以相当重要）。

4. 纳鞋底：手工纳底要求，针码须美观均匀，通常有平针、升子底、梅花形、九针窝等针法。一双鞋至少2100多针，费工费时，技艺要求高。

5. 包边：将纳好的鞋底用新白布条手工包边，须紧实美观。

6. 槌底：将纳好的鞋底经热水浸泡、热闷后，再靠模板定型，铁锤槌平，不可走样。

7. 做鞋面：跟鞋底差不多，用棉布壳层层粘贴，但用料考究，讲究花样设计，一般采用土家族织锦纹样进行鞋面装饰。

8. 绱鞋、楦鞋：绱鞋的针码要求间距整齐，鞋帮与鞋底饱满服帖，之后用楦头紧绷楦型，撑出鞋型。

土家族布鞋的最大特点体现在纹样的设

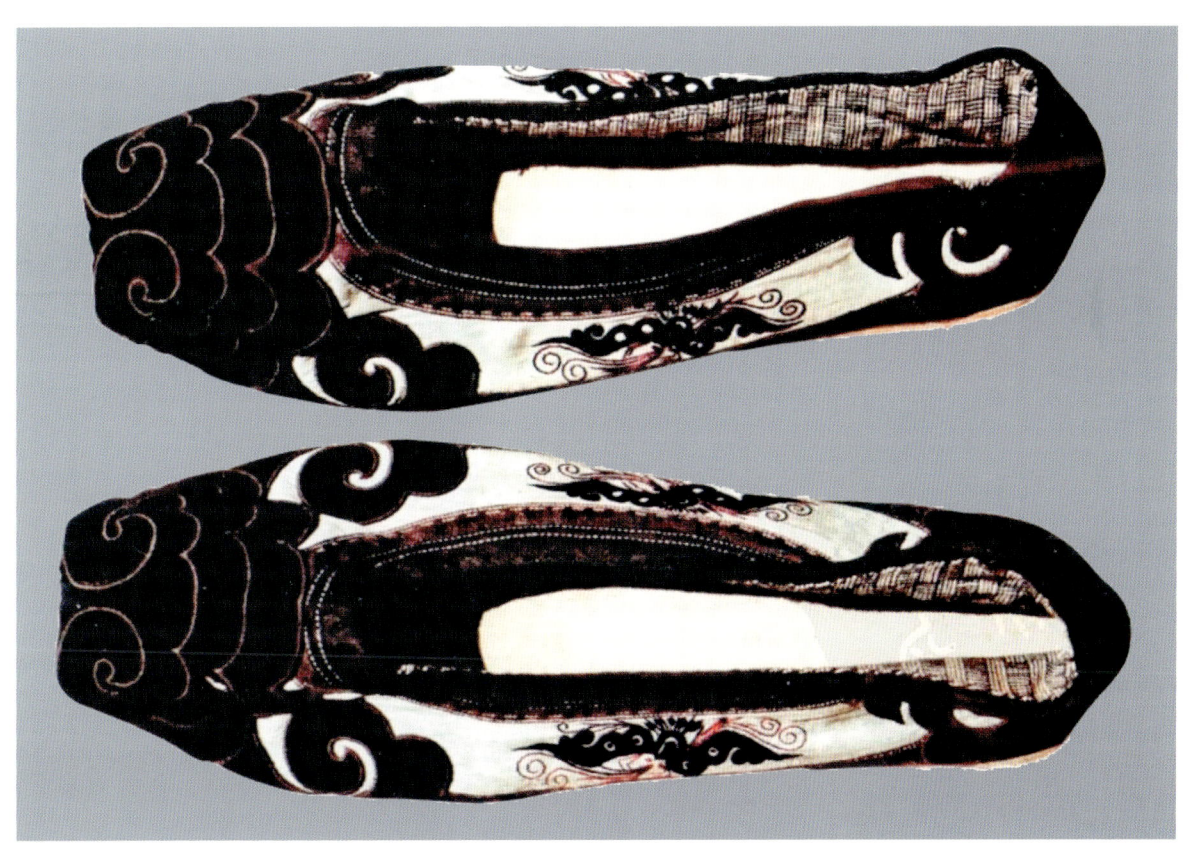

图二　土家族传统云勾纹绣花布鞋

计与工艺制作环节。鞋纹样设计分鞋面纹样和鞋内纹样两个部分，其装饰题材主要采用土家族传统织锦纹样，设计鞋面纹样时以鞋背为中心，由小到大，层层向外扩散。鞋内纹样的设计则以小白梅、实心花为多数。一般鞋面图案纹样比鞋内纹样稍大，色彩也更为鲜艳，色彩搭配不刻意于固有色的表现，基本依照土家族崇黑忌白的审美习惯而夸张运用，配色时讲究色彩的纯度、明度及冷暖关系的强烈对比。

土家族布鞋的造型款式设计主要以瓦口单布鞋、布拖鞋、棉布鞋、童鞋等居多。土家族布鞋运用通经断纬的织造手法，反面挑织，装饰技巧独树一帜，极富民族特点。

图片来源

图一、图二　何相频，阳盛海. 湖南少数民族服饰［M］. 长沙：湖南美术出版社，2010.7

图三、图五　胡万明　制图

图四　王莉诗. 土家族服饰时尚化研究——以鄂西南土家族服饰为例［D］. 武汉：武汉纺织大学，2013.6

图三　土家族做布鞋情景图

图四　土家族妇女制作的布鞋

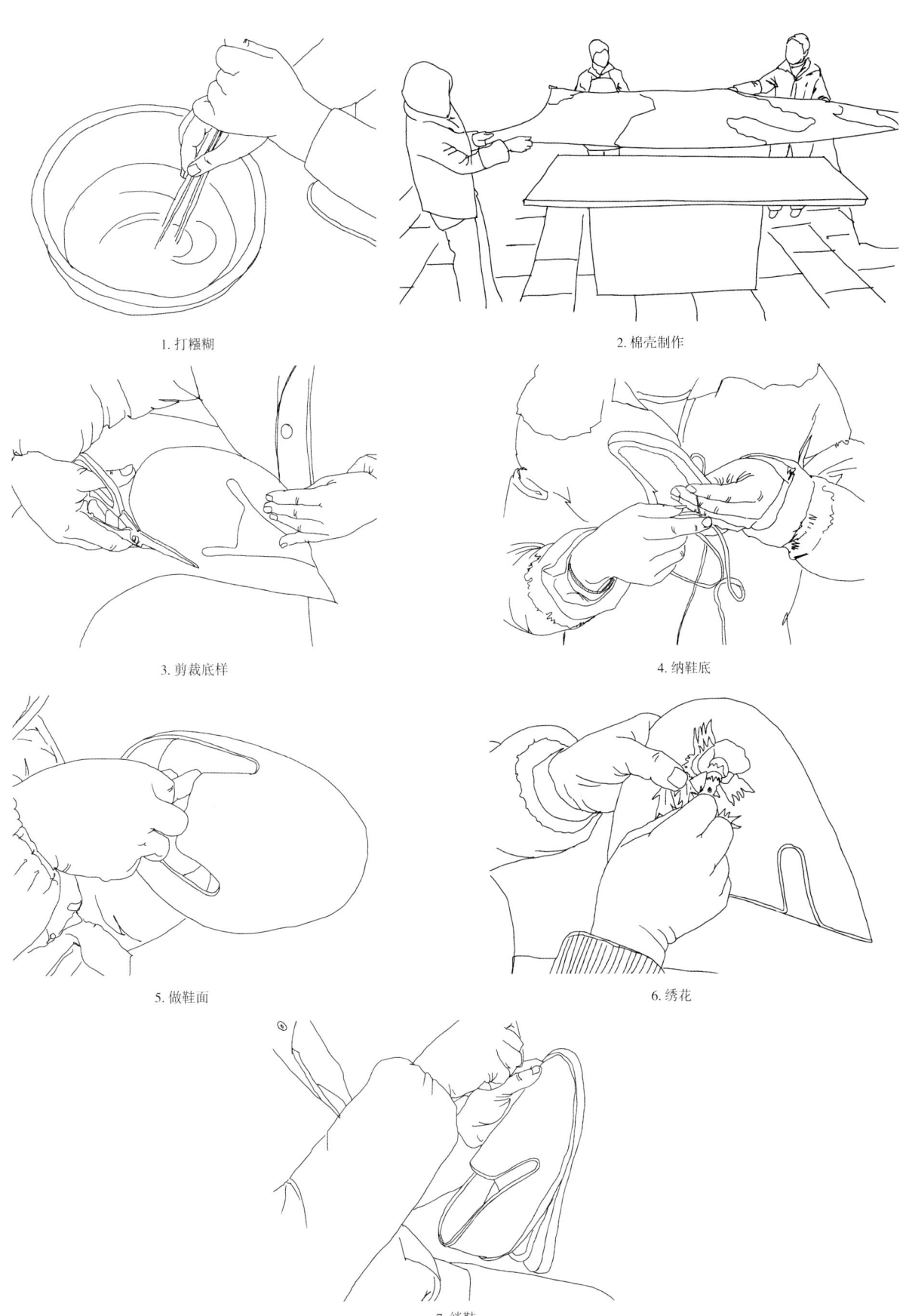

图五 土家族布鞋制作流程图

土家族绣花鞋垫

图一 土家族绣花鞋垫主图

土家族绣花鞋垫是一种日常生活用品，是在长期的生活实践中创造出来的艺术作品。

唐宋时期，土家族地区手工业和副业有了一定的发展，尤以纺织业较为突出，最具代表的便是土家族织锦西兰卡普、手工布鞋和绣花鞋垫，一直为当地贵族、地方统治者和朝廷纳贡之用，以换取朝廷食盐、丝绸及金银货币等回赐，这种贡赐关系长久保持了地区政治经济的稳定。同时手工布鞋和绣花鞋垫也是土家族儿女定情及传递友谊的高档馈赠品，此习俗一直保持至今。

土家族绣花鞋垫从选料到制作细致严谨，鞋垫自然古朴、美观大方、结实耐用，注意保养，可用10年以上。从医学保健角度来看，鞋垫上凸起的丝线对脚底有很好的按摩作用，可延缓疲劳。同时，绣花鞋垫又是工艺品，具有一定的收藏价值。

绣花鞋垫的种类从工艺手法上主要分刺绣、割绒、十字绣、手工编织、圈绒绣等。其区别主要是绣花部分各不相同，刺绣鞋垫是把刺绣的手法运用到鞋垫中；割绒鞋垫是运用纳的手法制成；十字绣鞋垫是把十字绣的手法运用到鞋垫中；手工编织鞋垫是用植物的茎叶编织而成；圈绒绣鞋垫是用特制的针，一针一针刺出图案。

土家族绣花鞋垫所用布料是棉布，绣花用的线为各色丝线，针为较细的绣花针。

把破旧的衣被等洗净晒干，拆成布块，在平整干净的木板上，用磨成浆的魔芋或淀粉做成糨糊，将布块一层层均匀地糊在上面（一般要糊5层左右），晒干即成布壳。将布壳剪成鞋样，贴上白色新布制成鞋垫，待干燥后，便在上面绣上花，然后用条形布将边缝扎紧，谓之绞边，再围绕内边加上一道十字绣，谓之锁边，最后将鞋垫没绣图案的空白处用针线细细地依序扎满，谓之打底，一双绣花鞋垫就做成了。

绣花鞋垫的绣法大致有三种：

第一种是剪纸贴花绣法：是将要绣的图案先剪成一幅剪纸，贴于鞋垫之上，然后再用平针绣线覆盖完成。此法由于应用了剪纸的样式，显得古朴浑然，看上去略带立体感，这种绣法现已少见。

第二种是平针绣法：此绣法简便易学，即将图案草稿勾画于鞋垫上，用平针直接绣制。这种绣法利于对传统样式的继承与传播。平针绣法针脚排列须整齐均匀、不露底布者为上品。

第三种绣法是挑花绣：这种绣法是事先在鞋底画上或利用布的经纬线抽成经纬方格，然后依格下针，不能错位。多用十字针法或斜行排列法组合，呈简练夸张的几何纹样，多为传统纹样或由古老图形演化而来的抽象符号。

图片来源

图一、图二　何相频，阳盛海. 湖南少数民族服饰[M]. 长沙：湖南美术出版社，2010.7

图三　胡万明　制图

图二　土家族蝴蝶花绣花鞋垫

1. 布壳制作

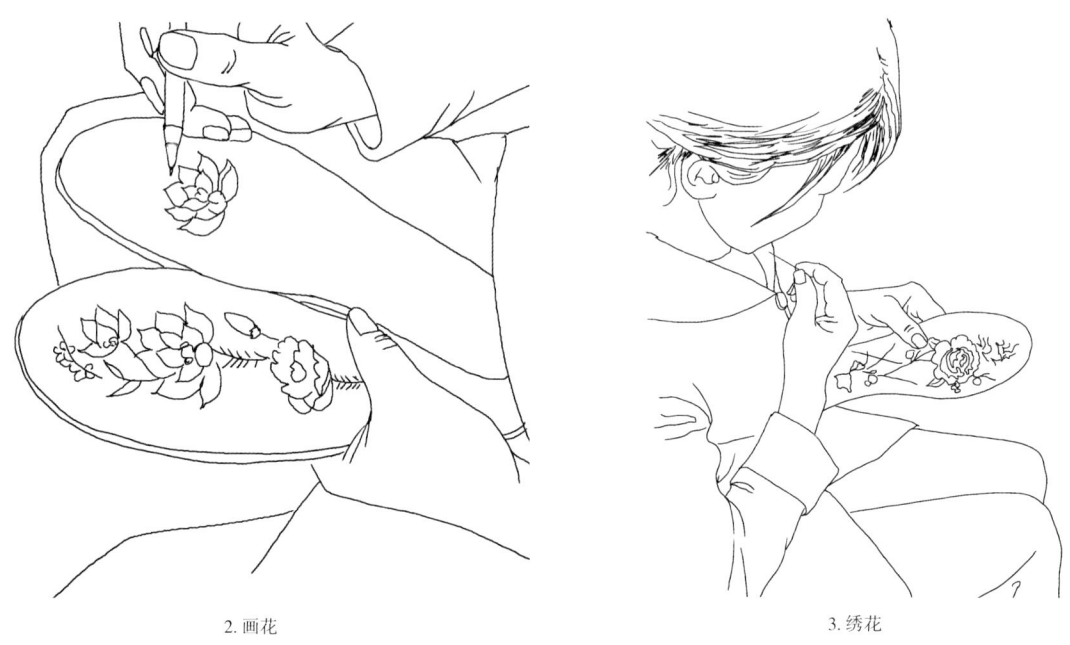

2. 画花

3. 绣花

图三 土家族绣花鞋垫制作流程图

土家族西兰卡普

图一 土家族西兰卡普主图

西兰卡普是一种土家族织锦，是土家族民间工艺品中最具特色的品种之一，也是中国少数民族四大织锦之一。

在土家语里，"西兰"是铺盖的意思，"卡普"是花的意思，"西兰卡普"即土家族人的花铺盖。西兰卡普是土家族姑娘出嫁时主要的嫁妆。

西兰卡普的编织者主要是未婚待嫁的青年女子，她们从深山里找回红花、栀子、姜黄、洞洞树、五倍子等野生植物，自制成染料，将自纺的棉纱染出各种颜色，闲暇时坐在木机旁，织出别出心裁的图案花样。

西兰卡普历史悠久，《后汉书·西南夷传》所说哀牢夷"织文革绫锦"的"兰干细布"，就是其前身。

传统的西兰卡普图案种类繁多，至今未有完整的统计。在已知的图案中多表现大自然中的动植物、文字以及几何图案，其中几何图案的比例较大，因为为了适应编织的需要，自然物也抽象成为几何图形了。西兰卡普的图案及纹样富于变化，且色彩搭配和图案的整体布局十分讲究，多用深色，达到十分和谐的审美效果。并且其图案喜用吉利、喜庆的寓意和山区花草、鸟兽的主题，从而反映出土家族人民对于生活的热爱，对于自己所生活的自然环境的深厚感情，以及对于美好生活的强烈向往。西兰卡普在纹样组织结构上，多以菱形结构、斜线条为主体，讲究几何对称，反复连续。

西兰卡普图案的色彩鲜明热烈，喜用对比色，如民间歌诀就有："黑配白，哪里得；红配绿，选不出；蓝配黄，放光芒"，充分体现西兰卡普的用色特征。

土家织锦纹样表意丰富，传达了人们希望健康、追求幸福、驱除邪恶等美好愿望，给观者以丰富的想象和回味的空间，含蓄而优美。

图片来源

图一、图二　王诗莉.土家族服饰时尚化研究——以鄂西南土家族服饰为例[D].武汉：武汉纺织大学，2013.6

图三　1. 胡万明　制图

2. 马丽.西兰卡普图案的艺术特征及在服装设计中的运用研究[D].武汉：武汉纺织大学，2011.3

3至8. 王诗莉.土家族服饰时尚化研究——以鄂西南土家族服饰为例[D].武汉：武汉纺织大学，2013.6

图四　胡万明　制图

图五至图七　王卓敏.湘西土家织锦图案的艺术研究[D].长沙：湖南师范大学，2007.10

图八　胡建荣.土家族服饰符号语义探析[D].武汉：武汉理工大学，2009.5

图九　湘西土家族苗族自治州民族文化遗产保护中心，湘西土家族苗族自治州民族工艺美术研究所.湘西民间工艺美术精粹[M].北京：学苑出版社，2007.9

图二　土家族织造西兰卡普场景图

1. 太阳花、勾纹、"卍"字纹、猴子手

2. "卍"字纹　　　　3. 九朵梅花　　　　4. 太阳花

5. 蝴蝶花

6. 白虎纹

7. 摆手舞

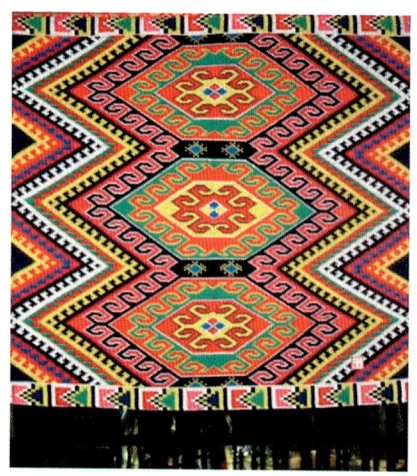

8. 四十八钩

图三　土家族西兰卡普图案

图四　土家族西兰卡普织机模型

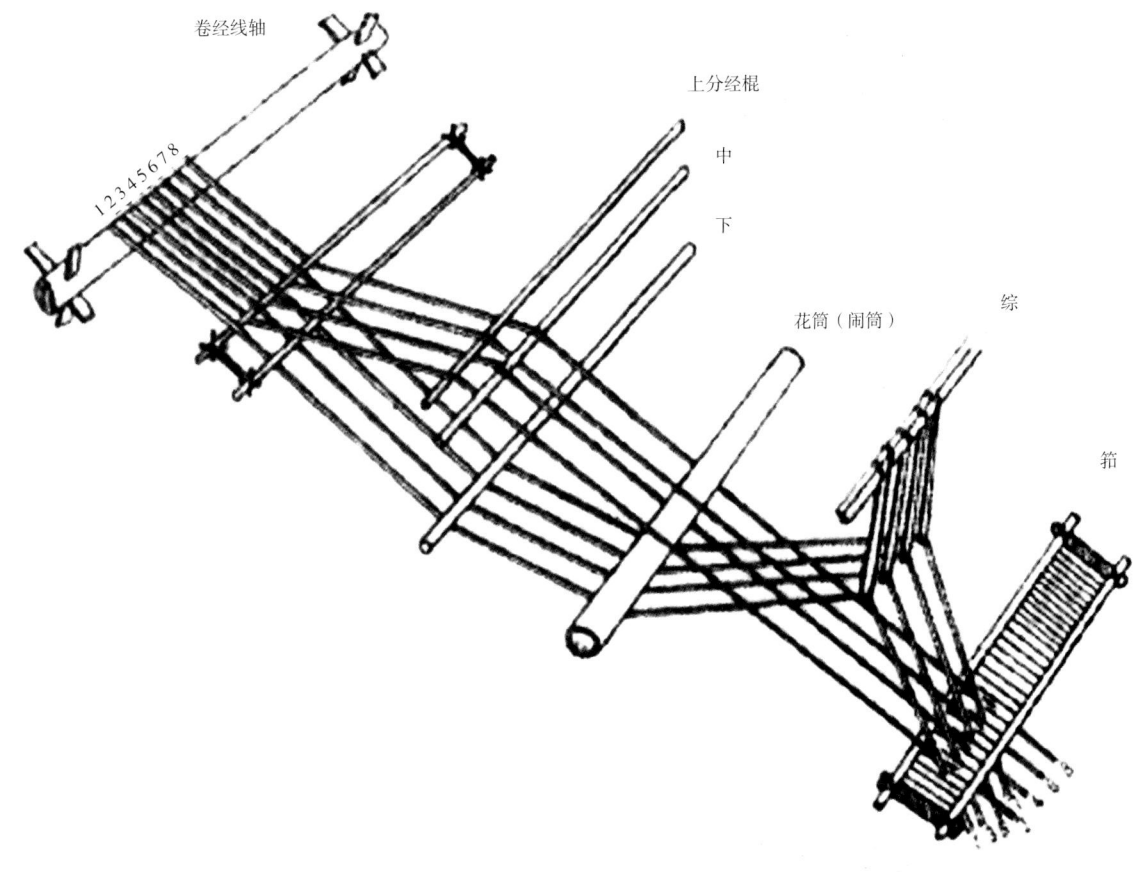

图五 土家族传统民间织机（分经、装综、上机）工艺图

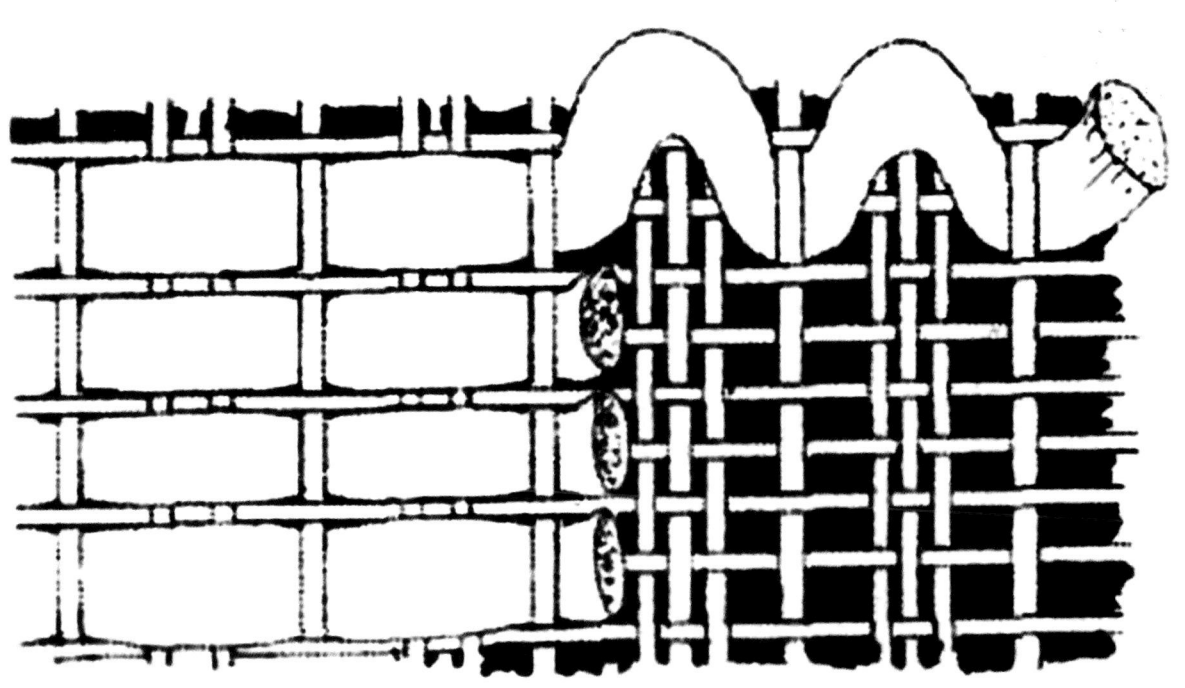

图六 土家族织锦平纹组织示意图

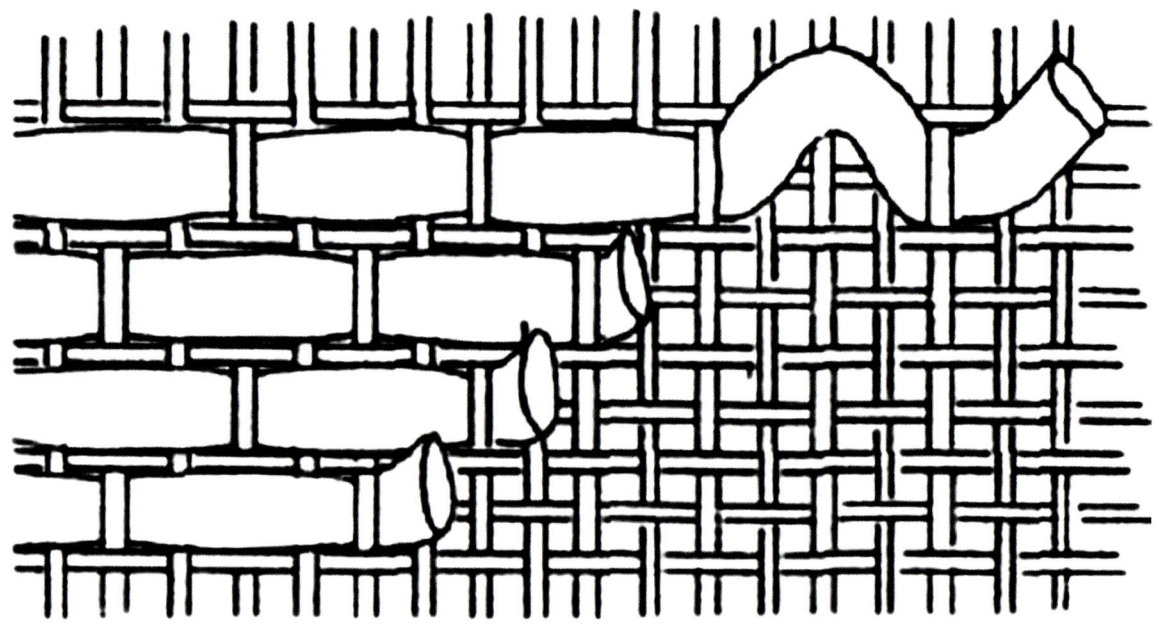

图七　土家族织锦斜纹组织示意图

图八　土家族西兰卡普织造细节图

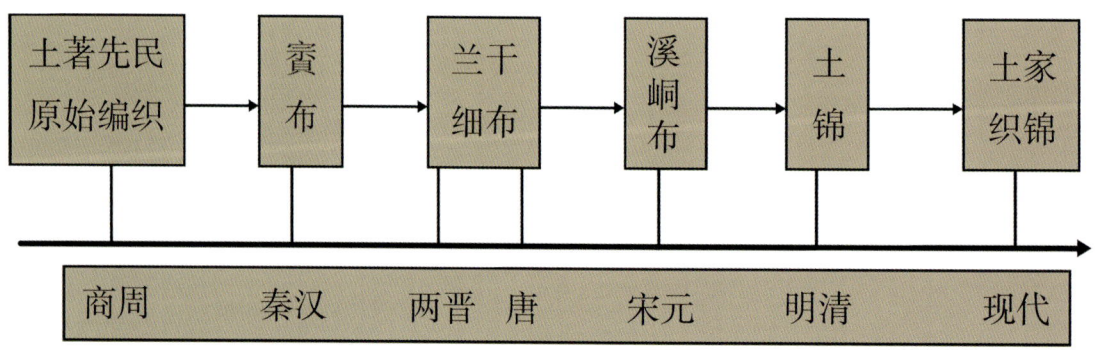

图九　土家族织锦源流发展示意图

第三章 土家族传统餐饮

土家族土灶

图一　土家族土灶主图

　　土家族一直沿用在火塘做饭的习惯，因此传统民居中一般不设厨房，厨房是受汉文化的影响逐步形成的。

　　湘西民间俗称厨房为"灶屋"，一般单独设间，或于厢房，或于偏厦。厨房内，灶为主要设施。本案例根据湘西王村的一座农家连四锅土灶建模而成，该土灶横排于厨房内。这种锅灶在湘西较为少见。该土灶主体为土砖构造，泥浆敷面，灶面平面用桐油石灰刮平。土灶整体为弧形，一端靠墙，4口锅安置于4个炉膛中，4个炉膛独立存在。各有一灶口开于灶台边缘内侧，用于添柴架火，4口锅中靠墙的一口锅较小，约为40厘米，其余3口直径相距不大，中间一口直径约为55厘米，两边约为50厘米。灶面宽度约75厘米，灶台高度约80厘米。该土灶修造年代不详，为传统土灶，没有烟囱和烟道，烟一般都是从灶口排出。现在多数人在灶口上方留了烟道，甚至搞回风道，室内烟尘明显减少。

因旧时煮饭多烧柴禾，此种土灶又称"柴禾灶"。土灶又有单锅灶、连二锅灶、连三锅灶之分，排列有纵有横，以横排居多，炉膛开阔。三锅灶者，三口锅大小不等，依次排列，大锅煮猪食，中锅、小锅炒菜煮饭。灶台又称"锅台"，上面除安锅以外，还安有热水鼎罐，利用灶火余热暖水，既可烧开水饮用，又可暖热水洗刷。灶前摆一长凳，以便添柴禾时坐用。板凳后面靠板壁（或墙壁）处一般堆放柴禾，取用方便。灶背后靠墙角处置放水缸，缸中经常保持满水，一则供饮用，二则防火。有的还在灶前挖一火坑，从上方楼板处垂一灶钩杆吊挂水壶或鼎罐，用于烧水、炖汤等。

旧时，很多人家都立有灶神神位，并忌在灶上煮狗肉、乌龟肉，忌将扫帚放在灶上。土家族对灶神尤为敬奉，把灶神神位立于堂屋神龛内，敬祀如同祖先，初一、十五还在灶上点"锅灯"。

图片来源

图一至图五　胡万明　制图

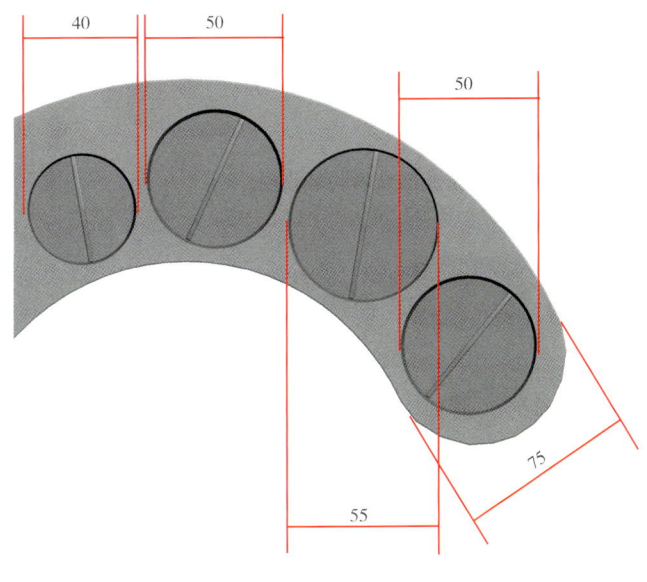

图二　土家族土灶尺寸图（单位：cm）

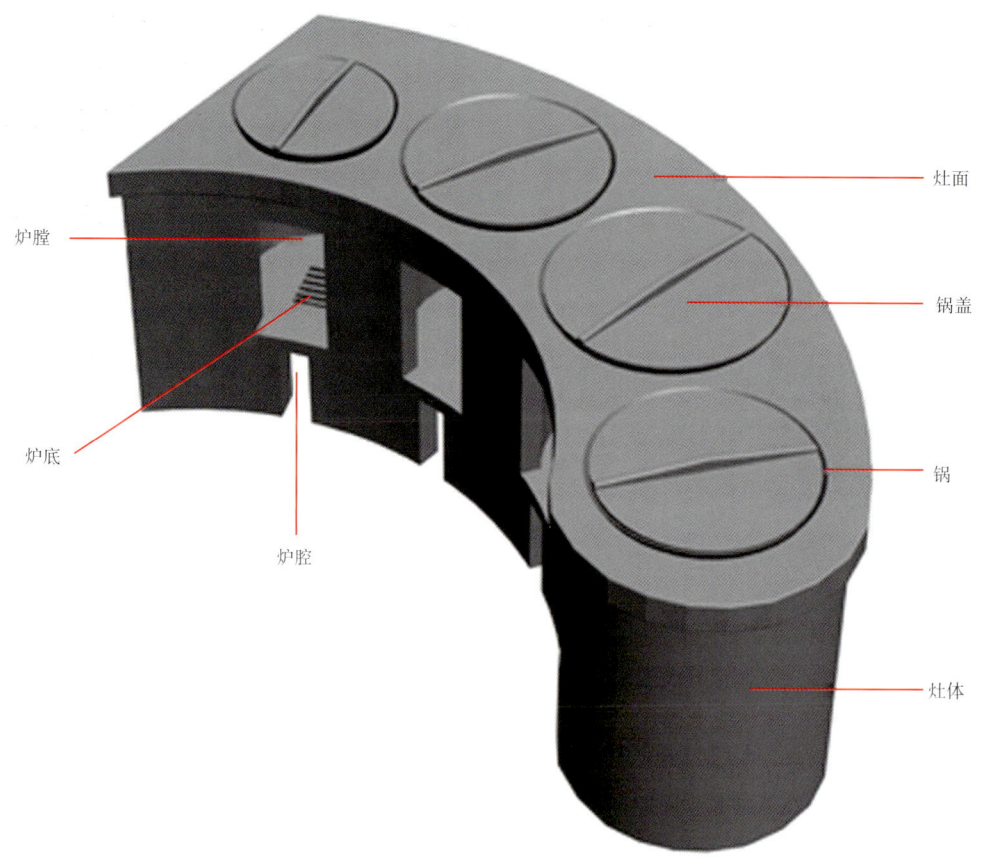

图三　土家族土灶结构名称图

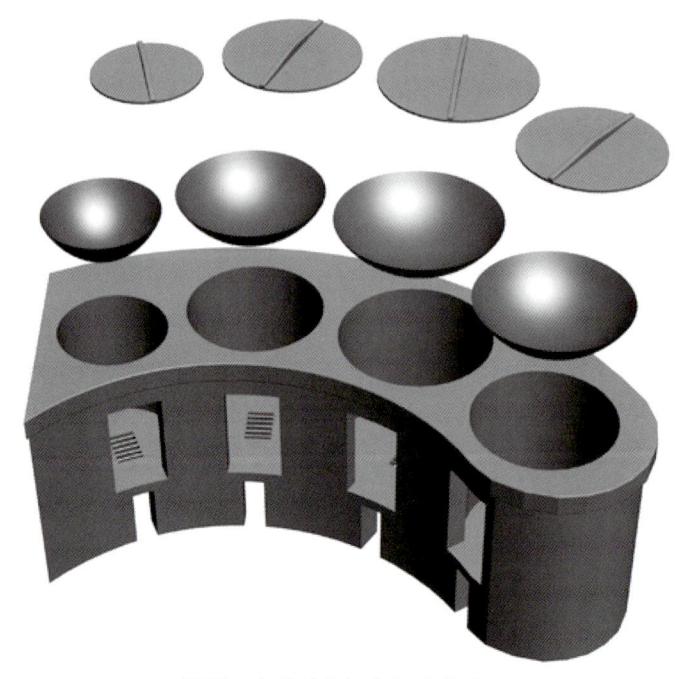

图四　土家族土灶装锅示意图

图五　土家族土灶使用场景图

土家族三角

图一　土家族三角主图

三角作为一种炊具在土家族地区使用广泛，三角多为铁质，也有铸铁浇铸成型。土家族地区旧时厨房秋冬季节使用较少，仅用于煮饭，而做菜则多使用火铺房内的火塘。火塘生火之后，直到来年开春才熄，成为土家族人主要的炊事场所，将铁质的三角置于火塘内，做菜方便还节约了燃料。

三角的造型结构简单，为一个圆箍和三根支架组成，支架下端立于火塘内，支架上端形成三个支点，利用了三角形稳定性的原理，锅以任意角度放置在三角上面都很稳定，放置到火塘内的三角，同样因为三角形稳定性的原理，无须晃动以寻找平衡。土家族使用的三角形制大小不一，但总体相对较小。本案例三角根据相关资料建模而成，其圆环直径约为21厘米，高度约为20厘米，构成圆环和支架的铁条截面为圆形，直径约为1.5厘米。

三角使用时只要将其放置到火塘内，将炒菜的锅放置到三角之上，即可炒菜了。三角这种简易的炊具，很多民族都有使用，但其形制各异，比如云南泸沽湖的摩梭族，在火塘上架设的三角就比较大而粗犷，三个支架分别向中间延伸形成一个托起，在这个托起之上可以放置大小各异的锅。土家族地区的三角更加接近于汉民族的一些农村使用的三角，其形制大小比较接近。

我国很久之前就有鬲和甗这样的炊具出现，均为三足，而三角的支架作用，与远古时期的三足炊具或许会有些许联系，也许三角即为远古时期三足炊具的简化，通过这样的简化，使锅的形制独立出来。此为笔者猜想，尚需大量资料取证，在此不做赘述。而现代煤气灶台的三角支架，其源头也正是早期的三角。

图片来源

图一至图五　胡万明　制图

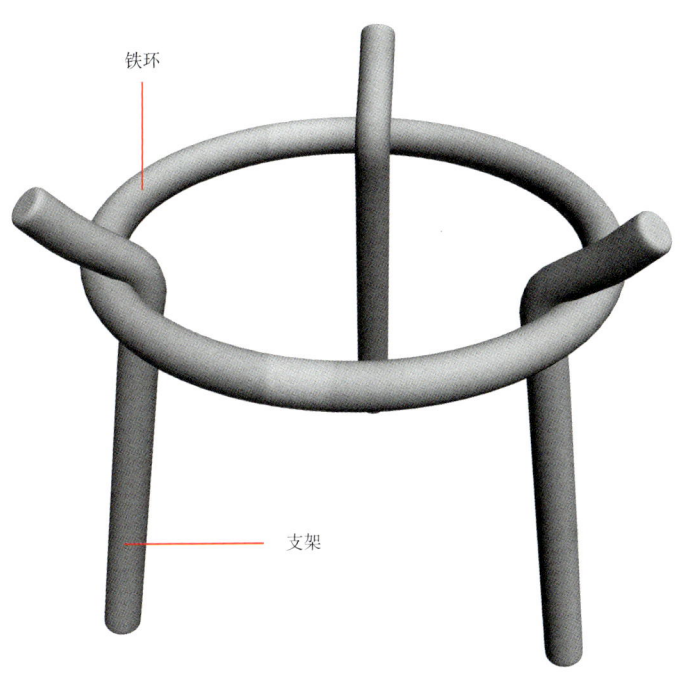

图二　土家族三角结构名称图

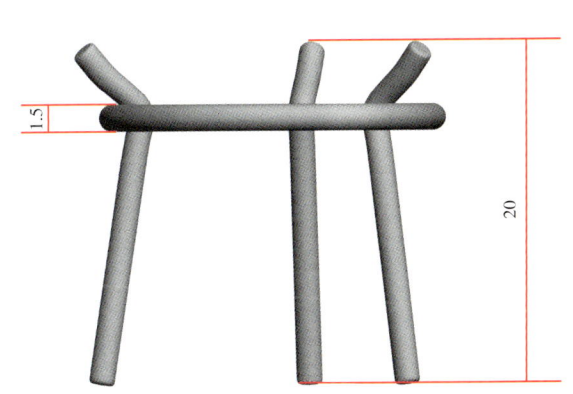
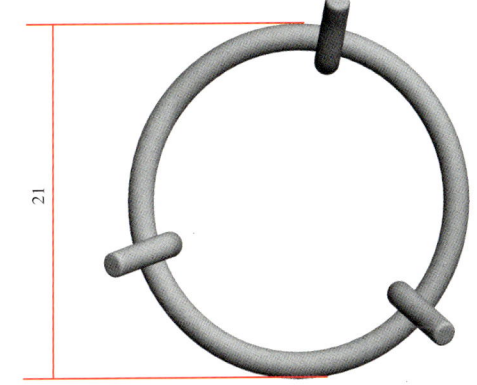

图三　土家族三角尺寸图（单位：cm）

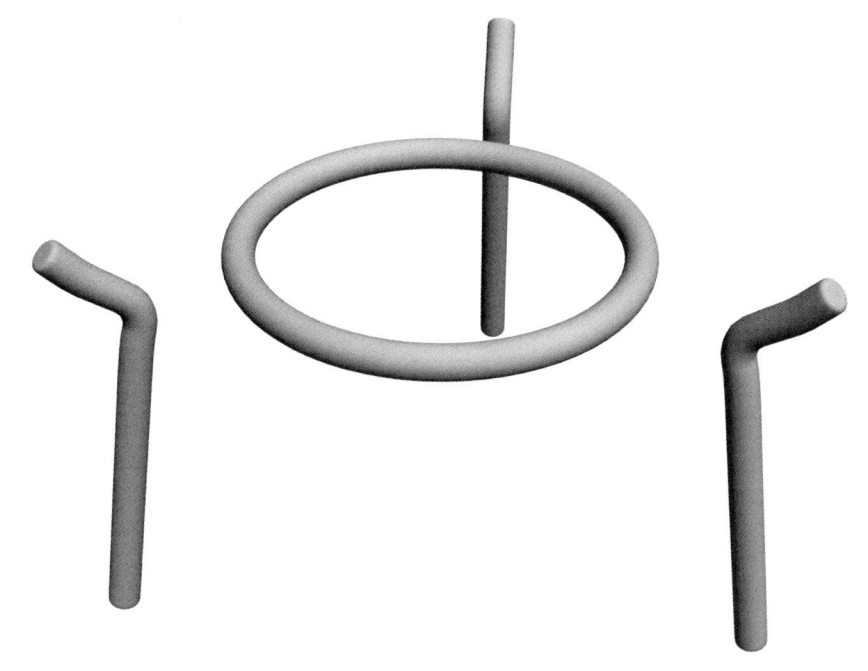

图四 土家族三角结构分解图

图五 土家族三角使用场景图

土家族碗橱

图一 土家族碗橱主图

碗橱是放置厨房用具以及保存饭菜的橱柜，旧时土家族的碗橱为木质，榫卯结构连接。碗橱的构造形式主要体现在其功能要求上，因其需要放置的厨具多种多样，故需要分成几层，又因其需要放置饭菜，为防止其变质，故需要能够通风。

本案例碗橱根据相关资料建模而成，该碗橱通高约165厘米，其中上层高度约75.5厘米，中层高度约43厘米，底层高度约35厘米。碗橱长度约120厘米，宽度约60厘米。底层离地面高度约5厘米。

本案例碗橱的基本构造是以四条腿足与板材一起围合而成一个长方体，该长方体分为上中下三层，其中上层分为左右两边，左边较大，用两扇柜门左右开合，右边较小，用一扇柜门即可。柜门用铰链与柜体相接，开合自由。左边内部分为上下两层，可放碗、碟等用具，还可放置饭菜等，其内部相对干净，柜门镂空，可用纱网钉上，保证其通风。右边分上下两层，上层较大可放置较大体量的厨具或饭菜，以柜门封闭，柜门也镂空，保证其通风。右边下层为抽屉，可以放置一些小件厨具或饮食器，如酒杯等。中层和下层均正面开放，中间以隔板隔开，放置一些暂时闲置不用的厨具，中层正面以花窗安装左右，中间开敞，无门。下层一围栏安装左右，也是中间开敞，无门。

旧时的碗橱多不髹漆，保留木材本色，在厨房长时间使用，会被油烟熏成浓重的深色，表面形成厚厚的包浆，掩盖了木材的纹理。

图片来源

图一至图五　胡万明　制图

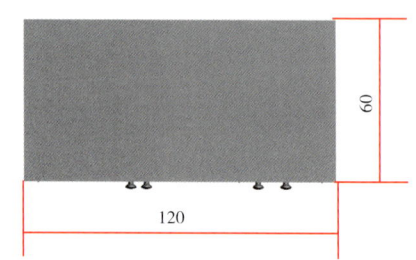

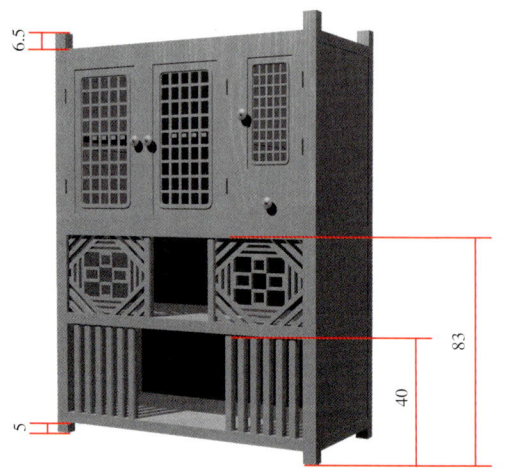

图二　土家族碗橱尺寸图（单位：cm）

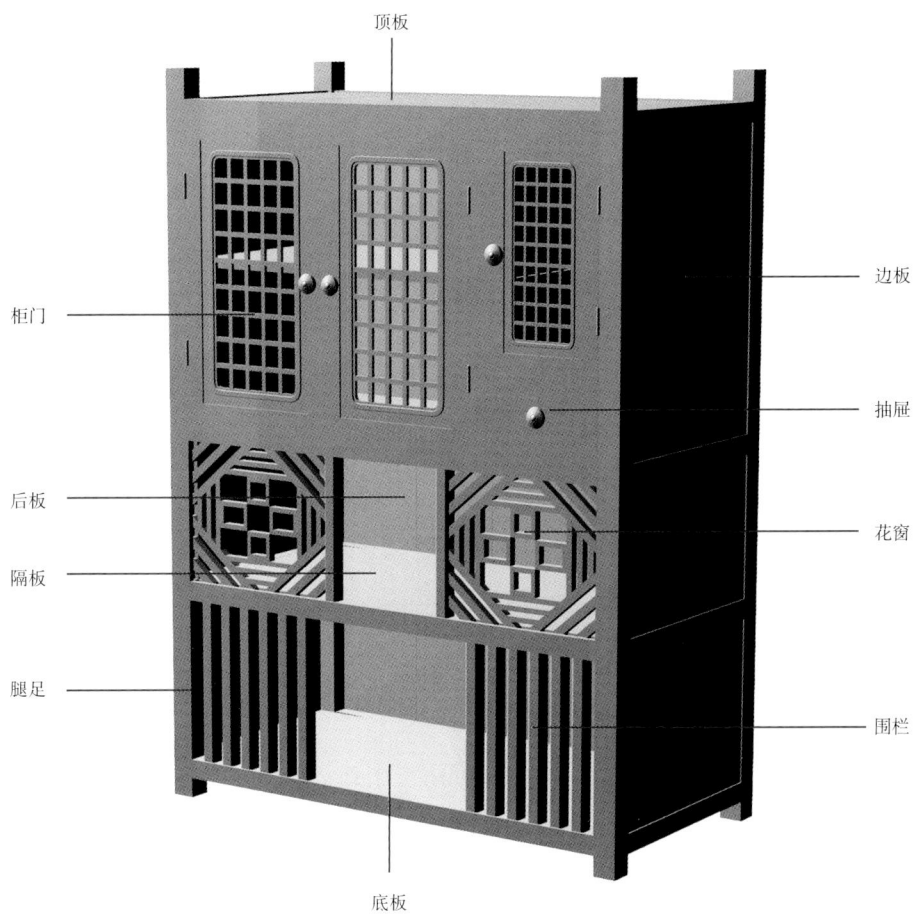

图三　土家族碗橱结构名称图

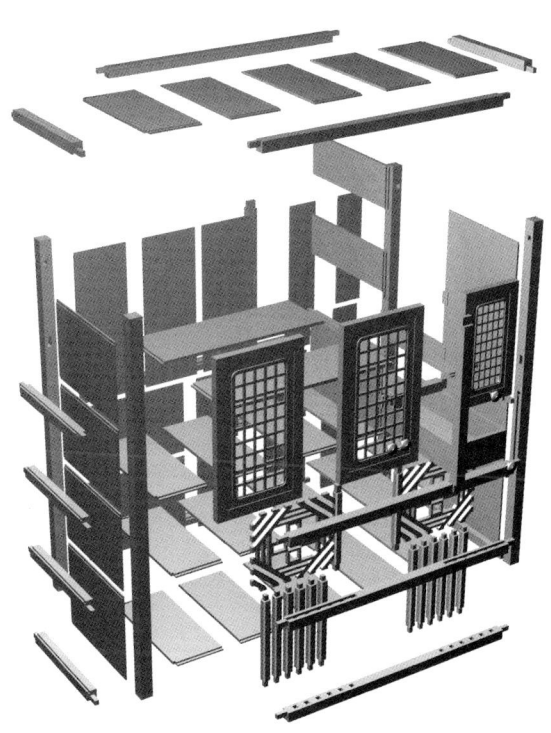

图四　土家族碗橱结构分解图

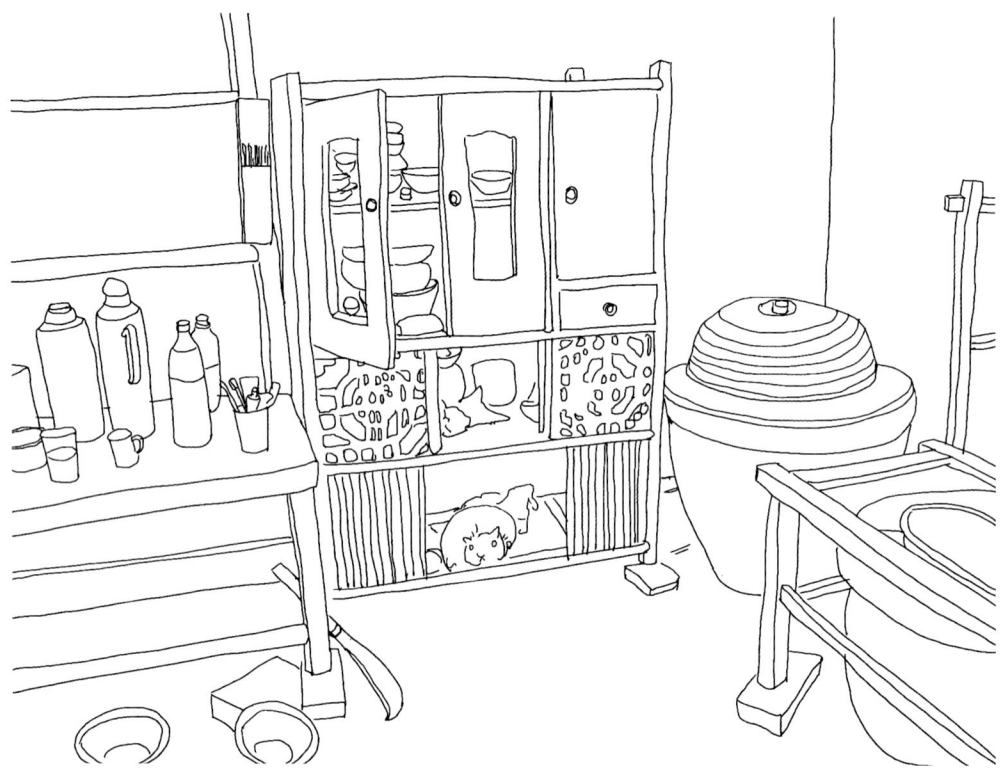

图五　土家族碗橱摆放场景图

土家族餐饮具

图一 土家族餐饮具主图

　　土家族的饮食器具早期多为陶器，从出土的器具来看，几乎涵盖了所有的汉族早期陶质器具。罐、钵、盆、豆、杯、瓮、鼎、碗、盘是土家族人民在历史饮食生活中使用最多的陶质器具。餐饮陶器从原始社会直到汉代，其材质没有发生本质的变化，但陶器的形态、外观与轮廓自生硬呆板逐渐变得柔和有曲度，再由稍显生硬的曲度演变成具备一定节奏与韵律的柔美曲线，最后发展成为挺拔饱满的优美线条。

　　唐宋时期是陶器逐步隐退而瓷器取代其日常生活地位的转折时期。随着工艺技术的发展，且此阶段土家族地区与汉族的交往逐步频繁与密切，出土的陶瓷器多受唐文化影响，与同时期汉族的陶瓷器极为相近，且多数本为汉族传入，难以辨别其是否为真正土家族特色。

　　土家族早期的餐饮具色彩主要为陶器本身的色彩，其色彩主要以暖色调的大地色系为主。彩陶的出现也使得土家族餐饮具色彩有所变化，其色彩主要是黑色和红色的穿插变化。唐宋以后广泛使用瓷器，其素色器具的色彩为瓷器本身的色彩，其色调偏冷，色彩高雅。而有色瓷上的釉色又有黄釉、绿釉、黑釉、深酱色釉、青色釉等，使得土家族的餐饮具色彩斑斓了起来。

　　具体来说，其色彩的主要表现形式为：红底黑彩、红褐彩绘、黑彩纹饰；以朱色为普遍；朱、黄两色套用或者以朱、黄、白三色兼施；以红、黄、黑三种色彩为主。

　　在材质上，从土家族陶瓷餐具的质料组成方面我们可以总结出历代以来常见的几种材质，如泥质陶、火砂陶、火碳陶以及瓷器。其中火碳陶的"碳"指的是包含有草木灰、木炭、稻谷壳、骨末、蚌壳末等材质的杂糅。

早期陶器上纹样的形成主要建立在功能需求的基础上，具有加固（如附加堆纹）、防滑（绳纹、乳丁纹等）、开启以及指示等作用。土家族的餐饮具纹饰也不例外，其具体种类不胜枚举。

在满足基本的功能之后，人们逐渐开始考虑到纹饰中的寓意，如米粒、橘皮、贝类、树叶等动植物为素材的纹饰，在满足使用的同时寄托了土家族先民对生活的美好愿望。生产力的发展使得更高的审美需求诞生，于是，饮食器具上的纹饰较之早期的随意、自由变得更为规律、细致，形式优美且疏密、繁简搭配得当。

总体来说，土家族历代饮食器具上的纹饰都相对简约、朴素。

图片来源

图一至图五　文艺.基于本土化的土家族餐具设计研究[D].无锡：江南大学，2009.8

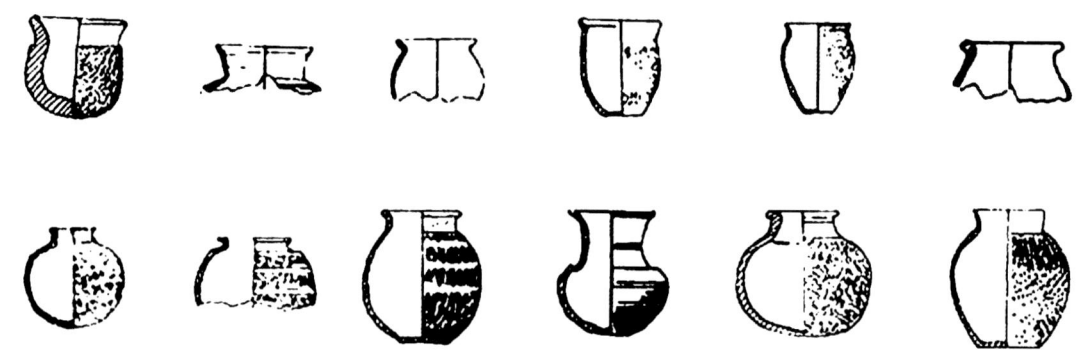

图二　土家族罐的形态发展图

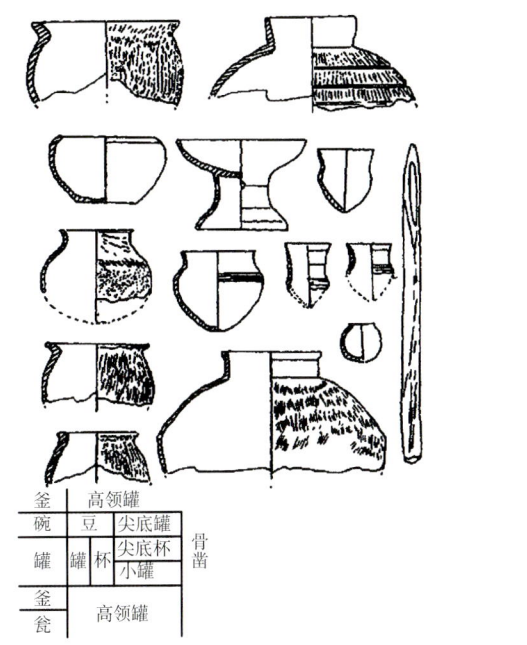
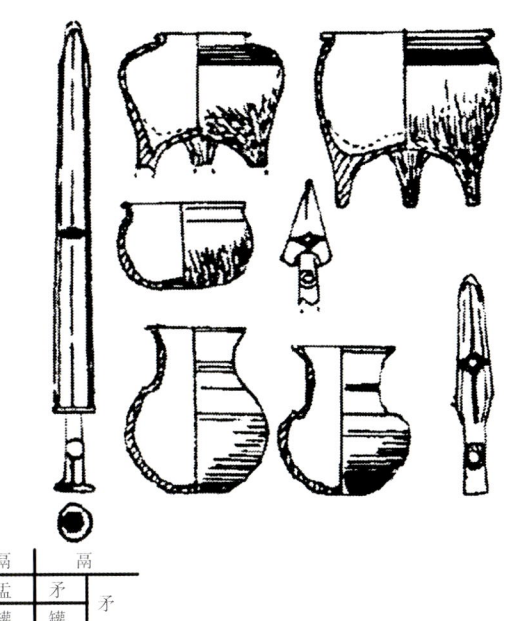
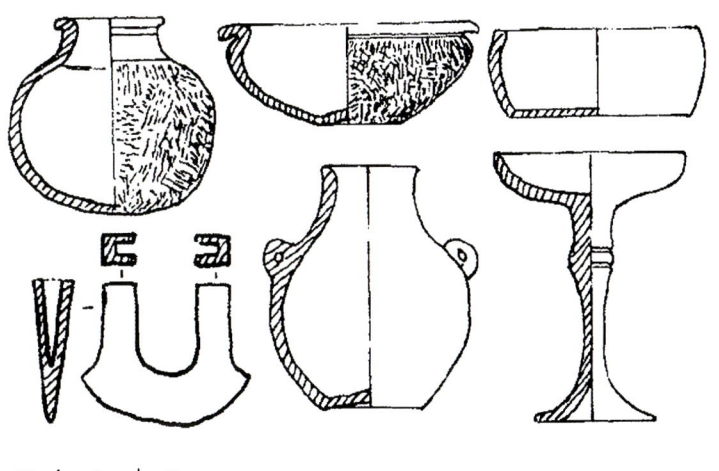

图三　土家族陶器的形态

图四　土家族餐饮具使用场景图

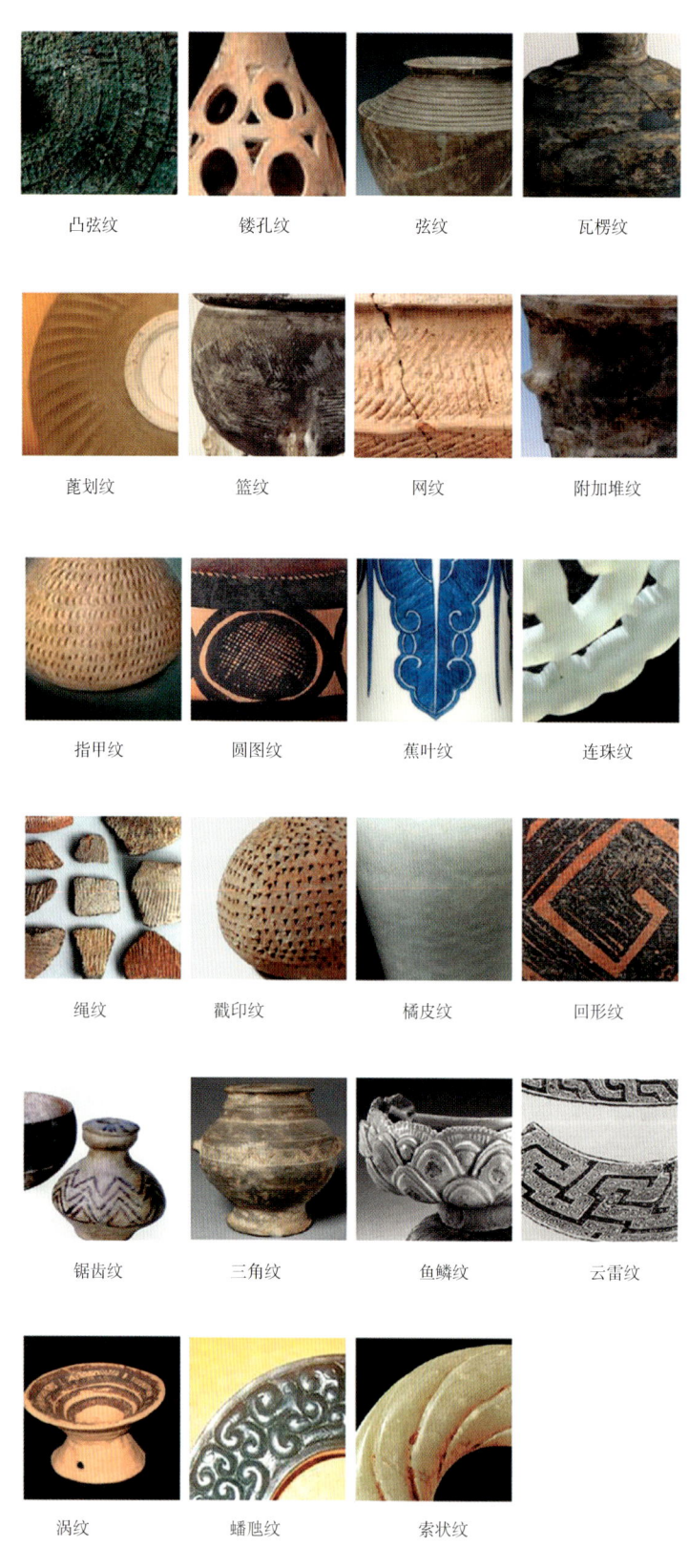

图五　土家族餐饮具纹饰

土家族酸菜坛

图一 土家族酸菜坛主图

土家族地处深山，交通不便，古时食盐官营，管制严格，难以进入深山。因为盐的缺乏，使得土家族人只有自制酸菜以改善口味，后来辣椒的传入，给土家族人的饮食又加入了辣的元素，这些都与食盐的供应不足有关。

酸辣是土家族人离不开的饮食偏好。对于土家族人来说，没有酸辣，吃什么都没有味道。土家族人古时就有"辣椒当盐，酸菜当饭"之说，而今，酸辣口味更是闻名遐迩。故而，在土家族的寨子里家家种有辣椒地，户户备有酸菜坛。酸菜坛在土家族人生活中的地位就可想而知了。

土家族的酸菜坛一般都是陶质的，有粗陶和细陶之分，粗陶不上釉，细陶又有里面上釉和里外都上釉之分。土家族人将陶质的酸菜坛买回家，用水洗净以后，就用来泡菜了。土家族人可泡作酸菜的种类很多，从鸡鸭鱼肉到各种蔬菜，每一种菜都可制作出独特的土家族风味。

酸菜坛的构造一般为椭球形，圆底圆口，口的上方有盖。酸菜坛和普通陶罐的不同之处在于，酸菜坛的肩上有一独特的竖起，而盖子正好盖于此竖起和坛口之间。酸菜坛的这个竖起，在实际使用过程中的作用不可小觑。

土家族在泡制酸菜的时候，通常都是将菜洗净后装入坛内，然后在坛口与竖起之间槽内装上水，水以不漫出为宜，最后盖上盖。这样，在槽内的水由于盖的作用，将坛内和外界隔绝了起来，让坛内的菜可以自然发酵。因为旧时很少有盐，需要让菜在坛内自己发酵而产生酸味，所以让坛内的菜隔绝空气就显得尤为重要。这样的改进，确实是一个不小的进步，也是劳动人民智慧的结晶。

图片来源

图一至图四　胡万明　制图

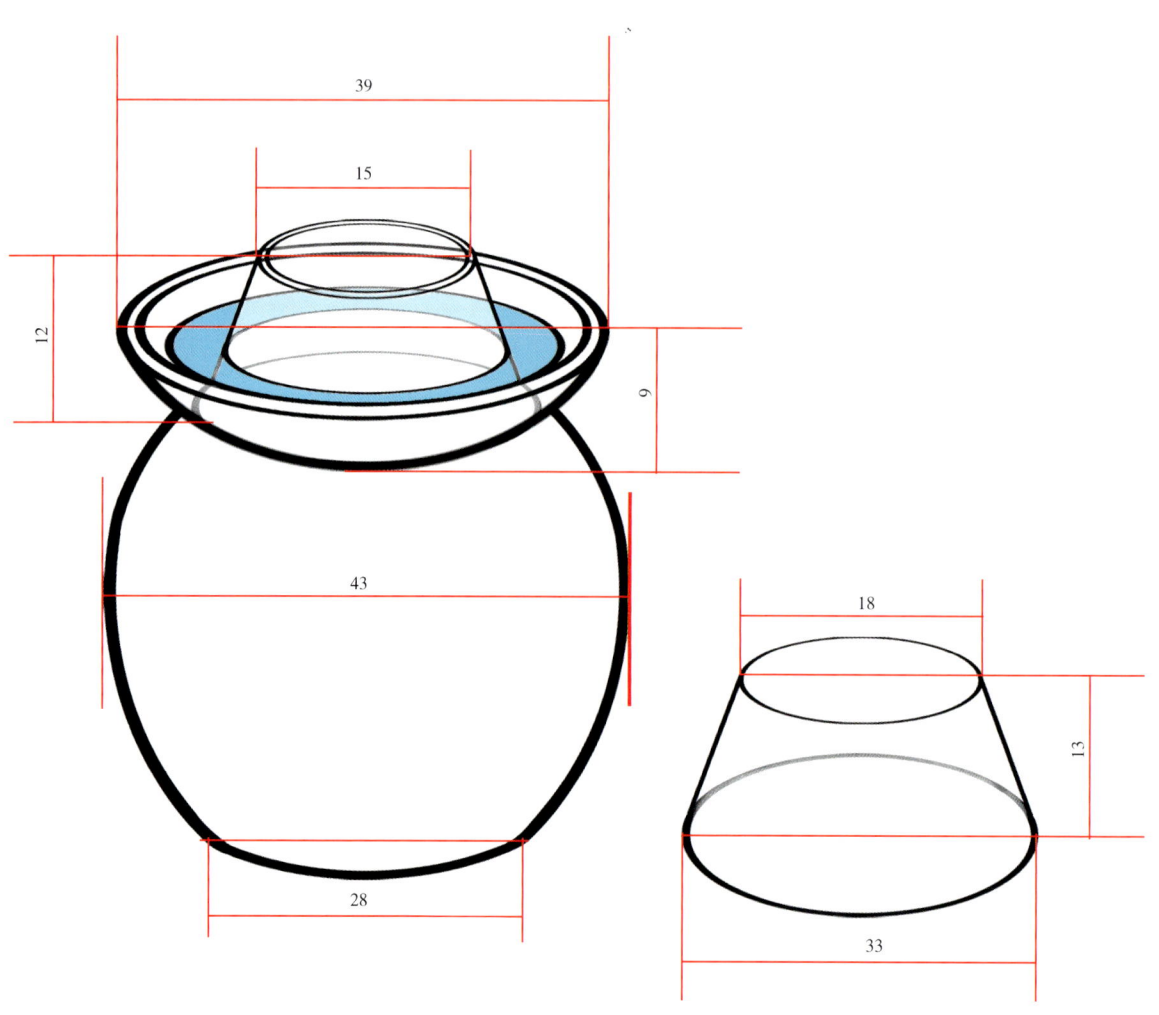

图二　土家族酸菜坛尺寸图（单位：cm）

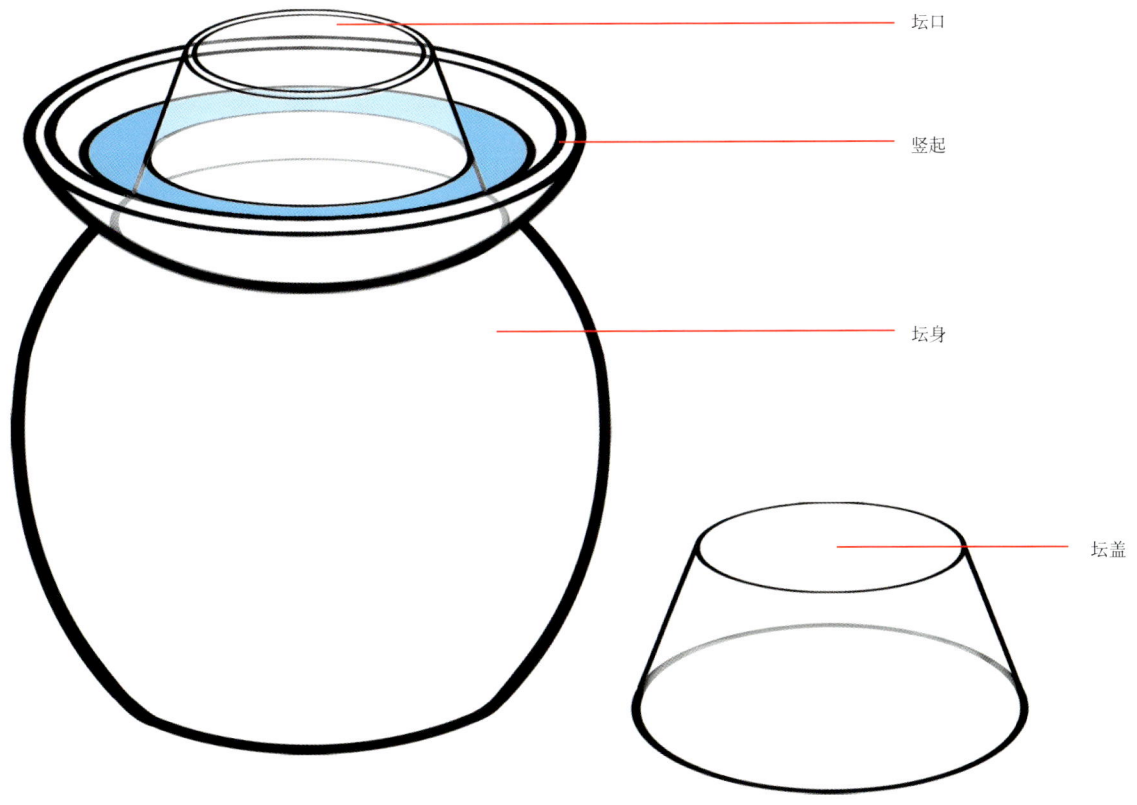

图三 土家族酸菜坛结构名称图

图四 土家族酸菜坛结构分解图

土家族木甑

图一　土家族木甑主图

木甑是蒸制食品的蒸笼，多用杉木做成，用木甑蒸出来的饭清香可口。

甑原为陶器，体量较小，后演变为木甑，体量较大，一般大者可蒸约15公斤的米饭。

本案例木甑根据相关资料建模而成，上大下小，两头通透，由木板围成，板厚约1.5厘米，上口直径约45厘米，下口直径约40厘米，甑体高度约55厘米，上口相对位置有抠手，方便从两端端起甑体，抠手高度约6厘米。上端有甑盖，与甑体木质一样，甑盖厚约1.5厘米，甑盖为木板拼接，用竹钉固定好，上面有一道横梁，将各木板连接起来，既牢固又可用作提手。甑盖直径与甑体上口直径一致，正好盖于上口径。木甑内有甑箅，位于内壁下端三分之一处，由4个两两相对的木托托起。

木甑一般由木匠制作，制作时先将杉木锯成合适厚度的木片，木片两端宽度不等，以便于箍出的木甑形制上大下小，木片制好后，需要在其边棱打孔，为了方便木板拼后成为圆形，需要将木板两边棱两端向内刨，调整边缝结合的严密度，谓之清缝。刨好之后两端截面为梯形。调整好边缝之后，用竹钉插入边棱孔中，将木板连接，谓之上销。上销之后，木甑基本成型，还要在上下口处用竹篾或铁箍将木甑箍上，这样，木甑才牢固结实。甑盖也是以木板销竹钉的方式拼接，甑盖正中扒凹槽，横梁下端插于凹槽之内，连接各拼板，使其牢固。甑盖也可用竹篾编制而成，用竹篾编成甑盖时，甑体的抠手置于甑体上口沿两边，不单独伸出甑体上口沿。甑箅也为杉木板拼制而成，板与板之间有约半粒米的缝隙，用于通气，甑箅可拆卸，清洗方便。甑箅也可以用竹篾编成，与木质甑箅功能一样，只是形制上有所区别。

木甑须配合铁锅使用，铁锅即谓之"甑锅"，蒸饭之前先将米放入烧开水的甑锅内煮至半熟，然后用笊篱捞起饭粒，放于清洗干净且甑箅上铺好蒸布的木甑之内，将木甑置于甑锅内，注水，水高以淹没甑脚为宜。然后盖上甑盖，以猛火蒸之，待蒸汽冒至甑盖凝成水珠，并沿甑盖往下掉入锅内时，饭即全熟。在用笊篱捞饭时，锅中往往会留有饭粒续煮，在蒸饭的过程中便被煮成了稀饭，可谓一煮两得。

木甑蒸出的饭虽然好吃，但因其做饭的步骤相对烦琐，做饭时间相对较长，故一般过年过节或婚丧嫁娶时才使用。木甑不仅可以用来蒸饭，还可用于蒸菜、蒸阴米等，深受土家族人喜爱。

图片来源

图一至图五　胡万明　制图

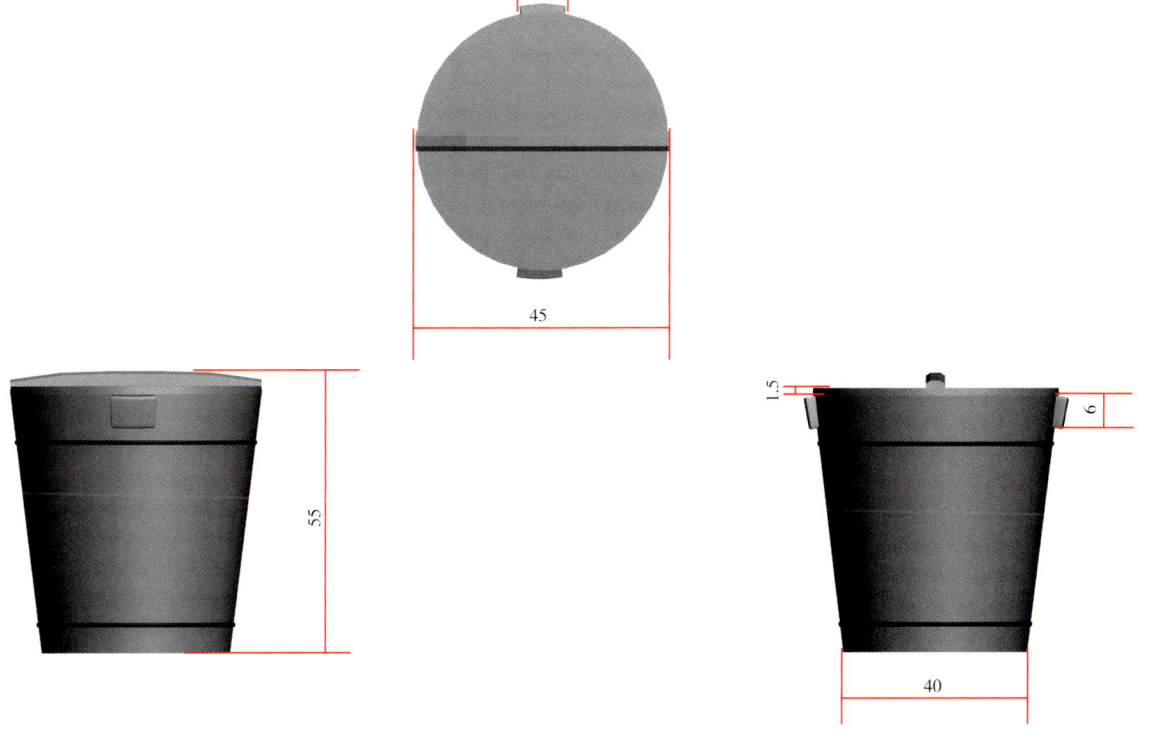

图二　土家族木甑尺寸图（单位：cm）

图三 土家族木甑结构名称图

图四 土家族木甑结构分解图

图五 土家族木甑使用场景图

土家族擂钵

图一 土家族擂钵主图

擂钵是用于擂茶和擂菜的专用容器，多为釉面陶质。擂钵并非土家族特有，其他民族和地区也多有使用。

擂钵为倒锥体，其高度多为30～40厘米不等，口径30～40厘米不等。也有小的擂钵，其高约10厘米，口径约8～10厘米。擂钵的内侧由钵底向钵口有许多发射状内陷纹理，用于增加其内部表面的粗糙程度，增加在使用过程中擂钵内壁与被擂原材料之间的摩擦力。土家族擂钵的主要用途即是以擂棍捣磨茶叶或其他食品，制作擂茶或擂菜。本案例擂钵系根据相关资料建模而成，其尺寸属于中等大小。

土家族擂茶原名叫"三生汤"，其主料为生茶叶、生米、生姜等，辅以芝麻、花生、大豆、玉米等五谷杂粮混合制成。其方法为：将茶叶、生姜、米仁、芝麻、花生、大豆、玉米等放在陶制的擂钵内，用擂棒搅动使其与钵壁摩擦,如此反复擂成糊状,成为"擂茶脚子",将擂茶脚子放在茶碗里搅匀后倒入沸水,再加上炒米,就成了一碗独具土家族特色的擂茶了。据传土家族擂茶起源于汉代,土家族至今仍保留有喝擂茶的习惯,在凤凰古城,土家族擂茶更是镇城之宝,与姜糖、血粑鸭一起被称为"凤凰三宝"。

擂菜是土家族的一种原生态的菜式,其手法与擂茶相似而得名。根据食品的材料以及加工工艺不同分为两种,一种是生擂,一种是熟擂。生擂是将生的食品原材料直接舂捣成菜,像大蒜、芫荽、韭菜等都可生擂。熟擂是指食品原料经过烧烤、蒸熟或油爆后放入擂钵内,加入调料舂捣而成,像茄子、红芋、辣椒、笋子等。制作擂菜的原材料多为素菜,荤菜可以作为配料使用。

图片来源
图一至图四　胡万明　制图

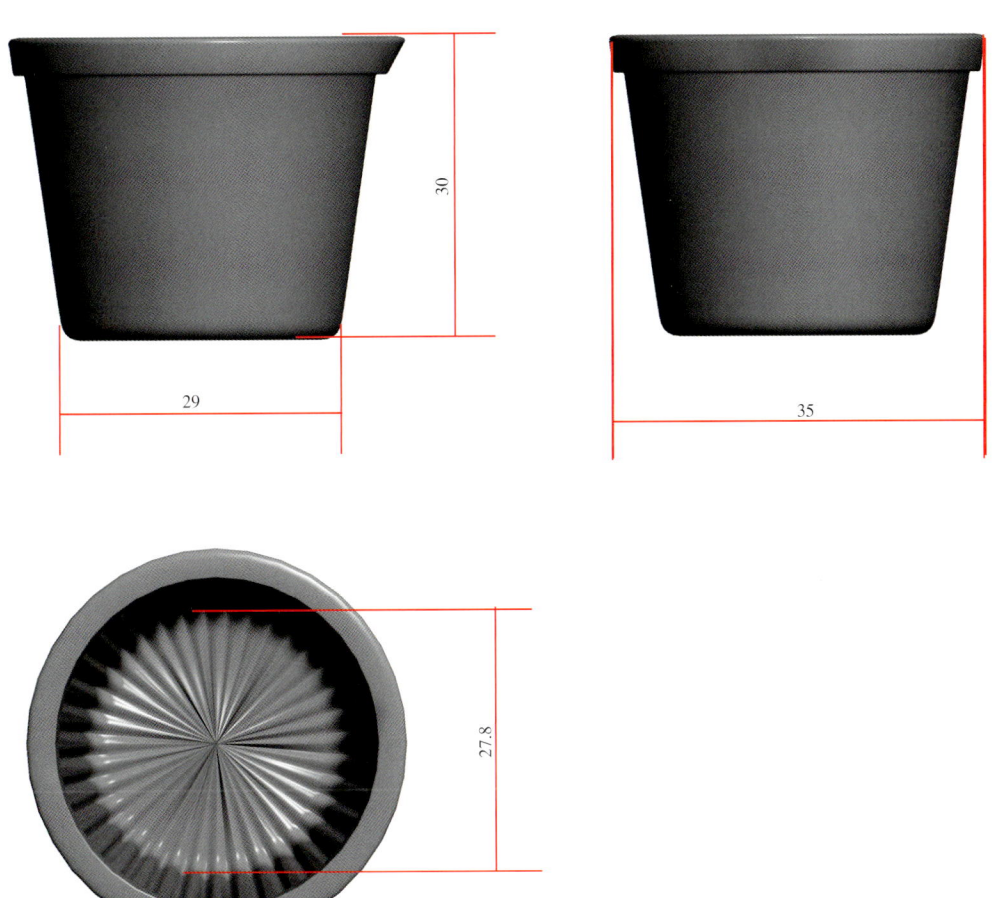

图二　土家族擂钵尺寸图(单位:cm)

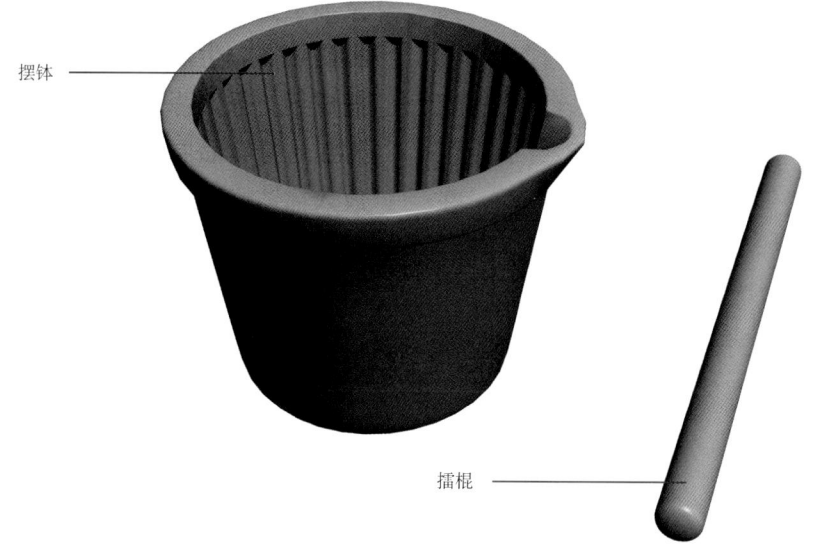

图三　土家族擂钵结构名称图

图四　土家族擂钵使用方式示意图

土家族竹饭盒

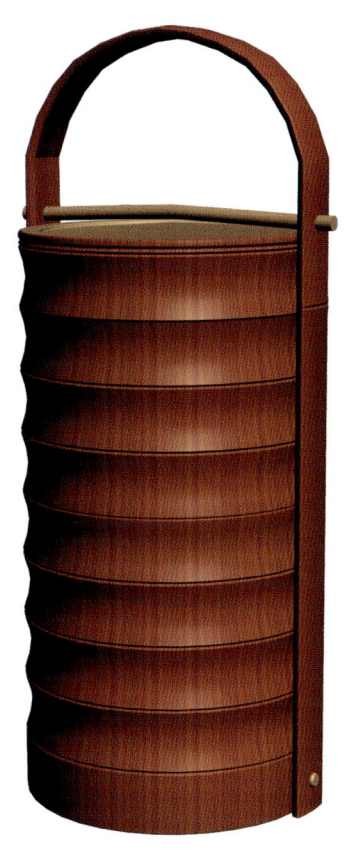

图一　土家族竹饭盒主图

竹饭盒是旧时给山里田间劳作的人送饭用的容器，用竹桶制成。过去很多地方都有类似的竹饭盒，相比较而言，土家族山区的竹饭盒体量相对较大，或许与当地的竹木资源丰富有关，粗大的竹材相对较多，做出的饭盒也相对较大。

本案例竹饭盒根据实物建模而成，该实物现藏常德民俗馆。此竹饭盒通高约38厘米，竹筒直径约15厘米，其中主体高度约28厘米，被做成竹节状层层相扣，结合紧密，做工精细。主体部分共分为上、中、下三部分，下部较高，应为装饭之用，约15厘米高度；中层次之，应为装菜之用，约9厘米高度；上层最短，为饭盒盖，约4厘米高度。饭盒主体之外用一竹质提梁与插销将三层盒体紧密联系在一起。插销共2根，一根插于装饭层底部两边的孔内，固定于提梁的两头，另一根插于提梁中上部的孔内，插销略弯曲，利用竹质插销的弹性给饭盒施加压力，固定饭盒。固定之后，饭盒便可提起带走了。

制作竹饭盒的材料多为粗大的毛竹根部，因毛竹根部相对较粗，且厚实耐用，可雕刻，从而做出需要的造型。竹饭盒有几层便用竹根的几节，保留竹节之间的节疤即为盛装饭菜的底部，每层之间都用插接的衔接方式，即在下层的口沿外侧挖去半边，上层底沿内侧挖去半边，上层正好扣于下层顶部。

竹饭盒是旧时常用的送饭工具，其携带方便，材料环保，装在竹饭盒里的饭菜还会有竹子特有的清香。但由于加工工艺的限制，不可避免地会有缺陷，层与层之间虽然结合紧密但做不到严丝合缝不渗汤水，并且竹饭盒的保温性能有限，不能与现代工艺生产的保温饭桶相提并论。但竹饭盒的造型、衔接、携带的方式，也无疑为现代的相关器具提供了参考，开创了此类器具的先河。

图片来源
图一至图五　胡万明　制图

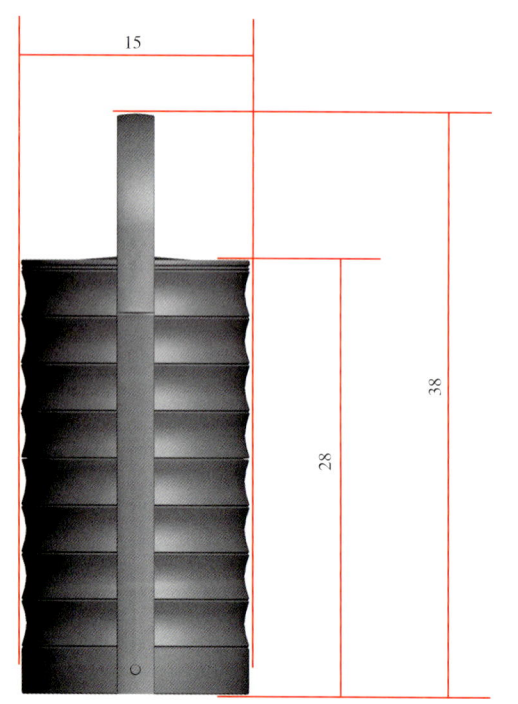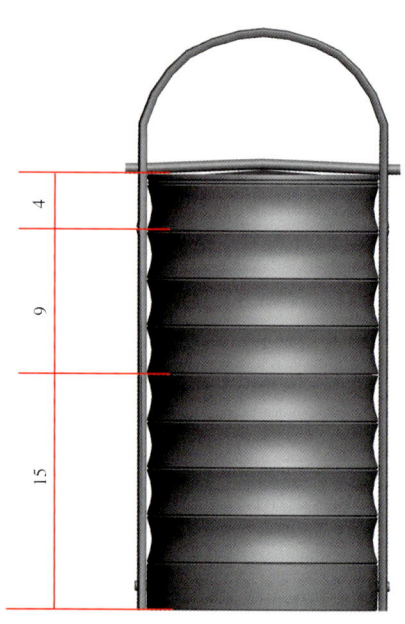

图二　土家族竹饭盒尺寸图（单位：cm）

图三　土家族竹饭盒结构名称图

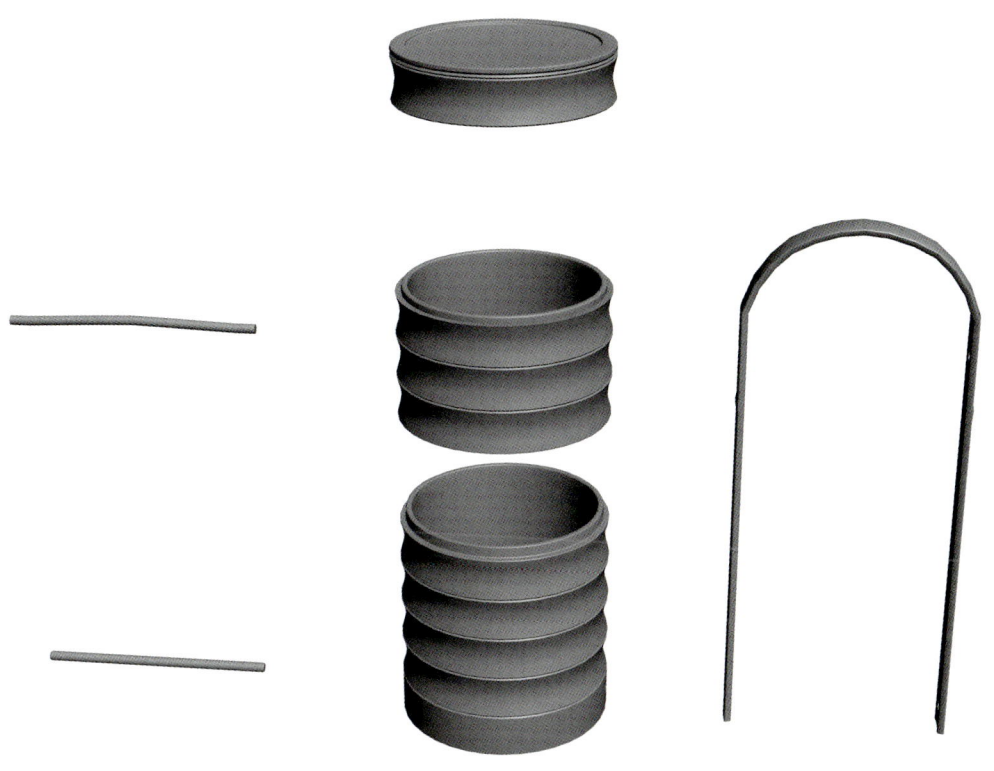

图四　土家族竹饭盒结构分解图

图五　土家族竹饭盒使用方式示意图

土家族果盘

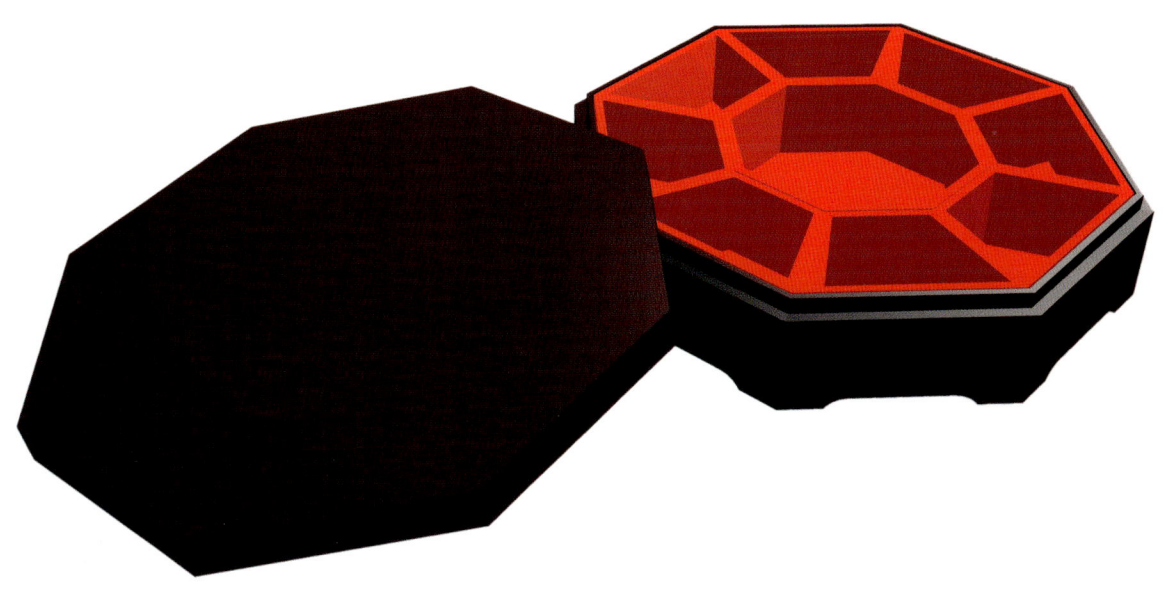

图一　土家族果盘主图

　　果盘是土家族地区的礼俗用器，其主要功能是盛装果品，用于待客接物以示礼仪。中华民族是礼仪之邦，在千百年的民族融合过程中，以礼待客已成为传统，土家族也不例外。作为待客接物的礼俗用器，果盘的应用范围相当广泛，大到婚丧嫁娶，小到访友串门，随处可见果盘使用的踪影，所以每家每户都备有果盘。旧时的果盘多为木质，现在则多为塑料制品。

　　本案例果盘为八棱形，根据相关资料建模而成，其原型为常德民俗馆馆藏，略有差异。本案例为典型的木质果盘，果盘有三部分构件组成，主要功能部件为9个盘格，其中间的1个为八棱形，其余8个为大小一致的梯形，8个梯形正好将中间的八棱形小盘格围成一圈，组成一个大的八棱形。每个盘格的高度均为6厘米左右，边的厚度约为0.5厘米，9个盘格组合在一起正好可以放置在一个正八边形的盘托之内，盘托高度约为7厘米，边的厚度约为1厘米，盘格放进去之后，其口沿与盘托的口沿处于同一水平线。盘托之上有一个正八边形的盘盖，其边长与盘托一致，盘盖的整体高度约为3厘米，盘盖盖在盘托之上，能够完整结合，无不妥之处。

　　旧时土家族的果盘大多做工精致，以小木料榫卯接合，木料多为杂木，制作时木工多在其上雕刻一些土家族人喜闻乐见的花纹，木工之后还须以漆封固，在封固的同时，土家族的工匠会将木工雕刻的花纹再加以修饰，使其更加突出。木工没有雕刻花纹的，漆工大多会在上面精心描绘出花纹。果盘的色彩以黑红配色居多,如图一的果盘即为黑色外表,红色内里,其色彩古朴沉稳。

果盘使用时在盘格内放上各色食品,如瓜子、花生、水果等,然后摆放在桌子中央,客人围坐在桌边。遇有婚丧嫁娶等红白喜事,盛装各色食品的果盘称之为糕饼茶。

图片来源

图一到图七　胡万明　制图

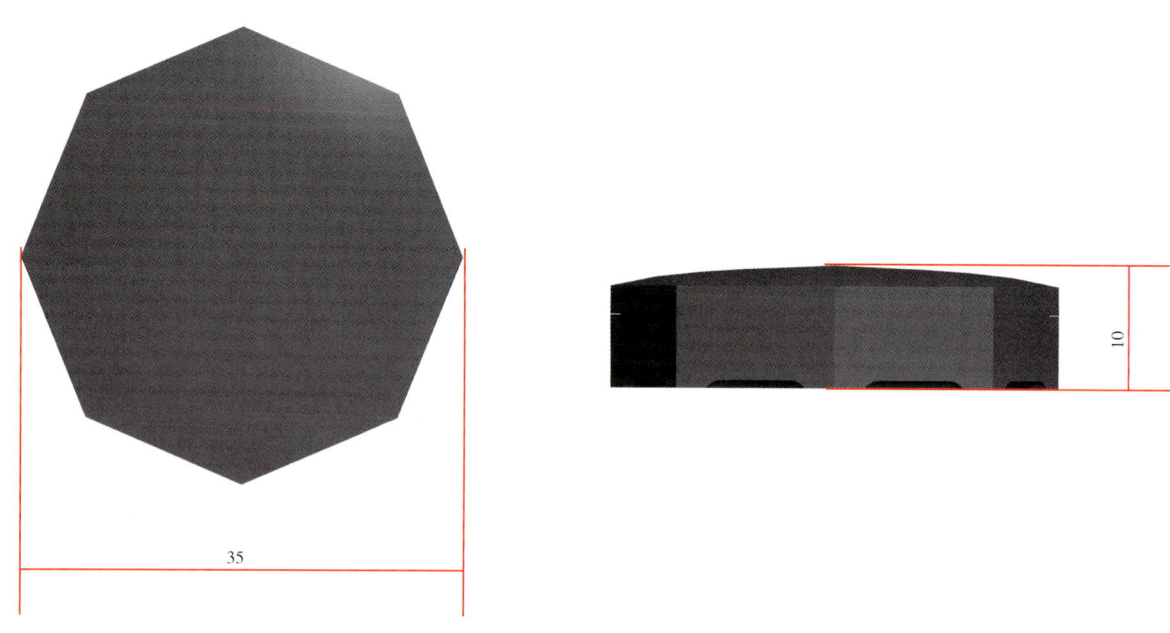

图二　土家族果盘尺寸图(单位:cm)

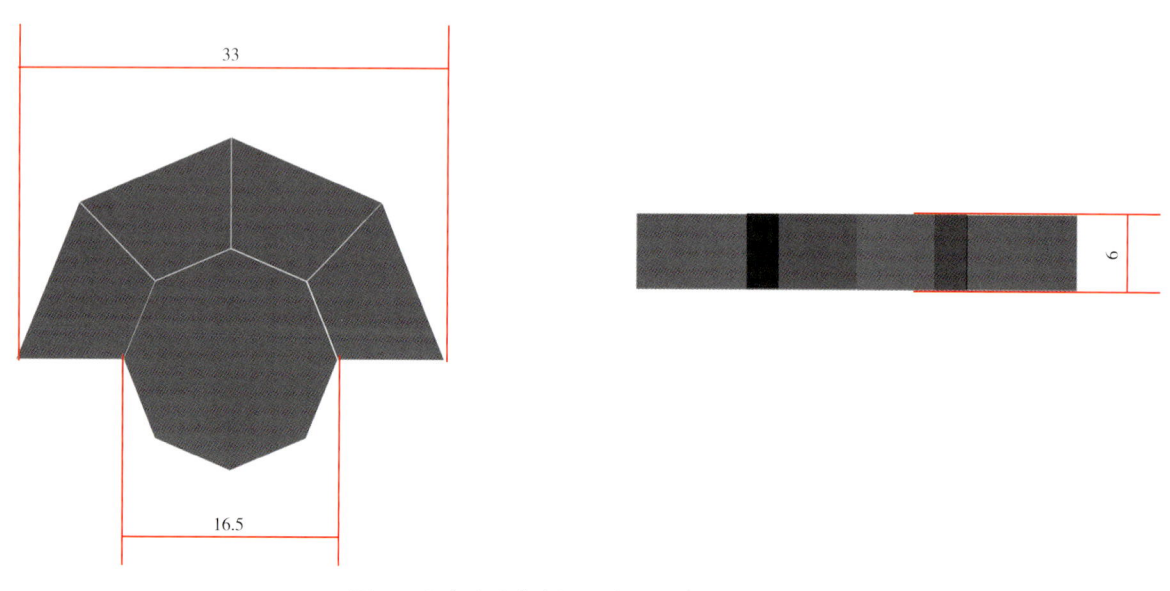

图三　土家族果盘盘格尺寸图(单位:cm)

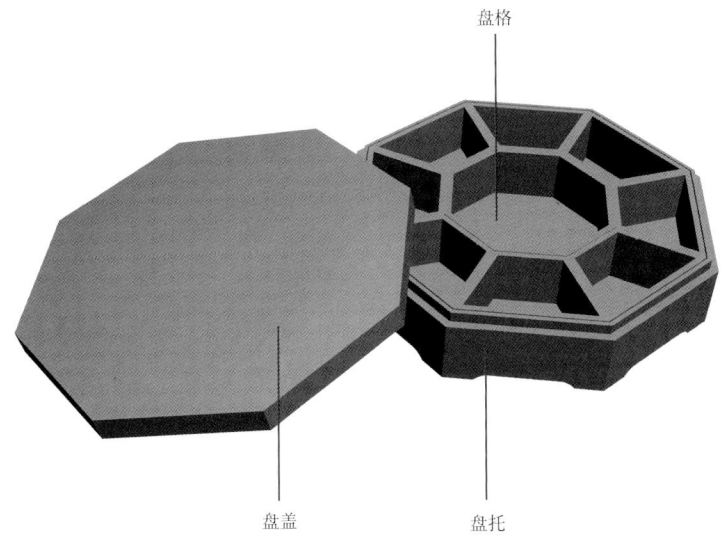

图四 土家族果盘结构名称图

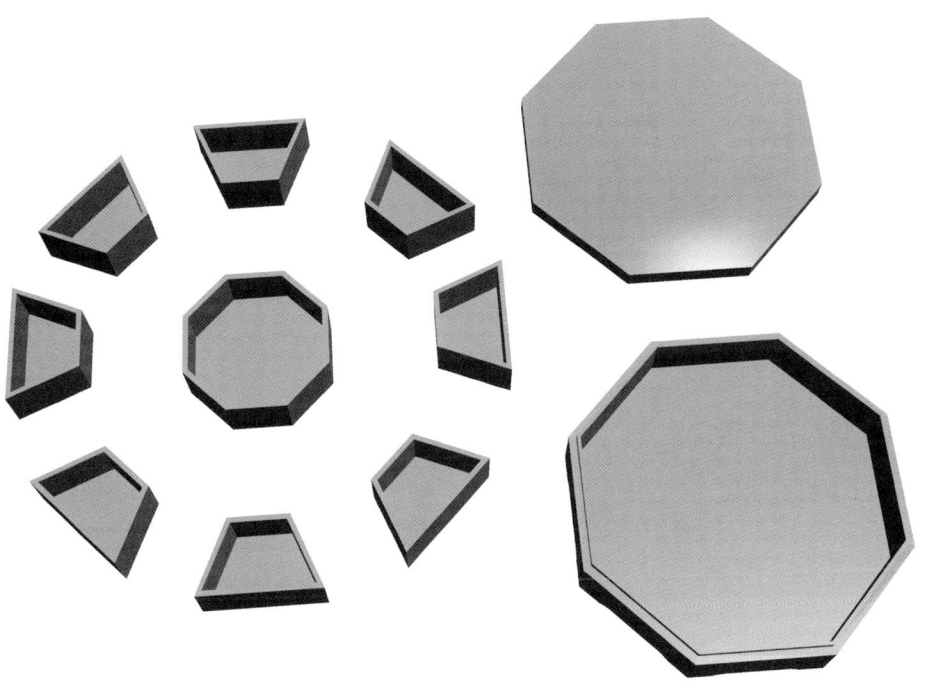

图五 土家族果盘结构分解图

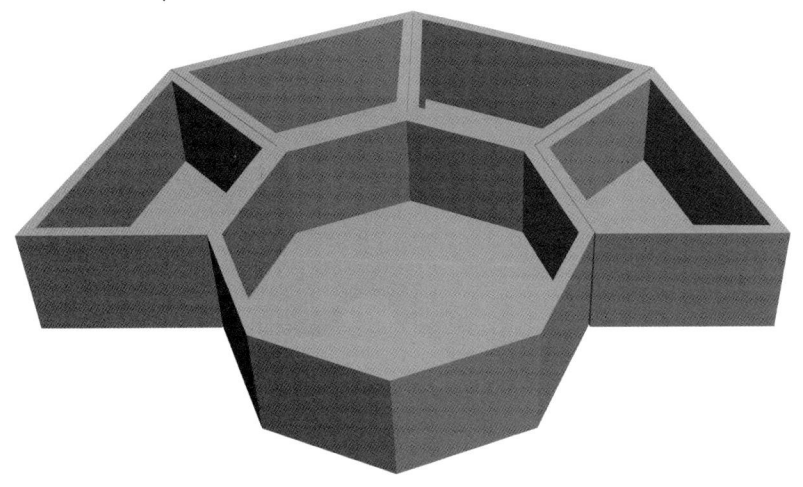

图六　土家族果盘盘格组装示意图

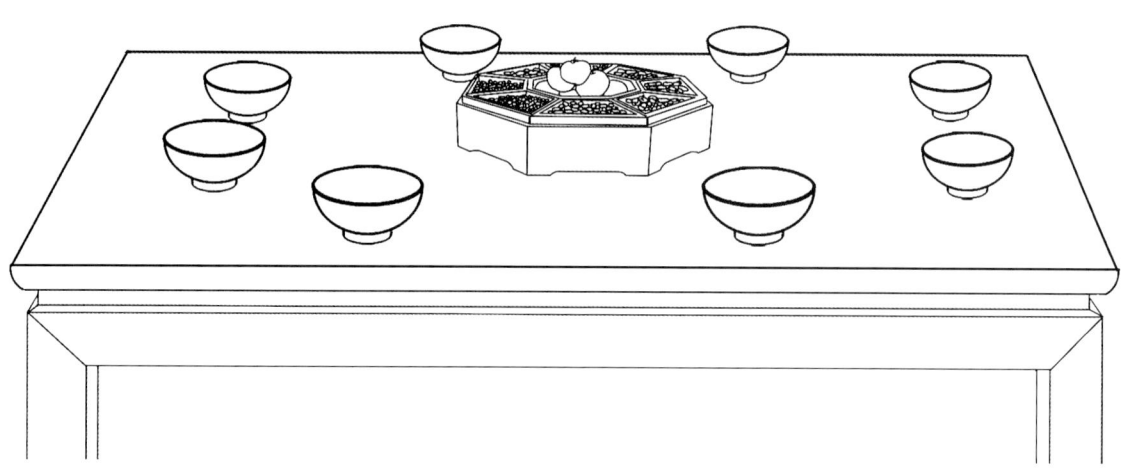

图七　土家族果盘使用场景图

土家族"金包银"饭

图一 土家族"金包银"饭主图

"金包银"饭,又叫"蓑衣饭",是土家族的特色食品。

"金包银"饭的主要原料是大米和玉米面。

土家族人多居山中,受其地理条件所限,农作物多为苞谷、小米、洋芋、荞麦、高粱等耐旱杂粮。《永顺县志·风俗》载,土家族"山多田少,刀耕火种,食以小米、糁子为主",玉米、土豆和小麦是土家族的三大主粮。因为地理原因,土家族居住地不产大米,大米都是从山外运进来的。旧时由于运输艰难而致大米昂贵,所以吃米饭代表着富贵,是有钱人才吃得起的。

玉米等粗粮虽营养丰富,但因其相对坚硬粗糙,久食无味,令人生厌。在没有细粮代替粗粮的情况下,久而久之,土家族养成了粗粮细做的饮食特点。粗粮细做使粗粮食品的口感变得细腻,还提高了营养。

"金包银"饭便是粗粮细做的一大典型,

是土家族普遍的吃法。

"金包银"饭的做法：首先选用上等玉米，磨成玉米粉，再用竹筛筛选备用。然后，将大米煮成半熟捞起，把玉米粉用适量的水调和湿润后，和煮成半熟的大米拌均匀，然后用木甑或蒸锅蒸制，直至蒸熟。

根据玉米面和米饭的比例不同，其叫法也有差异，米多玉米面少称之为"银包金"，玉米面多米少称之为"金包银"。

"金包银"饭入口清香，拌合渣吃，其香味更浓。

"金包银"饭又叫"蓑衣饭"，其原因是蓑衣为土家族人雨季耕种的必备雨具，土家族人在下雨时节耕种回来，脱下蓑衣便吃这种"金包银"饭，又因土家族人常把蓑衣挂在屋前的柱子上，看上去像玉米的苞衣，故得蓑衣饭之名。

图片来源
图一　胡万明　摄影
图二　孙雁，覃琳，夏志勇.渝东南土家族民居[M].重庆：重庆大学出版社，2004.9

图二　土家族吊脚楼前挂满玉米

土家族腊肉

图一 土家族腊肉主图

腊肉是土家族的特色风味菜，其肉质深红，肉皮橙黄，肉味鲜美，有的保存数年也不变质。

土家族有杀年猪的习俗，每年小雪至立春前，是土家族杀年猪的时候，腊肉即是以土家族自家喂养的猪做成的。

腊肉的原料为新鲜的猪肉，辅料为食盐、硝、花椒、大茴、八角、桂皮、丁香等。其制作方法主要为：

1. 备料：取肥瘦适度的鲜肉刮去表皮肉垢污，切成重0.8~1公斤、厚4~5厘米的肉条，肉中有无骨头，其配料的比例有所不同，按肉的实际情况将食盐、精硝、花椒、白糖、白酒及酱油等辅料的分量配好。

辅料配制之前，要将食盐和硝压碎，花椒、茴香、桂皮等香料晒干碾细。

2.腌渍有三种方法：（1）干腌,切好的肉条擦抹干腌料,肉面向下放入缸内,最上一层皮面向上。剩余干腌料敷在上层肉条上,腌渍3天翻缸。

（2）湿腌,将无骨肉条放入配制的腌渍液中腌1天,中间翻缸2次。

（3）混合腌,将肉条用干腌料擦好放入缸内,倒入陈腌渍液淹没肉条,混合腌渍中食盐用量很少。

3.熏制：熏制时颇为讲究,前十天半月将腊肉挂在火笼上方的横梁上,整日整夜地烟熏火烤,火势细微,以烟为主。土家族人有烘火过冬的习惯,这腊肉就一直挂于火笼上方,烘火时持久地熏,直到来年开春火笼闭火。或是将肉挂在灶头上,每次做饭时,在灶膛里掺和一些松柏树枝随火燃烧,浓浓的烟便带着幽香袅袅升起,慢慢地将肉浑身上下,由里及外,一层层熏透彻。熏制腊肉是慢工出细活的功夫,等熏好以后,抹灰除尘,将植物油烧沸,浇淋在腊肉的整个表层,放在阴凉处吹干,存放在稻谷堆内埋藏,也可放在植物油内浸泡,长年不变质。

土家族腊肉在烹饪前要猛火烧皮、浸泡、刨刮干净以备制作各式菜肴。

图片来源

图一、图三、图五　胡万明　摄影

图二　胡万明　制图

图四　向民航.湘西民俗映像[M].北京：中国出版集团·东方出版中心,2006.9

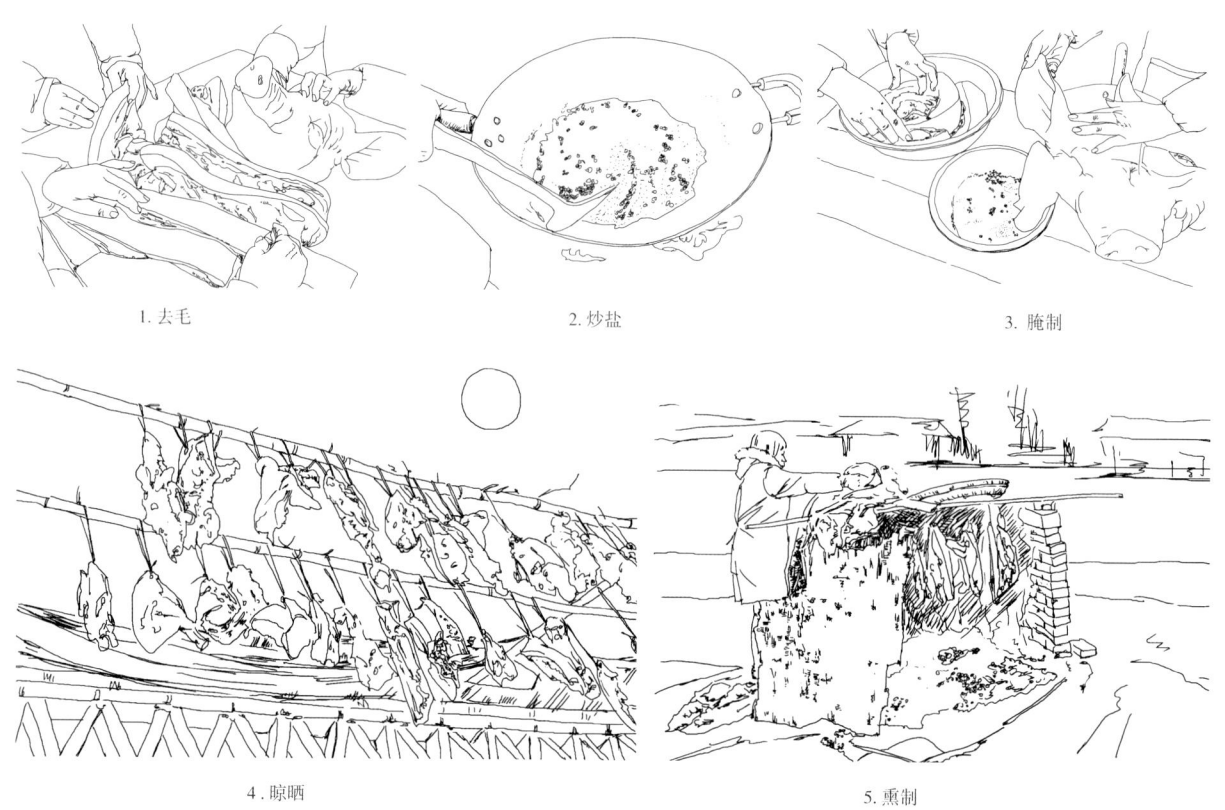

1.去毛　　2.炒盐　　3.腌制

4.晾晒　　5.熏制

图二　土家族腊肉的制作流程图

图三　切开的土家族腊肉

图四　悬挂于土灶上方的土家族腊肉

图五　炒好的土家族腊肉

第三章　土家族传统餐饮

土家族血豆腐

图一　土家族血豆腐主图

　　血豆腐是土家族的传统菜，每当逢年过节或来了至亲好友时，血豆腐是土家族的餐桌上必不可少的一道美食，具有浓郁的民族气息，相传起源于清康熙年间，至今已有几百年的历史了。

　　旧时，土家族人只有过年前后才会有这样的美食，因为只有杀年猪时才有猪血作为原料。杀猪之前，主妇们就会用新鲜的黄豆做一块豆腐。待杀猪时，用小盆接下仓血（杀猪后残留在猪身体内的血）备用。再加上肥膘肉丁、花椒粉、辣椒粉等多种佐料在一起搅拌，最后和腊肉一起熏制而成。

　　制作血豆腐的原料为：豆腐、猪血、肥膘肉、花椒粉、辣椒粉、盐。

　　血豆腐的具体做法：

　　1. 豆腐放进盆里用双手捏碎后用纱布滤掉水分，再搓细后，顺一方向搅打成泥。

　　2. 加入食盐、花椒粉、辣椒粉等佐料，将肥膘肉切成细条加入后拌匀。

　　3. 加入猪血调色。在放入猪血时非常讲

究，放得太多，做成的血豆腐就会黑紧干涩；放得太少，着色不够就不够红不好看。

4. 充分揉拌以后，取适量的豆腐泥用手团成椭圆形的坨并逐个放在簸箕内。

5. 将装有血豆腐团的簸箕放在太阳下晒几天，然后全部挂在柴灶上空熏烤，约20天后表面呈黑色时即可食用。

6. 食用前，用温水将血豆腐表面洗净，上笼用猛火蒸约1小时取出，切片装盘。也可以切成薄片，加以猪肉爆炒，或切成细丝，加上辣椒、香葱炒制。入口时令人觉得清香酥软，大开胃口，是一道下酒佐食的佳肴。

血豆腐由于颜色的原因，群众又称它为红豆腐。制作这种豆腐有严格的季节要求，俗称"腊月杀年猪，好做血豆腐"，这就道出了制作血豆腐的季节。血豆腐外观别致，独具特色，腊香味重，山区农家招待客人多用此菜。在酒席桌上，客人品尝此菜时，视之会误认为猪肝，食之则鲜美可口。春节吃年饭，全家团聚，餐桌上必有血豆腐，因为人们把它当作吉祥菜，取豆腐的谐音，预示来年"斗富"之意，很有人情味。

图片来源
图一、图三　胡万明　摄影
图二、图四　胡万明　制图

图二　土家族杀年猪场景图

图三 土家族血豆腐的烹饪步骤图

图四　土家族血豆腐食用场景图

土家族团馓

图一　土家族团馓主图

团馓是土家族特有的风味食品，制作考究，样式精美。圆盘大小的白色圆饼上绘制红的、绿的花草图案，充满了土家族人对美好生活的向往之情。

制作团馓的原料是色白粒壮的大糯米，其制作程序如下：

先选优质的大糯米将其淘洗干净，用干净的山泉水浸泡一夜后入甑蒸熟。制作时先要准备一块干净的案板和若干块干净的布，将一块布平铺于案板之上，用一圆形竹圈作模以限制做好的团馓的大小。先将模子放在布上，用饭勺取热腾腾的糯米饭在模内边团边揉，制成瓷盘大小厚薄均匀的圆饼。制成后将圆饼放在竹架上用微炭火烘干或放室外晒干，待干透成型后，再用品红品绿写上字或画上花草，团馓就制作完成了。现代土家族农村制作的团馓少有绘制花草的，只将其形状制作出来即可。制成后的团馓可以储存于陶质的坛内，主要用于节日时自家食用或用于待客，有时也作馈赠品。

从团馓的制作方式来看，有点类似于很多汉族农村自家炕的锅巴，只是锅巴为煮饭时结在锅底的一层壳，也叫锅盔，饭盛完之后，锅灶内以小火煮制而成，未必都是糯米制成，且锅巴形制自由，易于装盛即可，也无必要在上面绘制花草，即取即食，亦可油炸或用油、盐、糖等泡食。

烘干而未经油炸的叫生团馓，多作"望月"用。团馓在食用前以茶油浸炸，酥香膨脆，或干食，或以开水加蜂蜜冲泡，酥脆甜香可口。吃时先烧开油汤，再煮团馓，盛入碗中常盖上两个荷包蛋，再撒上胡椒，吃起来清淡香糯。

图片来源

图一、图四　胡万明　摄影

图二、图三　胡万明　制图

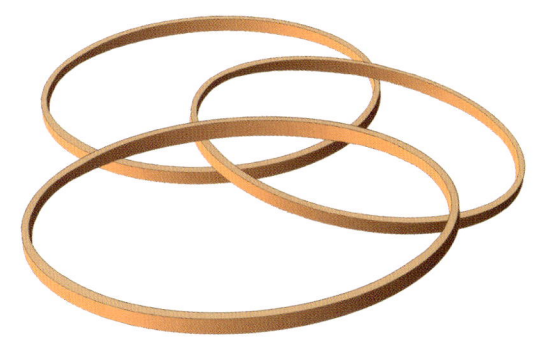

图二　土家族做团馓的竹模

1. 做团馓

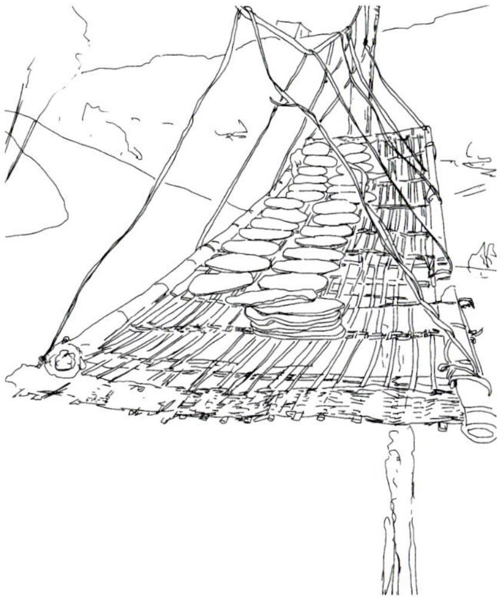

2. 晒团馓

3. 收团馓

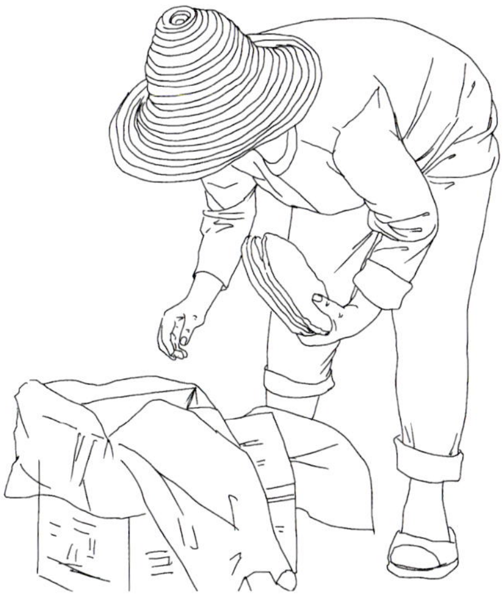

4. 储存团馓

图三　土家族团馓的制作流程图

图四　煮好的土家族团馓

土家族炒米

图一　土家族炒米主图

炒米是土家族的一道零食，也是待人接物的点心。

制作土家族炒米的原料为糯米，要将糯米制作成炒米，须经过洗、蒸、晾、炒四道工序方可完成。

前三道工序是制作阴米，炒完之后的阴米才叫炒米。

1. 洗：将加工好的糯米经过筛选之后，用水浸泡4天左右，每天换水，浸泡好之后淘净沥干。

2. 蒸：将处理干净后的糯米，放入木甑里蒸熟。

3. 晾：蒸熟后将糯米饭倒入簸箕中，洒上少许茶油，用筷子拨散，置阴凉通风处慢慢晾干。在晾的过程中，要用手将晾干的米粒摩挲成单粒，全部米粒都散开一般需要

4~6 天。

此道工序很关键，一定要放在通风的室内阴干，不能用烈日暴晒，否则会晒裂，俗称"炸腰"。阴米之名便因此而得。

4. 炒：先将矽砂倒入铁锅中反复炒热，再将阴米倒入砂中，用炒耙反复快速翻炒，不一会儿，阴米就会炒爆膨胀，变成雪白的炒米。此时即可起锅，筛去矽砂，将炒米在簸箕中摊铺开冷却。

炒米可以干吃，或用开水泡着吃，用开水泡的吃法有很多种，依据喜好不同，可以用糖、猪油、甜酒等和炒米一起冲食。

炒米作为一种民间的简易零食，很多民族和地区都有制作，但在制作的原料和过程上各有不同，比如蒙古族就用糜子米经过加工而成为炒米。

土家族人把炒米和米糖或红薯糖拌上芝麻、花生、生姜，一起加热后装入模子中压好，用菜刀切成片，俗称切糖，是过去土家族孩子们不错的零食。这种切糖，无论从形态还是从配料上，都与汉族的一些地区出产的姜汁糖比较类似。

图片来源

图一　胡万明　摄影
图二至图四　胡万明　制图

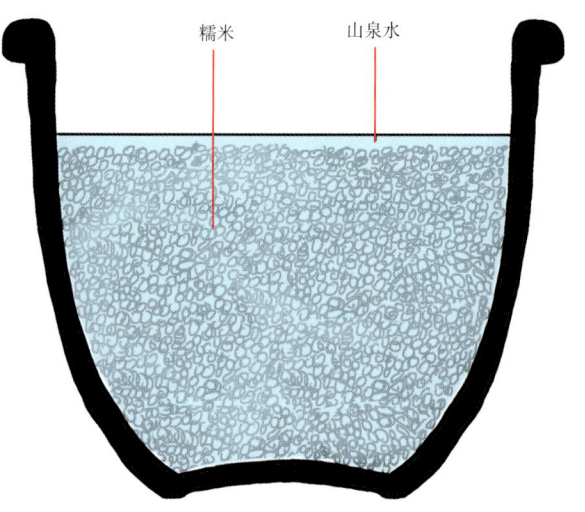

图二　土家族浸泡糯米示意图

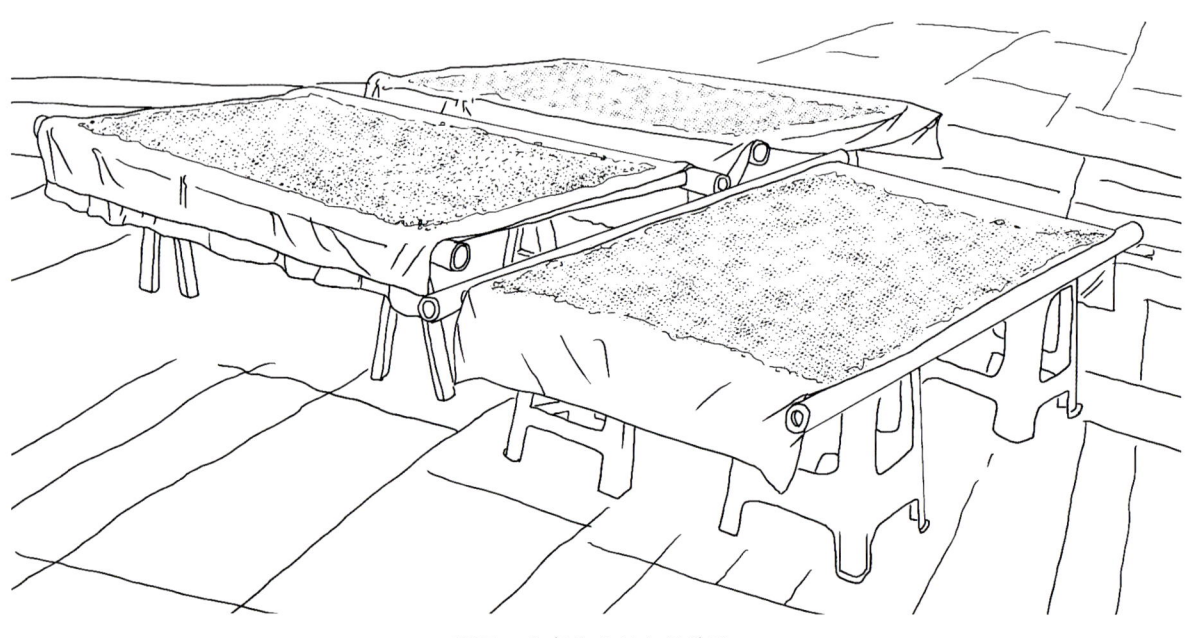

图三　土家族晾阴米场景图

图四　土家族切糖制作场景图

土家族粑粑

图一 土家族粑粑主图

在鄂西土家族有一个千百年流传下来的习俗——过年打粑粑。打粑粑是一项全家总动员的热闹活动,通过分工协作制作过年的必备年货——粑粑。

粑粑的原料根据各家口味不同也有差异,有纯糯米、小米、糯米与小米混合、玉米与糯米混合。

制作粑粑一般是前一天晚上将糯米等原料淘洗浸泡,第二天将浸泡好的原料放入木甑蒸熟,然后将蒸熟的原料置于石槽内开始打粑粑。

打粑粑是一项劳动强度较大的体力活,尤其是打糯米为原料的粑粑,一般都是由家中健壮的男子汉打。两个人对站,举起木制棒槌,在石碓窝里先揉后打,打时先缓后急、先轻后重,直至将其打成泥状方可。之后将打好的原料扭成团形铺于桌面即开始做粑粑。

做粑粑也很讲究，由力气较大的人手粘菜籽油，先揉出砣，接着分发给众人。然后才由各人用手或木板压，再进行揉捏，要做成玉圆光滑、讲究美观的粑粑。粑粑捏制完成后，再放进刻有图案花纹的木雕模内印制花纹，制成印印儿粑粑。

至此粑粑制作完成，可以摆放在簸箕里，放在阴凉通风处阴干了。

土家族做的粑粑储存时，一般用清水浸泡在水缸内，这样可以储藏几个月都不会坏。

土家族的粑粑一般分两种，一种碗口大小的小粑粑，方便自己食用，可以做成烧粑粑、煮粑粑、炒粑粑、煎粑粑，随用随取，比较方便。另一种是如餐盘大小的大粑粑。大粑粑通常供拜年用，曾经是拜年礼品中的代表。

土家族待客吃粑粑也是有讲究的，客人到了之后，主人把粑粑烤好后递给客人吃，客人不能用嘴去吹粑粑上面的灰，只能用手拍打，以示对主人的恭敬。

图片来源

图一　胡万明　摄影

图二至图六　胡万明　制图

图二　土家族粑粑尺寸图（单位：cm）

图三　土家族打粑粑场景图

图四　土家族粑粑模子

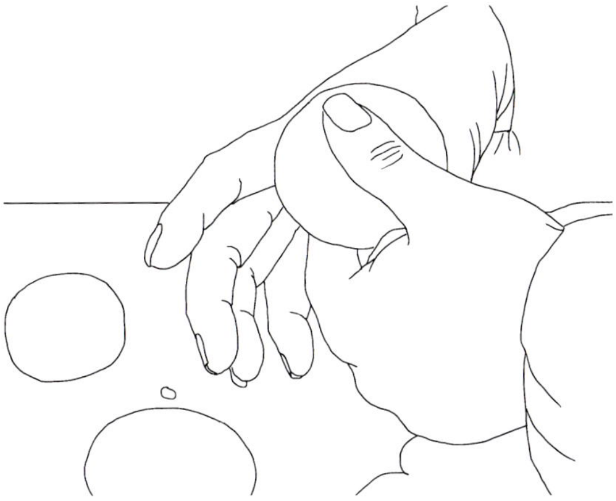

1. 搓面团 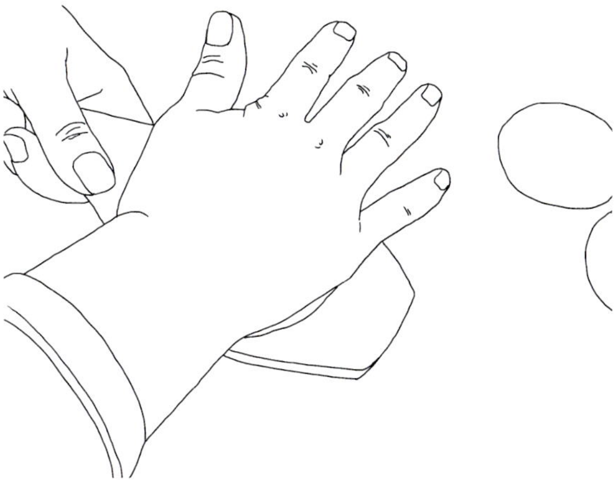　　　　　　　　　　　　　　　　　　　　　2. 压模

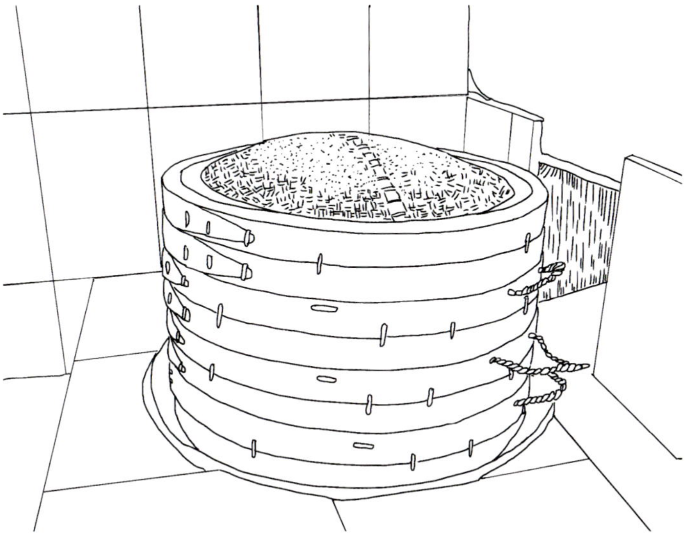

3. 蒸粑粑

图五　土家族粑粑制作流程图

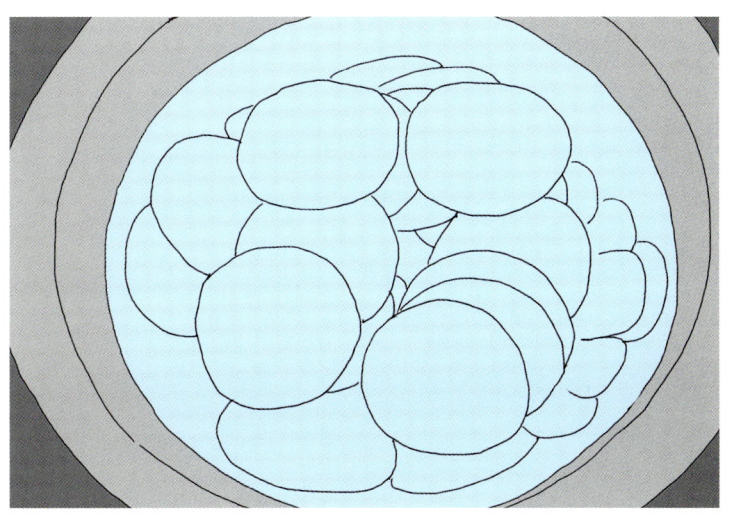

图六　土家族粑粑保存在清水中

第三章　土家族传统餐饮

土家族合菜

图一　土家族合菜主图

　　土家族有提前过年或称过赶年的习俗，月大二十九、月小二十八过年。过赶年时每家必备一道特色菜——合菜，合菜俗称"团年菜"，是土家族特有的的民俗菜。

　　合菜的来历有一个传说，相传明朝嘉靖年间，朝廷征调湘鄂西土司兵上前线抗倭，恰好赶上年关，为不误军机，土司王下令提前一天过年，于是腊肉、豆腐、萝卜等一锅煮，叫作合菜，其制作方法是将萝卜、炸豆腐、白菜、火葱、猪肉、红辣子条等合成一鼎锅熬煮，即成合菜。

　　合菜的味道佳美，还别有深远喻义。它象征五谷丰登、合家团聚，又反映土家族人不忘先民的光荣传统。

　　现代合菜的配料已经演变得多种多样，在各时代厨师们的改进下，这道菜已演变成了三下锅。

　　找了很多资料，都找不到最原始的做法

了，只找到了一个近似于传统的做法，仅供参考。

材料：腊肉、大萝卜、炸豆腐、葱、姜、蒜、红辣椒。

调料：豆瓣酱（最好是土家族酿制的蚕豆酱或黄豆酱）、酱油（有蚕豆酱或黄豆酱的话就不需要了）、料酒（或白酒少许），鸡精（现代材料，有蚕豆酱或黄豆酱的话就不需要了）。

制作步骤：

1. 腊肉切片，越薄越好。

2. 锅内放两勺油，炒香葱、姜、蒜，放入辣椒和豆瓣酱（或土家族酿制的蚕豆酱或黄豆酱）。

3. 加入腊肉，炒匀。

4. 炒熟之后加水，烧开后下萝卜块和炸豆腐块。

5. 大火烧开后，转小火，炖30分钟。

6. 30分钟后，加料酒（或少许白酒）、鸡精调味。

7. 再煮5分钟即成。

现代的土家族三下锅已经发展成跟火锅差不多了，可以多种蔬菜和荤菜，在口味上也因人而异，但已经找不到历史的味道了。

图片来源

图一、图三、图四　胡万明　摄影

图二　文艺. 基于本土化的土家族餐具设计研究[D]. 无锡：江南大学，2009.8

图二　土家族三下锅

腊肉

萝卜

炸豆腐

葱

姜、红辣椒

图三　土家族合菜原料

1. 葱、姜、蒜炒香

2. 加入腊肉

3. 加入炸豆腐和萝卜

4. 小火慢炖

5. 准备出锅

图四　土家族合菜制作流程图

土家族合渣

图一 土家族合渣主图

合渣在湖北西南山区的恩施等地是民间的家常菜，当地土家族称合渣为懒豆腐。旧时流传有"辣椒当盐，合渣过年"的民谚，可见合渣在土家族人生活中的地位。

传统合渣的原料主要是用清水泡胀的新鲜黄豆。

新鲜黄豆用清水泡一天即可使用。制作时先将泡好的黄豆用石磨磨成浆，这个磨浆的过程讲究慢工出细活，要耐心细致，这样磨出来的浆才能又细又白，直接影响合渣的味道，所以土家族人又把制作合渣称为推合渣。浆磨好以后，就可以把浆倒入锅内，架火煮开后放入菜叶，加少许盐即可食用。

土家族人喜欢在煮开时加入鲜嫩的南瓜叶，称为瓜叶合渣。其瓜叶的处理方法：首先将瓜叶的经脉一道道撕去，用水冲净每一片瓜叶。然后撒些盐在瓜叶上，用手反复揉搓，直至瓜叶渗出绿色的汁液，再用清水漂洗干净。最后用刀将瓜叶细细切碎，待锅里豆浆煮开的刹那即把瓜叶下进去。

瓜叶合渣的味道特别,清淡且带有乳香。

合渣的吃法五花八门,根据个人喜好。不加任何调料,称为淡合渣,突出"喝",一般放新鲜萝卜、嫩南瓜叶、白菜等,有时还加入洋芋一起煮食;有将新鲜的合渣故意放置变酸再食用者,解腻又开胃;还有的制作成合渣火锅,即为张关合渣。

张关合渣因恩施地区宣恩县一小集镇张关而得名,是将煮好后的浆点卤变得稍干,加鲜汤配猪肉、仔鸡、鸡蛋等做成鲜肉合渣、仔鸡合渣、鸡蛋合渣等系列合渣火锅。然后用文火煮沸,拌上猪油和佐料,以及菜屑、食盐即成,稀稠自便。

合渣营养丰富,土家族戏称其全价食料,符合现代人的健康饮食标准。

图片来源

图一 胡万明 摄影
图二 胡万明 制图

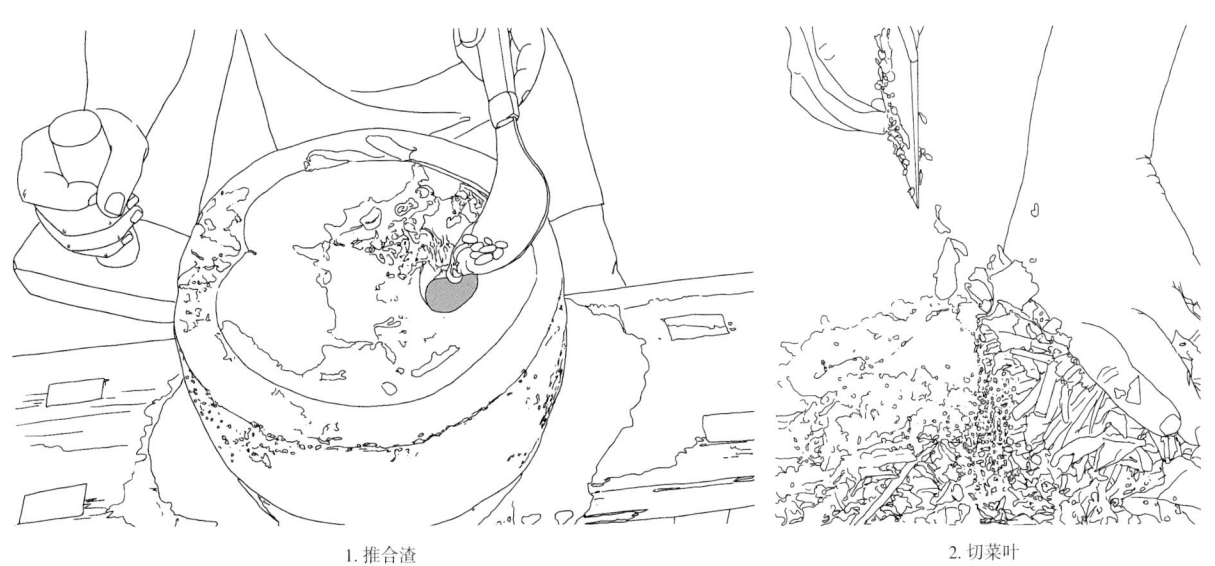

1. 推合渣　　　　　　　　　　2. 切菜叶

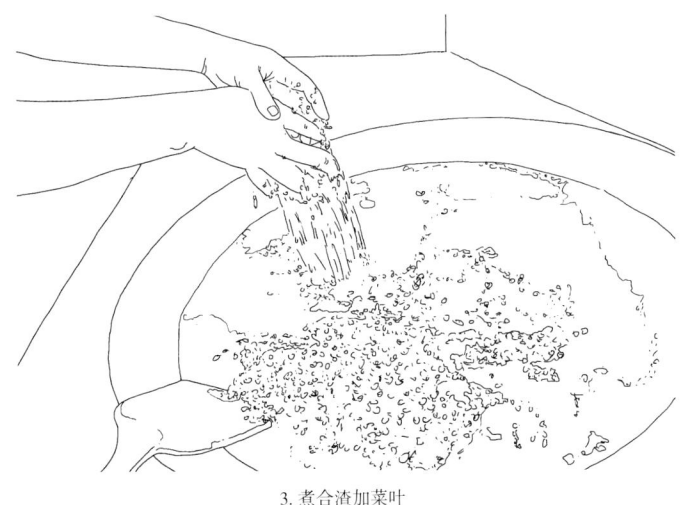

3. 煮合渣加菜叶

图二 土家族合渣制作流程图

土家族咂酒

图一 土家族咂酒主图

　　咂酒是中国南方少数民族地区普遍流行的一种酒。初曰芦酒、钩藤酒、藤枝酒，均以吸管材料而得名。就其形态而言，也许是现代吸管饮料的鼻祖了。

　　土家族咂酒历史悠久、文化内涵深厚，最迟在唐代业已形成，是古代巴人饮酒习俗的一种遗风，还可追溯更远。土家族咂酒盛行于土司时期，至今在民间仍有遗存，是土家族重要的民族文化载体。

　　土家族咂酒的原料最初是黍、糜子等杂粮，后来因苞谷的广泛种植，民间遂以苞谷为原料酿制酒性较烈的苞谷酒。后来，历经多年的演变，现在土家族咂酒的制作原料为糯米、高粱、小米、小麦等。头年九、十月，将糯米、高粱、小米、小麦等煮熟，拌上曲药，存放于咂酒坛中，封上坛口，至次年五、六月以后起用，也有的贮存数年后饮用。咂酒浓度低、味甘甜、酒液洁莹透明。

　　土家族咂酒有两种基本形态——土司咂酒和民间咂酒，前者主要是土司或豪门大姓在宴会上招待宾客，后者主要是民间百姓在劳动中驱散疲劳或在家中招待客人。两种咂酒的制作工艺基本相同，只是饮用礼仪具有明显的区别。

咂酒的吃法是很讲究的。宴客时，在堂屋正中摆放两张一合的厢桌，取出酿存的咂酒，装在专门的坛内，放于厢桌的下席位，冲上滚开水，插入通节的细竹竿或中空的藤枝，酒就准备好了。用开水冲兑咂酒，要不欠不溢，刚满坛口，谓之正好，取圆满不亏之意。饮用时先由一人吸咂，叫开坛，然后彼此轮吸。

土家族咂酒蕴涵着津液交流、共享一瓮的关系，便于集体的情感交流，反映了中国古代哲学"和"这个范畴对土家族民族思想的影响。饮食毕竟是民族心理的一种折射，在这个因素的主导下，卫生也就退居其次了。

图片来源

图一至图四　胡万明　制图

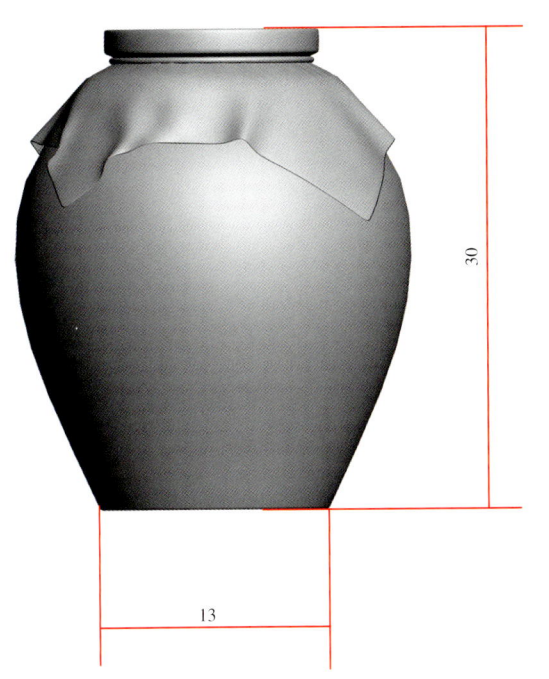 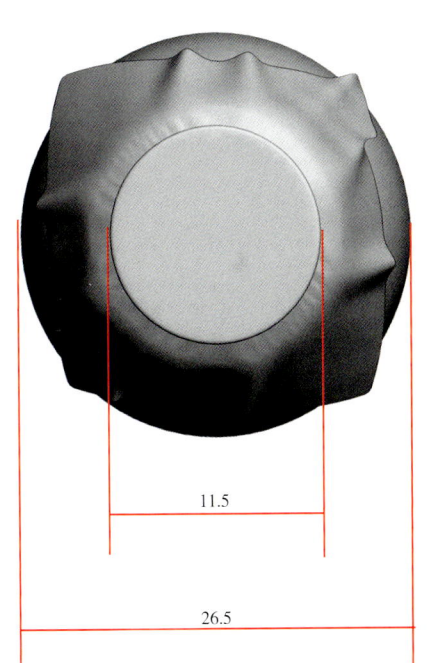

图二　土家族咂酒坛尺寸图（单位：cm）

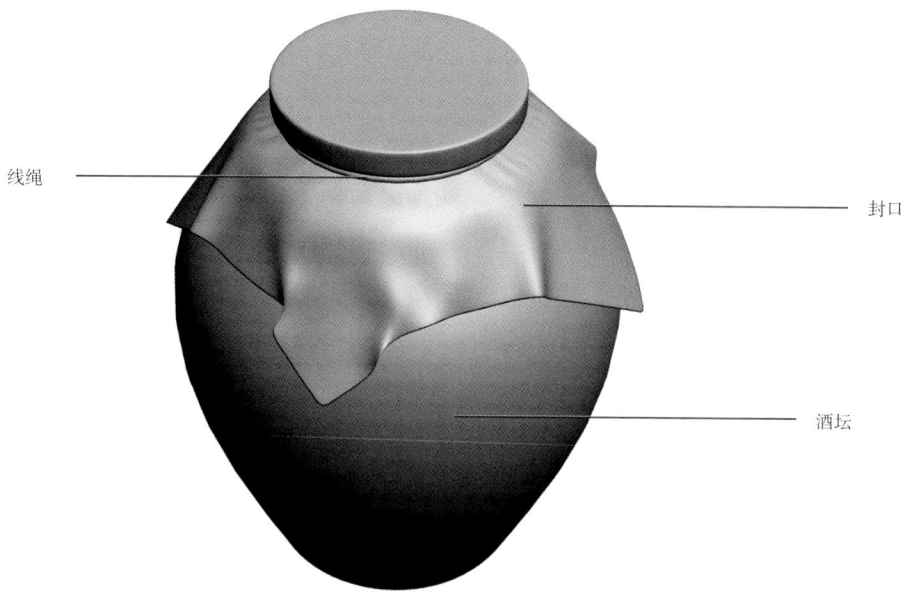

图三　土家族咂酒坛结构名称图

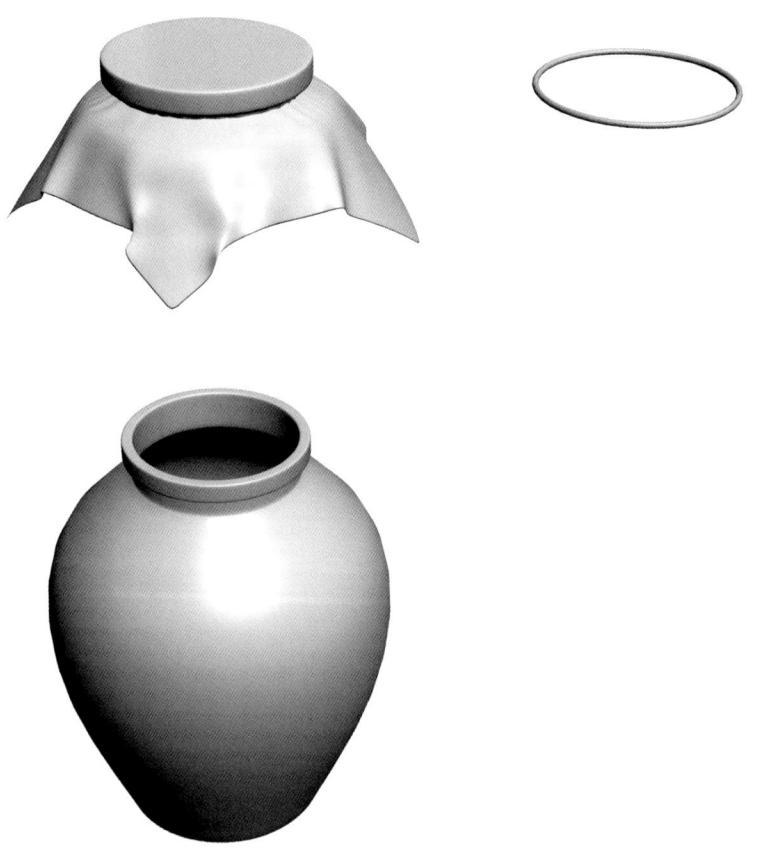

图四　土家族咂酒坛结构分解图

土家族辣椒

图一　土家族辣椒主图

辣椒，又叫番椒、海椒、辣子、辣角、秦椒等，茄科辣椒属，一年或多年生草本植物。原产自南美洲，明朝时从荷兰传到我国，随后传入土家族地区，成为土家族人餐桌上不可或缺的一道佳肴，并深入土家族风俗礼仪之中，从而形成土家族独特的辣椒文化。

《来凤县志·风俗卷》载："邑人每食不离辣子，盖丛岩幽谷中，水泉冷冽，非辛热不足以温胃和脾也。"此记载只言中了原因之一，另一原因是土家族地处深山，交通不便，古时食盐官营，管制严格，难以进入深山，土家族人只有自制酸菜以改善口味。

辣椒的传入无疑是给单一的口味增添了花样，自然深受土家族人喜爱。更加之辣椒含有丰富的矿物质和维生素，食后可以帮助消化，加快血液循环，增进食欲，振奋精神。从医学价值看，辣椒含有丰富的辣椒素，可以使人兴奋、发热、发汗等，从而达到驱寒、散风之功效。久之，辣椒便与深山之中的土家族结下了不解之缘。

土家族地区栽种的辣椒主要有广椒、尖椒、朝天椒、"七姊妹"等几种。除广椒之外，其余的都辣味浓烈。土家族的辣椒制品一般有以下几种：

1. 腌辣椒。腌辣椒的一种制作方法是先将鲜红辣椒洗净、切碎，再加入一定量的食盐拌匀，然后装进备好的酸菜坛，这种酸菜坛为土家族地区所特制，在酸菜坛边缘倒进适量生水，然后盖上盖子，避免透气，大约一星期左右即可食用，而不需再行加工。腌辣椒的另一种制作法是将青色的鲜辣椒洗净，装入酸菜坛，在坛内的颈部垫上干草之类的东西（以免辣椒掉出来），然后倒置坛子于盛满水的石槽中，大约过半月左右，取出辣椒切成片、丝状等，炒熟后食用，或用作佐料。腌辣椒味酸且香，辣味减弱，食后可助消化。

2. 干辣椒。土家族把鲜红辣椒晒干贮存，随时可油炸食用。干辣椒略带甜味，既碎且辣。土家族常将油炸过的干辣椒切细，当配料用。

3. 辣椒粉。把干辣椒碾成粉末，即制成辣椒粉，辣椒粉是土家族地区常用的佐料。有的土家族人还把刚煎好的油倒进辣椒粉中，再加入一定量食盐，拌匀后食用。

4. 辣椒酱。把鲜辣椒洗净，装入蒸笼蒸熟，然后切细，再加入一定的酱、熟油等，拌匀后食用。辣椒酱食来柔软、清香，辣味有所减弱，深受土家族喜爱。

图片来源

图一、图二、图四至图六　胡万明　摄影
图三　胡万明　制图
图七　向民航.湘西民俗映像［M］.北京：中国出版集团·东方出版中心，2006.9

图二　土家族腌辣椒

图三　土家族酸菜坛

图四　土家族青辣椒

图五　土家族辣椒粉

图六　土家族辣椒酱

图七　土家族收获辣椒场景图

土家族社饭

图一 土家族社饭主图

社日吃社饭是中国古老的一种风俗。社日是以祭祀社神（土地神）为核心的一个古老节日，分春社和秋社[①]，"它起源于三代，初兴于秦汉，传承于魏晋南北朝，兴盛于唐宋，衰微于元明及清"。明清以来，社日作为节日在全国大部分地区都已消失。但在鄂西的土家族地区，春社习俗却较为完整地保留下来。

"'社日'，作米粢祭社神。……切腊豚和糯米、蒿菜为饭，曰'社饭'，彼此馈遗。""'社日'，采蒿作炊，杂以肉糜，亲邻转相馈赠，谓之'社饭'。"吃社饭是社日的重要饮食风俗，文献记载的传统社饭的主要原料为蒿菜、糯米和腊肉。鄂西土家族的人们制作社饭先要做社菜，其具体做法为：到山上路边采摘鲜绿的蒿子，洗净切碎，装入布袋，在清水中反复揉捻，除净苦水，再放入锅中用文火焙干，社菜就制好了。然

---

① 春社，在每年立春后的第五个戊日，时间约在一月中旬；秋社，在每年立秋后的第五个戊日，时间约在新谷登场的八月。

后将社菜配以大蒜苗、野蒜苗、腊肉丁、豆干丁等佐料，拌在浸泡后的糯米中，再加入盐与胡椒粉，盛入木甑蒸熟，便制成了味道特殊的社饭。

土家族的社饭和汉族某些农村的居民在清明至谷雨前后所吃的蒿子粑粑比较相似，其原料是蒿子、腊肉丁、米面。蒿子粑粑的加工与土家族一样，除去苦水，加入米面，放上切好的腊肉丁，做成粑粑，放在锅的四周贴上，锅底放上适量的水，架火将粑粑炕熟，贴锅的一面有金黄的壳，这样的蒿子粑粑香脆可口。清明时节，上坟祭祖，一家团聚，很多地方的蒿子粑粑已成为一种时令小吃。

在土家族，吃社饭是亲朋邻里联络感情的大好时机，因为吃社饭必请亲朋邻里参加。社日期间鄂西土家族地区的城市乡村，社饭香气弥漫，土家族人邻里之间互相邀请吃社饭，淳朴之风使之形成吃转转席的独特风景。如今，在鄂西土家族地区，社日吃社饭的风俗依然盛行不衰。一到社日，从城市到乡村，数万个家庭、数十万人吃社饭，形成一道独特的人文风景奇观。

图片来源

图一　文艺．基于本土化的土家族餐具设计研究［D］．无锡：江南大学，2009.8

图二　胡万明　摄影

图三　胡万明　制图

图二　土家族社饭中的野蒿

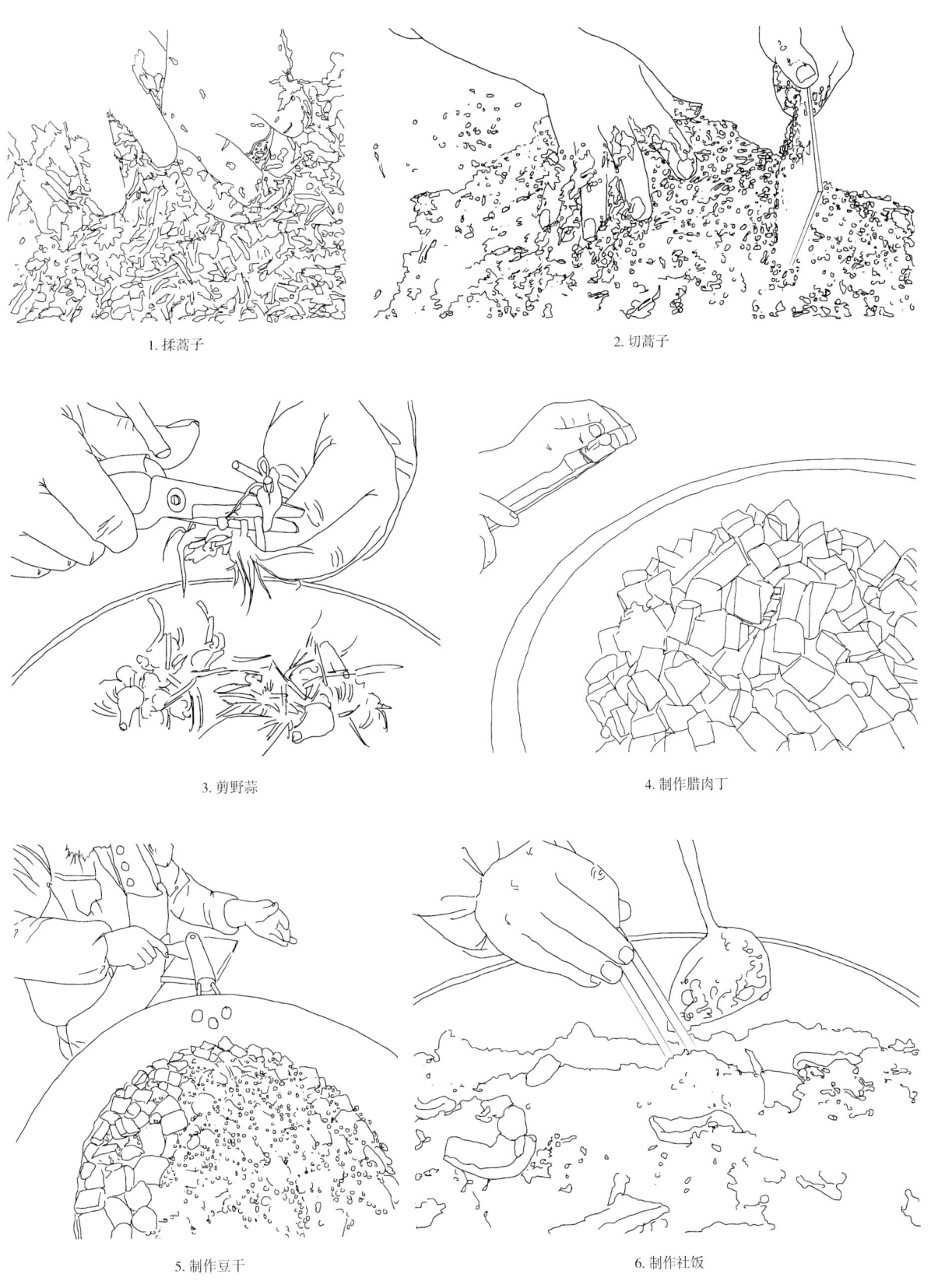

图三　土家族社饭制作流程图

土家族油茶汤

图一　土家族油茶汤主图

　　油茶汤是土家族特有的传统美食，其中以湖北省恩施土家族苗族自治州下属来凤县的油茶汤最为著名，其渊源为中国博大精深的茶文化。鄂西土家族地区是中国茶树的发源地之一，也是中国最早饮茶的地区之一。

　　中国最早的饮茶法为粥茶法，后因茶圣陆羽所倡导的"三沸煎茶法"而致粥茶法逐渐被人遗忘。但在茶树发源地的土家族地区却保留着这种古老粥茶法的遗迹，这便是土家族常喝的油茶汤了。

　　做油茶汤的炊具简单，只需一口铁锅、一个三角、一把锅铲就行。土家族专门做油茶汤的锅从来不洗，让锅的表面时时都有一层油汤浸着，当地人认为只有这样打出来的汤才会越来越醇香。三角是支锅的支架，铁质，便于随时随地支锅生火做汤。锅铲随取，没有讲究。

　　油茶汤的必备原料是茶叶、水、猪油、盐，另外一般还配有花生米、豆腐干、糍粑、核桃仁等一些辅料。辅料的准备依据需要，可多可少，没有严格限制。

土家族油茶汤制作方法：先用旺火将铁锅加热，放入菜油，根据需要，先把花生米、豆腐干、糍粑、核桃仁等炸好后装盘。

接下来，盛出锅中菜油，换猪油（比菜油香）少许，油温至六成热时，放入姜末、茶叶翻炒1~2秒，倒入适量水（以淹没茶叶为宜），待水沸腾时用锅铲煸炒碾压以炒出茶汁，煸炒1~2分钟，再加入大量水烧开。

最后依据口味放入适量的盐，舀至碗中，即可食用。再放入炸好的花生米、豆腐干、核桃仁、蒜末等，则口味更佳。

油茶汤讲究原汁原味，所以一般不放味精或辣椒等佐料。

刚做好的油茶汤因有猪油浮在表面而不会有热气冒出，尽管温度高也不易发觉，极易被烫伤。土家族人有一句俗语："油茶汤不冒气，巴（烫）坏傻女婿。"

油茶汤既可单独喝，也可配上各式辅料喝。

传统的喝法是不用勺或筷子，端着碗转着圈喝，讲究把汤和辅料同时喝完，或是拿一根筷子插在碗里慢慢划圈，同时喝汤。在土家族山寨有些老人喝油茶汤时嘴还不用接触到碗，只在碗边上空用巧劲一吸，碗中之物便进入口中。

油茶汤是土家族生活的重要组成部分，有客人到来，还会有油茶汤茶艺表演，其一般分为以下步骤：

1. 备料：准备主要原料及茶点。

2. 打茶糕：用茶籽油将茶叶炸黄，加入适量的水，再放入各种配料，用长柄木瓢在锅内慢慢摁压，将煮熟的茶叶压烂与各种配料融为一体，成为糊状的茶糕备用。

3. 熬油茶汤：将菜籽油放入锅内，再放入制好的茶糕轻炒，然后加水煮沸，放入适量的盐、花椒粉，撒上炒熟的芝麻，油茶汤就做好了。

4. 敬客：将各色茶点装入盘内摆放在桌中央，将土陶碗摆放桌子四周，按长辈、老人、客人依序献上油茶汤。

5. 吃油茶汤：因为油茶汤中众多的配料及茶叶都是要吃进肚里的，油茶汤已经是一种食品了，所以要说吃油茶汤。

6. 谢茶：吃油茶汤时要边吃边啜，边赞美，吃完后更要向热忱好客的主人表示感谢。

若是吃了新娘煮的油茶汤，吃完最后一碗时，应在碗中放些喜钱（也称为针线钱），双手递给新娘以示贺喜。

茶艺表演过程中常常还伴有土家族的民族舞蹈，更具土家族的民族特色。

茶叶

花生米

图二　土家族油茶汤的原料

图片来源

图一、图二　胡万明　摄影
图三、图四　胡万明　制图

图五　杨建平.鄂西土家族民俗文化变迁研究[D].武汉：中南民族大学，2011.5

1. 熬油茶汤　　　　　　　　　　　　　　2. 添加佐料

图三　土家族油茶汤制作流程图

图四　土家族喝油茶汤场景图

图五　土家族做油茶汤场景图

土家族醪糟

图一　土家族醪糟主图

　　土家族喜欢把食物吃精细，糯米的再加工形成了一种新的美食——土家族醪糟，醪糟也叫甜酒，具有蜜的甘甜和酒的醇香。制作醪糟的程序简单，土家族人称之为蒸甜酒或煮甜酒。土家族醪糟制作步骤如下：

　　1. 选上等的糯米洗净后用冷水泡一小时。

　　2. 泡好的糯米用甑子蒸熟，成为糯米饭。

　　3. 待糯米饭冷却后，加入凉水，拌上甜酒曲，甜酒曲放入要适量，这将直接影响甜酒质量的好坏。

　　4. 将拌好酒曲的糯米饭及水的混合物密封，使其发酵，冬天须用微火加热，夏天则不必加热，一周左右闻到酒的香味时即发酵完成。

　　5. 发酵后的甜酒再放入瓦罐中，密封几周，便成为土家族醪糟，可以食用了。

夏天,土家族会用甜酒解渴。在收割时节,将甜酒放在田间地头,作为劳作间隙的解渴饮品。醪糟还可以做出许多其他的美味,比如醪糟汤圆,也味美可口。

醪糟的营养丰富,其原料为糯米,糯米能够补虚、补血、补脾肺,酿制成醪糟之后,增添了酒性,可通肝、肺、肾经。醪糟的味道甘甜芳醇,可刺激消化腺的分泌,增进食欲,帮助消化。用醪糟炖制肉类能使肉质更加细嫩,易于消化。糯米经过酿制,其营养成分更易于人体吸收,是中老年人、孕产妇和身体虚弱者补气养血之佳品。醪糟还有提神解乏、促进血液循环、解渴消暑、润肤的功效。

醪糟作为一种传统食品,并非土家族独有,很多地方都已经商品化生产,比如孝感米酒、巴蜀醪糟,都是醪糟商品化的成功先例。

图片来源
图一　胡万明　摄影
图二　胡万明　制图

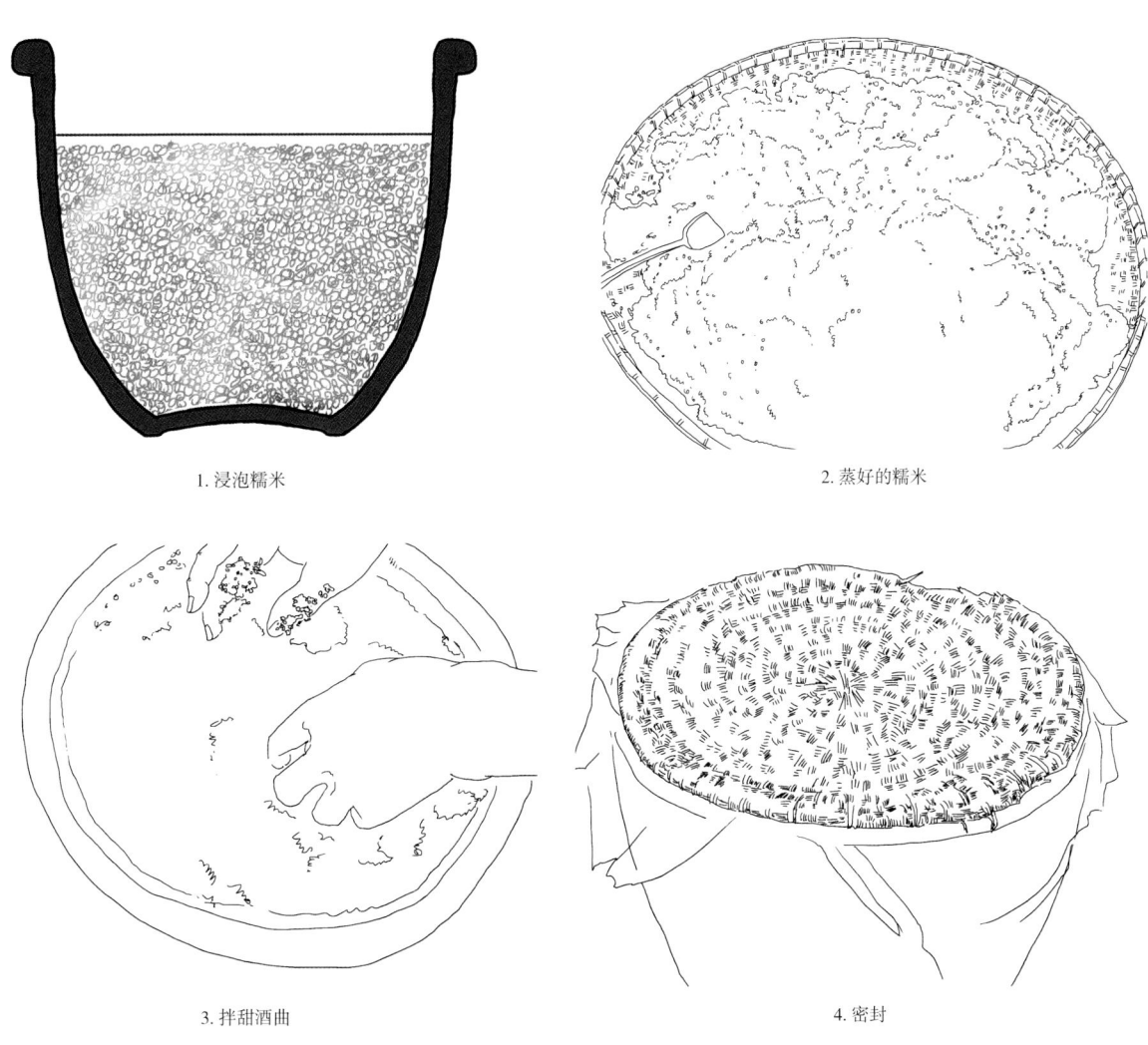

1. 浸泡糯米　　　　2. 蒸好的糯米

3. 拌甜酒曲　　　　4. 密封

图二　土家族醪糟制作流程图

土家族麻糖

图一 土家族麻糖主图

麻糖是一种纯手工制作的食品，土家族几乎每家都会做麻糖。因其成品外形有众多蜂窝状小点，故称为麻糖。

土家族麻糖的原材料简单，有红薯、玉米、土豆粉等，做出的麻糖分别叫苕糖、玉米糖和粉糖，以大米为原料制作的麻糖则叫米糖。旧时生活艰苦，多以红薯、玉米为原料做麻糖，做出的麻糖，颜色深黄；现在则多用大米、土豆粉为原材来制作麻糖，麻糖的颜色呈浅白或乳白色。

麻糖的制作工艺比较复杂，可具体分为以下几个步骤：

1. 生麦芽：在准备做麻糖之前，将麦芽生好。

2. 煮糊：将水烧开后，把原材料倒入大锅中，用木棍搅拌成糊状。

3. 寻糖（即发酵）：待面糊煮熟之后，加入适量冷水，将打碎的麦芽浆兑入面糊中，发酵2个小时左右以增加糖分。

4. 吊包（即过滤）：将发酵之后的面糊用水烧开，待冷却之后，用细布吊包过滤。

5. 熬糖：将过滤后含糖的水倒入锅中用文火慢慢熬，直至用锅铲盛起来时成片状方可。

6. 扯糖：经过再次冷却后，将30厘米左右长度的木桩绑在大约一人高处，进行扯糖。扯糖时须把糖和玉米炒面均匀地和在一起，木桩上涂一些菜油，然后捧起一坨糖往木桩上按顺时针方向缠，边缠边扯，如此不停地反复扯拉约1小时，糖即变得劲道、成型。

扯糖完成以后，麻糖已经成型，再将成型的糖块放在玉米炒面中，用玉米炒面将其覆盖以防融化，需要食用时，用木槌敲击大糖块，脆断的小糖块即可食用。

旧时的土家族聚居地，每到春节临近，家家户户都要做麻糖，做麻糖时一般都是全家分工协作，洋溢着过年的喜庆气氛。现在，土家族人的生活水平提高了，市场上随时都能买到麻糖，很少自制了。

图片来源
图一　胡万明　摄影
图二、图三　胡万明　制图

图二　土家族卖麻糖场景图

1. 煮糊

2. 吊包

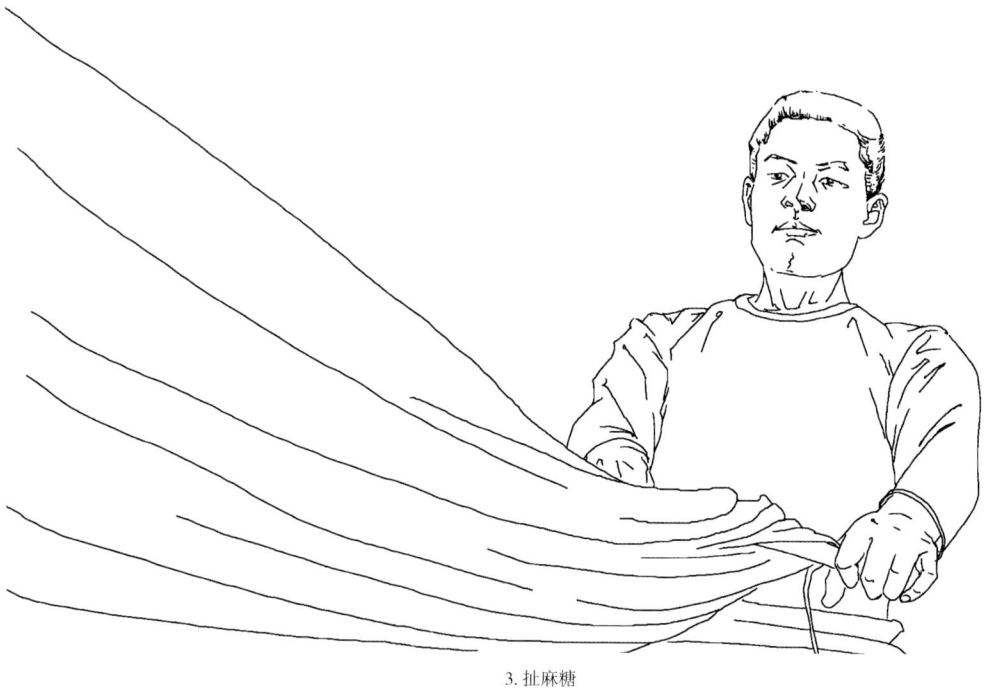

3. 扯麻糖

图三 土家族麻糖制作流程图

第四章
土家族传统生活用具

土家族鸡公车

图一 土家族鸡公车主图

鸡公车是一种独轮车，其历史悠久，据说源于诸葛亮时代的"木牛流马"，鸡公车因其状如鸡公（雄鸡）而得名。

本案例鸡公车根据相关资料建模，其主要构造由车身和车轮组成。车身由橡木制成（也可用树质较硬的椴、樟等木材制成），车杠为一根粗壮橡木，全长约200厘米，分为车体和车把两部分，车体长约120厘米，车把长约80厘米，车体中间偏前方装车轮，以车轮轴芯为界，前段长度约45厘米，后端长约75厘米，车体部分穿凿车架，两边穿凿有耸起，避免摩擦到车轮及所运货物，在双把根部分别装有木质双脚，用于休息时放于地上，起支撑作用。鸡公车前段较窄，宽约25厘米，后端逐渐加宽，至双把末梢处约为83厘米宽度。车轮直径40厘米，车轮外包裹减震材料。

使用时，驾驶者把套在车把上的帆布带套在肩上，用双手平稳推着鸡公车把，借助人力推行。鸡公车使用时对驾驶者体力消耗较大，上坡时，须另一个人帮忙推。但因车只有一个轮子，行动方便，故而能在崎岖小道上行驶，鸡公车普遍能载二三百斤货物，擅长驾驶者甚至能载上七八百斤，为旧时山区货物运输的重要工具。

鸡公车作为一种运输工具，并非土家族独创，因其小巧方便而受山区土家族喜爱，土家族使用鸡公车主要是因为山路崎岖难行，其他车辆无法胜任如此的环境。而鸡公车在武陵土家族的广泛使用，也是各民族相互融合的结果。

图片来源
图一至图五 胡万明 制图

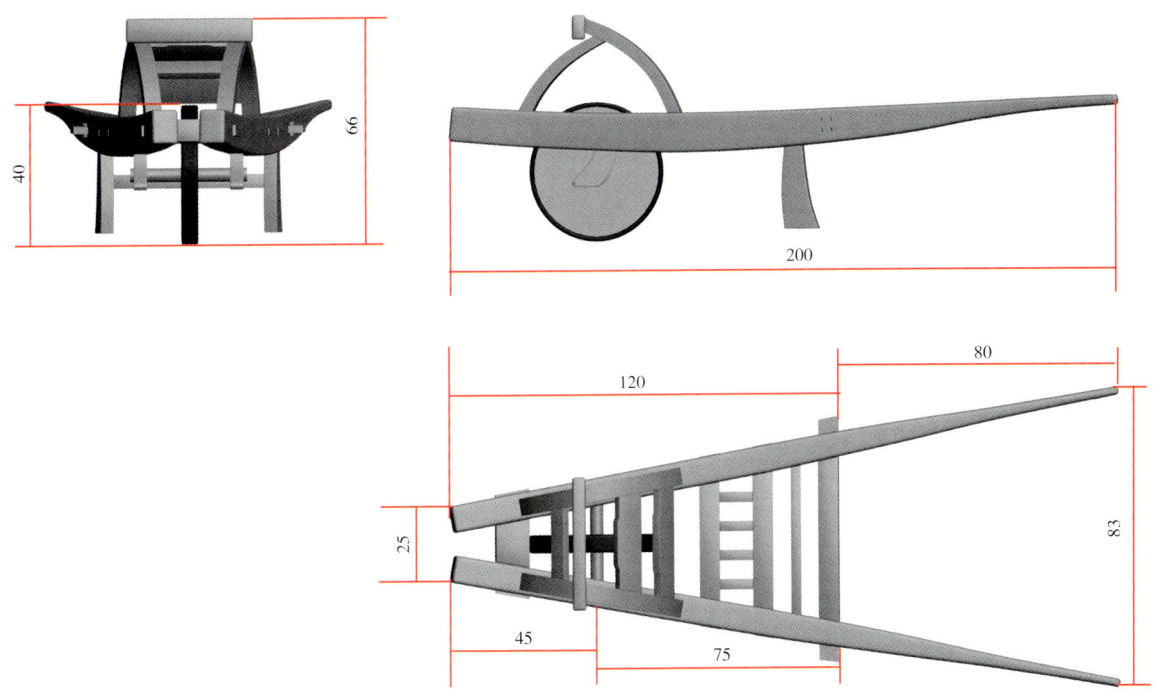

图二 土家族鸡公车尺寸图（单位：cm）

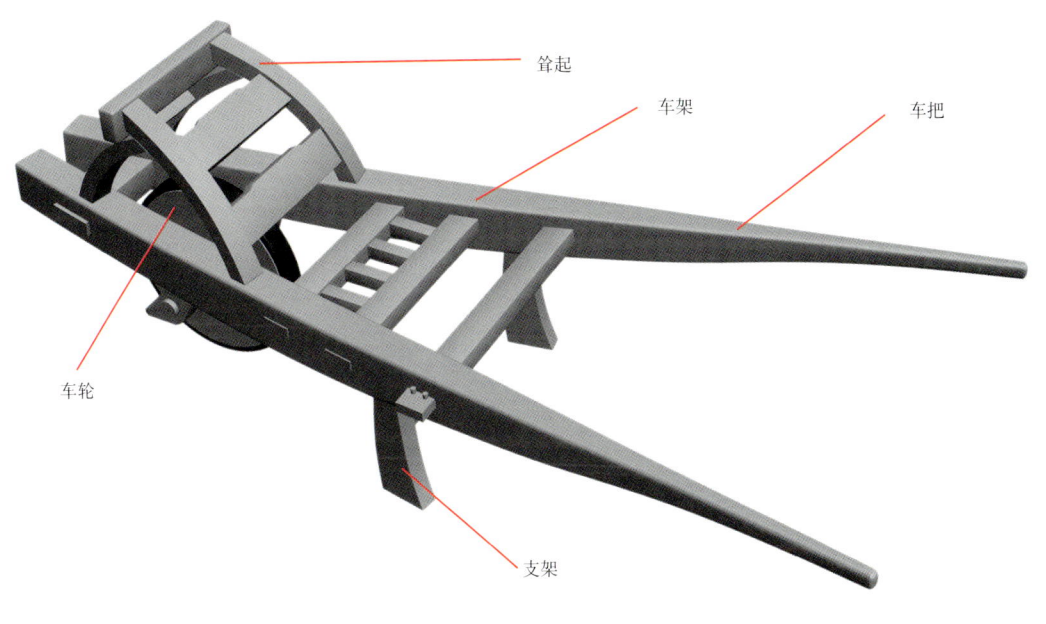

图三 土家族鸡公车结构名称图

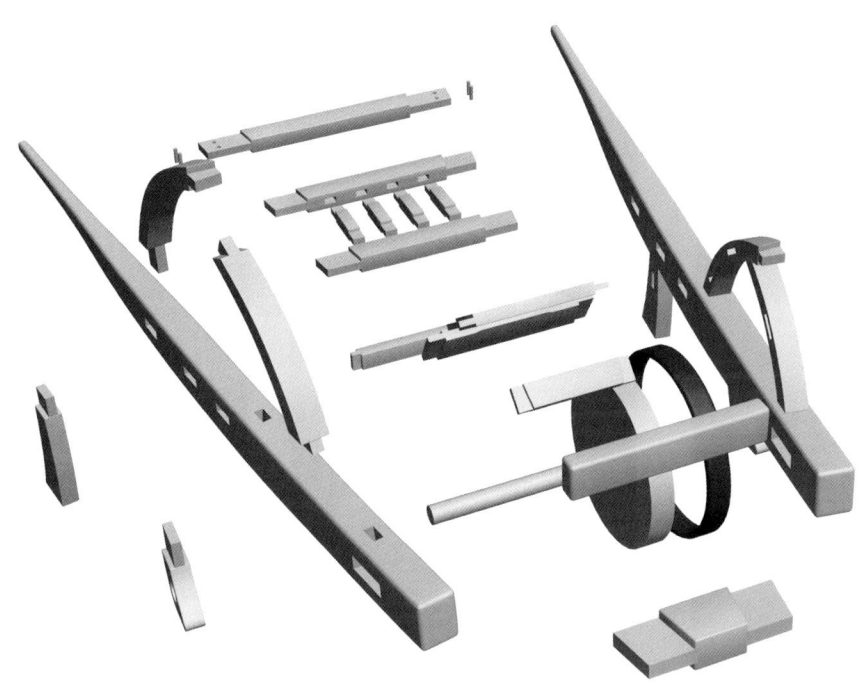

图四 土家族鸡公车结构分解图

图五 土家族鸡公车使用示意图

土家族神驳子

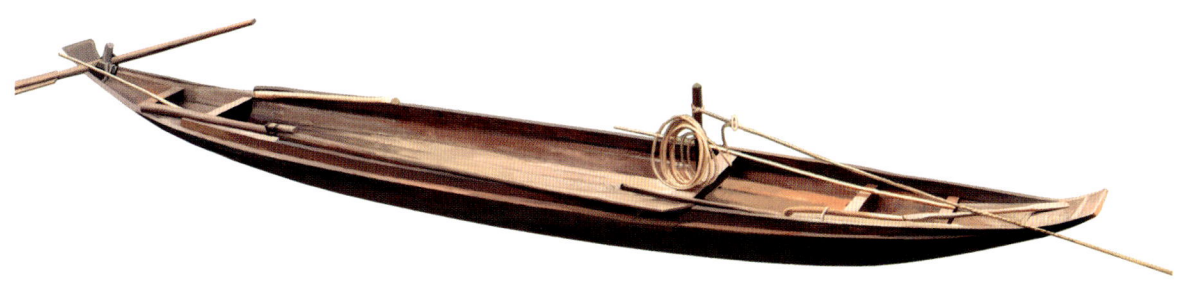

图一　土家族神驳子主图

土家族神驳子是神农溪纤夫的主要劳动工具，传说系神农氏发明，因其外形酷似豌豆角，也叫豌豆角扁舟，至今还在神龙溪使用。神驳子是我国现存最古老的水上运载工具之一。

神驳子整体由木材制成，榫卯连接。最早的神驳子是独木舟，现在的神驳子的底板为稠木或花梨木，船棕子为椿树制成。船身接缝和空洞处，用经过石灰搅拌的麻瓤子①塞满，里外再刷上数遍桐油，使其滴水不漏。

神驳子一般长约1400厘米，宽度不等，最宽处底板约140厘米，船舷宽约200厘米，最窄处约42厘米，船深约95厘米，载重约2.5吨，吃水约35厘米。艄长约1050厘米，橹长约620厘米，桡长约430厘米，都用杉木做成。纤缆长约9200厘米，拉纤时依场地的实际情况决定纤缆的长短。纤缆用均匀的16片老丛竹竹青编织而成。编好的纤缆须在烧得滚开的硫磺水锅中煮几次，才会变得柔软而具有韧性。因为篾的离水性强，做成的篾纤缆具有硬中有柔、粗中有细的特点。纤夫们用"扯扯儿帕子"搭在肩上，两端系上麻绳，麻绳末端用"别子"②连接于纤缆之上。"扯扯儿帕子"简称"扯扯儿"，须用上好的白官布制作，搭在肩上的部分没有任何装饰。

神驳子船上有12道肚，从前往后依次为猫儿肚、装香肚、矮肚、打脚肚、维板肚、大肚、中子肚、扯扯肚、脚窝肚、假肚、坐肚、千斤肚。矮位子插在维板肚上，纤缆拴

---

①麻瓤子：制作麻瓤子的竹子与编织纤缆的竹子是同一类。把丛竹用窄刀刮成丝线状，揉到一起就成了麻瓤子。
②别子：将"扯扯儿帕子"连在纤缆上的一种特殊木制品。

在扯扯肚上，再用麻绳将其固定在维板肚上，经过矮位子上的丫口拉上岸。纤夫们将搭脖子拴在纤缆上拉纤。

神驳子有8个仓，从头到尾依次为：尖仓，用于洗澡；渔仓，用于做饭；火仓，纤夫站在仓里打篙竿；头官仓、二官仓、三官仓用来装货；团仓子放纤缆，纤夫站在仓里打篙竿；脚肚仓，驾长在上面拖橹。

神驳子上一般安排5个纤夫。他们的称呼从大到小依次为：一驾长、二驾长、三驾长和莽子（学徒）。他们的称呼不同，技术娴熟度不同，各自的职责也不同。

拉纤时的纤夫主要有前、中、后及两翼布局。在一根主绳之上，分出若干"扯扯儿"，形成树干、树枝、树叶型结构。为主的在前进行协调与指挥。排在第二方位的纤夫和排在拉纤方阵最后的纤夫协调配合。

图片来源

图一至图五　胡万明　制图

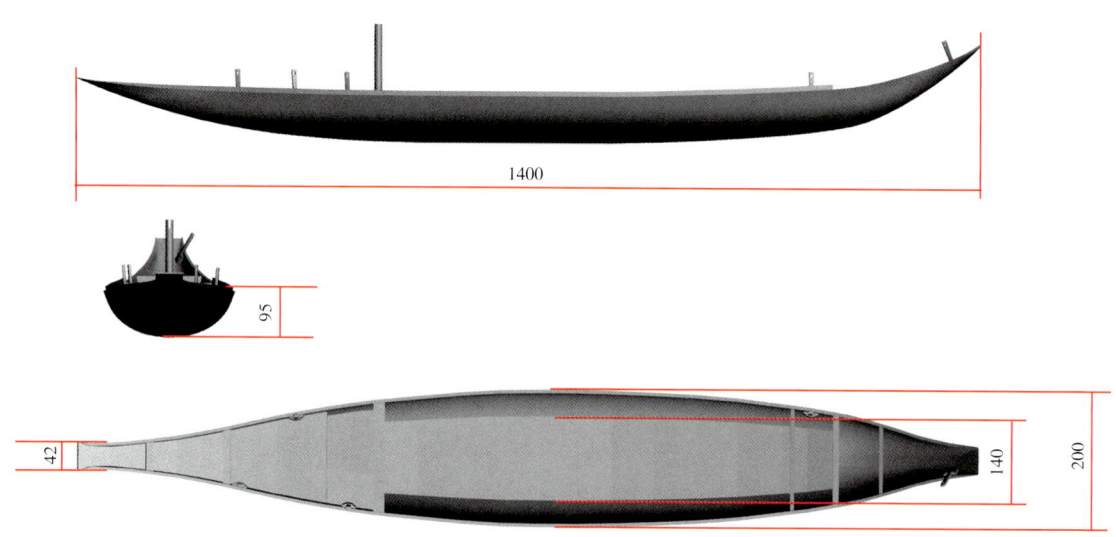

图二　土家族神驳子尺寸图（单位：cm）

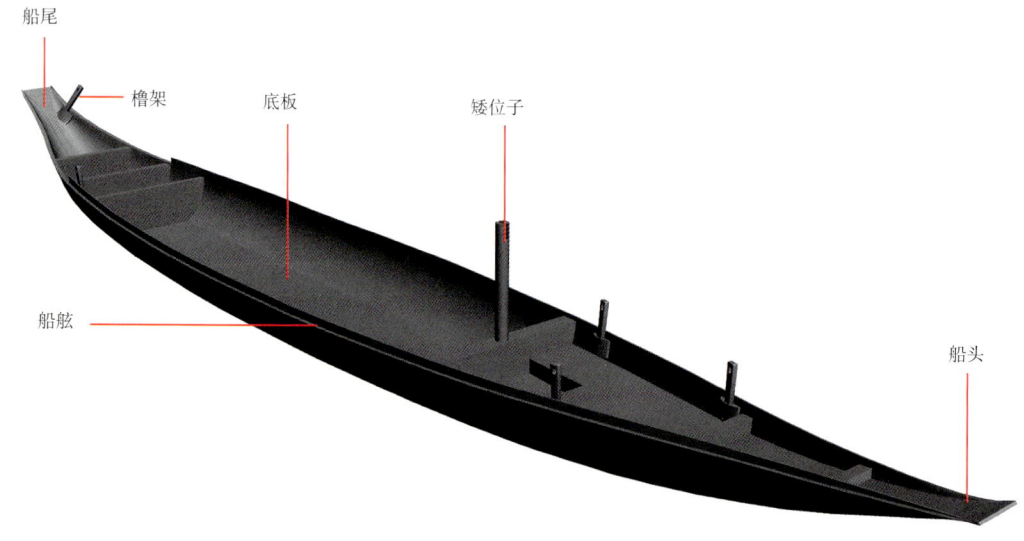

图三　土家族神驳子结构名称图

图四 土家族神驳子使用场景图

图五 土家族裸体拉纤示意图

土家族稻箩

图一 土家族稻箩主图

稻箩是由竹篾编制而成的盛装和运输粮食的器具，在土家族居住的山区以及广大的农村地区，每家每户至少有一担稻箩，且至今仍在使用。

稻箩都是由竹篾编制而成，因其要盛装细颗粮食，偶尔还会盛装粉末状物品，所以编制的很细密，一般将篾剖成宽而薄的片状篾条，运用经纬线编织而成，篾与篾之间不留缝隙。稻箩一般都是上圆下方的形制，上口沿用一根剖好的篾条弯成圆，编到口沿处，沿圆形篾条裹边，将篾圈裹到里面，保持稻箩口沿的结实。稻箩底部是方形的，以3厘米以上宽度的厚竹条，用十字交叉方式支撑住箩底然后箍牢四面，再以结实的竹片包住四角，使其底部结实而不易损坏。腰部和口沿下部分别用篾青制成的精篾条成组编入箩身，成为两道篾箍，两道篾箍加强了稻箩的牢固程度。而腰部的篾箍则是拴稻箩的部位，用两根结实的绳子的两端（四根绳头），分别系于稻箩周边两个垂直直径的腰箍与竖篾条的交叉部位，拴系牢固之后需保证挑起时稻箩平衡，最后在绳子的上端拴成一个套，扁担即可穿过此套将稻箩挑起。

稻箩是运输工具，两只成套使用，成为一担。粮食成熟时用于从田地间挑粮食至晒谷场晾晒，晒好的粮食又用稻箩挑至谷仓储

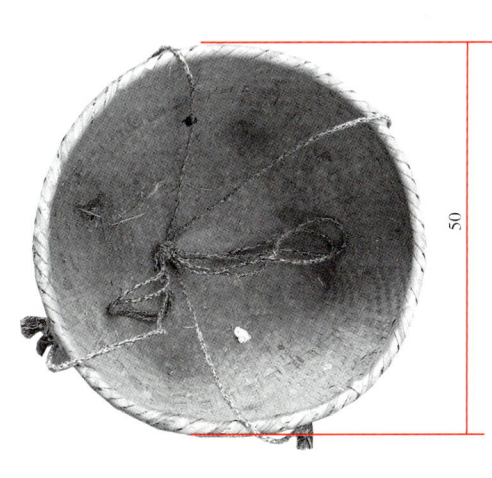
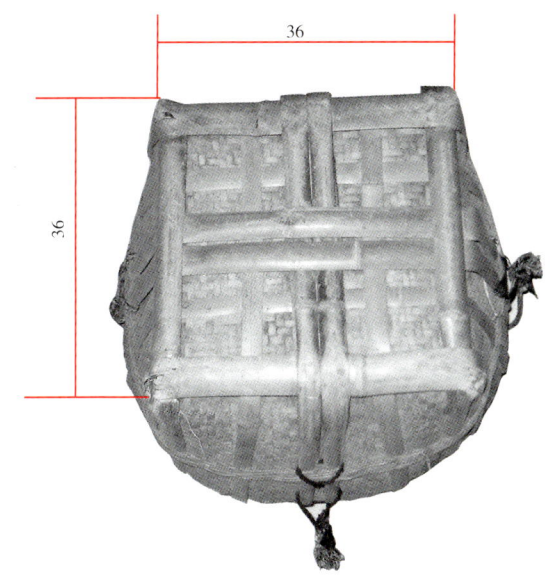
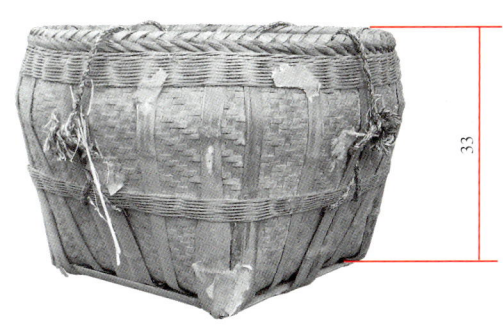

图二　土家族稻箩尺寸图（单位：cm）

存，有时也是临时放置粮食的盛装器具。在中国农村，稻箩是使用频繁的器具之一，其装载量也成为相互之间借物还物的标准，旧时的一担为现在的100斤，即是以两只稻箩装载的量为标准的，故而两只稻箩成为一套也叫一担。

而在农村的生活中，稻箩的意义远非盛装和运输如此简单，在婚丧嫁娶、走亲访友中都能见到稻箩的影子，是生活中不可缺少的一部分。

图片来源
图一、图四、图五　胡万明　摄影
图二、图三　胡万明　制图

图三　土家族稻箩结构名称图

第四章　土家族传统生活用具

211

图四　土家族稻箩使用示意图

图五　土家族淘洗箩

土家族钎担

图一　土家族钎担主图

钎担也叫冲担，是一种挑具，多用于山区。有些土家族地区称之为聪担。

钎担须用结实的木料作主体，两头装有很锋利的铁尖角。钎担应为方便劳动而改良的一种专用挑具，如挑草、挑谷穗子、挑柴和挑其他带梗子的农作物都得用上钎担。钎担类似于扁担，但又区别较大。钎担一般较扁担长，约180厘米左右，中间木料的截面为圆形，长度约80厘米，两端截面为方形，与圆形截面交界处较大，至尾端逐渐缩小为锐利的尖子，钎担的两端翘起，有的外包铁皮，有的不包铁片。

钎担在使用时，先将要挑走的柴草、农作物等捆扎好，然后两手一前一后拿住钎担的中间，两腿也一前一后，做冲刺状，用钎担直接刺穿一捆，然后顺势刺穿另一捆，之后挑于肩上。制作钎担的木料一般较为结实，加之钎担较长，根据杠杆原理，钎担要比一般的扁担更能承重。钎担在挑物体时将被挑物挑于钎担之两侧，钎担在中间连接两端被挑物体使之成为一个整体，如此减少了物体在运载中的晃动，被挑物也离地面较高，减少了地面杂物对被挑物的阻绊，在狭窄崎岖的山路上能够更好地显示其优越性。而扁担挑物体时，是将物体系上绳索再系上扁担头挑在肩上的，加上扁担本身是扁的，载物时弹性较好，这也加重了行走过程中的晃动，这也决定了在崎岖狭窄的山路上，用扁担确实没有钎担优越。

钎担并不是土家族独有的工具，在许多地方都有用钎担挑载重物的传统，土家族钎担的使用，也应是民族融合的结果。

图片来源
图一至图五　胡万明　制图

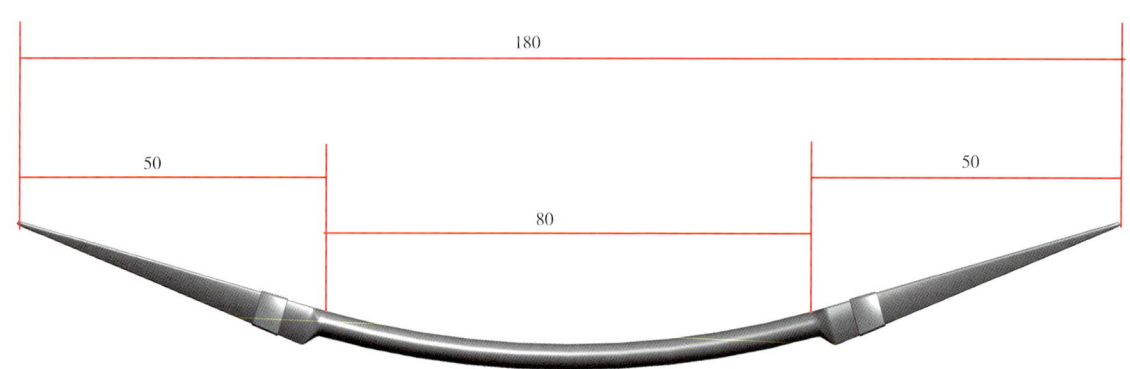

图二　土家族钎担尺寸图（单位：cm）

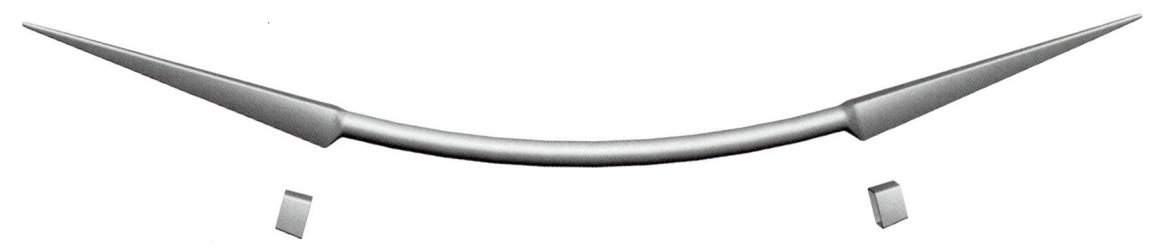

图三　土家族钎担结构分解图

图四　土家族钎担操持示意图

图五　土家族钎担使用示意图

土家族背架子

图一　土家族背架子主图

背架子是土家族地区特有的一种货物运输工具，在肩挑背驮的时代，背架子是土家族人民不可缺少的日常运输工具。背架子的形态结构简单，在山区里运输货物方便。

本案例背架子模型根据相关图片资料建模而成，整个背架子高约140厘米，下端宽约50厘米，上端宽约30厘米。背架子的主要部件为两根弧形的圆木，其直径约5厘米，分别用四根横档以榫卯结构连接两根圆木，横档的截面为矩形，长约6厘米，宽约4厘米。四根横档的分布为两根上、两根下，上面两根之间的距离较小，中间没有其他连接，下面两根之间距离较大，正面用五根薄木片，以铁钉连接。因薄木片具有韧性，所以可以起到减震的作用,以减缓货物压力对背部的摩擦。与薄木片相对的背架子的另一面有两根薄木片,两头钉在圆木上,可以限制薄木片的弯曲程度,不至于因为货物重量大而使薄木片弯曲变形太大而折断。在下面两根横档旁边的圆木上拴上帆布质地的宽背带,背架子即可使用。整个背架子造型简洁,无多余装饰。

背架子在使用时,先将货物捆在背架子弯曲的上部,然后背起背带即可起身。但因为背架子的不稳定性,使得背起背架子后想要放下来休息就比较麻烦,所以,使用背架子运输时都随身带有拐杵,在累的时候,将拐杵支在背架子下端最后一根横梁上,利用拐杵的支撑之力,背运者可以稍微舒缓一下肩部,适当休息,但在休息时,背架子依然背在身上,不可卸下。

在肩挑背驮的时代,背架子是土家族必备的生产、生活工具,许多人家割草、砍柴、收割农作物,甚至上街赶场出售粮食、购买生活用品等,都用背架子作为工具。还有不少从事长途搬运的背二哥,也用背架子背运日用百货及农副产品等。

图片来源
图一至图五　胡万明　制图

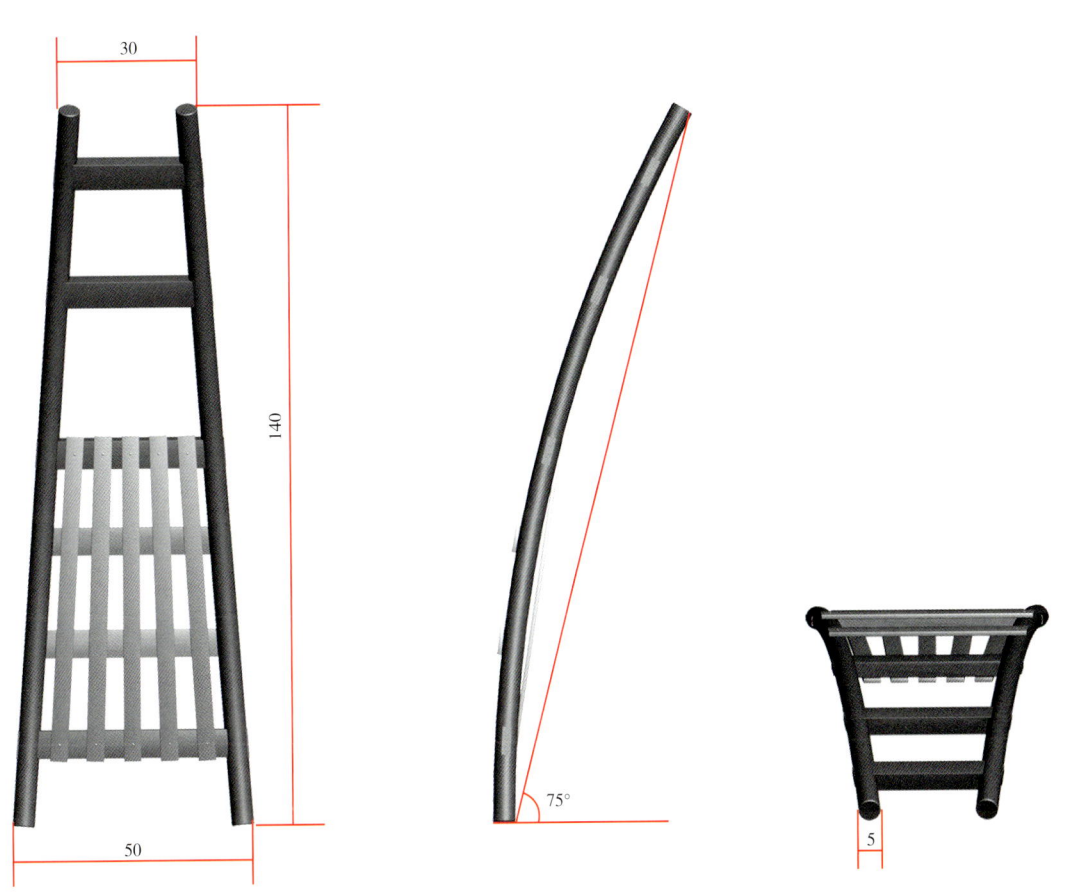

图二　土家族背架子尺寸图(单位:cm)

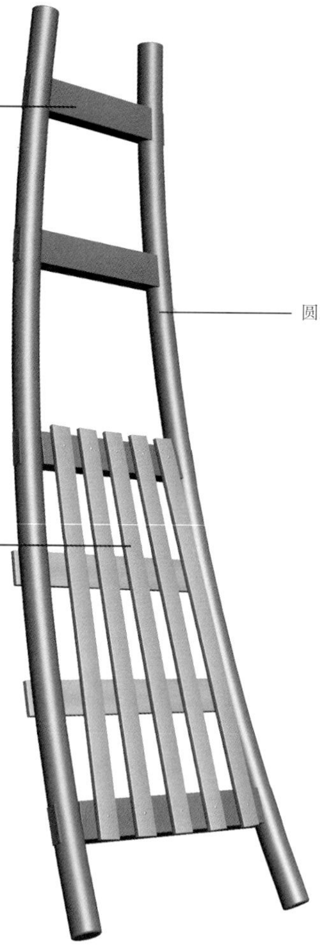

图三　土家族背架子结构名称图

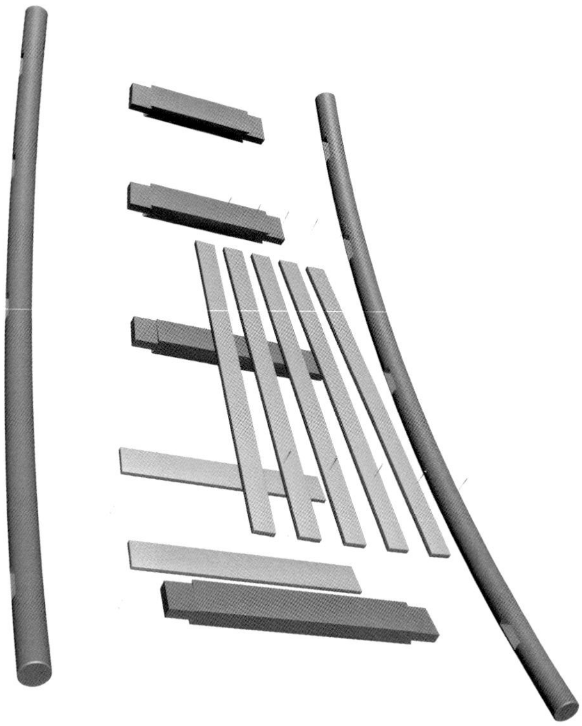

图四　土家族背架子结构分解图

图五　土家族背架子使用场景图

土家族拐杵

图一　土家族拐杵主图

　　拐杵为土家族山区背篓客使用的省力工具。土家族地处深山，山路崎岖难行，身背背篓的土家族人由于重物压身，又一时找不到歇脚之地，于是便有了拐杵这种工具。

　　本案例拐杵根据相关资料绘制，为一根完整的枝杈制成，横档长度约40厘米，两端粗细不一，粗端截面直径约12厘米，细端截面直径约5厘米，竖杆长度约100厘米，上端稍粗，截面直径约7厘米，下端稍细，截面直径约为5厘米。

　　拐杵多为质地较硬的柴木制成，只需从树上找到合适的枝杈，砍去多余部分，剥皮晾干即可使用。拐杵整体形制呈"T"字形，上端横枝与背篓底部接触，下端竖的枝杈接触地面。拐杵形制简单，材料易得，多就地取材，不加修饰。拐杵的尺寸大小因人而异，一般老人用细拐杵，年轻力壮的男子用粗拐杵，小孩用短拐杵。也有人嫌拐杵太软而自己用木料制作，用一根横档与竖杆榫接而成，但因制成品不是自然生成的整体，再加之承重较大，接头处多不够牢固。为了让拐杵更加经久耐用，还有人在拐杵下端与地面接触处安装一个铁箍，对杵脚有很好的保护作用。

拐杵分两种，背篓用的是平杵，横档上是平的；柴码用的叫槽杵，横档中间有一道槽。

拐杵的使用也很有讲究，打杵时需要找一个平稳的地方，防止受力时杵脚滑动而失控。休息时需要找准平衡点，双腿适度撇开，将背篓底部搭在拐杵横档上，还要空出一只手护着拐杵竖杆上端，以固定力的方向。

拐杵还可当杵路棍使用，是农民体力的一种依靠，有时还成为人们手中的武器。

武陵山区另有一种"拗肩棍"，也是用整体的树枝制成，呈"丫"字状，用于抬木料换肩和休息时使用。

图片来源
图一至图四　胡万明　制图

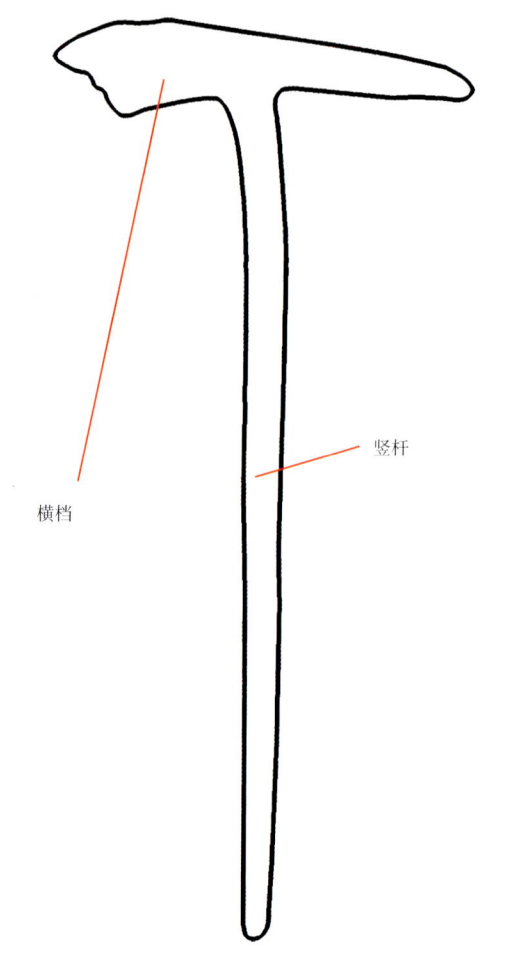

图二　土家族拐杵结构示意图

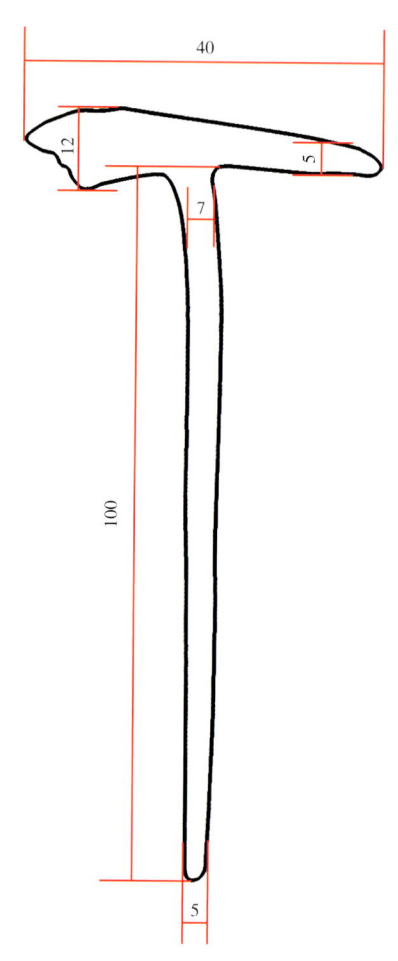

图三　土家族拐杵尺寸图（单位：cm）

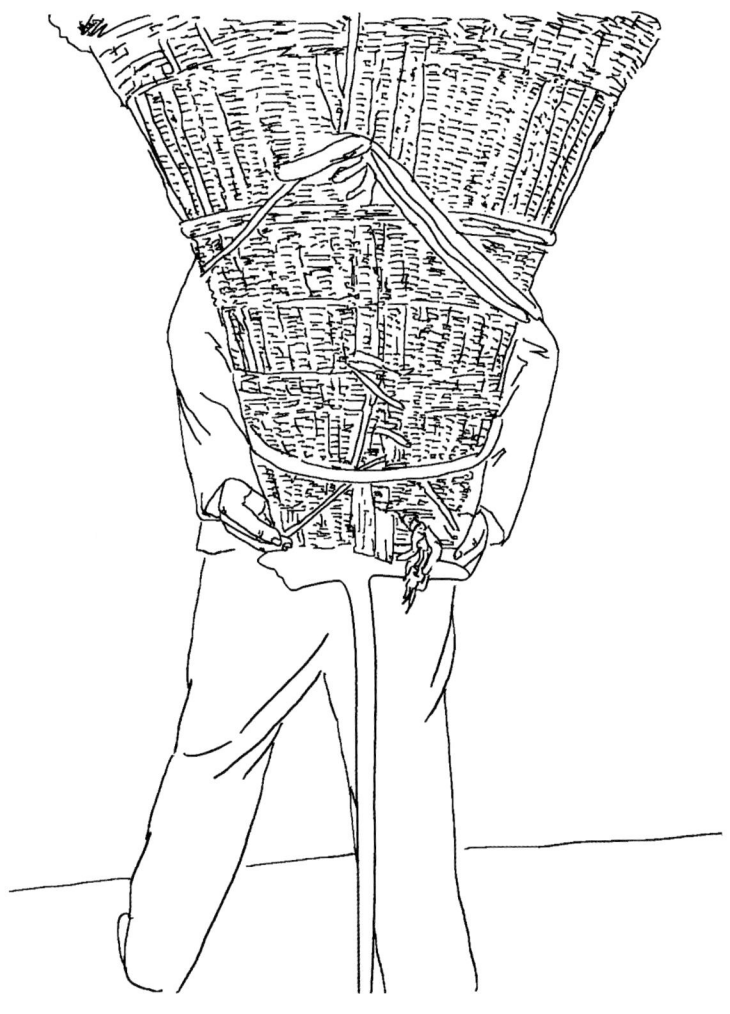

图四 土家族拐杵使用示意图

第四章 土家族传统生活用具

221

土家族竹笆

竹笆即为竹制的笆子，作为一种传统农具，其历史悠久，具体从何时开始使用，已无从考证，但是可以断言，竹笆的产生是劳动人民集体智慧的结晶。对于竹笆，少有资料记载，金人韩孝彦编撰的《改併四声篇海·竹部》引《川篇》记载："笆，五齿笆草也。"竹笆在历史的演变过程中，已经演化成标准形态，各民族和地区的竹笆在结构上基本相同，区别只是笆齿多少。

竹笆结构简单，主要部件为笆柄与笆头，笆柄为操作部件，是一根直径约3厘米的竹竿，一般长度约180厘米，也有用木柄的。笆头是主要的功能部件，是细竹条和竹篾编制而成，先用竹篾把若干根竹条编到一起，然后将竹条用火烘烤成弯齿形，用绳子或铁丝把弯曲的竹条绑住固定，等竹条冷却后，竹笆的齿即可定型。笆齿定型之后再用绳子或铁丝将笆头固定到笆柄上，竹笆就可以使用了。竹笆使用的有效面积大小，主要取决于笆头的宽窄和笆齿之间的距离，所以，竹笆的笆齿可以根据需要，编制得稀或密。

竹笆主要用于搂柴草，旧时柴草是百姓的生火来源，烧水、做饭、取暖，都需要柴草。土家族地处山区，柴草资源丰富，一般可以初春刨草根、麦收拾麦茬、秋熟砍秸秆、寒冬搂枯草和树叶，时时都有柴草可搂。除了搂柴草之外，竹笆还可以在打谷场上使用，配合扬叉辅助，将稻草聚拢。

竹笆的齿较细，易于损坏，在使用时不

图一 土家族竹笆主图

可过于用力,所以在配备竹笊的同时,还会准备一把铁笊,铁笊的形状与竹笊一样,只是笊齿是铁质的,在使用时不必有太多的顾虑,因为铁笊比竹笊要坚固耐用得多。

图片来源
图一、图三、图五至图七　胡万明　摄影
图二、图四　胡万明　制图

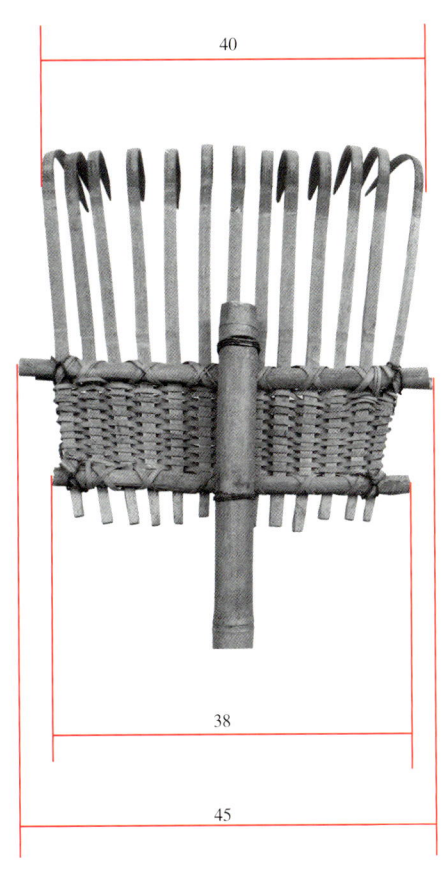
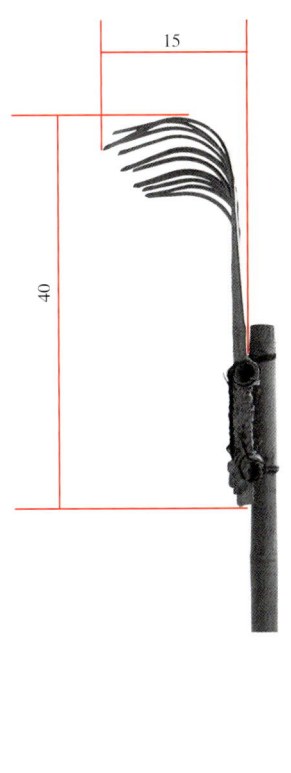

图二　土家族竹笊笊头尺寸图(单位:cm)

图三 土家族竹耙使用示意图

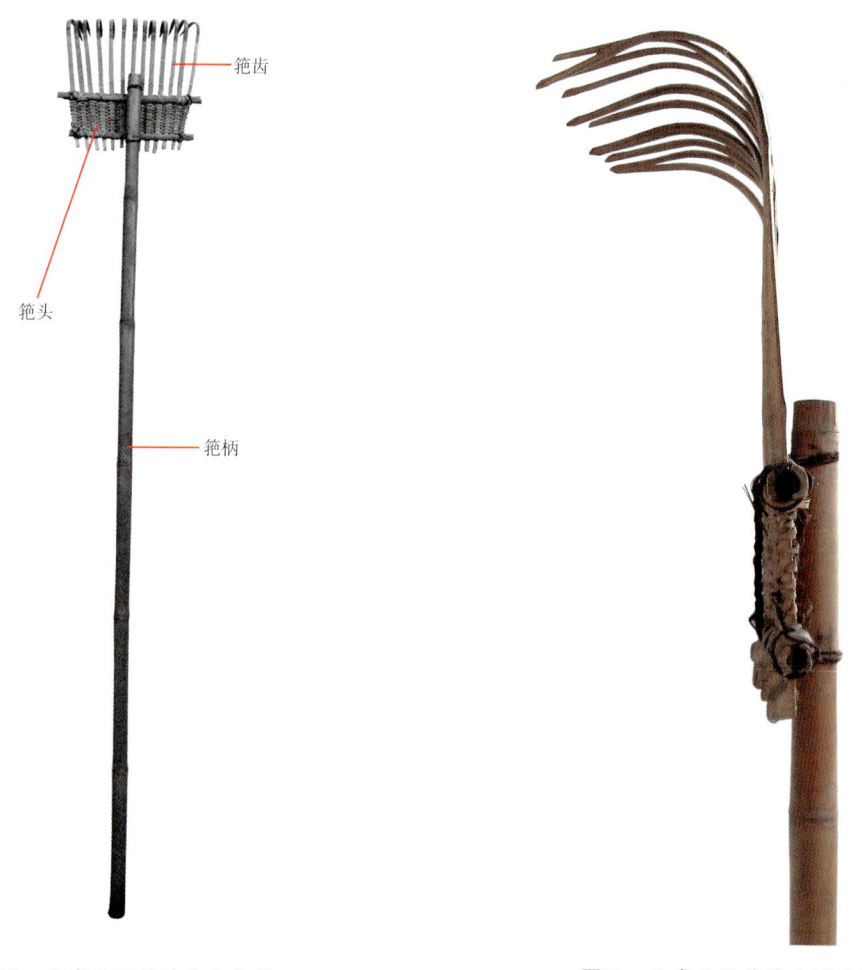

图四 土家族竹耙结构名称图

图五 土家族竹耙耙头侧面图

图六　土家族竹耙耙头背面图

图七　土家族铁耙

第四章　土家族传统生活用具

土家族滴水床

图一　土家族滴水床主图

滴水床，土家族的卧具，属拔步床一类，又称牙床。滴水床之名源于其模仿木作建筑构造，床檐似土家族民居屋檐，是一个微型的木作建筑，也有源于哭嫁风俗之说。滴水床构件繁杂，但整体结构紧凑，其花罩层层叠叠，有三进、五进、七进、九进之分。

土家族滴水床在尺寸规格上比普通的架子床大，一般都就地取材，多使用楠木、柏木和樟木，滴水床整体以榫卯结构连接，结实耐用，其内部功能齐全，形成独立的私密空间，是对土家族居室私密性较差的良好补充与完善。

土家族滴水床的主体结构可分为前后两大部分。前部为廊庑空间，后部才是睡眠就寝的床体。廊庑部分结构复杂，构件及附件较多，床体部分则相对简单。

一、廊庑部分

1. 底座

底座部分由踏板和底足组成。踏板是搁置床体的一个平台，为廊庑部分的底座，踏板低矮坚实，离地面高度约15厘米，由6~12个不等的底足支撑。踏板宽一般200厘米以上，进深70~80厘米之间。

2. 立柱与桁架

踏板上方安装4~6根或更多的立柱，立柱通过若干桁架结合，构成一个立体的框架结构，和踏板及底足一起构成整个廊庑部分的承重结构。滴水床其他一切承重部件均依托此结构存在。

3. 楣板

楣板和花罩是整个滴水床的门户。楣板是一种纯装饰性构造，安装在整个廊庑最前端的两根立柱之间，高悬在滴水床的上方。其数量多少随滴水床的复杂程度而定。

4. 花罩

花罩亦装置在立柱之间，位于楣板的下方。花罩除了装饰作用之外还有承重功能，与角柱、飘檐一起将立柱从横向上两两连结。因其安装位置不同，有内外花罩之分。外花罩在所有花罩之中面积最大，也最为复杂。花罩和位于其上方的楣板、下方的前围屏一起构成整个滴水床的前立面。

5. 围栏、窗棂、飘檐

围栏、窗棂和飘檐共同组成廊庑部分的

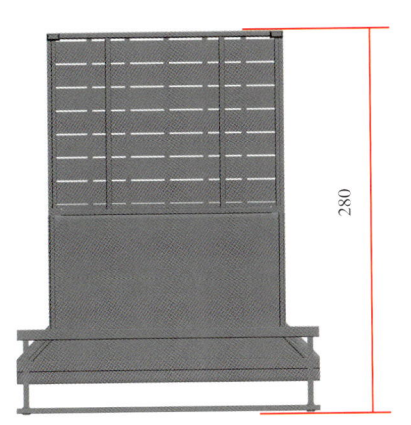
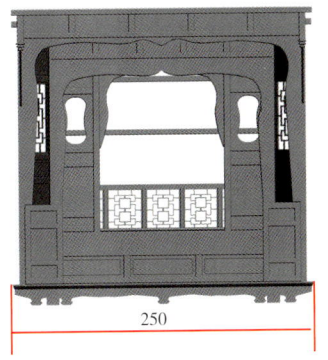
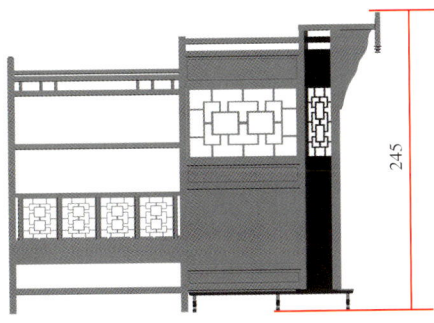

图二　土家族滴水床尺寸图（单位：cm）

第四章　土家族传统生活用具

227

围合结构。在廊庑结构的前端，左右设有围栏，围合廊庑左右两侧的下半部分，形成可供通行的出入口。围栏的上方常以若干组窗棂围合，窗棂上方还安置飘檐用以围合。围栏、窗棂、飘檐共同构成廊庑的侧立面。

6. 顶棚

顶棚装置在廊庑结构的上平面。顶棚的造型一般比较简单，在装饰讲究的滴水床中，顶棚也有所变化。

7. 廊庑中安置的附件设施

廊庑空间结构的纵深方向构成了可以出入的回廊，回廊的两侧常设有各种方便起居的小件设施，比较常见的有椅子、柜子、夜壶、香炉等，还可放置其他物件，随主人的实际情况而定。

二、床体部分

滴水床的床体部分实用简洁，少装饰，以睡眠就寝的实用功能为主。床榻四个角的位置设有四根立柱，除正面外的三个侧面下方安装低矮的围屏，上方安装飘檐，顶棚从上方覆盖整个床体。

图片来源

图一至图四　胡万明　制图

图五　曾瑜.土家族滴水床装饰艺术研究［D］.长沙：中南林业科技大学，2012.5

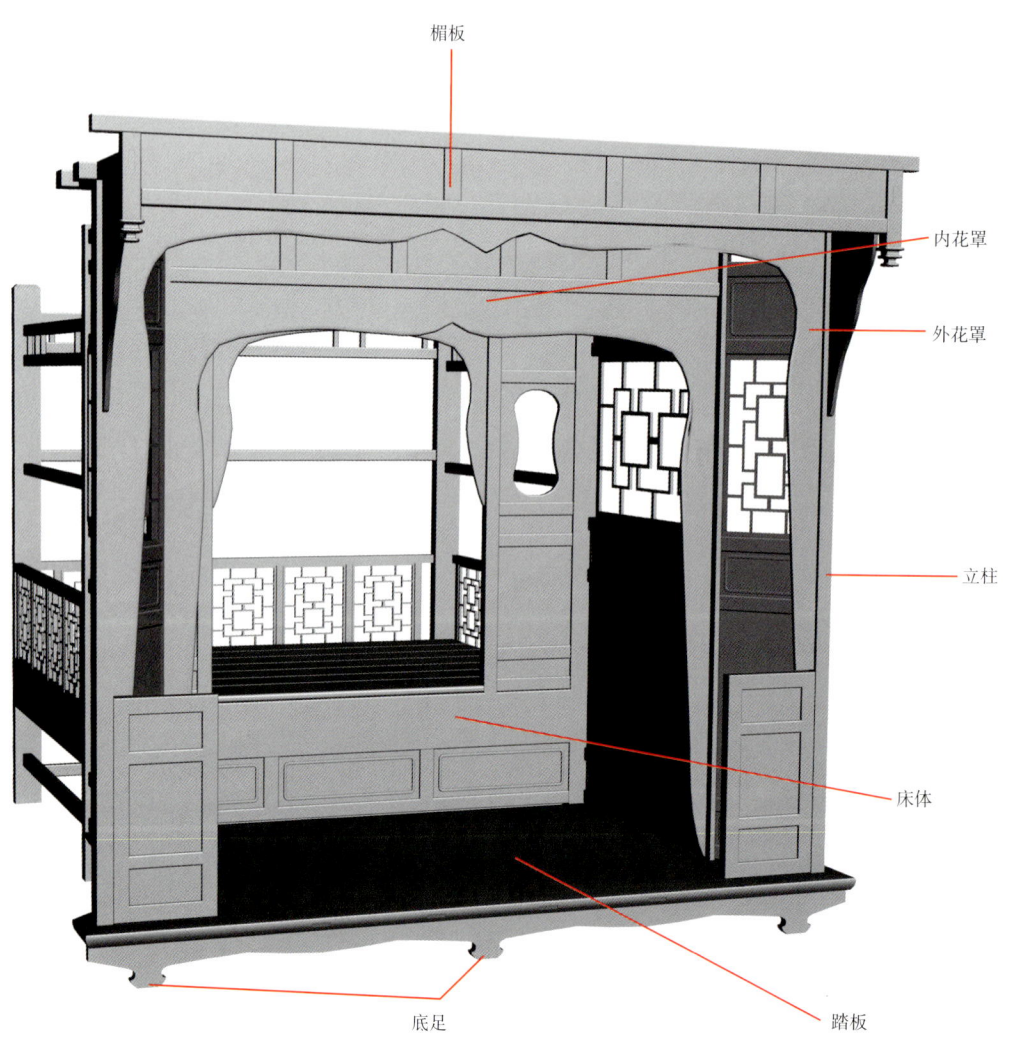

图三　土家族滴水床结构名称图

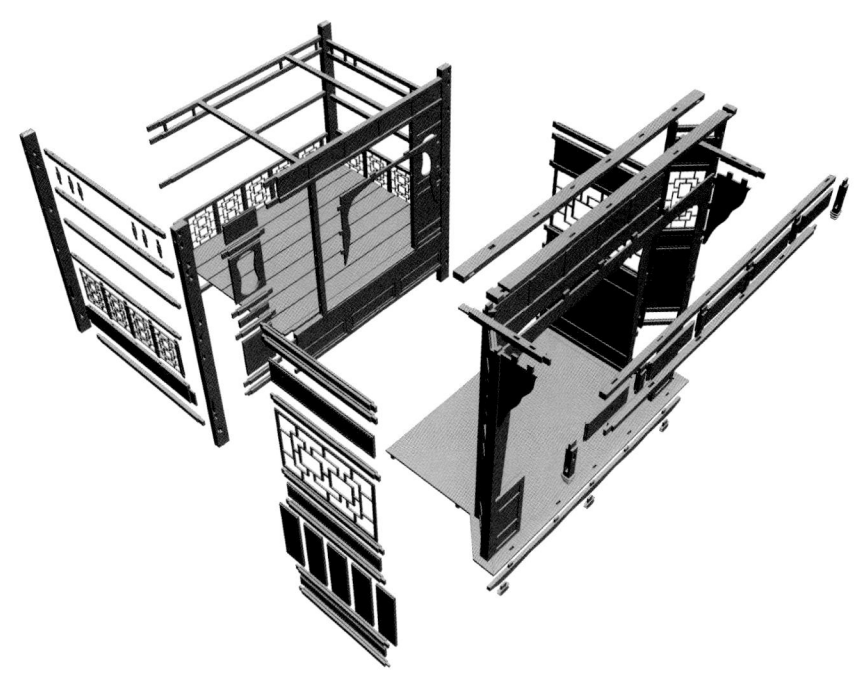

图四　土家族滴水床结构分解图

底座部分

楣板与花罩

内外月洞式花罩

附件设施

床体

图五　土家族滴水床局部

土家族束腰八仙桌

图一　土家族束腰八仙桌主图

八仙桌为方桌，多用于客厅，为会客、吃饭所用。束腰是在桌面下装一道缩进面沿的线条，犹如给家具系上一条腰带，故名束腰。本案例束腰八仙桌根据相关资料建模而成，桌面边长约95厘米，高约85厘米。此束腰八仙桌通体光洁无瑕疵，其工艺受汉族的影响颇多，造型和装饰有明清家具的特点，可见民族融合对土家族生活的影响深远。

和汉族不同的是，土家族的家具一般都是就地取材。土家族地处武陵山区，森林资源丰富，杉松尤多，江华杉、西湖木、茶陵松等久负盛名，樟、梓、楠木种类较多，为家具提供了丰富的用材。优良的桐油、生漆，又为其雕饰工艺创造了条件。

本案例束腰八仙桌采用榫卯结构制造接合，结构坚固结实。在制作上讲究方圆、粗细、厚薄的对比统一，多种构件之间的连接拼接无缝，坚固平整，轮廓线流畅自然。

土家族八仙桌多为硬杂木制作，与传世明清家具的名贵硬木虽不可比，但硬质杂木一般也不会腐朽，故不须对其髹涂多道漆层，也因为硬质杂木木纹肌理秀丽美观，故不宜髹厚漆覆盖而改变其本身固有的自然纹理。还有一个重要原因就是硬木上漆层的附着力较差，故而硬木家具不宜髹涂厚漆，多采用擦透明漆以改变新木的色泽，使其色彩沉稳。

透明漆为生漆炼制，色泽深红，沉稳而显浑厚，明清时期的硬木家具多用透明漆涂擦，硬木家具在制作完成后，要通过精心打磨，使其平整光洁，没有瑕疵，然后就可以擦漆了。擦漆时用容器装好所用的透明漆，用软布蘸透明漆将家具从头至尾擦拭一遍，要擦得仔细，各处厚薄均匀。擦好之后将家具置于通风处使漆层晾干，一般两到三天漆层即可晾干。晾干后的漆层光泽比较锐利扎眼，需要用软布擦拭数遍，以去除"贼光"，使漆层的光感温润含蓄，既透出木纹的美丽，又透出透明漆的魅力。

图片来源
图一至图五　胡万明　制图

图二　土家族束腰八仙桌结构分解图

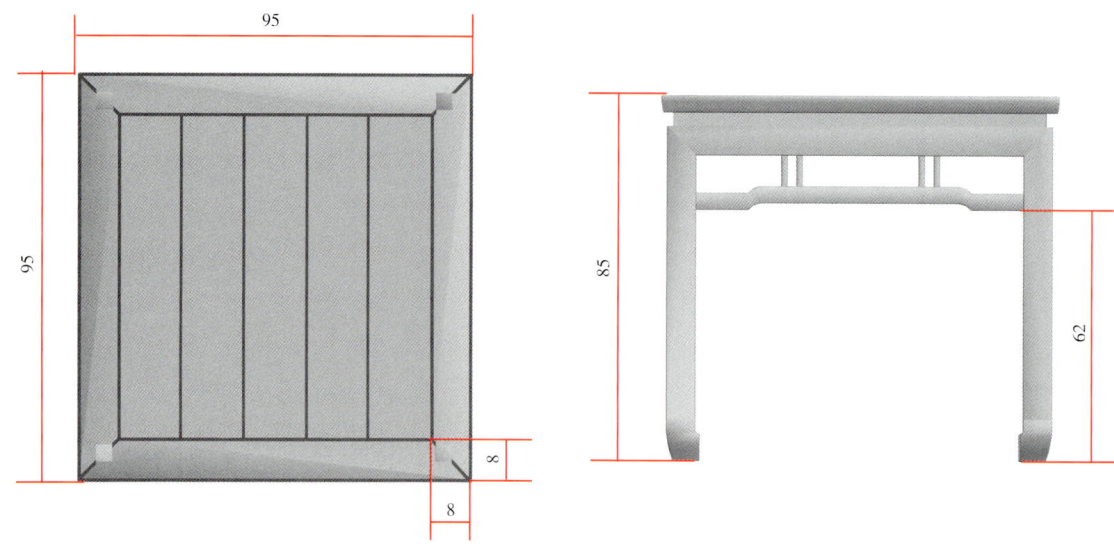

图三　土家族束腰八仙桌尺寸图（单位：cm）

图四　土家族束腰八仙桌结构名称图

图五　土家族束腰八仙桌摆放场景图

第四章　土家族传统生活用具

233

土家族木雕家具——太师椅

图一　土家族太师椅主图

在古家具中太师椅为礼俗用器，最早使用于宋代，由圈背交椅演变而来。因圈背交椅多用于官宦贵族人家，故又称之为太师椅。明清两朝，太师椅体形硕大、做工繁复，设于厅堂的扶手椅、靠背椅等都被称为太师椅。

太师椅也是土家族木椅中较为重要的一类，本案例土家族太师椅为龙山书卷椅，资料源于《土家族民间美术》一书，具体尺寸不详，但根据相关资料记载以及人体工程学的相关知识，其基本尺寸应与图二相似，其装饰手法主要是传统的木雕工艺手法。雕刻之后，再髹漆处理。

土家族太师椅的造型特色为体态宽大，靠背与扶手相连，形成围屏。靠背一般中间高、两侧低,至扶手逐渐递减,状如小山,围于座板三面。土家族太师椅的四腿较为粗壮,加上落地枨或托泥,更显稳定。土家族太师椅在造型与雕刻上均与汉族明清家具相仿,只是在材料上区别较大,土家族太师椅的选材以硬杂木为主,汉族传世的明清家具则以名贵的红木为主。在雕刻造型上,土家族家具与汉族的明清红木家具相比较,在雕刻上更显粗犷,雕刻线条也更显舒展。

土家族木雕一般不遵循实物的比例和自然透视法则,构图上根据表达需要而打破时空的约束,独具匠心。其木雕的内容与题材主要包括以下方面:

一是戏文故事,常见的有三国、水浒、说岳和封神等;二是民俗生活,常见的有纺线、采桑、织布、农耕等;三是历史神话,有八仙、刘海戏蟾、和合二仙等;另外还有祥云、山水、花鸟鱼虫、文字器物等皆可进入雕刻题材。土家族木雕粗犷大气,线条简洁流畅,画面生动逼真。造型上采用散点透视的方法,以人的刻画为主,通常人较大而景较小,人物身体各部位长短也不按比例刻画,使人物造型稚拙、明快、生动传神。

雕刻完成之后,则是髹漆进行胎骨封固与美化,从老家具脱落的漆层来看,很多家具在髹漆处理时并没有裱布处理,而是直接刮灰、髹漆。在色彩上,土家族历来崇尚红、黑二色,以黑最为尊贵,亦有白、绿、金等色。在木雕的色彩搭配中,使用最多的也是红、黑二色,根据雕刻图案内容的不同,进行不同的色调搭配,有单色、双色、多色。金色的运用也较多,多运用描金手法。

图片来源

图一、图七　辛艺华,罗彬.土家族民间美术[M].长沙:湖北美术出版社,2004.2

图二至图六　胡万明　制图

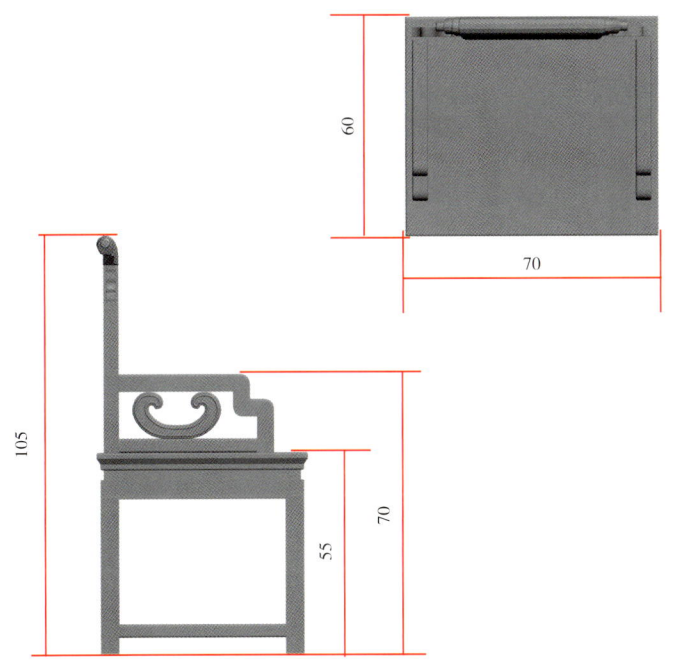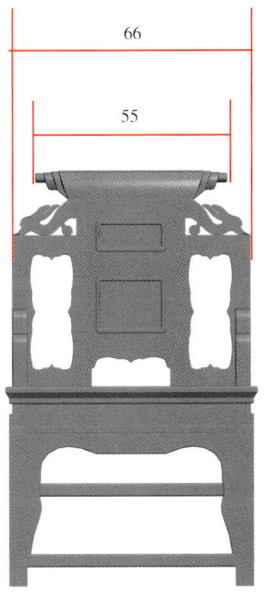

图二　土家族太师椅尺寸图(单位:cm)

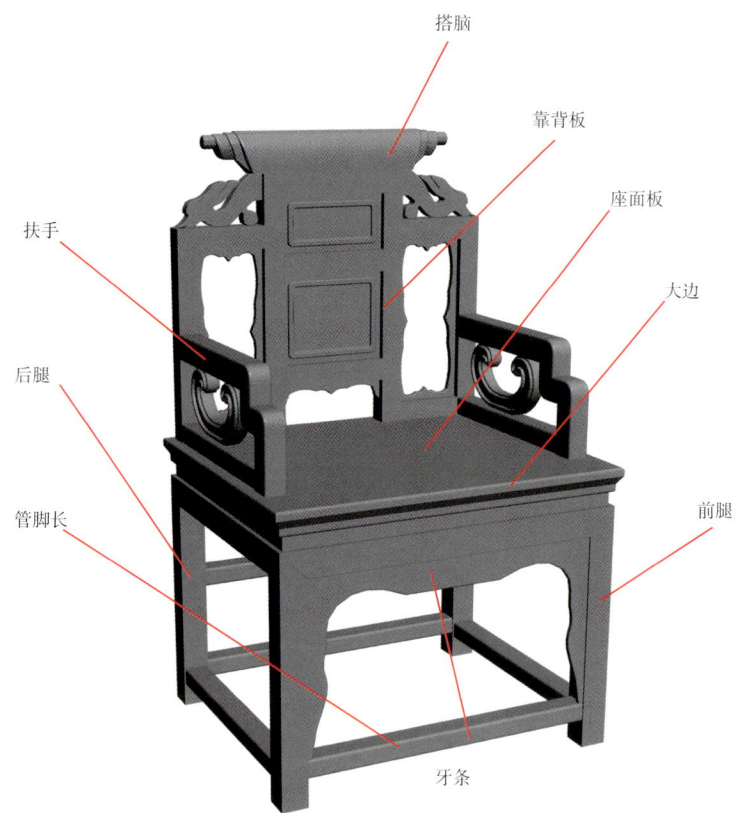

图三 土家族太师椅结构名称图

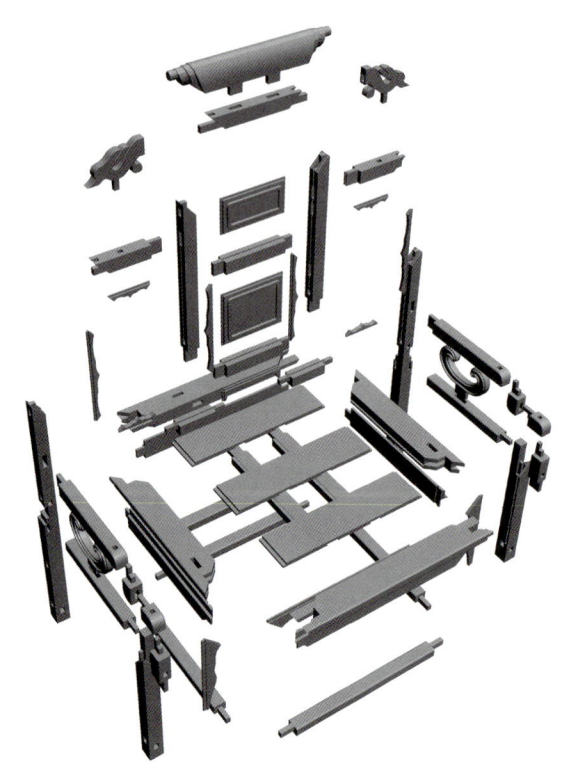

图四 土家族太师椅结构分解图

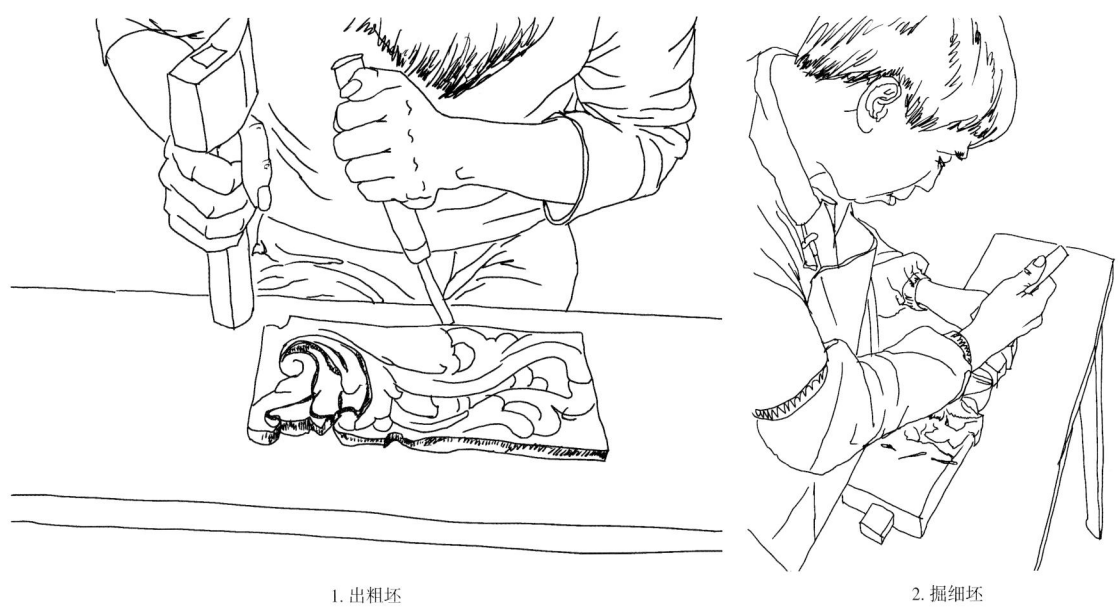

1. 出粗坯　　　　　　　　　　2. 掘细坯

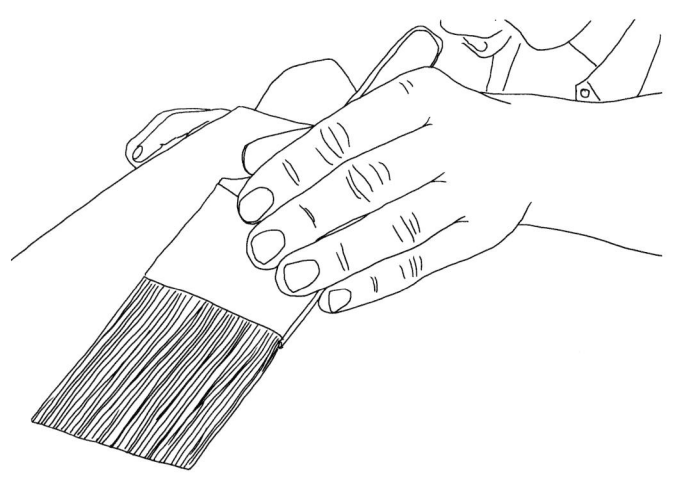

3. 着色

图五　土家族木雕工艺流程图

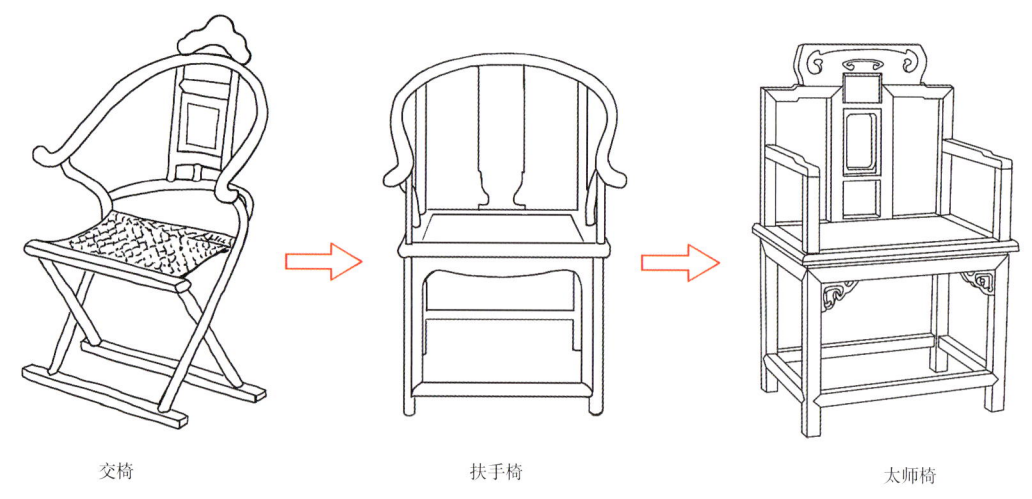

交椅　　　　　　　扶手椅　　　　　　　太师椅

图六　土家族太师椅演变示意图

图七　土家族太师椅雕花局部图

土家族翘头案

图一　土家族翘头案主图

条案本为汉族家具，流行于明朝时期，是用于摆放装饰品的家具。在历史的发展和民族的融合中，逐渐为土家族所使用，用于摆放陈设。条案也是各种长条形几案的总称，如书案、平头案、翘头案等。本案例即为一款翘头案，根据相关资料建模而成。

翘头案为条案的一种，其典型特点就是案面两边各有一个翘头，翘头高高翘起，使整个案几的造型更加优美别致。典型的土家族摆设，是将条案放在堂屋大门正对面墙壁的正中位置，贴墙摆放，其上部一般设有中堂，条案上多摆设烛台、花瓶、插屏等，也有供奉神像的。这样摆放的条案一般都尺寸较大，其高度要比桌子高出许多，长度也较长，通常都在200厘米以上，宽度约60厘米左右。其具体尺寸因地制宜，与具体摆放位置以及房子的宽度有关。

从家具分类上看，条案与桌子一样属于桌台类家具，但条案与桌子还是有很大区别的，其突出表现为条案的腿足不在四角，而在条案的两侧向里收进一些的位置上。条案的腿足部分，两侧的腿间有横枨连接加固。条案的腿足有两种形式，一种是腿足不直接落地，而是落在托泥上，每张案子须用两个托泥。本案例的翘头案即属于此类。另一种是腿足直接接地，不用托泥，在两腿下端横枨以下分别向外弯曲，形成一个弧度。这两种案上部的做法基本相同，案腿上端横向开出夹头榫，前后两面都有一个通长的牙板将两侧案腿贯通在一起，使腿和牙板共同支承

第四章　土家族传统生活用具

239

案面的重量。而翘头部分则是在案面边料上开卯眼，翘头底部开榫头，使其接合在一起的。

图片来源
图一至图五　胡万明　制图

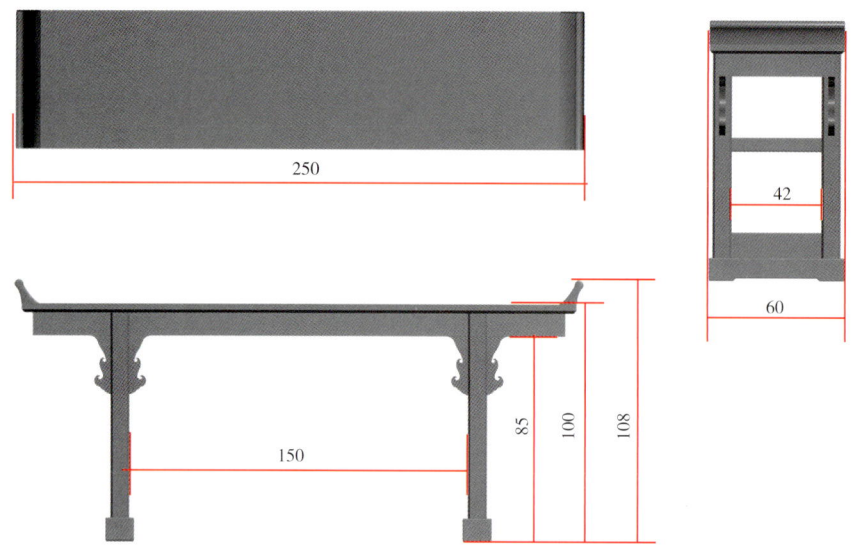

图二　土家族翘头案尺寸图（单位：cm）

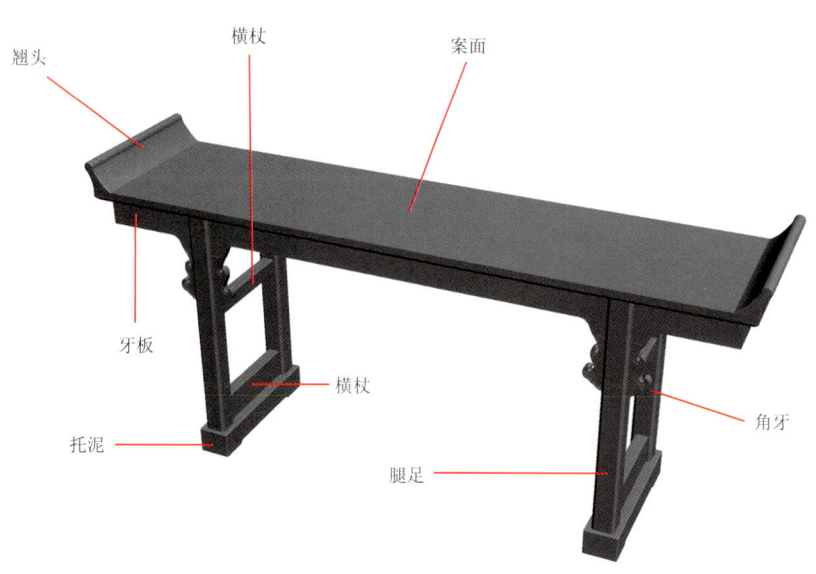

图三　土家族翘头案结构名称图

图四　土家族翘头案结构分解图

图五　土家族翘头案摆放场景图

土家族条凳

图一　土家族条凳主图

条凳也称板凳或大板凳,在山区土家族人家,条凳是最常见的坐具,其大小长短不一,多为长凳,摆在房屋墙根的一侧,取用方便。

条凳多用柴木制成,做条凳时,一般对材料没有特殊要求,凳面刨光刨平后即可使用,不做其他修饰。一般凳面的形制为长方体,边棱圆润,也有凳面形制不太规则者,多为做家具后的剩料做成的,尽管凳面形制不能如意,但不影响使用功能。

条凳由 1 个板凳面和 4 条板凳腿构成,板凳面的两头打上 4 个榫眼,4 条板凳腿做好榫头,榫接牢固。板凳腿两两一组,八字分开,以求板凳的稳定性,两条板凳腿之间用小木档榫接,木档 1 至 2 根不等,不多于 2 根。也有的条凳在两组板凳腿之间的木档加设横枨，以增加板凳的牢固性。

条凳的形制早在北宋时期即已定型，其具体尺寸在《鲁班经》里记载："板凳式，每做一尺六寸高，一寸三分厚，长三尺八寸五分。凳头三寸八分半，脚一寸四分大，一寸二分厚。"相信这就是条凳式的标准凳子尺寸。

本案例条凳具体尺寸为：凳面长95厘米、宽15厘米、厚度4厘米，条凳高度54厘米，凳腿截面长5厘米、宽4厘米，凳腿高50厘米。本案例条凳比《鲁班经》记载相对较大。

条凳的制作工艺简单，具体可分为：

1. 选料：选择干燥的木料，树质不太松即可。

2. 做凳面、凳腿、木档确定具体尺寸后，用锯、刨等方法做好凳面、凳腿、木档等。

3. 制榫：在做好的凳面、凳腿、木档上做榫眼、榫头。

4. 组合：将凳面、凳腿、木档组合起来，稍事打磨即可完成。

土家族条凳也有制作讲究者，做工细腻，再用漆平涂髹饰，能保存很长时间。

条凳中有尺寸稍大、面板较厚的，称为大条凳，除坐人之外，还可以几条并置，承放重物。秋收之后，土家族人有时会将收获的农作物装入箩筐之中，放在条凳之上，以防受潮长霉。

图片来源

图一、图五　胡万明　摄影
图二至图四　胡万明　制图

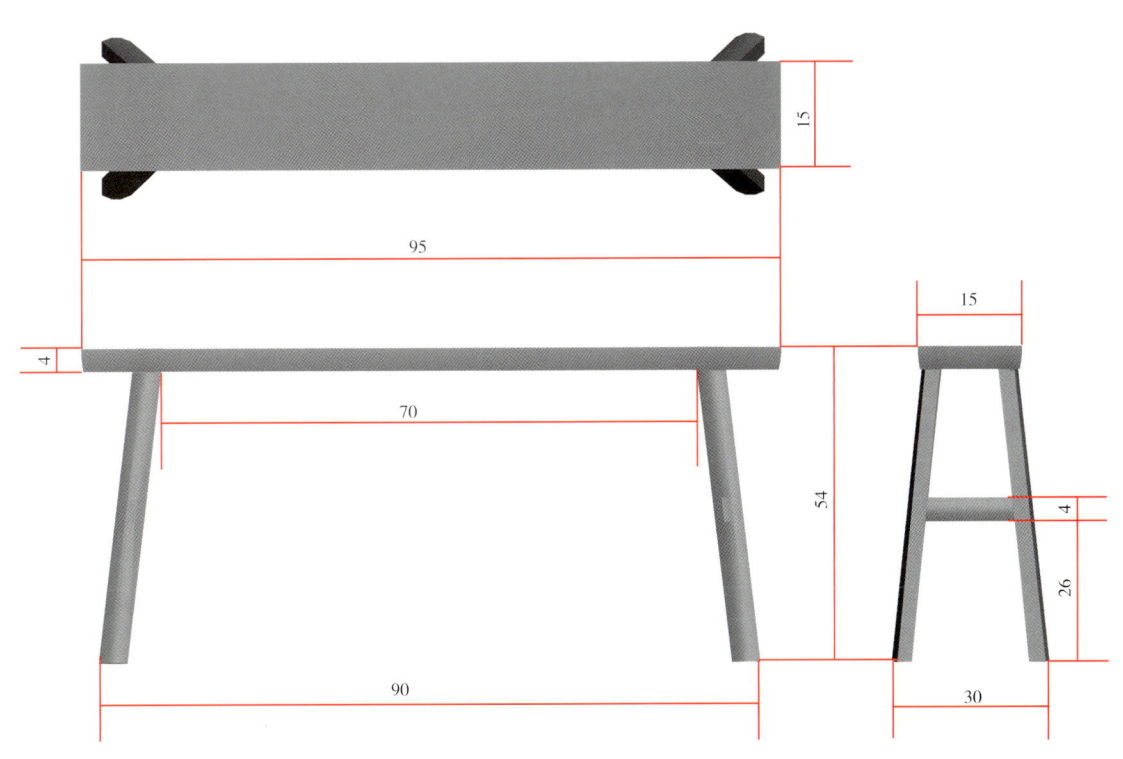

图二　土家族条凳尺寸图（单位：cm）

图三 土家族条凳结构名称图

图四 土家族条凳分解图

图五　土家族条凳使用场景图

土家族摇窝

图一 土家族摇窝主图

摇窝也叫摇篮或摇车,是初生婴儿的卧具,各地区的形制各不相同。最初的摇窝利用挖空的树干制成,用绳索吊于房梁或横木上,来回晃动,使婴儿熟睡。摇窝为现代婴儿床的早期形态,虽然现代婴儿床功能更多,但就满足婴儿睡眠的功能而言,与早期的摇窝没有本质的区别。

本案例摇窝根据相关资料建模而成,其原型取于常德民俗馆馆藏,略有差异。摇窝整体为木质构造,以榫卯结构衔接而成。其长约110厘米,上口宽约75厘米,底部摇窝脚宽约74厘米,整体高度约75厘米。下围有镶板,护栏高度约为65厘米。图一摇窝做工讲究,每根立柱上均饰有柱头。与很多摇窝有所不同,没有用于盛装稻草等保暖物品的大篮筐,而是直接用四块镶板与底部床板一起围合成安全的床体,保暖物品同样可以放在这个床体之上,并且每块床板之间都留有缝隙,便于透气,这对于婴儿的健康来说尤为重要。摇窝脚加工成弯曲的弧形,只要手扶护栏,即可轻轻晃动摇窝,使婴儿在悠悠的摇晃中进入梦乡。

摇窝的主要功能就是为婴儿提供一个安全温暖的睡眠场所,初生婴儿每天的绝大多数时间都在睡眠中度过,睡眠质量的好坏将影响孩子的成长。摇窝的使用无疑给婴儿提供了一个理想的睡眠场所。摇窝在使用之前先要在窝床内放入一些保暖材料将窝底垫高,然后将整床的被子折叠好后放入摇窝底部,准备工作做好之后,才可以将婴儿放入折叠好的被子中,轻轻摇晃,使婴儿在有节奏地摇晃和摇窝脚与地面的敲击声中入睡。摇窝可以手扶护栏摇晃,也可用脚踩踏摇窝脚,轻轻用力,摇窝即可摇晃起来。

土家族的摇窝多做工讲究,图一摇窝从其形态来看,已经与现代的婴儿床很接近了,只是没有那些附加功能。

图片来源
图一至图五　胡万明　制图

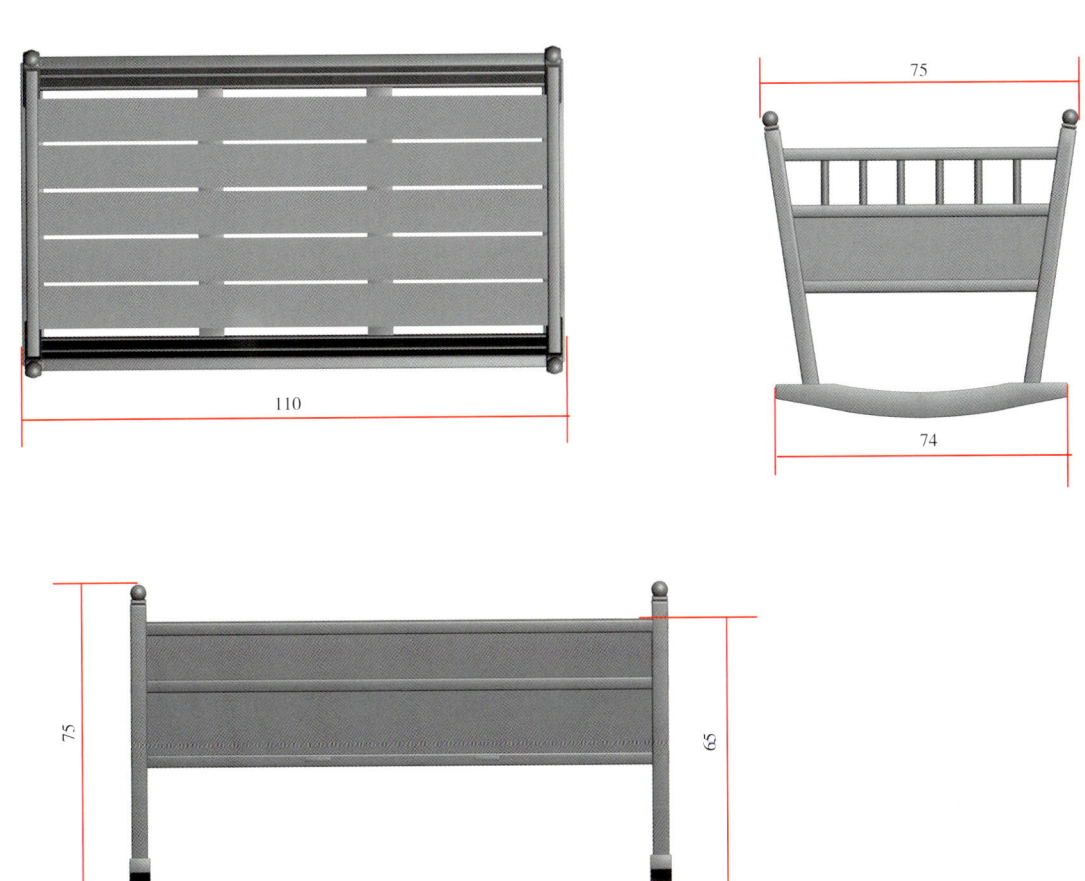

图二　土家族摇窝尺寸图(单位:cm)

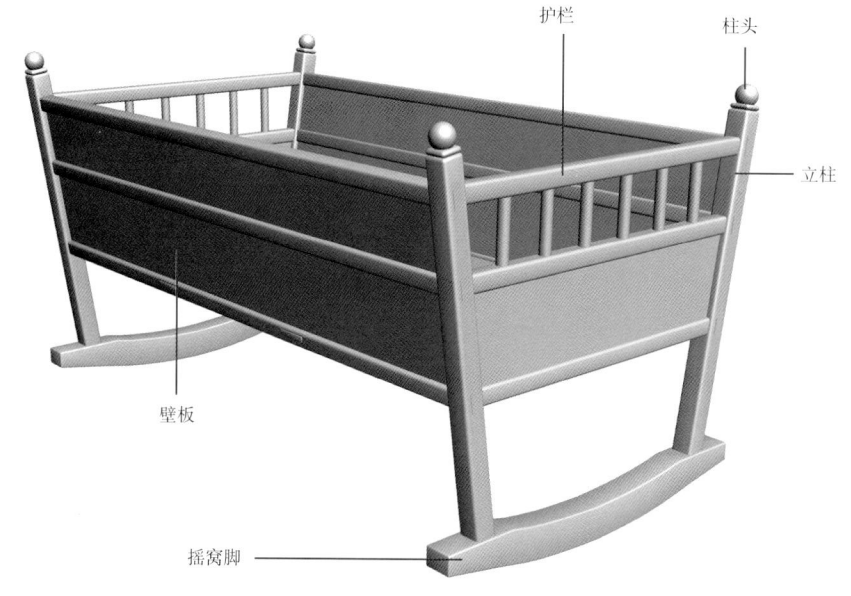

图三 土家族摇窝结构名称图

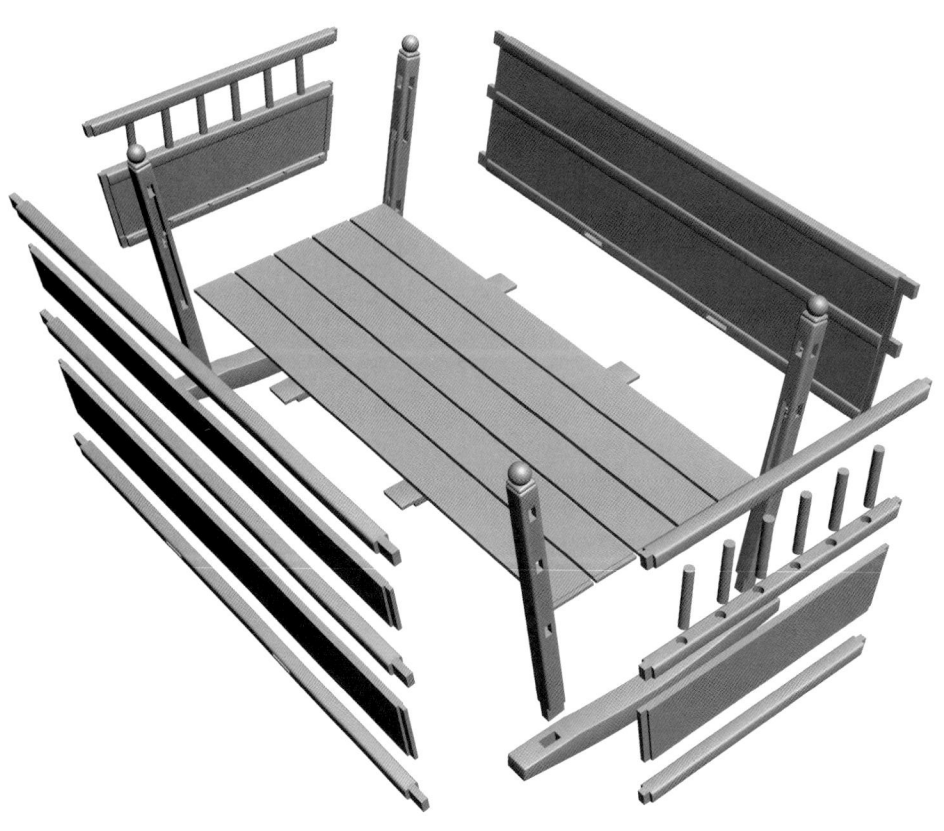

图四 土家族摇窝结构分解图

图五　土家族摇窝使用示意图

土家族坐架子

图一　土家族坐架子主图

　　坐架子是婴幼儿的坐具，是土家族常用的生活器具。学步前的婴幼儿好动且平衡能力没有发育完善，恐其会有危险，所以将其放置在坐架子里面，比较安全。在很多地区都有坐架子，只是形态各异，但基本功能差异不大。从形制与功能上看，坐架子是现代童车的早期形态，只是现代童车的功能更多。

　　坐架子多为木质，利用榫卯结构连接。本案例坐架子根据相关资料建模而成，其原型为常德民俗馆馆藏，略有差异，其形制具有土家族地区的典型特色，做工比较讲究。坐架子的基本形制像一张方凳，整体高度约为60厘米，坐架子的面较厚，约5厘米，正方形面的边长约50厘米，其中间有一个圆形的孔，直径约为30厘米，此孔四周光滑无毛刺，可将婴幼儿放入此孔，坐到下面的坐板上，孔便成了护栏。面的下方有4根立柱与面相榫接，在4根立柱上穿榫打眼，将其他部件连接上。位于圆孔正下方的是一块坐板，平整光滑，可供婴幼儿垂足而坐，坐板的外形有点像臀部的外轮廓，中间部位内凹，以防婴幼儿在玩耍中小解，弄得满身都是。坐板下方为踏板，婴幼儿坐的时候可将脚放到踏板上。踏板可以前后滑动，将踏板推到后面，孩子的脚就可以直接踏到地面，增加了坐架子的使用空间，这样，稍大一点的孩子也可使用。特别是刚会走路的孩子，走路不稳，还要到处跑，旧时在土家族地区多半没有人会闲在家全职带孩子，所以把他放到坐架子里面，既安全又省了大人的心。基于这种原因，坐架子会做得比较牢固笨重，以免被弄翻了，伤着孩子。

坐架子为旧时常见的婴幼儿用品，一个坐架子可以用很长时间，有的甚至用过几代人，成为家族的传家之物，现代多被工业生产的童车所取代，却少了旧时的那种浓浓的家族文化。

图片来源
图一至图五　胡万明　制图

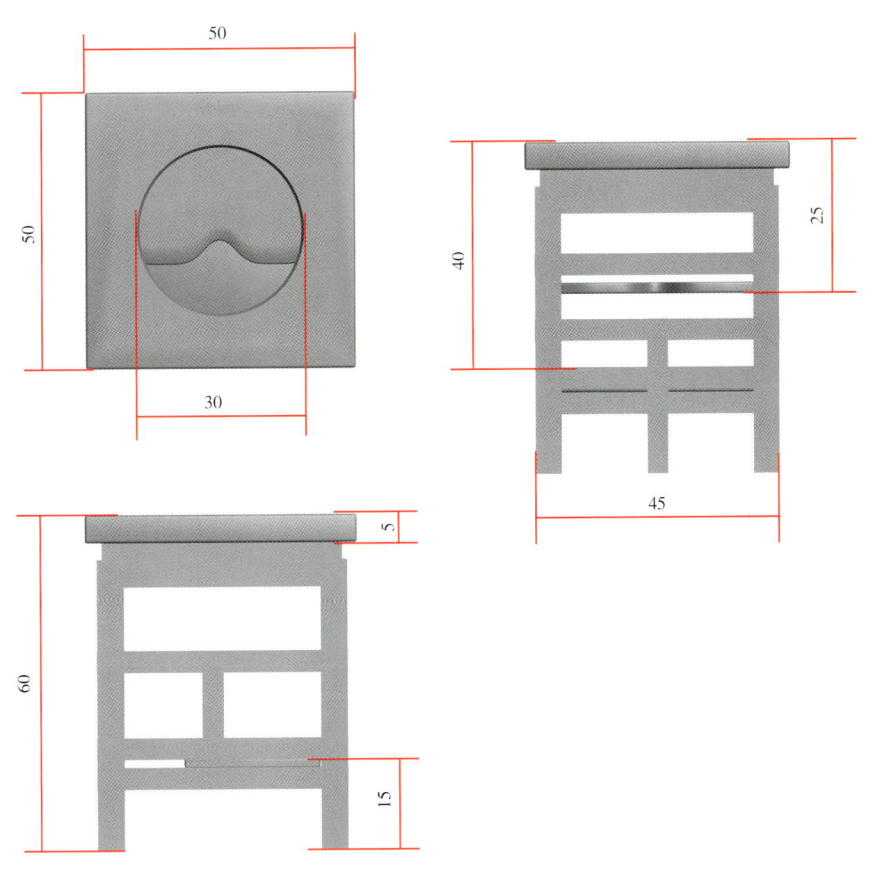

图二　土家族坐架子尺寸图（单位：cm）

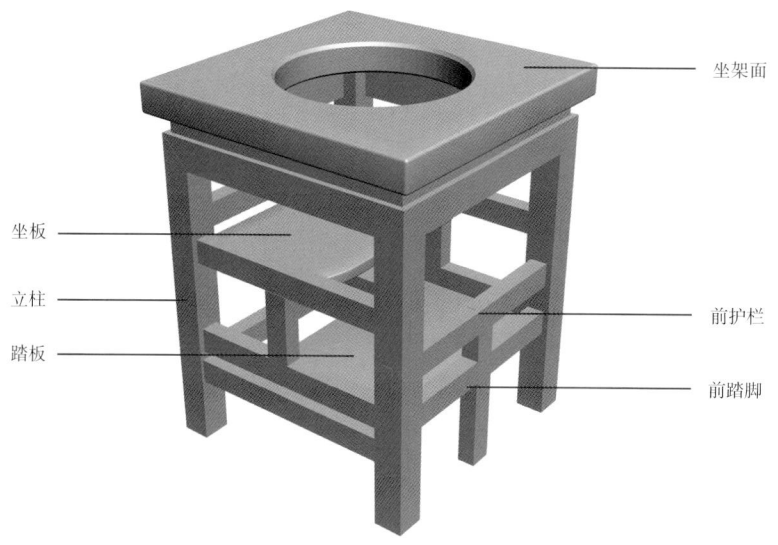

图三 土家族坐架子结构名称图

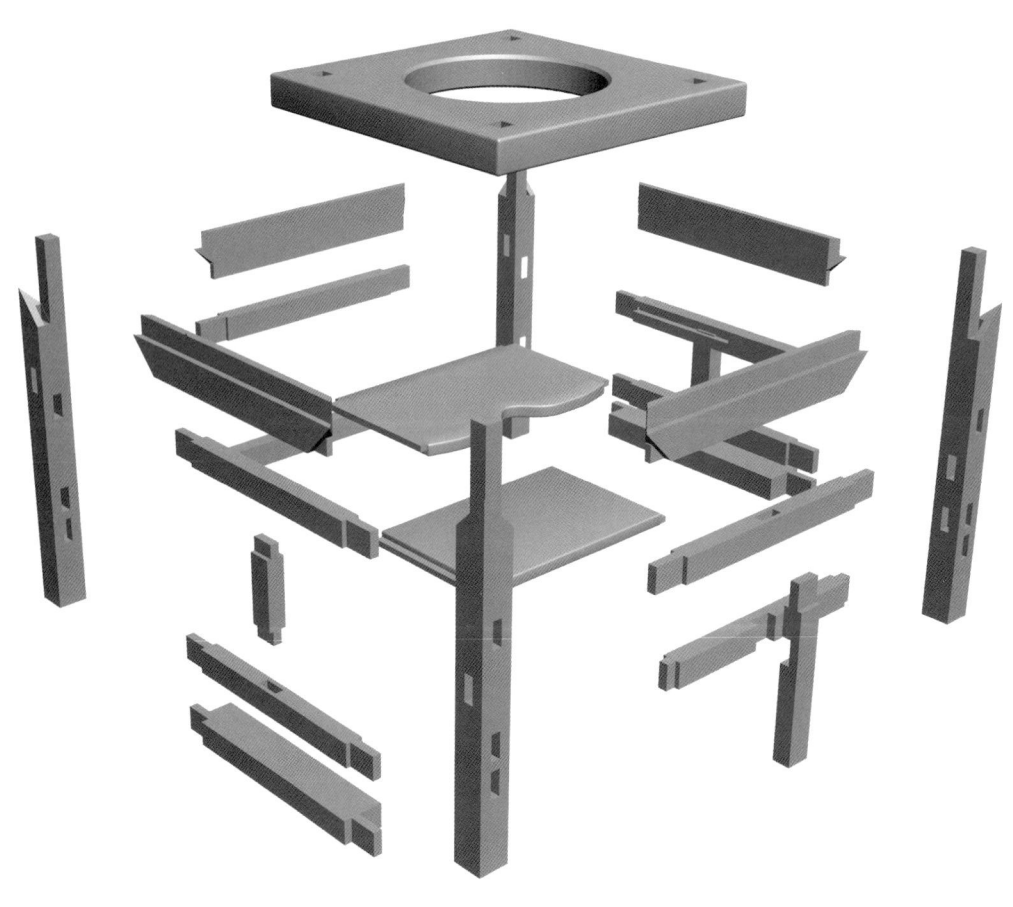

图四 土家族坐架子结构分解图

图五　土家族坐架子使用场景图

土家族座桶

图一　土家族座桶主图

座桶是火桶的一种,为座椅式火桶。火桶旧时为湘西以及皖南地区冬季常用的御寒器具,随着时代的发展,如今南方各地区均有出现。其原因在于南方地区冬季时间较短,气温不是很低,用火桶等简易的御寒器具即可度过冬季,还没有达到专门去制备大规模取暖设备的程度。但南方地区的空气湿度大,冬天的寒冷为渗透性强的湿冷,没有一个御寒的设备又不行,所以坐式的火桶、手提式的火篮等取暖设备便应运而生,并广为流传。

座桶是圆筒状可取暖的座椅,上大下小,用竖木板箍成。其结构由下而上可以看成两部分,其下部的圆筒部分为普通火桶,其上下各有铁箍将筒身箍紧,增加其牢固程度。

圆桶其内可以放置一盆燃烧的木炭，顶部用镂空木板拼接成可支撑人坐在上面的椅面，镂空部分可传导炭火的热气。圆桶上部为圆弧状靠背，是下部木板的向上延伸，靠背的出现增加了座桶的舒适性。

座桶取暖的原理主要是靠圆筒状的木板把燃烧木炭的热能聚拢，使其只在桶内的小范围传播，提高了热能的利用率，通过加热支撑面的木板和从镂空处的传播，将热能传递给坐在座桶上的人，以达到让人取暖的目的。座桶与普通火桶相比较，用上去更加舒适，由于椅面的存在，增加了烘火的高度，不会使人感到过热，但椅面同时也割断了人与座桶内部空间的联系，不可同时坐在座桶上烘脚。

旧时座桶是由木匠制作的，木匠用圆木工艺制作成座桶，圆木工艺流程在"土家族篾箍木桶"一节有讲解，此处不再赘述。

图片来源
图一、图五　胡万明　摄影
图二至图四　胡万明　制图

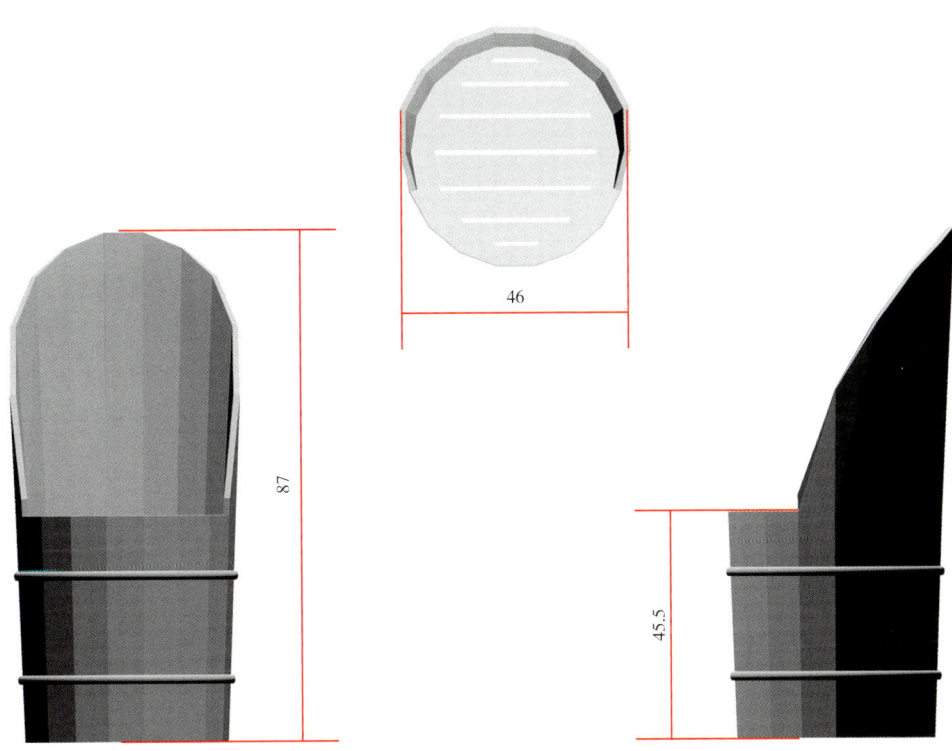

图二　土家族座桶尺寸图（单位：cm）

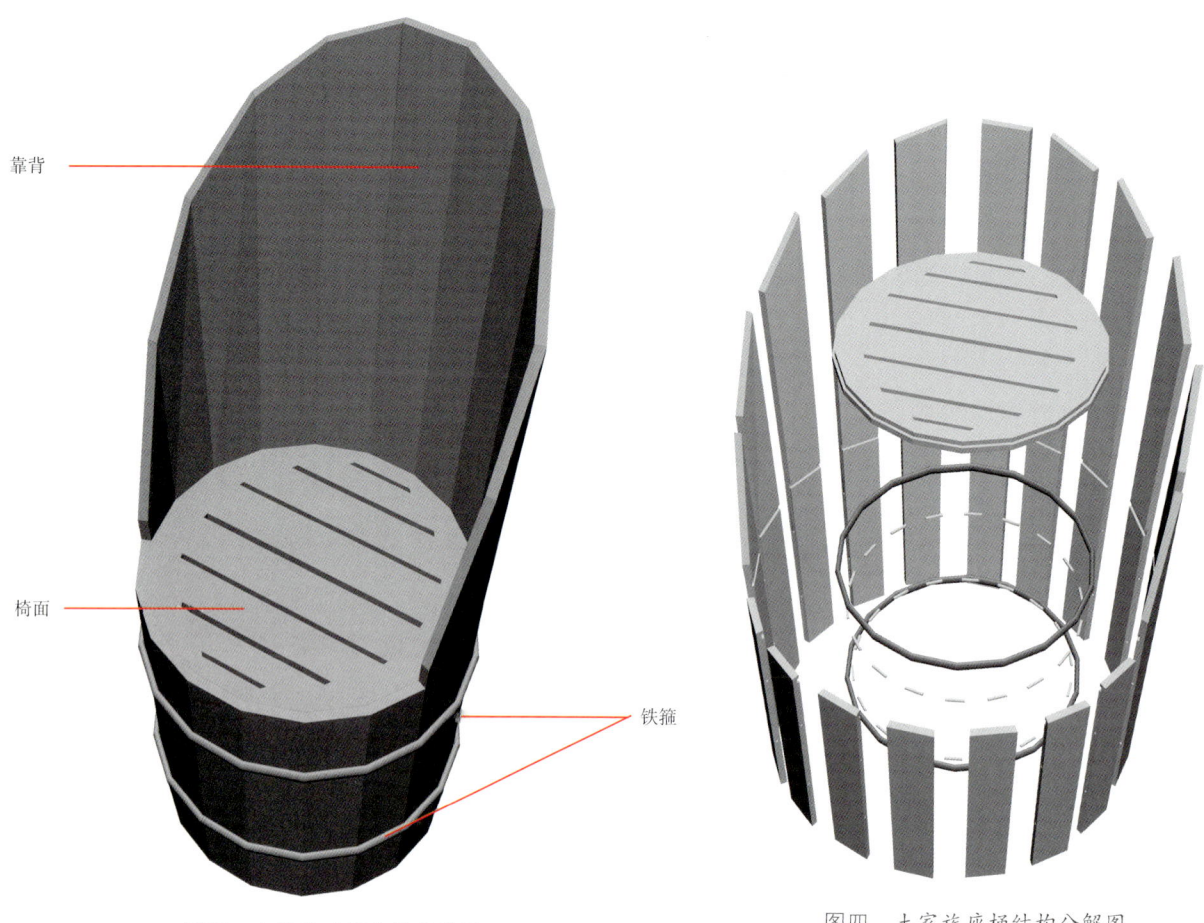

图三　土家族座桶结构名称图

图四　土家族座桶结构分解图

图五　土家族座桶使用示意图

土家族竹椅

图一　土家族竹椅主图

竹椅就是用竹材制成的椅子。

土家族地处深山，竹资源丰富，常见竹的种类有慈竹、金竹、毛竹、水竹、斑竹、楠竹、刺竹、凤尾竹、百家竹等等。因竹子生长周期短、可塑性大、取材容易、价格低廉的特点，于是土家族人便就地取材，利用竹子编制成竹椅等日常坐具。

竹椅一般挑选成熟的圆竹为材料，其主要框架为粗细各异的竹管，运用烘弯、钻孔、榫接、打竹钉等工艺方法制作而成。竹椅的形式有靠背椅、扶手椅、躺椅等类型。

本案例为土家族山区常见的靠背椅，以毛竹为原料，边框、椅腿及搭脑的竹料较大，直径约为10厘米，竹椅主体为条状竹篾插入边框形成支撑椅面，边框为整根圆竹管烘烤弯曲而成，竹椅主体椅面长约45厘米，宽约38厘米，高约38厘米，靠背为四根细竹并列组成，下端斜插入椅面边框，上端插入搭脑，搭脑也为圆竹管制成，离地面高度约为80厘米，搭脑两端各有一根较长的细竹管插入椅面主体边框，用以固定靠背，使其牢靠。各衔接末端均以钻孔钉竹钉的方式固定。

竹椅的制作流程：

1. 削壳：挑选竹材，锯出椅脚与椅肚的竹段，须挖孔的部分用篾刀削去表层竹簧。

2. 挖孔：根据所要制作的竹椅尺寸，在削壳后的竹料上确定须挖空的位置，并挖孔。

3. 挖薄：将椅脚和椅肚连接处挖去一部分，仅留一侧竹肉和竹簧。

4. 烤弯：将挖薄后的椅脚和椅肚连接处用火烤，拗弯成九十度，再将椅肚穿凿过去。

5. 做椅面：先在每根椅肚上打四个圆形或扁形的孔（孔的形状根据压条和支架的形状而定），在两椅肚中间连接撑入支架，椅肚两边加上边条后，从下方用暗榫固定，然后在椅脚间编入细竹条成为椅面的承托面，下方四只椅脚之间用细竹管作为横档，以穿孔榫接、竹钉固定的方式加固椅面。

6. 完成：主体椅面完成之后，在事先挖好的孔中装上靠背，连上搭脑，再以竹钉固定，另以细竹管作各种榫接或竹钉固定，使竹椅牢固。此时，还可对竹椅进行装饰与美化，即用竹编或小部件榫接的方式增加竹椅的视觉美感。最后磨光篾刺、竹节，清洗之后，竹椅即制作完成。

土家族竹椅一般不做髹漆装饰，一把竹椅用的时间长了，由于跟人衣物的摩擦，自然会产生温润的光泽。年代久远的竹椅，由于时间的原因，竹椅颜色较暗且泛出内敛的深红色，古朴雅致。竹椅比木椅通风凉快，则是由竹子的性质和竹椅的制作工艺决定的。

图片来源

图一至图五　胡万明　制图

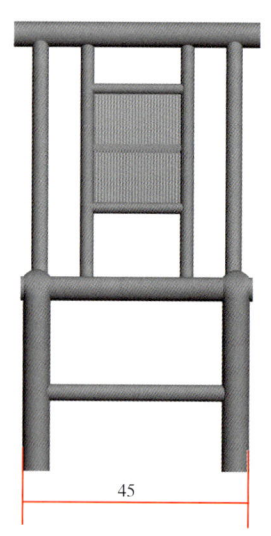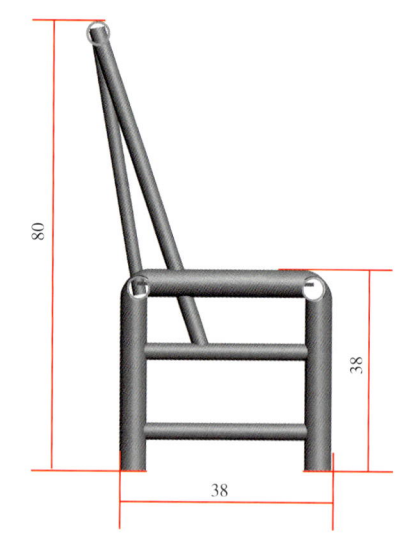

图二　土家族竹椅尺寸图（单位：cm）

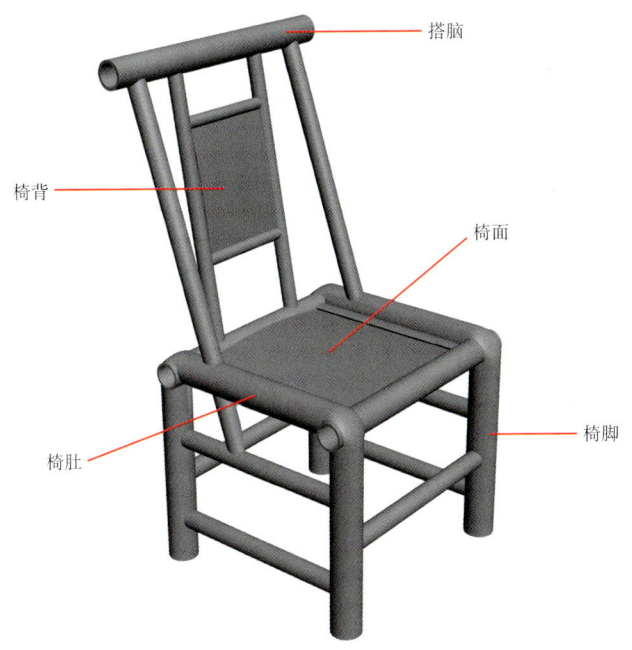

图三　土家族竹椅结构名称图

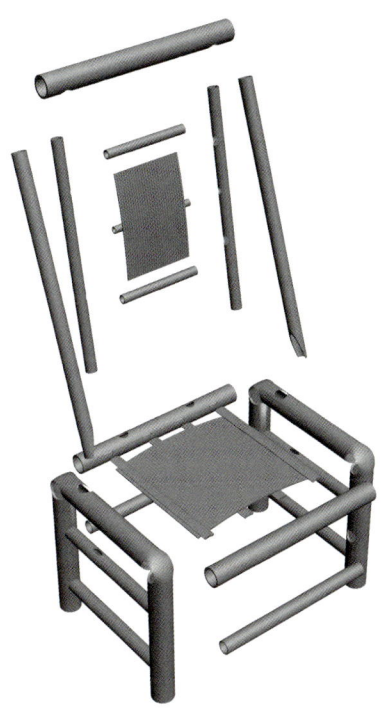

图四　土家族竹椅结构分解图

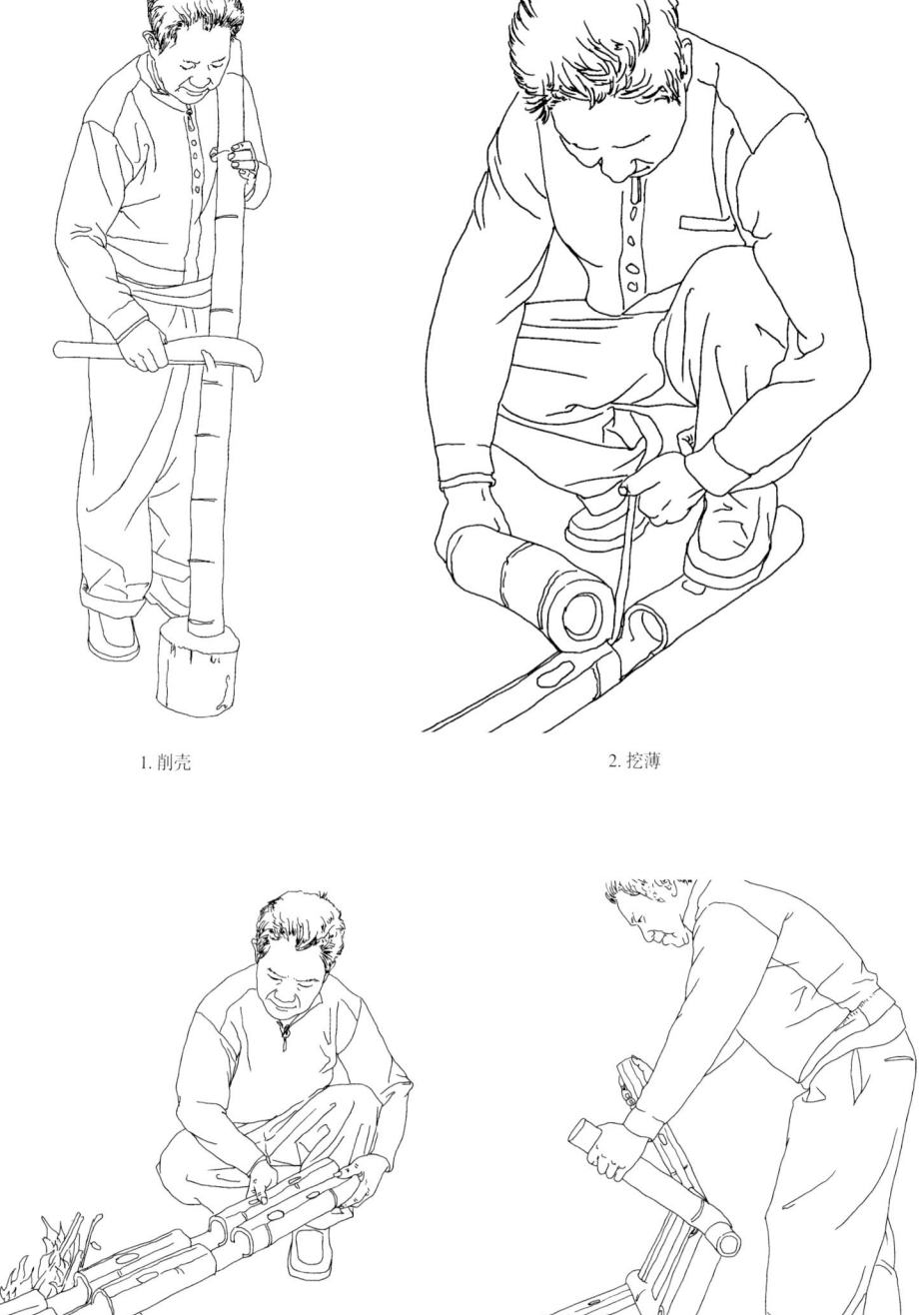

图五　土家族竹椅制作流程图

土家族咚咚喹

图一　土家族咚咚喹主图

咚咚喹亦称呆呆哩,土家语称"早古得",土家族单簧竖吹乐器。咚咚喹制作简单,旋律欢快清脆,可独奏或重奏,广泛流行于土家族各地。

咚咚喹一般用细竹管制作,管身长15~20厘米不等,内径约0.4厘米。竹管上端留有竹节,在竹节下切一斜口劈出薄片为簧。管身正面外皮削平,管壁开三孔或四孔,下端切断为空管。

咚咚喹的前身是骨哨和鸟哨,是沿着骨哨—鸟哨—咚咚喹的演变历程发展进化而来。考古证明,骨哨诞生于距今约6500—7000年的湘西地区,因此,咚咚喹是母系氏族社会的遗物。鸟哨是土家族人用于自娱自乐以及捕猎时用以引诱猎物的工具,鸟哨的自娱功能经土家族人改良后成为咚咚喹。

咚咚喹用细尾竹、稻、麦秆制成,以刀削竹头成簧片发音,按制作材料,有竹质、草质之分,按簧片质地,有竹片、叶片之别。竹制咚咚喹取直径为1厘米左右的细尾竹为管体,长约15~20厘米,上端留节,于节下削簧凿三孔或四孔即成,用材以水竹尾为好。用麦稻秆制成的咚咚喹,长约7~9厘米,随制随用,仅为田间消遣而已。咚咚喹有三孔咚咚喹和四孔咚咚喹之分,三孔者较四孔普遍。

吹奏咚咚喹时,一般为竖吹。三孔者左手食指按第三孔,右手食指、中指往下顺序按第二孔、第一孔。四孔者左手食指按第四孔，右手食指、中指、无名指往下顺序按第三孔、第二孔、第一孔。咚咚喹有单管、双管的吹奏形式，吹双管者，左右各持一根咚咚喹，一只手按一根竹管，双管齐吹同一首曲牌。

咚咚喹音高随管身长短和音孔位置的不同而变化，能吹出四五个音。

图片来源
图一至图四　胡万明　制图
图五　何相频，阳盛海.湖南少数民族服饰［M］.长沙：湖南美术出版社，2010.7.

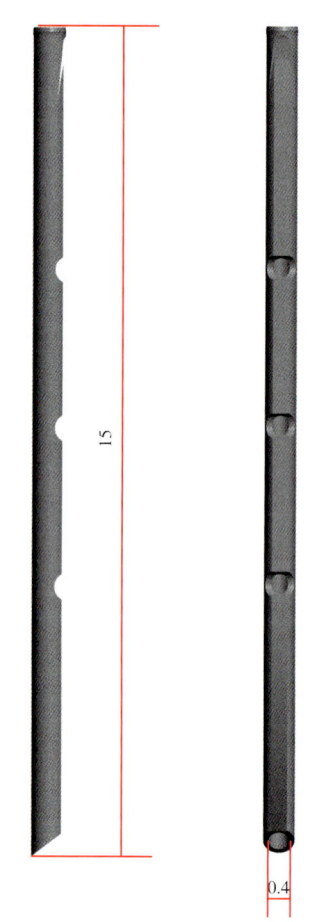

图二　土家族咚咚喹尺寸图（单位：cm）

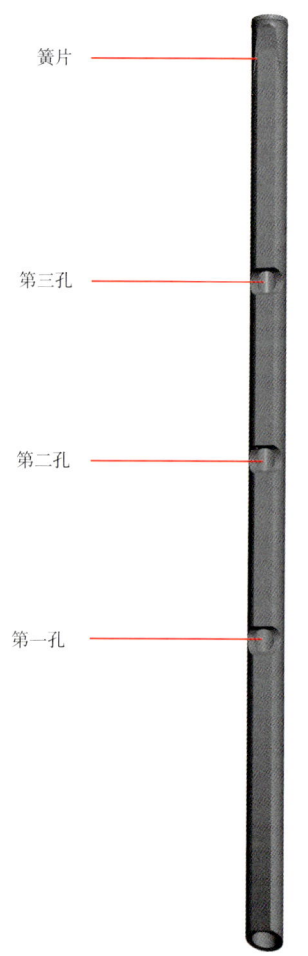

图三　土家族咚咚喹结构名称图

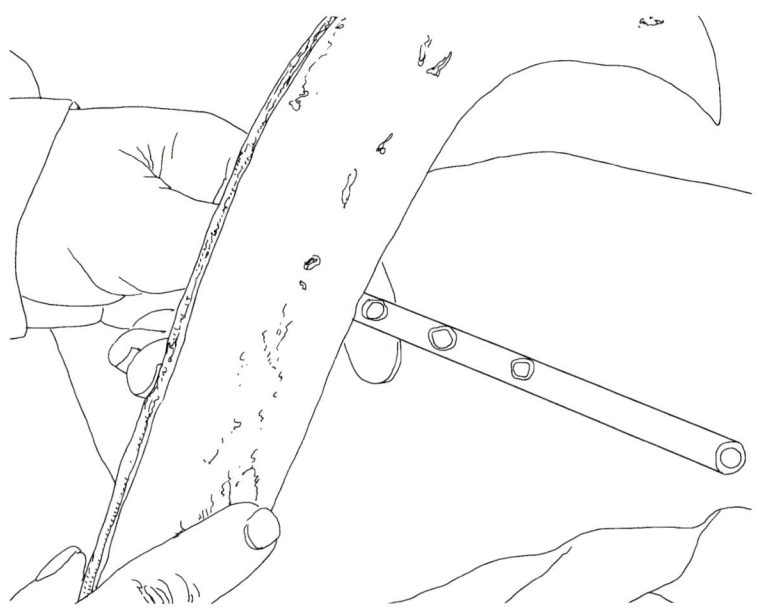

图四　土家族咚咚喹的制作

图五　土家族咚咚喹演奏场景图

第四章　土家族传统生活用具

土家族木叶

图一　土家族木叶（正面）主图1

木叶是最简单、最古老的乐器。原始狩猎的时代，曾用于拟声捕猎禽鸟，后逐渐转化为以声代乐、以音伴唱的乐器。《旧唐书·音乐志》称吹木叶为啸叶，早在一千多年前，木叶不仅在民间广为流传，而且是唐代、前蜀宫廷乐队中的常用乐器。

在武陵山腹地，木叶是土家族青年谈情说爱的道具之一。土家族青年男女用木叶吹奏的情歌互诉衷肠，在酉阳广为流传一首《木叶情歌》："大山木叶烂成堆，只因小郎不会吹，几时吹得木叶叫，只用木叶不用媒……"可见木叶在青年男女恋爱中的重要性。

吹木叶，要选择优良的树叶，通常采用桔树叶、柚树叶、桐树叶、柳树叶、龙眼叶、杨树叶、冬青树叶等无毒的树叶，叶片的结构匀称，两面皆平整光滑，以柔韧适度、不老不嫩、大小适中的叶子为佳。叶片的叶长约6.5厘米、中间叶宽约2.2厘米比较适宜。叶子不耐吹用，所以吹奏时奏者需有多片树叶备用。

演奏时，要先把叶片上黏附的灰尘轻拭干净，将叶片正面横贴于嘴唇，用右手（或左手）食指、中指稍微岔开，轻轻贴住叶片背面，拇指反向托住叶片下缘，使食指、中指按住的叶片上缘稍稍高于下唇。运用适当气流吹动叶边，使叶片振动发音。木叶即为

图二　土家族木叶（背面）主图2

簧片，口腔犹如共鸣箱，双手也可帮助起共鸣作用，通过嘴劲、口形、舌尖的控制，手指绷紧或放松叶片等各种技巧，改变叶片的振动频率，可吹奏出高低、强弱不同的音响，音域达十一、二度。

木叶的音色和小唢呐相似，清脆明亮、悦耳动听、近似人声。吹木叶的演奏者，多是随心所欲、不拘格调，或吹小调歌谣，或学鸟鸣兽叫。固定的传统曲目不多，演奏的乐曲大都选自人们所喜闻乐唱的民歌曲调，一般本地流行了什么样的歌，吹木叶者就能用木叶将其吹奏出来。

图片来源
图一、图二　胡万明　摄影
图三至图六　胡万明　制图

图三　土家族木叶尺寸图（单位：cm）

图四　土家族木叶结构名称图

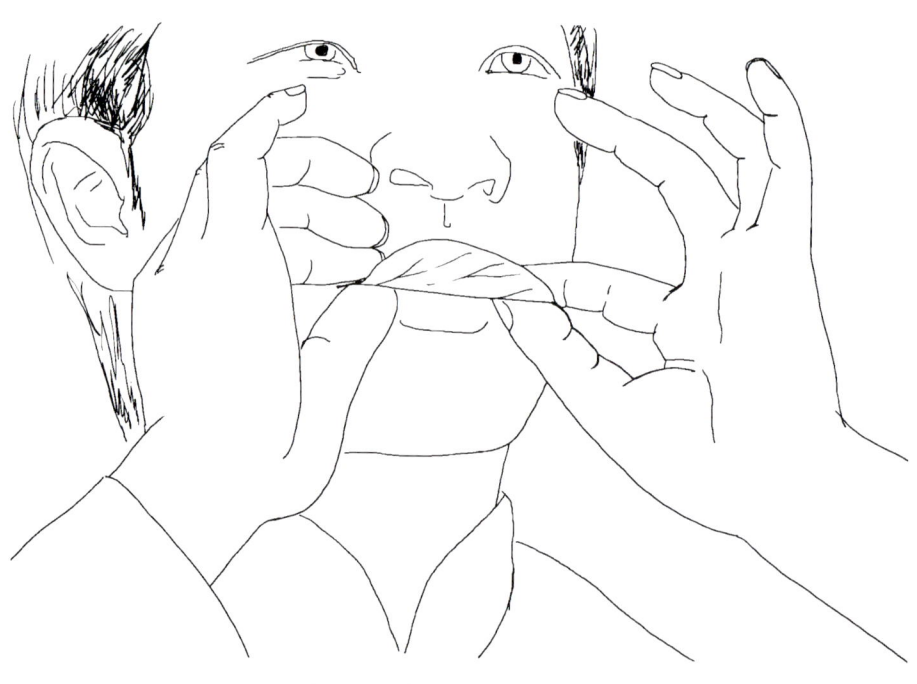

图五　土家族木叶吹奏示意图

图六　土家族木叶吹奏场景图

土家族唢呐

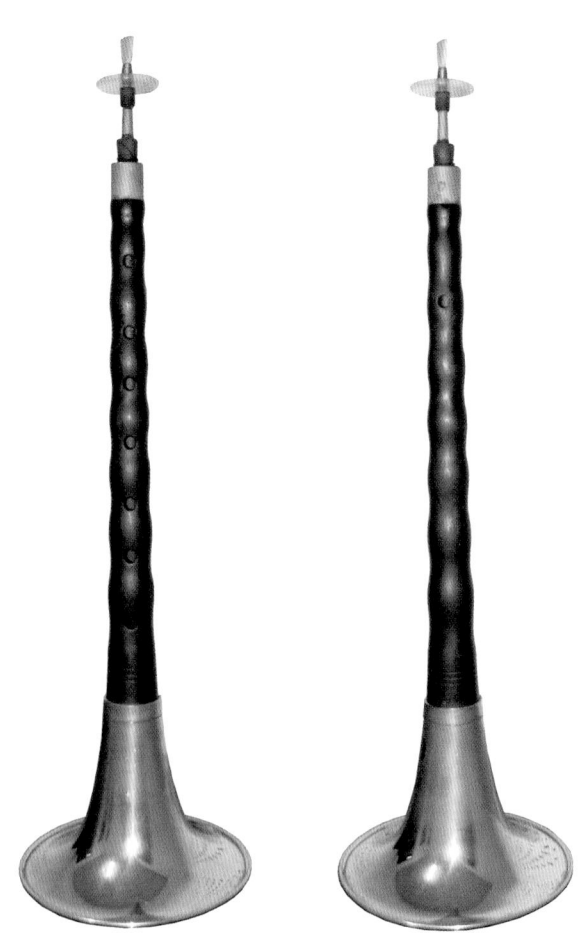

图一 土家族唢呐主图

唢呐是一种外来乐器，我国的唢呐起源于波斯、阿拉伯一带，至迟于唐朝时期传入。唢呐最初用于军队，后在民间广泛流传，各个民族和地区对于唢呐的称谓也各不相同。唢呐传入我国后经过融合与改造，逐渐成为全国各地普遍接受的民族乐器之一。

唢呐属双簧气鸣乐器，靠顶端的哨片与唢呐管内的气柱共同振动发声。唢呐一般有八孔，前七后一，开孔一般都是上端孔距较小，下端孔距较大。唢呐的基本结构自上而下分别是哨片、气盘、芯子、杆子和碗子五部分。我国各民族和地区的唢呐在制作的材料和工艺上相去不远。哨片主要以芦苇秆制成，气盘多采用有机玻璃制成，芯子多为铜片卷成，杆子一般多用红木，也有用其他硬质木料如紫檀、枣木等制作，碗子多用铜皮或不锈钢皮制成喇叭形。演奏唢呐须双手持握，口含管首簧片吹奏。唢呐的演奏姿势可分为坐姿、站姿和走姿。

唢呐传入中国后，变成了中国的民族乐器。唢呐在变为中国民族乐器的过程中，没有太大改变，各民族唢呐的形制没有太大区别，在形态设计和功能诉求上基本一致。贵州省黔东南州镇远县的土家族山寨尚寨被称为唢呐之乡，每年农历八月初八都会举办隆重的唢呐节。唢呐及其吹奏的曲目，在土家族人中世代相传。

在土家族以及其他的民族中，唢呐被广泛应用于婚丧、嫁娶、典祭等日常活动或仪式现场的音乐伴奏。尚寨土家族的唢呐文化源远流长，唢呐已成为这里人民生活中不可缺少的重要组成部分。每逢红白喜事都必有唢呐伴奏。唢呐吹奏的曲目主要有《四季牌》《大红花》《迎亲曲》《行路牌》《谢茶曲》《拜客曲》《送客曲》《上轿牌》《下轿牌》等等。根据所表演的场合不同而吹奏不同的曲目。

图片来源

图一至图四、图六、图七　王琥，何晓佑，李立新，夏燕靖.中国传统器具设计研究（卷四）[M].南京：江苏美术出版社，2010.1

图五　胡万明　制图

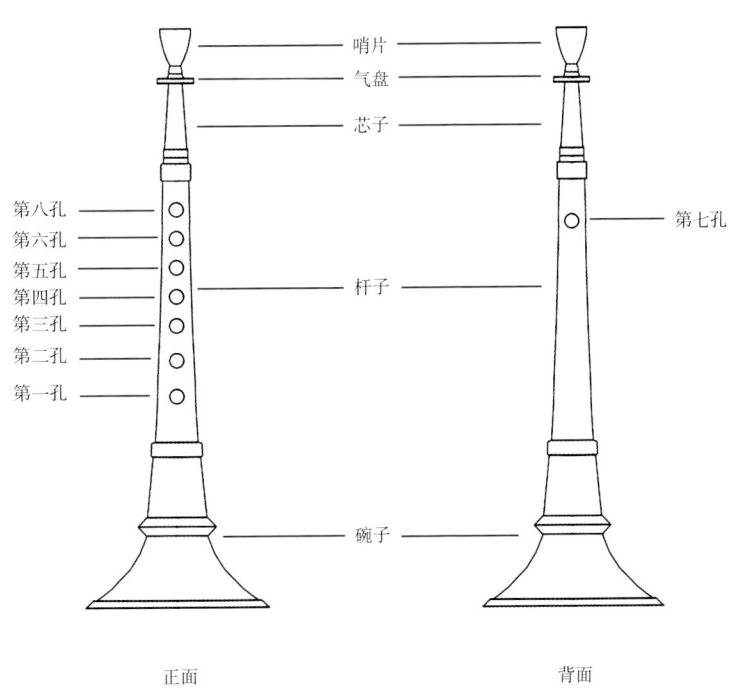

图二　土家族唢呐结构名称图

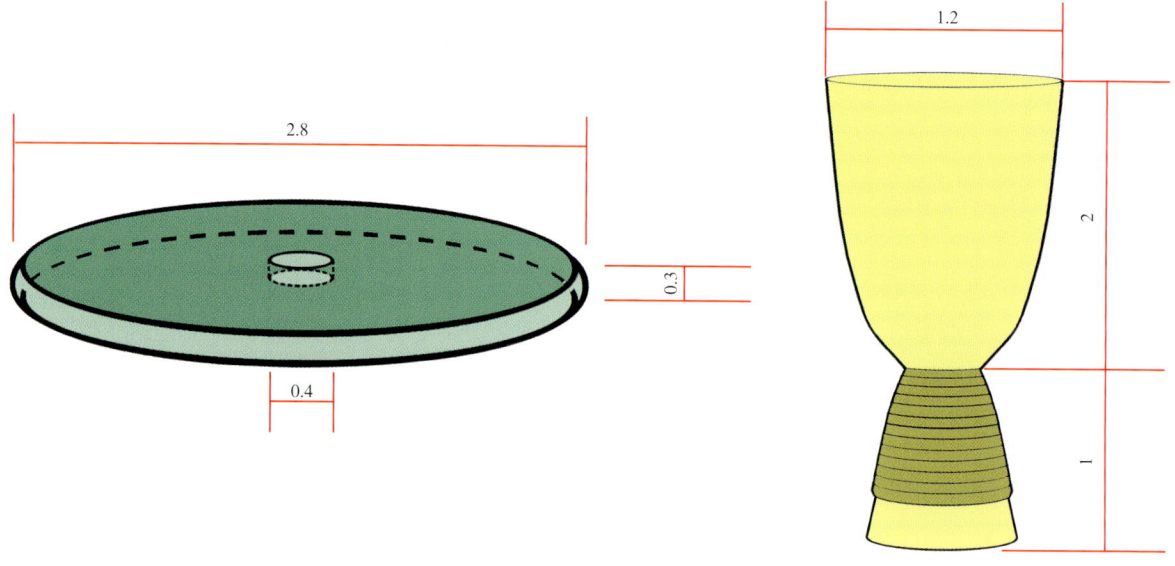
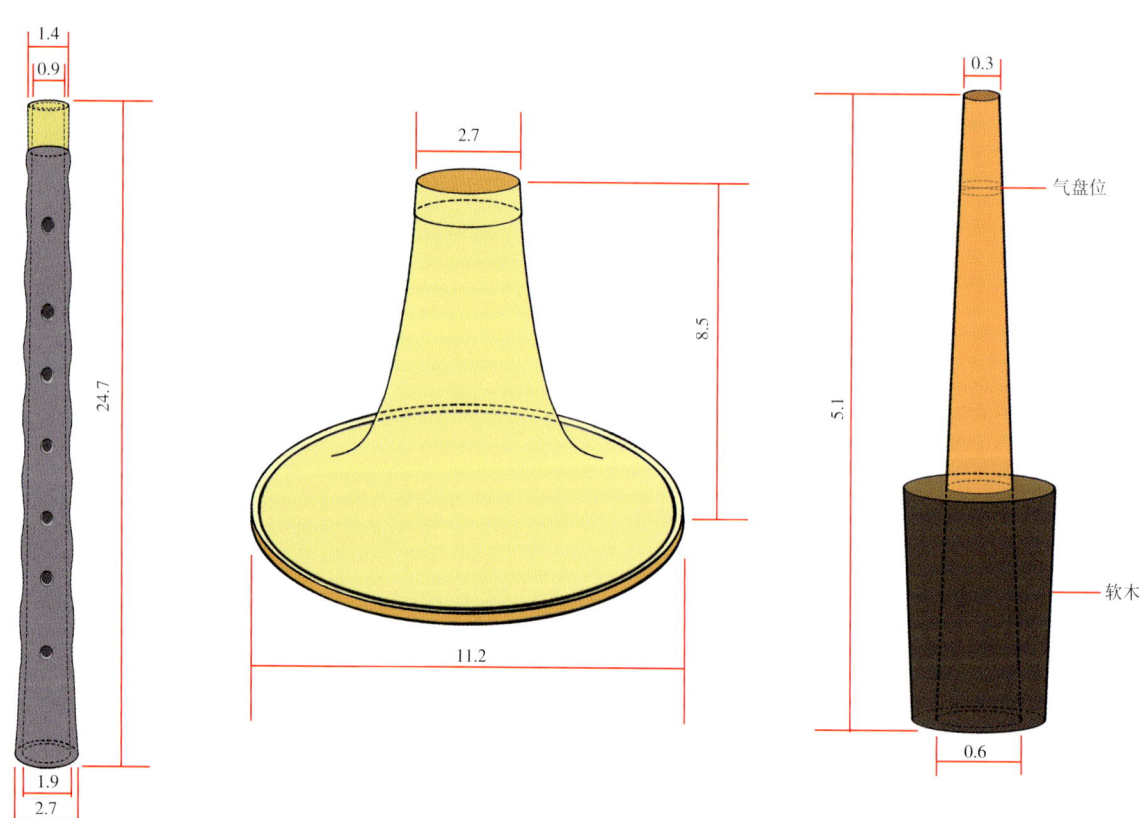

图三　土家唢呐尺寸图（单位：cm）

图四　土家族唢呐结构分解图　　　　图五　土家族唢呐发声原理——气流穿过簧片示意图

图六　土家族唢呐操持方式示意图

第四章　土家族传统生活用具

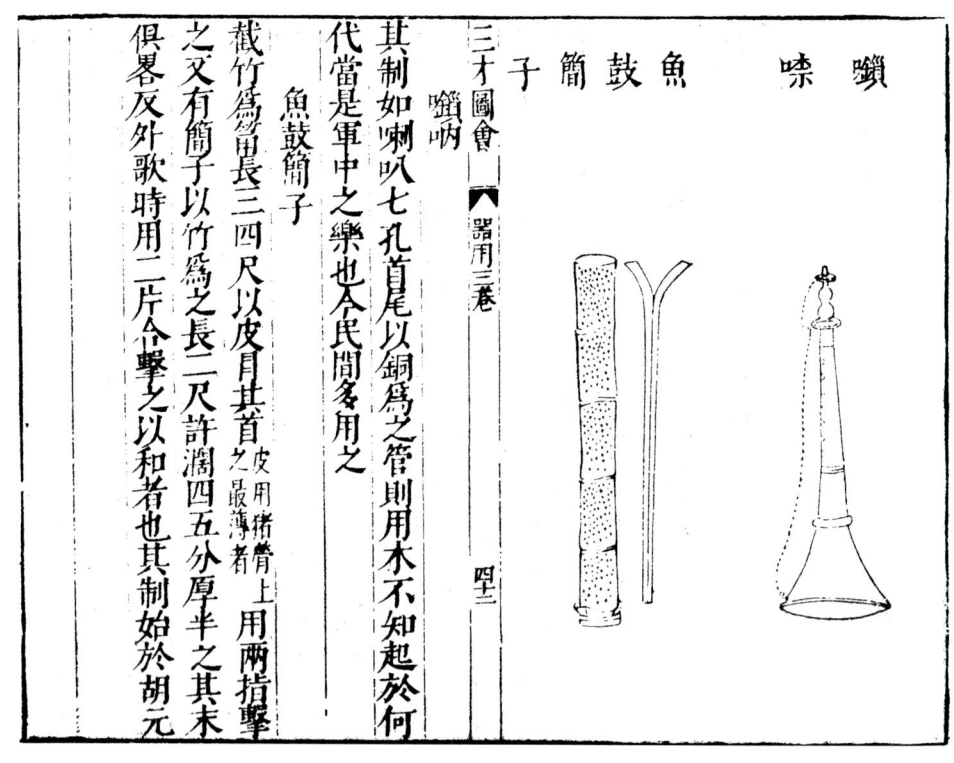

图七　土家族唢呐在明《三才图会》中的说明

土家族溜子锣

图一　土家族溜子锣主图

　　溜子锣，又称田锣、堂锣。它是土家族敲击体鸣乐器。流行于湖南省湘西土家族苗族自治州龙山、桑植、永顺、保靖，以及湖北省鄂西土家族苗族自治州等地。

　　溜子锣外形如盘，锣面平坦无脐，锣壁较厚，锣身不镟光留有锤锻痕迹。锣面直径约33厘米，锣边宽3.5~4厘米，锣边一侧钻孔系绳。锣槌木制，长20厘米，头大尾小，槌头不包绸布。

　　溜子锣是器乐合奏中的低音乐器，常用

于奏出乐曲的骨干节拍、段落和结尾，经常与钩锣交错配合演奏。演奏时，左手提锣绳，右手执锣槌敲击锣面中心，发音洪亮，音色圆润。其奏法较多，有击锣心、击锣边、轻击、重击、延长音、迫锣（又称揣锣）等奏法。土家族溜子锣用于打击乐器合奏"打溜子"。

溜子锣为响铜手工打造，响铜乐器原料配比为：紫铜77%，纯锡23%。响铜乐器的主要制作工序为：

1. 化料制坯：出料模为生铁铸模，模盖上留有一个注料孔，注入料前先在铁模内壁刷上一层食用油，以保证铜料光滑。

2. 热锻：在土制退火炉中将铜坯升温至600度取出进行热锻，根据不同乐器，将打薄的铜坯继续锻打成乐器粗型。

3. 起锣边：锤点打到离边线约3厘米的位置，锻打3~5次，锣边即可立起。

4. 剪边：规整外轮廓。

5. 淬火：将乐器粗型入炉升温至450度，投入凉水当中。

6. 冷锻整形：使用各种型号的铁锤和铁砧子加工乐器粗形。

7. 抛光、定音：使用传统刮刀将乐器正反两面铲平刮亮，反复约三至四次，在这个过程中开始第一次定音。

8. 打孔、系绳：穿绳入孔，便于提携而且不影响音质回声。

9. 第二次定音：完全抛光后，继续深入调整音色、音质和音调。

如同其他许多传统手工艺一样，响铜乐器的制作不仅是单纯的制作技艺，也是一种特殊的文化。需要对各个型号和调试的乐器了如指掌，这需要数代工匠的经验积累和长久的音乐熏陶方可完成。

图片来源
图一至图六　胡万明　制图
图七　潘妙.长子响铜乐器制作技艺[J].北京：装饰，2007.8.

图二　土家族溜子锣尺寸图（单位：cm）

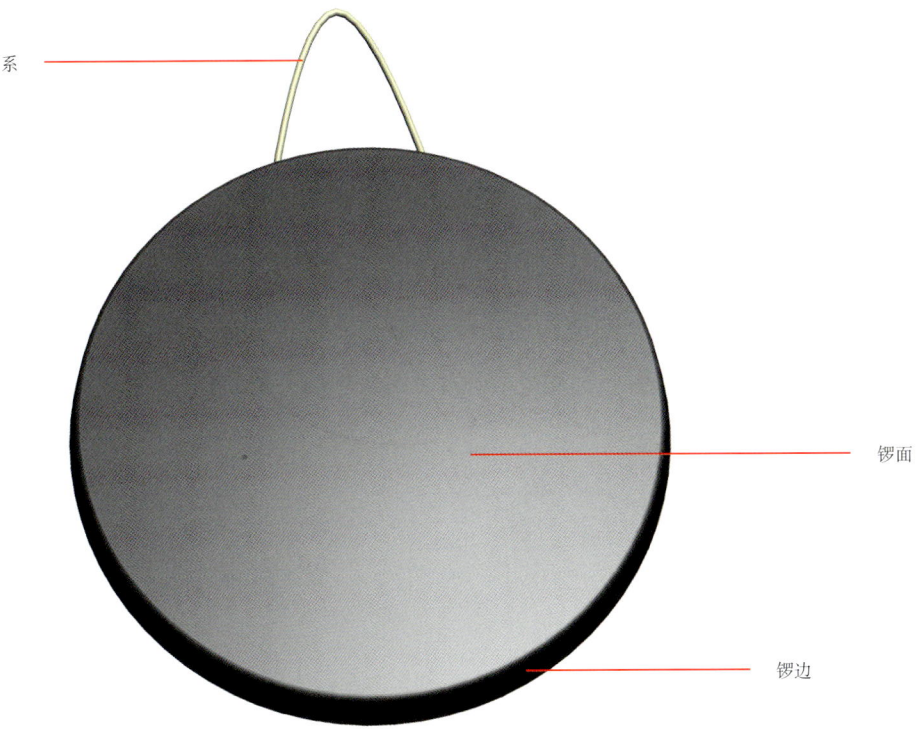

图三　土家族溜子锣结构名称图

图四　土家族溜子锣结构分解图

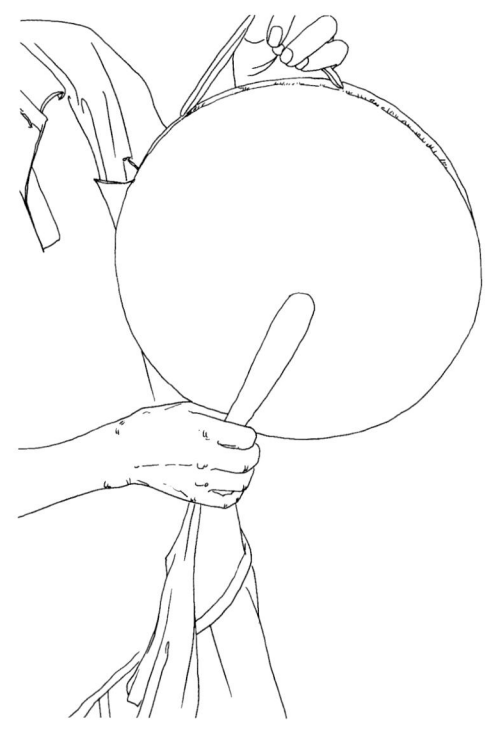

图五　土家族溜子锣敲奏示意图

图六　土家族溜子锣敲奏场景图（四人溜子）

1. 浇铸

2. 热锻

3. 起锣边

4. 剪边

5. 冷锻整形

6. 抛光

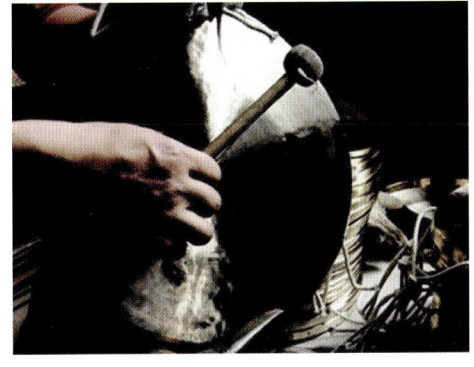
7. 第一次定音

8. 第二次定音

图七　土家族响铜乐器制作流程图

土家族梳妆台

图一　土家族梳妆台主图

梳妆台为妆容用具，土家族的梳妆台从形式上看，也是受外来因素的影响，旧时只有生活富裕的家庭才能用得起梳妆台。

在中国传统家具中，没有梳妆台这一品类，只有依附于其他家具上的梳妆匣或镜台作为妆容用家具。后来，随着西方文化的传入，海派家具在中国逐步流行，传统家具融合了欧式家具中的一些特征，梳妆台也应时而生，属于当时的时髦产品，一般为大家闺秀的嫁妆。至迟在清代后期梳妆台已很常见。民国时期玻璃大量涌入民间，梳妆台大量出现，尺寸较之前高大，带有西洋式建筑的风格。

梳妆台一般由梳妆镜、梳妆台面、梳妆

柜、梳妆椅组成，因其多为陪嫁用具，其用料和做工都较为讲究。

梳妆台的制作程序如下：

1. 选材及材料处理：主家根据实际情况提供材料，木工艺人进行材料处理。先进行大剖，即将原木锯割成适当尺寸，然后自然风干。材料须放置在阳光下"纳日"，经常洒水以置换出树汁，夏季一个月左右，其他季节酌情决定时间长短。"纳日"之后再放置室内通风处"吹风"2~3年，木材彻底干燥后方可使用。

2. 刨平：对木料做表面修整，然后根据主家需要或地方习惯以及师承的因素决定梳妆台规格。

3. 放样：以木工笔、直角尺在木料上，根据梳妆台的尺寸、样式，勾勒出各构件的基本尺寸及形态。

4. 制榫：制作榫头及榫眼，榫可分为固定榫及活动榫两种。榫头插入榫眼通常要蘸胶，制作传统家具所用的胶一般为水胶，现在则使用白乳胶。

5. 细部雕刻：对细部构件进行雕刻或装饰，装饰的纹样由木工艺人自行决定或根据主家的喜好决定。

6. 组合：将做好的部件组合起来。

7. 涂装：按红丹—生漆—亮光漆的步骤进行髹漆装饰。

梳妆台前一般都有梳妆凳配合使用。

图片来源

图一　辛艺华，罗彬.土家族民间美术[M].长沙：湖北美术出版社，2004.2

图二至图五　胡万明　制图

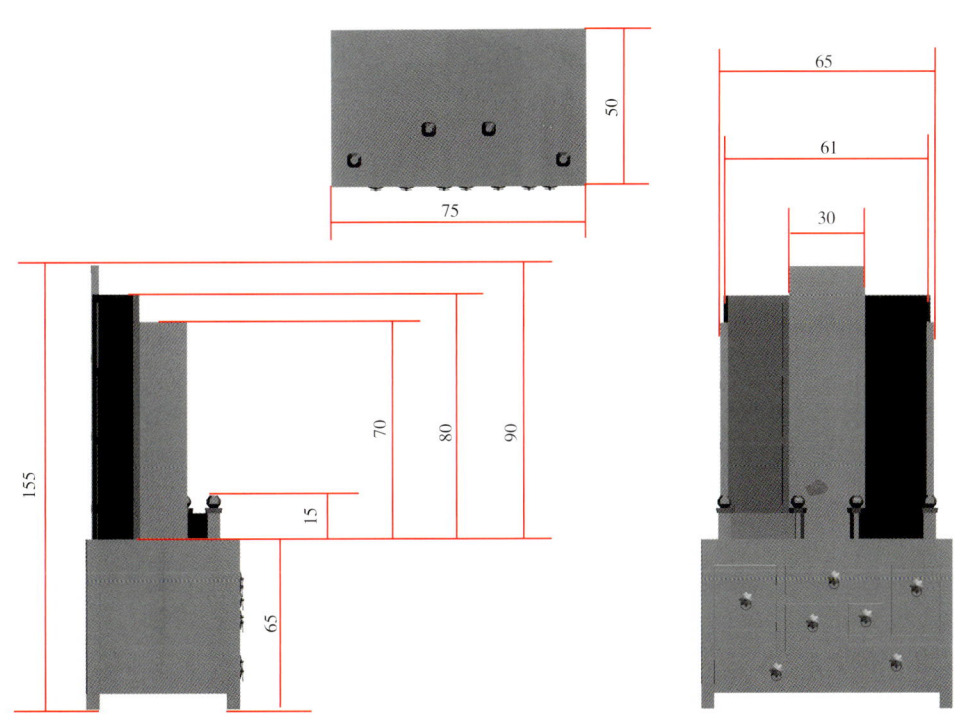

图二　土家族梳妆台尺寸图（单位：cm）

图三 土家族梳妆台结构名称图

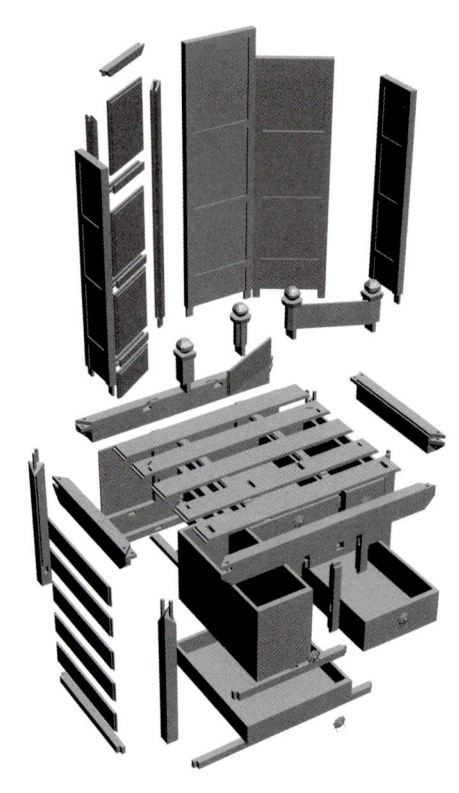

图四 土家族梳妆台分解图

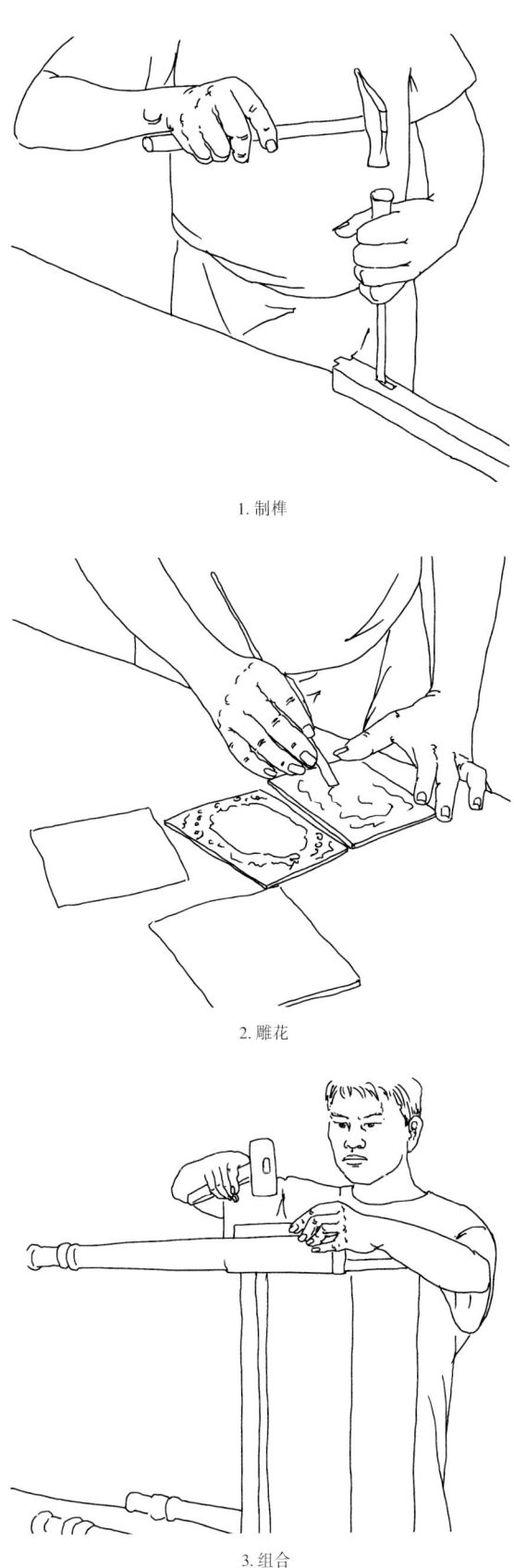

1. 制榫

2. 雕花

3. 组合

图五 土家族梳妆台制作流程图

土家族脸盆架

图一　土家族脸盆架主图

脸盆架是一种妆容用具，土家族的脸盆架与其周边地区的汉族人家使用的脸盆架没有显著的区别，总体上说，只是所用的木材稍显不同。因土家族地处山区，木材资源丰富，所以在制作家具时所用的木材多就地取材，山上的树木多种多样，往往根据需要，提前将所要的木材准备好。汉族的旧式家具多选用硬木，受明清家具的影响较深，而土家族的家具在木料的选择上更为自由，并以杂木居多。在家具造型上，土家族的家具受汉族影响深远，基本上保留了汉族传统家具的风貌。

本案例的脸盆架根据相关资料建模而成，乃是旧时土家族女儿出嫁时的嫁妆，也是旧时土家族人寻常的生活用品。在制作材料和工艺上，富裕人家一般会选用名贵一些的木材，找木匠精雕细刻而成，而普通人家选用自家山上的木材，在做工上也没那么讲究。脸盆架重在实用，所以只要牢固耐用，材料上的区别并不能在功能上拉开距离。做工精美、材料名贵的脸盆架只是在感官上更能给人以享受，土家族人朴实的性格并不看重这些貌似华贵的噱头。

脸盆架通常一人来高，后面较高的两条足为后足，前面四条较低的足为前足，后足上端为搭脑，可用于临时搭放毛巾，两后足中间位置榫接一个挖好的皂盒，可将肥皂放入其中。上枨和下枨为中间交叉的三根横木，将前后足连接到一起，使之牢固结实。上枨的三根横木形成一个平台，可以放置脸盆，而前足顶端向外张开，形成柱挂，在脸盆周围形成护栏，保证脸盆不会滑落。

陪嫁的脸盆架多摆放在新娘的卧房内，专为新婚夫妻所用，甚至陪伴终身。

图片来源
图一至图五　胡万明　制图

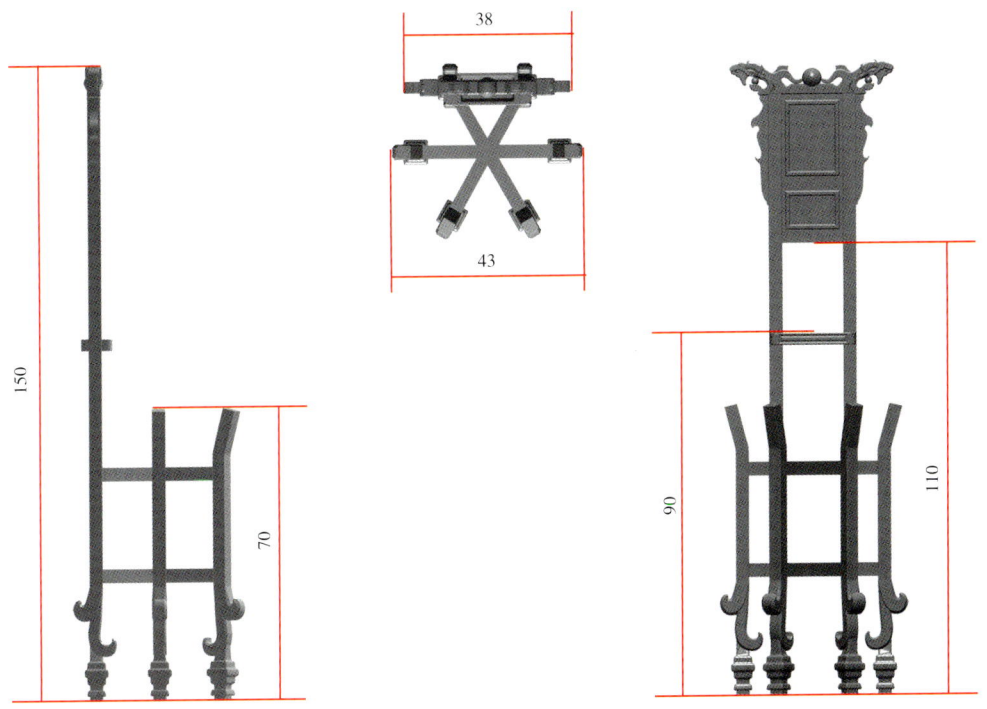

图二　土家族脸盆架尺寸图（单位：cm）

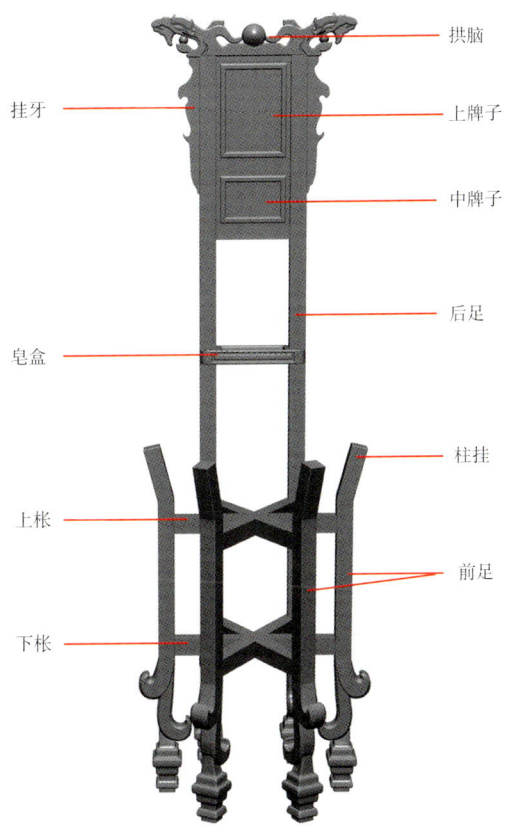

图三　土家族脸盆架结构名称图

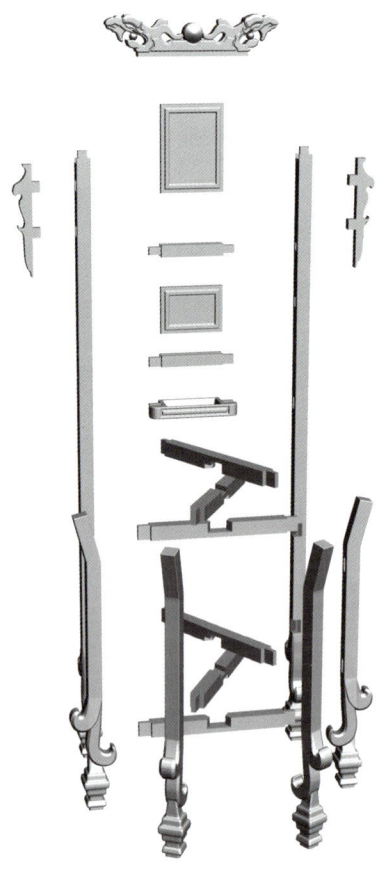

图四 土家族脸盆架结构分解图

图五 土家族脸盆架使用示意图

土家族连箱柜

图一　土家族连箱柜主图

箱与柜在古代都为盛装物品的器具，古代的柜与现代的箱子相似。古时的箱指车内存放东西的地方，汉代时期有了箱子的称谓，其形状与战国前的柜子相似，用于存贮衣被，称巾箱或衣箱，形体较大，具备多种用途。两晋以后有了"橱"，是一种前开门的有多用途的家具，可存贮书籍、衣被、食品等。

从形体构造上看，连箱柜是一种箱与橱的综合体，其上部为箱，可用于存放衣被等，下部为橱，可用于存放杂物。连箱柜的出现是人们智慧的体现，各地做法不一，依据需要决定其样式与结构，颇能体现现代设计思想。从用材用料上看，土家族木制器具少有木料名贵者，多为柴木制作而成，后髹色漆封固，少显木纹肌理，有的会在箱体橱门上画上寓意吉祥的画，如丹凤朝阳、喜鹊登梅等。

本案例连箱柜根据实物建模而成，其整体高度约为120厘米，其中橱的高度为59厘米，箱的高度约为61厘米，在橱的四角分别用木边钉上截面为正方形、边长1厘米的拐角，构成一个槽，正好将上端的箱体嵌入槽内。上端箱的长度约98厘米，宽度约58厘米，下端橱的长度约100厘米，宽度约60厘米。

整个连箱柜采用榫卯形式连接，上端的箱用木板制成，四角采用燕尾榫，接合紧凑，板与板之间钻眼钉上竹钉，接合严密，箱盖与箱体通过铰链连接，铰链铜质。下端的橱是以榫卯接合的框架，框架间的板材与箱的板材结合方式一样为竹钉接合，两头出榫嵌入边料的凹槽，使其固定。橱的正面有两扇柜门，正面左右两侧上端各有一个抽屉，可放入一些细小的杂物，取拿方便。

连箱柜一般都成双置办，是新娘嫁妆的一种。

图片来源

图一至图四　胡万明　制图
图五　胡万明　摄影

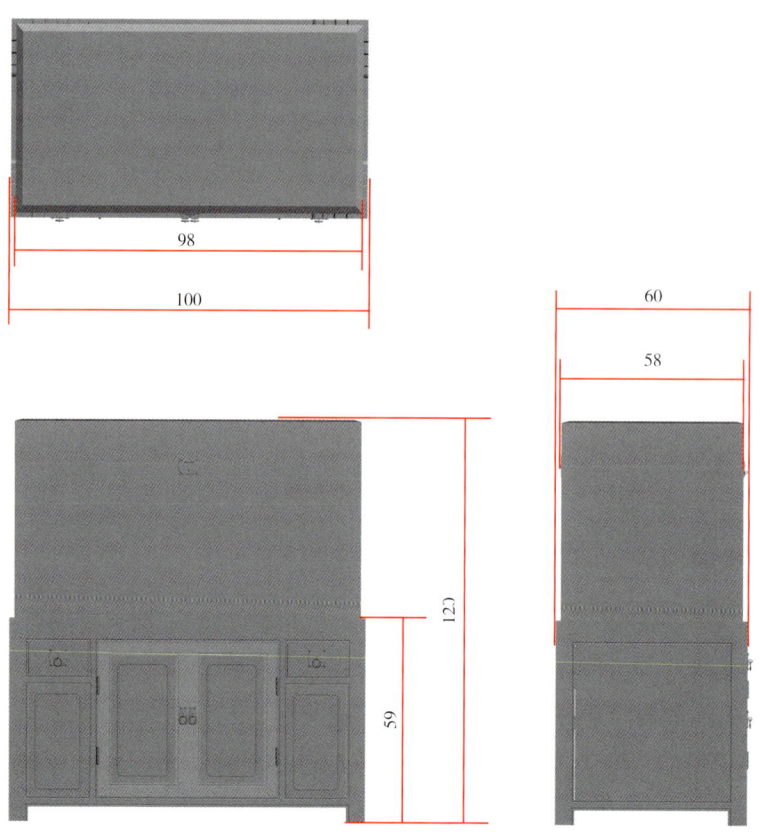

图二　土家族连箱柜尺寸图（单位：cm）

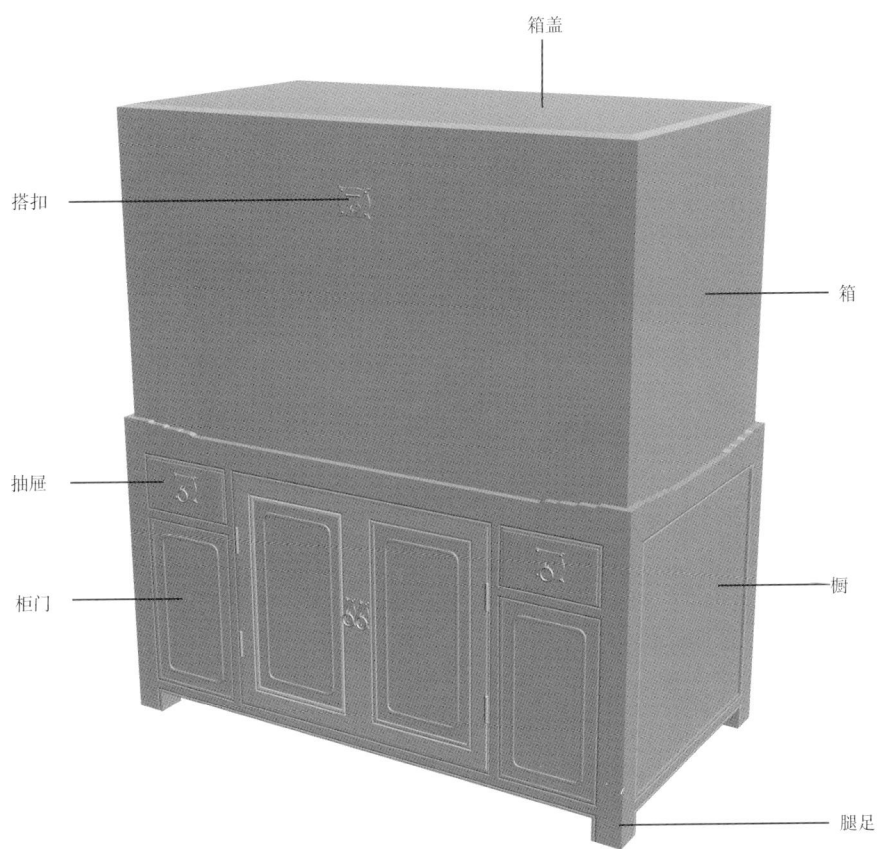

图三　土家族连箱柜结构名称图

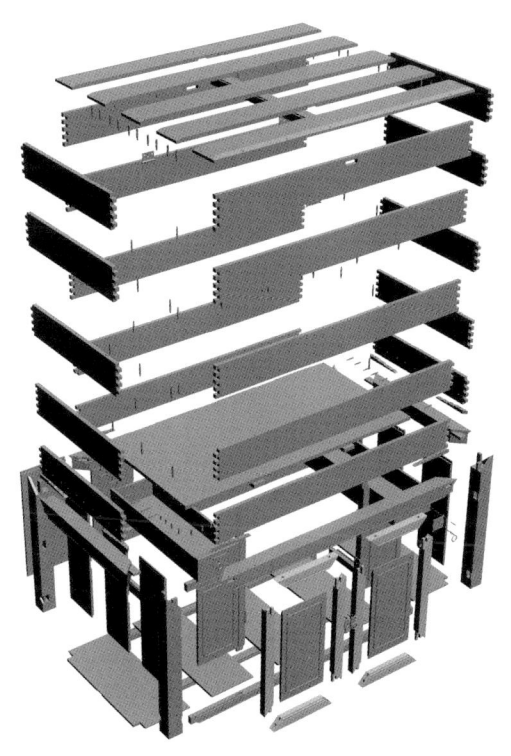

图四　土家族连箱柜结构分解图

图五 土家族连箱柜使用场景图

土家族木台镜

图一 土家族木台镜主图

木台镜作为一种妆容用具，以一个稳固的木质外框装载一面玻璃镜面，其外框古朴，为明清家具特有的造型样式。这种台镜在土家族地区比较少见，多为富裕人家所有或祖辈富裕的人家传承下来的。木台镜的外框用料讲究，多为硬木制成，为精雕细作之物。

我国用镜的历史悠久。《物原》记载："轩辕作镜。"《轩辕内传》中载："帝会王母，铸镜十二，随用而用。"而《述异》也记载："饶州旧传轩辕氏铸镜于湖边，今有轩辕磨镜石。"可见中国人用镜的历史可追溯至远古时代，早期的镜子为青铜制成，是为铜镜。玻璃镜面是外来产品，12—13世纪之交欧洲出现背面涂金属的玻璃镜，14世纪的威尼斯商人发明了以镀银工艺生产的玻璃镜面，此后一直为玻璃镜面生产的主要工艺，直至镀铝工艺出现。我国在明朝时期从欧洲传入以玻璃作为镜面的镜子，此时国内还没有此类技术，故而玻璃镜较为稀有，成为王公贵族把玩的稀有物件。因为玻璃易碎的特点，决定了承托玻璃镜面的外框需要坚固稳定。

本案例木台镜根据相关资料建模而成，木台镜由镜面、镜框、镜架、底托、镶板等部分构成，镜面为玻璃镜面，其余部分为木质，采用榫卯结构连接而成，为明清家具的造型样式。其中镜框可以从镜架上取出，使用时执于手上或靠于桌前，闲置时可插在镜架的槽内，整体屏风状。木台镜的底托宽大稳固，可保证镜面的稳定性。

木台镜多为大户人家嫁女儿的嫁妆，这种台镜用珍贵的木料、精细的做工来保护易碎的玻璃镜面，足见旧时玻璃镜面的珍贵，因为传统的玻璃镜面生产中的镜面镀银工艺须人工操作，工艺落后，故产量有限。在出售过程中，因玻璃易碎，损耗较大，所以价格昂贵，非一般人家能够使用的。直到清代中后期，中国能自主生产镀水银玻璃镜面后，玻璃镜面才逐渐普及，此时，工艺精美的木镜框已成为悠久的历史。

图片来源
图一至图五　胡万明　制图

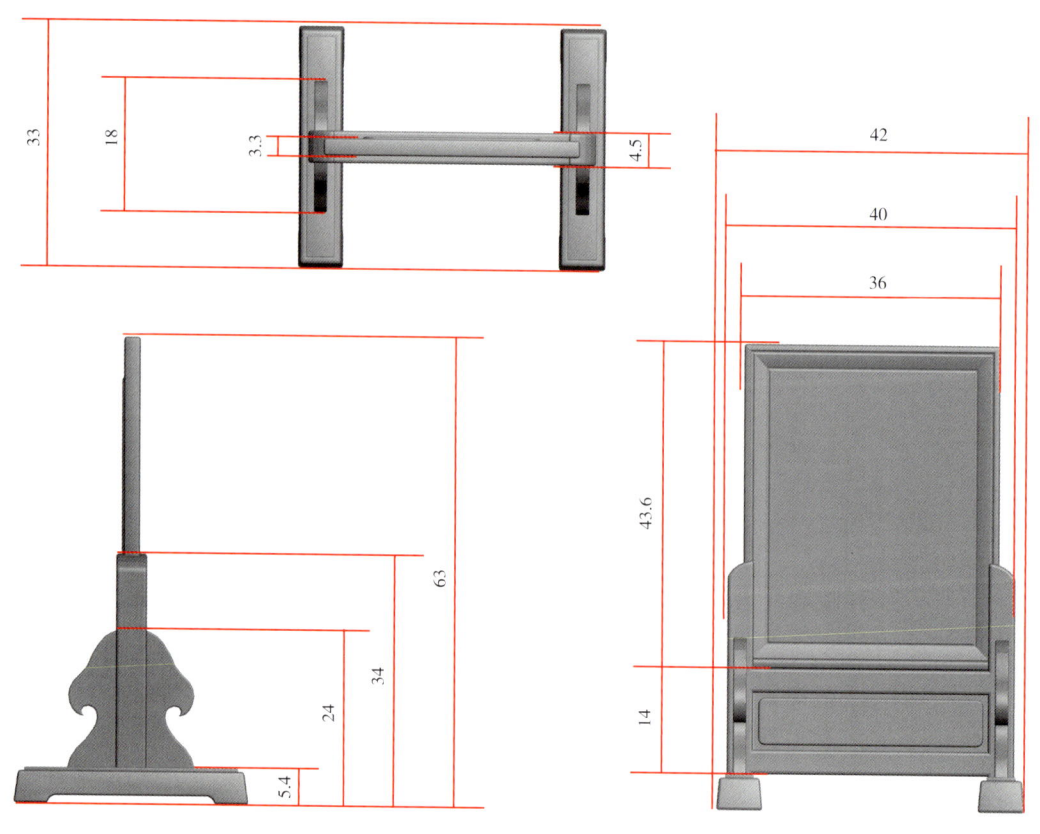

图二　土家族木台镜尺寸图（单位：cm）

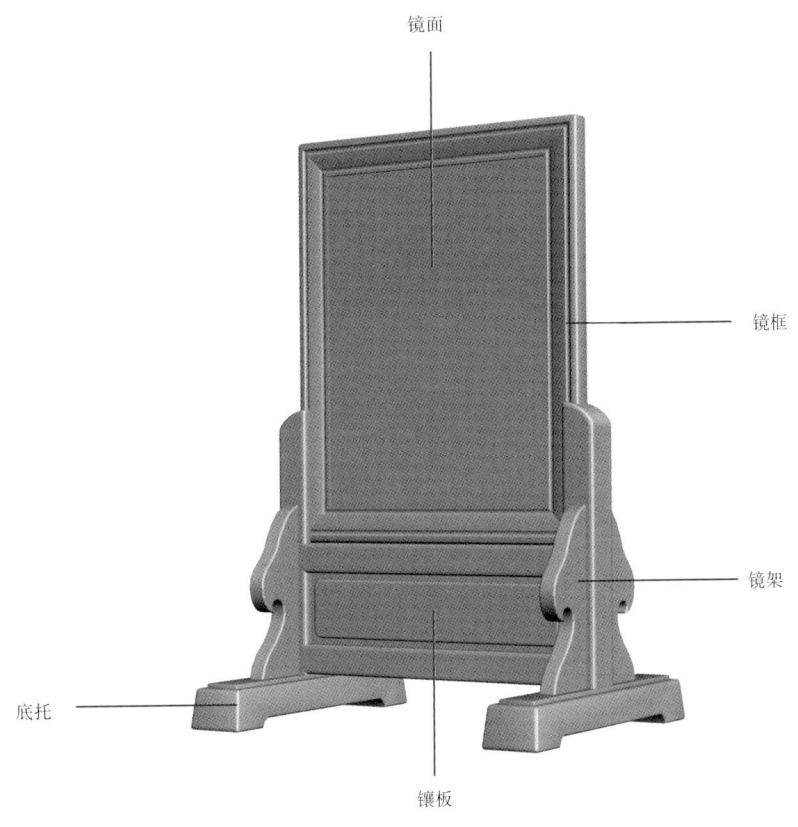

图三　土家族木台镜结构名称图

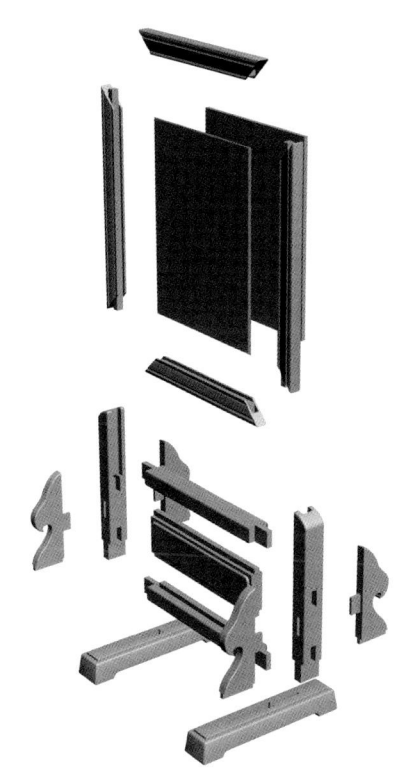

图四　土家族木台镜结构分解图

图五　土家族木台镜摆放场景图

土家族木梳

图一　土家族木梳主图

梳子作为妆容用具已存在几千年的历史，而在各民族的传统习俗中，梳子都会成为新娘出嫁必备的陪嫁器具，土家族也不例外。梳子虽小，但其意义非凡，土家族的女子出嫁前有家人为其梳头的习俗，伴随着新娘的哭嫁歌，寄托家人对其婚后美好生活的祝愿以及爱意的传递。

梳子结构简单，主要由梳背与梳齿构成，梳柄作为梳子的部件之一，并不是梳子必备的部件，梳柄的有无不影响梳子的使用功能。旧时以木梳为主，众多的木材都可作为制作梳子的原材料，并各有用途。桃木梳为避邪扶正之物，被视为驱邪压正的吉祥物。黄杨木梳为制梳首选，《本草纲目》载："世重黄杨，以其无火……其木紧腻，作梳、剜、印最良……清热、利湿、解毒。"枣木梳木质坚硬细密，纹理美观，可按摩头部，促进头部血液循环，乌发，止痒，提神醒脑，《本草纲目》中记载枣木"能通经脉、令发易长"。

梳头时，一手执梳，顺着或者逆着头发的生长方向梳过去。头发长者须另一只手辅助完成梳头动作。头发丝经过梳齿的梳理之后，会将原先相对凌乱的发丝梳得井然有序。

梳子制作工艺比较复杂，基本可以分为刨平、开齿、锉齿、锯背、打磨、上光等步骤。刨平是将选好的制作梳子的木料用刨子刨平，直到平整度满意为止。接下来用锯子开齿，开齿之前用笔勾画出梳子的形状，然后贴到刨平的木板上作为参考，用锯子沿梳齿位置锯开。开齿之后是锉齿，用小锉将两梳齿之间的毛刺锉平。锉齿之后是锯背，按照事先设计好的纹样，将梳背做出造型，使梳子趋于完善。打磨是用砂纸或其他材料将制作好的梳子打磨细腻，视觉感受更加精致。

上光是将打磨好的梳子擦上油，使其光亮、木纹细腻。最后可根据需要雕上花纹，木梳制作流程结束。

图片来源

图一至图五　胡万明　制图

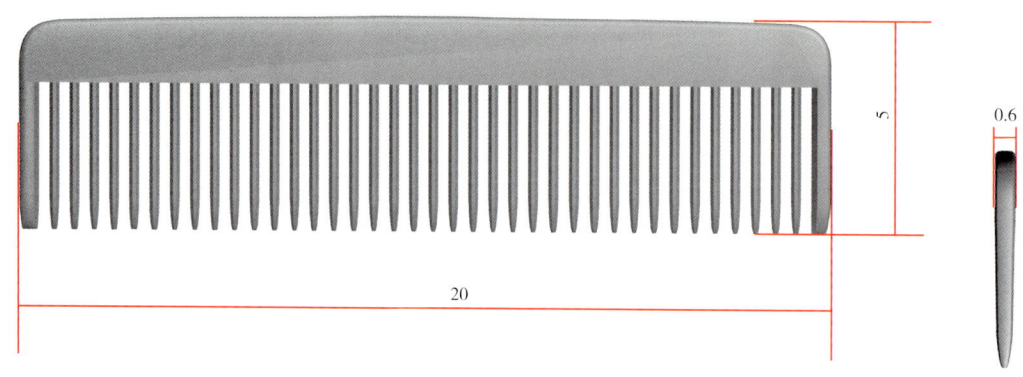

图二　土家族木梳尺寸图（单位：cm）

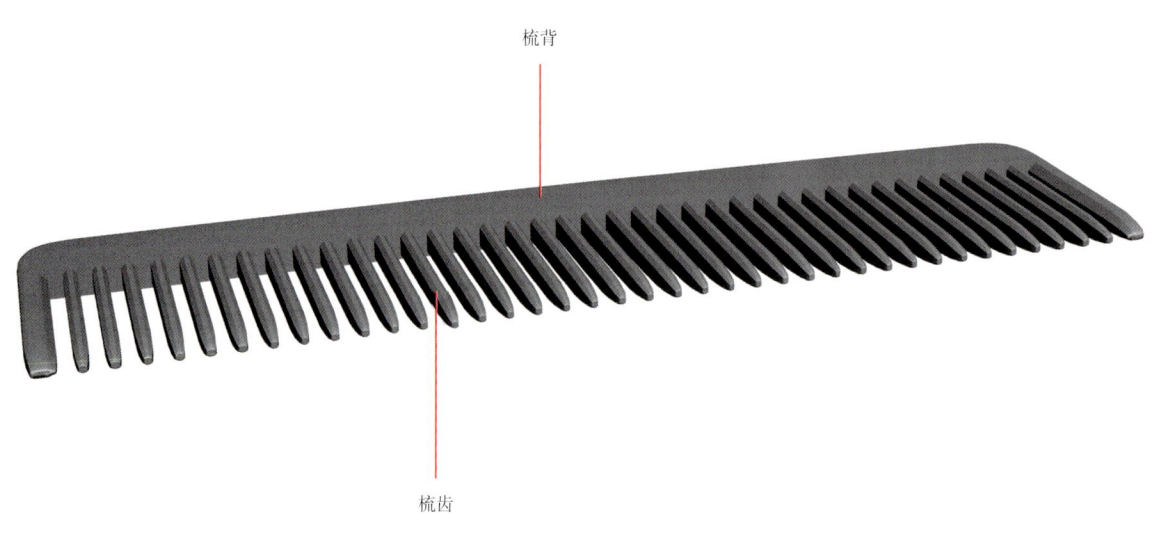

图三　土家族木梳结构名称图

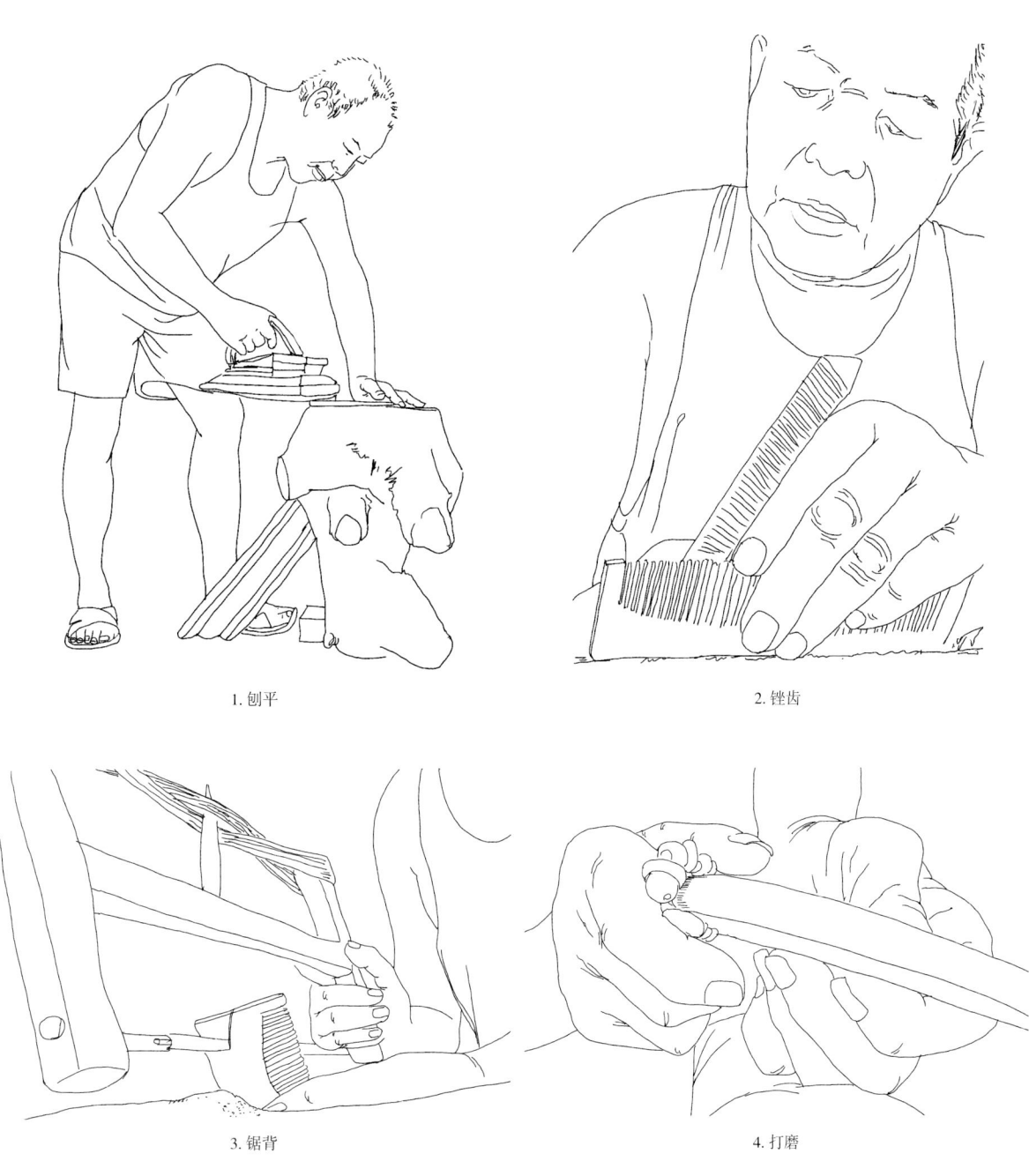

1. 刨平　　2. 锉齿

3. 锯背　　4. 打磨

图四　土家族木梳制作流程图

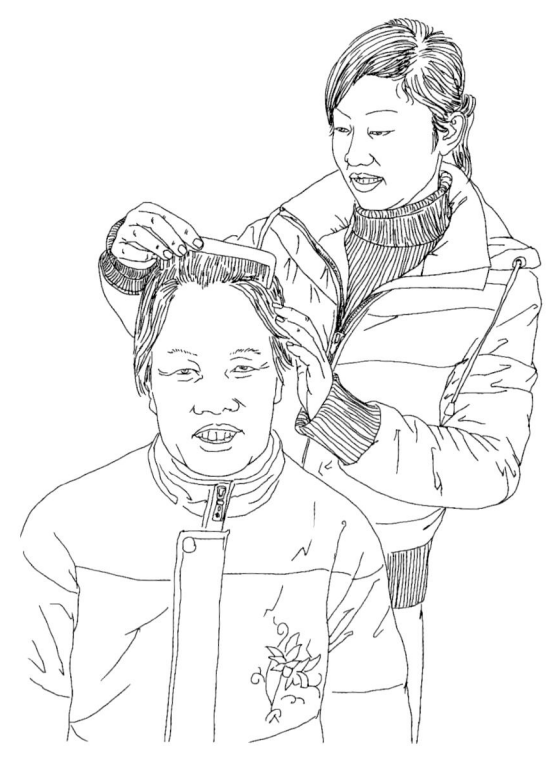

图五　土家族木梳使用示意图

土家族篦子

图一　土家族篦子主图

篦子是竹质的妆容用具，用于梳头。篦子中间为梁，两侧篦齿细密。

从形制上分析，篦子应该是由梳子演变而来，篦子的齿比梳子更细密。而篦子梳头功能则主要表现在刮掉头皮屑和藏在头发里的虱子（因旧时生活方式及卫生条件落后，头发中常生虱子），还可按摩头皮、舒筋活络。旧时的篦子系闺中之物，也是亲情、爱情的象征物。

本案例篦子根据湖北恩施土家族苗族自治州宣恩县板辽村退休教师朱耀的收藏建模，该篦子主要由篦齿、篦梁、篦档三部分构成，篦齿竹质，两端尖尖，其截面为圆角矩形，截面宽约0.1厘米，长约0.2厘米，单独一根篦齿长度约8厘米，一把篦子一般由100多根篦齿组成一个矩形，篦齿之间用线捆扎牢固。篦梁一般为竹质（也有木质），由两根组成，将篦齿夹在中间，起固定和定型篦齿的作用，使篦子便于手抓使用，也是篦子的重点装饰部位，在其上可刻可书、可诗可画。篦档为骨质，多以牛骨为原料，宽约1厘米，精心打磨光滑，置于篦齿两边，用篦梁将其夹在中间，起固定篦齿的作用，也使整个篦子更加美观。

旧时篦子为手工制作，其工艺复杂，工序繁多。众多工序可归纳为三个环节：

1. 办齿子：挑选上好的竹材，用篾刀砍下青竹，然后划成节，用匀刀做好篦齿的厚薄宽窄之后，用天然染料水煮，按规格折成相等长度，用细线将篦齿扎成坯子。

2. 办梁子：取竹根部材料，刮青之后锯成节，破成块，按梁子的样式削宽窄。

3. 办档子：以韧性好的牛骨为原料，按规格长度锯成节，再锯成1厘米宽的小片，精心打磨光滑。

篦齿、篦梁、篦档准备好之后，用特制的牛胶粘连组合，一把篦子即制作成功。

篦子使用时，篦齿尖端在头皮上摩擦，可将头皮屑等杂物篦出，其间夹杂的虱子等也会被细密的篦齿夹出，起到清理头发杂物的作用。

图片来源

图一至图五　胡万明　制图

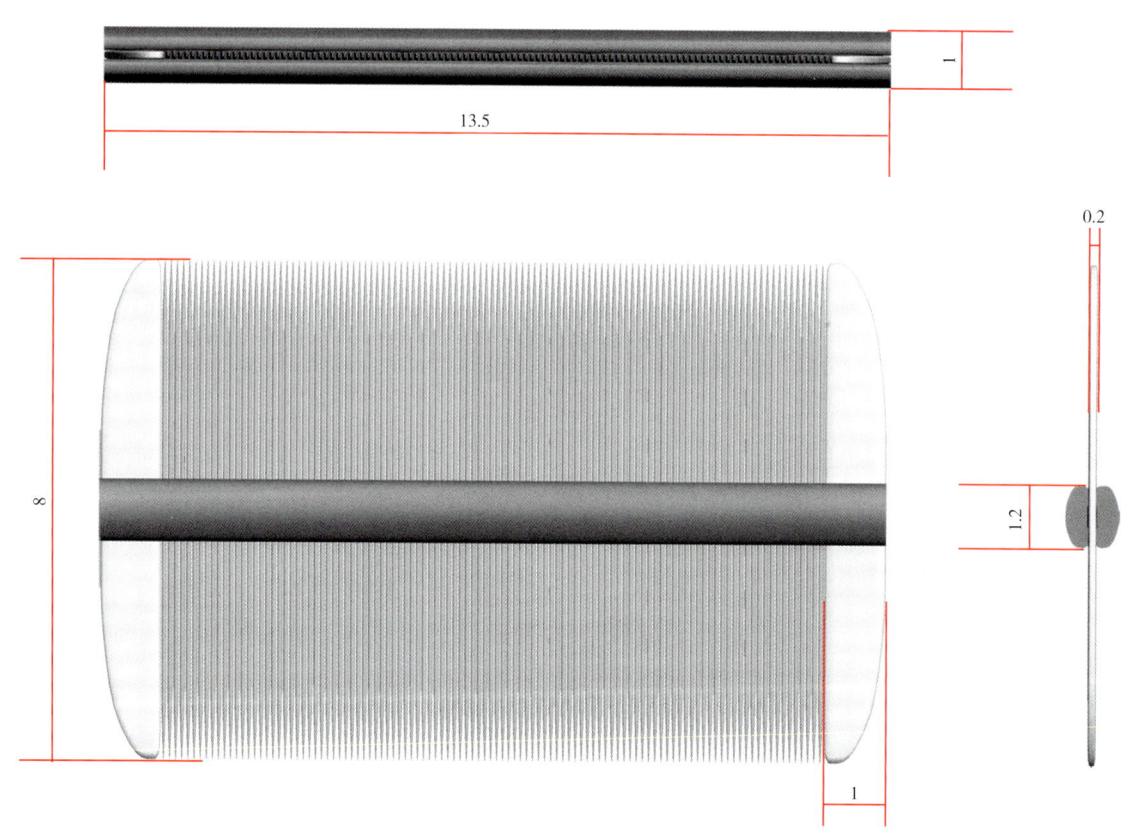

图二　土家族篦子尺寸图（单位：cm）

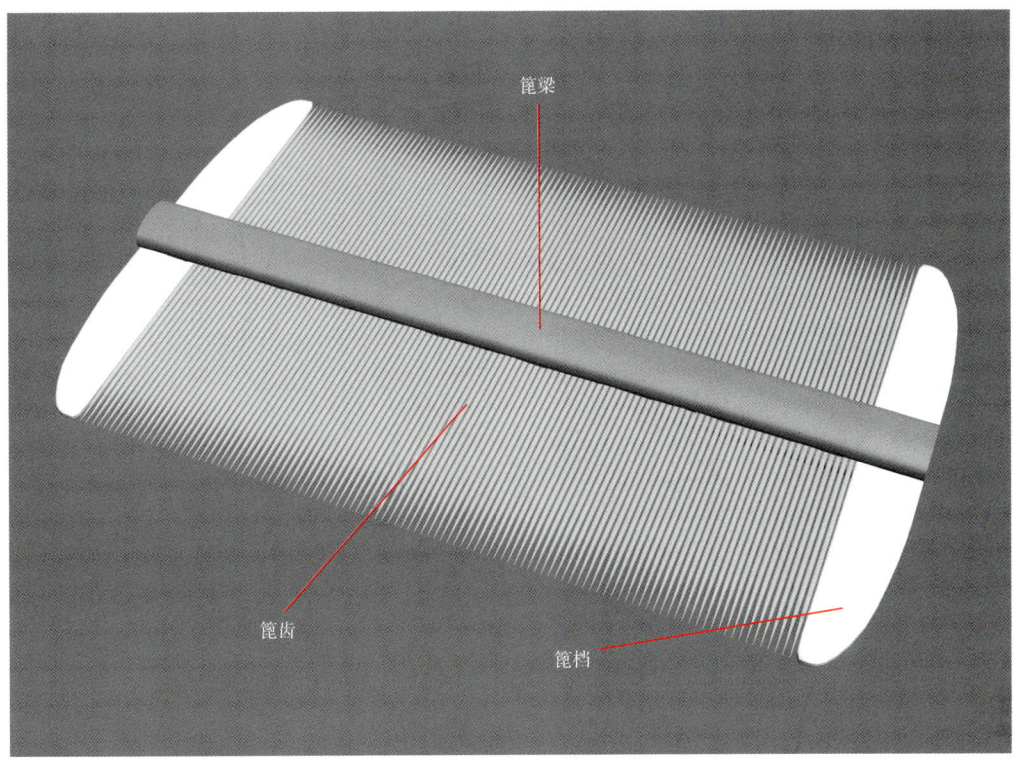

图三　土家族篦子结构名称图

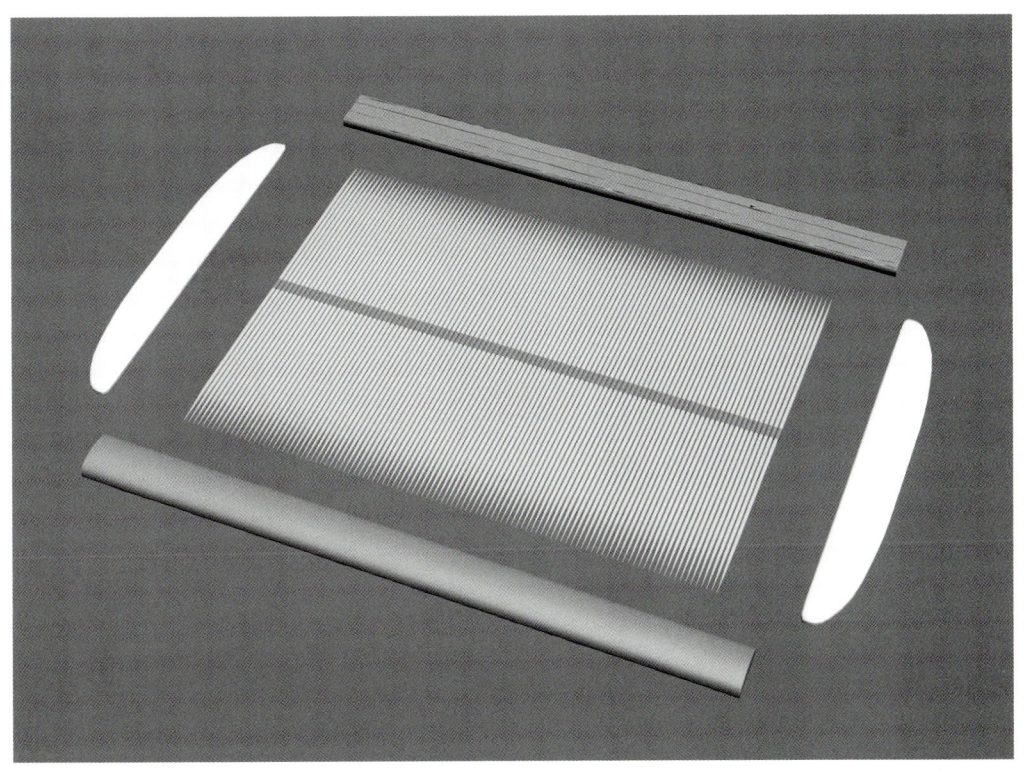

图四　土家族篦子结构分解图

图五　土家族篦子使用示意图

土家族大烟杆

图一　土家族大烟杆主图

　　土家族有吸土烟的习惯，大烟杆就是吸土烟的工具，土家族大烟杆也叫如意杆，其烟杆为竹质，套铜质的烟锅和烟嘴，长度都在 100 厘米以上。

　　土家族说，树木易栽，烟杆难育。烟杆一般为竹质，楠竹为上品，荆竹次之，斑竹又次之。竹节越密越好，节棱须饱满圆滑，不宜过于鼓凸。一根烟杆至少需一年时间培育，一般于头年竹笋出土之后，就选定大小适中的竹苗，长到 30 厘米左右时，开始从下到上每 2~3 天剥去一片笋壳，使竹节和竿早见阳光，不至突长，剥到所需的高度时（100 厘米以上，最长不超过 160 厘米），将上面部分砍去。待长到 1~2 年后（生长期愈长愈好）挖回来，用烧红的铁丝将竹节烙通，阴干到表皮呈金黄色后，再安装上烟锅和烟嘴。

　　烟杆也有木质的，为糯米条树的树枝，这种树枝上长杈的地方有一种自然的"节"，其分布错落有致，砍回来后放到火上烤热，再将树皮剥去，使"节"外露，烘干后涂上菜油，再烘一段时间，就成了棕红色，色泽沉稳古朴。

　　大烟杆上的烟嘴和烟锅的材质因主人的需求不同而有差别，有青铜、黄铜、玉石、玛瑙等材料，再配以铜质的烟锅翘翘、丝绵做的烟丝口袋和打火点烟的火镰石（因旧时没有打火机），一支大烟杆就制作完成了。

　　土家族山寨的男人们把烟杆视为珍宝，总是随身携带，大烟杆长近 160 厘米，加上前后半斤来重的铜烟嘴、烟锅，组合起来就是防身的武器，可驱兽打蛇、拨草探路、防身拒敌。土家族地处高山峻岭，行路时烟杆也可作为拐杖使用。土家族认为铜可以辟邪驱鬼，带上铜质烟锅、烟嘴的大烟杆，夜行不会胆怯。

　　据说一般用大烟杆的老人都要在吸烟时

留一手，平时一般不通烟杆里的烟屎（烟油），只要吸的时候通气就行，把烟屎保留在烟杆里，到那没有烟叶时，就把烟屎烧热来吸，可缓解烟瘾。

因大烟杆长，吸烟时须运足了劲才能使劲抽一口，肺活量小了还抽不燃。

图片来源

图一至图五　胡万明　制图

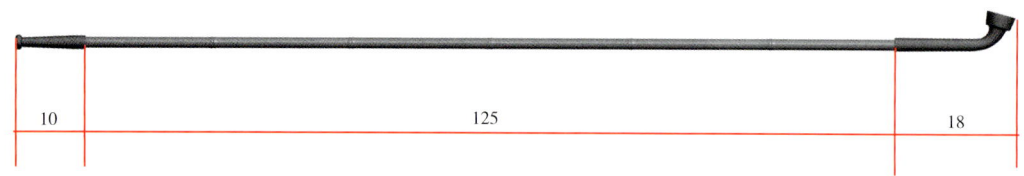

图二　土家族大烟杆尺寸图（单位：cm）

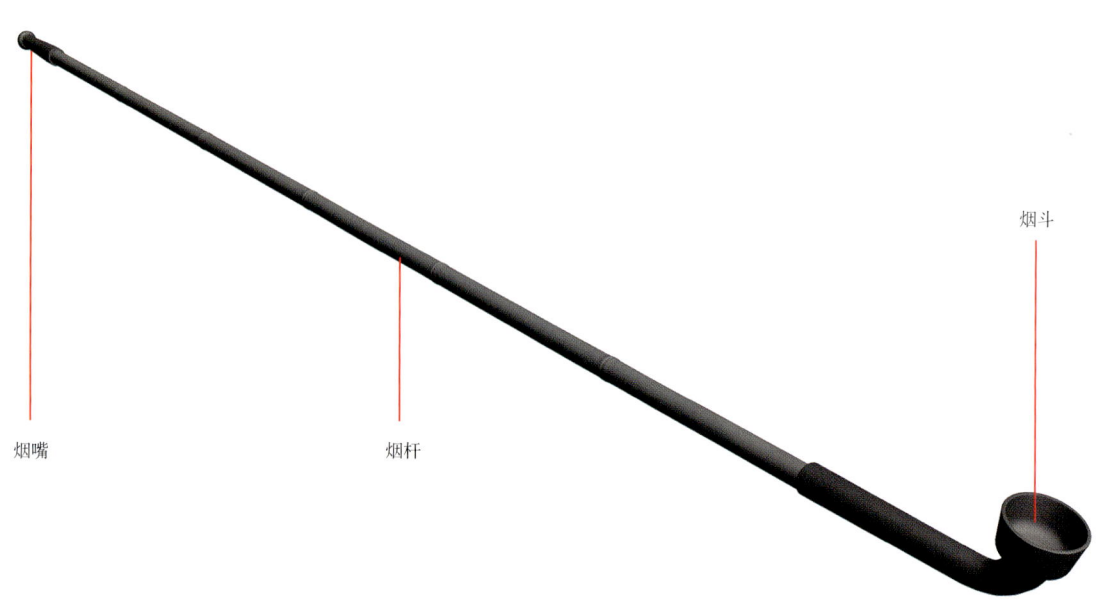

图三　土家族大烟杆结构名称图

图四　土家族大烟杆结构分解图

图五　土家族大烟杆使用示意图

第四章　土家族传统生活用具

土家族桐油灯

图一　土家族桐油灯主图

　　桐油灯是燃烧桐油用于照明的器具，至今没有足够的资料来证明桐油灯使用的历史，但从桐油使用的年代来看，桐油灯的使用也不少于千年。土家族地处偏远山区，虽然在山外都已经普遍使用煤油灯甚至电灯了，有些地方直至20世纪70年代初期还在使用古老的桐油灯。

　　土家族地处山区，植被丰富，桐油树较多，这也是土家族人用桐油灯的时间比山外时间长的原因之一。而另一个原因就是在植物油中，像棕榈油、茶籽油、漆籽油等都可以食用，在农耕年代，土家族人舍不得用这些油来点灯照明，但桐油无法食用，普通百姓家拿桐油来点灯是顺其自然的事。

该案例为一盏陶质桐油灯，根据相关资料建模。其底座为长方体，长约20厘米、宽约15厘米、高约3厘米，底座上的圆筒口凸出三根支架用于支撑灯盏，圆筒本身是一个油壶，用于盛放未燃烧的油。圆筒两侧为提梁，用于提拿灯盏，以便于日常使用，提梁高约为40厘米。灯托为铁质，半径约为8厘米，灯托上有回钩状拿手，便于移走装油。拿手高约16厘米。

桐油灯在使用时先在灯托内加桐油，在灯托内圈1～3根30厘米左右的灯草，浸在油里，然后用小铁片或小木条拨出灯草一头，高出灯托平面，以火点燃，便可照明。桐油灯并不仅仅只用桐油，在其他地区也有用菜油的，称之为香油

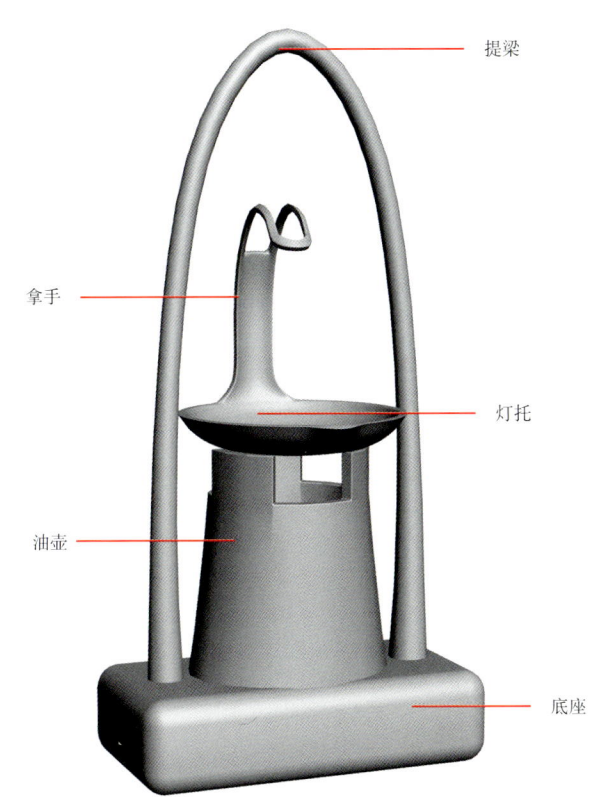

图二　土家族桐油灯结构名称图

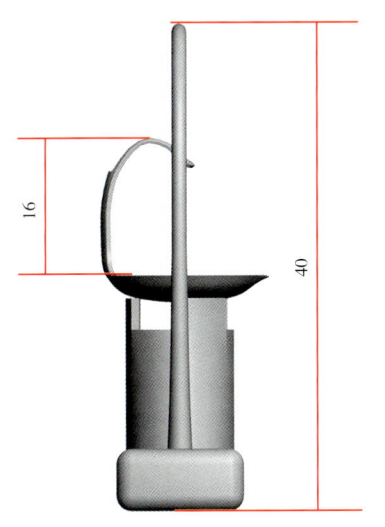

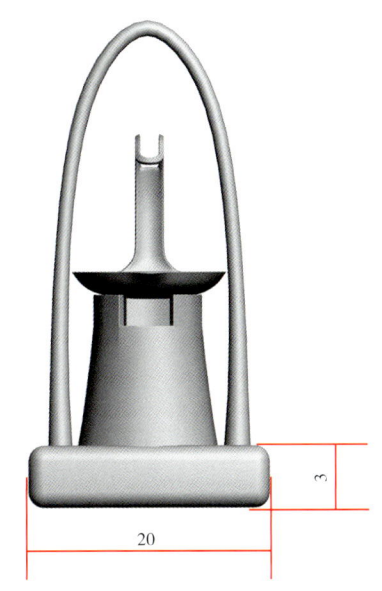

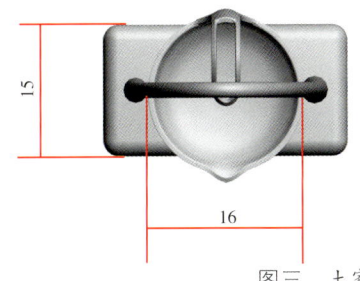

图三　土家族桐油灯尺寸图（单位：cm）

灯，还有用其他种类的植物油。

　　桐油灯是一种原始的灯具，其构造简单，而其最基本的装置为一个灯托，用于装油；一根灯芯，用于点燃；像灯架、提梁等均为附属构造。在造型上也变化多样，有陶质、木质、竹质、铁质、铜质等多种材质，甚至还有金银材料的桐油灯，其装饰价值远远超越了它的实用价值了。

图片来源
图一至图五　胡万明　制图

图四　土家族桐油灯结构分解图

图五　土家族桐油灯点燃示意图

土家族巴氏柳叶剑

图一 土家族巴氏柳叶剑主图

先秦时期，巴蜀民族聚居于四川盆地。巴人居川东山地，蜀人居川西平原（即成都平原），其文化习俗相似，统称巴蜀文明。巴蜀民族好用剑，擅掷剑。《后汉书·南蛮西南夷列传》中记有古代巴人比试掷剑之术决定部落首领人选的传说，选出了巴人领袖廪君，可见掷剑之术源远流长。

巴氏柳叶剑是剑身呈柳叶形的青铜剑，广泛出土于战国时期的巴蜀墓葬中，应为当时巴蜀民族所用之兵器。本案例巴氏柳叶剑根据相关资料建模而成。

巴氏柳叶剑的剑身呈柳叶形，中脊多凸起呈圆柱形，两侧均有血槽，扁茎斜肩，茎部多有两个穿孔，茎末端的穿孔位于脊线上，靠近剑刃的穿孔则偏于中脊一侧。两个孔的作用是装柄时固定剑身。出土的巴氏柳叶剑的长度多数都在 30～45 厘米之间，少数超过 50 厘米，个别剑长达 60 厘米。图一巴氏柳叶剑长度约为 40 厘米。此种巴氏柳叶剑没有剑格，取用便捷，从形制上看，其外形轻巧便利，非直接对阵的重兵器，应为近距离防身、远距离投掷之用。

巴氏柳叶剑装柄时，先将两个柄形木条夹住剑茎，再以小木钉于剑茎的穿孔中钉合，之后在外表缠以细绳并髹漆。

巴氏柳叶剑的剑身基部常铸刻象形的纹样，如虎纹、鸟纹、花蒂纹、手纹、蝉纹等，另有一些抽象的符号。这些图纹变化繁复，约有数百种。经相关研究并推测可能是族徽或图腾标志，或有吉祥神佑的象征意义。也有研究者以为，它们可能具有文字的功能，故又称之为巴蜀图语。

巴氏柳叶剑的剑身表面常有铸造的粗糙纹理并遍布全体，从形状看有虎皮形、斜棱形、半圆形以及三瓣花形等，表面粗糙、凹凸不平，呈黝黑色或油绿色且不锈蚀。一些研究古剑的学者称之为糙面花纹，或起到防锈作用。

图片来源
图一至图六 胡万明 制图

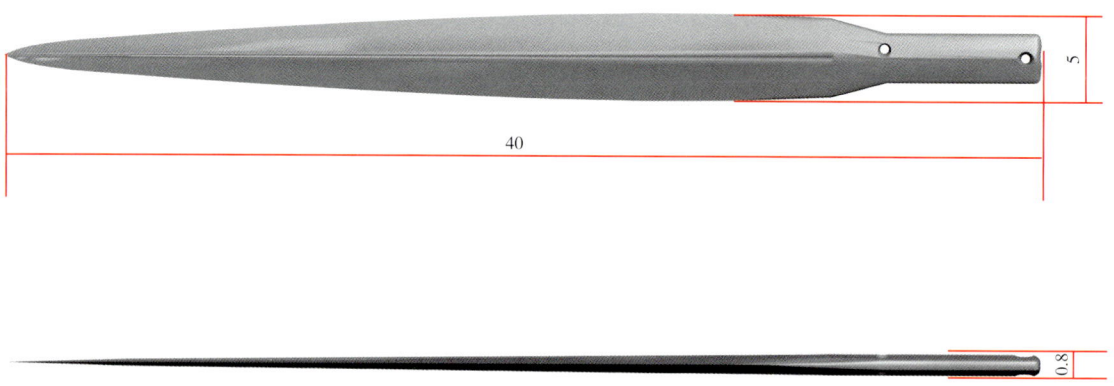

图二　土家族巴氏柳叶剑尺寸图（单位：cm）

图三　土家族巴氏柳叶剑结构名称图

图四 土家族巴氏柳叶剑剑柄复原图

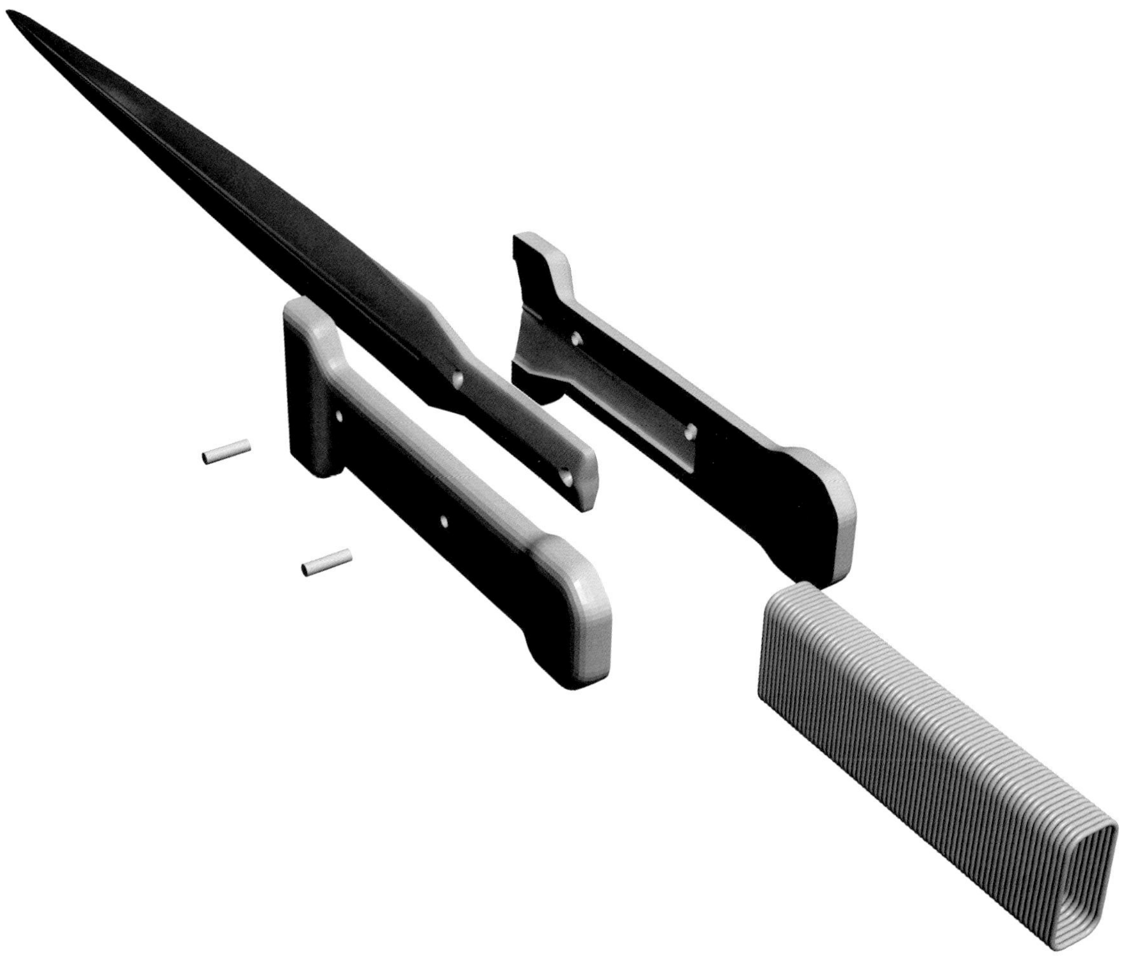

图五 土家族巴氏柳叶剑分解图

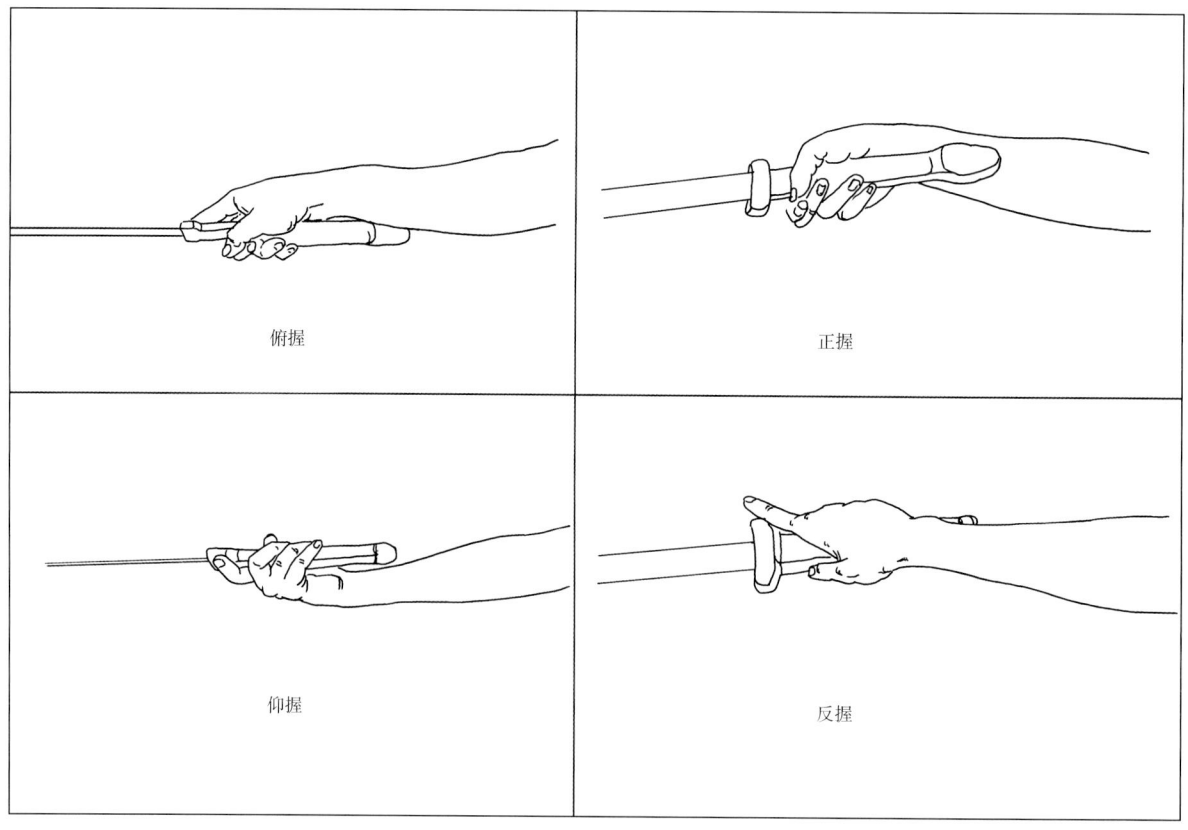

图六　土家族持剑方式示意图

土家族虾子锁

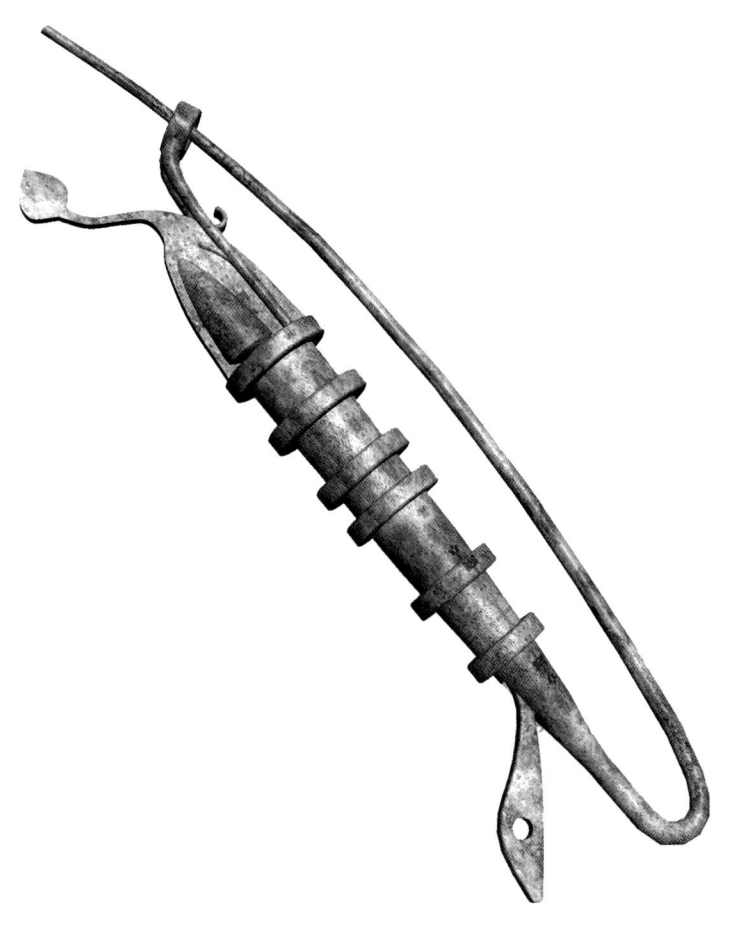

图一　土家族虾子锁主图

虾子锁为旧时土家族地区常用的锁具，因其状如虾子，故名虾子锁。其多为铜质，形体较同时期其他地区的铜锁大。

本案例虾子锁根据相关资料建模而成，其整体长度约为45厘米，宽度约为10厘米，由锁扣、锁身、钥匙三部分组成，均为铜质。锁身为管状虾身造型，套有六道环，以加固锁身，使其更加牢固，同时也对锁身予以装饰，使其更加美观。锁身上部封口，封口中央开一孔，锁扣即从此口入。锁身下部亦开一孔，此孔较大，钥匙从此孔入，可以开锁。锁身尾部为弯曲的条状。锁扣为虾头状，为铜片焊接而成，顶端虾鳌处两腿相连呈环状，锁门时锁身尾部弯曲的长条伸入此孔，以固定锁身和锁扣的位置。锁扣的下部为一段直的铜条，其截面为矩形，大小与锁身上部的孔相宜，铜条边缘焊有一段簧片，簧片薄而有韧性，略向外侧弯曲。簧片为锁的主要功能部件，锁门时，随着锁扣下部铜条插入锁身上部的孔，簧片也一起插入，锁扣插入完毕，簧片恢复开始时向外弯曲的状态，正好卡在锁身封口的边壁，虾子锁即锁上了，需要钥匙挑动簧片才可以打开。虾子锁的钥匙构造简单，为一段弯曲的铜条，铜条尾部有一孔，用于系绳将钥匙悬挂。开锁时，钥匙从虾子锁下部的小孔插入至封口处，按住簧片，利用插入孔边壁作为支点，运用杠杆原理往外扳动，钥匙的顶部即可抵住簧片，此时即可抽出锁扣，完成开锁动作。

虾子锁在土家族地区应用广泛，因其体型较大，多用于锁大门，工作原理与同时期的铜锁一致。此种锁虽比较方便，但其钥匙不具有识别性，只要是长度合适、大小相宜的硬质条状物均可将锁打开，所以其防盗性能不佳。旧时的铜锁被现代锁具取代的重要因素即为其钥匙的不可识别性，而钥匙识别性的多方位加强，也是现代锁具革新的方向之一。

图片来源

图一至图四、图六　胡万明　制图

图五　姚嬿婧.湘西土家族民居营建技艺研究［D］.广州：华南理工大学，2012.6.

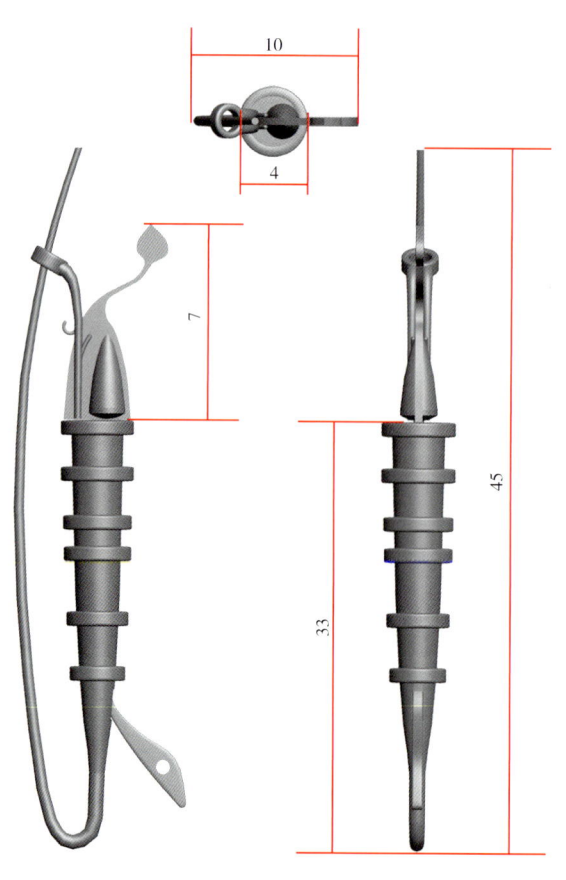

图二　土家族虾子锁尺寸图（单位：cm）

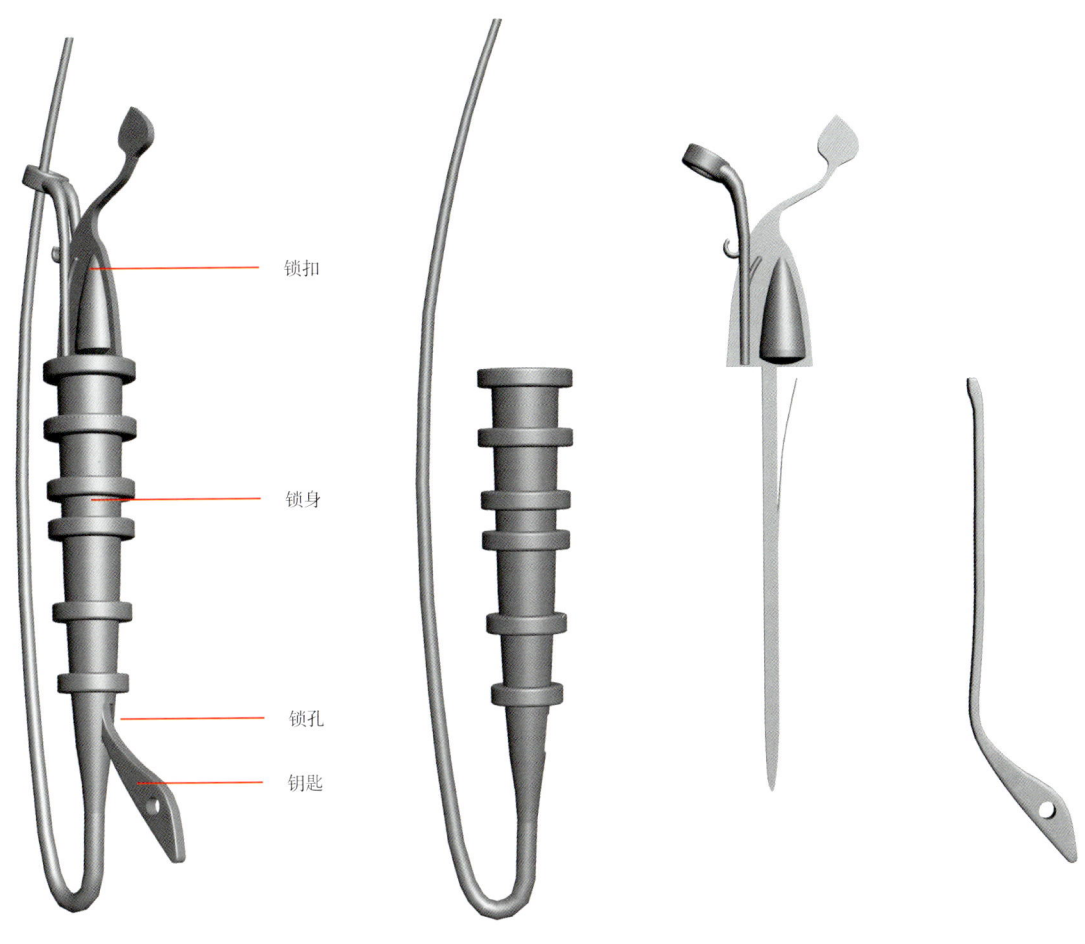

图三　土家族虾子锁结构名称图

图四　土家族虾子锁结构分解图

图五　土家族虾子锁使用示意图

313

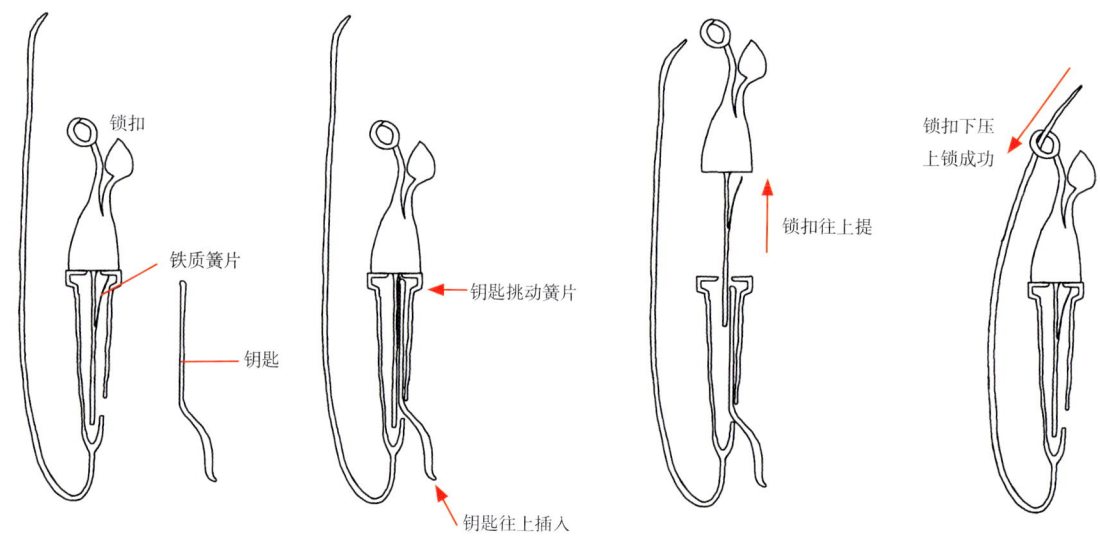

图六　土家族虾子锁工作原理图

第五章 土家族传统生产工具

土家族竹夹

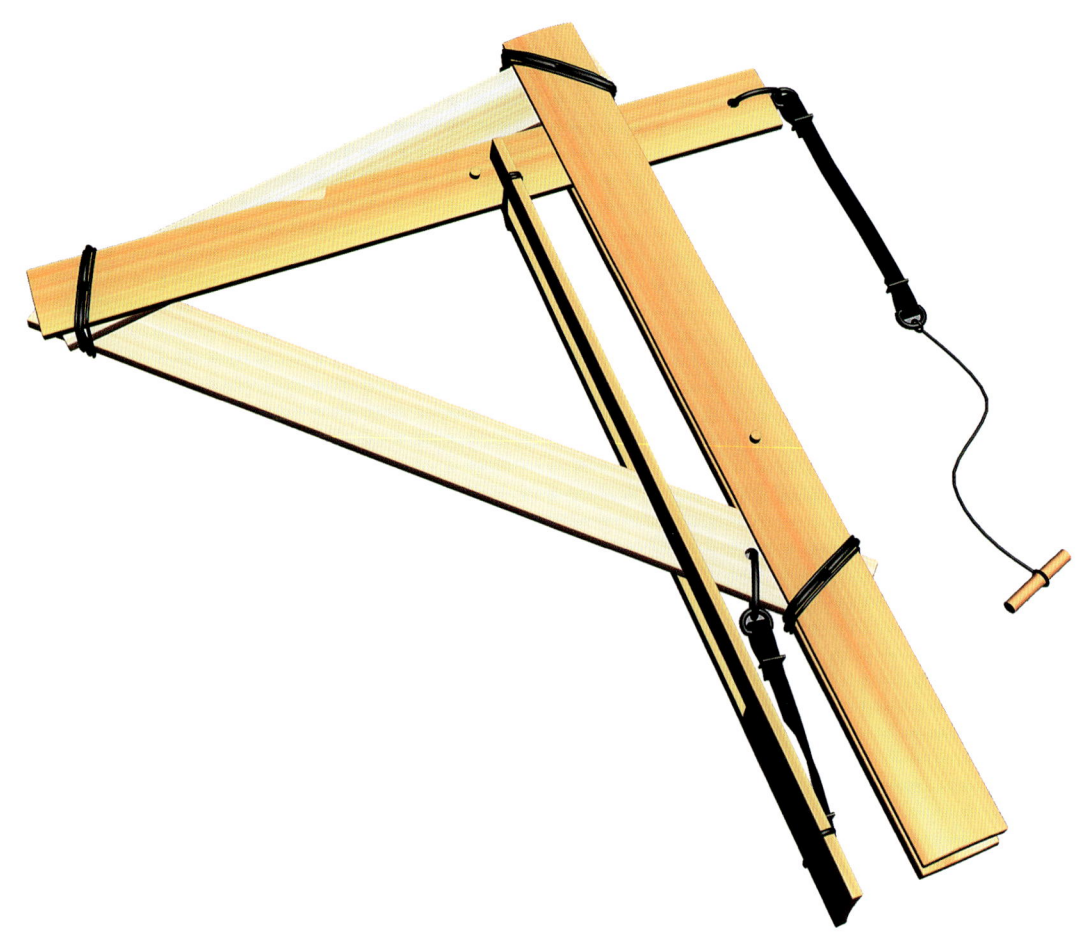

图一　土家族竹夹主图

竹夹是土家族山区用来捕捉小型野兽的器具，比如兔子、黄鼠狼之类的小动物。土家族地处深山，在如此的生存环境中，渔猎活动在其生活中占据重要地位，在不断地适应自然界的过程中，土家族先民发明了一系列用于渔猎的工具，竹夹即是其中之一。

本案例竹夹根据相关资料建模而成，其原型为常德民俗馆馆藏，略有差异。竹夹主要由六片竹板组合而成，其中两片较长的竹板为竹夹的夹背，相对放置，中间头尾处各夹一块竹板，其长度约为 50 厘米。在竹板上打孔，再用铁丝将夹在夹背中间的两片竹板连接起来，成为一个稳定的三角形，其中短边为挡板，约长 30 厘米，长边为支架，约长46厘米。挡板一边还一起捆上一片竹板，一端固定，另一端活动，是竹夹的主要功能部件，称之为夹板，夹板长约42厘米。夹板尾部开一小孔，拴细绳或布条等，绳或布条的末端系上细铁丝，铁丝尾端拴小木楔，作为搭扣，搭扣是整个竹夹的机关。夹板两侧各开有一个口子，内侧口子上卡着竹夹的主要发力部件，称之为簧片，也为竹质，簧片中间剖开一部分，尾端不剖开，剖开的口子使其正好弯曲时不刮擦支架竹板，簧片长度约为45厘米，簧片尾端通过布条与支架连接。簧片前段用铁丝捆扎，弯曲时成为卡在夹板口子处的支点。

竹夹使用时用力将夹板朝支架方向压，由于压力的作用，迫使簧片变形为弓形，用搭扣卡在夹板外侧口子上，卡得很虚，稍有触动搭扣便会脱落。就绪后，将竹夹放置到山上小动物经常出没的地方，用细草等掩藏起来，使其不被小动物发现。只要小动物不小心触碰到竹夹的搭扣，簧片即会回弹，巨大的力量将夹板绷到挡板处，正好将小动物夹在其中使其受伤，竹夹多会打中小动物腿部，严重的会使其骨折，轻者也会使其丧失行动能力，只待猎人收获了。

土家族这种原始的捕猎工具也被周边地区其他民族效仿使用，用于捕捉田间地头危害庄稼的小动物。

图片来源
图一至图六　胡万明　制图

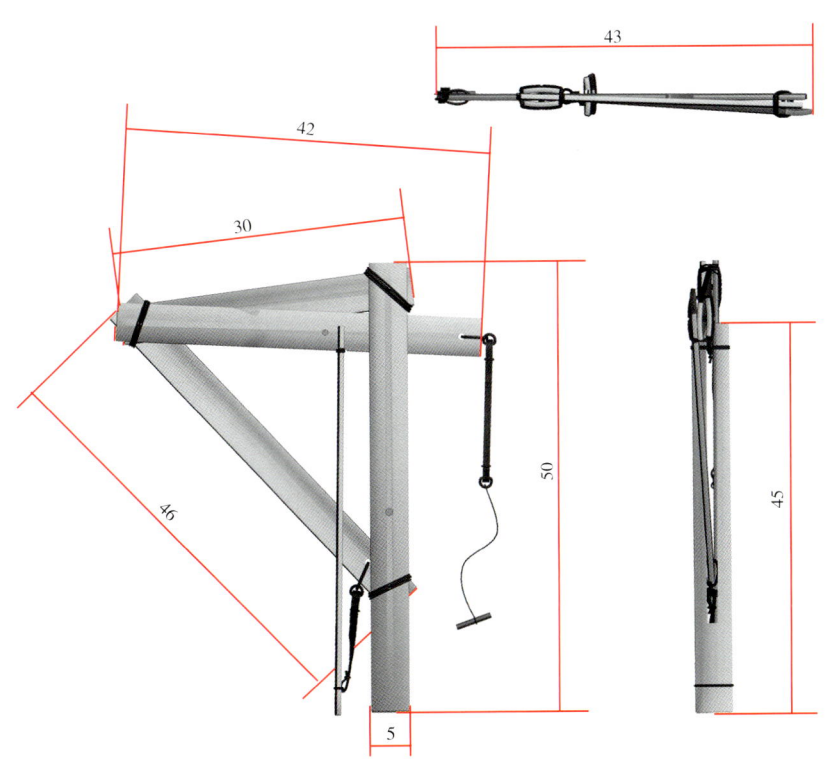

图二　土家族竹夹尺寸图（单位：cm）

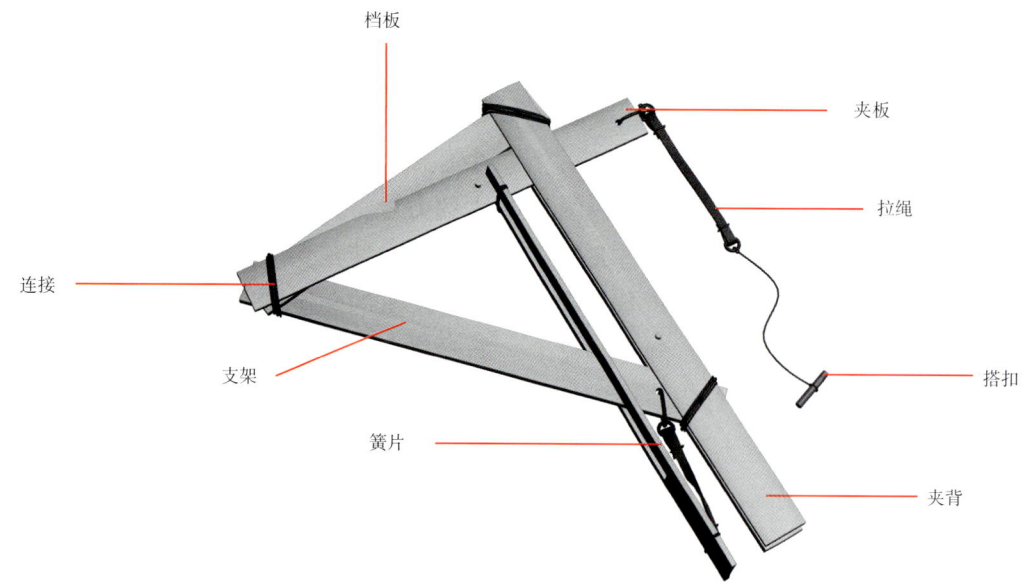

图三　土家族竹夹结构名称图

图四　土家族竹夹结构分解图

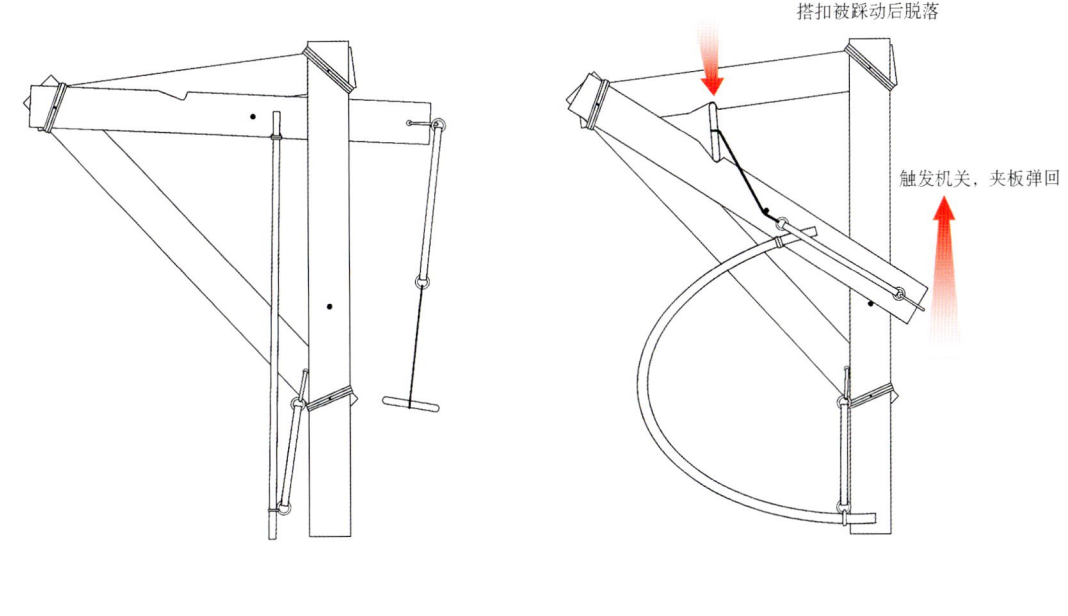

平时状态的竹夹　　　　　　　　　　　工作状态的竹夹

图五　土家族竹夹工作原理图

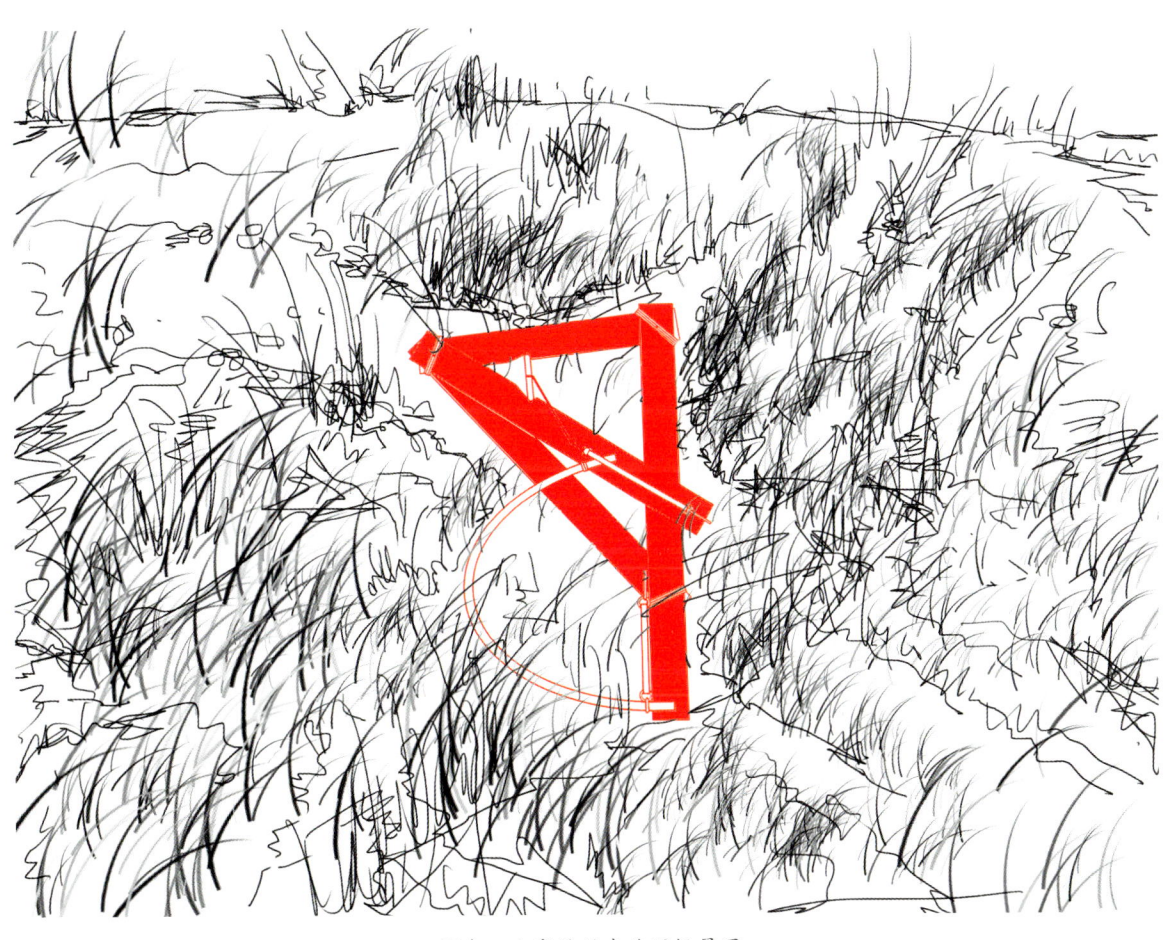

图六　土家族竹夹使用场景图

土家族土铳

图一　土家族土铳主图

土铳是用火药发射铁弹丸的金属管形射击火器,是从早期的火铳发展而来。我国的火铳初创于元代,依据南宋突火枪的发射原理制造而成。土家族地处深山,许多野兽出没,祸害庄稼,自古至今,都有猎户维持一方生态平衡。

古时的猎户多用弓箭狩猎,土铳出现之后,很快显示出火器的优势,在狩猎中逐步取代了弓箭的地位,成为重要的狩猎工具。土铳并非规模化生产,但在土家族山区,因为狩猎护林历史悠久,旧时有专门制造土铳的手艺人给猎户定制土铳。

本案例土铳根据相关资料建模而成,该土铳的主要部件包括铳床、铳管、枪机组件、火皿组件、扳机、通条、火挟、瞄具、准星、射口等。火铳是利用黑火药在狭小铳管内爆炸的力量,推动铁弹丸,以达到射杀猎物的目的。黑火药装在冲管内,用通条将其轻轻捣实,然后装上铁质弹丸,用柔软的小纸团轻轻地封住管口,防止弹丸漏掉。在铳管的尾部有一个小孔,通到外面的火皿处,早期在这个小孔内可以插上引芯,用于引爆管内黑火药,火挟上装有火绳,用火绳点火后,扣动扳机,火挟便会在弹簧的作用下弹到火皿处点燃引芯,引爆黑火药。后来有了成品的底火[①],火挟就演变为撞击装置,取底火

---

① 底火:氯酸钾、硝酸钠等的混合物,用硬物敲击会发出火花和响声。其呈小纽扣状,厚度0.1厘米左右,相当于现代炸药的雷管,用于引爆。

放于火皿口，即可通过撞击引爆铳管内黑火药。火皿有盖，也叫保险盖，土铳发射之前为防止走火，都会将火皿的盖子盖上，需要发射时临时将盖子打开。

土铳为单发装置，每放完一枪就要装一次弹药，土铳的使用方法与步枪的使用方法一样。旧时土家族猎户捕猎方式多样，施套、诱网、机关射杀、陷阱等等，针对不同大小、不同食性的野兽采取不同的捕猎方式。土家族猎人大多独来独往、草鞋赤足，穿行于山间、丛林、悬崖之间，并能根据动物留下的痕迹来判断其行踪，然后巧设机关埋伏，捕获、射杀猎物。在石门县西北山区土家族村寨，每年有围猎活动——赶仗，赶仗是猎户的聚会，在赶仗中捕获猎物的头功猎户，会成为人们心中的英雄。

图片来源
图一至图五　胡万明　制图

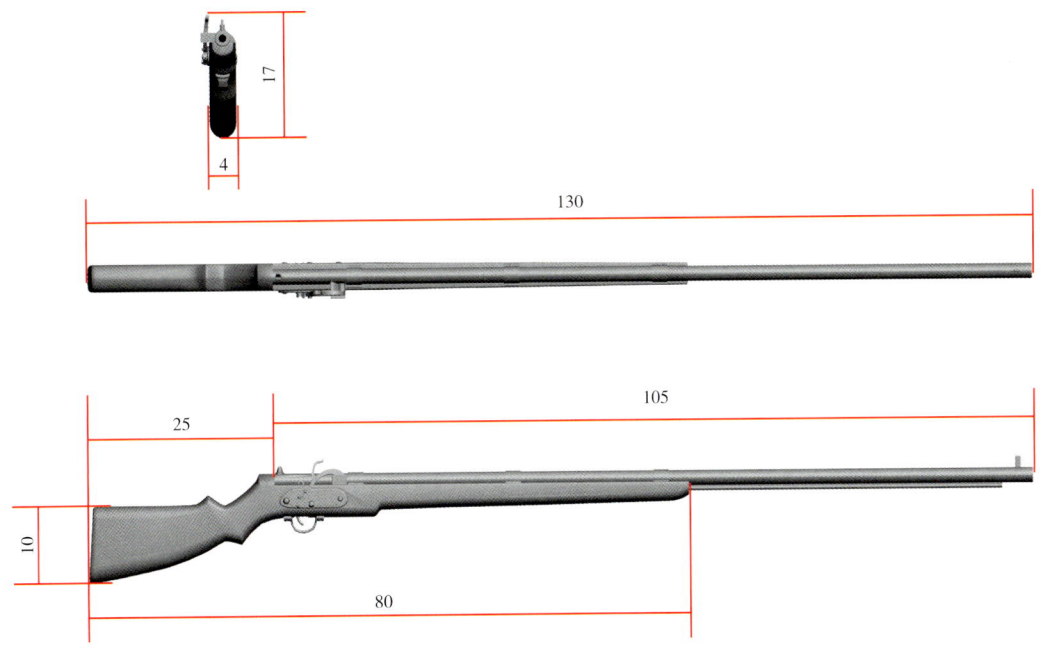

图二　土家族土铳尺寸图（单位：cm）

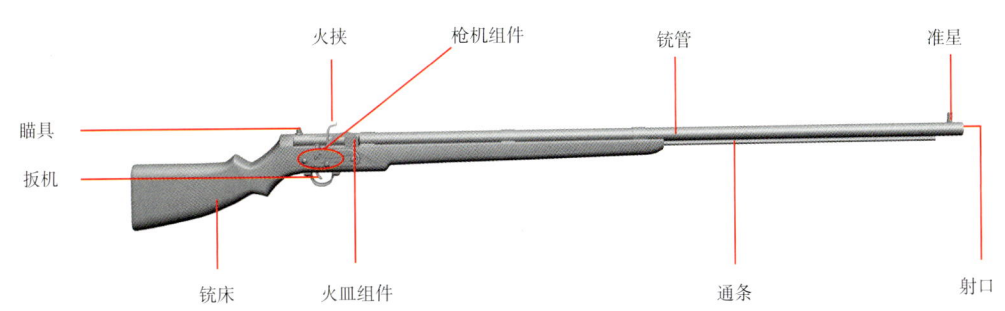

图三　土家族土铳结构名称图

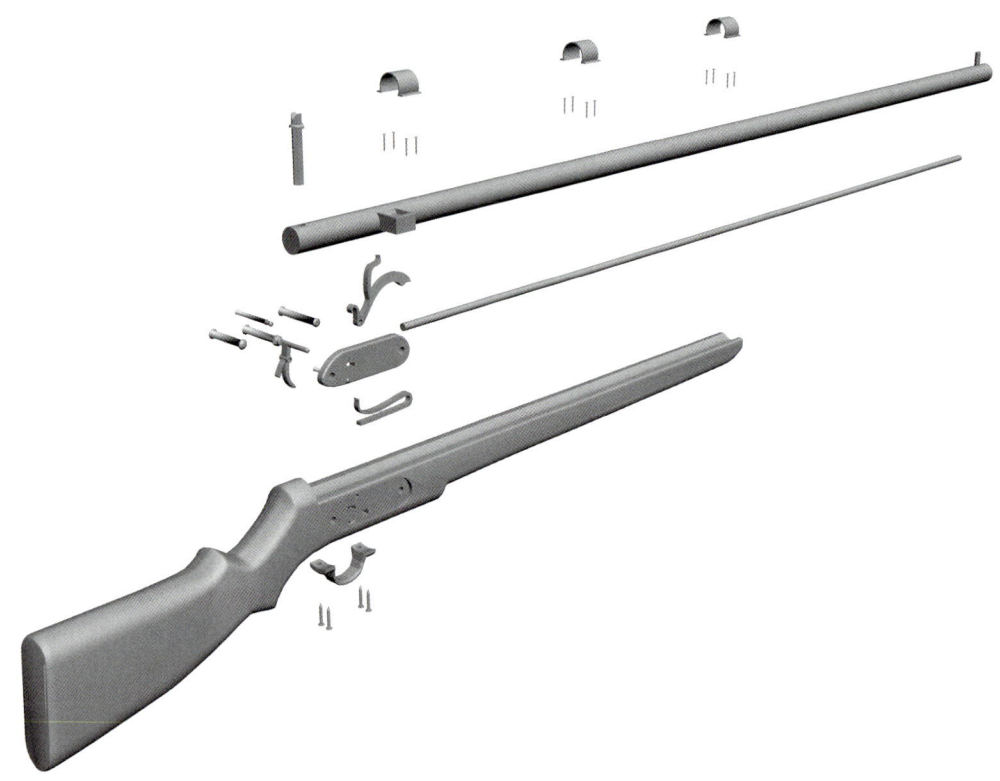

图四　土家族土铳结构分解图

图五　土家族土铳使用场景图

土家族耖

图一 土家族耖主图

耖是一种多齿形农具,在《中国农具发展史》中有对于耖的定义:"耖,水田用整地农具,具有渠疏水田、清除杂草、均泥熟田的功能。"耖发明于汉末魏晋之间,是水田整地的必备农具。王祯《农书》中说耖是:"疏通泥田器……耕耙而后用此,泥壤始熟矣。"王祯《农书》中还详细记载了耖的结构尺寸及使用方法:"高可三尺许,广可四尺,上有横柄,下有列齿。……人以两手授之,前用畜挽行。一耖用一人一牛。"

在一些土家族地区,至今仍在使用耖作为整田工具。现代的耖与历史记载相比,在重量上有所增加,其高度变化不大,但其宽度增加较多,远远宽于四尺(约105厘米),有的会达到九尺(约240厘米)以上。本案例耖的整体长度约250厘米,高度约85厘米。

其具体结构为:一根直径约10厘米、长度约250厘米的杉木为耖的主体横梁,其上均匀地穿插19根耖齿,每根耖齿长度约为30厘米。因耖齿在耖田的过程中,田里的土壤会对耖齿产生反作用力,19根耖齿的合力极有可能将横梁一分为二,故在横梁上箍上9个铁箍,以加固横梁。横梁两头为牵引木档,木档前段有孔,用于拴筋索(较粗的麻绳），上有横柄扶手，以竖方木与横梁榫接。整个耖为榫卯结构，横梁两头装牵引木档，外用竹钉销紧。

耖在使用时，在两侧牵引木档上拴上筋索，筋索连接牛轭，人扶横柄扶手，将耖往身体方向拉，而牛的力量施加在牵引木档上，牵引力将耖齿扎入土壤，粉碎犁后的大块土壤，将其均匀散开，在播种之前，有时要将水田耖二至三遍，以满足精耕细作的要求。

耖的盛行源于农业生产的精细化耕作，土壤经过犁、耙、耖的工序之后，能充分发挥土地的肥力，耖田时主要是将水田土壤整平，通过耖齿的作用将板结的土壤破碎。有时还在耖的时候施肥，利用耖田将肥料均匀地散布于土壤里。

图片来源

图一　胡万明　摄影
图二至图五　胡万明　制图
图六　元代王祯.农书
图七　宋代楼璹.耕织图

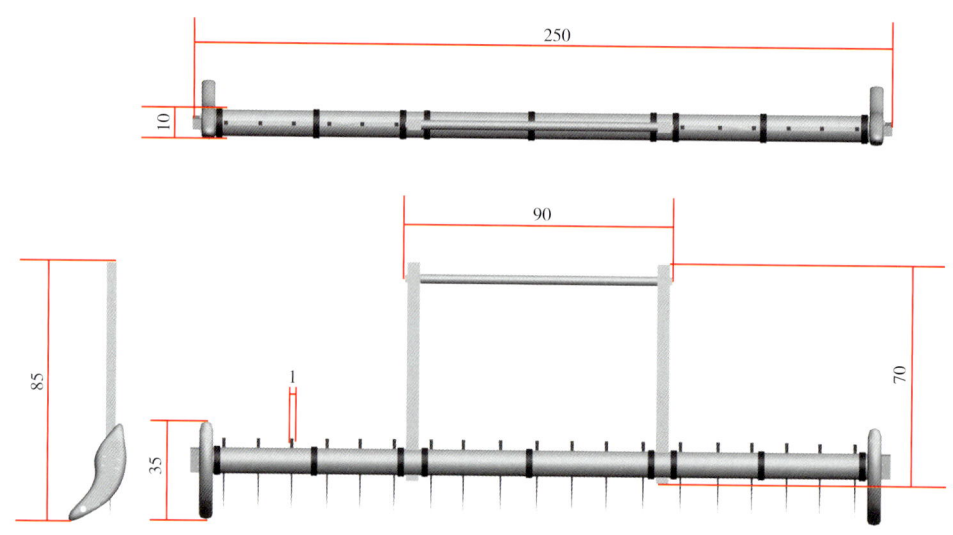

图二　土家族耖尺寸图（单位：cm）

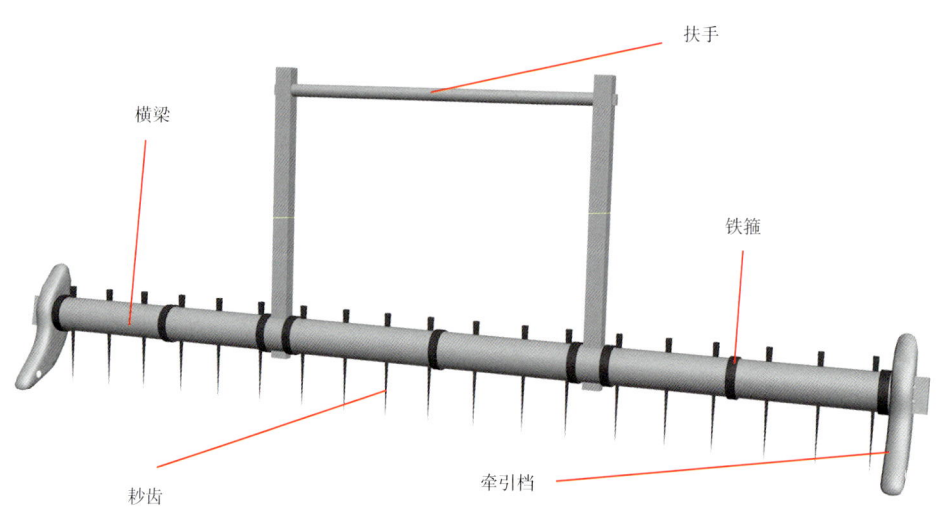

图三　土家族耖结构名称图

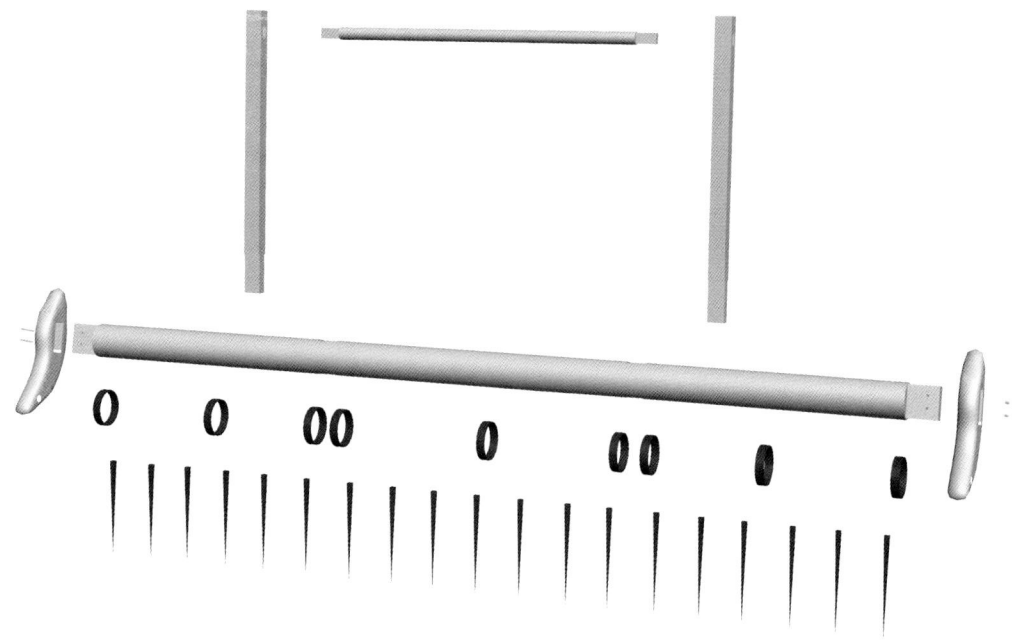

图四 土家族耖结构分解图

图五 土家族耖使用场景图

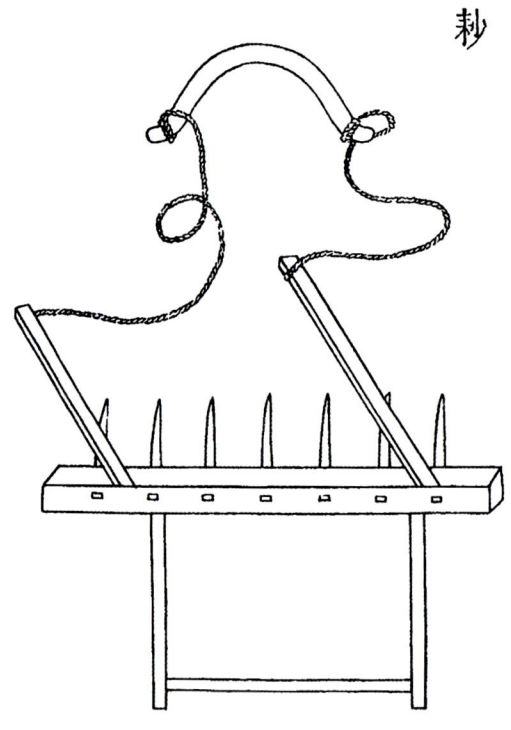

图六 《农书》所绘的耖的形制图

图七 《耕织图》描绘的耖田场景图

土家族犁

图一 土家族犁

犁是我国古代主要农具,由耒耜发展而来,相传神农氏发明耒耜而引领我国进入农业社会。最早的铁犁铧出土于甘肃永昌三角城沙井文化遗址。唐代曲辕犁的形成,使我国犁的结构基本成熟,此后犁的结构皆由此演变而来。从土家族的民间传说以及茅古斯舞的相关内容可知,土家族的农耕文明源于其周边的汉族地区,其使用的农具与周边地区无异。

本案例的犁为曲辕犁,由犁辕、犁箭、犁梢、犁底、犁铧、犁壁、策额等部件组成,总体长约162厘米,高76厘米,取材于《中国传统器具设计研究·首卷》。

犁辕,木质,形制弯曲,是犁主要的传力部分,也是牵引和受力的主要部件,其前端用铁钩与牛套相连,中段穿过犁箭,后端与犁梢相连。犁箭,木质,以榫卯结构插于犁底之上,犁箭上凿两个卯孔,上端卯孔较大,与犁辕连接,连接处有一铁箍,增加了结构的紧密性,下端较小,与策额连接。犁梢,木质,梢头以榫头插于犁底后端,梢身有一卯眼,犁辕末端插于此孔,此卯眼下方插木楔，使犁辕与犁底之间的夹角可调。犁底，木质，用于安装犁铧，犁的主要连接部件。犁铧，铁质，安装于犁底上，前端相对锋利，用于切开土块，是犁的主要功能部件。犁壁，铁质，弯曲的椭圆形，安装在犁铧上方，背靠在策额上，主要功能是将犁铧切开的土壤顺势翻卷回地面。策额，木质，用于安装犁壁。

在工作之前，将犁与牛之间用一木质横梁（犁盘）连接，横梁长度100厘米左右，保证牛在行走时不被绳索绊腿即可。横梁中间放置铁环，犁辕前的铁钩挂在铁环上，横梁两端拴筋索（较粗的麻绳），与牛轭两端相连，牛轭架在牛肩上，用绳将牛轭系于牛脖子上。如此即完成犁与牛的连接。犁工作时主要是借牛的拉力，用犁铧切开土壤，操作者并不需要出多大的力，只须一手执犁梢扶正犁前进的方向，同时稍用力下压和前推，将力量传至犁铧上，切开土地。犁的部件多为木质，只有犁铧和犁壁为铁质，因为犁铧和犁壁是犁主要的功能部件，易损耗，所以改用铁质，增加使用寿命。

图片来源

图一至图四、图六、图十　王琥，何晓佑，李立新，夏燕靖.中国传统器具设计研究（首卷）[M].南京：江苏美术出版社，2004.12.

图五　胡万明　制图

图七　周昕.中国农具史纲暨图谱[M].北京：中国建材工业出版社，1998.

图八　明代宋应星.天工开物

图九　清代焦秉贞.御制耕织图

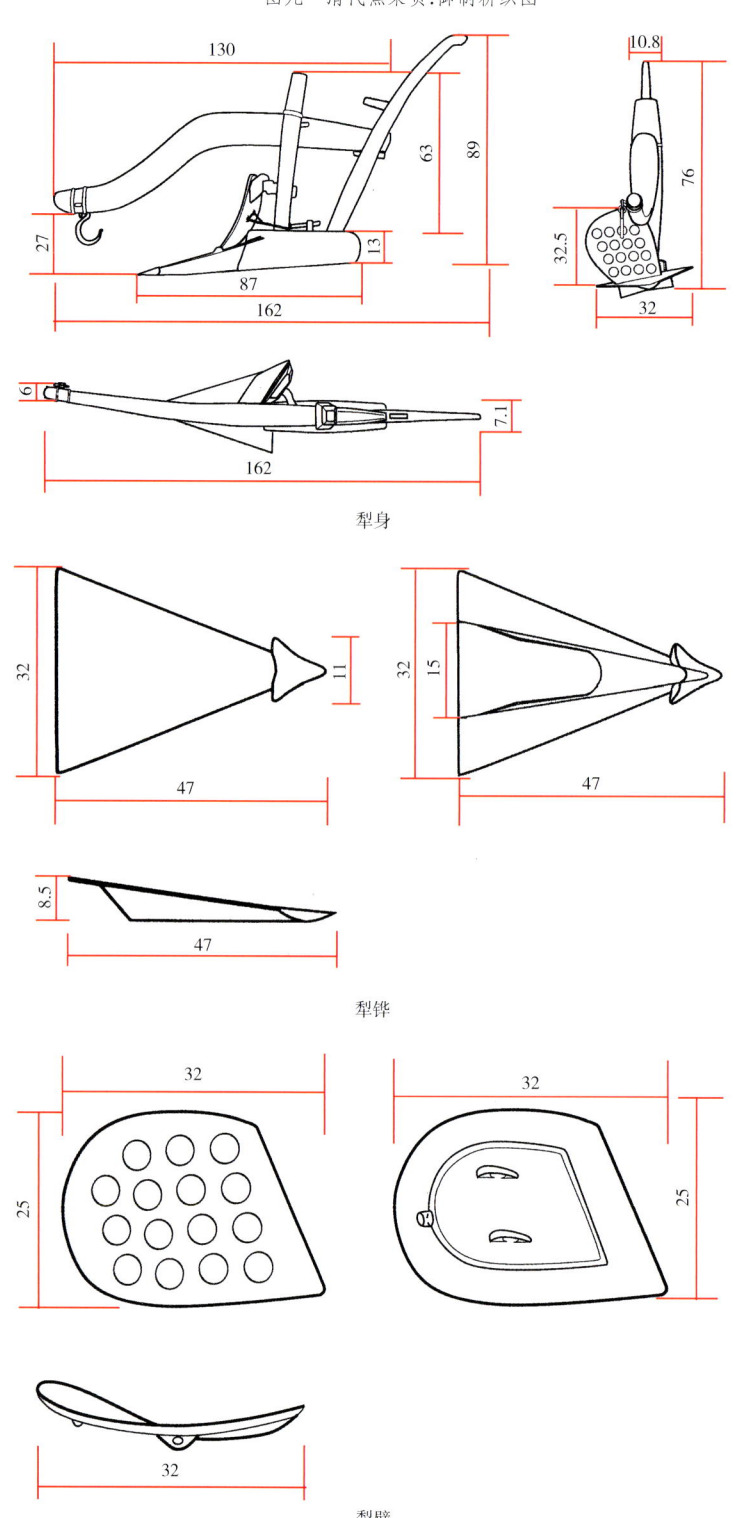

图二　土家族犁尺寸图（单位：cm）

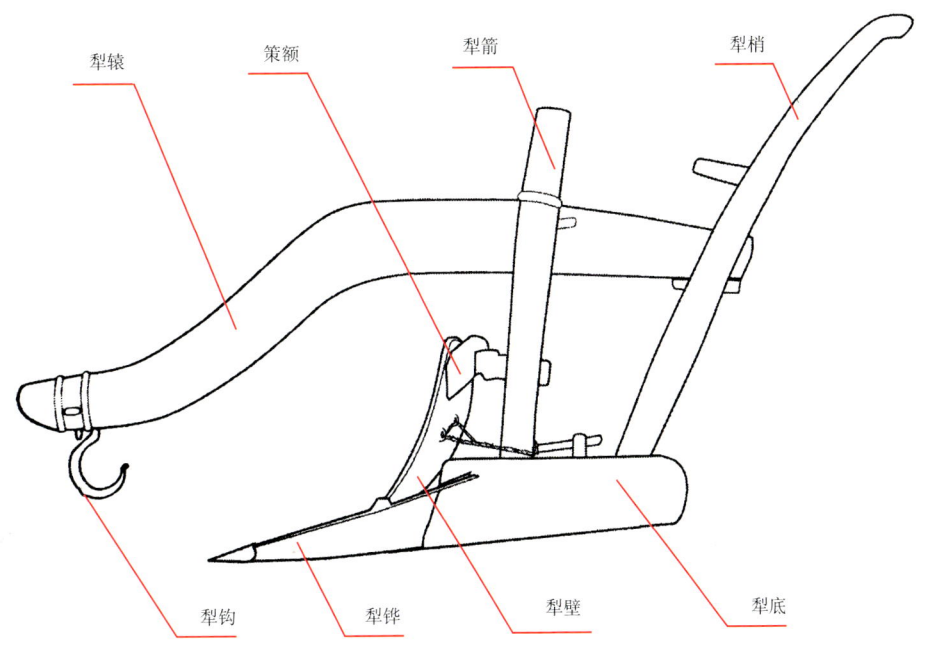

图三 土家族犁结构名称图

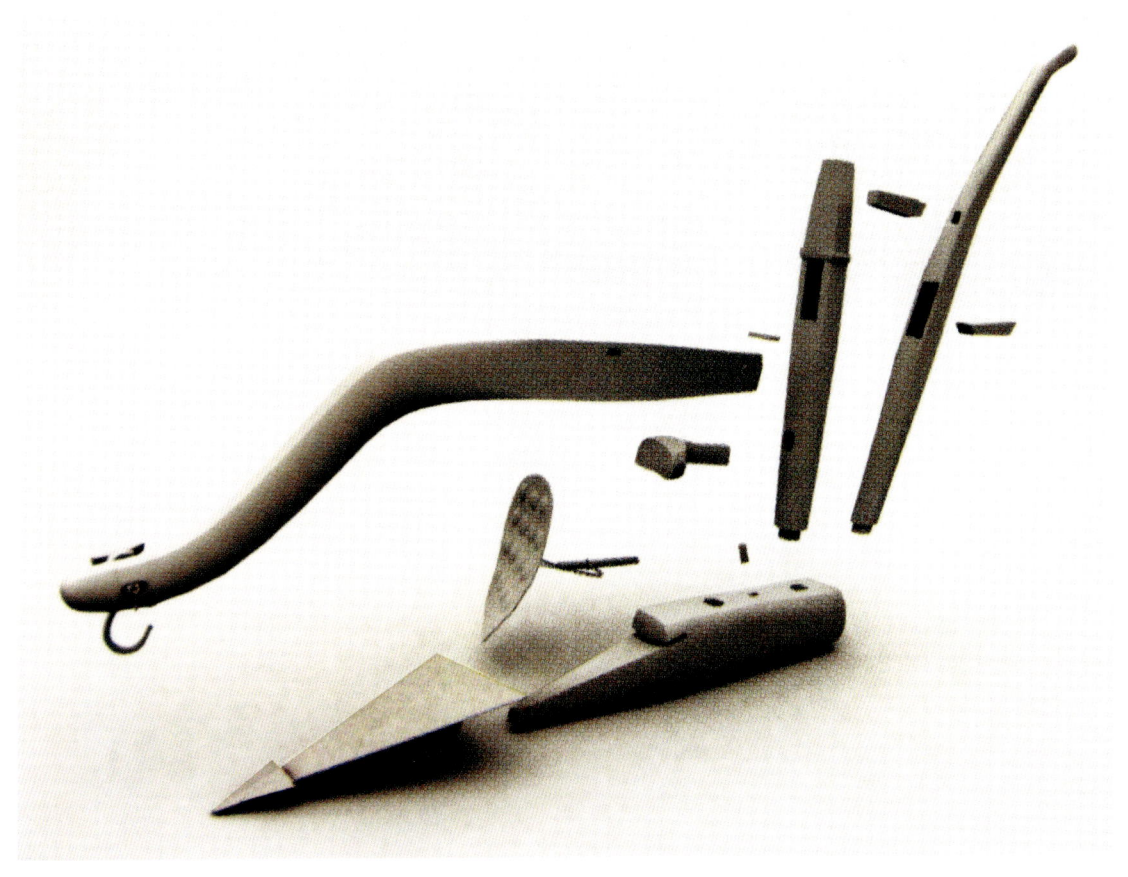

图四 土家族犁结构分解图

图五　土家族犁的使用场景图

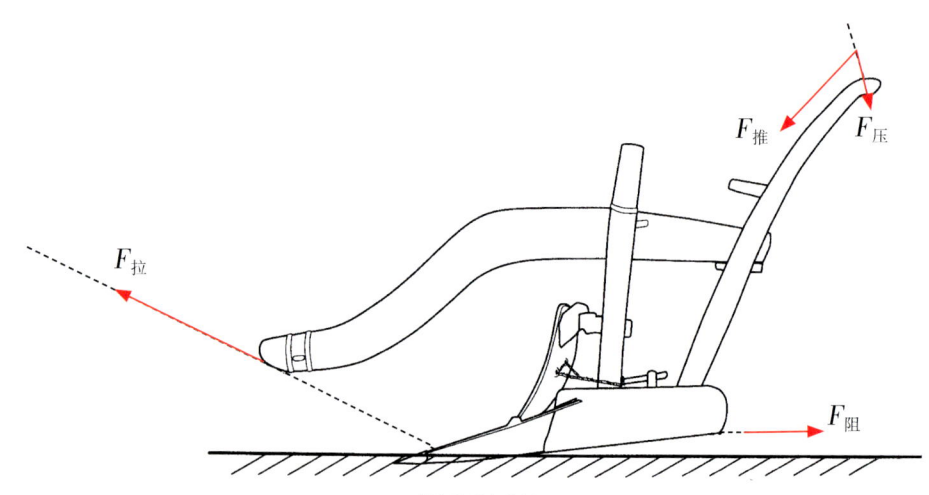

曲辕犁受力分析

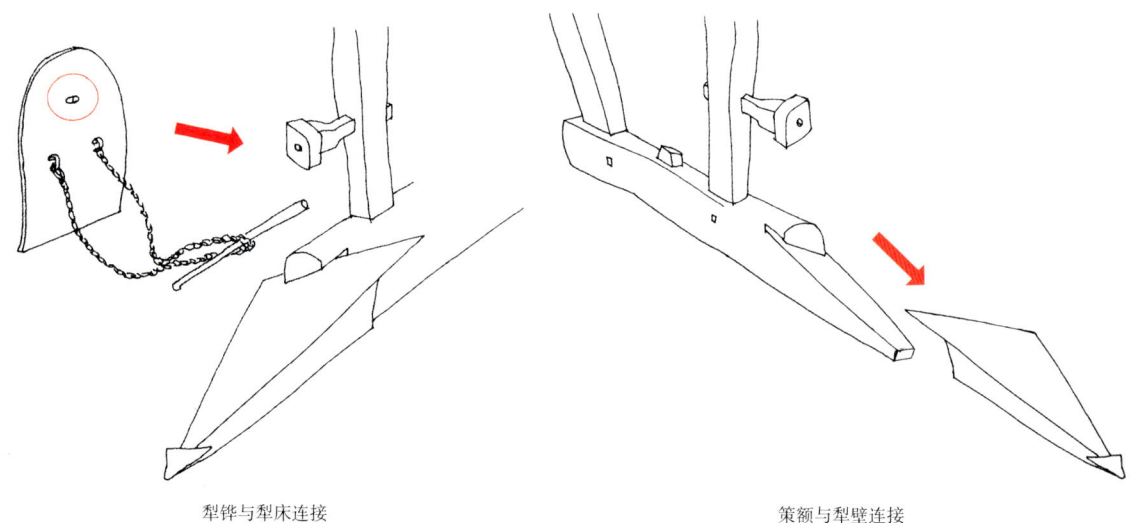

犁铧与犁床连接　　　　　　　　　　　策额与犁壁连接

图六　土家族犁细部分析图

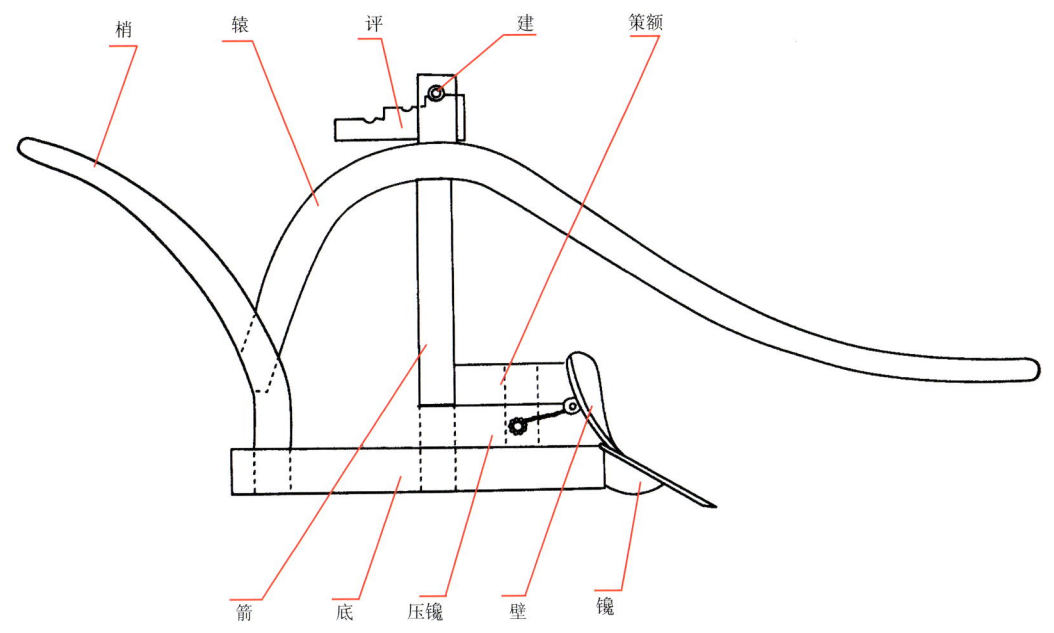

图七　唐代曲辕犁结构名称图

图八　《天工开物》所绘的犁耕图

图九 《御制耕织图》中的犁耕场景图

图十 秦始皇陵出土的犁铧

土家族牛轭

图一　土家族牛轭主图

牛轭是耕地时套在牛颈上的曲木,与犁、耖等配套使用。牛轭是以牛作为劳动力进行耕作时的必备农具,是使用牛的力量的媒介,正是因为牛轭的存在,耕作时牛才有了发力的依托。资料显示,在春秋战国时代,人们就已经使用牛耕地了,而牛轭的使用时间尚不可考。

牛轭状如"人"字形或"X"形,通常宽度约60厘米。简单牛轭一般就地取材,用"人"字形的树杈做成。讲究一点的一般找木匠制作,将两段硬木以"X"形契合牢固,两头凿榫眼或上铁钩,这样做成的牛轭比较坚固耐用。

本案例牛轭为两端硬木呈"X"形契合而成,该牛轭下端宽度为67厘米,高度为50厘米,上端宽度约为25厘米。两硬木截面矩形规格为4×6厘米,两端有方形榫眼。牛轭一侧下垂一木质绳扣,绳扣上端为一较小的方孔,方孔边长约1厘米,拴细绳与牛轭一端榫眼连接,下端为一圆孔,孔径约3厘米。

本牛轭下端宽大且呈弧形,便于和牛的脖颈处接合。两硬木截面为矩形,相对就地取材的牛轭而言,其与牛脖颈的接触面较为宽大,内缘平整光滑,边缘无明显棱角,在牛施力时可以减轻牛轭对牛的单位压强,从而减轻牛耕地时的痛苦,使牛能够更好地发挥力量。在两端硬木交接处还用宽布条缠几道，将契合处垫起来，然后留一段布条出来，用于架牛轭之后的固定。布条的缠绕增加了契合处表面的弹性，减轻了牛颈椎骨的压力以及两边硬木对牛颈椎的挤压。

因为牛的脖颈处突起，故将牛轭架在牛脖子上，作为牛发力的依托，将牛轭架上之后，将绳子绕过牛脖颈下端，系于绳扣之上，这样牛轭就固定在牛脖颈上了。架好牛轭之后，在两榫眼拴上筋索，与犁或耖等农具连接，即可驱牛劳作了。

牛轭的使用，使牛的力量能够最大限度地发挥出来，虽历经历史的变革，但其基本形制和功能未变，直到现在，土家族的一些地区仍在使用。

图片来源
图一　胡万明　摄影
图二至图六　胡万明　制图

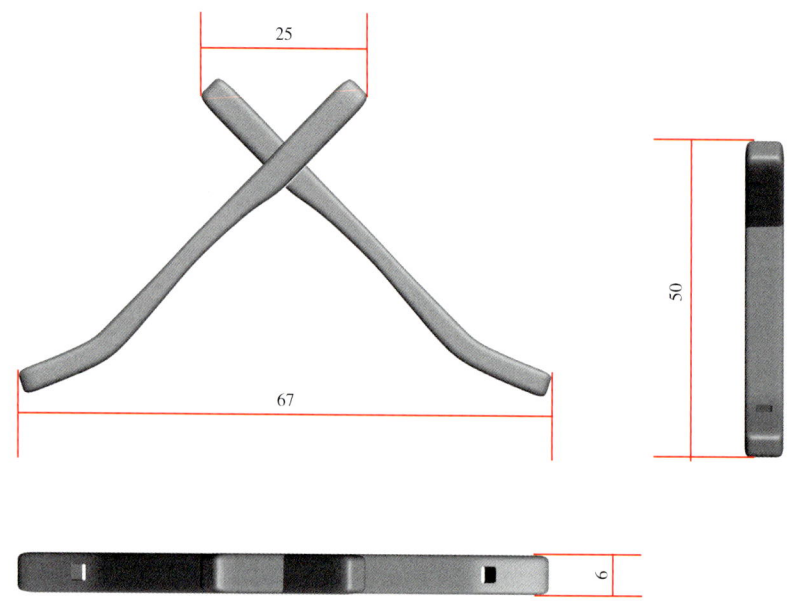

图二　土家族牛轭尺寸图（单位：cm）

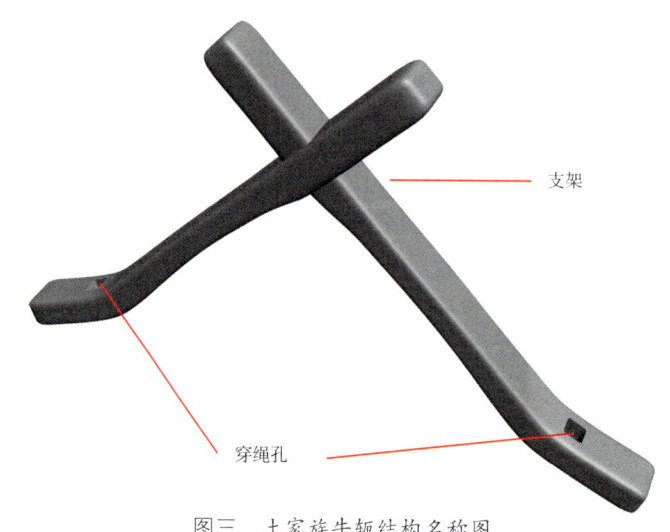

图三　土家族牛轭结构名称图

图四 土家族牛轭结构分解图

图五 绳扣模型图

图六 土家族牛轭使用场景图

第五章 土家族传统生产工具

335

土家族铁耙

图一 土家族铁耙主图

铁耙，也叫抓耙、钉耙，是土家族地区常见的一种传统翻地农具。耙的使用历史悠久，《齐民要术·种葵篇》中记载："以熟粪对半和土覆其上，令厚一寸，铁齿耙耧之……每一掐，辄耙耧地令起，下水加粪。"

本案例铁耙根据相关资料建模而成。铁耙由耙把和耙头组成，耙把多为硬质杂木制成，长约150厘米，截面圆形，末端直径约为3厘米。耙把前粗后细，略向上弯曲。前端须砍削成半圆形，便于放入铁耙的耙裤中。耙头为铁质，多为四根耙齿，每根长约20厘米，也有六根或八根耙齿的，但不多见。耙齿为四棱锥形，在打制的过程中，耙齿须淬火，保证其锋利尖锐。耙头上方为耙裤，呈半圆形，耙把插入耙裤中，为了使其连接牢固需要加入楔子方可。楔子分两种，一种叫马楔，呈倒过来的"凹"字形，凹口卡在耙裤的下端，其宽度与耙裤的宽度相当；另一种为普通的木楔，侧面三角形。安装耙把时，先用棉布将耙把的前段包上一半，放入耙裤，加上马楔，然后将木楔楔入，用锤子锤紧。有时还要加入两块木楔方能楔紧。

土家族山区，铁耙主要用于耙草、耙土、搭田坎、抓牛粪、耙堆肥、平整菜园等。使用铁耙翻地时，须双手分前后握耙把的尾端，将其举过头顶后，先往后，再往前甩，利用甩力和铁耙自身的惯性将铁齿插入泥土，然后用力向后拉，即可把土翻松。

铁耙在古代，因铁齿锋利似钉，具有较强的攻击性，在军中作为兵器使用。随着现代化工具的发明运用，许多传统农具都已经逐步退出历史舞台，但铁耙因其具有独特的作用，仍作为农家必备农具之一，现在土家族不少农户还在继续使用。

图片来源

图一至图五　胡万明　制图

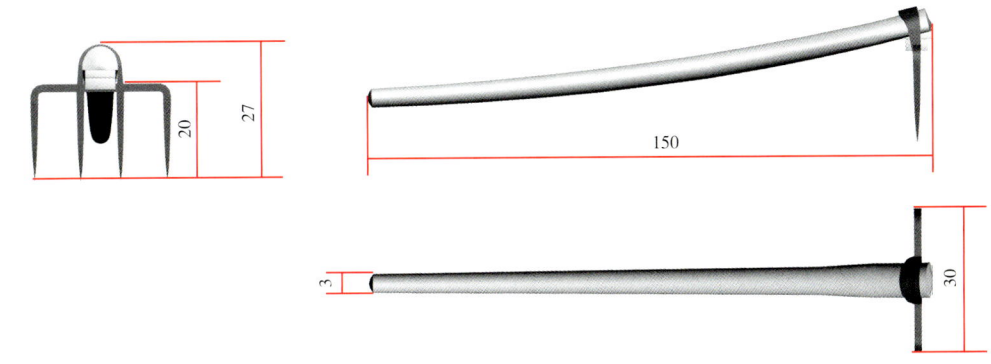

图二　土家族铁耙尺寸图（单位：cm）

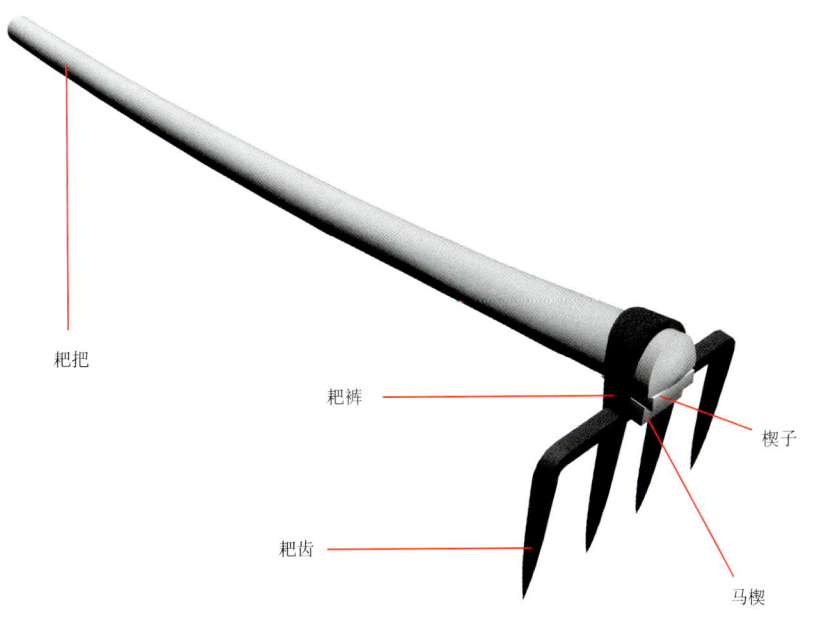

图三　土家族铁耙结构名称图

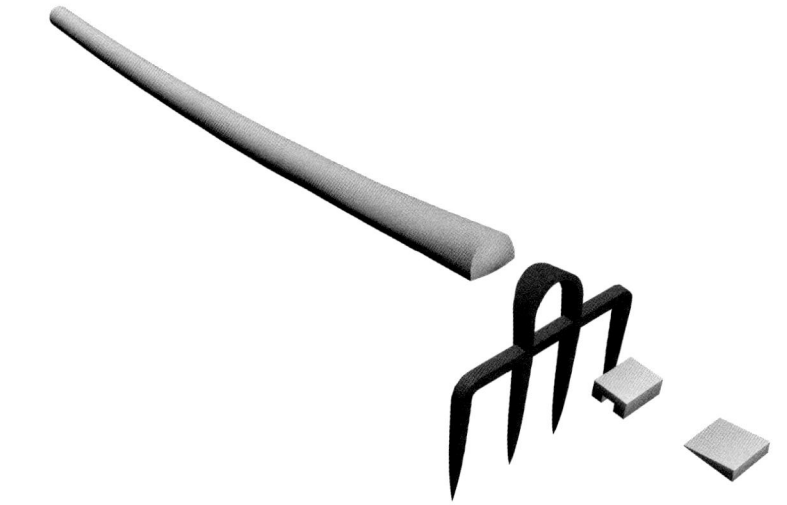

图四　土家族铁耙结构分解图

图五　土家族铁耙使用场景图（搭田坎）

土家族秧盆

图一　土家族秧盆主图

秧盆为土家族地区普遍使用的插秧辅助器具，旧时土家族地区插秧时多用秧盆装秧苗，运至水田中，便于插秧时拿取方便。

秧盆一般为木质圆形浅盆，其形制与旧时的木质澡盆相似，所不同之处为秧盆没有澡盆那样的翻口盆沿或抓手，底部平滑无边，其他部位与木质澡盆无异。秧盆主要由盆边、盆底和铁箍三部分构成，盆边和盆地均为木质。盆边为多块木料拼接围合而成，上大下小，上端开放，下端与盆底相契合。盆底也是由木板拼接而成一个圆形的整体，盆边有槽口，盆底嵌入槽口内。盆边之外上下各打一道铁箍，铁箍的作用是使秧盆围合紧密结实，盆底不会掉落。这种打箍的制作方式在旧时的木器制作中常有出现，因为木料自身的结合方式，所以需要借助外力来加强其牢固性，在没有铁箍的时候则多用竹篾编制成箍套于盆边之外，同样起固定作用。

本案例秧盆口部直径70厘米，底部直径55厘米，高度18厘米。边框由木板拼接而成，盆沿厚3厘米，两道铁箍箍于盆边之外，其中上端距口沿5厘米，下端距底边2厘米。盆底反面光滑，与盆边接合平整无凹凸，为了在使用时于水田中拖行方便，减少阻力。

秧盆使用时先将秧苗置于盆中，在水田中拖行至插秧地点，放置于插秧者身边不远处，因为秧盆中所储备秧苗较多，故在插秧时不需要来回走动取秧苗，客观上减少了不必要的时间浪费，提高了工作效率。

现在，秧盆仍在使用，但旧式秧盆的身影却逐渐隐退，秧盆的功能也被现代化的产品所取代，比如塑料盆就可兼用作秧盆使用，其他如不锈钢盆也是不错的替代品。

图片来源
图一至图五　胡万明　制图

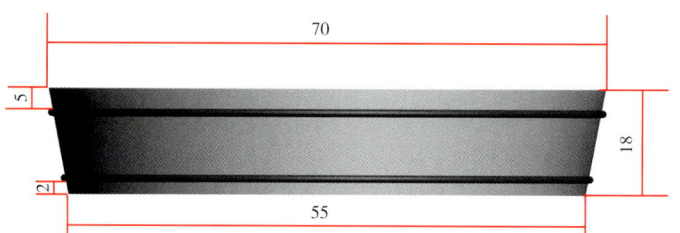

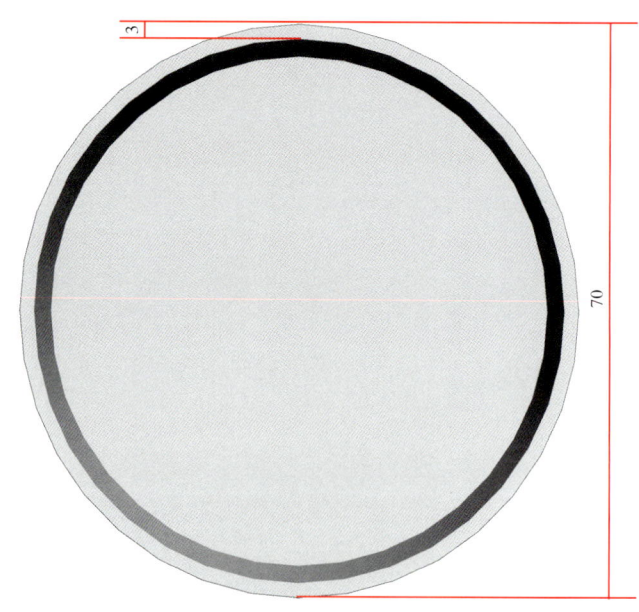

图二　土家族秧盆尺寸图（单位：cm）

图三　土家族秧盆结构名称图

图四 土家族秧盆结构分解图

图五 土家族秧盆使用场景图

第五章 土家族传统生产工具

341

土家族月锄

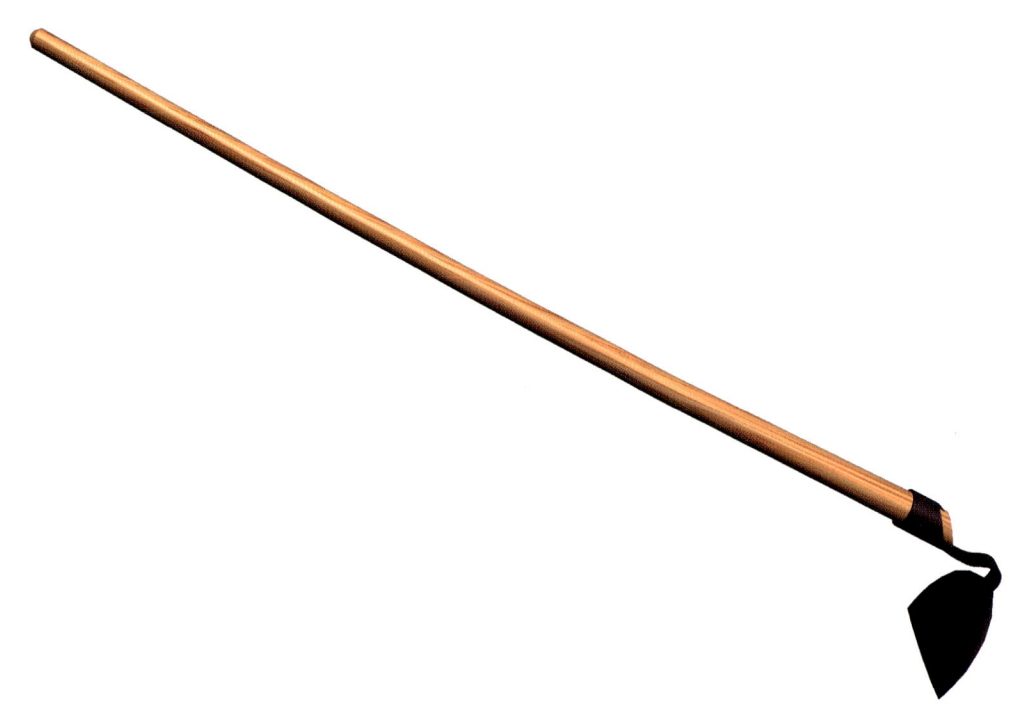

图一　土家族月锄主图

　　月锄，又称薅锄，因锄刀刀身为半月形而得名，是土家族山区常用的生产工具。主要用于铲土、除草、开厢、掏沟等地表铲掘，亦可用于收拢地面散乱的泥沙、渣土等。锄的使用历史悠久，从出土的实物来看，早在新石器时代就有石质锄头用于耕种，金属的使用使锄头的功能和形制逐渐稳定下来。土家族地区使用的锄头，根据用途和形制不同，又可分为挖锄、月锄、点锄、羊角锄四种，本案例以月锄为代表，重点讲述。

　　本案例的月锄根据相关资料建模而成，月锄的主要部件为锄头和锄把，锄头为铁质，高约 15 厘米，刃宽 20~30 厘米，打制的时候刃部须淬火，使其较为耐用，刃部锋利，便于锄掉杂草和一些杂生于庄家中的小型的植物。上部为弯曲的裤，末端有一圆筒状的囤，用于安装锄把，囤的直径约为 7 厘米。锄把多为硬质杂木制成，截面为圆形，安装于囤孔一端的稍粗，末端稍细，直径约 4 厘米，锄把稍稍有些弯曲为宜，使用起来较为舒适。

　　用月锄锄草时，一般两脚分前后站立，双手分前后握住锄把，稍稍举起后，对准杂草所在的位置锄下去,即可用出头的刃部将杂草锄掉。

在几千年的农耕时代,锄头一直与人们的生产、生活紧密相连,为人类的生存和发展做出了巨大的贡献。而今,现代农业机械和耕作技术得到广泛的推广和应用,锄头的使用日益减少。但因自然条件等因素的制约,很多农村地区,锄头仍在使用,许多农活还离不开锄头,这种简单的农具也许会一直使用下去。

图片来源

图一至图五　胡万明　制图

图六　周昕.中国农具发展史[M].济南:山东科学技术出版社,2005.1

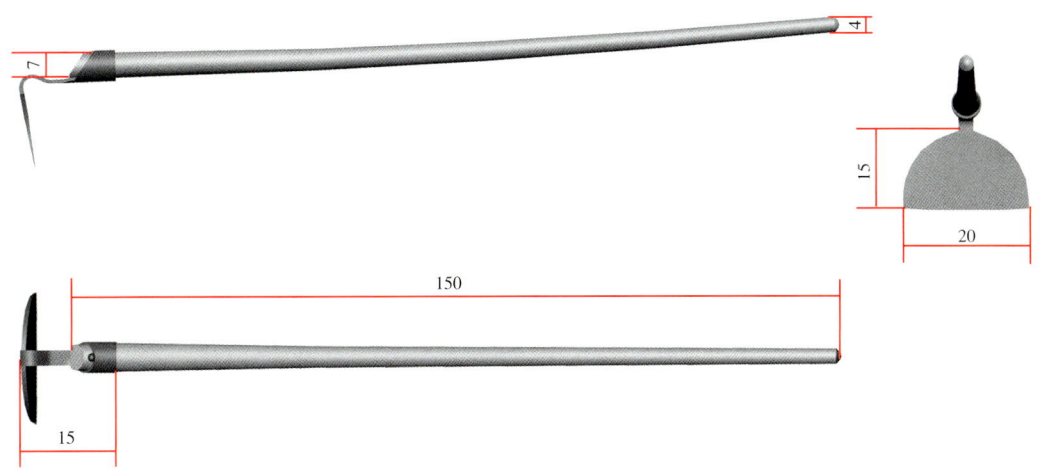

图二　土家族月锄尺寸图(单位:cm)

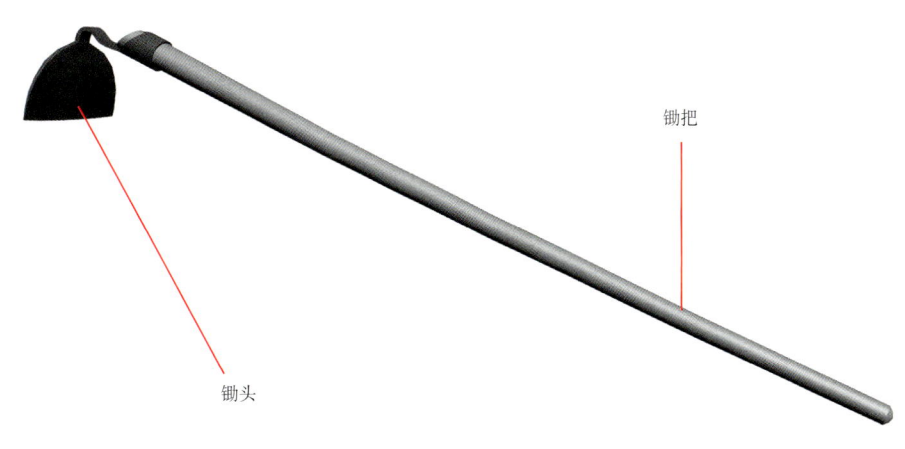

图三　土家族月锄结构名称图

图四 土家族月锄结构分解图

图五 土家族月锄使用示意图

图六 四川彭州市农作画像砖

土家族水碾

图一　土家族水碾主图

水碾是利用水力来加工谷物的机械装置，发明于魏晋南北朝时期。元代王祯的《农书》中对水碾做如下记载："下作卧轮或立轮，如水磨之法，轮轴上端穿其碾砆，水激则碾随轮转，循槽轹谷，疾若风雨，日所毂米，比于陆碾，功利过倍。"改土归流之后，水碾被土家族引入，用于谷物的脱壳或去麸。

水碾的基本构造为一个圆形的石质碾槽和一个石质碾盘，其圆心与横轴连接，横轴末端与竖轴连接，竖轴下端连接一个水车盘，水车盘以若干扇叶状部分组成，可由水流带动其旋转，竖轴为水车盘的圆心。其工作原理为水的流动带动水车盘旋转，水车盘的旋转促使竖轴一起旋转，进而使横轴以其竖轴连接处为圆心，带动石碾盘沿着蹍槽做圆周滚动，在蹍槽内放上谷物，随着碾盘的不断转动，即可脱壳或去麸。

水碾的动力来源是水的落差所产生的势能，再加上水的流动所产生的动能，经过水车和竖轴的传动，进而转变为推动碾盘旋转的动能。所以水的落差大、流速快，水碾就会转动得快，其功效就高，反之，其功效就低。因此在建造水碾时，一般多选择落差相对较大的地方。

水碾一般都建在具有高低落差的地方，或为溪边，或为河畔，亦可断水架设。水车盘有横有竖，水车盘与碾盘距离远的，其中间的连接还要有传动装置（古时用硬木做成，状如齿轮），其下端筑坝引水，使水从坝内一侧流入，再从另一侧流出，水的流动能够带动水车盘旋转，上端架屋设碾盘、碾槽、风簸等谷物加工用具。忙时开闸放水，碾盘即可工作，闲时关上闸门，水即从坝边流过而水车盘不动。

在没有现代的机械设备之前，水碾是一种比较先进的加工器具，在土家族地区广泛使用。1949年以后，土家族与周边的汉族地区相比，其农耕水平和生产工具都相差无几，水碾也因现代机械的出现而退出了历史的舞台。

图片来源

图一至图六　胡万明　制图
图七　元代王祯.农书

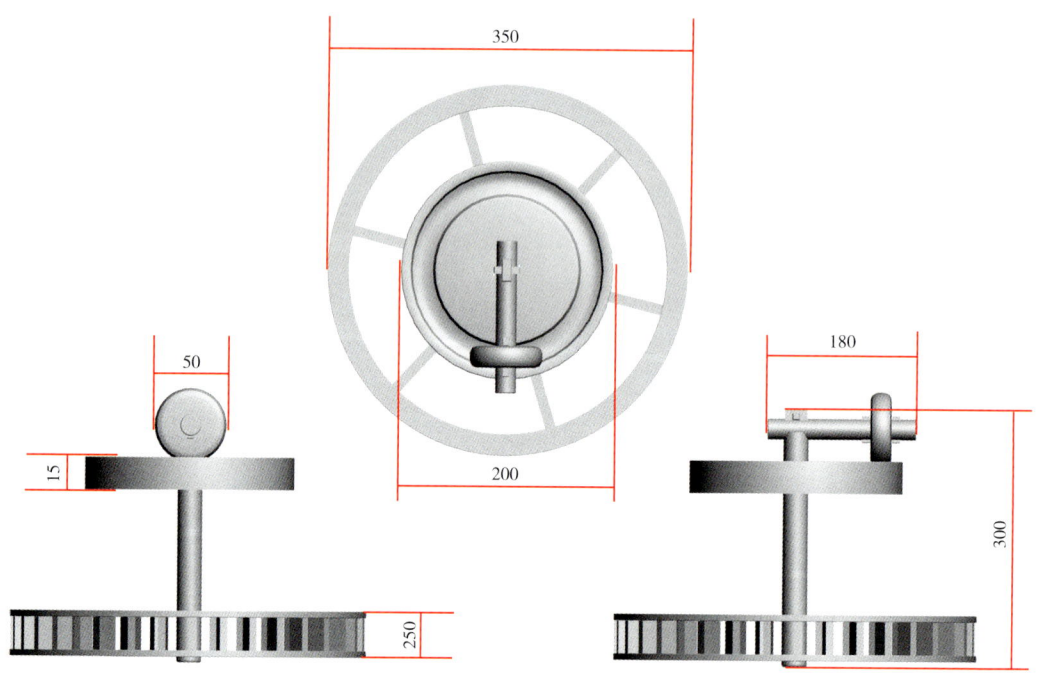

图二　土家族水碾尺寸图（单位：cm）

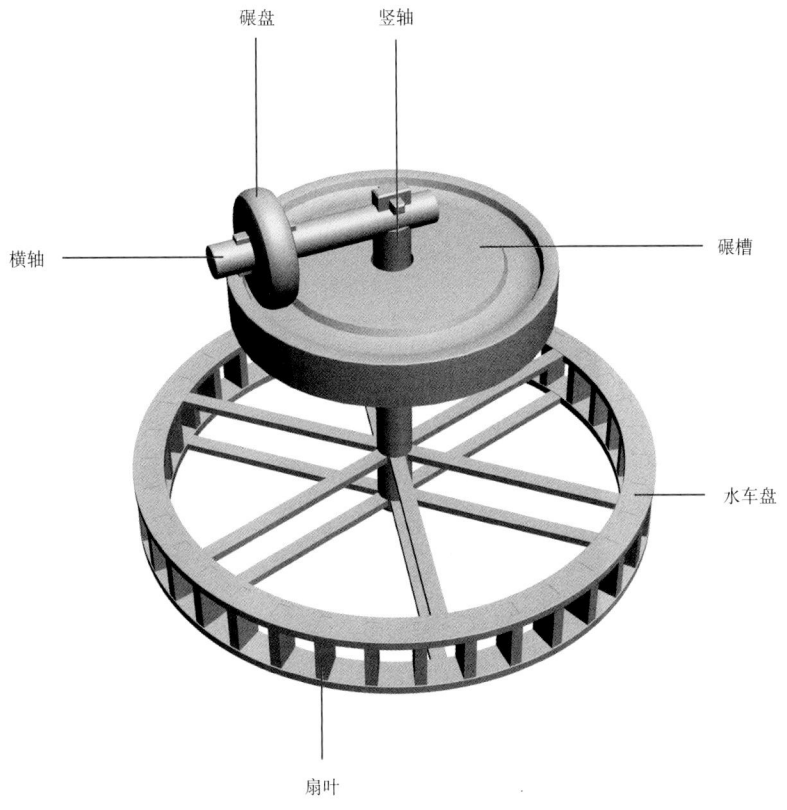

图三 土家族水碾结构名称图

图四 土家族水碾结构分解图

图五 土家族水碾使用场景图

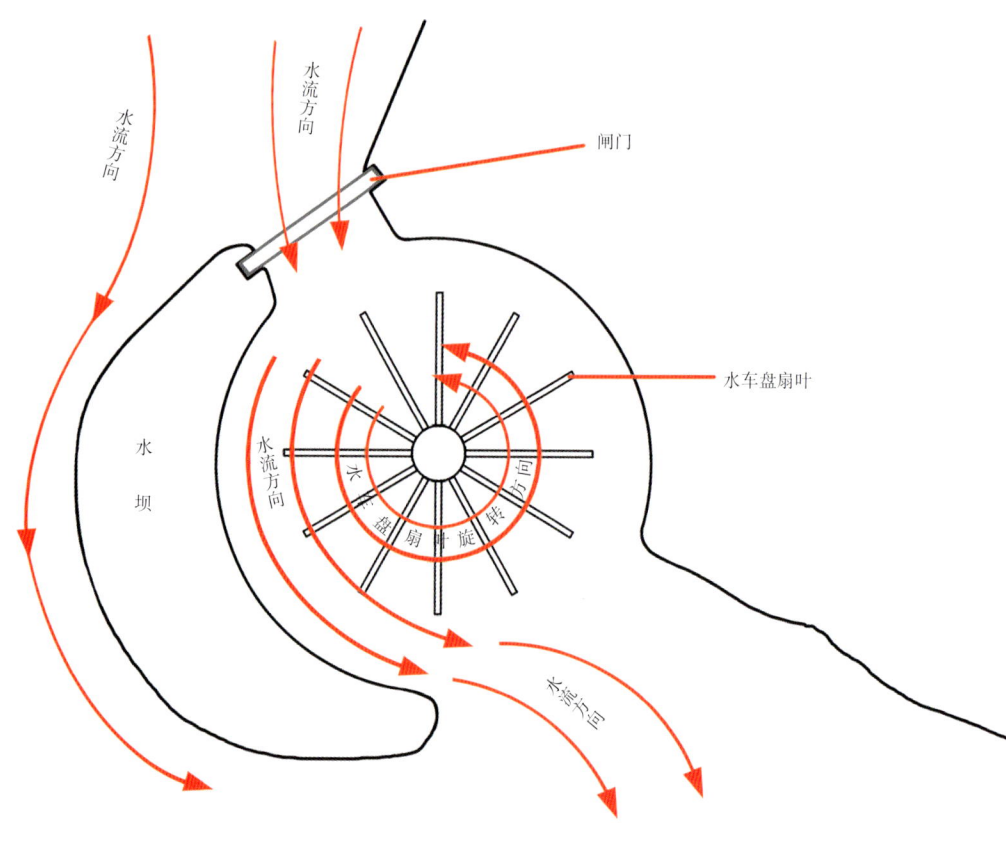

图六 土家族水碾水能利用示意图

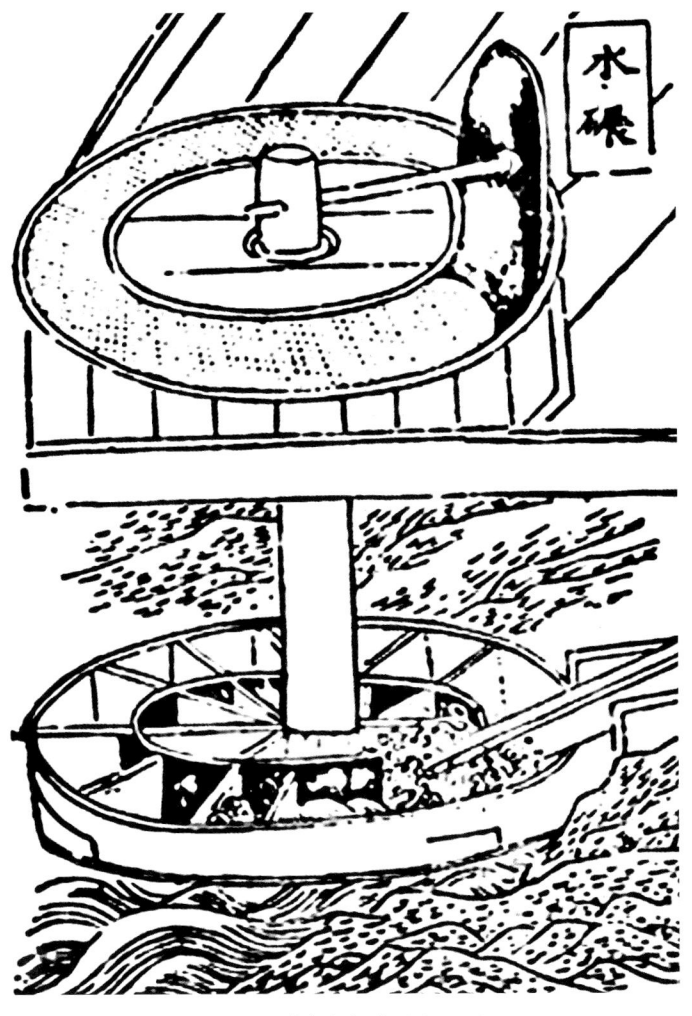

图七 《农书》中的水碾图

土家族筒车

图一 土家族筒车主图

筒车亦称水转筒车,是一种以水流为动力来取水灌溉的机械装置。据记载,筒车起源于隋而兴盛于唐,其历史已有1000多年。自南宋以来,筒车在实践中不断完善,推广普及。筒车以竹筒取水灌溉入田,不需人力畜力。土家族在改土归流之前,农业生产比较原始,改土归流之后,筒车被土家族引入,用于农业灌溉。

筒车由一个支架、一个转轮、若干竹筒、水槽等部件构成,支架以打桩的形式牢固地插于水流湍急的溪流或河床的底部,转轮架于支架之上,转轮由两个轮环构成大小不一的两个同心圆,可浸入水中近1米的深度。转轮外缘绑若干竹筒,竹筒底部绑在大的同心圆环上,口部绑在小的同心圆环上,筒口朝着水流的下游方向,竹筒须与筒车的轴呈

45°左右的倾斜角度。支架边上架设流水槽，其位置约在筒车轴心靠后约1米的地方，其高度比筒车顶部低一些，用于盛接竹筒倒下的水，将水引入其他水槽，然后可改变水路，直至把水引入需灌溉处。

筒车可以将低处的水提到高处而不需施加人力、畜力，其原因是筒车利用了水流自身的动能。竹筒绑于转轮外缘，构成承受水的冲击力的叶轮，流水冲击竹筒使转轮旋转，随着转轮的旋转，又将竹筒带着出入于水面，由于竹筒的两端绑在大小不同的同心圆上，所以当竹筒转到高处时因底高于口而倒水，转到低处时因口高于底而装水。所以竹筒出水时将水提出，随着轮的转动，水流的动能转化为竹筒与其内部水的势能，当竹筒转到相应的高度时，竹筒内的水随着竹筒倾斜角度的变化而流出，被转轮外侧的流水槽接住，然后被流水槽下部的水槽盛接后引入灌溉处，完成整个提水灌溉的过程。不用时，用木栓卡住转轮，筒车即停止运作。

筒车虽然灌溉效率不高，但其利用的是自然力，在客观上将人力和畜力从提水灌溉的工作中解放了出来，实现了灌溉的半自动化。

图片来源

图一至图五　胡万明　制图

图六、图七　向民航.湘西民俗映像［M］.北京：中国出版集团·东方出版中心，2006.9.

图八　明代宋应星.天工开物

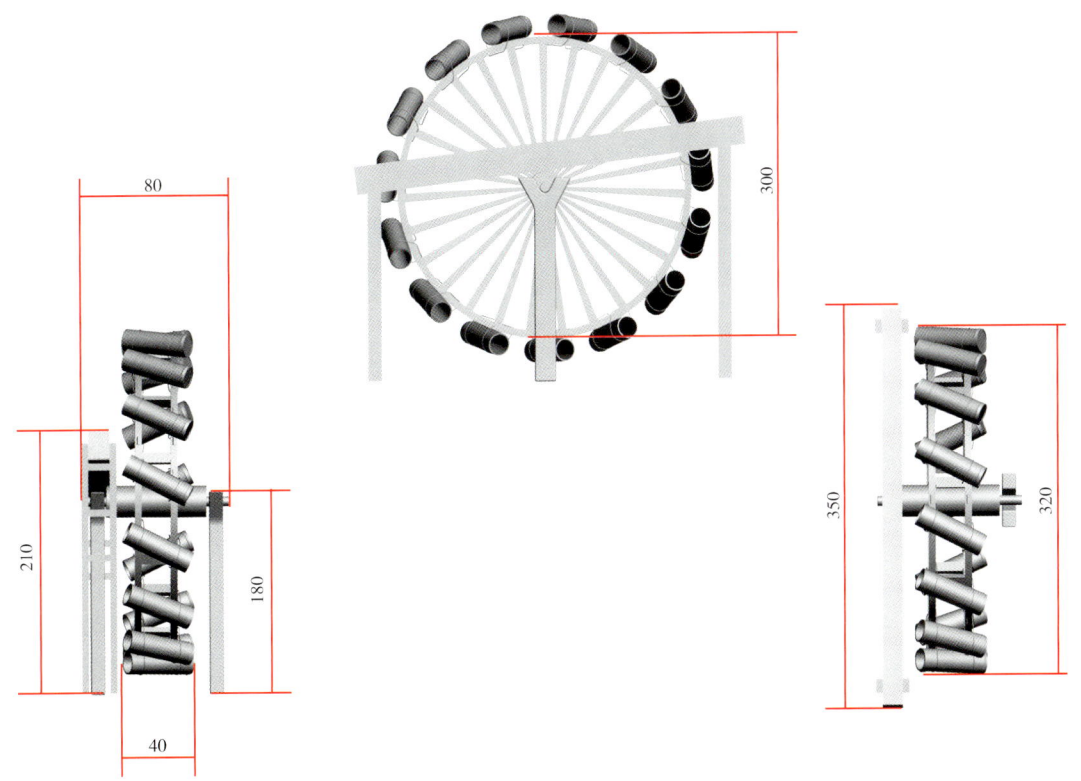

图二　土家族筒车尺寸图（单位：cm）

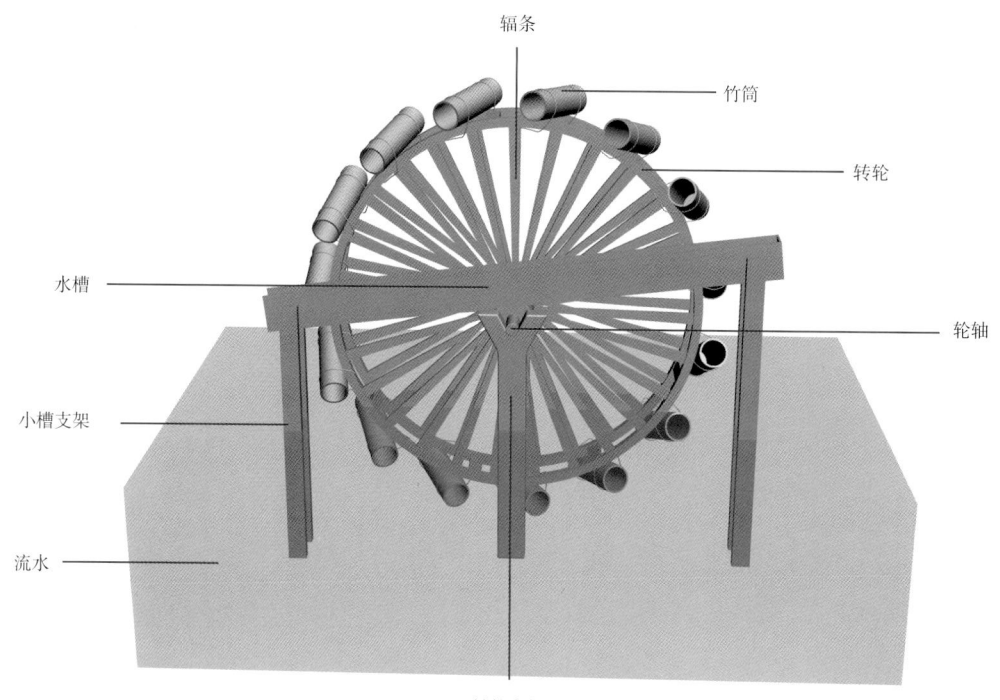

图三 土家族筒车结构名称图

图四 土家族筒车结构分解图

图五　土家族筒车使用场景图

图六　土家族筒车实物图

图七　土家族水笕

图八　《天工开物》中的筒车图

土家族秧箕

图一 土家族秧箕主图

秧箕是过去土家族农村插秧时用来挑秧把的农具，至今仍在使用。秧箕很像其他农村地区的粪箕，粪箕因常用来运送家畜家禽的粪便而得名，也用于运送沙土或其他散碎物。在插秧时，也用粪箕来运送秧把，在形制和用途上与秧箕相似。

本案例秧箕根据实物建模而成，该实物现藏于常德民俗馆。该秧箕为竹木构造，其中底框为榫卯接合的"日"字形，其上部用多根竹片钉在三根横档上，形成一个平整的底部，再用长竹片弯成抛物线形状，交叉置于底框上方，形成承重的边框，边框顶部交叉，一根绳套松散地套在上面，这个绳套叫作秧箕系，用来穿入扁担挑起秧箕。边框底部的四根竹片，其尾部用钉子钉在底框竖木档的内侧。底框竖木档的外侧再分别用竹片交叉并钉于边框竹片的下部，用于固定边框，使其稳定。这两根交叉的竹片，起到围栏的作用，可以护住秧箕里面运送的秧把，使其不会在行走的过程中滑落。

秧箕两个为一副，配合扁担使用。用扁担穿过秧箕顶端的系，将秧箕放置在扁担的两头，挑秧把时，将秧把整齐地堆在秧箕的底框上，挑秧者即可从中间挑起扁担，进而挑起两边的秧箕，将秧把运送到需要插秧的田里。

秧箕的结构简单，相对于粪箕而言，制作起来更为方便。由于秧箕的底部为比较宽厚的竹片钉在木质底框上，相比用篾条编制的粪箕底部而言，秧箕要耐用得多。而秧箕长方形的底部形状较粪箕底部的月牙形敞口更为紧凑，行动更为方便，也更适合在山间梯田的埂上行走。

图片来源
图一至图五　胡万明　制图

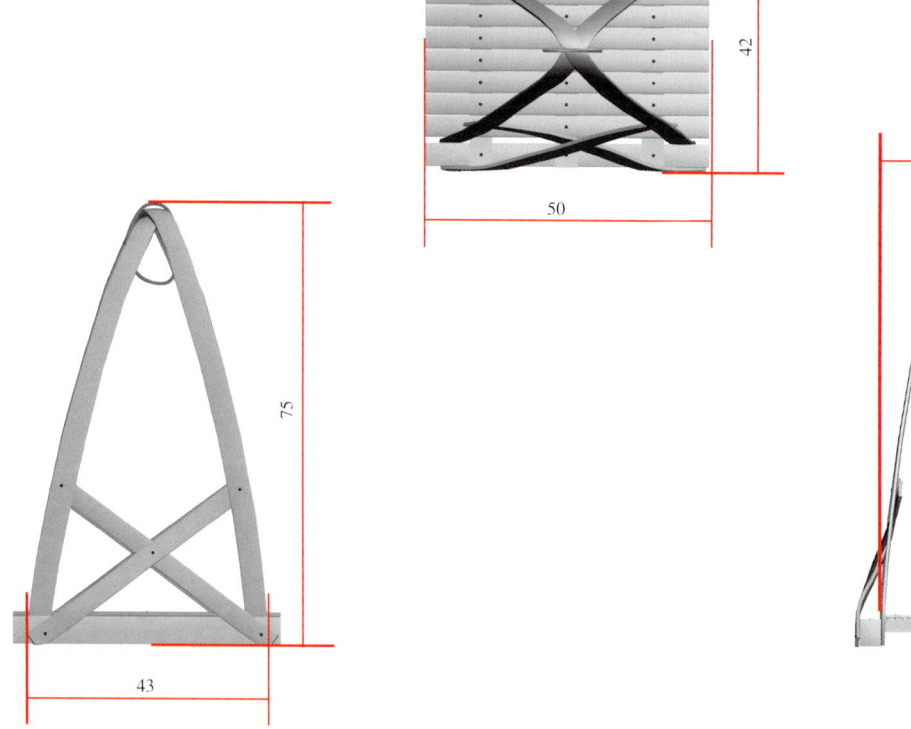

图二　土家族秧箕尺寸图（单位：cm）

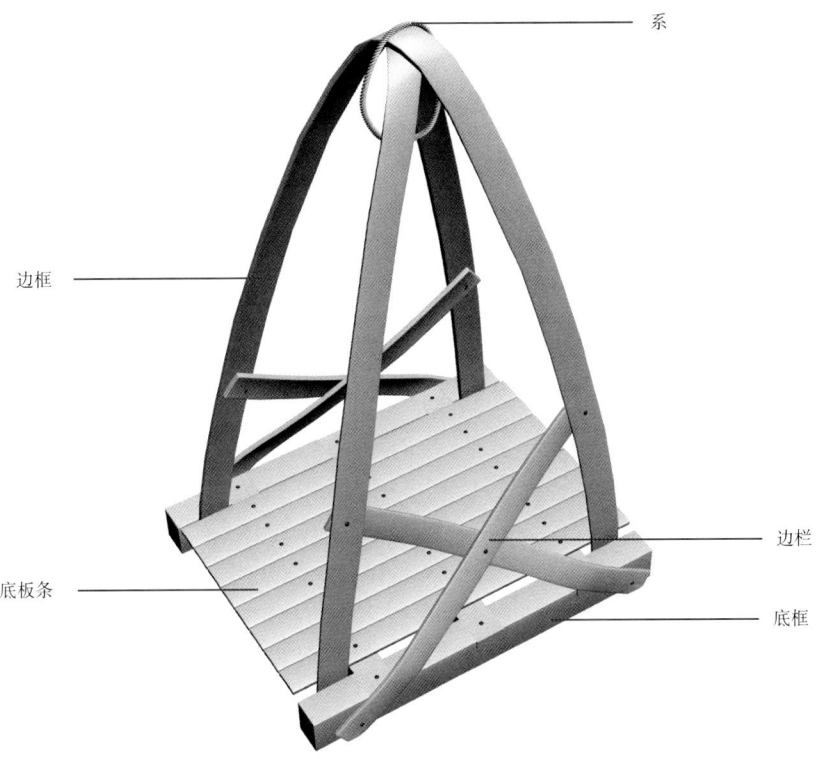

图三 土家族秧箕结构名称图

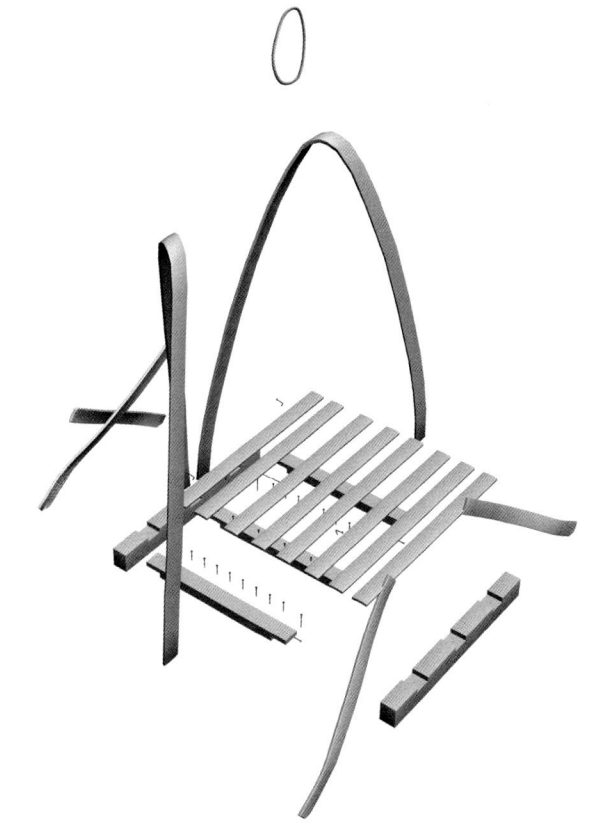

图四 土家族秧箕结构分解图

图五　土家族秧箕使用场景图

土家族连枷

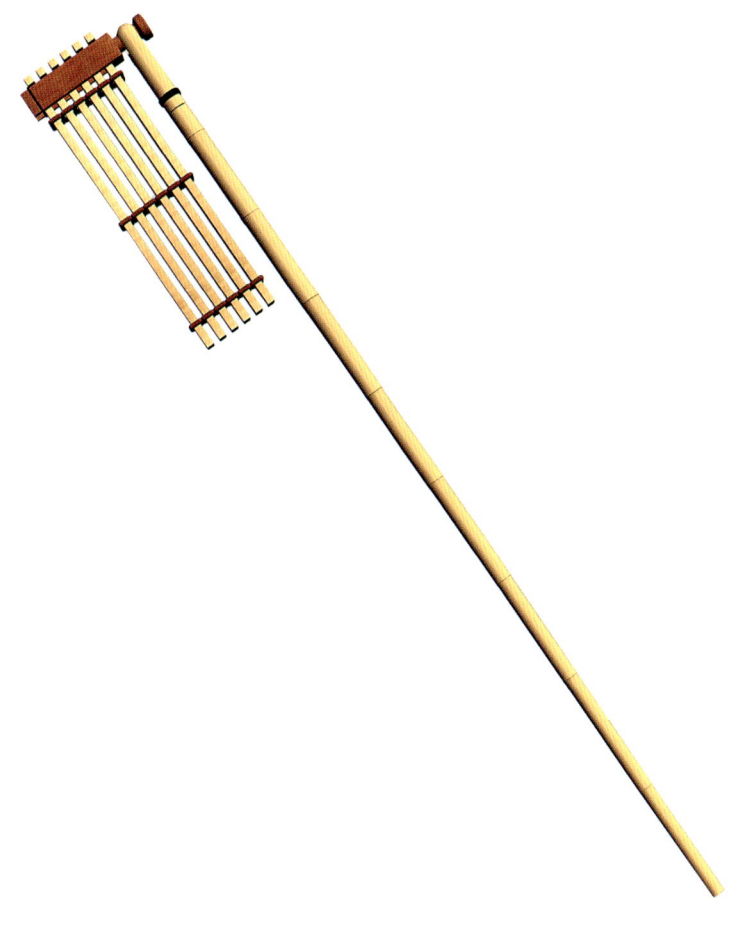

图一 土家族连枷主图

连枷是一种脱粒的农具，主要是用来拍打稻谷、黄豆、蚕豆、豌豆等，使籽粒掉下来。土家族连枷的使用是民族融合的结果。

连枷或源于中原，历史悠久。据《国语·齐语》记载，早在公元前七世纪，齐国（今山东半岛）就使用连枷打麦。那时称枷或拂。唐朝颜师古《汉书注》中说："拂音佛，以击治禾，今谓之连枷。"《齐民要术》和《农政全书》上各有记载："连枷，击禾器。""连枷响，麦登场。" 在宋仁宗庆历年间（公元1041—1048年），连枷曾被用作兵器，称之为拂连枷，枷是用铁打制而成。至南宋，火药用之于战争，连枷在战场上消失。今天的双节棍即为连枷的改良品。

本案例连枷根据相关资料建模，由手柄和连枷拍组成，手杆是一根竹竿，长约200厘米，直径3~4厘米不等，成年人能一把握住。竹竿一端的尺许处用火烤软后，刮去一半，

第五章 土家族传统生产工具

留下的一半折弯过来与手杆平行,即可安装连枷拍。连枷拍由敲杆和竹片组成。敲杆长约 30 厘米,是一根结实的木棍,比手杆粗,卡在连枷把折弯里的圆木段略凹下去一点,便于与连枷把很好地绑在一起。安装竹片的圆木段,挖一个方孔,以便安装竹片。竹片宽约 3.5 厘米,长约 60 厘米,由很粗的楠竹破开制成。一般 5 到 6 条竹片用牛皮筋或竹篾或藤条编织连结竹板,板顶端各竹片紧紧地拴在一起,卡进方孔中,下端略微分开,整个竹板呈方形或扇形。

连枷的制作方法各不相同,但基本形制区别不大,使用方法基本相同。

使用时,将连枷把高高地举起,用巧劲甩动连枷拍,使其旋转起来,待旋转到水平位置再用劲往下压手杆,落地的一瞬间,连枷拍的重力与手臂的用力合在一起,啪的一声,重重地拍打敲击在了晒场上的稻穗或豆荚上。在使用过程中,为了延长使用寿命,人们通常会在连枷拍与禾穗接触的那一面缝上一只旧鞋底或其他结实物品,用以保护连枷拍面。

图片来源
图一至图五　胡万明　制图
图六　明代宋应星.天工开物

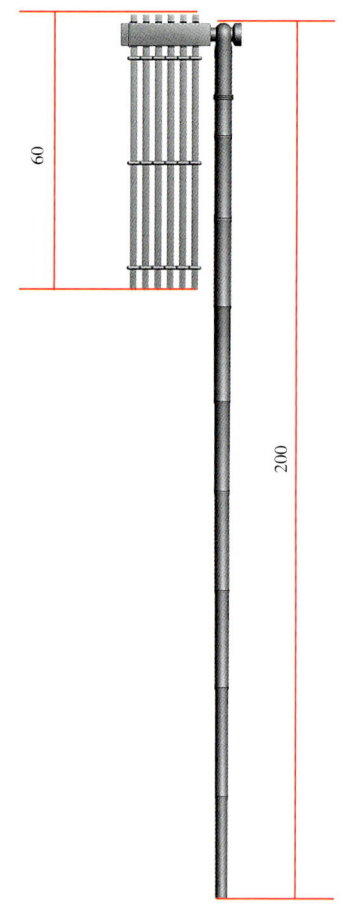

图二　土家族连枷尺寸图(单位:cm)

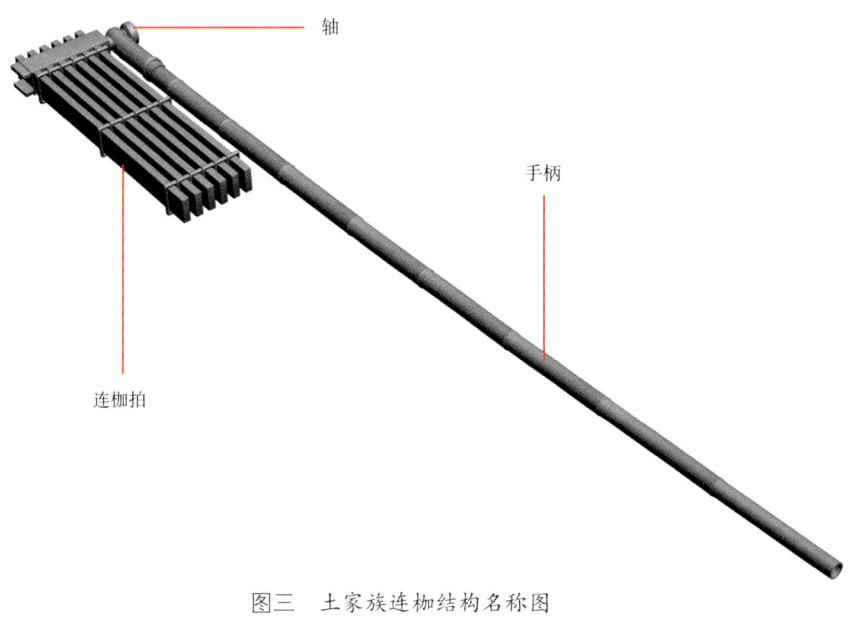

图三　土家族连枷结构名称图

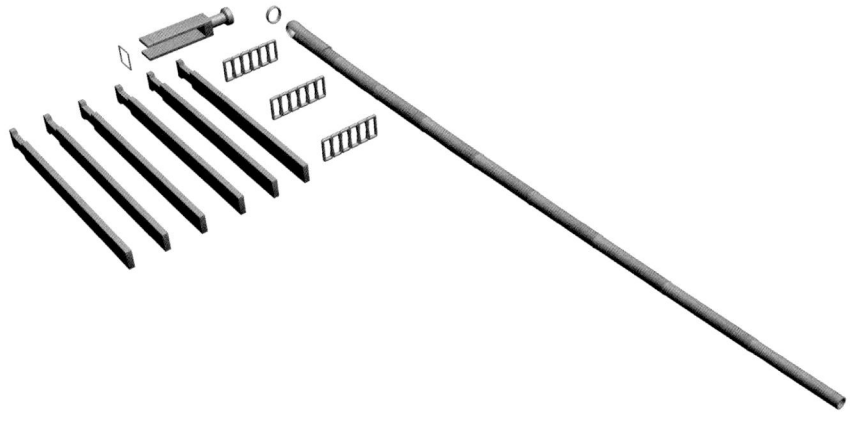

图四 土家族连枷结构分解图

图五 土家族连枷使用场景图

第五章 土家族传统生产工具

361

图六 《天工开物》中的连枷图

土家族风簸

图一 土家族风簸主图

风簸又叫风车，北宋诗人梅尧臣诗曰："白扇非团扇，每来场圃见，因风吹糠屹……去粗而得精，持之莫言倦。"说明风簸在宋代之前就有了。据考证，我国的风车早在汉代就已运用于生产，在土家族的应用年代不详，应为中原地区传入。旧时用石碓舂米，舂完的米是谷壳、次米和好米的混合体，风簸就是将谷壳、次米和好米分开的工具。

风簸为木质，运用传统的木工工艺制作而成，整个风簸的重量由四根木柱支撑。风簸以木条穿架，用木板封体，连接处均为榫卯结构。风簸由车斗和风柜组成，车斗敞口颈细，敞口便于倾倒谷物，车斗可以拆卸，便于将谷物倾倒干净。风柜与车斗的连接处

第五章 土家族传统生产工具

有一条扁缝，扁缝处安装可旋转挡板，可通过角度调整闭合与打开。风柜外侧有一控制挡板角度的活动阀，调节此活动阀控制挡板的角度，进而控制谷物下漏的量。连同车斗，风簸一般高约150厘米，长约170厘米，宽约50厘米，风柜直径约90厘米。风柜一端是浑圆的腹腔，内置摇扇，摇扇为木质扇片，一般六片或八片，轴为生铁做成，轴的一端引出外面，用于手动摇转吹风。另一端则是个方形出口，腹下设有一前一后两个错开位置的向下出口。

风簸主要用于吹米，吹米是将初步春好的谷物混合体从风簸敞口倾倒进去，然后用手摇动风簸的摇把，让风簸腹中的扇片转动起来。因为次米、谷壳比好米的密度小，比较轻，所以在风扇转动起来后，扬起的风就将次米从稍微偏的斜口流出，好米从对准敞口的斜口流出，而谷壳和杂质较轻，则从出糠口被风直接吹出。如此两到三次，便将好米选出，选出的好米用于做饭，次米用于喂牲口。

风簸也可用于选米，所谓选米，其实选的是谷粒，即挑选出饱满的谷粒，操作方法与吹米一样，摇扇的力度略微大些即可。使干瘪的、空壳的谷粒从一端飞出，而饱满粗壮的谷粒就从下口落下。经过这道程序，原本优劣掺和的稻谷，就被风簸分为两堆，质量差的直接拿去喂牲口，好的谷子则囤进仓房，需要时再取。

图片来源

图一至图五　王琥，何晓佑，李立新，夏燕靖.中国传统器具设计研究（卷一）[M].南京：江苏美术出版社，2004.12

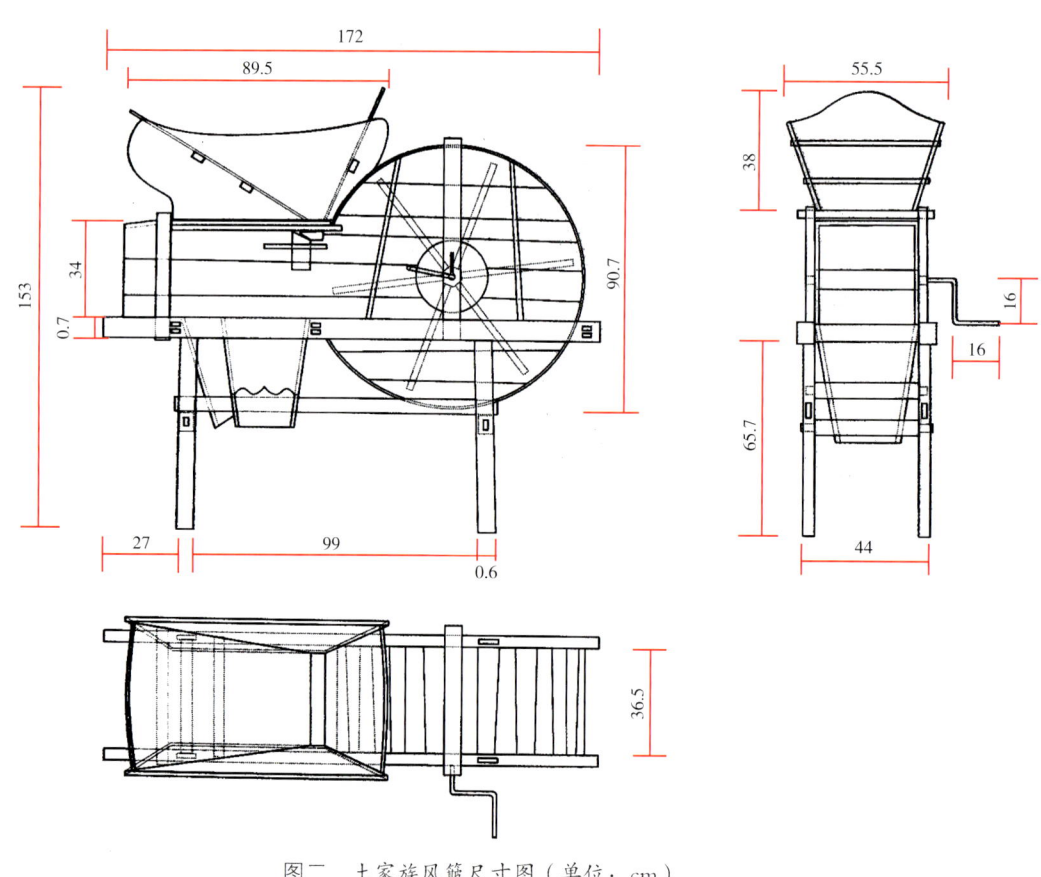

图二　土家族风簸尺寸图（单位：cm）

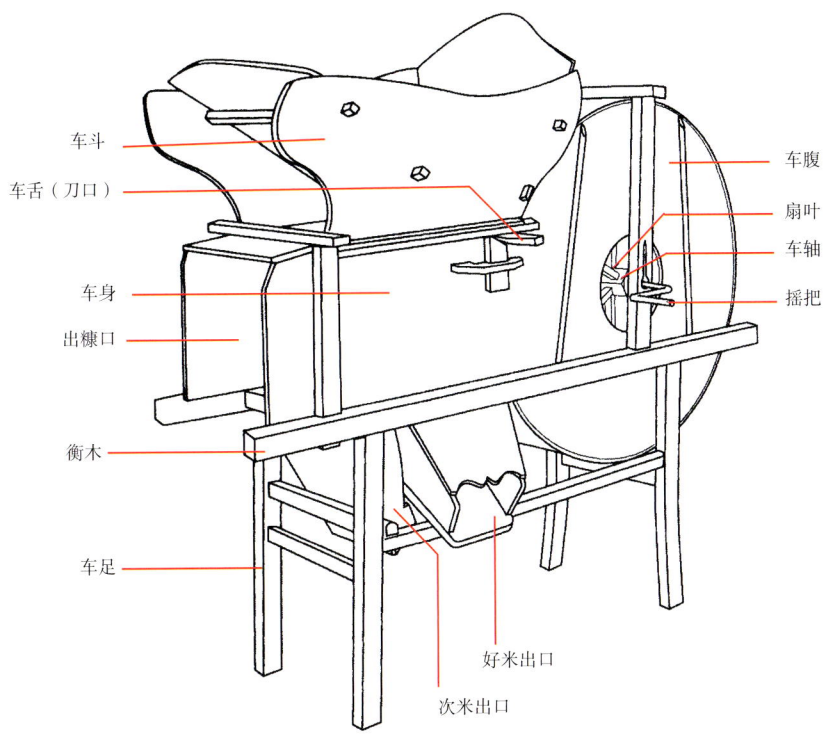

图三　土家族风簸结构名称图

图四　土家族风簸结构分解图

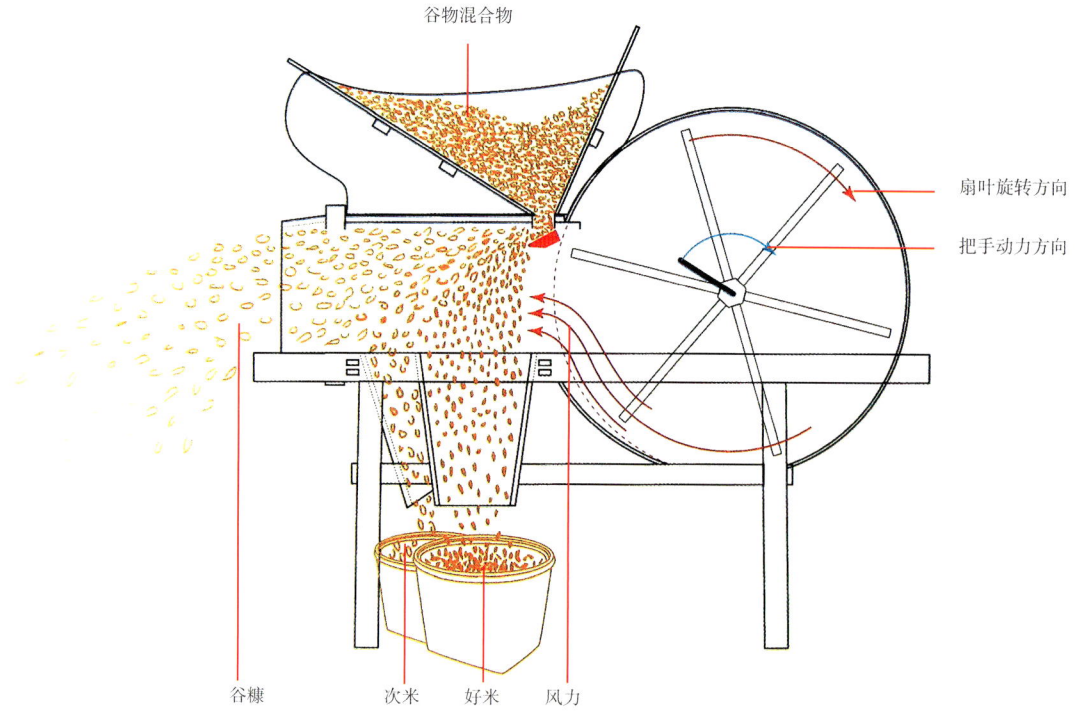

图五 土家族风簸工作原理分析图

土家族挞斗

图一 土家族挞斗主图

所谓挞斗，源于贵州省思南县土家族山区，后流传甚广，简称斗，又名复斗。用于收割稻谷、荞麦时脱粒。

挞斗为木板围合而成，方体，口与底皆为方形，口略大，底略小，截面呈倒梯形，上口边长150厘米，底边长140厘米，高60厘米，木板厚度3厘米。榫卯插接，四角出榫，长20厘米、高10厘米，是把手，便于在田中拖拽。底部两边各自两根溜枋，也叫拖脚，宽8厘米，中间厚两头尖，厚处约10厘米，尖处约5厘米，放在田里就像小舟置于水面。两边翘出，便于在田里拖抬时滑行省力，也减少了底部与田中泥土、杂草等的摩擦。

挞斗主要用于水稻的脱粒，水稻收割须选择晴天，将稻谷割在田中铺晒一至两天，将木板制作的挞斗抬到田间，一张挞斗同时可站四五个人挞谷子，挞谷子时手握谷草下部将谷穗伸入斗中使劲在木板上拍打，来回数次，将谷粒拍打干净。

最后，将谷子挑回家中，晒干入仓，稻草则放在田中，沤烂后作为来年的肥料。

旧时的生产方式相对落后，农作物的收

割全靠人工，再加上土家族主要居住于山区，山路崎岖，收割完的庄稼都往自家的院场运输的话劳力费时，收获后的稻草还要往外运输。用挞斗直接在田里把稻子收集起来，运输起来省时省力，装载简单方便。剩下的稻草直接留在田中，隔年沤烂还可做肥料使用，又省了上下运输肥料的劳累。

图片来源

图一至图五　胡万明　制图

图六　明代宋应星.天工开物

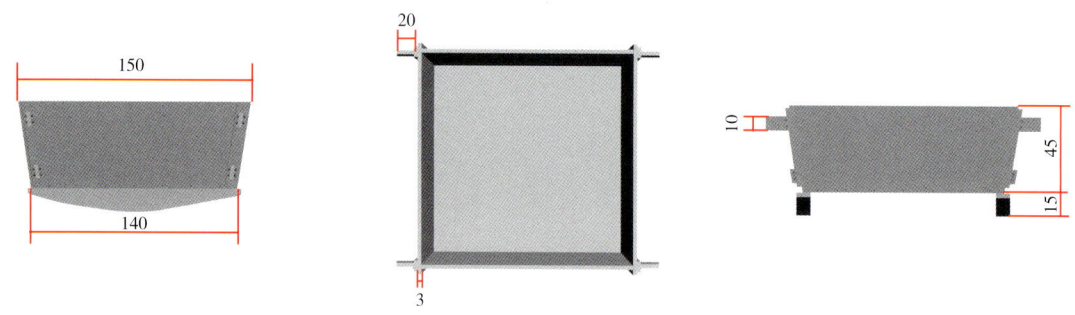

图二　土家族挞斗尺寸图（单位：cm）

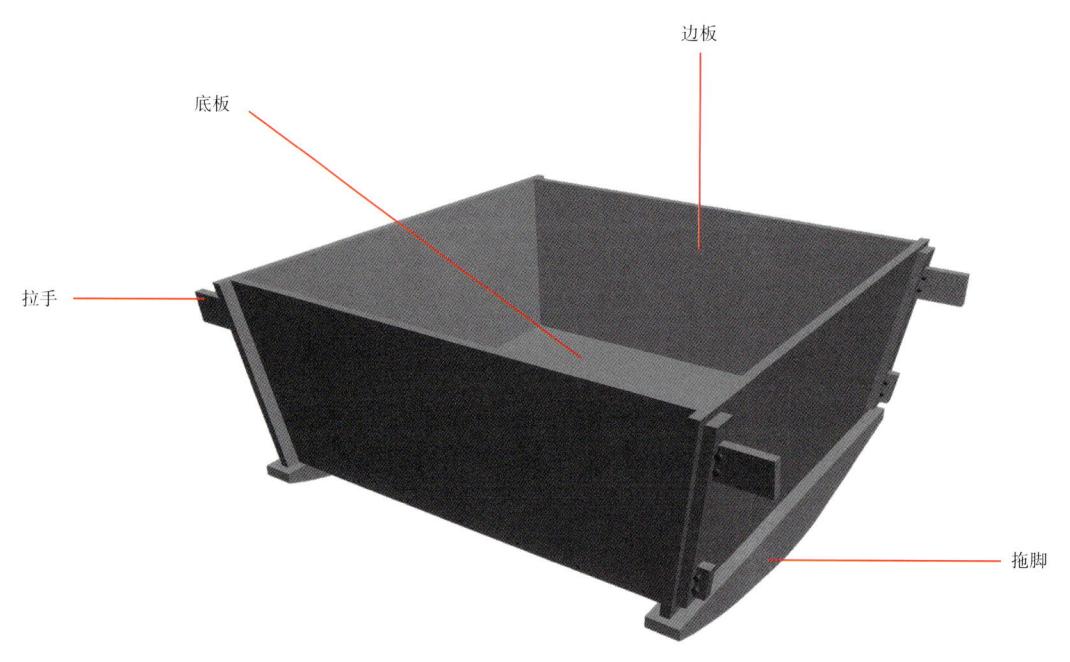

图三　土家族挞斗结构名称图

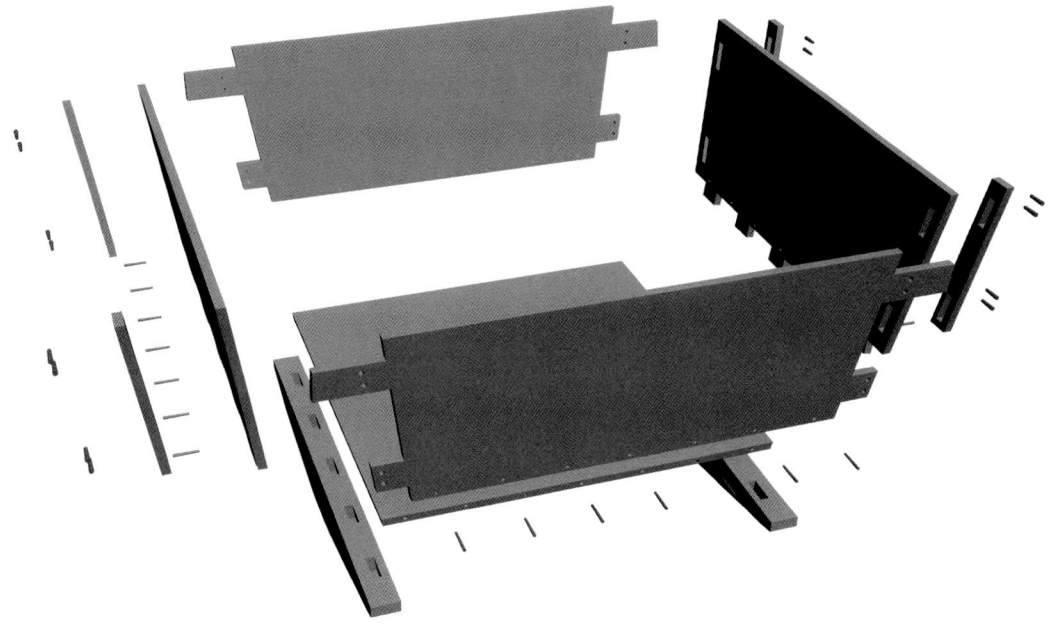

图四 土家族挞斗分解图

图五 土家族挞斗使用场景图

第五章 土家族传统生产工具

图六 《天工开物》中所载的挞斗

土家族竹筛

图一　土家族竹筛主图

筛子是一种传统生活器具，主要用于各种粮食的筛选，旧时是大米、面粉等加工所必备的工具。筛子因由竹篾编制而成，故称之为竹筛。筛作为器具使用，应该出现在汉代以前，初写为"籭"或"筵"，后定名为"筛"。竹筛的设计已经成熟，土家族地区的竹筛和其他地区的竹筛没有区别，其形制大小基本一致，因其用途不同，竹筛又有粗眼和细眼的区别，根据个人的使用习惯不同，其大小也有差异，但基本直径约为50～65厘米不等，边缘高度约为10厘米左右。

本案例竹筛为拍摄，其直径约为55厘米，边缘高度约10厘米，形似脸盆，上大下小，因其年代久远，已有破损。竹筛多用慈竹、楠竹、水竹等劈成的篾条编织而成，四周的篾条较厚而宽，编织成圆形边框，高约10厘米，底面用薄而细的篾条编织成纵横交错的网状，成为筛底，其网眼的大小根据不同的用途有所区别。筛底下面还交叉编制几根宽约1厘米、厚约0.2厘米大篾条，与边框连为一体，用于支撑筛底所需承载的重量。

使用竹筛时，将要筛选的粮食倒进竹筛里面，再用双手平端起来做环形晃动，颗粒大的留在竹筛上面，颗粒小的则通过筛孔掉到竹筛下面。在土家族地区，竹筛还可用来盛装或晾晒苞谷、黄豆、豌豆等颗粒较大的粮食。

竹筛的工作原理主要是利用万有引力的作用，用手臂晃动竹筛，使其所盛的颗粒状物体在筛眼之上运动，颗粒直径小于筛眼的就会落下，颗粒直径大于筛眼的则会保留在竹筛上。现代很多用于筛选的器械都是根据竹筛的工作原理制成的，只是现代机械取代了人力，使其效率更高而已。

图片来源

图一、图四　胡万明　摄影
图二、图三、图五　胡万明　制图
图六　元代王祯.农书

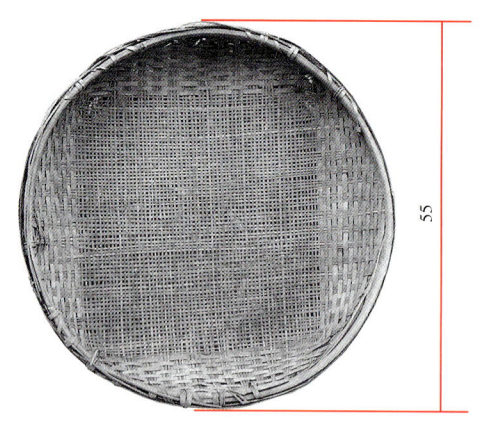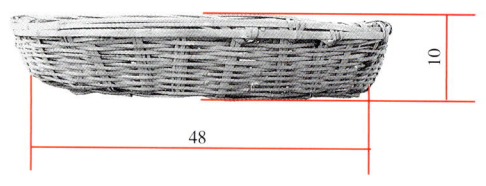

图二　土家族筛子尺寸图（单位：cm）

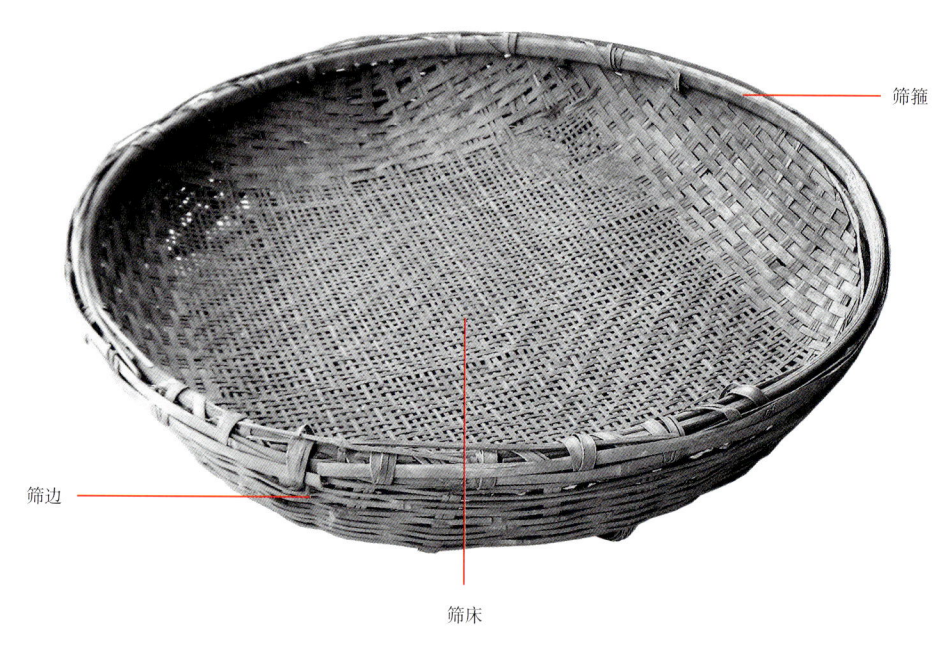

图三　土家族竹筛结构名称图

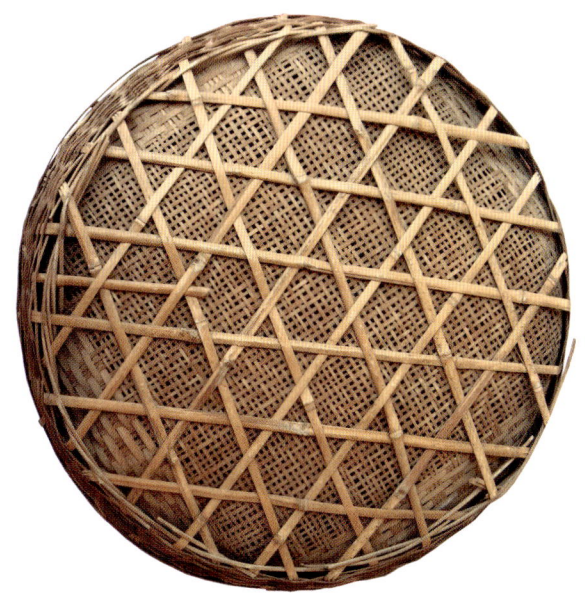

图四 土家族竹筛背面

图五 土家族竹筛使用示意图

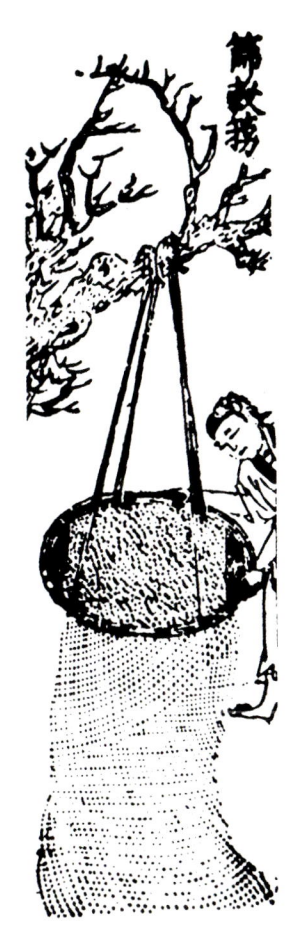

图六 《农书》中的筛谷篣

土家族礱子

图一　土家族礱子主图

礱子是土家族地区传统的谷物加工工具，其形制与功能与山东地区的砣和江浙地区的砻如出一辙，所以，礱子、砣、砻应为同一器具，只是在不同地区的称谓不同而已。礱子最早出现于秦汉时期，在碾米机未出现之前，礱子是必不可少的碾米工具。礱子的造型与工作原理和磨相似，一般认为，礱子是在磨的启发下演变而成的谷物加工工具。

本案例的礱子根据相关资料建模而成，其高度约100厘米，直径约650厘米。由上下两部分组成，上半部分的底部和下半部分的顶部有杂木做的齿槽。上半部分叫檑盘，内装夯实的泥土，以增加磨盘的重量。其部件包括檑斗、檑担，檑斗用于装谷子，檑斗底部有一孔，谷子通过此孔流到檑齿处。檑担上有孔，插上"丁"字状的擎手，用于推动檑子上半部分转动，上下檑齿相错，形成摩擦力，即可给流下的谷物脱壳。下半部分由檑心、檑槽、檑桶、檑座组成，檑心是连接上下两部分的轴，多由硬木做成，檑槽用于盛装檑完的米、谷壳等物，檑桶里装有夯实的泥土以增加檑子的自身重量和稳定性。檑座有两根粗木十字交叉，粗木两端各装一个木制的脚，使檑子立于地面之上。

整个檑子的木结构均由榫卯连接，围合檑盘和檑桶的木板用竹钉销紧，外侧用竹箍箍上，以增加其牢固性。檑齿插于檑盘底部和檑桶上部的泥土之上，用坏之后，可以请木匠重新更换，一个檑子可以用上十几年。

檑子檑出的米为糙米，糙米须倒入风簸中，用风力吹散谷壳，再经过石臼舂槌、竹筛筛、簸箕簸、细筛筛工序之后，才能得到干净的白米下锅。正因为其只是最初的脱壳器具，所以会被后来的现代化碾米机所取代，但在漫长的人类社会发展中，檑子的使用改善了人们的饮食质量。

檑子作为脱壳的器具，是从石磨演变而来。早期人们在使用石磨的过程中，很难得到完整的米粒，如何使磨出的米粒完整成为石磨改进的方向，檑子便在摸索中被逐渐完善，成为专门脱壳的器具。而在石磨的使用过程中，无意中得到了面粉，石磨的功能便逐渐完善，成为专门破碎的器具而流传至今。

图片来源
图一至图四、图六　胡万明　制图
图五　明代宋应星.天工开物

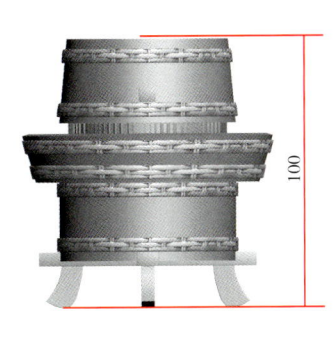

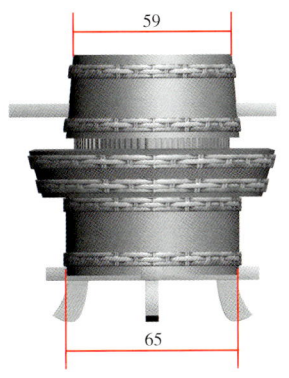

图二　土家族檑子尺寸图（单位：cm）

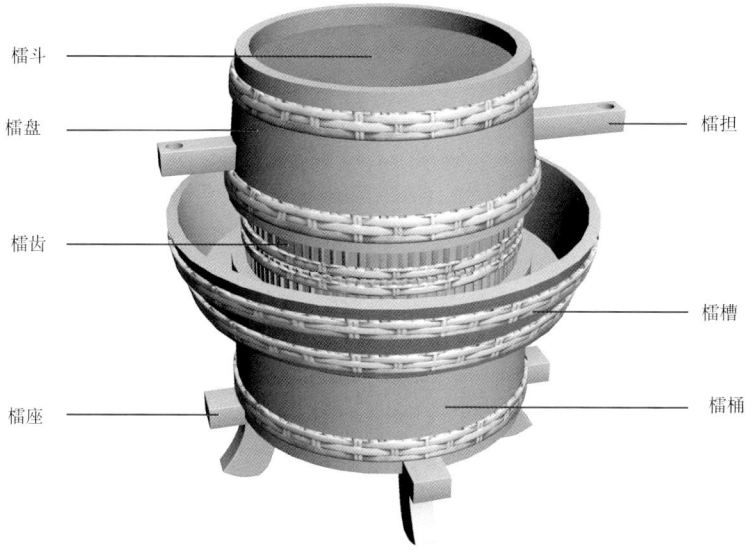

图三 土家族檑子结构名称图

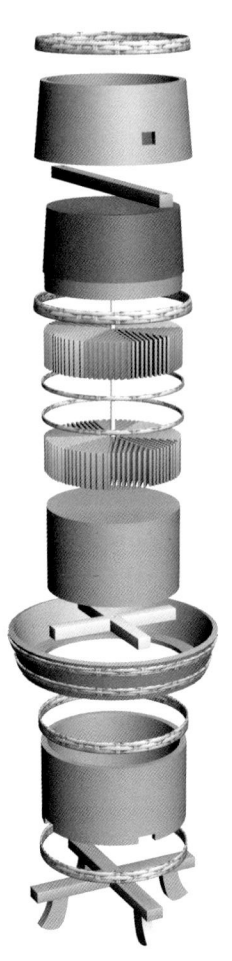

图四 土家族檑子结构分解图

图五 《天工开物》中所载的檑子

图六　土家族榨子使用示意图

土家族斧子

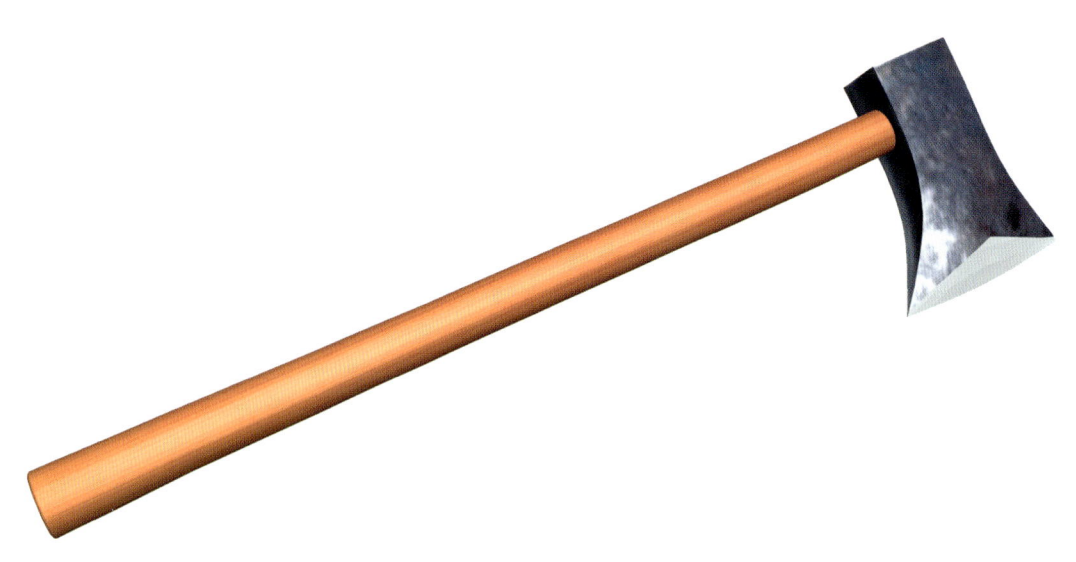

图一 土家族斧子主图

斧子是木工用于砍削的工具，由斧头和斧柄两部分构成，斧头为铁质，刃口钢质，一般为弧形，斧柄为木质。斧子是旧时木工的重要工具，一般不会让别人随便碰。

斧子起源很早，原始人类就使用锋利的石块作为砍砸器，名为石斧。斧也曾为古代兵器，与戈、矛几乎同时出现。

本案例土家族斧子的斧头为铁钢打造，一面是铁，一面是钢，钢与铁锻打在一起，分界处有明显的分界线，如此打造出的斧子兼具耐久、坚韧、锋利、易磨的特性。斧头上部截面为矩形，长6厘米，宽4厘米，往下渐次加宽，至刃部宽为10厘米，斧头整体高度12厘米。斧头开孔，用于插入斧柄，孔的高度约3厘米，宽1.2厘米，深度贯穿斧子上部。斧柄为韧性较好且纹理通直的柞木制成，开榫头插入斧头的孔眼，斧柄长度约50厘米，截面呈椭圆形，长直径约为3厘米，短直径约为2.3厘米，尾端稍粗。整个斧子的重量约1.2千克。

木工使用斧子时一般右手持斧柄中部偏前位置，左手持须砍削的木料，根据事先划好的线，用斧子将多余部分砍去。斧子的工作原理是利用其自身的重量，增加向下砍砸时的动能，达到用锋利的刃口劈开木料的目的。

斧子是木工师傅凿榫眼的最佳敲击工

具，相对锤子而言，斧子横过来时斧面的面积大，不易敲偏打到手，斧子的重量也比锤子重，敲击凿子的动能更大。

图片来源
图一至图七　胡万明　制图

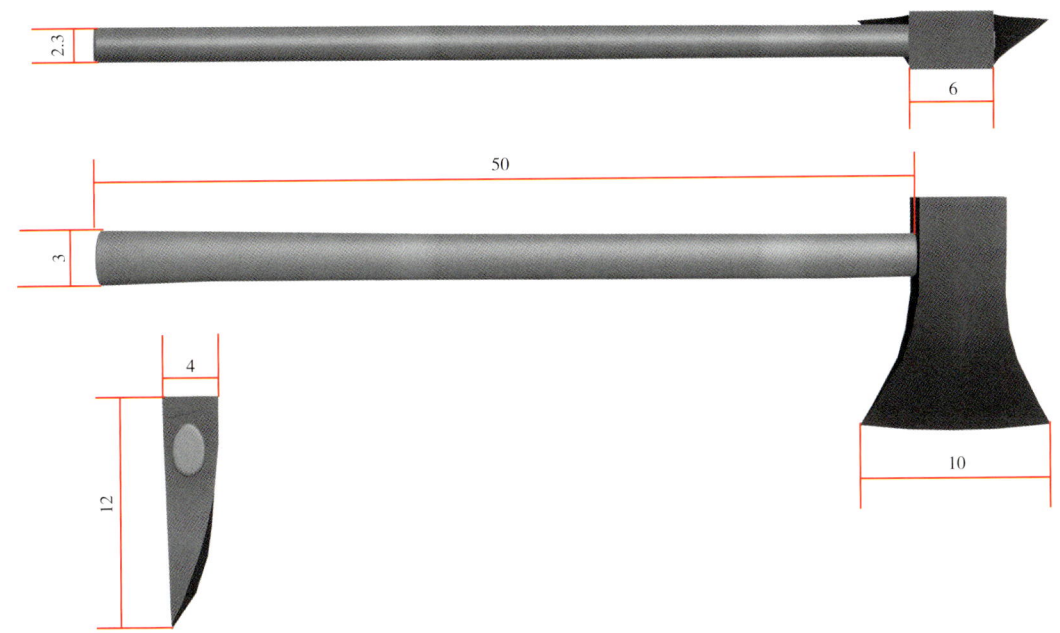

图二　土家族斧子尺寸图（单位：cm）

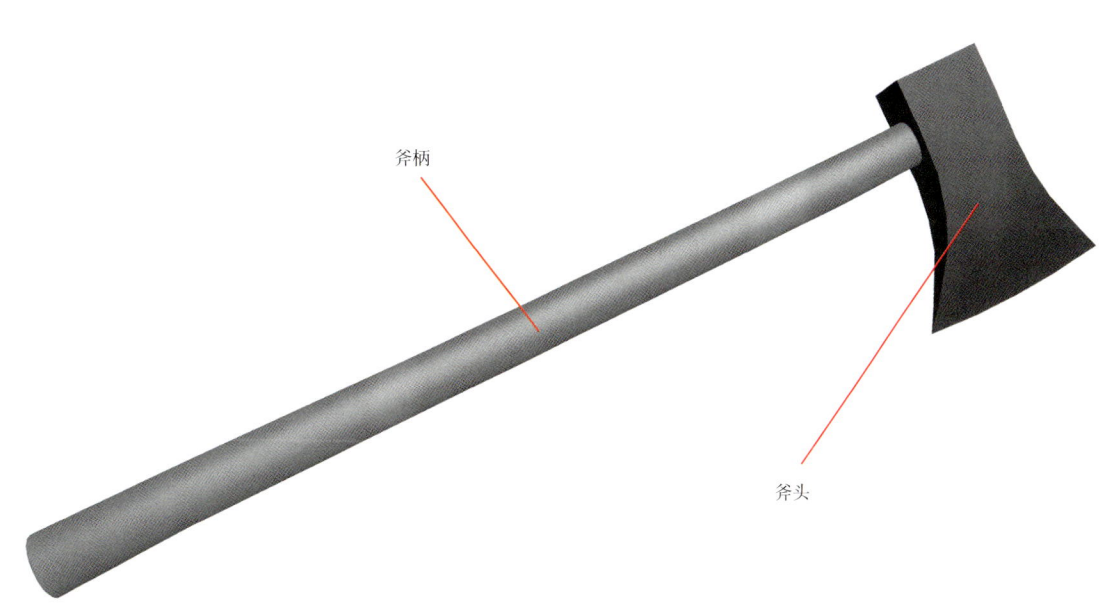

图三　土家族斧子结构名称图

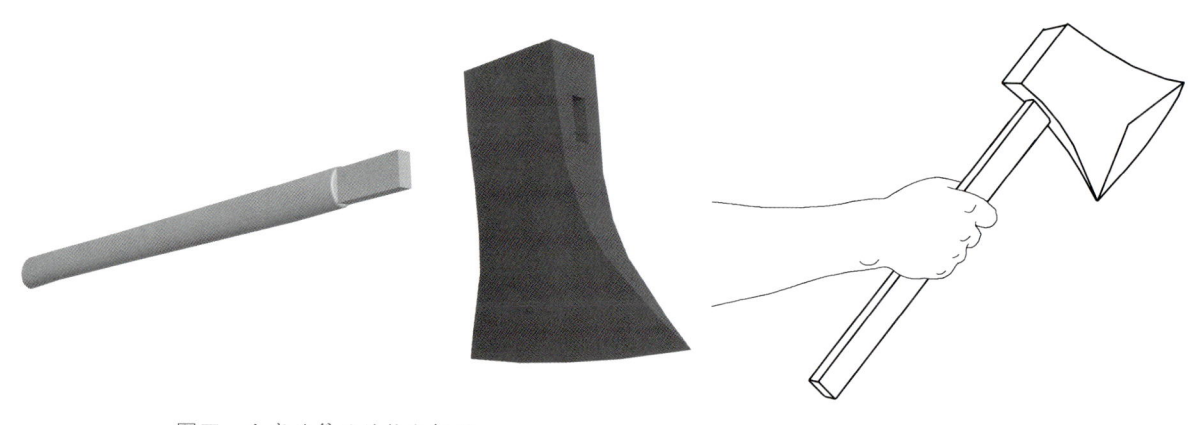

图四　土家族斧子结构分解图

图五　土家族斧子操持示意图

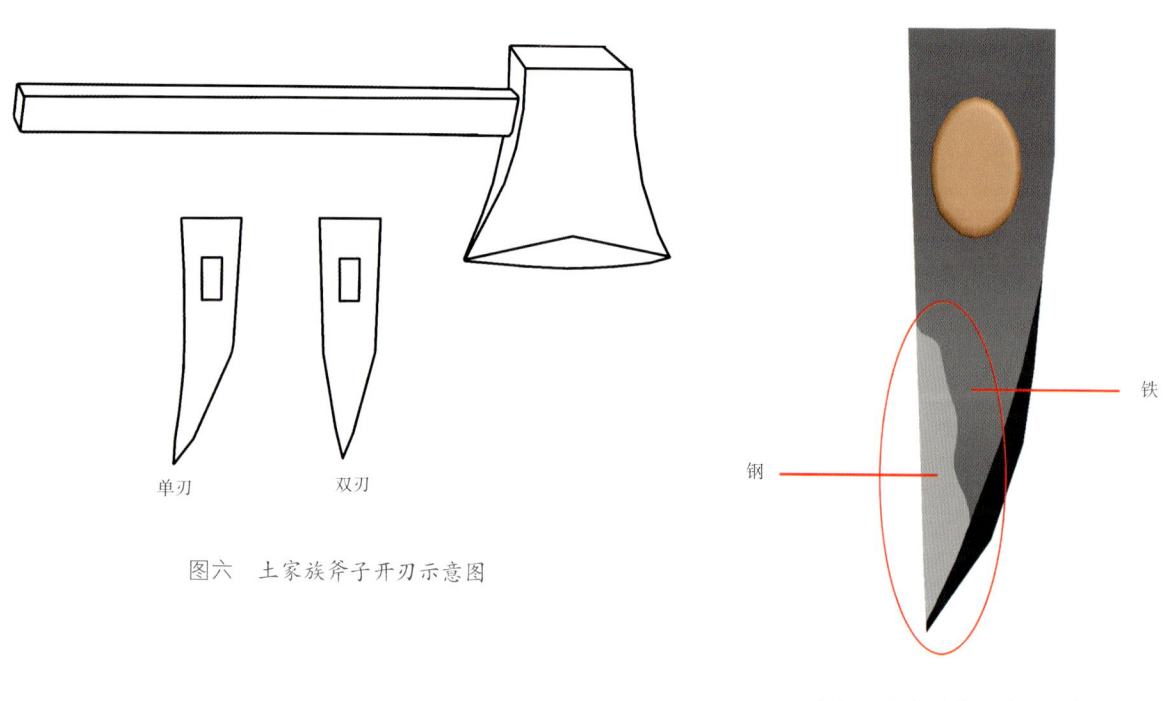

单刃　　双刃

图六　土家族斧子开刃示意图

铁

钢

图七　土家族斧子铁钢示意图

土家族柴刀

图一 土家族柴刀主图

　　柴刀是居住于深山里的土家族的生活必备工具。深山中树木资源丰富，山中树枝、蒿草以及藤蔓等都是生活必需的柴草资源，柴刀是获取柴草资源的主要工具，一般山里人家都会备上几把柴刀。柴刀的基本构造由木质刀柄和铁质刀身两部分构成，刀身通过一个圆形的库与刀柄衔接，为携带方便，用木质的柴刀夹，将柴刀插于夹内，用绳系于腰间。

　　本案例柴刀根据相关材料建模而成，其总长度约40厘米，刀身宽度约6厘米，刃薄而锋利，刀背较厚，约0.5厘米，厚重的刀背增加了刀身的重量，便于砍柴时力量的发挥。刀尖向内弯曲，其弯曲刃部与刀刃以圆弧相连，长度约4厘米，向内弯曲的刀尖便于将高处或低处的树枝勾或挑向砍柴者，使获取柴草的范围扩大。柴刀的刀柄较短，约15厘米，一端插于刀身的库内，直径约3

厘米，另一端手持，其直径约 3.5 厘米，为手握时较为舒适的尺寸。

柴刀夹为木质，一块厚度约 1.5 厘米的木板上以钉子钉上一个弓形的拱起，木板与拱起之间有长约 12 厘米，宽约 2 厘米的缝隙，用于插刀。拱起两侧近木板处各开一孔，用于穿入细绳，将刀夹系于腰间。本案例柴刀夹可夹一把柴刀，在土家族人生活的山区，还有可夹多把柴刀的刀夹，因其用途不同选用。

外出砍柴时，将柴刀夹系于后腰部位，将柴刀插于柴刀夹内，砍柴时取出使用，不用时仍置入刀夹内。特别是在树上砍柴时，柴刀夹的用途便会凸显，解决了在树上上下不便、无处放刀的问题。

图片来源
图一至图八　胡万明　制图

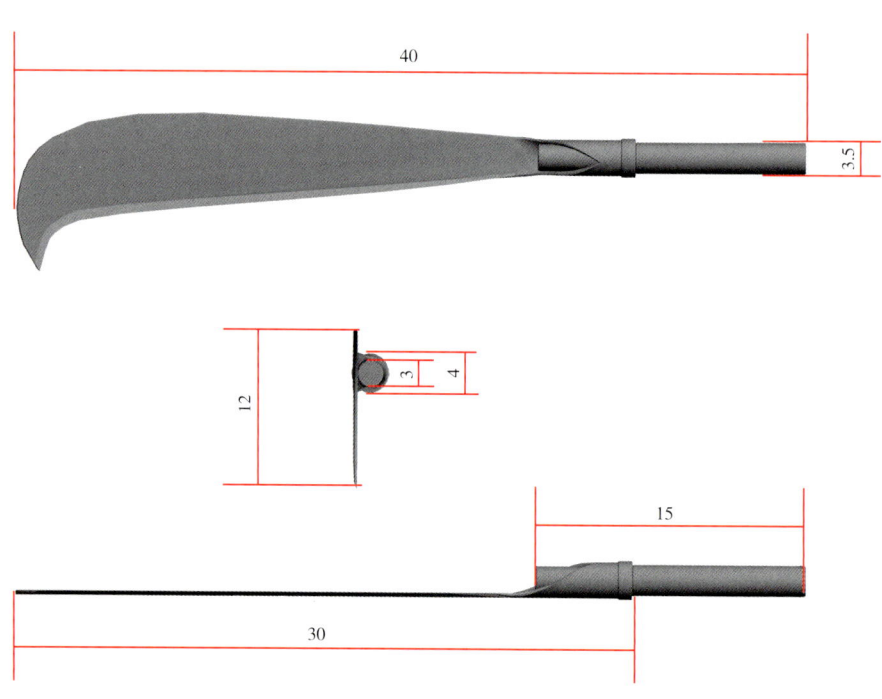

图二　土家族柴刀尺寸图（单位：cm）

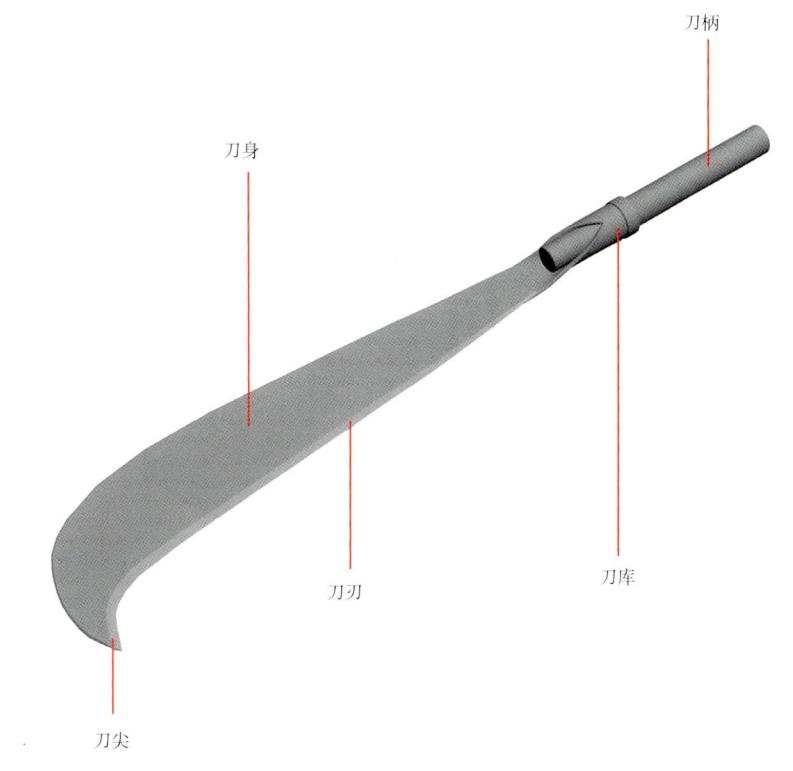

图三 土家族柴刀结构名称图

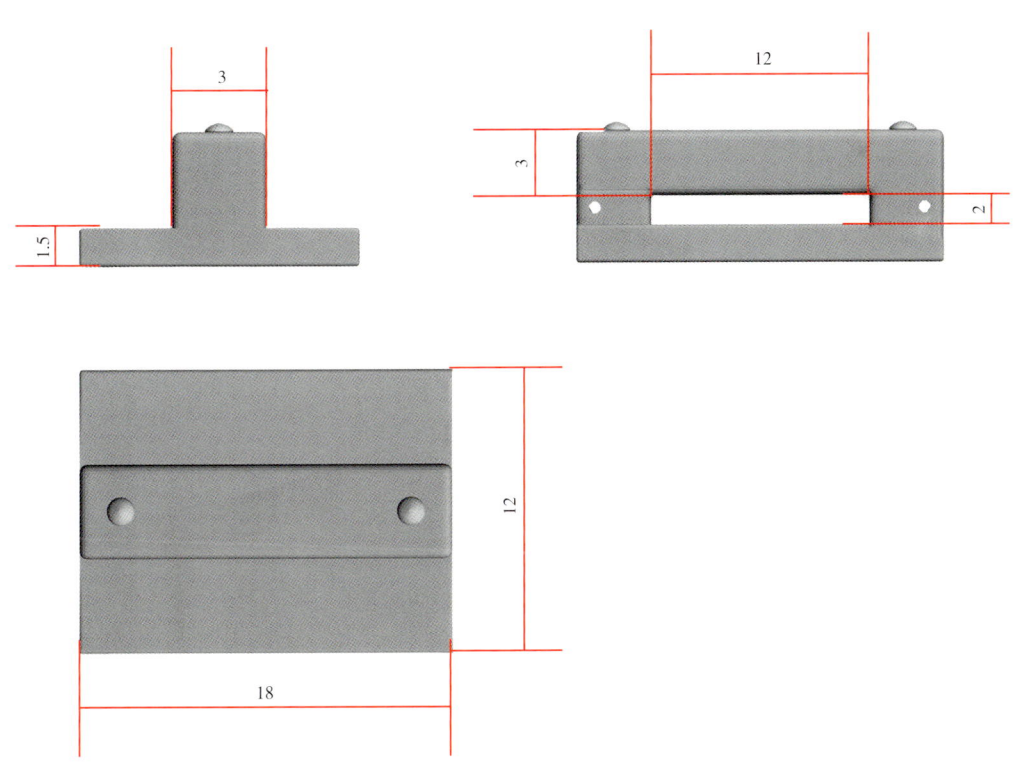

图四 土家族柴刀夹尺寸图（单位：cm）

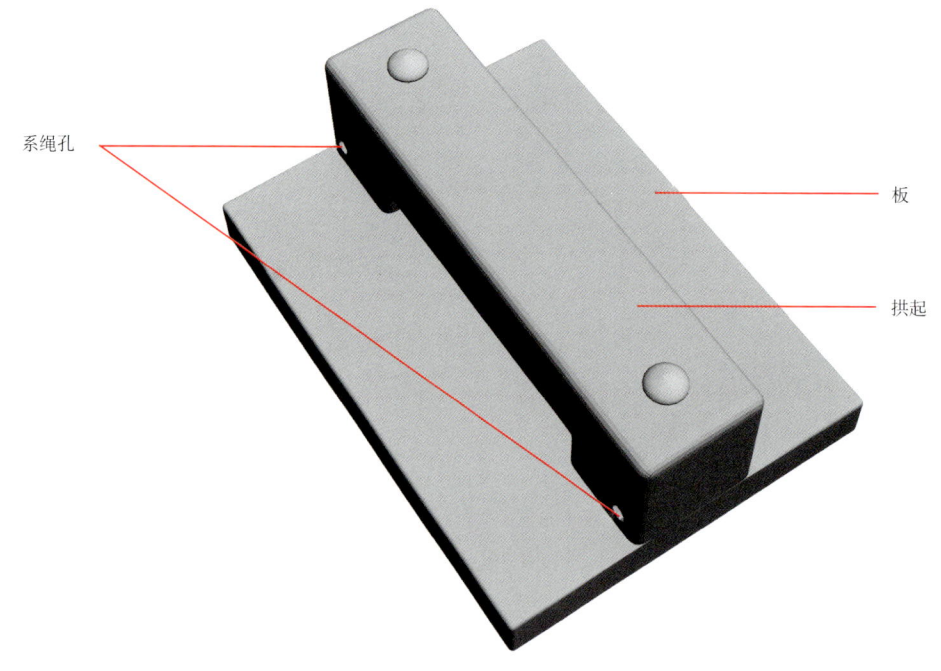

图五　土家族柴刀夹结构名称图

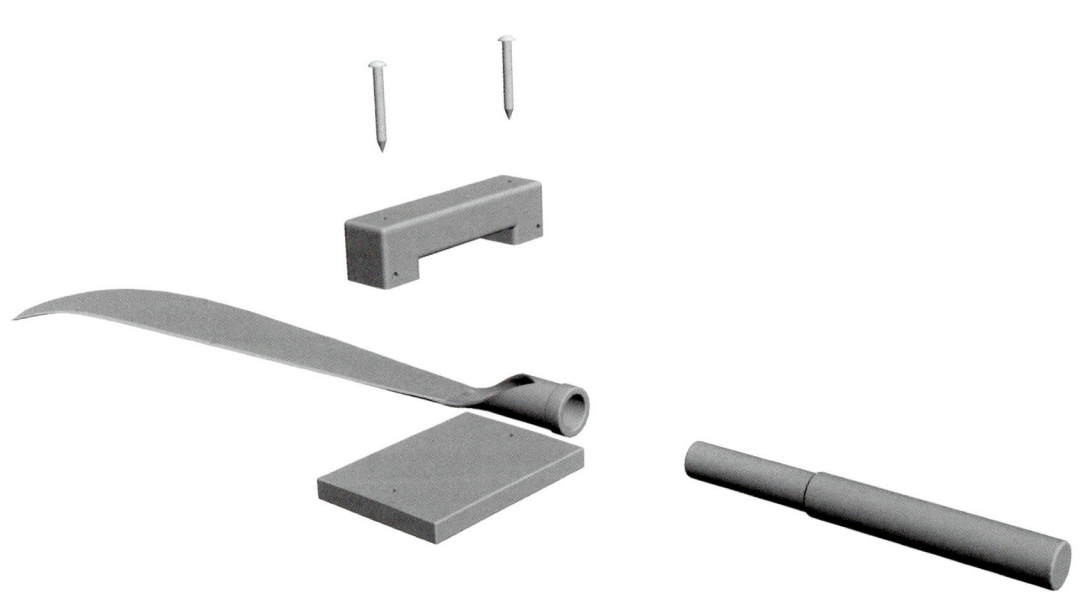

图六　土家族柴刀结构分解图

图七　土家族柴刀佩挂示意图

图八　土家族柴刀使用示意图

土家族有齿镰刀

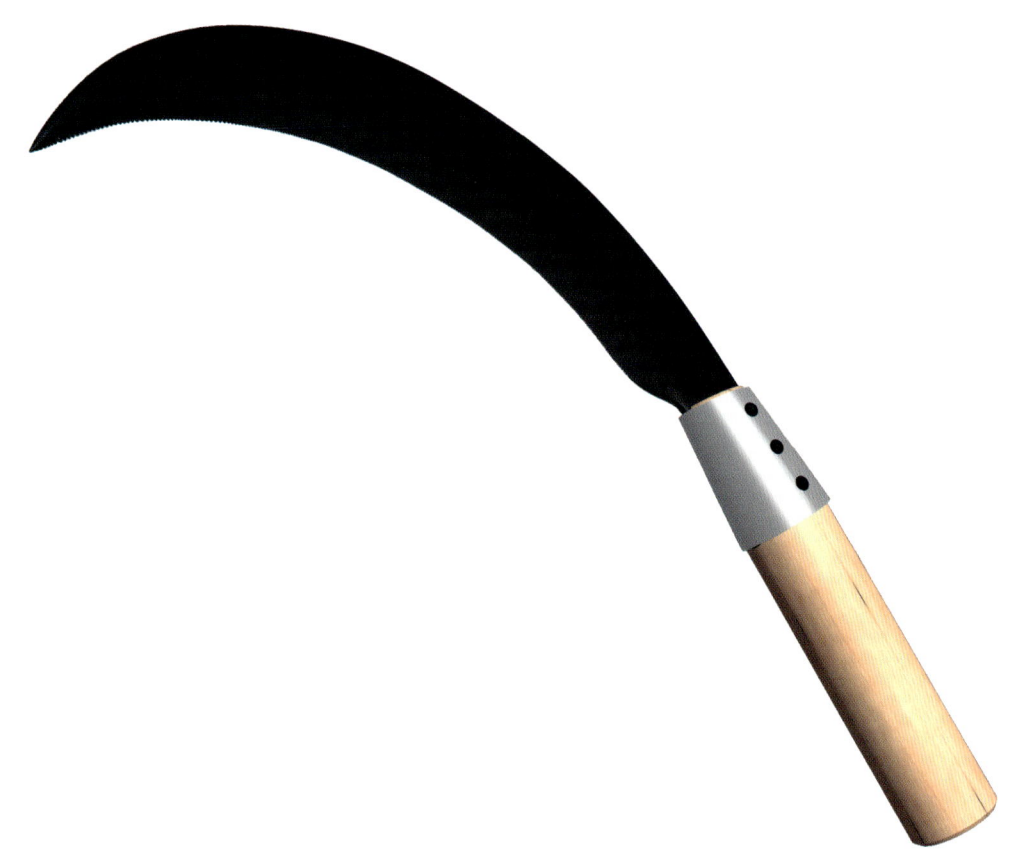

图一 土家族有齿镰刀主图

镰刀是一种收割农具，形体弯曲如钩，薄而锋利，用于割禾或割草。在历史上，镰刀的出现很早，在旧石器时代就有镰刀的雏形。早期的镰刀多为石质，也有少量骨质及其他材质，金属冶炼技术应用之后，先演变为铜质，最终完全过渡为铁质。镰刀分为有齿镰刀和无齿镰刀两种，土家族地区和其他地区一样，普遍使用这两种镰刀，只是在形制上与其他地区稍有不同而已。

本案例为有齿镰刀，根据相关资料建模而成。有齿镰刀也叫锯镰刀，因其刀口处有细小的锯齿而得名，主要用来收割水稻、小麦等秸秆细软的农作物。有齿镰刀一般刀身长约25厘米，最宽处约5厘米，呈月牙状，刀口有斜细锯齿，刀片薄厚均匀，弧线优美，尾端装一长约15厘米的木柄，木柄截面为圆形，直径约 3.5 厘米。木柄与刀身的连接处开一槽口，使刀身的尾部正好能够插进去，槽口处再用一段铁皮管裹紧，用铁钉钉在木柄上，这样，镰刀就比较牢固结实了。

使用时左手抓住要割的农作物根部，右手握镰柄，刀头紧贴地面后往身体的方向稍稍用力，即可将农作物的秸秆割断。有齿镰刀的工作原理与锯子相似，利用锯齿的拉动，切断植物秸秆的纤维。所以有齿镰刀刀柄与刀身的角度一般都在 160° 左右，这个角度能够有效地利用锯齿拉动的优势，如果做成像无齿镰刀那样的 90° 角的话，恰恰使这种优势成了劣势。

在农耕时代的早期，人们只知道农作物的穗可以利用，所以早期的收割工具较为简单，体量也较小，便于割穗子。后来随着历史的演进，发现农作物的秸秆用处颇多，在收割的时候也就顺便割回来储备。在收割秸秆的过程中，对原有的刀类收割工具进行改进和完善，遂形成镰刀的形制，沿用至今。

如今，镰刀已经很少使用，只有在偏远的山区，还会偶尔用它来割稻子或麦子。

图片来源
图一至图五　胡万明　制图
图六　周昕.中国农具发展史［M］.济南：山东科学技术出版社，2005.1

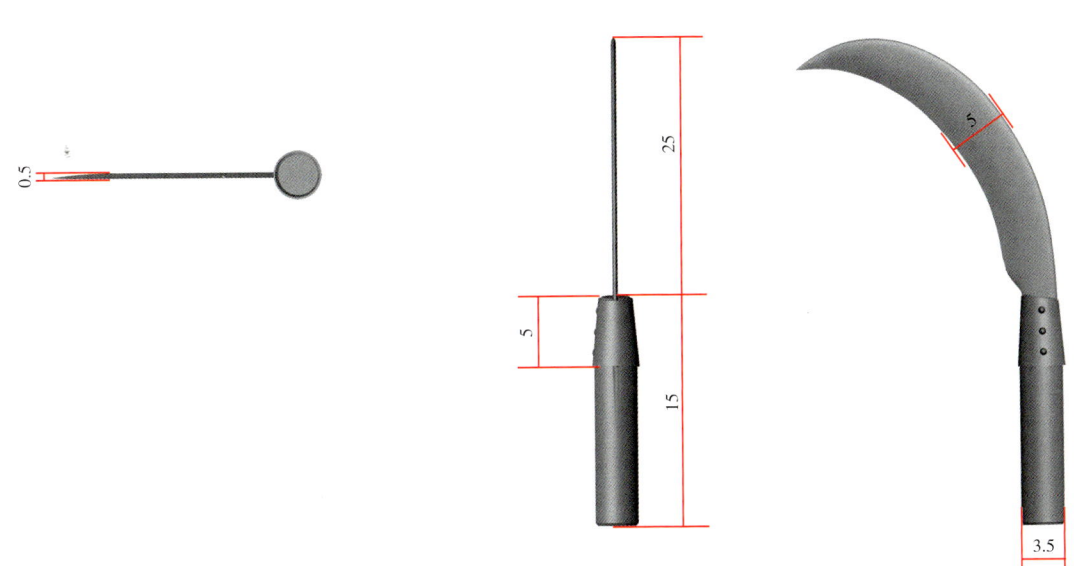

图二　土家族有齿镰刀尺寸图（单位：cm）

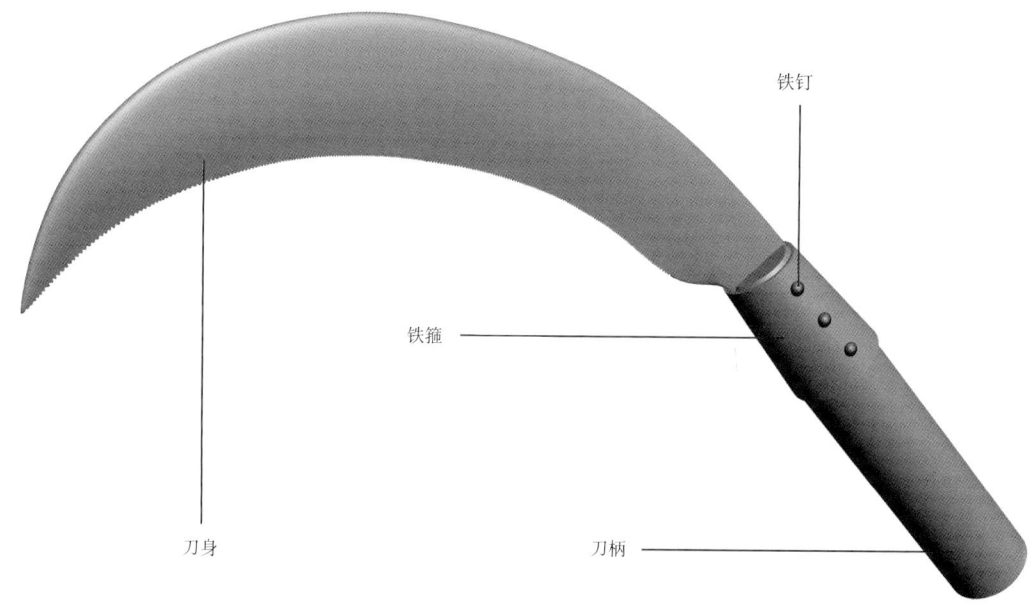

图三　土家族有齿镰刀结构名称图

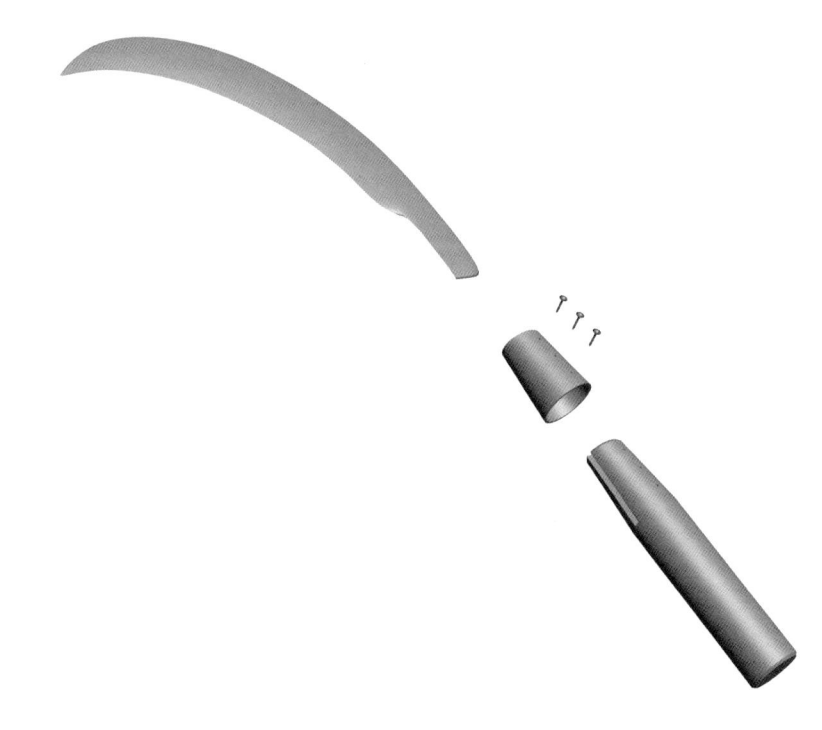

图四　土家族有齿镰刀结构分解图

图五 土家族有齿镰刀使用场景图

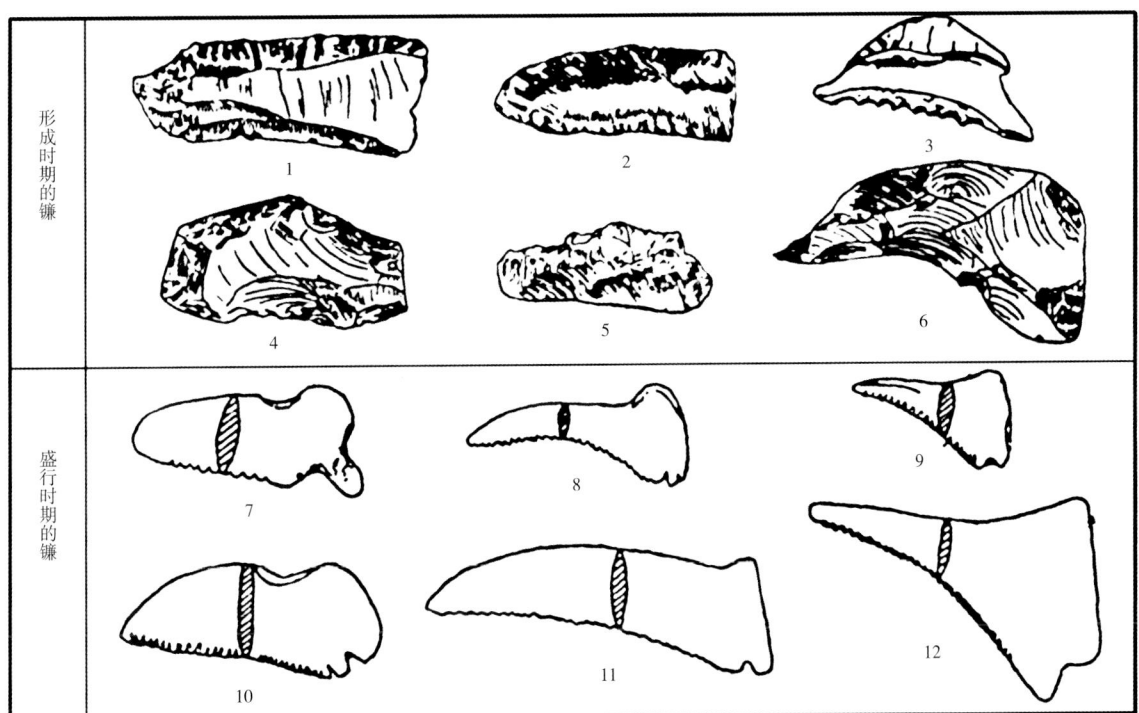

注：1.下川出土 2.海拉尔出土 3.峙峪出土 4、6.鹅毛口出土 5.小南海出土 7、8.莪沟出土 9、10、11.裴李岗出土 12.沙窝李出土

图六 土家族镰刀的演变过程

土家族木锨

图一　土家族木锨主图

木锨是由铁锨演变而来的，其历史悠久，可追溯至春秋战国时期。木锨是专为扬场而设计的农具，也可用于铲粮食以及冬日铲雪。木锨并非土家族所独有，全国各地的农村都使用木锨作为扬场的工具，其设计已经跨越了民族的界限，成为一种通用的扬场设备。

木锨的结构简单，由木质长柄和木质锨面构成，木锨用于扬场的优势是锨面大、重量轻、不锋利。锨面大能够尽可能多地铲起谷物，减少相对铲谷物的次数，节省劳动时间；重量轻是因为木锨全身木质，相对于同等体量的铁锨而言，其重量减轻很多，由于扬场是一项体力要求较高的劳动，减轻工具的重量可以很好地降低劳动强度；不锋利是因为木锨是木制的，没有锋利的刃口，不易铲起打谷场地面的土，破坏打谷场，也不会给扬场带来不必要的麻烦。

木锨的制作也很简单，取一根200厘米左右的木棍，稍加修整即可成为木锨的柄，木锨柄要求光滑称手，所以要打磨平整，稍稍弯曲一点弧度。用的时间长了，木柄上自然会被磨得油光水滑，形成一层特有的包浆。锨面在旧时用一整块木板通过加压加热使之变形，使锨面大于135°角的弧度。自从有了三合板之后，木锨的锨面就一直选用三合板来制作。锨面与锨柄从侧面看形成一道微微呈现"S"形的曲线。每一件应手的农具，都包含着制作者的聪明才智，这样的设计更能顺应扬场时发力的需要。

利用木锨扬场时，需要选好时机，一般都选有2～3级小风的晴朗日子，风力太大不好控制力度，风力太小不能除去杂质。扬场者双手握住木锨柄，采取骑马蹲裆式迎风而立，力量主要集中于腰部和双臂，用力将木锨铲起的谷物迎风扬过头顶，利用风力以及扬起的力量将扬出去的谷物自然分成三部分，石子等较重的杂质会被扬起较远，下落的位置也较远，草末等杂质较轻，在风力的作用下，会落在扬场者较近的位置，而谷物则会落在石子与草末的中间位置。这也是劳动者利用事物自身规律的体现。

因为扬场的时候，扬起的草末等杂质会落到扬场者附近，所以扬场者需要全身保护，才能顺利完成工作。

图片来源
图一至图五　胡万明　制图

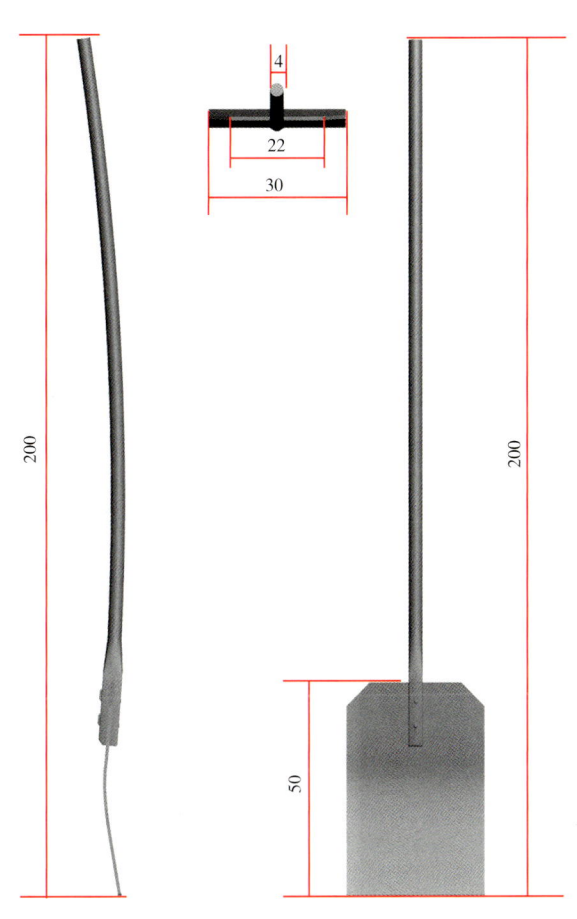

图二　土家族木锨尺寸图（单位：cm）

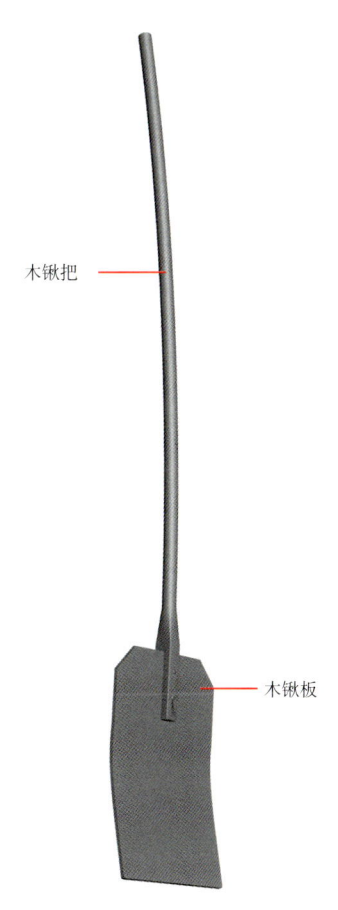

图三　土家族木锨结构名称图

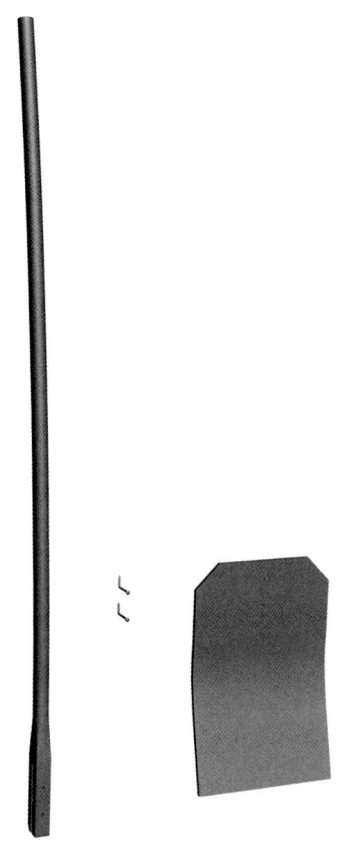

图四 土家族木锨结构分解图

图五 土家族木锨使用场景图

土家族木扬叉

图一 土家族木扬叉主图

扬叉是打场时必用的农具，其构造简单，木柄之上装一个铁质的叉头，叉头为两股铁尖，叉头与木柄构成一个"Y"形。扬叉为我国农村各民族普遍使用的场圃农具。深处大山里的土家族人还会使用现成的树枝制作成扬叉，即为木扬叉。

本案例木扬叉为建模而成。木扬叉一般都是就地取材，在土家族生活的山区，只要稍加留意，就不难发现称意的制作木扬叉的材料，只要将中意的树杈用刀砍下来，削去无用旁枝，刮去树皮，然后用柴草架火烘烤弯成所需的弧度，木制扬叉即宣布完成。与铁质扬叉相比，木制扬叉简陋但实用，虽不及铁扬叉结实耐用，但其取材方便，易于获取。

打场时，扬叉的作用有四个方面：

其一为铺场，稻谷等收获的农作物成捆地挑到打谷场上，解开捆扎后，须用扬叉插入、插起、抖开，然后铺满打谷场。

其二为翻场，铺满打谷场的稻谷等农作物会以牛拉磟碡（石滚）碾压，或以人用连枷敲击，碾压敲击之后，会使表层的谷子脱落，然后用扬叉将下层未被直接碾压或敲击的谷物翻上来，继续碾压或敲击，以使谷物充分受到碾压或敲击。

其三是检场，等谷物被碾压或敲击多次，检查谷物发现基本干净时即可以检场。检场时用扬叉把碾压或敲击好的谷草或谷秸叉起，抖一抖、叠一叠，将隐藏在杆子中间的谷物抖落到打谷场上。

其四是捆场，就是将加工后的稻草或秸秆等用扬叉叉到一起，堆成一堆堆的形状，然后用事先扭结好的草葽子（临时用稻草扭成的简易草绳），拉开、押直铺在地上，用扬叉将一堆堆的稻草或秸秆叉运到草葽子上面，再将其捆扎起来，成为一捆捆的，便于运输。

图片来源

图一至图三　胡万明　制图
图四至图六　胡万明　摄影

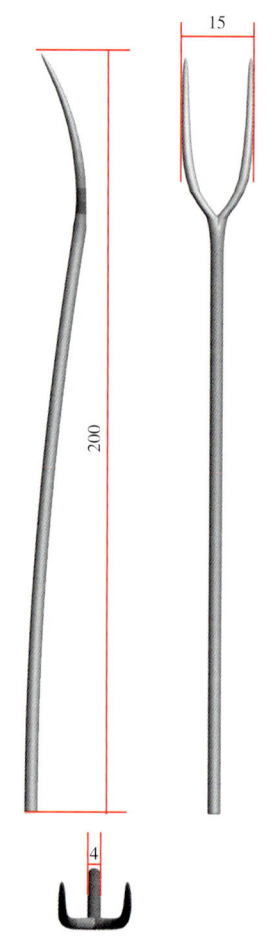

图二　土家族木扬叉尺寸图（单位：cm）

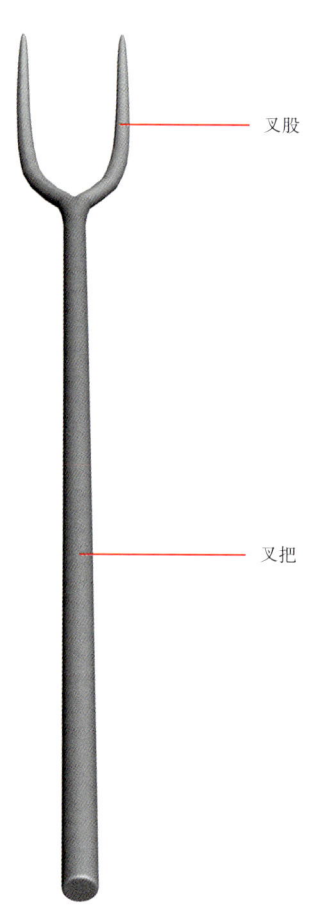

图三　土家族木扬叉结构名称图

图四　土家族木扬叉使用示意图

图五　土家族铁扬叉

正面

反面

图六　土家族铁扬叉的正反面

第五章　土家族传统生产工具

土家族升子

图一　土家族升子主图

升子是旧时生活中的常用量器，用于计量粮食的多少。

很久以前的人们遵循的是"布手知尺，手捧为升，迈步定亩"，用手、脚作为常用的度量衡工具，差异性较大。升子作为量器，最早出现于春秋战国时期，秦国用铁制、木制的斛和升来计量粮食。统一量器的使用，给生产和交换都带来了很大的便利，直到晚清民国时期，在农村地区，人们都习惯于用升子等容器来计量粮食，却很少使用称等重量器具。

升子多为木质正方台状，形制规格不一，由木匠选用硬质木材，合角斗榫加工而成。本案例升子根据湖北恩施土家族苗族自治州宣恩县板辽村退休教师朱耀的收藏建模，其高度约12厘米，上口边长约18厘米，底部边长约12厘米，由五块木板合角斗榫拼合而成，木板厚度约1厘米。

关于升子的具体容量，各种记载不一，有说一升子等于1.5市斤，也有说一升子等于 2 市斤。笔者所查资料中，升子的形制规格也不尽相同。所以，笔者以为，升子作为农村小范围的粮食交换，使用同一个升子作为度量标准，无论粮食的优劣，只要容量相差不大，都在可以容忍的范围内，反映了淳朴的民风。升子容量的多少有其地区差异性，也从客观上制约了大范围的粮食交易，所以大范围的粮食交易还是应该使用统一的重量器具。

升子在土家族地区的农村乡下，应用广泛，至今还能偶尔看到农妇们用升子量米下锅的情景。

图片来源
图一至图四　胡万明　制图
图五　胡万明　摄影

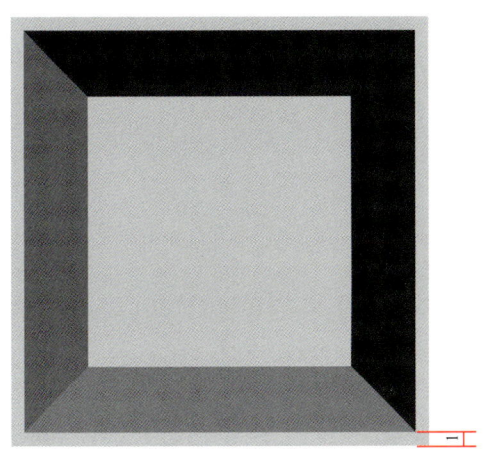 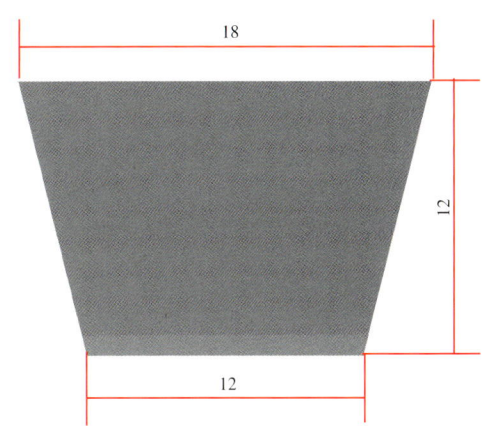

图二　土家族升子尺寸图（单位：cm）

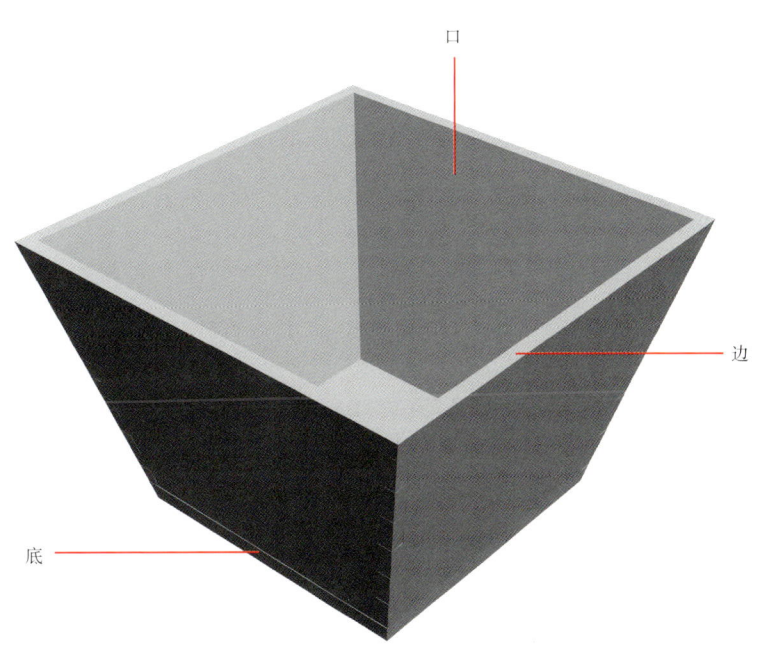

图三　土家族升子结构名称图

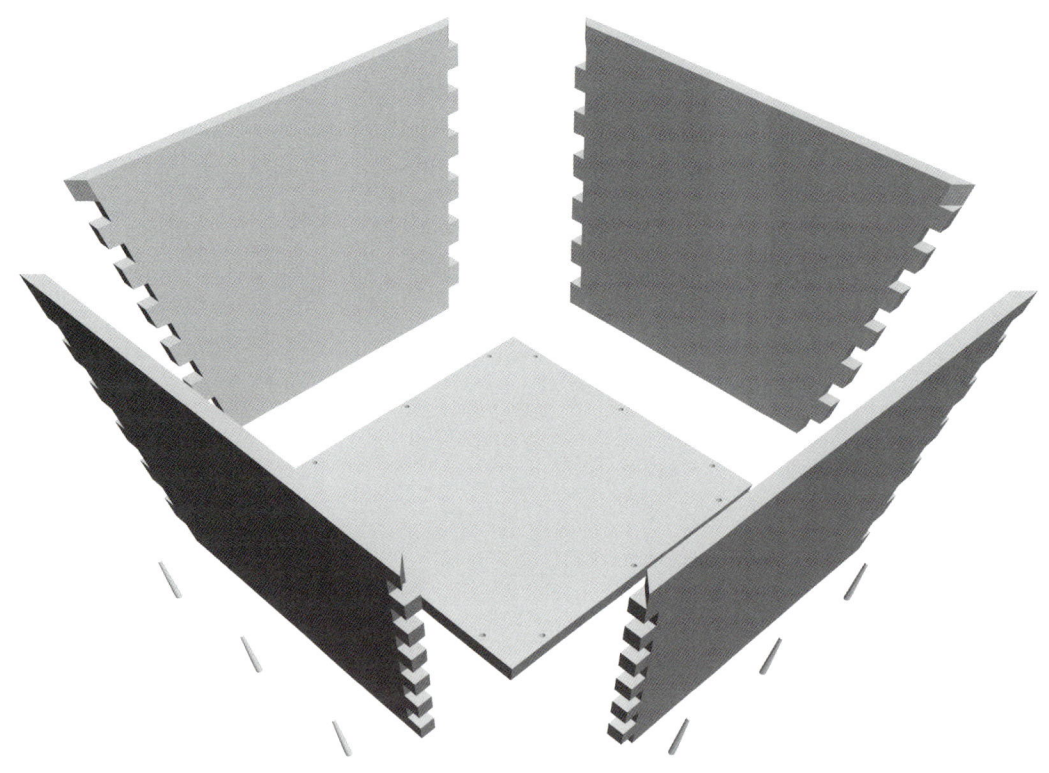

图四　土家族升子结构分解图

图五　土家族升子使用示意图

土家族木质水桶

图一　土家族木质水桶主图

水桶是用于挑水的器具，在供水欠发达的土家族山区，水桶一直在使用。在一些偏远的农村地区，供水相对落后，生活和生产用水都要靠水桶挑回来，所以，水桶是常用生产工具。

本案例水桶系根据湖北恩施土家族苗族自治州宣恩县板辽村退休教师朱耀的收藏建模，木桶高55厘米，上口直径35厘米，下口直径28厘米，桶耳高度为12厘米，桶壁厚度1.6厘米。

旧时的水桶为木质，多用一些杉树加工成板材稍做弯曲处理后箍成桶体，板与板之间用竹钉销上，使其连接紧密不漏水，桶体边上有两个桶耳，桶耳开榫眼，与上端横梁相榫接，横梁一般为硬木制成，其厚度与桶体相当，多呈弓形，在弓形中央处有一半圆弧形的槽口，用带钩的挑水扁担挑水时，扁担钩就是钩住水桶的横梁凹槽处，此凹槽是整个水桶的垂直重心之所在，扁担钩钩住水桶后水桶的上截面呈现水平状态，可使水桶在挑水的过程中尽可能减少水的损耗。桶体的底部用木板拼成圆形，与底部槽接，整个桶体外侧箍有两个铁箍，以增加水桶的牢固性。旧时的木质水桶一般都箍得紧密无缝，在箍好之后须放到水中泡上一段时间，使干燥的木料吸收一些水分而膨胀，在两道铁箍的作用下使原本就严丝合缝的木板结合得更加紧密，达到不漏水的目的。所以，木质水桶在不用时一般不会放到太阳底下曝晒，晒的时间久了会使木料干燥收缩，挑水时就会漏水。

使用时两只木桶一边一个，用挑水扁担的扁担钩挂住横梁，即可挑水，使用较为方便。有经验的挑水人在挑水时不需要将桶取下来汲水，直接弯腰用一只手抓住横梁，另一只手在扁担另一端施加向下的压力，利用扁担的杠杆原理，加上弯腰动作的惯性即可将一桶水打满，然后再以杠杆原理打满另一桶水，然后挑上肩即可返回，整个动作一气呵成。

图片来源

图一至图五　胡万明　制图

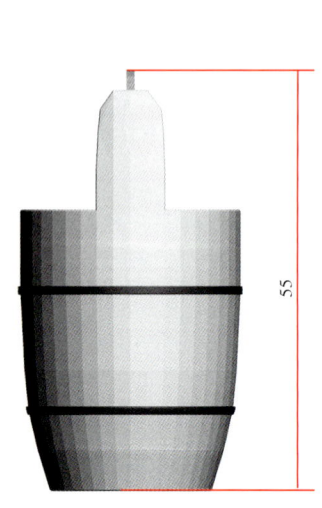
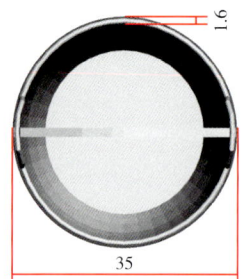
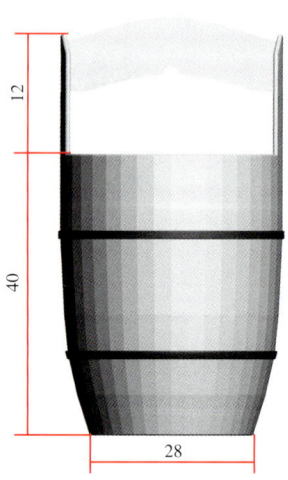

图二　土家族木质水桶尺寸图（单位：cm）

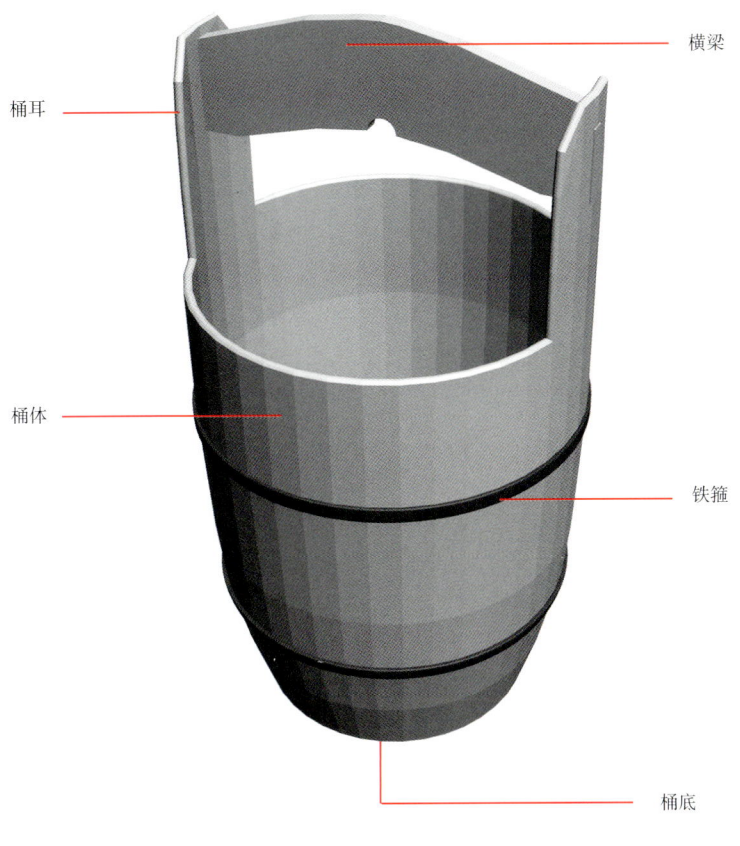

图三　土家族木质水桶结构名称图　　　　图四　土家族木质水桶结构分解图

图五　土家族木质水桶使用示意图

第五章　土家族传统生产工具

401

土家族手摇纺车

图一 土家族手摇纺车主图

纺车是采用动植物纤维为原料，通过人力机械传动，利用旋转抽丝延长的工艺来生产线或纱的设备。纺车在我国应用较早，可见的文献记载最早见于西汉扬雄的《方言》，称为繀车和道轨。纺车根据其传动特点以及大小可分为手摇纺车、脚踏纺车、大纺车等类型。本案例为土家族山区使用的手摇纺车。据研究，手摇纺车约出现在战国时期，也称轩车、纬车和繀车。

本案例纺车为手摇大竹轮纺车，其体型相对较大，根据相关资料建模而成。本案例纺车的锭子在左，绳轮和手柄在右，中间用绳线传动称为卧式，因其操作简便，很适合以家庭为单位的农副业生产，故广为流传，在土家族地区的棉纺织中应用颇广，时间也比较长。

本案例纺车由轮子、摇柄、锭杆套、支架等构成。方木制成的纺车底座下端大，长约30厘米，上短小，长约20厘米，整体高度约15厘米，其上端榫接两块方木，方木向内一侧各插接一根内弯成圆弧状的金属构件作为小支架，安放锭杆套，锭杆套长约15厘米，中间粗两头细，细的部分架在小支架上，一端有孔，用于安装锭杆。中间粗的一段为哑铃状，用于将线绳缠在上面，带动锭子旋转。底座上部榫接一根横木，其长约100厘米，横木另一端榫接一方木与底座平行，方木两端各榫接一根竖木，两竖木上端向内靠拢，距离约22厘米，下端向外分开，距离约30厘米。竖木、方木、横木共同构成纺车的支架。两竖木上端60厘米处各有一圆孔，圆孔贯穿圆形横木，其两端各打眼穿入十字相交的硬木条，再用竹片横竖四根编结成圆形，绑在硬木条上，成为纺车轮。纺车轮以圆形横木为圆心，横木一端榫接上手柄用于摇动纺车轮。

纺线时，左手持两股纱线并把纱线头蘸水粘到锭杆上，右手摇动手柄，主动轮带动锭杆迅速旋转，保持持纱的左手与锭杆的高度一致时就把两股纱纺到了一起。之后，边放纱边后移，纺好的线达到足够长时将手抬高，把线缠到锭杆上。然后，持纱手降回到与锭杆一致的高度再纺下一段线。如此反复操作方可纺完一条纱线。

图片来源
图一至图五　胡万明　制图
图六　明代宋应星.天工开物

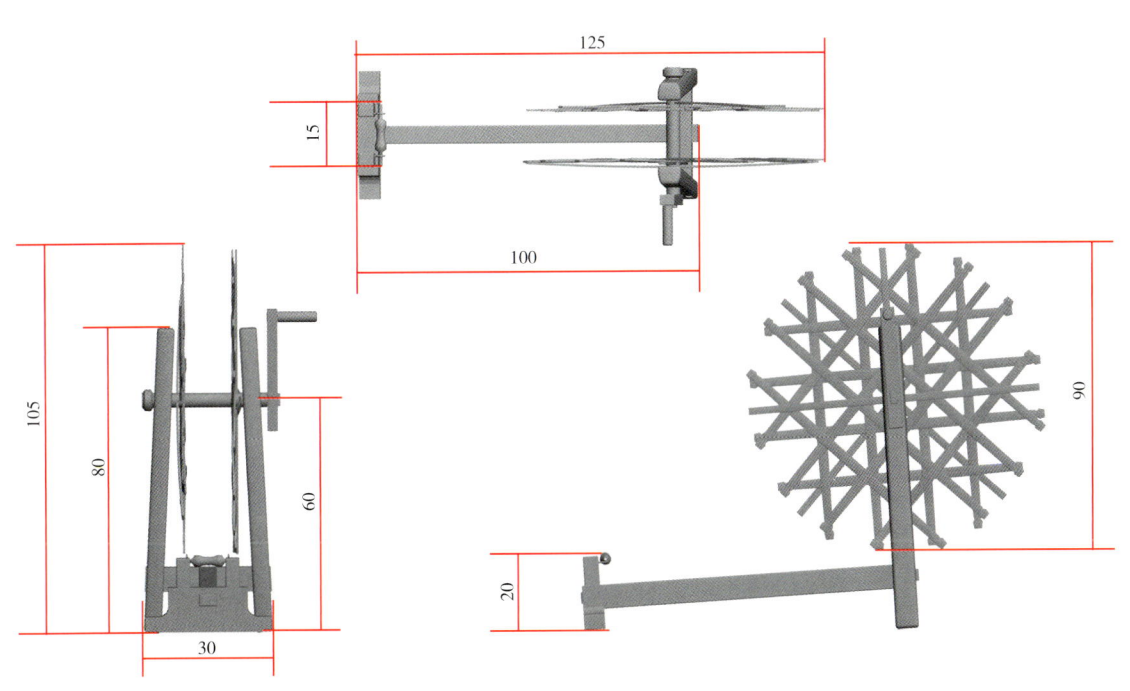

图二　土家族手摇纺车尺寸图（单位：cm）

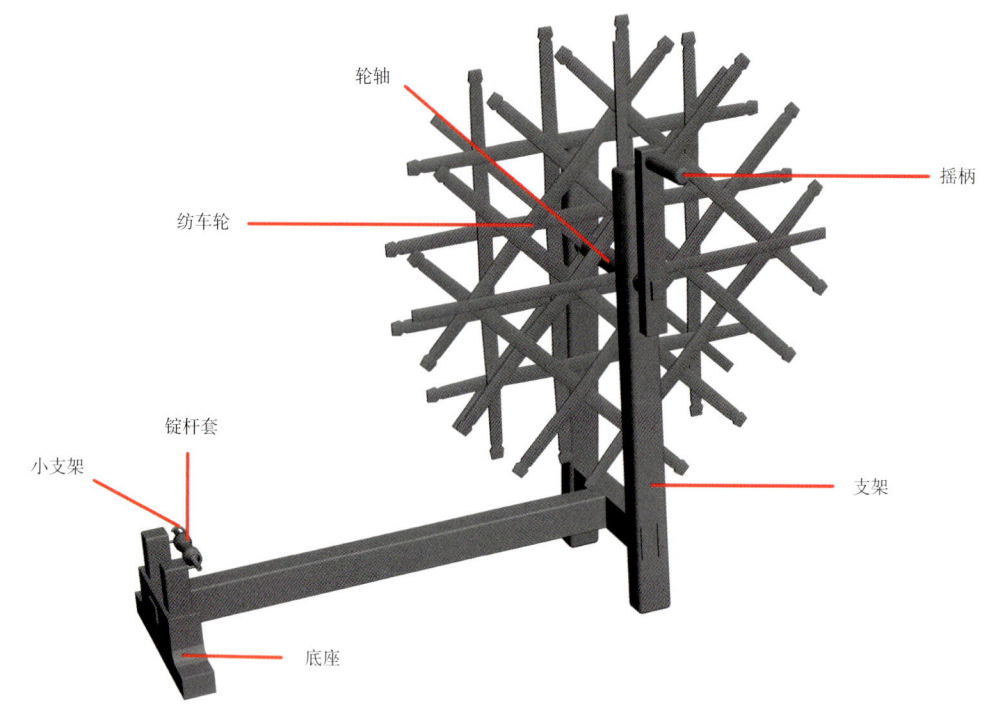

图三　土家族手摇纺车结构名称图

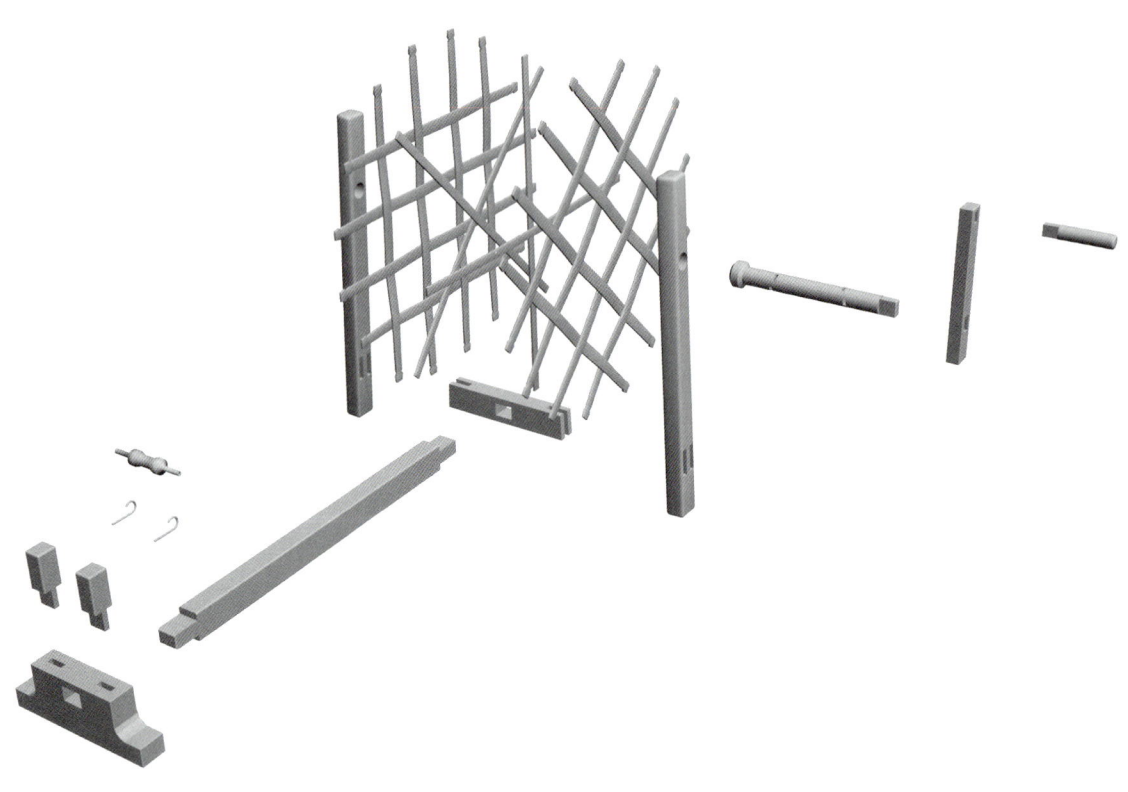

图四　土家族手摇纺车结构分解图

图五 土家族手摇纺车使用示意图

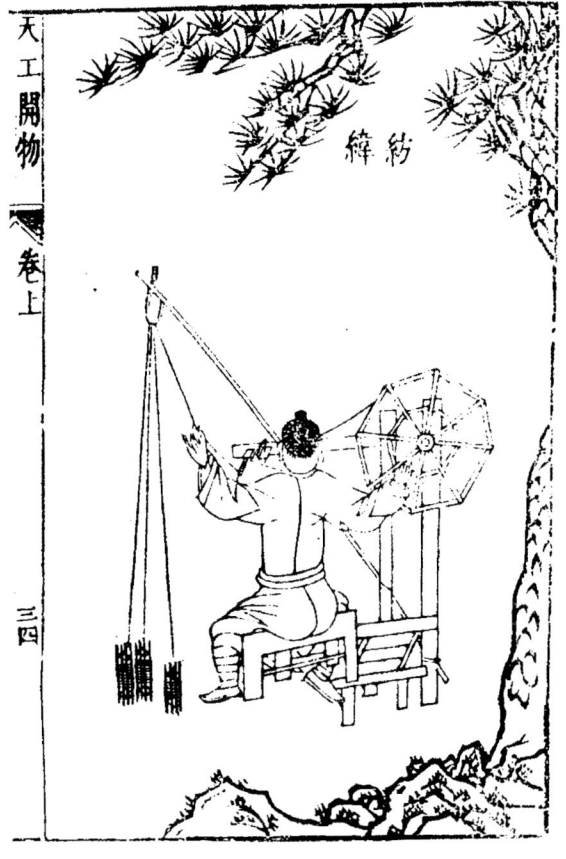

图六 《天工开物》中的纺车

土家族石碌碡

图一　土家族石碌碡主图

　　石碌碡也叫石磙，是碌碡的一种，曾广泛应用于土家族地区，用于场院压场、粮食脱粒。

　　碌碡是一种多用途农具，有木质和石质之分，又有光面和棱面之别。木质碌碡主要用于旱地压雪、破垡、碎土，水田破块、压草、滚泥等。根据周昕著《中国农具发展史》所载，碌碡发明于西汉时代，推广应用于三国两晋南北朝时期，并在以后得到广泛流传，最初没有固定的名称，早期的名称叫陆轴或辊轴，约在唐代时形成固定称谓碌碡。

　　本案例石碌碡根据相关图片资料建模而成，现实中脱粒石碌碡的大头直径约为60厘米，小头直径约为58厘米，长度约70厘米，框架两侧分别长100厘米和110厘米，两框间横梁的长度约为90厘米。石碌碡轴芯孔直径约6厘米，轴直径约为5厘米。

　　石碌碡主要工作部件为一个石质圆柱，

其外侧均匀刻出九个棱，两侧圆心处凿孔，便于和外框架连接。石磁碡的两头大小不同，使用时大的一端冲外，小的一端朝内，可保证其运行轨迹始终是一个圆。石磁碡根据用途不同而型号尺寸各异，一般用于压场院平地的，其形制较大，利用其重量而获得使场院平整的压力，用于粮食脱粒的形制相对较小，因为太大则重，容易将粮食颗粒压碎。要使石磁碡能够工作还得需要一个木架，以便于使磁碡滚动。木架多就地取材，使用松木或其他杂木制成一个框架，多榫卯构造，边框较粗大者为框，较细小者为梁。两边框的长短不一，靠近石磁碡大头者稍长，靠近小头者稍短，两侧边框均朝上弯曲。与磁碡圆心连接的部件为轴，轴多为硬木制成，因磁碡工作时须绕轴旋转，所以轴是易损部件，需经常更换。轴安装在两侧框的中间，用竹钉销在边框上，磨损后卸掉竹销更换，轴可随时拆卸，用时装上，用竹钉别上，不用时拔出竹钉，取出轴，再取出框架，将笨重的石磁碡随意摆放在场院或田间。使用时间长了，石磁碡的圆心孔也会磨得特别圆润光滑。

石磁碡在使用时一般用牛架上牛轭，用筋索（较粗的麻绳）拴在牛轭两侧和石磁碡框架两侧的横梁上，如此即完成牛与石磁碡的连接，一人手握牛缰绳，另一手握鞭杆，驱使牛拉动石磁碡围绕铺好的稻子或麦子做圆周运动，即可使稻谷或麦粒脱离稻草或麦秸。在农业机械化之前，碡是普遍使用的农具，在实行农业机械化之后，碡逐渐被淘汰，而一些偏远的土家族山区，农业现代化进程缓慢，石磁碡仍在使用。

图片来源
图一至图五　胡万明　制图
图六　明代宋应星.天工开物

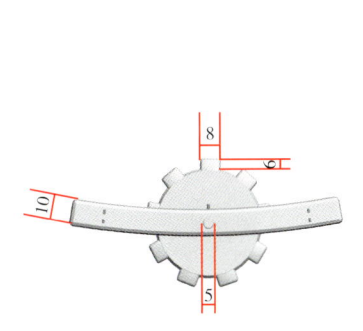
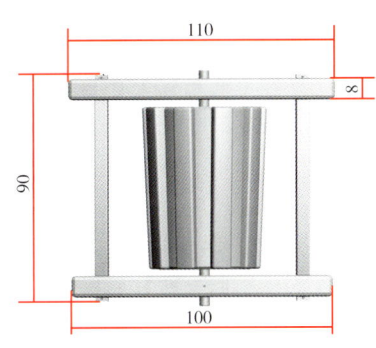
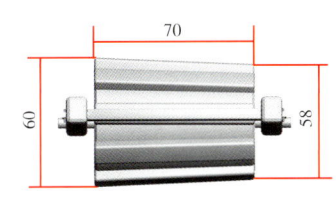

图二　土家族石磁碡尺寸图（单位：cm）

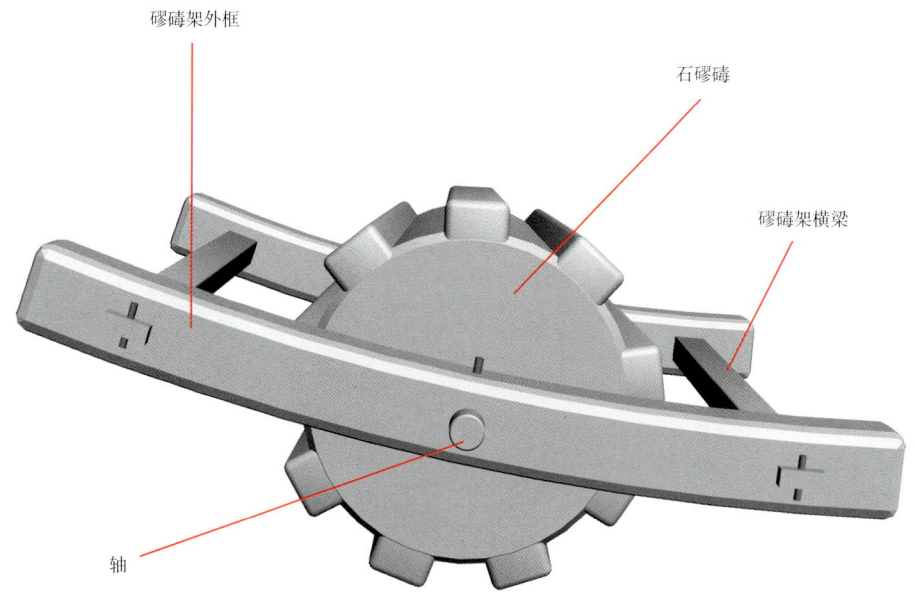

图三　土家族石碌碡结构名称图

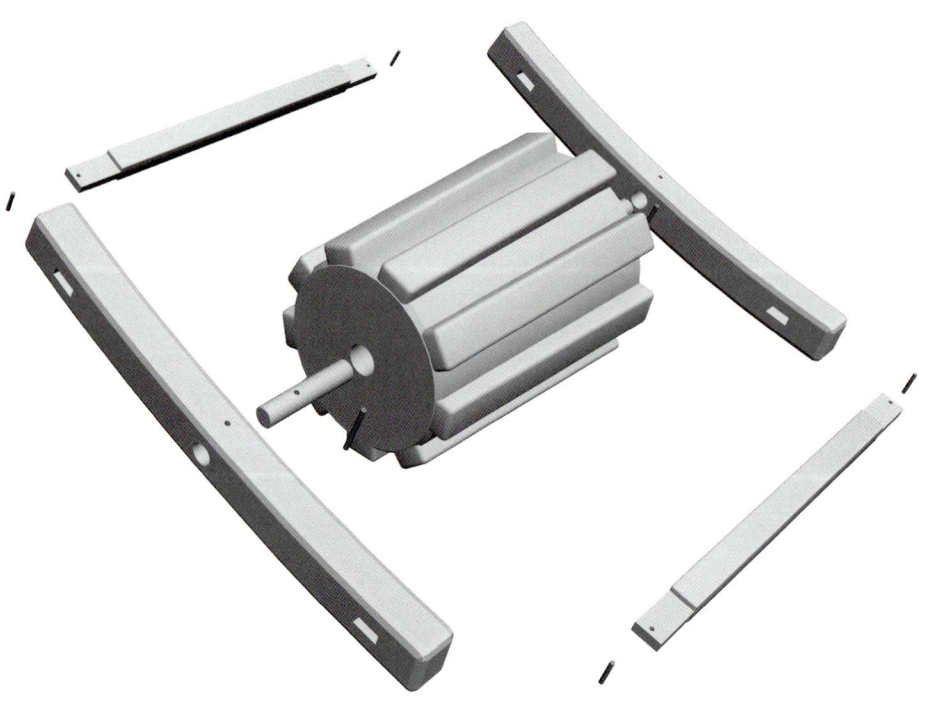

图四　土家族石碌碡结构分解图

图五　土家族石磙碡使用场景图

图六　《天工开物》中所绘的石磙碡

土家族手推石磨

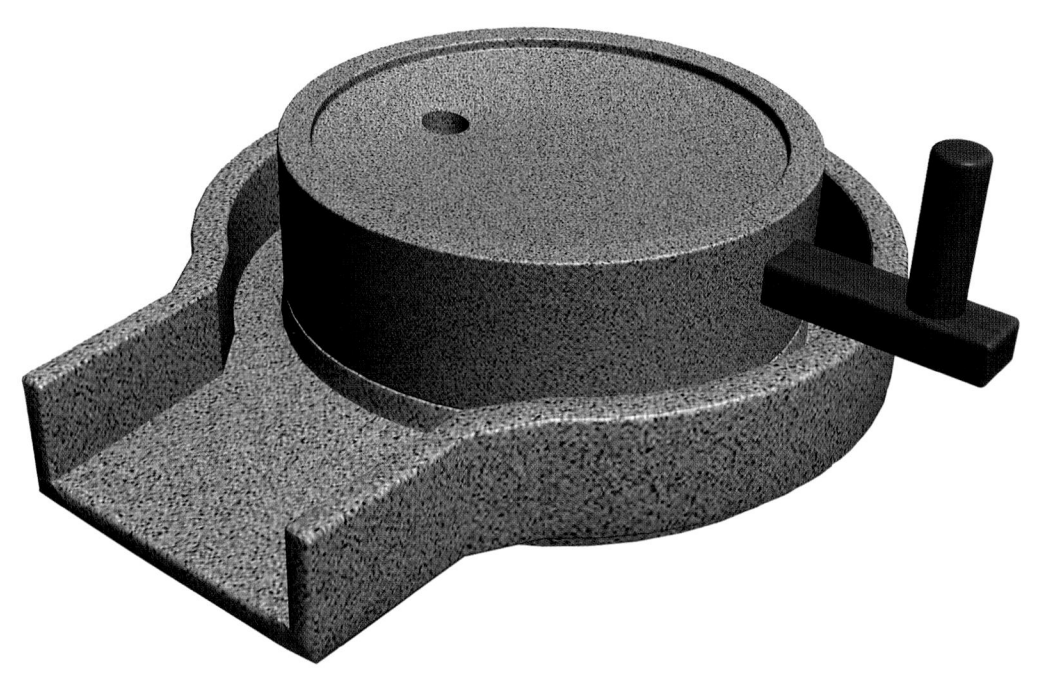

图一 土家族手推石磨主图

手推石磨是土家族常见的研磨工具，常用于粮食的粉碎加工。手推石磨一般为粗石料，由石匠制作而成。

手推石磨主体由上下两个磨盘组成。上磨盘为转磨，上表面有圆形浅凹槽，凿有圆形注眼，浅凹槽底面沿注眼逐渐下陷，以注眼为最低，方便需磨的粮食往注眼里滑动。与注眼相对的一侧，有方形孔眼用于安装手柄，手柄上装圆柱状把手，把手与手柄呈"丁"字形。下磨盘为承磨，边缘有深槽，出口处底面逐渐降低，槽口向外延伸出一个流，可让磨碎的粮食从此处流出石磨。两磨盘中间为磨芯，多为金属制作，固定于下磨盘，上磨盘圆心处凿孔。两磨盘的接触面有石匠用錾子錾出的长条状浅槽，是为磨齿。

本案例石磨整体高度23.1厘米，磨盘直径25.5厘米，磨底直径43.5厘米，流的长度为7厘米。

手推石磨在使用时手握把手，使上磨盘以磨芯为轴做圆周运动，需要磨的粮食事先浸泡好，用勺子舀着放到上磨盘的注眼周围，浸泡好的粮食会沿着注眼周围的斜坡滑入注眼内部而进入两磨盘中间接触的位置，随着上磨盘的转动，下磨盘的承接面上的粮食会逐渐增多，在磨齿和上磨盘重量的双重作用下，将浸泡好的粮食磨碎，伴着浸泡的水混合成液体，从磨槽经出口的嘴流出石磨，用容器盛接，晾干后即为粉状。

能用石磨磨碎食物主要是因为磨盘内有浅槽状磨齿，上下磨盘的磨齿随着上磨盘的转动不断地交错重叠，从注眼里流入的粮食颗粒事先盛放在磨齿内，但随着磨齿的交错运动，粮食盛放的空间不断被挤压，加之上磨盘的重量成为向下的压力，将粮食挤压直至破碎，顺水溢出两磨盘之间而至下磨盘深槽。

旧时，用石磨来粉碎粮食是普遍的做法，直到使用了电力工具之后，石磨逐渐被淘汰。

图片来源

图一至图四　胡万明　制图

图五　王琥，何晓佑，李立新，夏燕靖.中国传统器具设计研究（首卷）[M].南京：江苏美术出版社，2004.12

图六　1.胡万明　制图

　　　2.（英）李约瑟.中华科学文明史[M].上海：上海人民出版社，2010.12

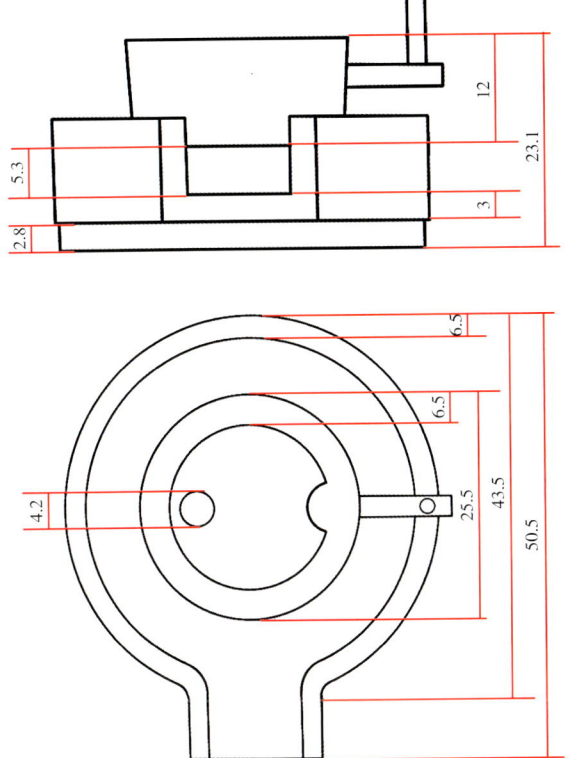

图二　土家族手推石磨尺寸图（单位：cm）

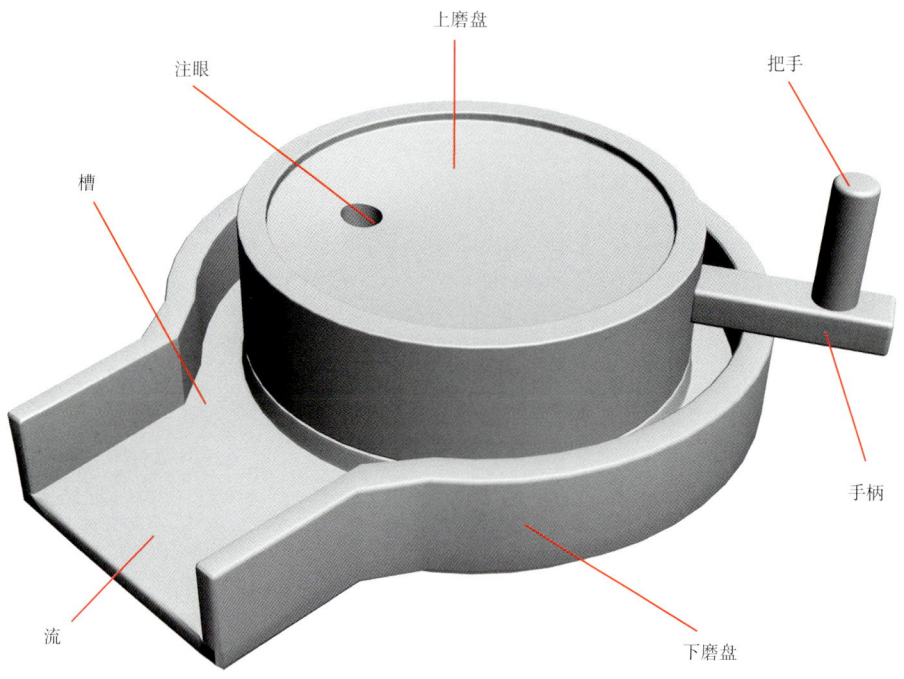

图三　土家族手推石磨结构名称图

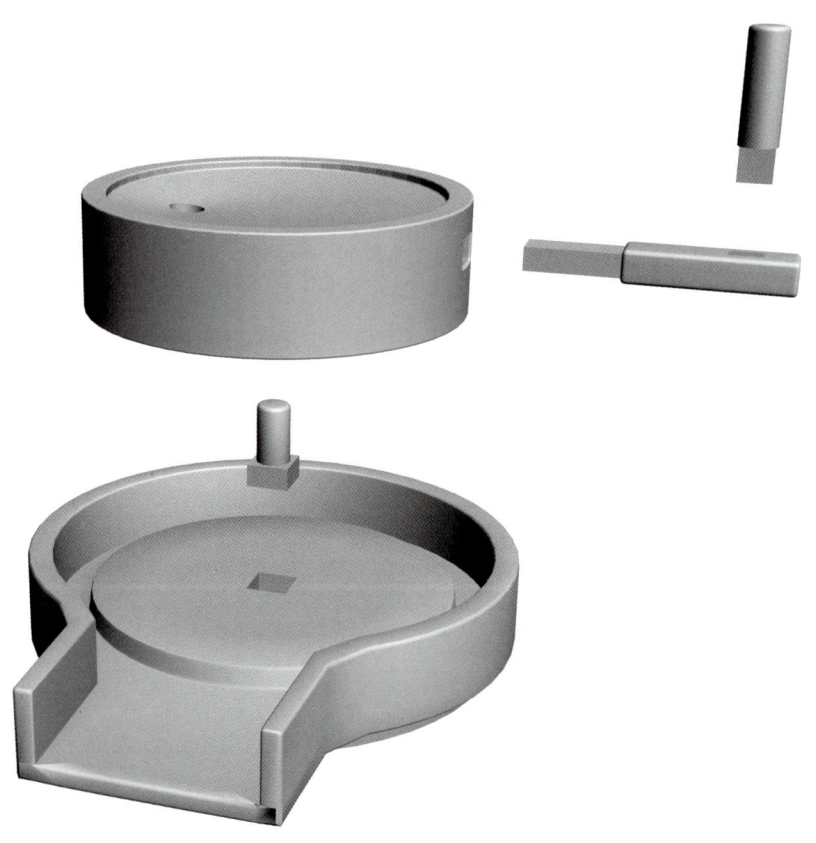

图四　土家族手推石磨结构分解图

图五　土家族手推石磨使用示意图

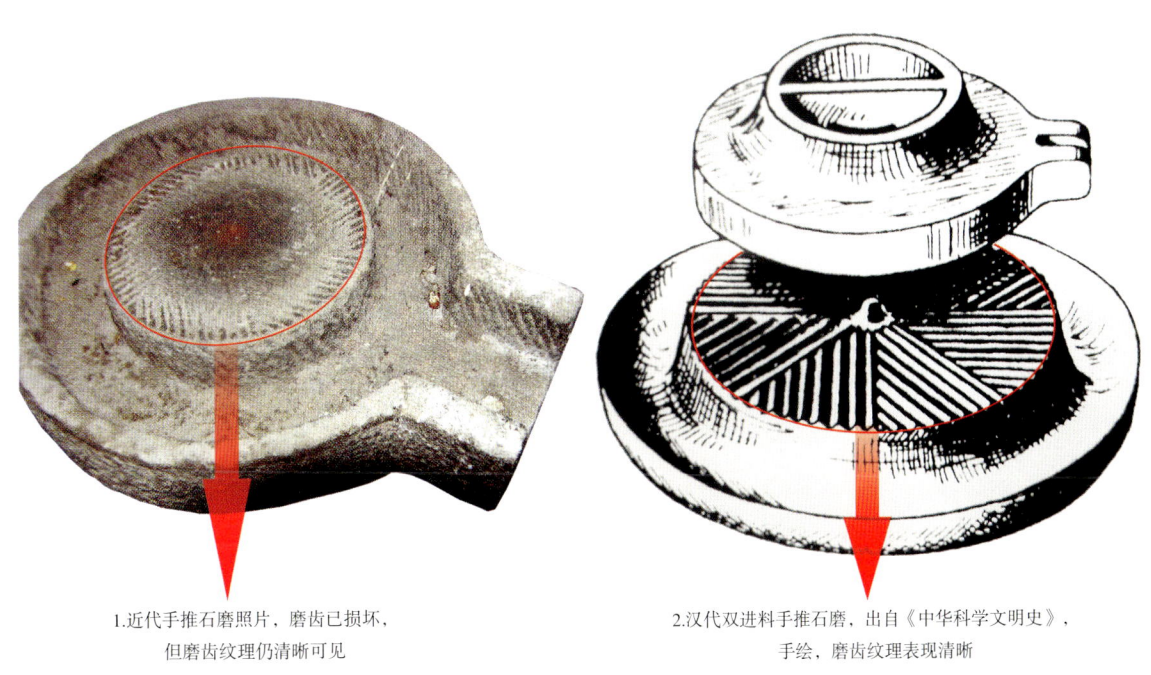

1.近代手推石磨照片，磨齿已损坏，但磨齿纹理仍清晰可见

2.汉代双进料手推石磨，出自《中华科学文明史》，手绘，磨齿纹理表现清晰

图六　土家族手推石磨磨齿纹理示意图

土家族碓窝

图一 土家族碓窝主图

碓窝，古时称之为杵臼，是一种古老的粮食加工器具，主要用途是舂米，在土家族地区也会用来舂糍粑、米粉、辣椒、花椒等。

杵臼历史悠久，早在石器时代就有使用。最初人们用木质的杵在地面给谷物脱壳，久之地面深陷，人们发现深陷的凹窝用起来更为方便，于是出现了有意识制造的凹窝，先有在地面开挖，垫不同质地的土，后有陶质和石质，成为臼，即碓窝的早期形态。

本案例碓窝和木杵，均根据相关资料建模而成。

土家族地区的碓窝多用坚硬的青石开凿而成，外方内圆，长宽高均在60厘米左右，中间一圆形凹窝，凹窝口直径约40厘米，深约 30 厘米。较为富裕的家庭，还会在碓窝的四面雕有图案，增加其艺术价值。与其他地区多为石杵不同，可能因土家族地区地处深山，木材资源丰富，便于就地取材。与碓窝配套使用的杵，多为木质，一般为木质坚硬的木头制成。杵长 120 厘米左右，有的一头为杵头，有的两头均为杵头，两头均为杵头者，两杵头长短粗细不同。

加工大米时，先把稻谷放进碓窝里，之后双手持木杵上下使劲舂捣，稻谷的外壳和糠屑会纷纷脱落，米粒便沉入窝底。舂好之后簸去稻壳，再用筛子筛去米糠，即剩下晶莹洁白的大米，便可下锅煮饭了。

土家族地区地处深山，地多田少，每年收获的稻谷有限，家庭吃米多用碓窝舂成，所以旧时家家户户都会备有碓窝。经过长年累月的舂捣，由于磨损，碓窝的下底会越陷越深，木杵也日渐变细，留下岁月的痕迹。随着现代社会的进步，碓窝已退出历史的舞台，但在土家族山区，很多家庭还将其保留，有时还会偶尔使用。

图片来源
图一至图五　胡万明　制图

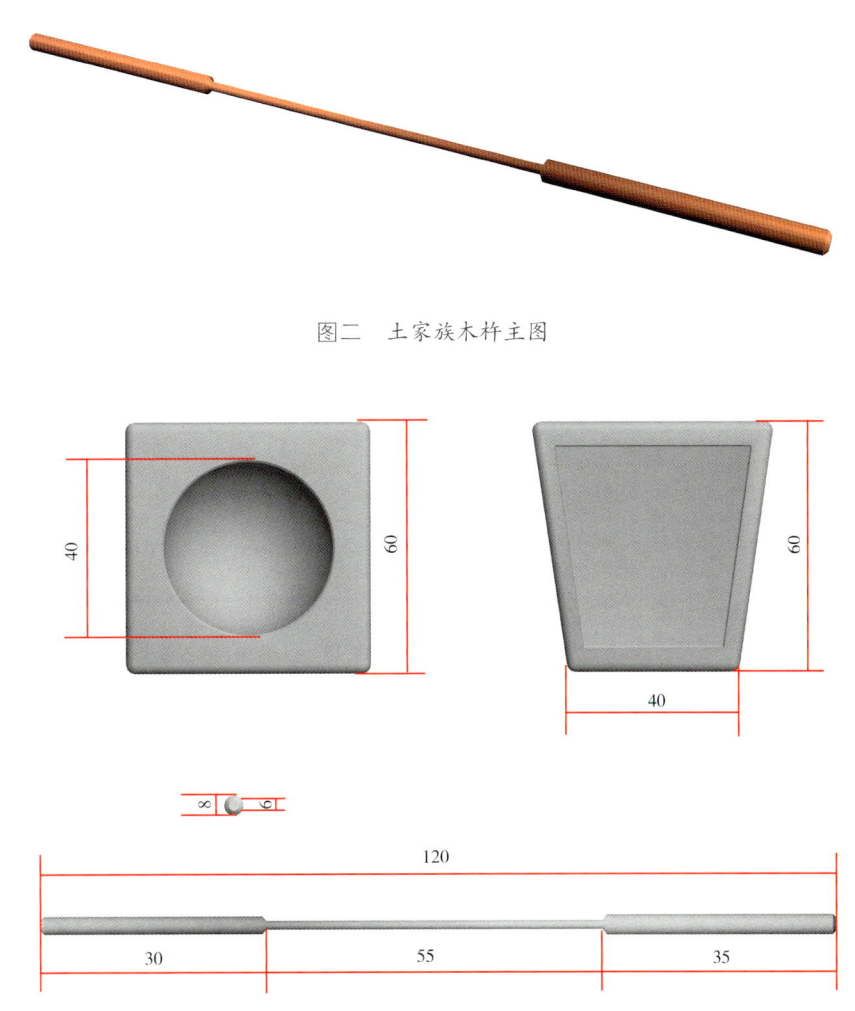

图二　土家族木杵主图

图三　土家族碓窝与木杵尺寸图（单位：cm）

图四　土家族碓窝结构名称图

圆形"凹窝"

图五　土家族碓窝使用示意图

土家族药碾子

图一　土家族药碾子主图

　　药碾子是中医碾药用的工具，学名惠夷槽，相传自华佗时期就已使用。在多年的民族融合中，中医药文化逐渐为土家族所用，因土家族地处深山，药材资源丰富，在多年的中医传承中亦将中医文化进一步发扬光大，而药碾子作为中医必备的碾药工具，自然就进入深山，成为土家族中医的必备工具。

　　药碾子以铁质和铜质居多，由碾槽和碾盘两部分组成，其主要作用是粉碎药材以便调剂煎煮。本案例药碾子根据实物建模而成，碾槽整体为扁纺锤体横剖面的下半部分，剖面部分有一平台，扁纺锤体正好嵌于平台下部。从顶部看，药碾子中间有长纺锤形凹槽，为碾药区域。从侧面看两端微向上翘起，中部稍低，底部两侧各有一个燕尾型的脚斜向两边分开，使药碾子稳定。另有一个厚圆盘即为碾盘，其边缘突起尖锐，与凹槽底部吻合。工作时碾盘在碾槽内运动，起到挤压和切割药材的作用。碾盘中心为一个方孔，用来安装木柄，木柄两头为圆形，中间为方形，嵌于方孔内。

药碾子的使用方法有三种：

其一为手推，操作者用双手推动碾盘，靠腰背部和双臂用力使碾盘在碾槽内前后滚动，碾碎药物。此法碾压力量较小，体力消耗较大，适用于易粉碎的药物，但方法简单，易于掌握，并可近距离观察药物碾压的程度，以便于控制力度和碾盘滚动的方向。

其二为脚踩，操作者坐于板凳上，用双脚踩在木柄两端，以腿的前后运动来控制碾盘在碾槽内的运动，此种碾药方式效率较低且持续时间较长，但在碾药的同时还可读书，为大部分中医药工作者所采用。

其三为脚踏，操作者双手抓住高处固定物件，双脚分别踩在木柄两端，将身体的重量压在碾盘上，利用身体前冲后撤的力量带动碾盘在槽内运动以碾碎药物。此种碾药方式碾压力量较大，效率较高。但因其难度较大，加之现代多用自动设备来粉碎药材，此方法业已失传。

药碾子一直沿用至今，其优点：一是操作简便、易于清理、药物损耗小，可保证调剂配方的迅速和准确；其二是药物粉碎的细碎程度易于控制，可根据不同药材的要求来粉碎出不同的细度，这是许多现代粉碎机不易掌控的技术，也恰恰是药碾子的优点。

图片来源
图一至图五　胡万明　制图

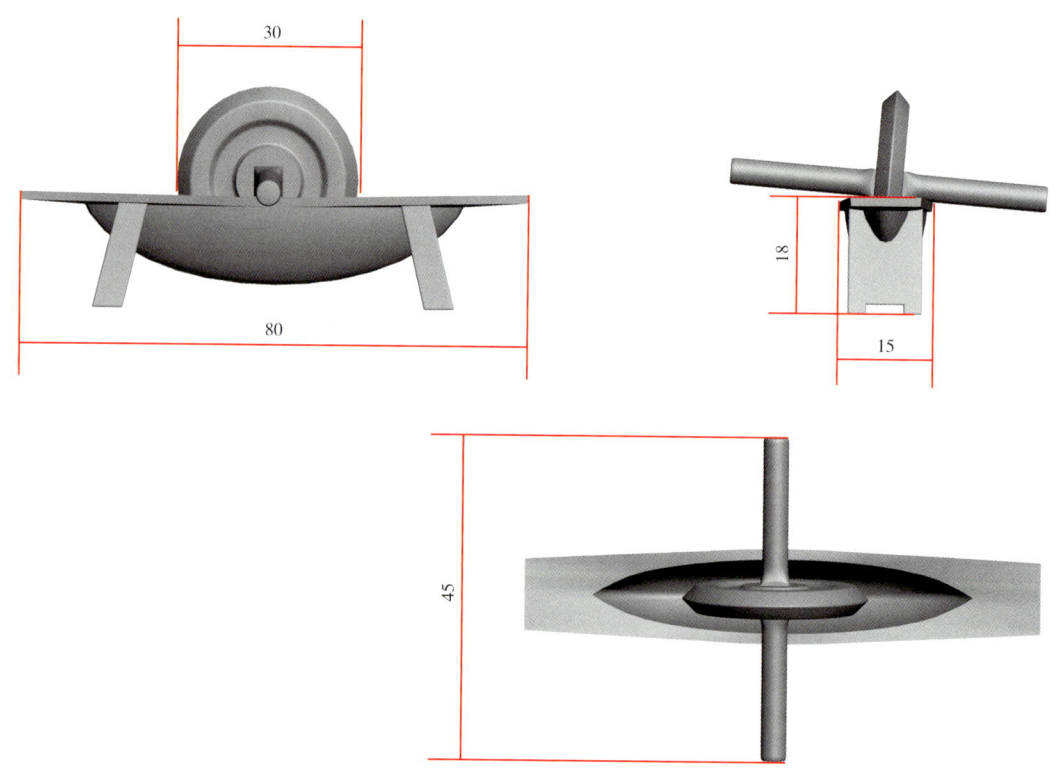

图二　土家族药碾子尺寸图（单位：cm）

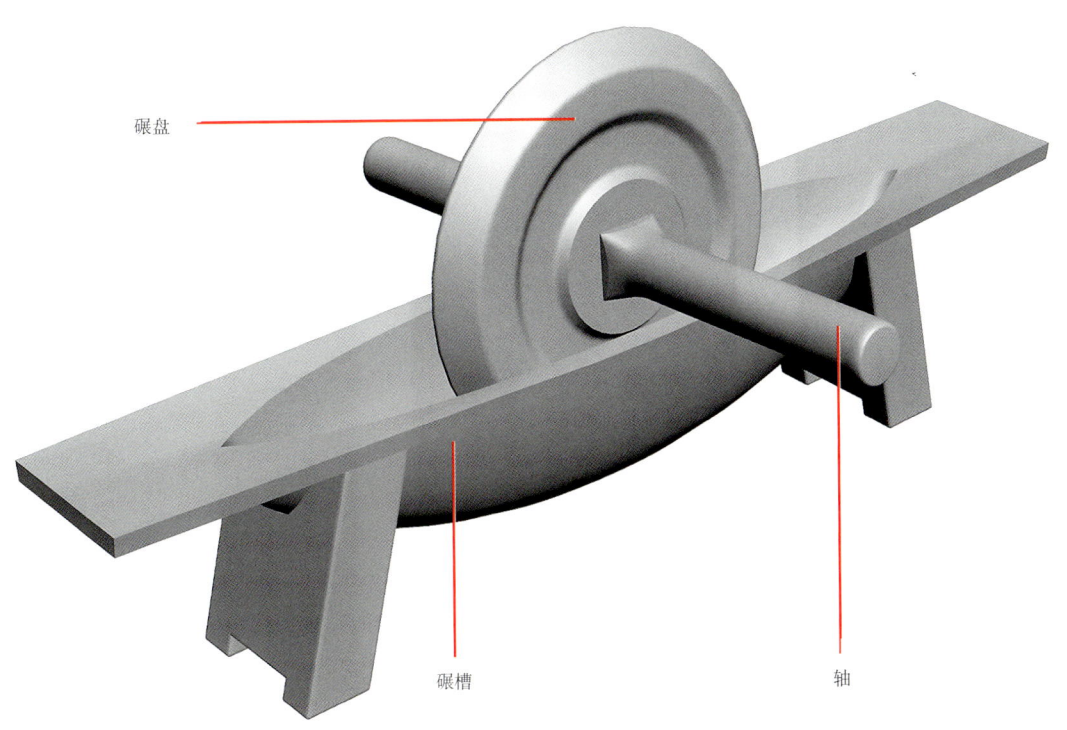

图三 土家族药碾子结构名称图

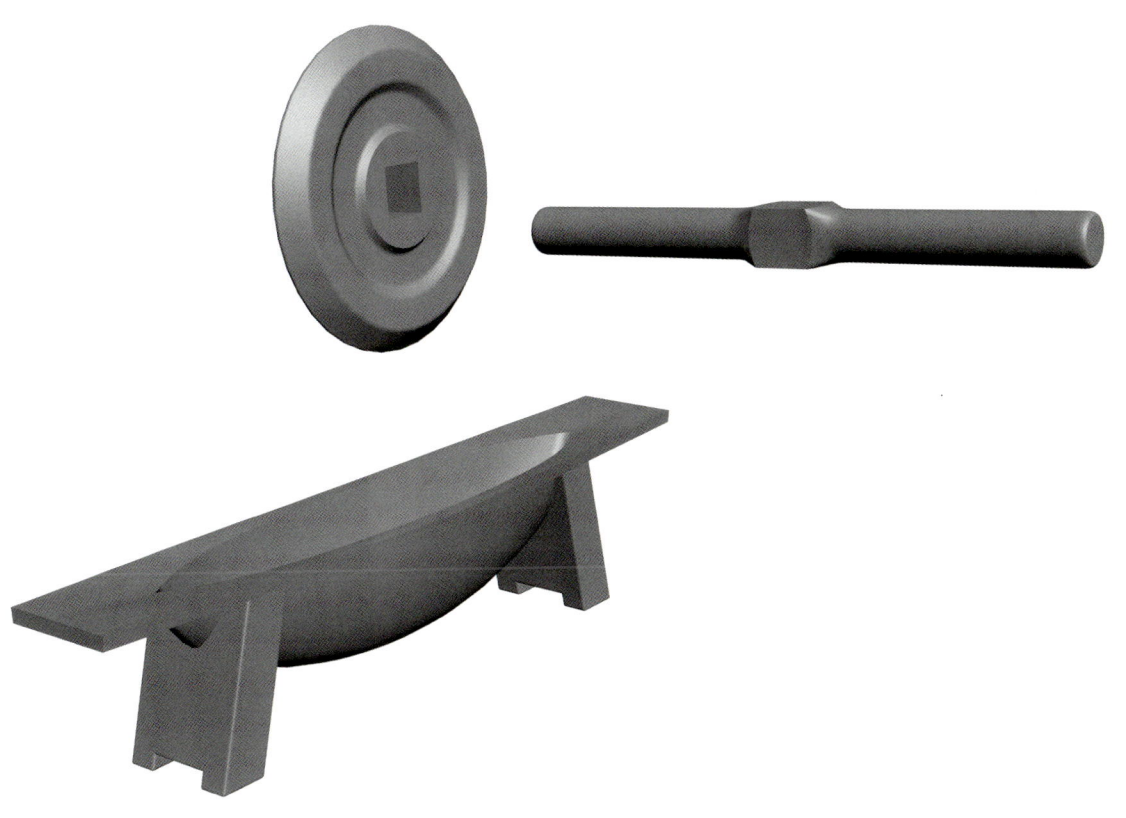

图四 土家族药碾子结构分解图

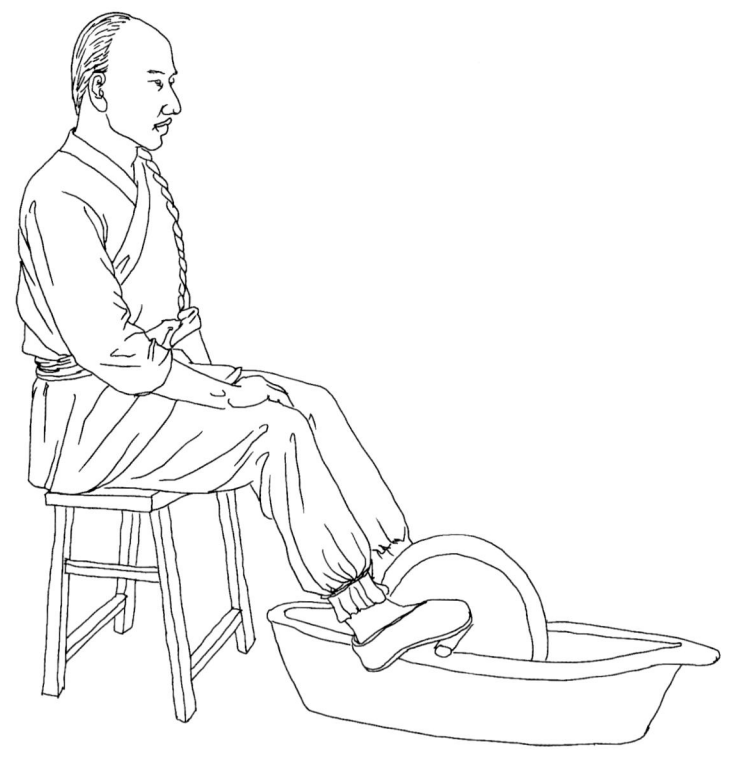

图五　土家族药碾子使用示意图

土家族西兰卡普织机

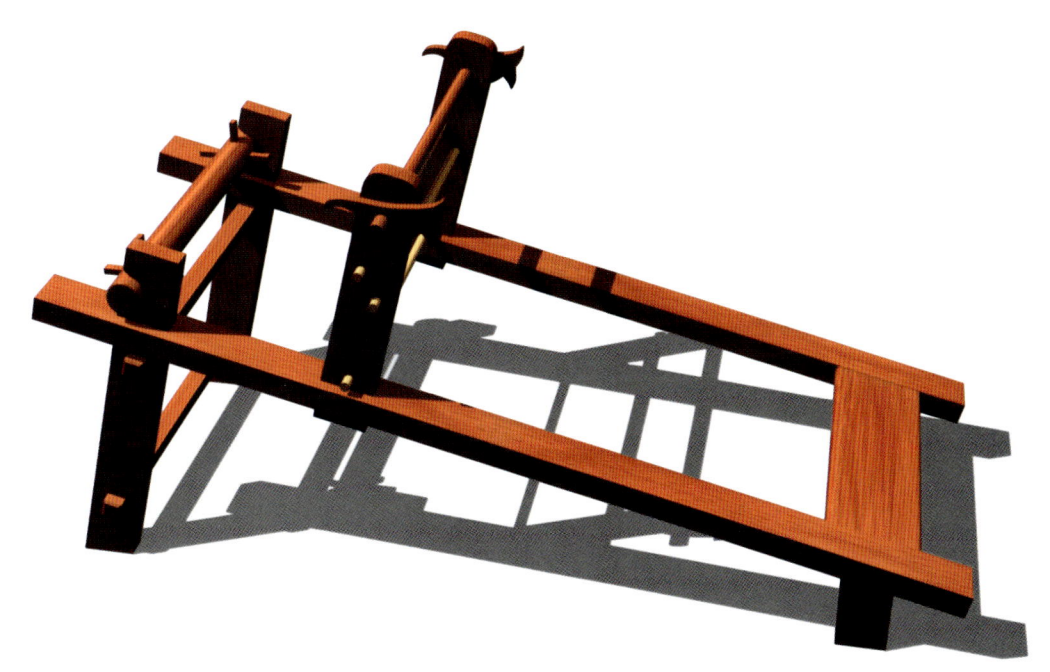

图一 土家族西兰卡普织机主图

土家族西兰卡普织机是织造西兰卡普的专用织机,是以榫卯方式接合而成的木架。从材料和工艺上看,西兰卡普织机所用木材在当地较为常见,一般为就地取材,工艺也较为简单,少有雕花、装饰。

西兰卡普织机的结构简单,在织机上仅保留普通织机的最基本构造——卷经轴、杠杆和坐板。其中卷经轴用于控制经线的长度;杠杆的形象各异,有鸟形、鱼形等,用于控制力的方向;坐板是织锦者操作时的支撑。而其他织机上所具备的部件诸如筘、卷布轴、踏杆、综棍、压线棍,都是在织锦时临时通过绳子组装上的,其中筘为竹质,经线穿过后不与织机直接相连,而是控制在织锦者的手上;卷布轴并非固定,用宽大的带子绑缚在织锦者的腰上;踏杆也不是固定的,通过绳子与压纱棍连接,悬挂于织机架的内部。织造西兰卡普的梭子较之普通梭子长,或为操作方便之故。

本案例西兰卡普织机根据相关资料建模而成,客观反映出古老的西兰卡普织机的情况,而西兰卡普织机的工作原理与其他织机一样,其织造过程就是把纱线分成经纬两组使其交织成为织物的过程。其过程可以具体分为以下五步:

送经:即穿经线,将经线穿过综和织筘。

《天工开物》记载："凡丝穿综度经，必用四人列坐。过筘之人手执筘耙先插，以待丝至。经过筘，则两指执定，足五、七十筘，则绦结之。不乱之妙，消息全在交竹。即接断，就丝一扯即长数寸。打结之后，依还原度，此丝本质自具之妙也。"

开口：开口是踏杆带动综棍来完成。当织锦者将踏杆踏下时，由绳子牵动压纱棍向下压纱，将上层经纱压下，同时带动鸟形杠杆的一端，做向下运动，遵循杠杆原理，鸟形杠杆另一端连同综棍上升，使综棍提起下层经纱到上层梭口的位置，如此，使上层经纱于下层经纱形成三角形梭口，等织锦者投梭引纬、打纬之后，将脚松开，借助经纱张力使压纱棍复位，使梭口经纱交换，再次进行投梭引纬和打纬制织，此过程循环往复，方能完成西兰卡普的织造。

引纬：引纬由梭完成，当开口之后，织锦者将梭穿过经线，从左手滑向右手即完成引纬。

打纬：打纬由筘完成，纬线穿过经线后，织锦者把筘向后拉，用力把纬线压紧。

卷布：卷布可分为放经与卷取两个步骤，放经由卷经轴完成，卷取由卷布轴完成，卷布轴不固定，织成的锦绕在夹棍上，用布带捆在腹前，经纱的张力需要织锦者腰脊的力量来维持，因此西兰卡普制造时劳动强度相对较大。

图片来源：
图一至图四　胡万明　制图
图五　辛艺华，罗彬.土家族民间美术[M].武汉：湖北美术出版社，2004.2
图六　王琥，何晓佑，李立新，夏燕靖.中国传统器具设计研究（首卷）[M].南京：江苏美术出版社，2004.12

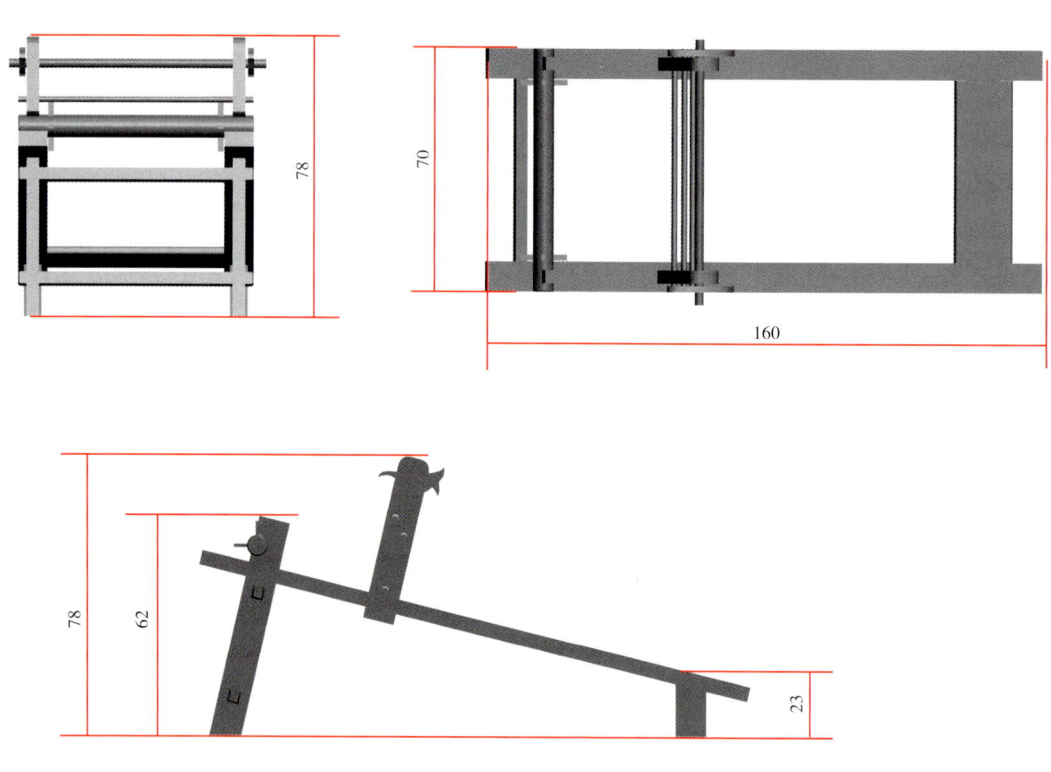

图二　土家族西兰卡普织机尺寸图（单位：cm）

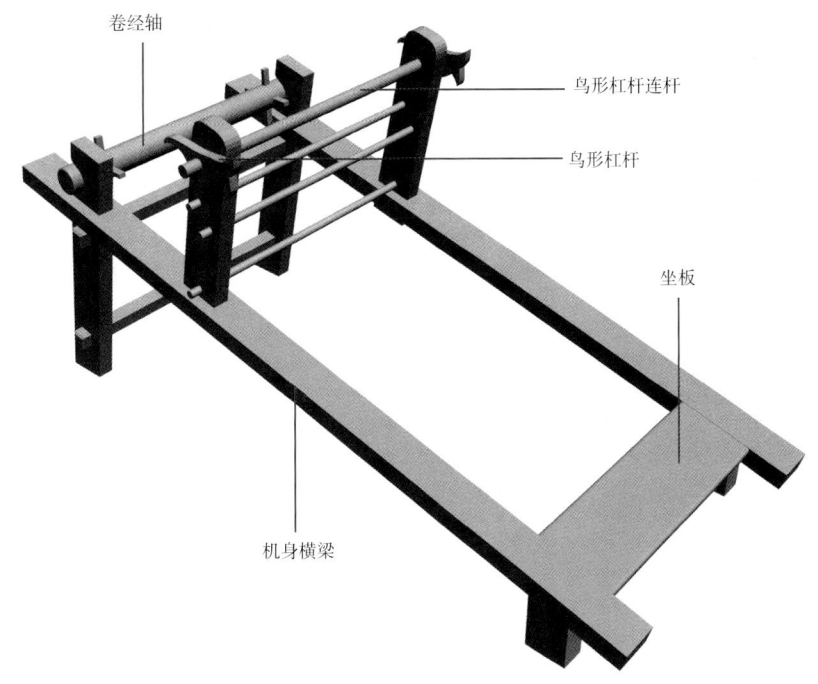

图三　土家族西兰卡普织机结构名称图

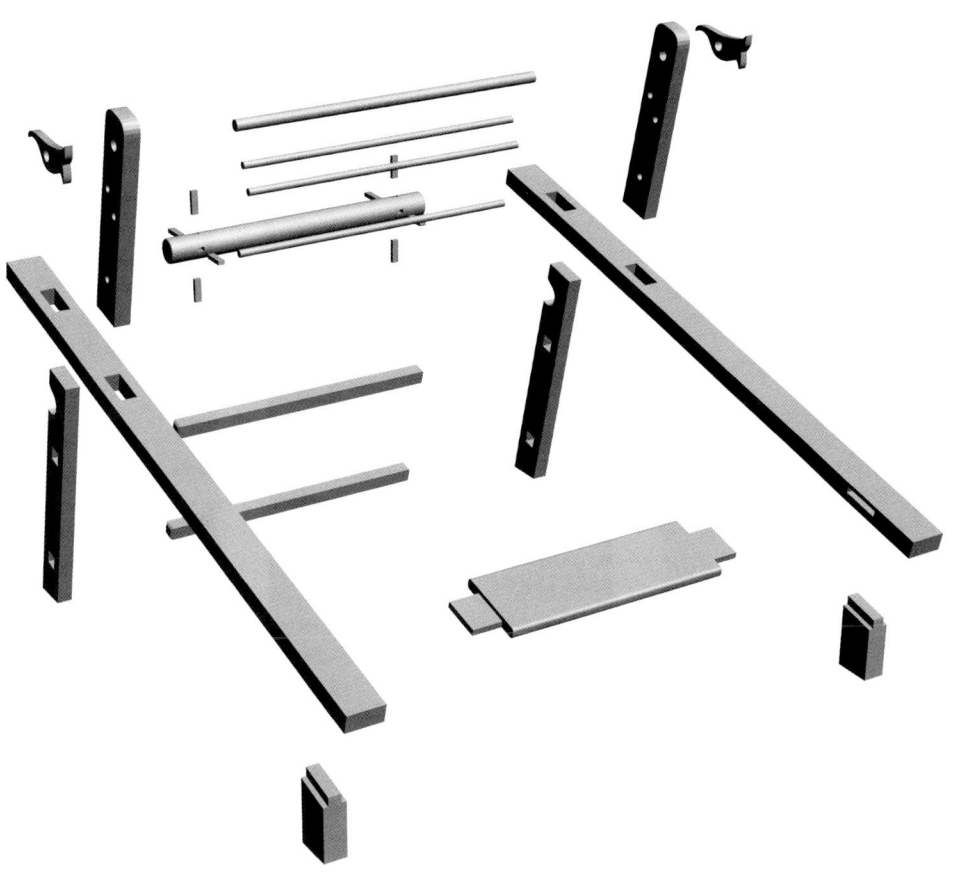

图四　土家族西兰卡普织机结构分解图

图五　土家族西兰卡普织机使用场景图

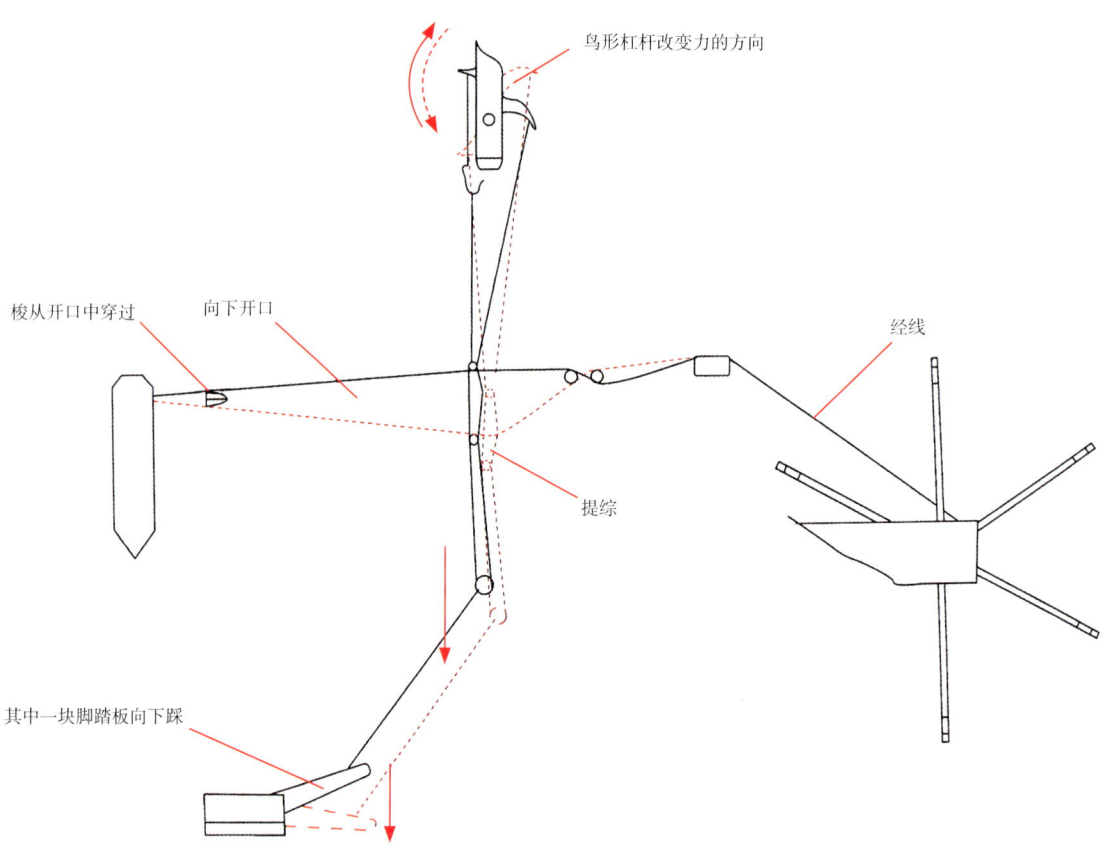

图六　土家族西兰卡普织机工作原理图

土家族草鞋耙

图一 土家族草鞋耙主图

在土家族地区，编织草鞋又叫打草鞋或推草鞋，打草鞋所用的工具为草鞋凳，草鞋凳由一条长凳上架一个草鞋耙组成，草鞋耙是打草鞋的专用工具。

本案例草鞋耙根据相关资料建模而成，其原型为常德民俗馆馆藏，略有差异。草鞋耙主要由耙齿、耙面、耙钩等三部分组成，其整体形态类似于耙子。耙齿的数量多为单数，中间的一根齿较长，以五个耙齿居多，本案例为九个耙齿。耙齿为木质，以杂木砍削而成，截面为圆形，开榫头，插于耙面的榫眼上。本案例草鞋耙耙齿直径约为3厘米。除榫头之外长度约8厘米，中间一根较长，约为13厘米。耙面为一段方木，顶面均匀地开有9个榫眼，用于插耙齿，侧面开1个通眼，用于榫接耙钩，其长度约为50厘米，截面为正方形，边长约为12厘米。耙钩也为木料砍削而成，呈钩状，弯钩朝下，用于钩住条凳的凳头，其截面为矩形，长约11厘米，宽约6厘米。

打草鞋时，将草鞋耙架在条凳上，用耙钩钩住条凳的一头，操作者坐在条凳上，将经线挂在耙齿上，另一头连接套在腰间的草鞋轭（草鞋轭与牛轭结构相似）将经线拉紧，就可以进行草鞋的编织了。在编织草鞋时还会用到草鞋梯和木梱，草鞋梯的表面被凿成一排类似阶梯状齿牙，木梱有三根长齿，可插入经线之间，其底部顶住草鞋梯用于压紧编织的纬线。

在永顺县土家族地区，还有不依靠草鞋凳打草鞋的，打草鞋时坐于地上，将经线围系于腰间，经线的另一端用一根木棍穿上，伸出双脚，以脚趾当耙齿，分开经线蹬紧，在其上编织纬线。

在见到的众多土家族草鞋耙中，多为就地取材，注重其实用性，有的甚至做工相当粗糙，少见有加以装饰者。架设草鞋耙的长凳应为随手拿来，没有固定形制，高低不一，主要是满足打草鞋的操作平台之用，长凳多不做改造。而一些地区的草鞋耙架设用的长凳，多会在长凳一头之下的小横档延伸加长，伸出板凳腿外，成为编织时双脚踏踩的横杆，使之成为打草鞋的专用板凳。

图片来源

图一至图六、图八　胡万明　制图

图七　王琥，何晓佑，李立新，夏燕靖.中国传统器具设计研究（卷三）[M].南京：江苏美术出版社，2004.12

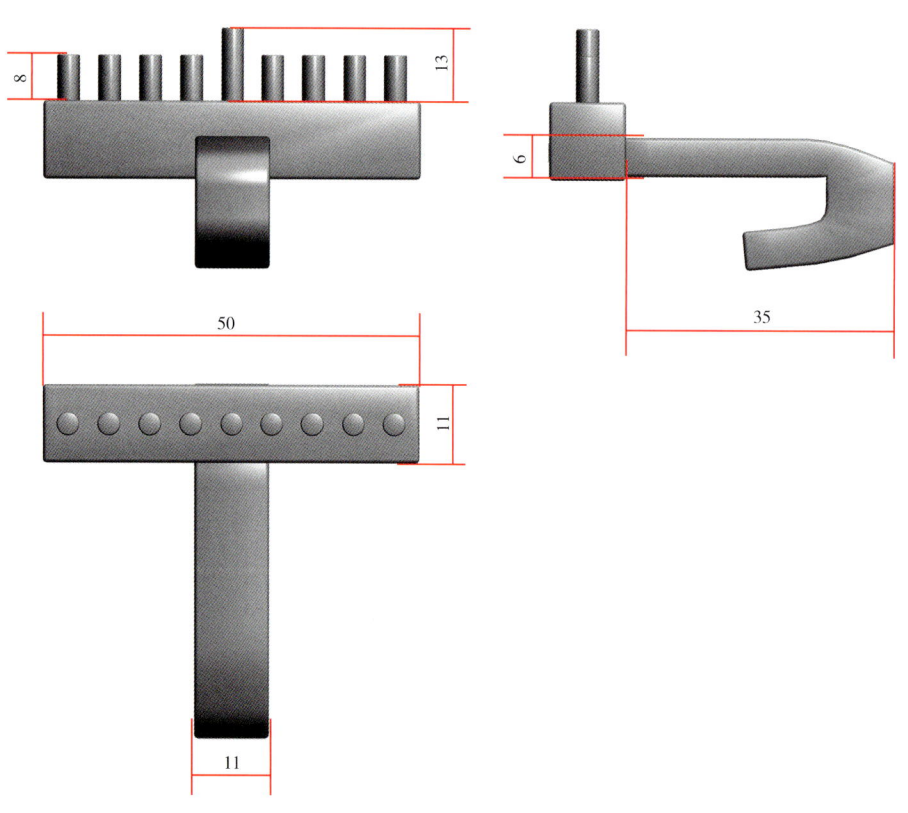

图二　土家族草鞋耙尺寸图（单位：cm）

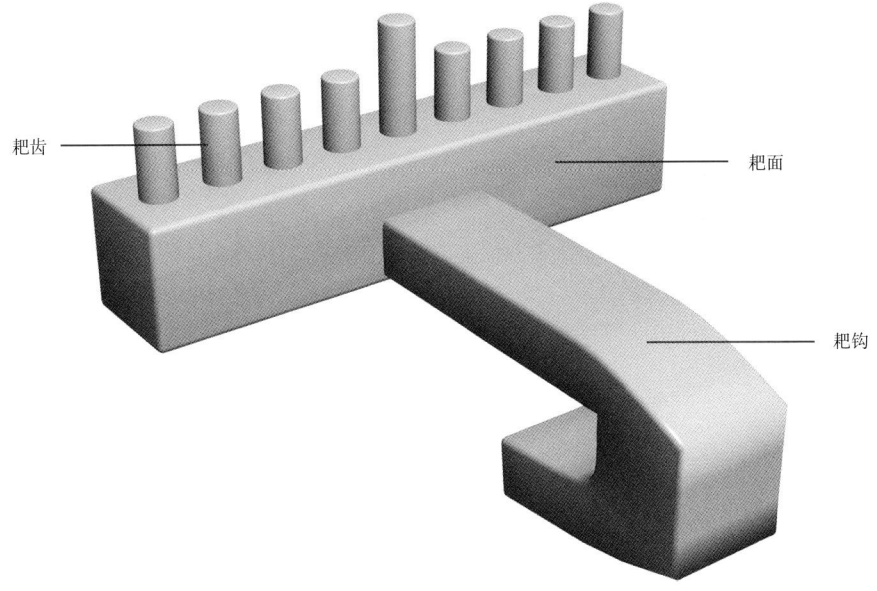

图三　土家族草鞋耙结构名称图

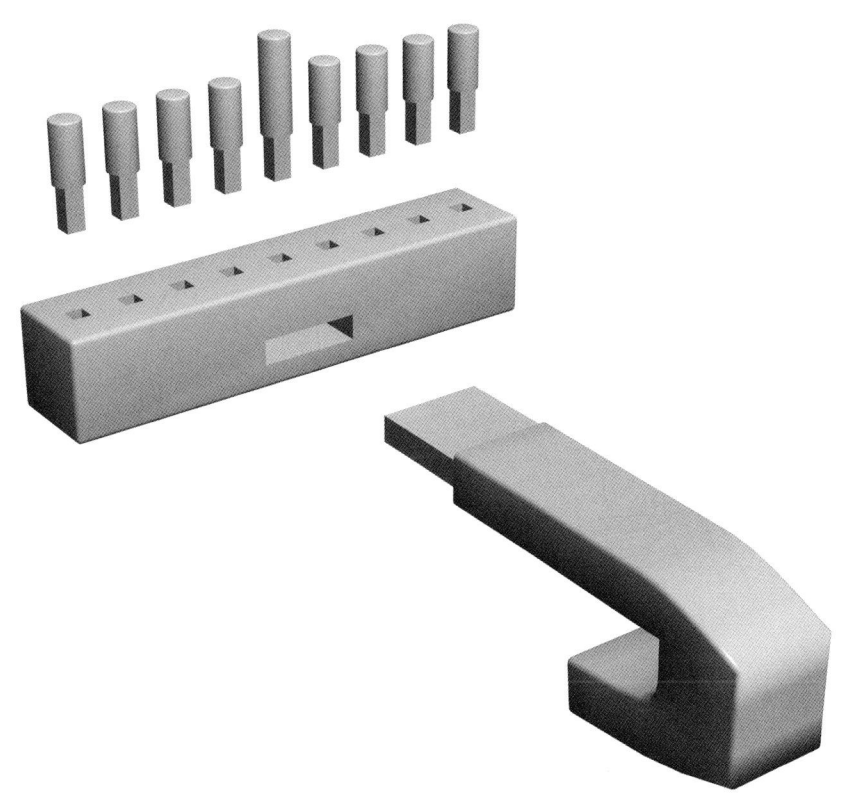

图四　土家族草鞋耙结构分解图

图五　土家族草鞋凳组装示意图

图六　土家族草鞋耙使用场景图

草鞋轭

草鞋梯

木榍

图七　土家族草鞋耙配套设施

图八　土家族徒手打草鞋场景图

第五章　土家族传统生产工具

429

土家族风箱

图一　土家族风箱主图

风箱是一种鼓风器具，利用风箱将风鼓入灶膛，可使灶内空气充足，燃料燃烧更加充分。风箱的主要部件为箱体、拉杆、把手、进风口、出风口等。《鲁班经》（卷二）对于风箱的记载："长三尺，高一尺一寸，阔八寸，板片八分厚，内开风板六寸四分大，九寸四分长，抽风扩仔八分大，四分厚，扯手七寸四分长，方圆一寸大，出风眼要取方圆，一寸八分大，平中为主。两头吸风眼，每头一个，阔一寸八分，长二寸二分，四边板片都用上行作准。"明代《天工开物》对于风箱也有较为详尽的记载。

本案例风箱整体为一长方体木箱，前后各有一个进风口，左侧面板上装有一个出风口。前立面板进风口上方有两个方形小孔，拉杆即从此小孔伸出，拉杆两端分别连接木质活塞和木质把手。

箱体内部构造相对复杂，风箱的主要功能即由箱体的构造发挥出来。箱体各个面的面板均为整块木板，无拼接痕迹，为了使工作时的密封效果更好，各木板之间为榫卯结构衔接，上部顶板可抽插，抽开顶板之后，可以看清其内部构造。箱体底部靠出风口一侧，用木板封起一个长条状风道，风道中间与出风口连通，两端敞口，与箱体空间连通，风道立板正中置一个薄铁片，此薄铁片高度与风道相当，一端固定，另一端可摇摆，摇摆后可以搭到出风口的两个边壁。活塞为两块木板，两木板中间夹有鸡毛，在木板上穿孔，用线缝上。两根拉杆，一上一下贯穿活塞，出头段用一根长竹钉贯穿。两端的进风口处均有木质活门将其盖住，活门上端两侧固定，下端可随意摇摆，让进风口或开或关。

拉动拉杆时，前立面进风口关闭，后立面进风口打开，活塞挤压空气从前端进入风道，由于气流作用，推动风道内活动铁片转动，搭在出风口朝向后立面一侧的边壁，让风顺利从出风口排出。推动拉杆时，前立面进风口打开，后立面进风口关闭，活塞挤压空气从后端进入风道，气流使铁片搭在出风口朝向前立面一侧的边壁，风仍然从出风口排出。如此无论推或是拉的动作，出风口都有空气排出，满足了冶炼等工作对于氧气需求的连续性。

值得一提的是，活塞内夹的鸡毛，既起到了密封的作用，也起到了润滑的作用，是一种就地取材的精良设计。

图片来源

图一至图四、图六　王琥，何晓佑，李立新，夏燕靖.中国传统器具设计研究（首卷）[M].南京：江苏美术出版社，2004.12

图五　胡万明　制图

图七　明代宋应星.天工开物

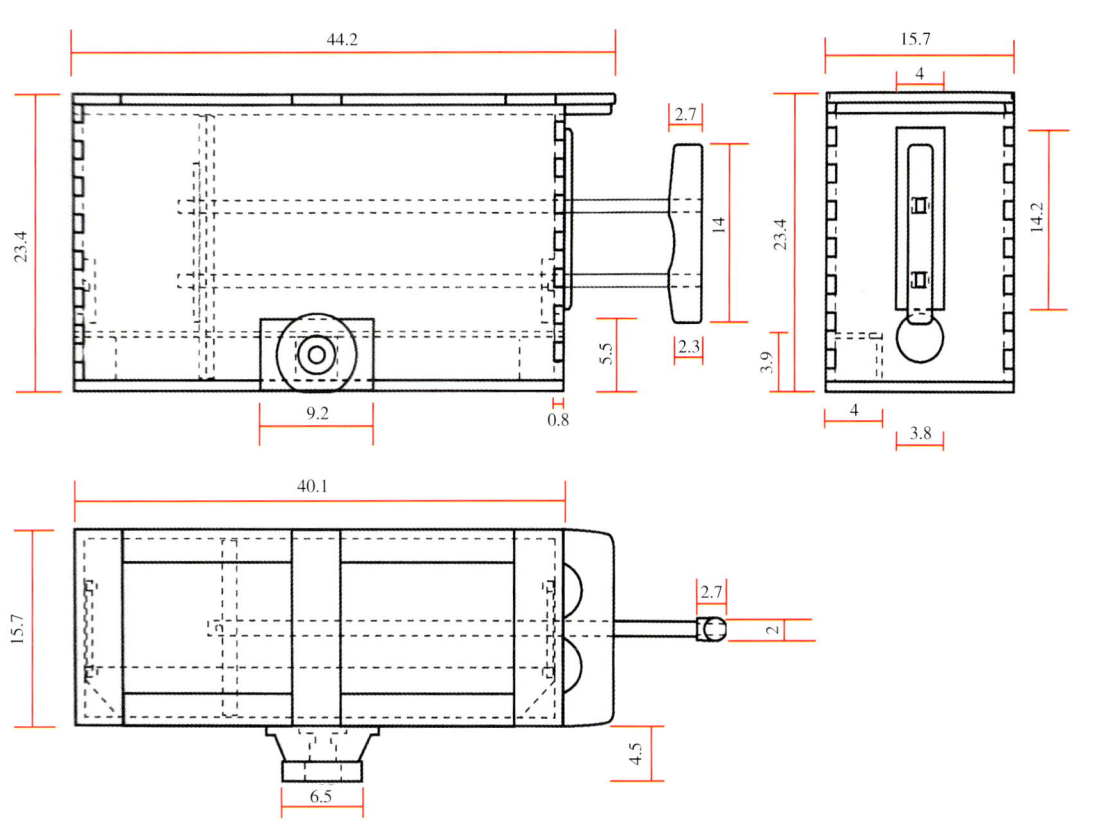

图二　土家族风箱尺寸图（单位：cm）

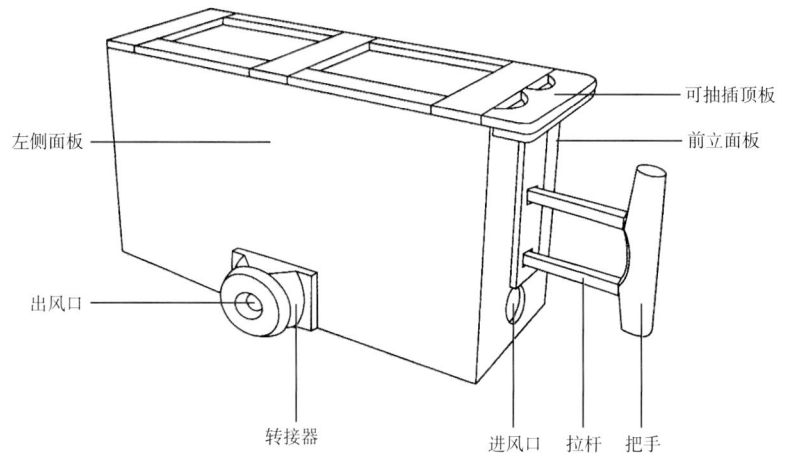

图三　土家族风箱结构名称图

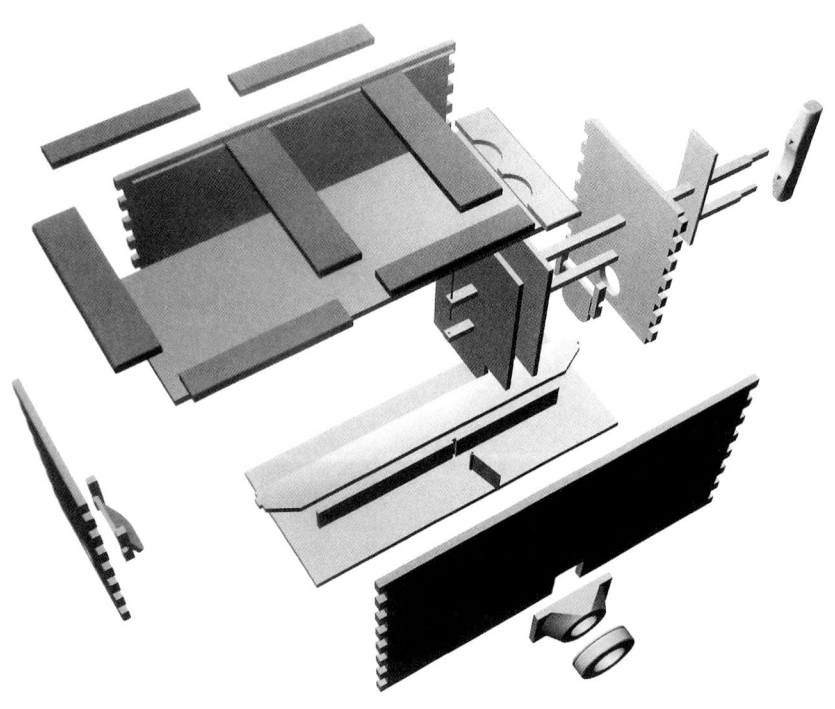

图四　土家族风箱结构分解图

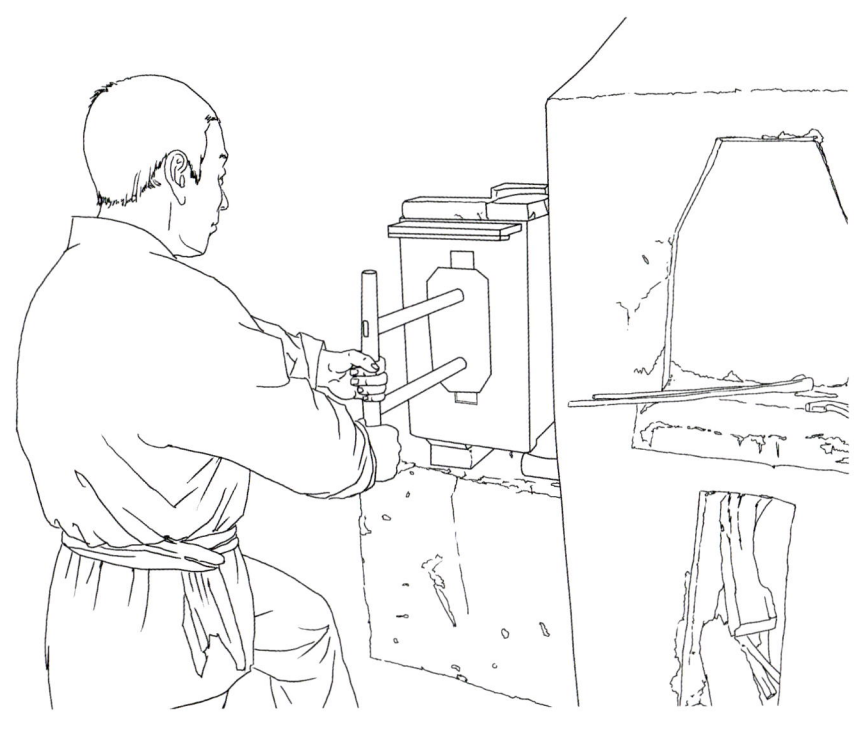

图五 土家族风箱使用场景图

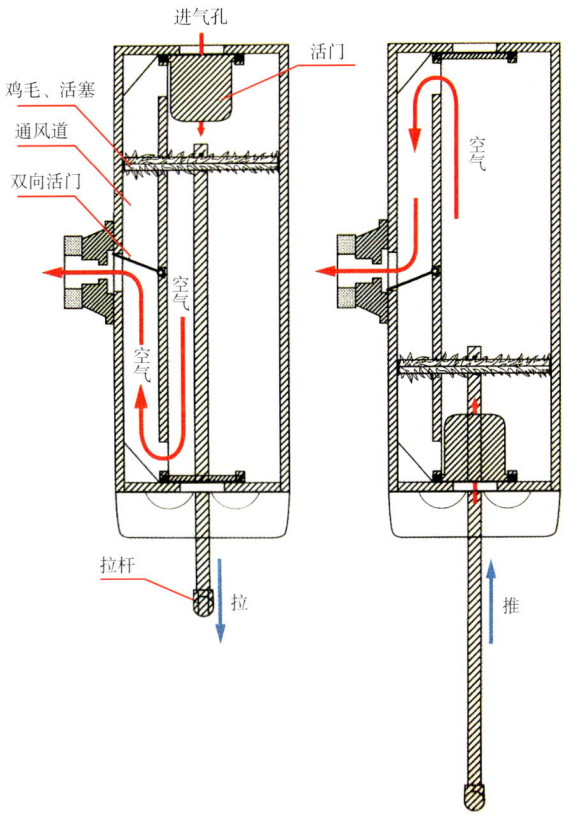

图六 土家族风箱工作原理分析图

第五章 土家族传统生产工具

图七 《天工开物》所绘风箱使用图

土家族铁砧子

图一　土家族铁砧子主图

　　铁砧子是铁匠的操作台，采用翻砂铸造工艺铸造而成，厚重平稳。我国使用铁器的历史悠久，可追溯到战国时代。早期铁匠们挑选或自行加工一个有着平整表面的岩石，作为操作台用于锤打铁器，古代的刀、矛、箭镞及一些铁质器具就是在这样的岩石上制作出来的。但是，岩石并非是理想之物，石头的表面经锤打很容易变得凹凸不平，有时锤子打偏还会造成岩石的碎裂。随着翻砂工艺的普及，铁匠的操作台——铁砧子出现并一直沿用至今。从现有的资料来看，翻砂工艺最迟可追溯至北朝时期的翻砂铸钱，而用于铸造铁器起于何时，目前还无相关资料可考。

　　各民族使用的铁砧子大同小异，其结构基本相似，土家族铁砧子也一样，本案例铁砧子根据相关资料建模而成，其基本构造分为四个部位：中间部分呈长方形、平滑或微凸的台面，称为"脸面"；一侧伸出的圆锥体称为"手臂";"手臂"右面呈直角平面形状,名为"后跟";"手臂"左面还有两个与"后跟"类似的操作平台,只是比"后跟"要小许多,用于锤打小物件。铁砧底部可以固定在木桩上,或找个大的容器,盛满沙子,将铁砧平搁在沙子上。有的铁砧下部伸出一条独脚,插于地下。在使用时铁砧必须平稳以减少弹性。

铁砧子是铁匠的主要劳动工具,旧时的铁匠曾经是乡村八大匠人之一,在村头或镇尾一般都有铁匠铺。铁匠铺的设备简单:一个烘炉、一只风箱、一方铁砧。铁匠铺一般只有三个人:掌钳的师傅和两个抡大锤的徒弟。打铁的过程分为"上手"(师傅)和"下手"(徒弟),师傅经验丰富,右手握小锤,左手握铁钳,在锻打过程中,师傅凭目测不断翻动铁料,使之能打造成预定的形状。打铁过程中,师傅还得把握烘炉火候,师傅的铁钳将锻件夹出后,其小铁锤打哪里,两个徒弟的大锤也要精准地打在哪里,趁高温时将铁器的基本形状打制出来,最后再由师傅用小锤打制关键部位。

早期农业生产和家里使用的金属器具,如锄头、镰刀、锅铲、菜刀等,都是由铁匠来制作的。

图片来源
图一至图四　胡万明　制图

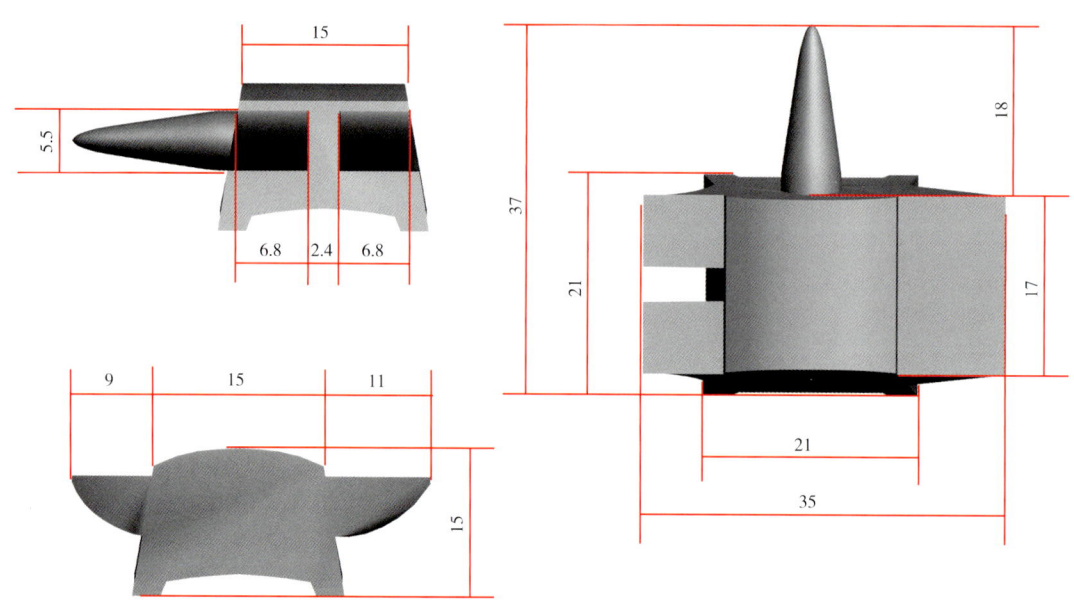

图二　土家族铁砧子尺寸图(单位:cm)

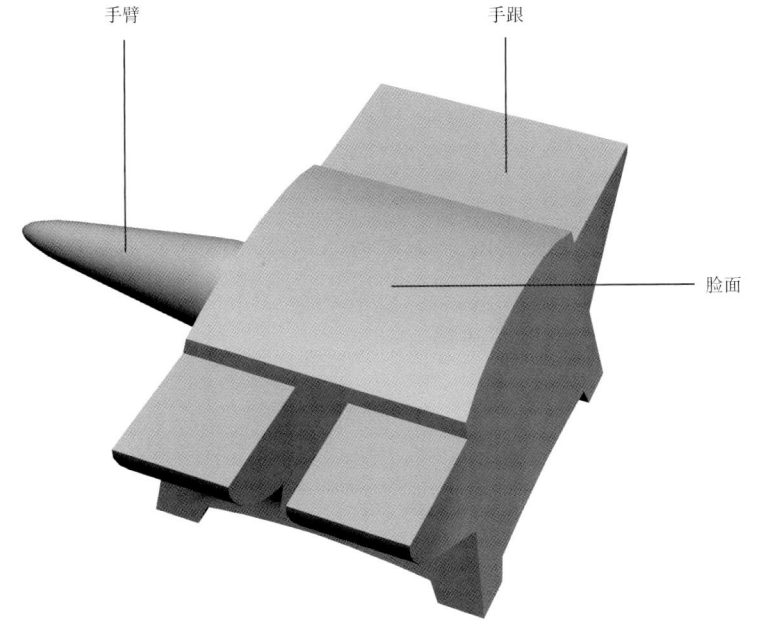

图三　土家族铁砧子结构名称图

图四　土家族铁砧子使用场景图

土家族锯子

图一 土家族锯子主图

锯子是用来把木料锯断或锯割开的工具。锯子经历了由石质、蚌质、青铜质到钢质的演变，石锯、蚌锯、骨锯的使用，最早可追溯到5000年前的河姆渡时期，土家族何时用锯子已无从考，其形制与材质与周边地区无异。

本案例取自《中国传统器具设计研究·首卷》第二十二案例，研究对象为使用最多的框锯，锯子长89厘米，宽45厘米，虽征集于江苏省南通市，但其形制已是锯子的标准样式，锯子在几千年的演变中，其形制已经完全成熟，没有改变的必要了。

锯子由锯梁、锯拐、锯条、摽绳及摽棍等部件构成。锯梁为直木制成，多以杉木为料，其两端制成榫头，与两个锯拐的榫眼连接，呈"工"字形，锯梁是整个锯子框架的主要支撑部件。锯拐是锯子主要的受力部件，为硬木制成，多为柞木、榆木、枫木、槐木等制成。其手握之处呈弯曲状态，锯拐一段是放摽绳的浅槽，另一端开一圆孔，用于安装锯钮，且锯钮在孔中可旋转，调整锯条的角度。锯条是锯子的主要功能部件，通过锯齿的上下移动，起到锯断木料的作用。锯条一般为钢质长条状薄片，一侧为锯齿，一侧为直边，两端有圆孔，可使其嵌于锯钮开口处，用螺母或铁钉固定。摽绳为锯子的主要调节部件，多为韧性较大的天然棕绳制成。摽绳绕于两锯拐的浅槽里，用摽棍一端插入摽绳的各丝股之间，沿一个方向旋转使摽绳绷紧，另一端借助摽绳旋紧的力，将摽棍挡在锯梁上使其固定，可随时调整摽绳的松紧程度。越绷越紧的摽绳将拉力，以锯梁为支点，以锯拐为力臂，通过杠杆原理，完成力的传递，将锯条拉紧抻直。由于锯条在使用

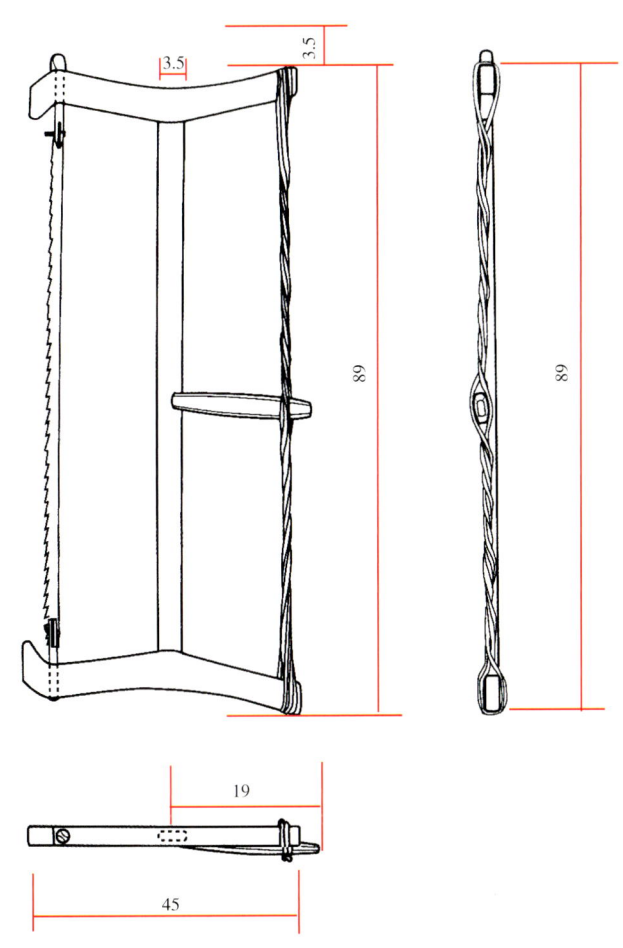

图二　土家族锯子尺寸图（单位：cm）

的过程中会与木料摩擦生热，锯条会膨胀加长，故在使用的过程中还要将摽绳不断调紧，以适应锯条的变化。

锯木料时一般将木料置于板凳上，右脚踏在木料上以稳定木料，左脚着地支撑身体，以右手握住锯拐一侧，将锯条放在要锯的木料起始处，用左手手指适当控制锯条的位置。先轻锯几下，其目的是在起始处留下痕迹，便于后面的操作。在起始处开了一个槽口之后，再加大力量，因锯木时主要靠锯齿的逆顺运动切割木纤维，送锯时锯齿逆向切割，力度大，所以送锯时要用力，反之，回锯时用力要轻，如此循环，直至将木料锯开。锯大料时还须两人配合，另一人坐于地上帮忙拉锯。

锯子的主要功能有三：解材、断料、制榫，为木工师傅不可缺少之工具，在木制工艺中扮演着举足轻重的角色。

图片来源

图一至图七　王琥，何晓佑，李立新，夏燕靖.中国传统器具设计研究（首卷）[M].南京：江苏美术出版社，2004.12

图八　叶树望.河姆渡文化精粹[M].北京：文物出版社，2002

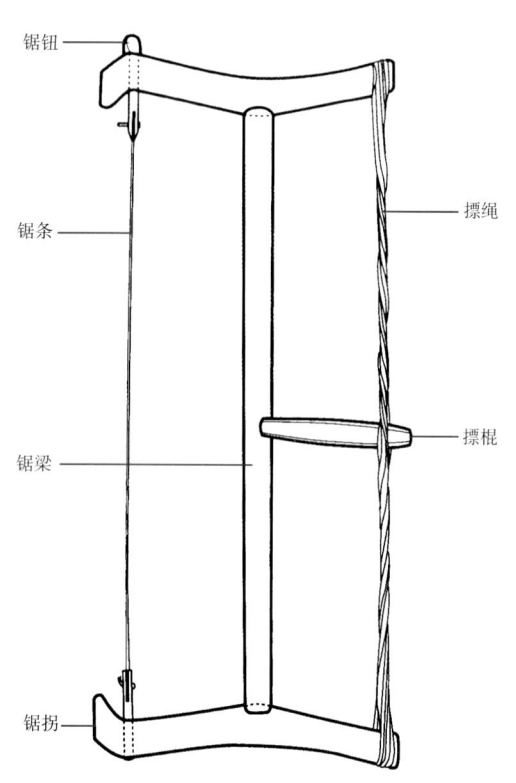

图三　土家族锯子结构名称图

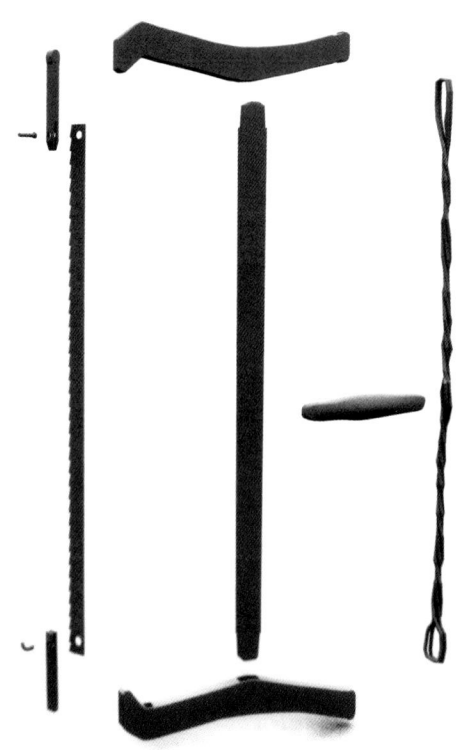

图四　土家族锯子结构分解图

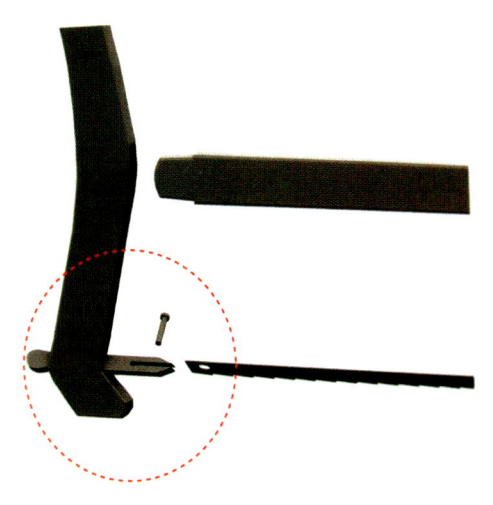

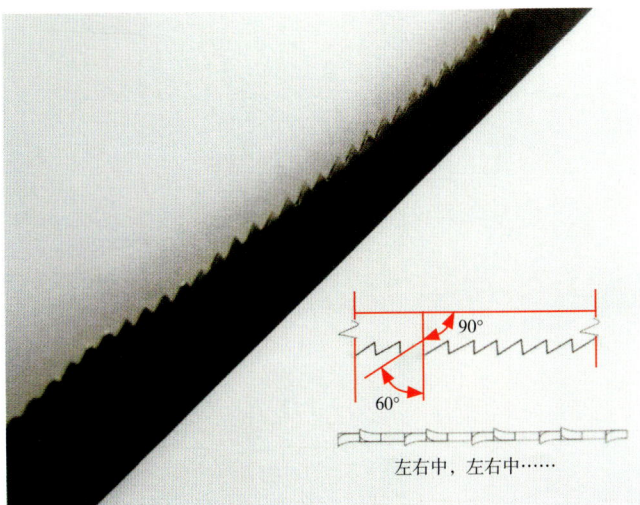

1. 锯条与锯身连接方式

2. 锯齿局部与锯路分析

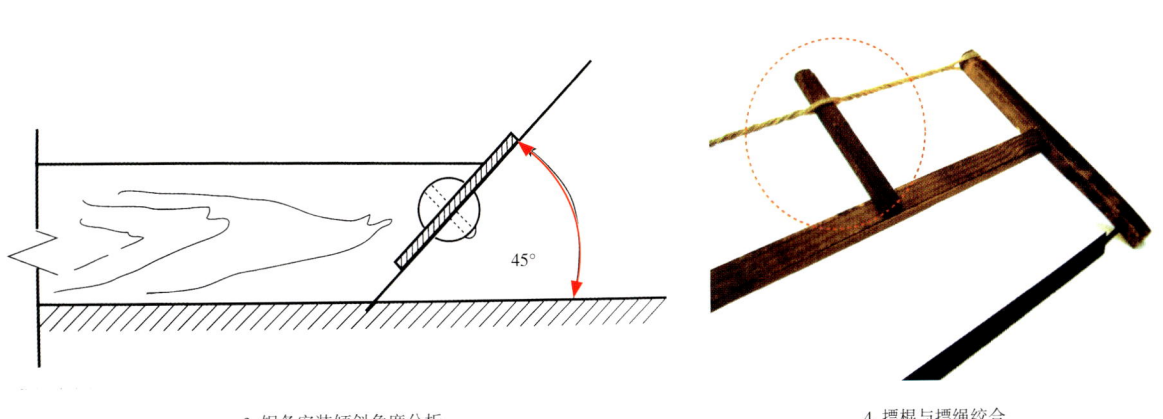

3. 锯条安装倾斜角度分析

4. 摽棍与摽绳绞合

图五　土家族锯子局部分析图

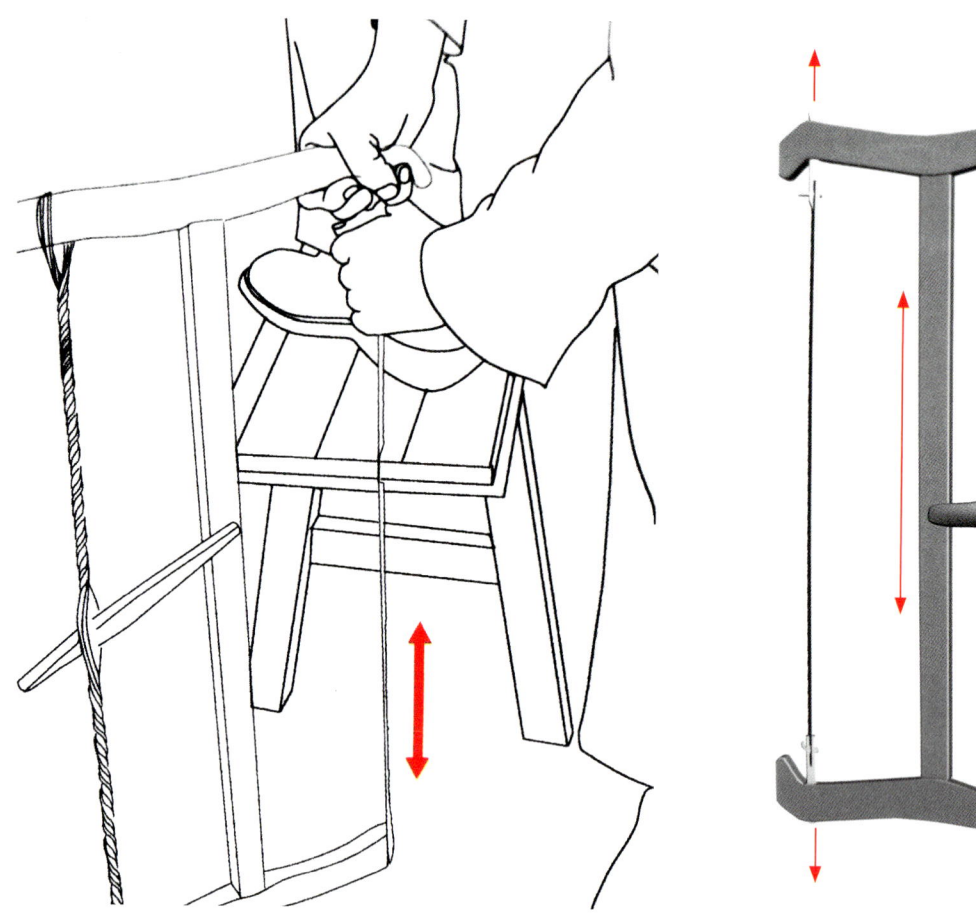

图六　土家族锯子使用方式示意图　　　　图七　绷紧锯条时锯身受力分析

图八　河姆渡遗址出土的骨锯

土家族刨子

图一　土家族刨子主图

刨子是传统木制工艺的主要平木工具，刨子究竟何时开始在我国使用，还没有找到令人信服的详细资料。目前发现最早的刨子是菏泽元代古沉船出土的刨子，可以推测，至少在元代，我国已经开始使用刨子作为平木的工具了。在此之前，则经历了由斧到锛再到平木铲的过程。

土家族很多的家具形制与明清家具相似，而且做工精良，其木工工具与周边的汉族地区无异，这也是民族文化的互相渗透的结果。我国境内的刨子其刮削木料多用推动的方式，与明代时从意大利传入的刨子有何联系尚不可知。

本案例刨子的刨床长49厘米，宽6.5厘米，高4.5厘米，取材于《中国传统器具设计研究·第一卷》之第二十一案例，虽是苏州的刨子，但此形制的刨子在土家族地区也随处可见。

刨子一般由硬木制成，其主要部件为刨床、刨柄、刨刀、木楔、横档。刨床为矩形长条状，其光滑平整的底部，是长期与木料摩擦的结果，也可与木料接触面更加吻合，减少阻力。刨床中部有一槽口，装入刨刀与木楔，刨刀一般为两片，刀口锋利，安装时两片刨刀一上一下，上端刨刀的刀口紧紧卡在下端刨刀的刀锋外缘，上端刨刀的上部有一个螺丝孔，下端刨刀中间有一槽口，在上端刨刀螺丝孔拧入一颗螺丝，螺丝可通过下端刨刀而直抵刨床槽口壁，螺丝旋入的多少，可控制刨刀的倾斜角度，因为有槽口，下端刨刀可以调整其刀口出槽的多少。两片刨刀外侧是木楔和固定的横档，木楔侧面为三角形，与横档配合，其楔入的多少可调整刨刀的松紧，刨床底部槽口露出刨刀刃部，便于刮削木料，刨刀露出的多少决定刮削的木屑的厚薄，刨床中后部插入刨柄，两手各持一端，是往前推动刨子的把手。

刨子刨平木料是靠人施加于刨子的压力和推力的合力，借助下端刨刀的锋利刀锋，将木料高出平面处刮削去，力量的大小和速度的快慢，决定了刮削面的平整和光滑程度。

图片来源

图一至图七　王琥，何晓佑，李立新，夏燕靖.中国传统器具设计研究(首卷)［M］.南京：江苏美术出版社，2004.12

图八　明代午荣.鲁班经匠家镜

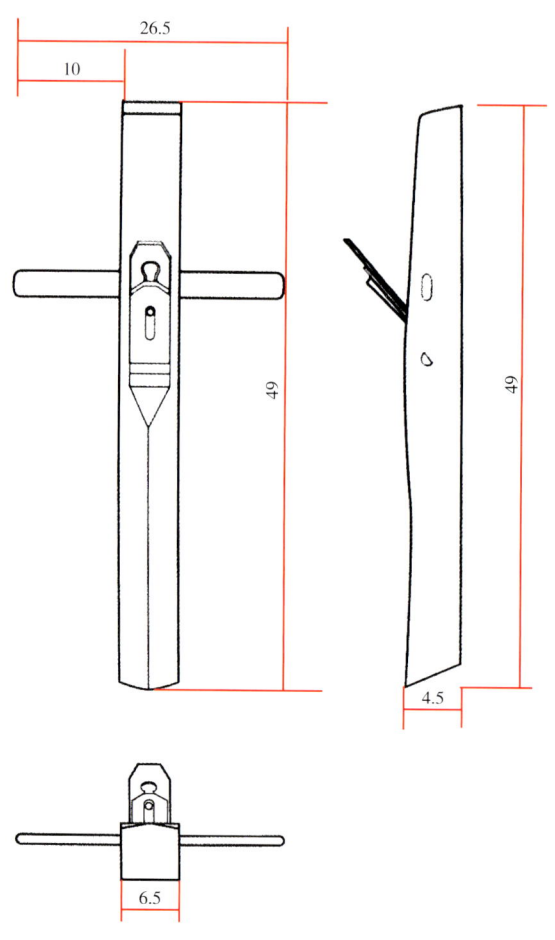

图二　土家族刨子的尺寸图（单位：cm）

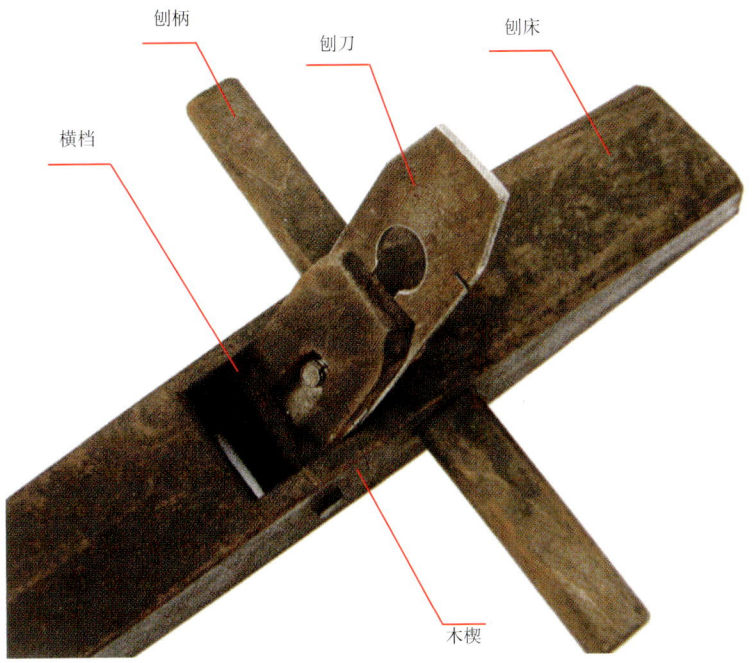

图三　土家族刨子结构名称图

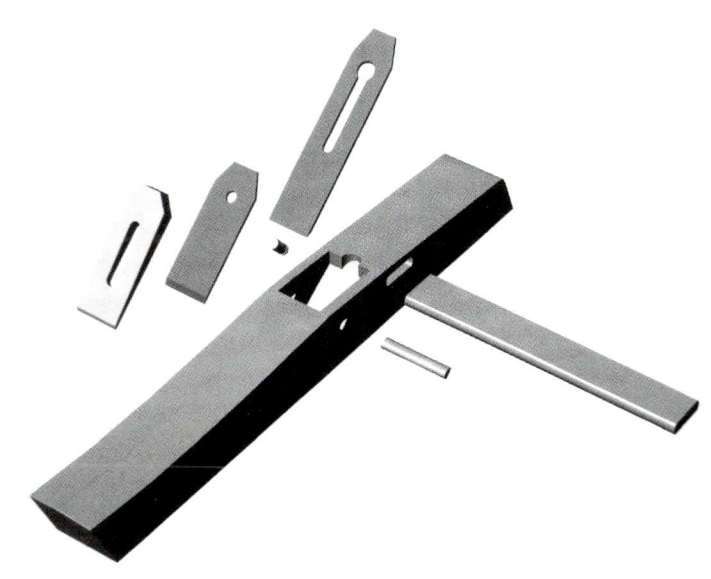

图四　土家族刨子结构分解图

图五　土家族刨子使用示意图

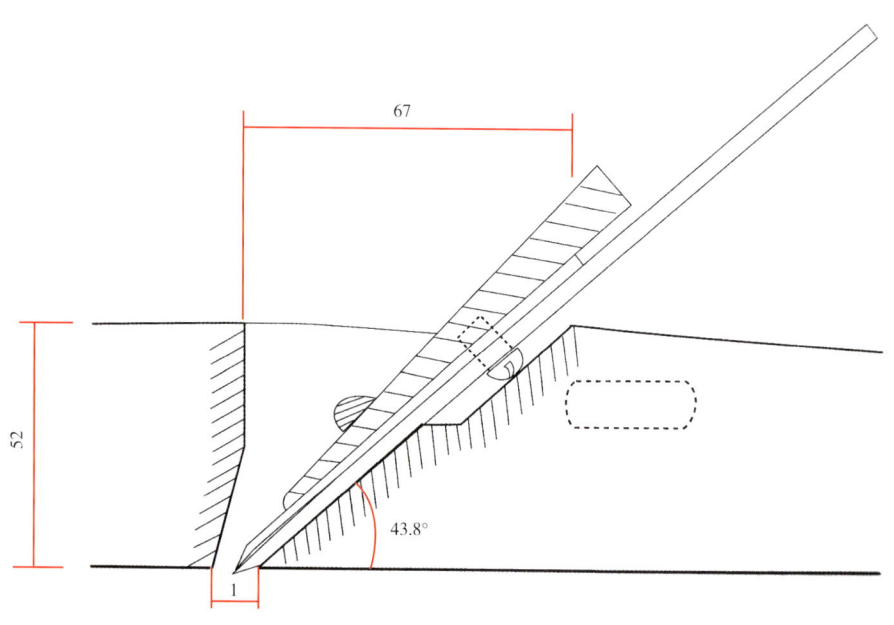

图六　土家族刨子局部剖面图（单位：cm）

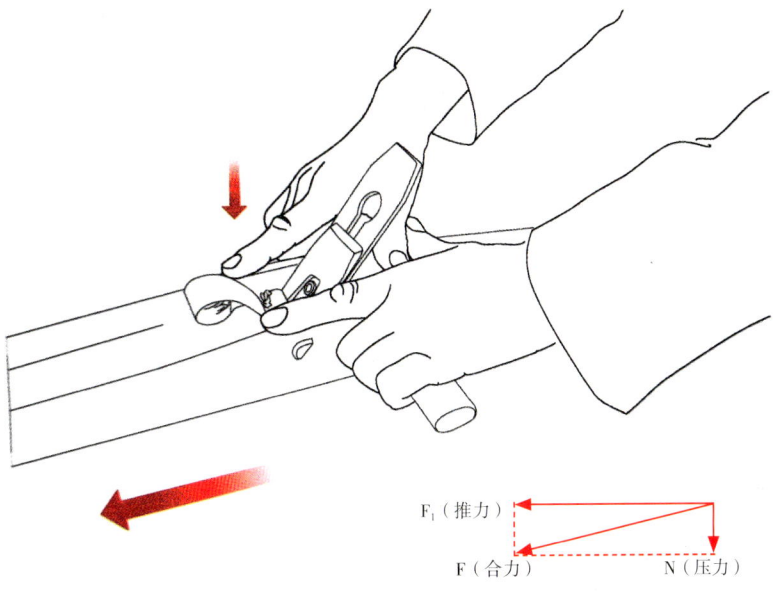

图七　土家族刨子受力分析图

图八　《鲁班经匠家镜》中刨子使用方式图

土家族凿子

图一 土家族凿子主图

凿子是传统木制工艺中的重要工具，主要用于凿眼、剔槽、铲削、挖空等操作。

根据用途不同，凿子可分为几种不同的类型，其一为平凿，刀口平直，刀刃从正反两面均匀磨成，用于开凿方孔以及对方形孔的修葺；其二为斜凿，刀口平直，刀刃主要从正面磨成，侧面刃边与反面呈45°角，用于修整工作面或用于雕刻；其三为圆凿，刀口呈半圆形，从外侧开刃，用于开圆孔或椭圆孔；其四为菱凿，刀口呈"V"字形，外侧开刃，用于雕刻与修葺。每一种凿子都有不同的规格，可根据不同的需要使用。

凿子的基本结构为凿身、凿柄、凿箍。凿身一般为铁钢锻打而成，钢与铁有明显的分界，钢主要集中于需要开刃部位，使凿耐用、锋利；铁主要用于不须开刃的部位，使凿有韧性、好磨。凿身一端开刃，另一端锻造成凿裤，凿裤即为安装凿柄的孔，凿裤从起始部位往后逐渐加大，形如一个锥形的管状。凿柄多为硬木制成，长度约8厘米，其截面呈圆形，一端插入凿裤，另一端安装凿箍。传统的凿箍为牛筋或麻绳缠绕而成，后来多为铁匠锻打的铁圈作为凿箍使用，其目的是增加凿柄的耐用性。

打眼时，一般左手握住凿柄，右手持锤或斧，将凿子楔入木料后需两边晃动，以使木料不夹凿身，凿几下之后还需把木屑从孔中剔出。一般不需凿透的榫眼从木料正面开凿，需凿透的榫眼从木料背面凿一半左右，再从正面将其凿穿，这样造出的榫眼不会有撕裂现象。

凿子使用的原理，主要是利用右手举起的高度以及锤子或斧子自身的重量所产生的势能，加上用力砸在凿箍上的力量，然后转化为凿身刀刃向下切割木纤维的力，完成凿子凿孔的动作。

在设计上，凿子的造型已经非常成熟。尽管后代有所改进，但只是在材料上的改造，其形制已经不再做改变了，所以在土家族的聚居地，凿子的形制与周边汉族的凿子没有实质的区别。

图片来源

图一至图五　胡万明　制图

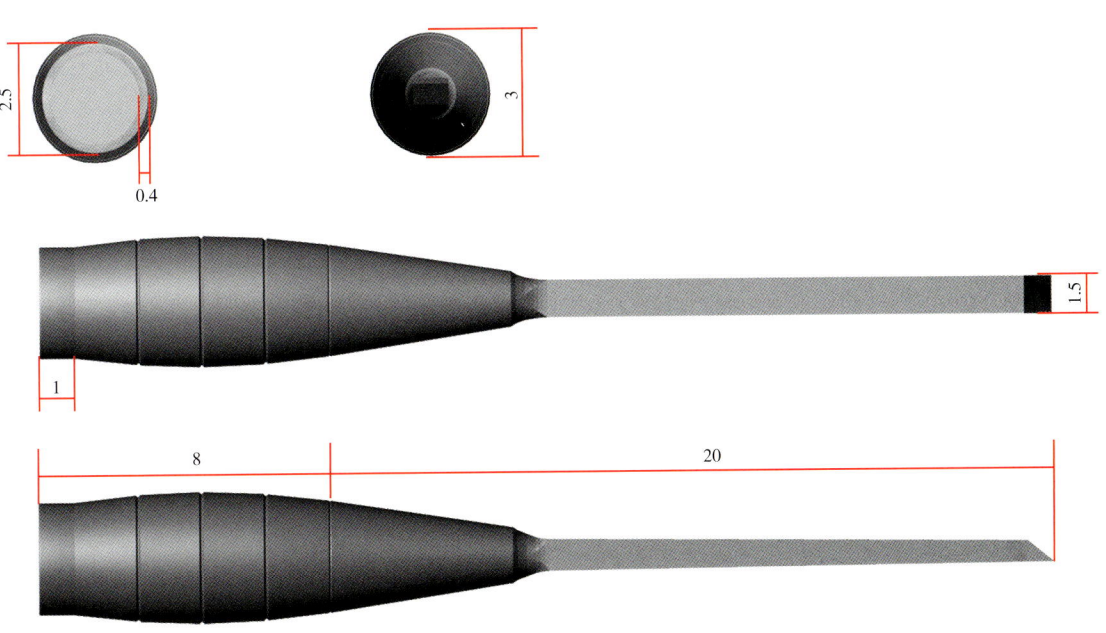

图二　土家族凿子尺寸图（单位：cm）

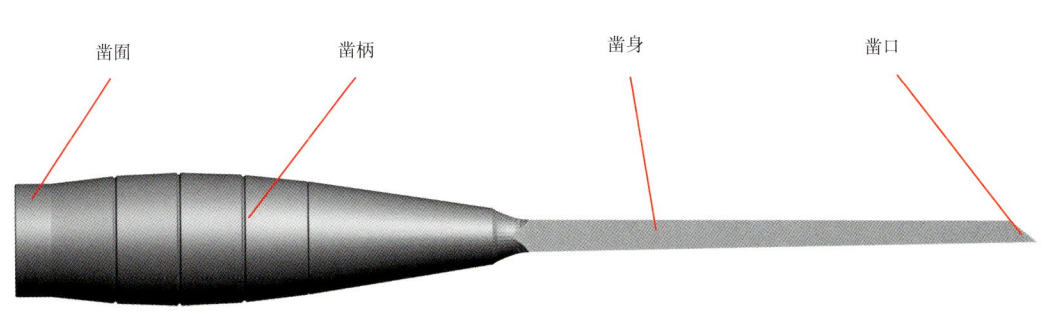

图三　土家族凿子结构名称图

第五章　土家族传统生产工具

449

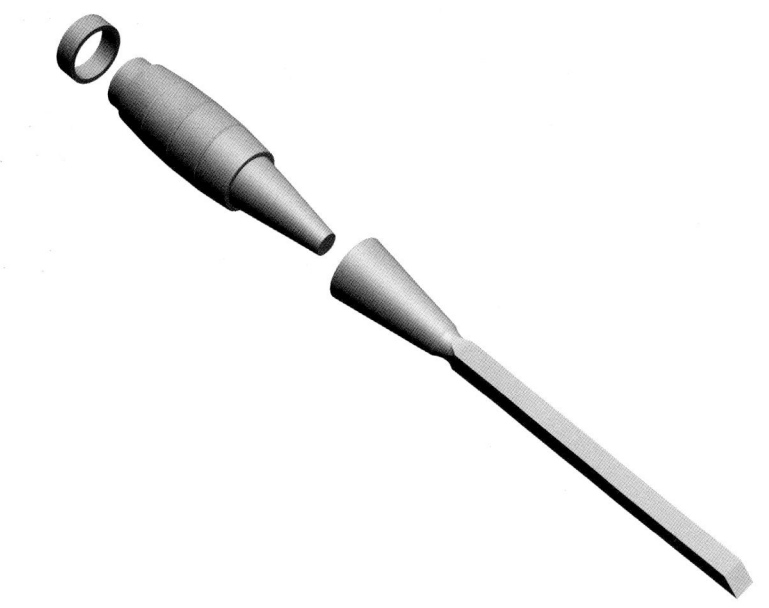

图四　土家族凿子结构分解图

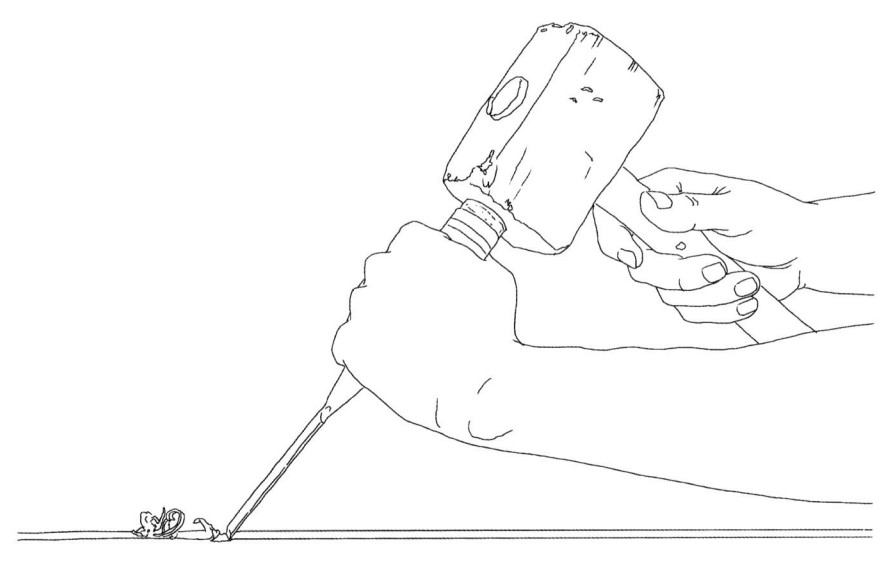

图五　土家族凿子使用示意图

土家族墨斗

图一　土家族墨斗主图

墨斗是传统木制工艺的常见工具，一般为硬木料凿削而成。墨斗的造型因匠人的喜好而不同，没有一定的形状，其装饰也各不相同，既是自娱，也是木工手艺的炫耀。虽造型各异，但其基本构造和功能不变。

从结构上看，墨斗可分为五个部分，即墨槽、线轮、摇把、墨线和线锥。

墨槽为墨斗前端的一个或圆或方的斗，以圆形居多，早期为竹质或木质，前后各有一小孔，供墨线从中穿过。墨槽内填有棉花、碎布、海绵等材料，使倒入的墨汁可短时间保存。线轮为一个用手摇转动的轮，用于缠绕墨线。墨线一般是用蚕丝做成的细线，也可用棉线制作。墨线的末端有一个线锥，铁质或铜质，可插于木头表面以固定墨线的一端，或当铅锤使用（也叫吊线）。

墨斗还有一个附件为墨签，通常与墨斗配合使用，为牛角或竹片做成，其下为扫帚状，弹直线时可用它压线（使墨线濡墨），画短直线或记号时可当笔使用。

弹线的方法：事先以少量清水将线轮浇湿，加入适量的墨汁把墨槽内的棉花或碎布染黑。然后左手持墨斗，以拇指和食指捏一支木工笔或墨签压住墨盒中的棉花团，手掌处靠住线轮以控制轮子的转动或停止。右手先把墨斗的线锥固定在木料的一端。之后左手放松轮子使其转动，拉出濡墨的墨线，至木料另一端后拉紧墨线靠在木料的所需的位置上，右手在中间捏住墨线向上垂直于木面提起，松手让其回弹，即可在木料上绷出一道笔直的线条。

收线时摇动摇把，将墨线收回，绕于线轮之上，以备下次使用。

墨斗的作用通常有三个方面：

其一，下料。将濡墨后的墨线在木料上弹出长直线，以确定木料的哪些部位可用，哪些部位不可用。

其二，墨槽可以蓄墨，可以配合墨签和拐尺来画短直线或者在木料上做记号。

其三，线锥可以当作铅锤使用，让其自然下垂，然后固定上下端的墨线弹出垂直线。

图片来源

图一至图五　胡万明　制图

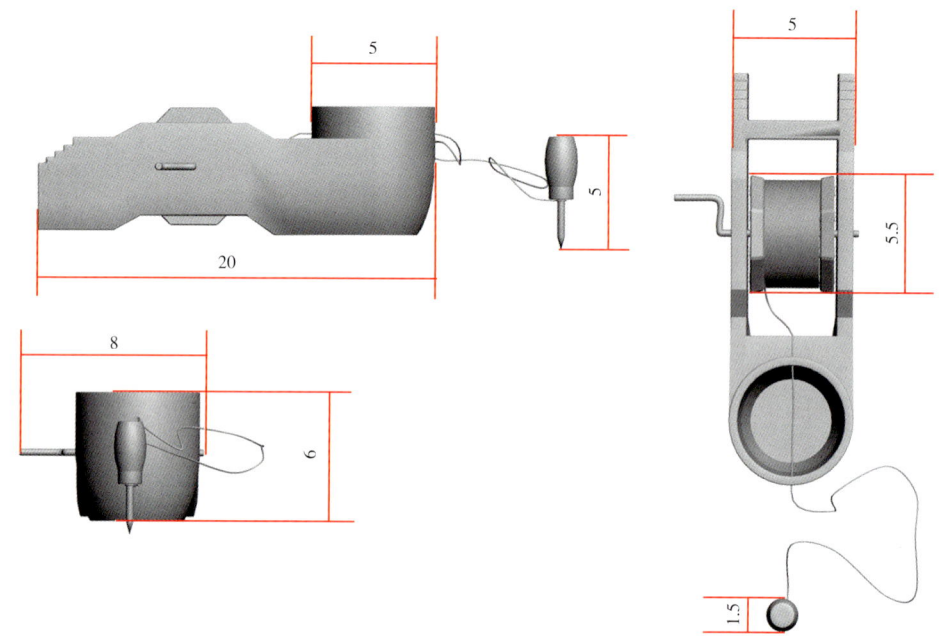

图二　土家族墨斗尺寸图（单位：cm）

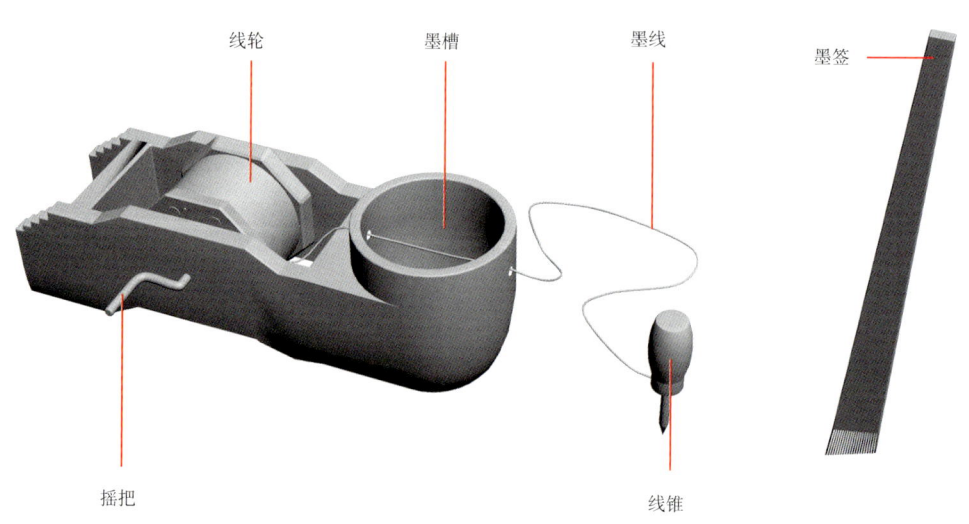

图三　土家族墨斗结构名称图

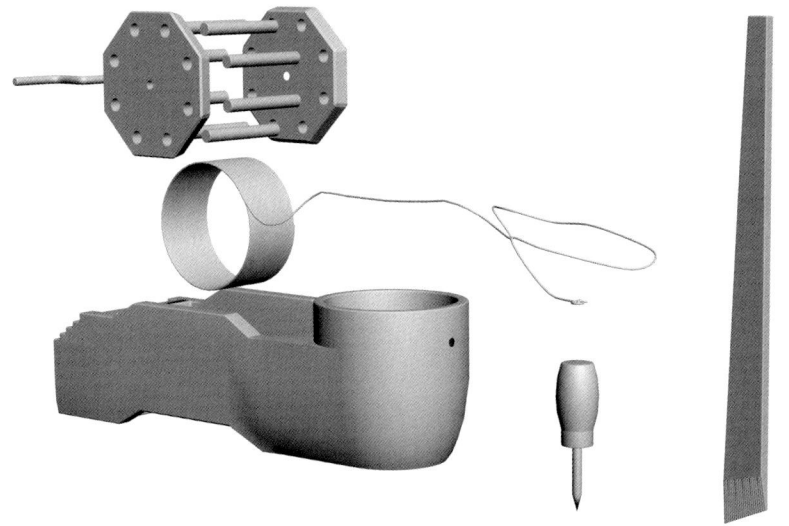

图四 土家族墨斗结构分解图

图五 土家族墨斗使用示意图

土家族手拉弓木钻

图一 土家族手拉弓木钻主图

手拉弓木钻是一种传统钻孔工具,在传统木制工艺中,较小的孔眼一般都是用手拉弓木钻钻的,在没有电动工具的时代,这种木钻钻孔的效率也比较高。

手拉弓木钻的主要构造为把手、钻身、拉弓、绕绳、钻头等五个部分。钻身为30厘米左右的直木棒,一般取硬木制成,钻身前段装有钻头,很多的钻头都是用大号铁钉锤制,钻头呈菱形,边棱锋利,为使其保持锋利度还须淬火。钻头一般装在一个方形的木楔上,然后在钻身的木棒上打一个方形的榫眼,将其装进去,这样用钝了的钻头便于拆卸下来打磨,还可更换不同规格的钻头。钻身上端插入20厘米左右金属杆,使其固定,金属杆上置可活动木柄，成为钻孔时手握的把手，金属杆和木柄的接合处可用油润滑，使其转动灵活。后来为制作和使用的方便，也有用小型轴承装入把手，成为把手与钻身的活动装置。钻身中央横着贯穿一孔，穿入一根70厘米左右的绳子，绳子的一端以顺时针方向在钻身上绕几圈，另一端以逆时针方向在钻身上绕相同的圈数，绳子的两端固定在拉弓的两端，拉弓为木质或竹质。

钻孔时用左手握住把手，将钻头插入木料需钻孔处，右手持拉弓做推拉动作。拉弓往外推时撤去一端绳子在钻身缠绕的圈数，带动钻身向一个方向旋转，同时增加了另一端绕在钻身的绳子的圈数；拉弓向内拉的时候，又将撤去的绕绳圈数重新绕上，而将绕上的绳子又撤了去，带动钻身朝相反方向旋转。如此推拉不断，绳子的作用力带动钻身以钻头和钻身中的金属杆为轴左右转动不停，再加上左手握把时向下按的作用力，使得钻头不断向下，达到钻孔的目的。

这种手拉弓木钻旧时在土家族使用广泛，其实在没有更先进的机械出现之前，很多民族和地区都用这种钻孔工具，只是土家族地区被高山大川阻隔，与外界联系较少，这种钻孔工具使用的时间稍长，更新速度稍慢一点而已。

图片来源

图一至图六　胡万明　制图

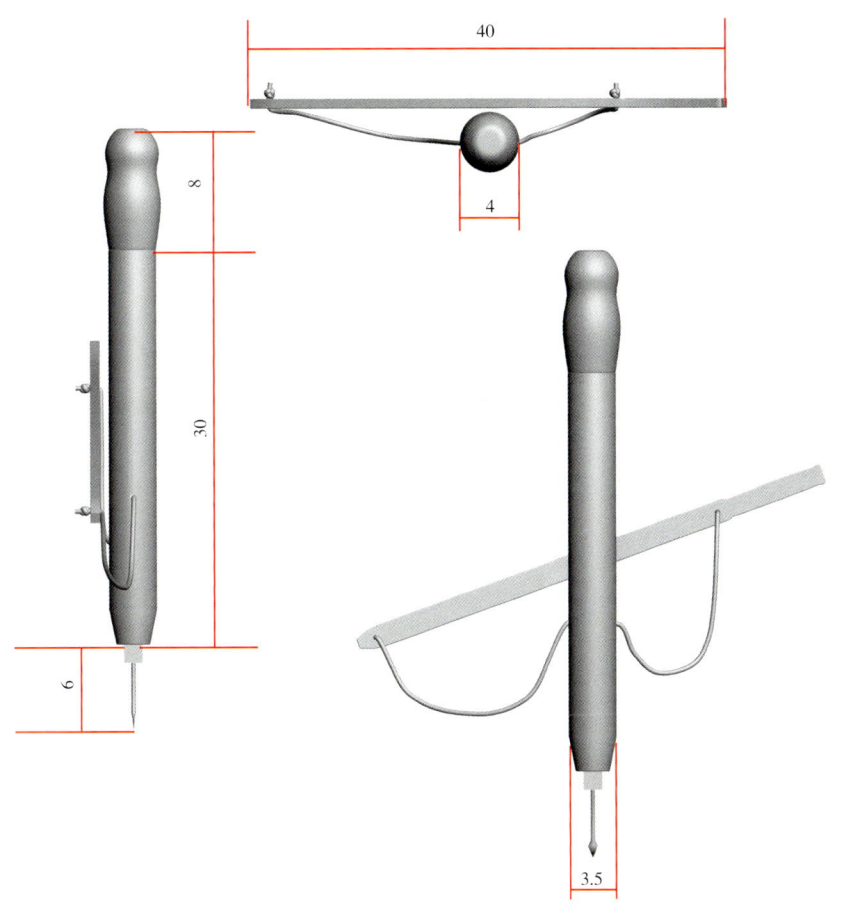

图二　土家族手拉弓木钻尺寸图（单位：cm）

第五章　土家族传统生产工具

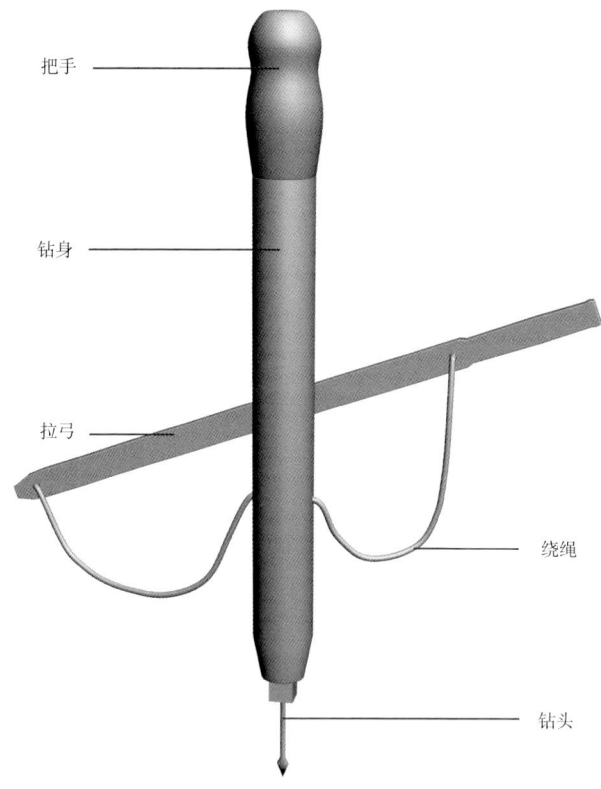

图三　土家族手拉弓木钻结构名称图

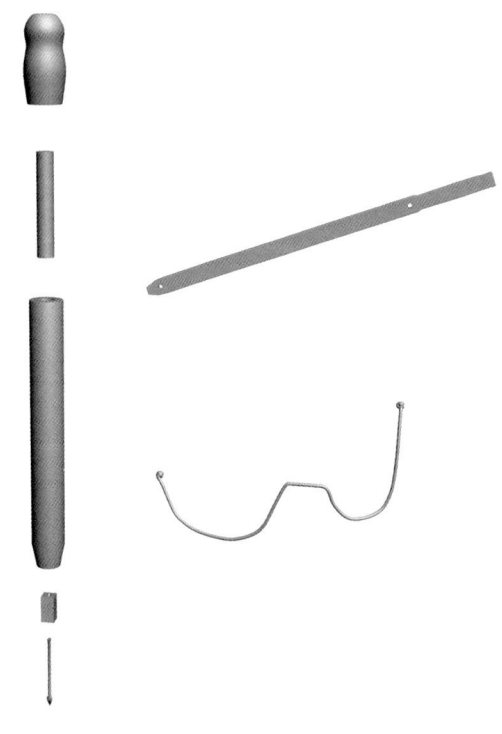

图四　土家族手拉弓木钻结构分解图

图五　土家族手拉弓木钻使用示意图

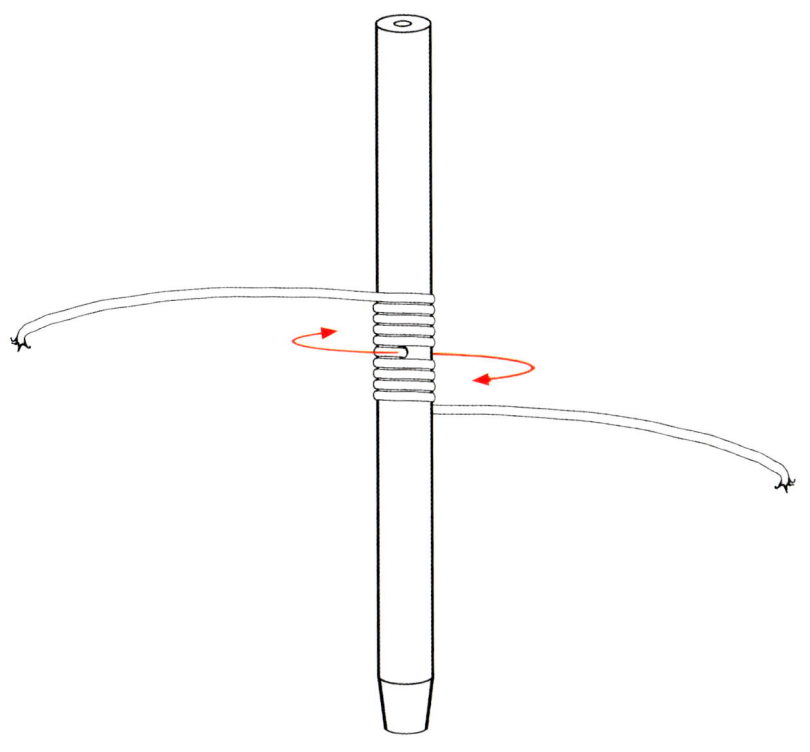

图六　土家族手拉弓木钻绕绳缠绕方式示意图

第五章　土家族传统生产工具

457

土家族割漆刀

图一 土家族割漆刀主图

割漆刀是土家族山区割漆匠人的主要工具之一，土家族割漆匠人所使用的割漆刀与其他地区割漆匠人的割漆刀有所不同，其结构更为简单，去除了许多不必要的烦琐构件，更注重其实用功能。漆在中国的使用至少有六七千年的历史，割漆工具也在不断地改进，虽没有更多的实物留存，但不难推测，割漆刀是伴着漆的历史一路成长的——初为石器，后逐渐演变为青铜器，最后定型为铁器。

本案例割漆刀根据湖北恩施地区的割漆刀形制建模而成，具有浓郁的土家族特色。整个割漆刀结构简单，只一个刀身以及一圈圈缠绕在刀身尾端的废弃电线组合而成。刀身为一块铁片打制而成，前部为半月形，刃部略带弧线，长约13厘米，宽约7厘米，尾端逐渐变窄、拉长、弯曲、翘起，成为一道优美的弧线，尾部长约12厘米，前端与尾部浑然一体，没有明显界限。割漆刀整体厚度约0.8厘米，刃口锋利。用废弃的电线缠绕住前端的后半部分以及尾端的前半部分，主要因为刀身较薄，用起来勒手，加之民间的铁器打造完成后，一般不经过打磨和抛光，相对粗糙，用电线缠绕之后，增加了刀身的厚度，也包裹住了相对粗糙的表面，使用起来更加顺手，无需另外安装手柄，使整个割漆刀浑然天成。

割漆刀在使用时只需单手握住电线缠绕的部位，其弯曲的程度正好与握起的手掌相契合，用刀刃的尖端割开树皮，露出木质，再用锋利的刃部在木质纤维上切开一个月牙形的小口子，即会有漆液流出。土家族割漆人一般用长约10厘米、质地较硬的树叶，两次对折后形成一个容器，插入口子下方，让漆液慢慢流入树叶中，一两个小时后方可收漆。

俗话说："百里千刀一斤漆"，足见割漆人的艰辛。现今，生漆在人们的生活中越来越多地被化学漆所取代，土家族割漆匠人也越来越少，割漆刀也慢慢地被束之高阁了。

图片来源
图一至图五　胡万明　制图

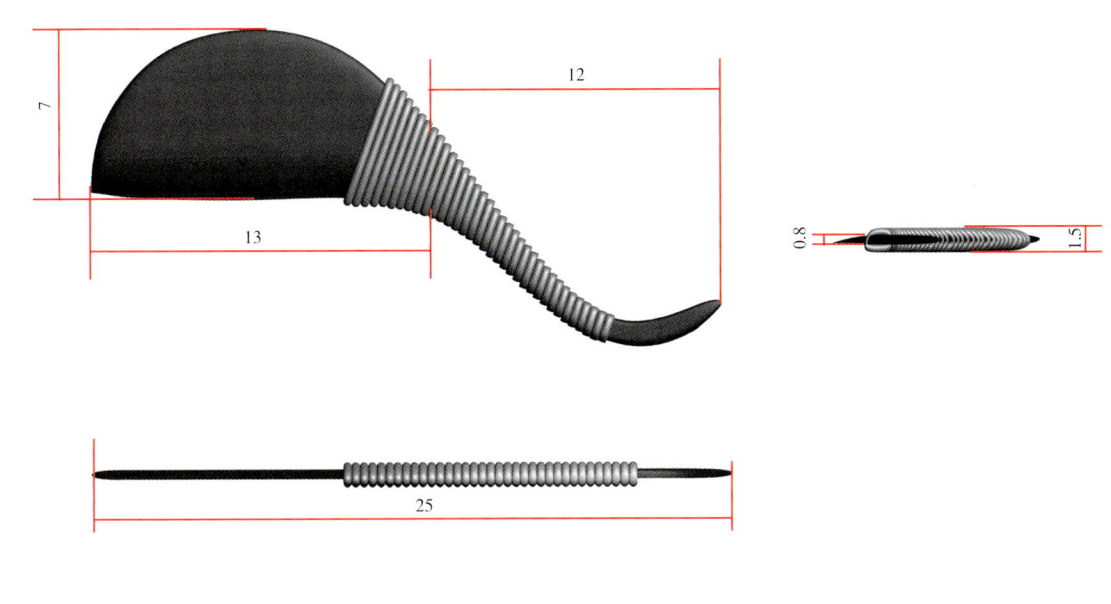

图二　土家族割漆刀尺寸图（单位：cm）

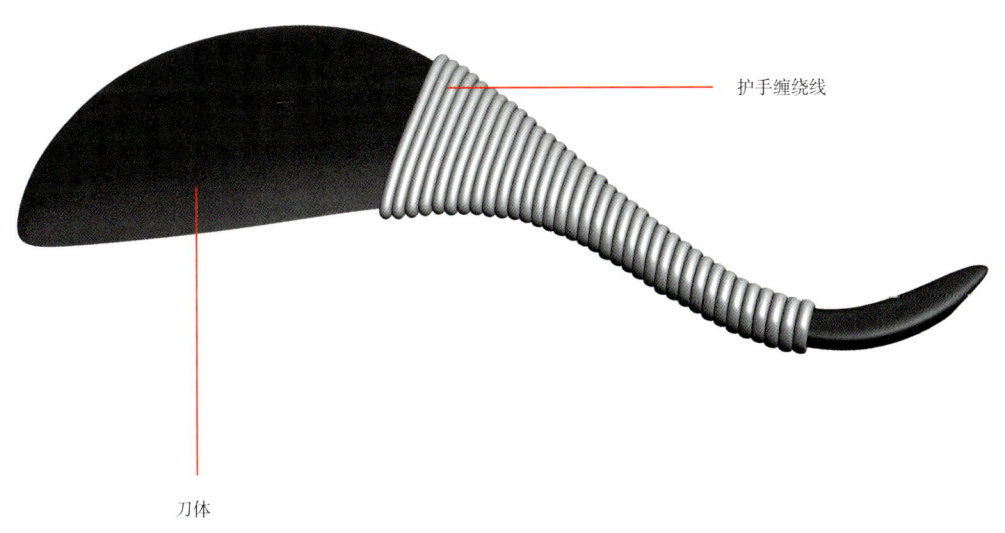

图三　土家族割漆刀结构名称图

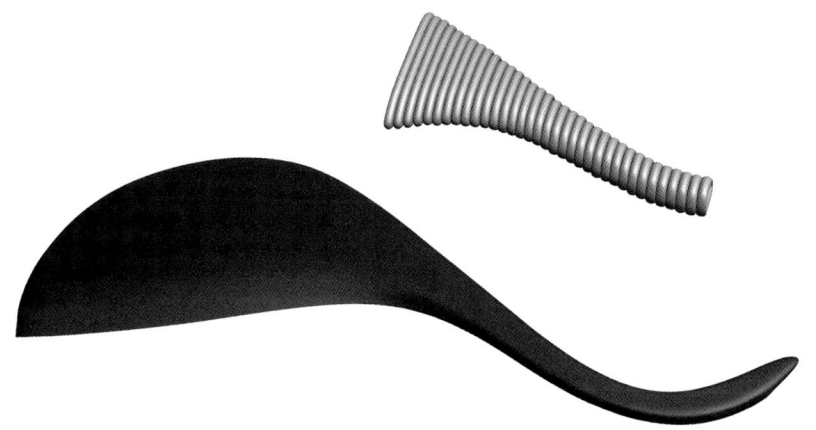

图四　土家族割漆刀结构分解图

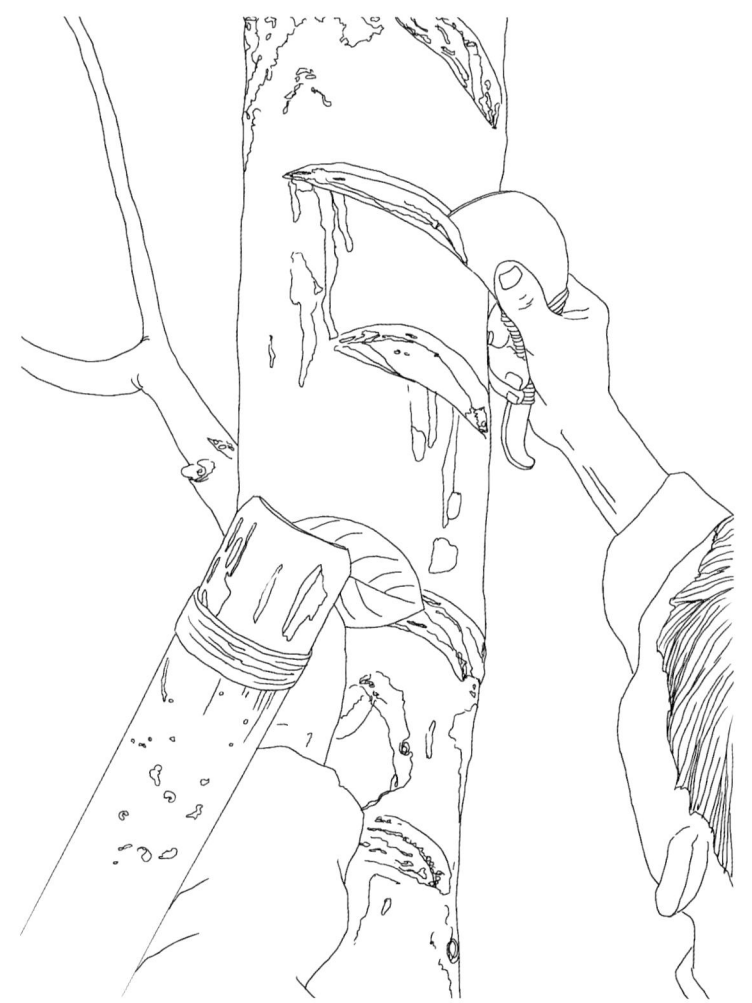

图五　土家族割漆刀使用示意图

土家族割漆筒

图一　土家族割漆筒主图

割漆筒是一种盛漆容器，用于割漆时临时装漆用。土家族地处武陵山区，而武陵山区的地理位置和气候环境都适宜漆树的生长，割漆匠人在武陵土家族地区也称为漆匠，确切点说应该叫生漆匠，他们主要是在每年的4—8月期间进山割漆，然后将收获的生漆卖出去，一般不作漆器的加工。割漆筒是割漆匠人进山割漆的必备工具之一，多为竹质，其形制不大，携带方便。

本案例割漆筒根据湖北恩施地区割漆匠人使用的割漆筒建模而成，其高度约40厘米，为一截竹筒加工而成，其直径大小由竹子的粗细而定，本案例直径约为10厘米。竹筒上部锯开，作为割漆筒的口部，并锯有斜坡，便于倒漆。底部外侧将竹结疤削平，保留内部竹节的隔断，用于装漆。割漆匠人一般都会在做好的割漆筒口部稍偏下处用生漆涂抹，利用生漆的黏性绕割漆筒缠上一段高度约3厘米的线，然后在开口的斜坡下方流出一截用作提手绳，这样，割漆筒便可使用了。

割漆筒使用时通常装在割漆专用的竹篓里，携带上山。也有用竹篾编制一个专用的护套，将割漆筒插在护套内，把提手绳别在护套外缘，或利用绕绳与筒身的直径差，将其直接插在护套内，护套上边缘用绳子拴好，背在肩上，这样，割漆筒的携带更加方便。

割漆筒是临时装漆的容器，因为在山里割漆非常艰辛，俗话说："百里千刀一斤漆"，一天收获不了多少生漆，一般上山时带一个割漆筒也就够用了，收成好的情况下一天能割1斤多。从割漆筒的形状大小以及其容量来看，装1斤以上的生漆绰绰有余，所以土家族地区的割漆匠人，一般都是用护套将割漆筒随身背着，这样在崎岖不平的山路上行走更为方便。

图片来源
图一至图五　胡万明　制图

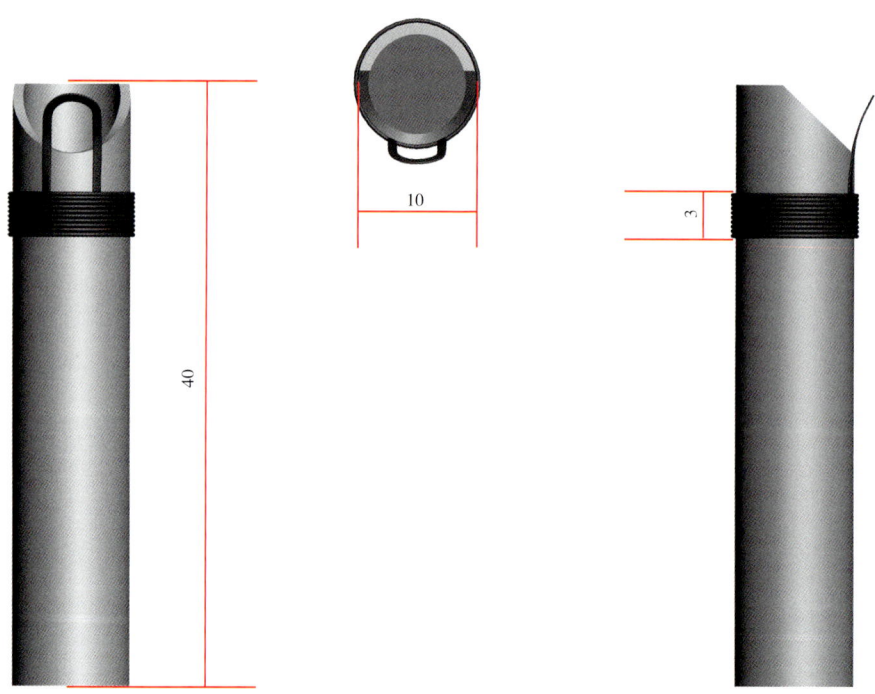

图二　土家族割漆筒尺寸图（单位：cm）

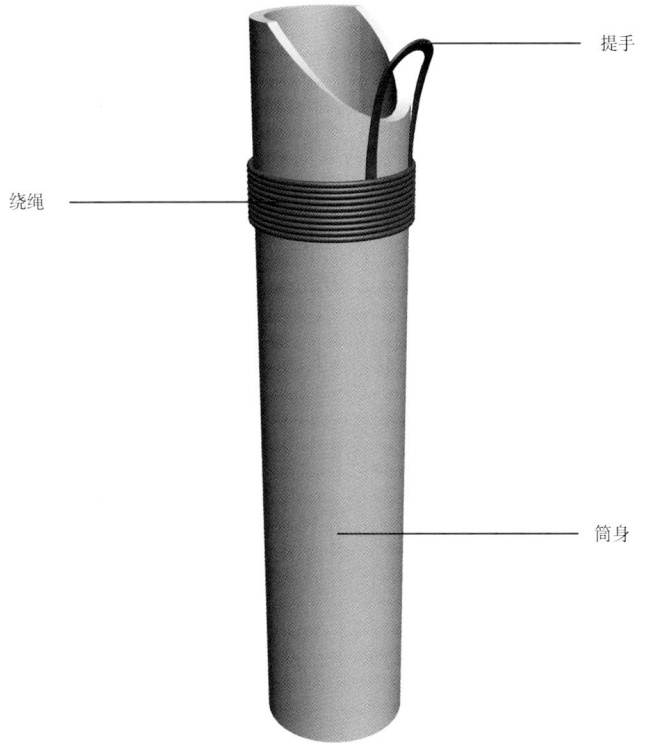

图三　土家族割漆筒结构名称图

图四　土家族割漆筒结构分解图

图五　土家族割漆筒使用场景图

土家族抹泥刀

图一 土家族抹泥刀主图

抹泥刀是泥瓦匠的必备工具，主要用于墙面的抹平。早期的抹泥刀为木质，因其不耐用，后改良为铁质，并一直沿用至今。

本案例抹泥刀为笔者胡万明摄影，其构造主要为刀板、支架、手柄三部分。刀板为铁质，薄而有韧性，长24.5厘米，宽9.9厘米，厚0.1厘米，刀板为抹泥刀的主要功能部件，其工作面平整光滑。刀板背面焊接一铁质支架，支架呈横"h"形，支架上插入木质手柄，便于用手把握，手柄截面为圆形，整体呈鼓状，中间稍粗，直径约为3.5厘米，两头稍细，直径约为3厘米，手柄长度10厘米，这个尺度及造型以手握住，舒适度适中。

使用抹泥刀时，用手握住手柄，即可以在墙面上抹泥了。抹泥刀除了有能将墙面抹平的功能之外，还可以利用其背面板作为铲子使用，可在泥桶内挖泥，将泥放到盛泥板上，再用抹泥刀分批将其抹到墙上。铁质抹泥刀的边薄而挺直，做出的墙角也笔直挺拔，相对于比较厚的木质抹泥刀而言，做出的墙角更加秀丽工整，这或许是木质抹泥刀被淘汰的一个原因。现代泥瓦匠很少与泥打交道，建筑上用水泥居多，用铁质的抹泥刀就更加方便了。

抹泥刀并非土家族所独有，很多民族和地区的泥瓦匠都用这一种抹泥刀，再加之现代商品的工业生产，抹泥刀已经失去了其民族的独特性，成为多民族通用的形态。

图片来源

图一、图五 胡万明 摄影

图二至图四 胡万明 制图

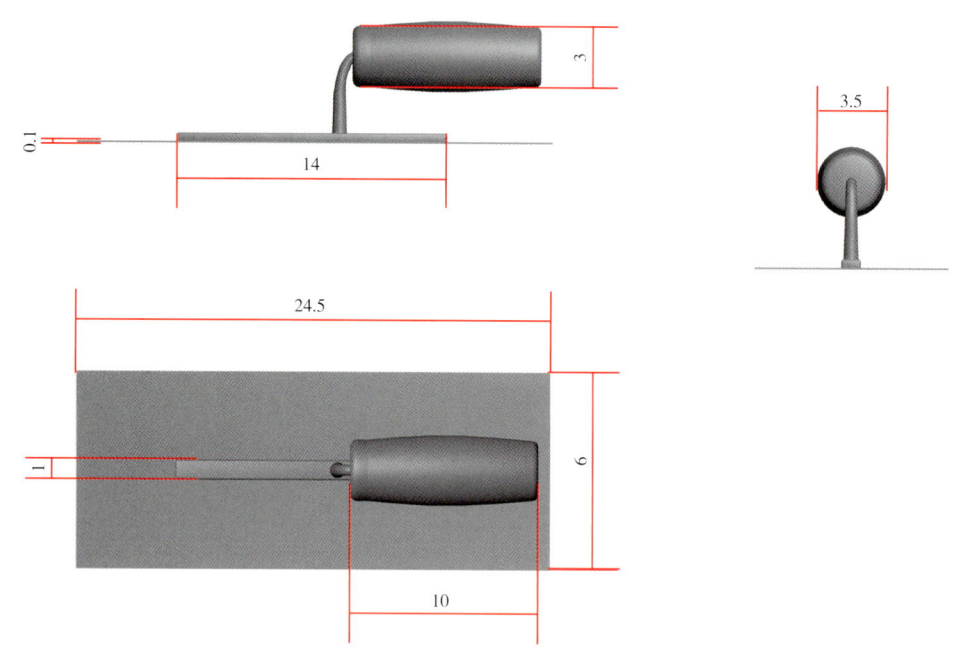

图二 土家族抹泥刀尺寸图（单位：cm）

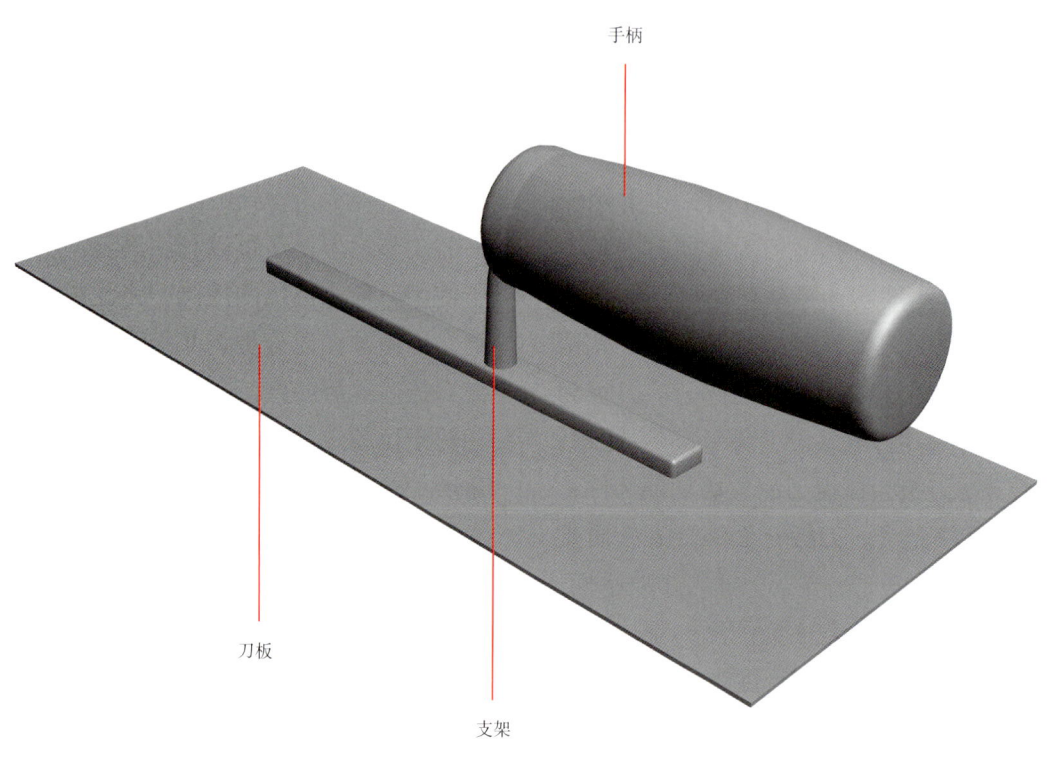

图三 土家族抹泥刀结构名称图

图四　土家族抹泥刀结构分解图

图五　土家族抹泥刀操持方式示意图

土家族瓦刀

图一　土家族瓦刀主图

瓦刀是泥瓦匠所使用的工具，其用途为砌墙时砍砖断瓦，兼作抹泥的工具。瓦刀大小因人而异，没有固定尺寸，旧时多为泥瓦匠根据自己的使用习惯找铁匠打制，但基本形制固定，一直沿用至今。

本案例瓦刀根据相关资料建模而成，其原型为常德民俗馆馆藏，略有差异。本案例瓦刀的总长度为35厘米，其中刀身长15厘米，其余为刀柄长度，刀身宽7.5厘米，刀柄宽3厘米，整体厚度为0.5厘米。瓦刀整体较重，刀身与刀柄为一个整体，刀柄本身的两个角在打制时为了使用方便一般会做圆角处理，在不断的使用过程中，刀身的边角也会磨成圆角，刀柄会更加光滑明亮，形成一层包浆。瓦刀刀口都比较钝，不做开锋处理，跟其实际使用环境有关。

瓦刀多砌墙时使用，旧时多用土砖，泥瓦匠会用瓦刀将土砖砍削成需要的规格，用刀身给砍好的土砖抹上泥，砌在墙上所需要的位置。砍削时用手攥住刀柄，对准所要砍削的部位，以刀口用力砍下，将多余部分砍掉。现代的红砖一样可以使用瓦刀，只是在砍削砖头时对瓦刀的损伤更大，砍削时用的力度更大，砖与砖的衔接为水泥，用瓦刀也比较方便。

瓦刀在砍砖断瓦的过程中，主要利用瓦刀自身的重量和泥瓦匠施加的力量，落下时成为砍削砖瓦的能量，长长的刀柄也会增加瓦刀落下的甩力。基于土砖和红砖材质较脆，瓦刀用力砍上均会断开。其实瓦刀砍砖断瓦主要利用瓦刀的惯性，相当于砸的力量，所以刀刃的锋利与否就显得不重要了。

图片来源

图一—图四　胡万明　制图

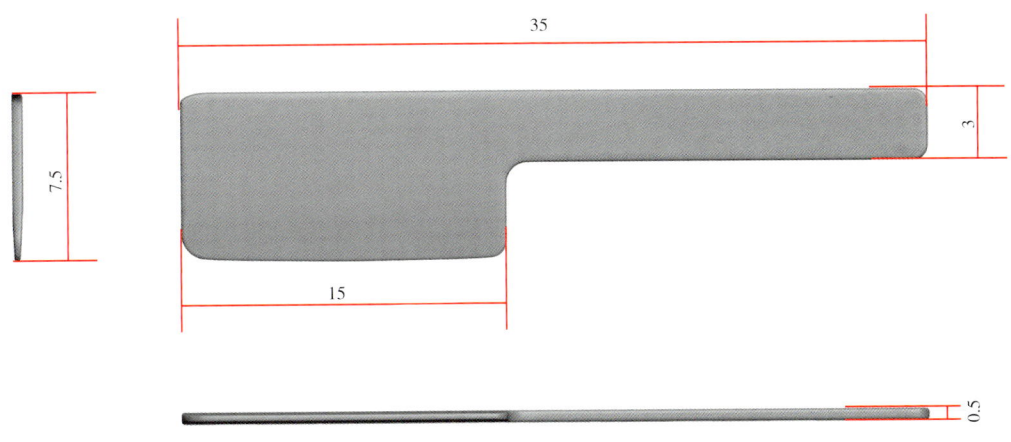

图二　土家族瓦刀尺寸图（单位：cm）

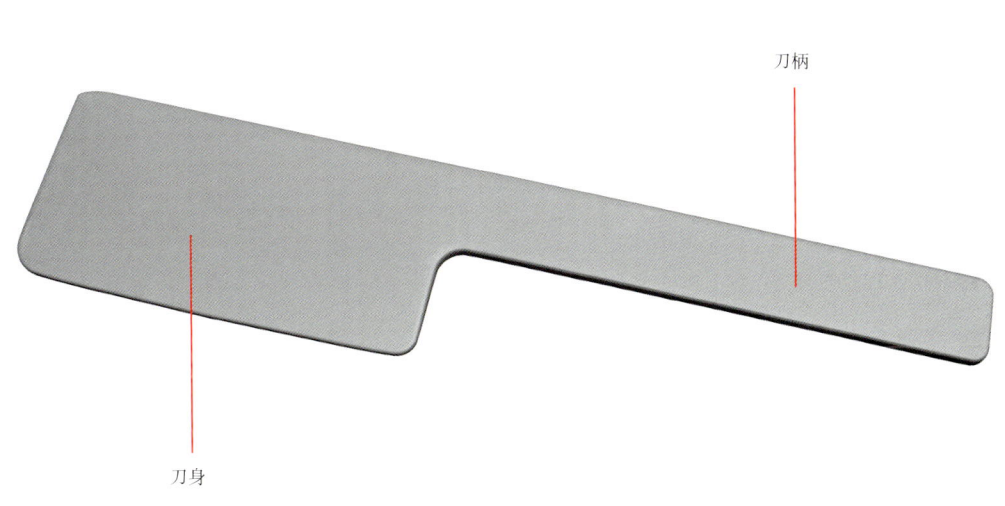

图三　土家族瓦刀结构名称图

图四　土家族瓦刀使用场景图

土家族棉花弓

图一 土家族棉花弓主图

棉花弓是旧时弹匠（或叫弹花匠，即弹棉花的工匠）的主要工具。弹棉花是一门古老的手艺，历史悠久，元代王祯《农书·农器·纩絮门》载："当时弹棉用木棉弹弓，用竹制成，四尺左右长，两头拿绳弦绷紧，用县弓来弹皮棉。"弹棉花具体始于何时待考。旧时弹棉花多上门服务，在院子里、空地上，用条凳支几块门板或搭个棚子即可开工。弹匠多为两人搭档，为师徒、兄弟、夫妻、父子等。在旧时的土家族居住的山区，弹匠是常见的手工艺人，至今仍有操此行业者。

弹棉花的艺人也有南北之分，其使用的棉花弓各不相同，北方的棉花弓多采用弯曲的树木制作，南方的棉花弓多采用竹片。而讲究的，则用木料制作，那么南北差异就没有那么明显了。无论南北，棉花弓的弓弦都采用牛筋制成。本案例棉花弓用木料制作，根据相关资料建模而成。

弹棉花即为弹棉胎、弹棉褥，所用工具为一张棉花弓、一个木质磨盘、一个弹花槌和一条牵纱篾。

工作时，弹匠腰系板儿带，腰后插一竹条，高出头顶两三尺。竹条超出肩膀的部分向前弯曲，用来系绳悬挂一人来长的棉花弓，称为背弓弹花。

弹棉花的主要工序：一是弹花，将采摘挑拣后晾干的棉花铺在弹床上，用弹花槌频频击弦，使弓弦均匀震动，此为弹棉花的关键环节。木槌打击下震动的弓弦接触棉花之后,在频繁的震动下弓弦搅动棉絮,将棉絮纤维拉开后重新组合,重组后的棉絮疏松而均匀,然后拢成棉被形状,弹花结束。二是牵纱,先在弹床上一根根地铺上底线,然后将弹好的棉絮铺上再拉面线,将棉絮两面纵横都牵上纱,然后再铺上斜纱,形成"米"字网状以固定棉絮。三是磨面,用木质磨盘把铺好线的棉絮均匀地碾压成型,再把四角扎好,使之平整牢固。若是旧絮翻新,在弹花之前还要撕絮,以便能够均匀地弹开。

"檀木榔头,杉木梢;金鸡叫,雪花飘!"这是民间弹匠们对自己手艺的一种诠释。

图片来源

图一至图五　胡万明　制图

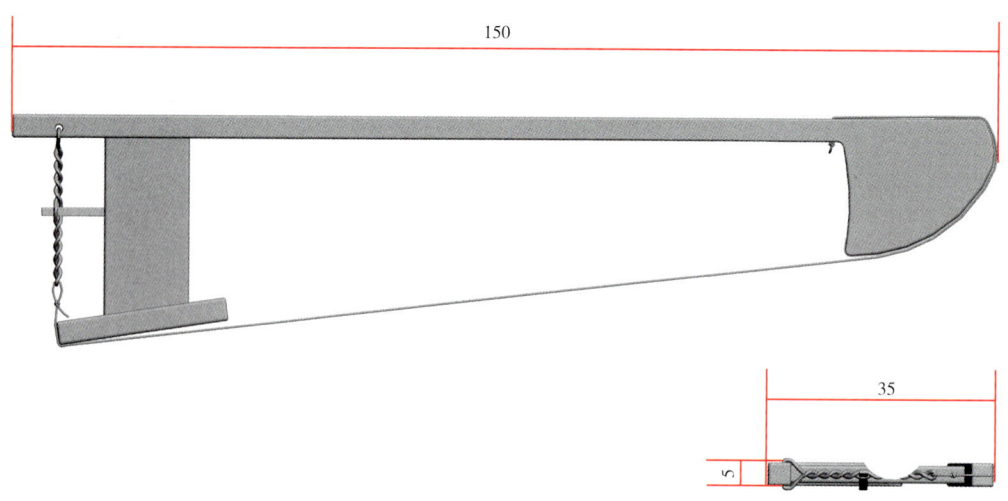

图二　土家族棉花弓尺寸图(单位:cm)

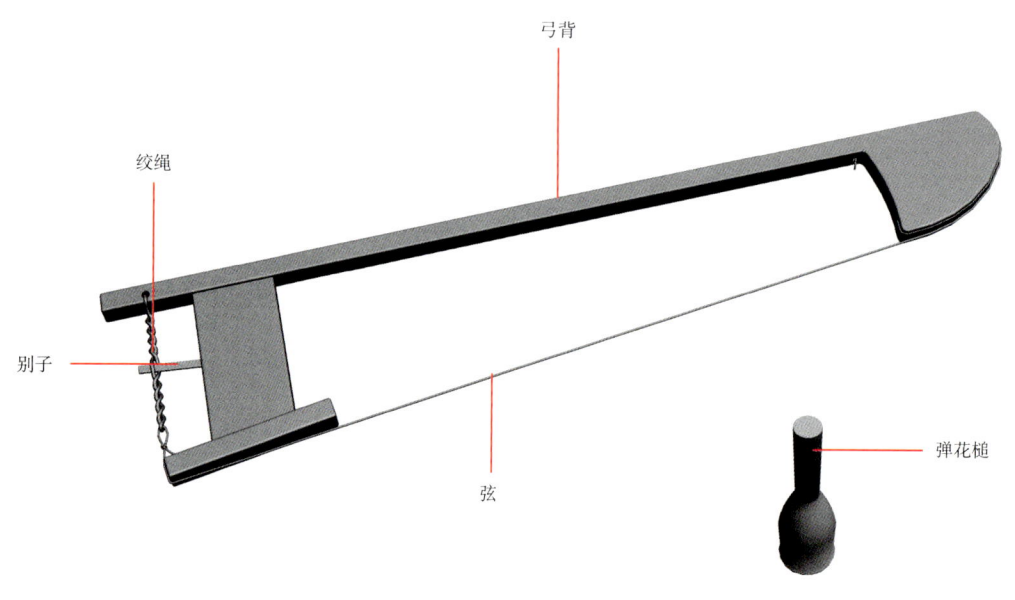

图三　土家族棉花弓结构名称图

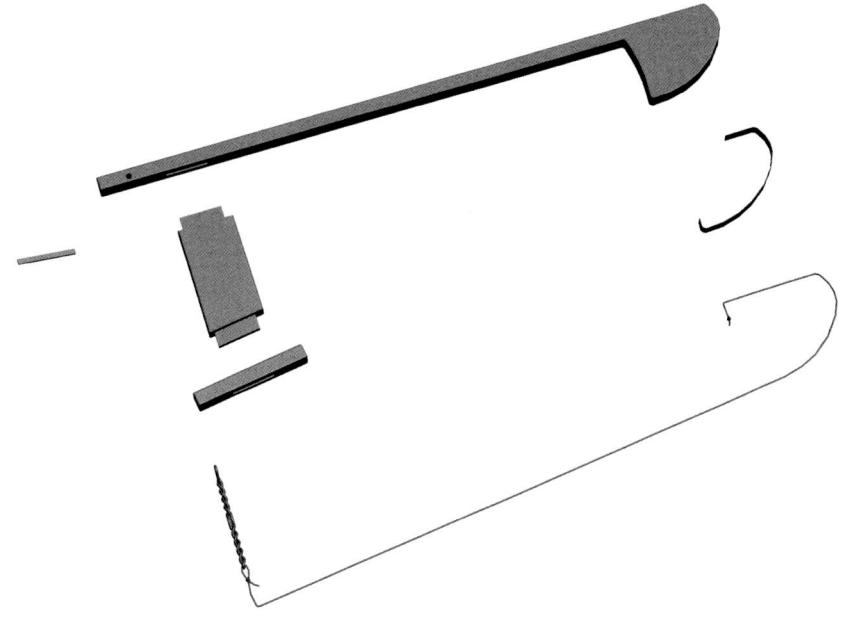

图四 土家族棉花弓结构分解图

图五 土家族棉花弓使用场景图

土家族篾刀

图一　土家族篾刀（正面）主图1

篾刀是篾匠使用的主要工具之一，铁质木柄，其功能有砍竹、打竹枝、刮青、平削竹节口、破竹、分片、分层等。篾刀的历史悠久，早在宋代的《洗冤录》中就有提及，或可向更久远的年代追溯。

本案例篾刀为传统篾刀，根据相关资料建模而成，其总长度约32厘米，其中刀身长24厘米，刀柄长13厘米，刀柄插入刀库以固定，入刀库部分5厘米，外露8厘米，用于手持，刀身最宽处约6.5厘米。

传统的篾刀是用铁和钢在一起打制而成的，铁匠把铁和钢夹在一起反复锻打，在锤打过程中把杂质逐渐打掉，使铁和钢更纯净，然后再进行淬火。篾刀需要有凹度，这是针对起篾而设计的，有凹度的篾刀起篾才匀。篾刀的刃必须锋利且有韧性，这样砍竹时才不至于把刀口砍崩。刀背要厚，这样的篾刀具有一定的重量，砍竹的力量才足。铁匠在打篾刀的凹度时须一气呵成，所以手工锻打的篾刀，其凹度的地方有密集的锤痕，说明铁匠敲得急，因为凹度必须在短时间内敲好。

篾刀的凹度在剖篾时的作用最为明显，因为竹子的韧性极佳，用没有凹度的刀剖竹子，在剖的过程中刀会被夹住而行刀困难；用有凹度的篾刀剖竹子就充分显示出它的优越性了。剖竹子时先在圆竹竿细的一端用篾刀刀刃将其豁开一个口子，再用力将篾刀往前深入，篾刀的凹度此时正好形成一个强有力的支撑，刀刃在前面割断竹纤维，而刀身则顺着竹子纤维的纹理将竹子撑破成为两片。所以篾刀剖竹子其实有两个过程，一个过程是刀刃在前面开路，划开纤维，另一个过程就是刀身的凹度起强有力的支撑作用，撑破竹纤维的连接，撕开竹子内部的结构，达到将竹子破开的目的。

图片来源

图一至图六　胡万明　制图

图二　土家族篾刀（背面）主图2

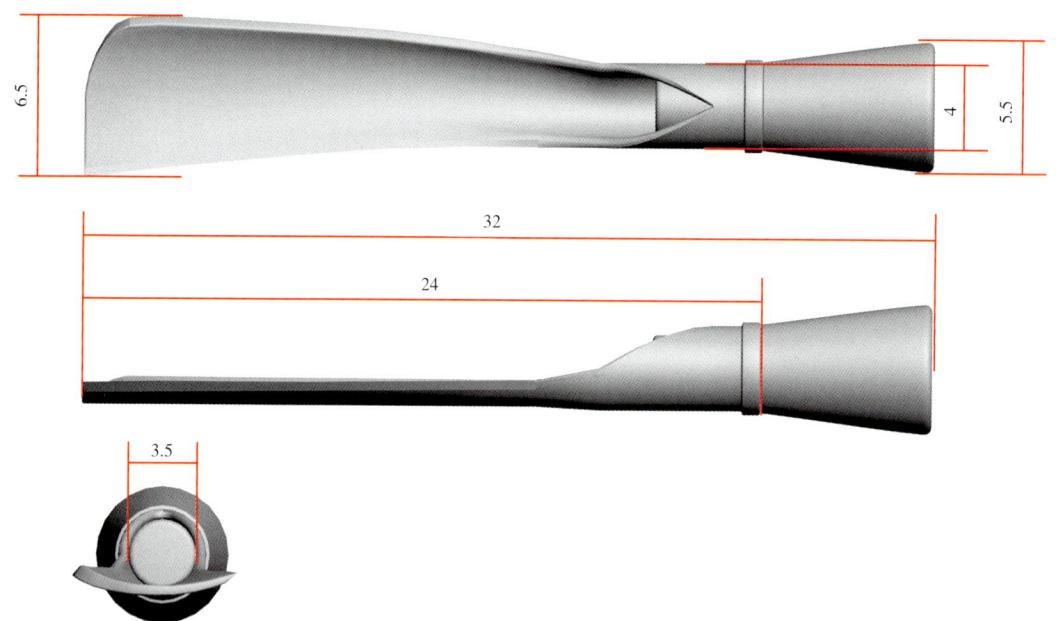

图三　土家族篾刀尺寸图（单位：cm）

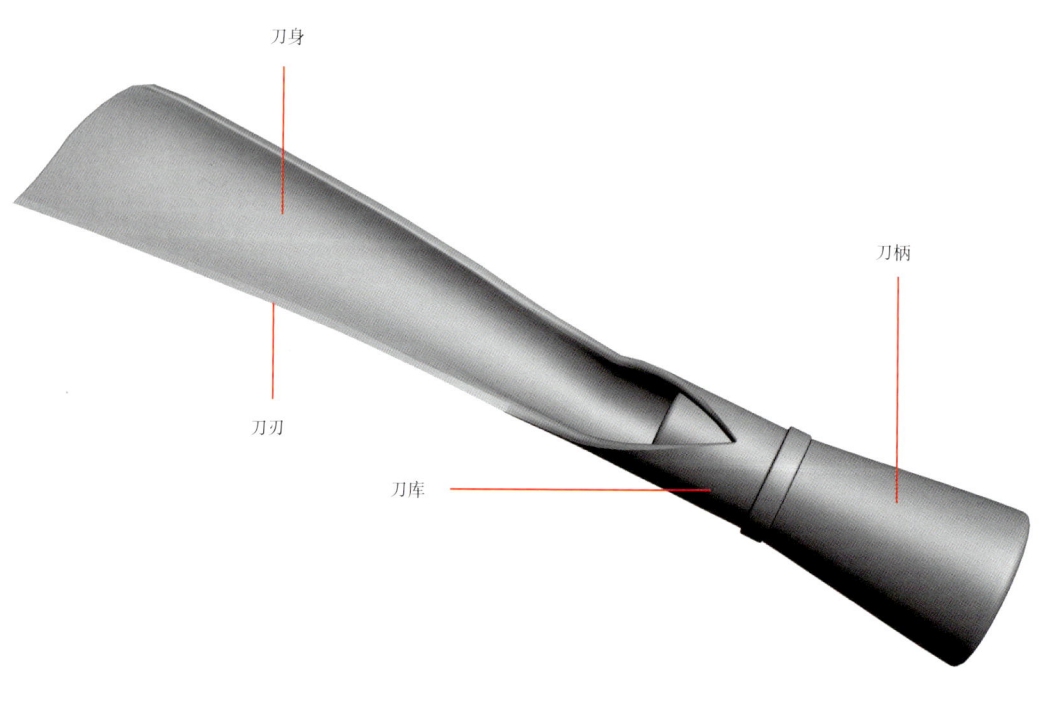

图四　土家族篾刀结构名称图

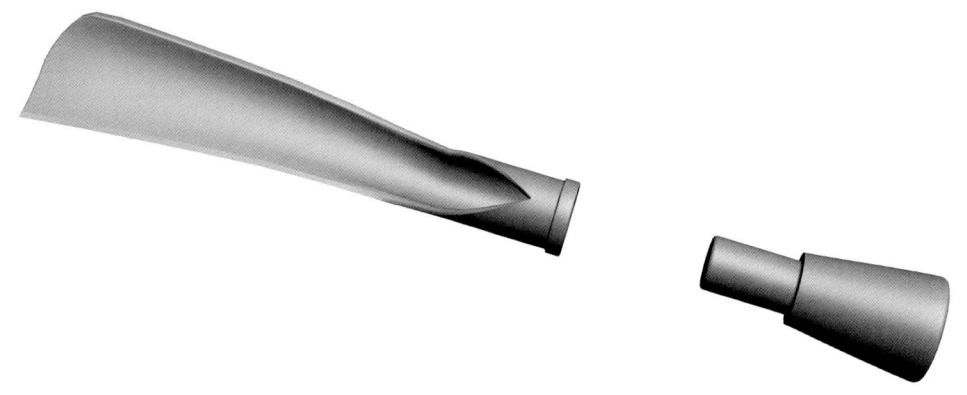

图五 土家族篾刀结构分解图

图六 土家族篾刀使用示意图

土家族土砖模

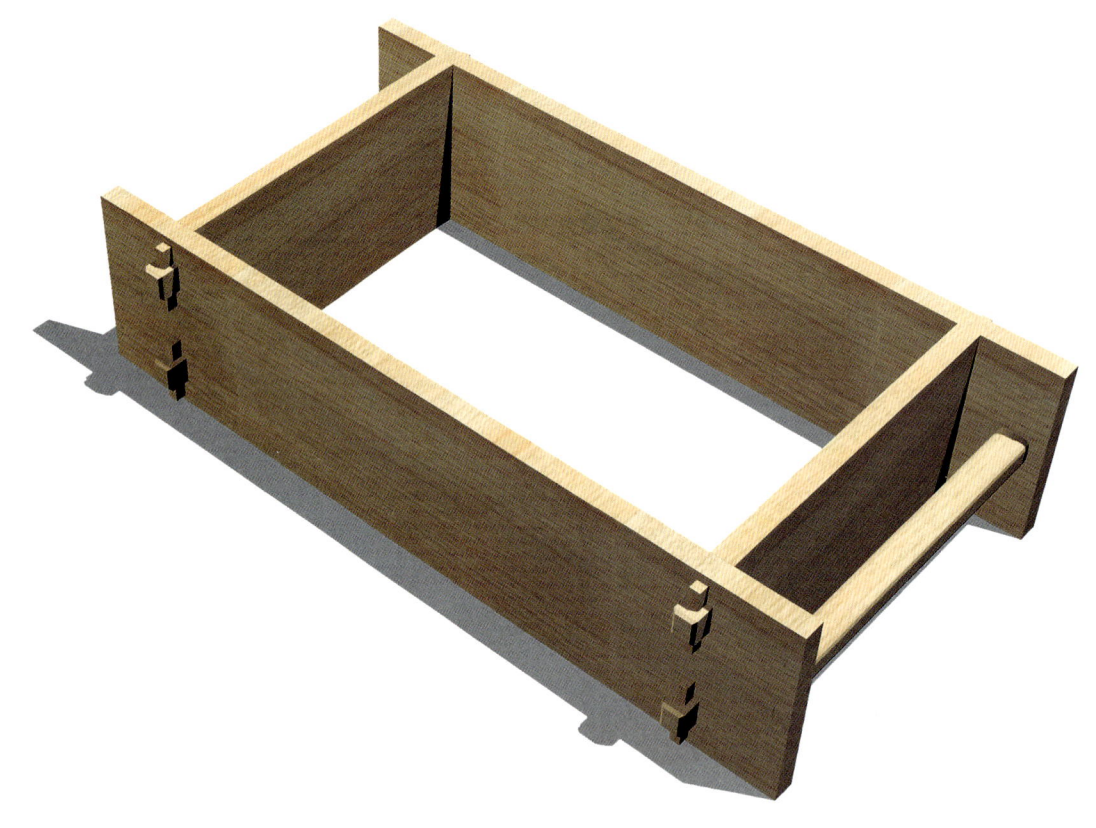

图一 土家族土砖模主图

土砖模是制作土砖的工具，在没有成规模烧制的红砖之前，土砖是建房的必备建材。土砖都是以家庭为制作单位，在建房前将土砖制作好，以备建房时使用。土砖模为我国各地普遍使用的制作土砖的器具，并非土家族独有，其形制基本相同，各地尺寸有细微差别。土砖模使用历史悠久，应该从夯土墙之后便有使用。

本案例土砖模根据实物建模而成，其基本构造为横竖四块边板，其中横边板较长，竖边板较短，竖边板两端出榫头，横边板开榫眼，四块边板通过榫卯连接，围合成一个长方形框体。为牢固起见，榫头突出部分，加小木楔固定，保证其耐久。横边板两头各开一卯眼，用一段横木连接，横木为抓手，方便在做土砖时脱模。

制作土砖首先要准备合适的土，一般土砖用量大的，多从田里取土，用量小的则从山坡上取土担回场院。从田里取土需要将田经过几番犁和耙，把土整理松软之后，加入适量的水，牵牛入田踩泥"炼砖"，在此过程中还要在踩至半熟的泥里加入碎稻草，以增加成品土砖的韧性。在牛踩泥"炼砖"的过程中，需要不断查看踩踏的程度，稻草在泥里踩踏均匀方为将泥踩熟。

做土砖时需要找一块平地，运泥与做砖分工协作，运泥人负责将泥运至做砖人触手可及之处，做砖人负责将土砖做好。做土砖的过程也很简单，做砖人将土砖模在水里蘸一下，使土砖模过水（过水之后脱模比较方便，不会将做好的土砖弄坏），然后平放在地上，用锹铲出适量的泥放入土砖模内，用一只脚在模子上踩踏几下，使泥土均匀地分布在土砖模内，之后用手将泥巴抹平，再蘸水抹面，最后双手抓住模子两边的抓手，均匀用力，缓缓地将土砖模揭起，土砖便做成了。

因土砖垒成的墙体厚实，相对于烧制而成的红砖而言，土砖的结构松软，导热性能较差，所以土砖垒起的房屋能做到冬暖夏凉。

图片来源
图一至图五　胡万明　制图

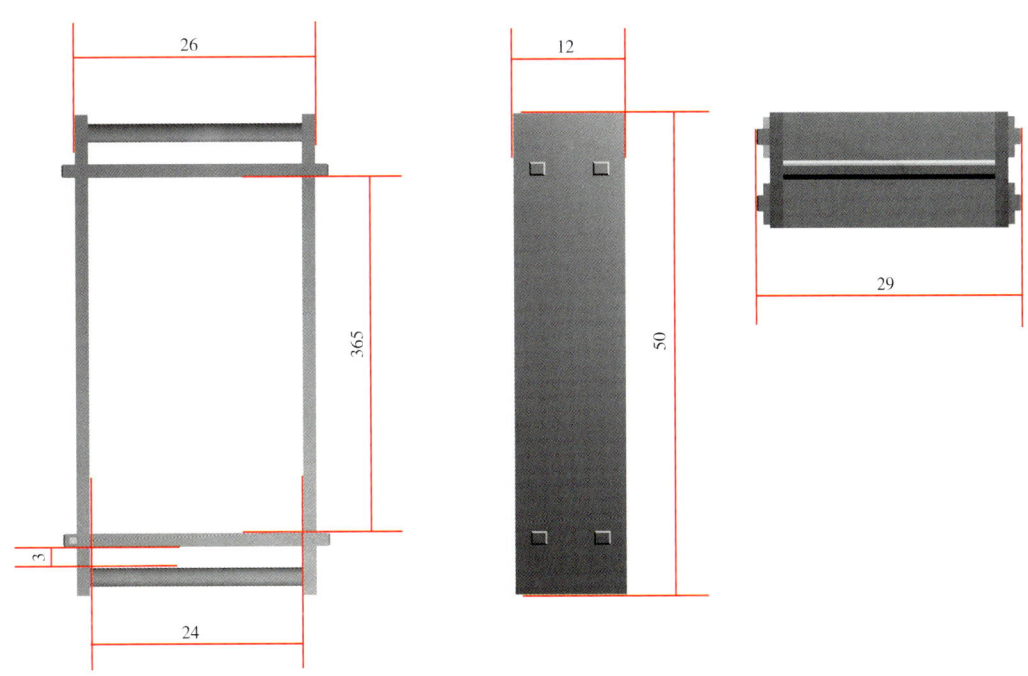

图二　土家族土砖模尺寸图（单位：cm）

第五章　土家族传统生产工具

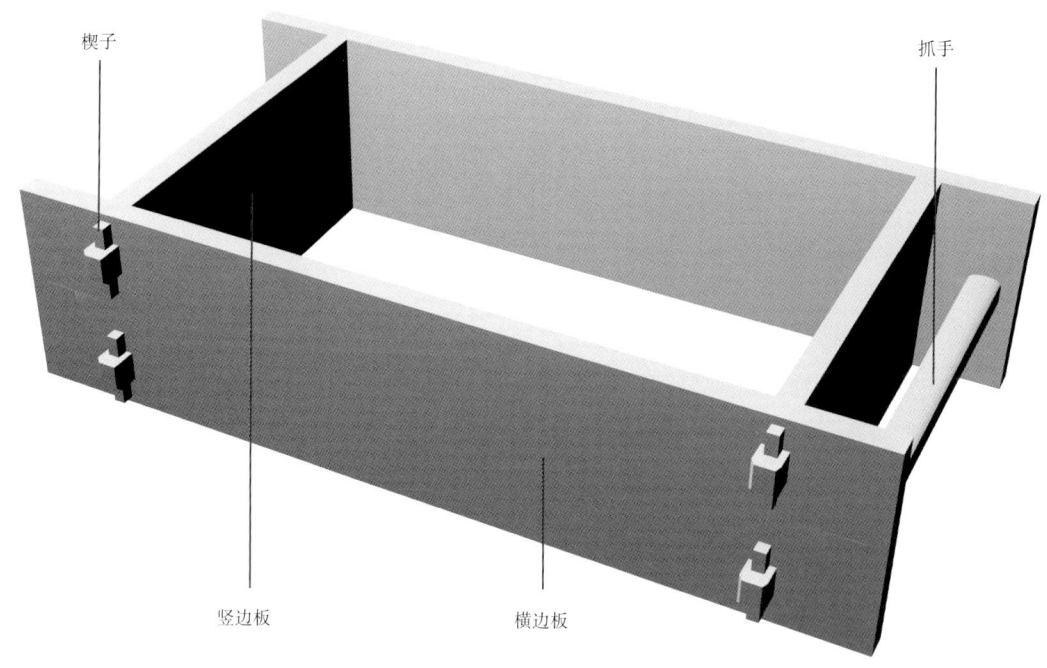

图三　土家族土砖模结构名称图

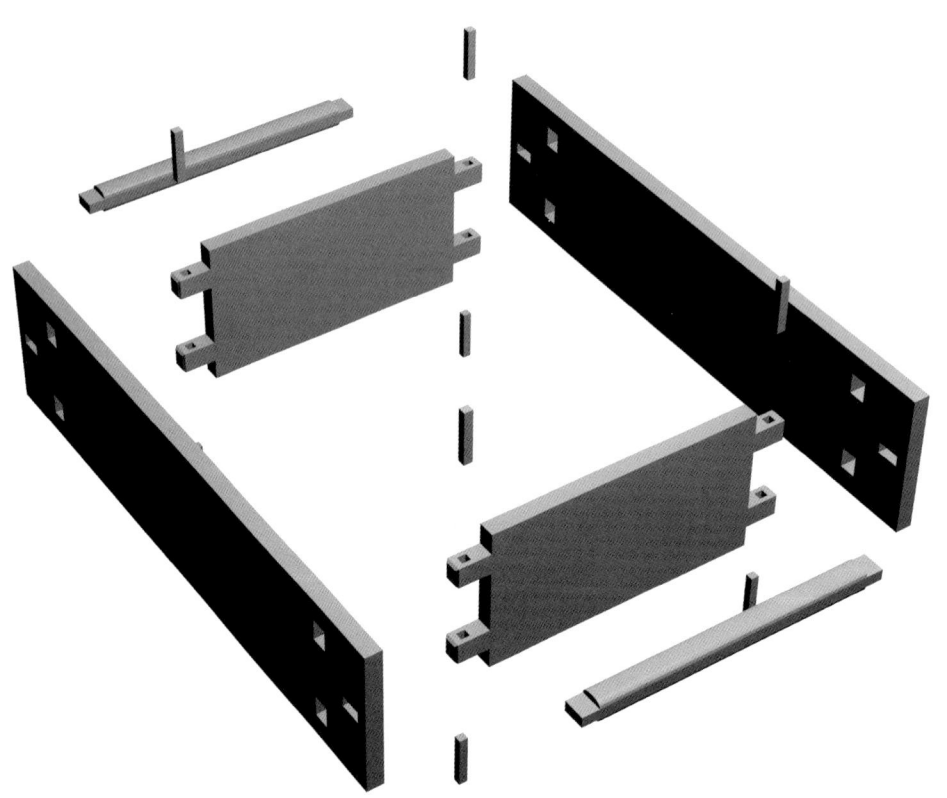

图四　土家族土砖模结构分解图

图五 土家族土砖模使用场景图

第六章 土家族传统手工艺

土家族蜡染

图一 土家族蜡染主图

蜡染是一种古老的纺织印染工艺，古称蜡缬，起源于秦汉时期，东汉时蜡染技艺已经成熟，唐代蜡染工艺盛行。蜡染史称瑶斑布，即指蜡染工艺为西南少数民族的专利。

湘西蜡染分为土家族蜡染和苗族蜡染，土家族蜡染注重色彩搭配，讲究立意构图，成形的布料色彩丰富，艺术风格独特，多为暖色调。苗族蜡染注重色彩单纯，不事雕琢，自然纯净，冷色调居多。土家族与苗族的蜡染在工艺上的区别并不显著，由于在湘西地区，土家族与苗族混居一起，在蜡染工艺上互通有无也就不足为怪了，在湘西地区，土家族蜡染与苗族蜡染统称为湘西蜡染。

土家族蜡染多用家织土布做坯布，一般需要经过蜡绘、染色、溶蜡三个步骤。

蜡绘：用独特的铜蜡笔（也称蜡刀）蘸取融化的纯蜂蜡（黄蜡）在布上绘制图案。铜蜡笔为铜片制成，与鸭嘴笔的使用原理一样，铜蜡笔有储蜡的功能，随着笔在布上运行，蜡液逐渐流出。蜡液封住的部分不会被染色，呈现出图案。

染色：将绘制好图案的坯布放入染缸中染制。染缸中是天然植物蓼蓝中提取的土靛、石灰水（或桐籽壳灰）、老缸残渣（内含厌氧生物酵母菌种，能还原出染料中的隐色体），加入适量清水的混合液体，经几天的放置，"发缸"之后方可使用。土靛属于还原染料，土靛在"发缸"的过程中，使染料中的隐色体还原。在石灰水的碱性作用下，隐色体渗入到纤维中，与空气接触后，隐色体与空气发生还原反应而显色。

溶蜡：经过反复染色4～6次之后（每次染色后取出，在空气中放置15分钟左右，让其还原），达到所需颜色浓度，即可整布放入沸水中溶蜡，最后漂洗，除去浮色即完成。最后用清水加盐，浸泡染好的布料，即起到固色作用，以便于蜡染作品的保存。

土家族蜡染工艺品多用来制作窗帘、被面、桌布等生活用品，其图案突破写实手法，想象力丰富，独具民族审美意识。图案中特有的"冰纹"效果，为染色时翻动坯布使蜡层断裂，染料渗入所致，其纹理变化丰富、形象各异、形制自然，被誉为"蜡染灵魂"。

图片来源

图一至图三、图五　湘西土家族苗族自治州民族文化遗产保护中心，湘西土家族苗族自治州民族工艺美术研究所.湘西民间工艺美术精粹[M].北京：学苑出版社，2007.9

图四　1.湘西土家族苗族自治州民族文化遗产保护中心，湘西土家族苗族自治州民族工艺美术研究所.湘西民间工艺美术精粹[M].北京：学苑出版社，2007.9

2.辛艺华，罗彬.土家族民间美术[M].长沙：湖北美术出版社，2004.2

图六　向民航.湘西民俗映像[M].北京：中国出版集团·东方出版中心，2006.9

图二　土家族蜡染的工艺流程——蜡绘

图三　土家族蜡染的工具——铜蜡笔

1. 采集蓼蓝

2. 浸泡蓼蓝获得土靛

图四　土家族蜡染原料土靛的制作

1. 龙凤龟

2. 吉祥兽

图五 土家族蜡染的吉祥纹样

图六 土家族浸染土布场景图

土家族背篓

图一　土家族背篓主图

　　背篓又称背笼，是湘西土家族的一种运载工具。从考古资料看，背篓起源的历史或许要早于陶器。关于湘西背篓的记载，最早见于宋朝朱辅的《溪蛮丛笑》："负物不以肩，用木为半枒之状，箝其顶，以布带或皮系之额上，名背笼。"

　　土家族背篓以山竹为主材，以桂竹、绵竹为辅材，其形式、种类繁多。一般底部呈圆形、方形和椭圆形三种，后侧面呈方形、喇叭口形、U形、圆筒形等。其中以底面为圆形或椭圆形，后侧面呈喇叭口形和U形的居多。从用料上可分为篾丝编制和篾片编制。背篓编制的图案也形式多样，主要采用的有十字编、螺旋编、六角形编和方形镂空编等。

土家族背篓的种类有以下几种：

洗衣背篓：女子洗衣时背的背篓，用于装盛衣物。

儿背篓：背载小孩的背篓，可用竹篾编制，也可用竹段榫接而成，是较为常见的背篓。

耕作用背篓：耕作用背篓主要有柴背篓、高背篓、粗背篓等，用途各不相同。

水背篓：用来背水的背篓，呈圆筒状，比人的肩膀略高。

装饰性背篓：这种背篓小巧精美，编制细腻，色彩丰富，装饰性强。

土家族背篓的制作工艺有以下步骤：

1. 砍竹

编制背篓的竹材以野生的山竹为主，辅以绵竹与桂竹，山竹一般直径在 1.2~3 厘米为佳。篾匠在编制背篓前，在山中砍好竹材，置阴凉干燥处以备用。

2. 剖篾

篾匠将砍好的竹子根据需要，剖成规格合适的篾丝。此为整个竹编过程中的关键环节，篾丝质量的高低，直接影响到所编竹器的精细程度。

3. 匀篾

将剖好的篾丝用匀刀处理均匀，使其大小一致，厚度相同。匀篾所用的匀刀由两片钢片做成，一端呈斜三角形，斜边用磨刀石磨得锋利，为篾匠必备工具。

4. 染色

竹青色与竹黄色为本色，不需染色处理，黑色是将山竹置于灶台之上，经一段时间的

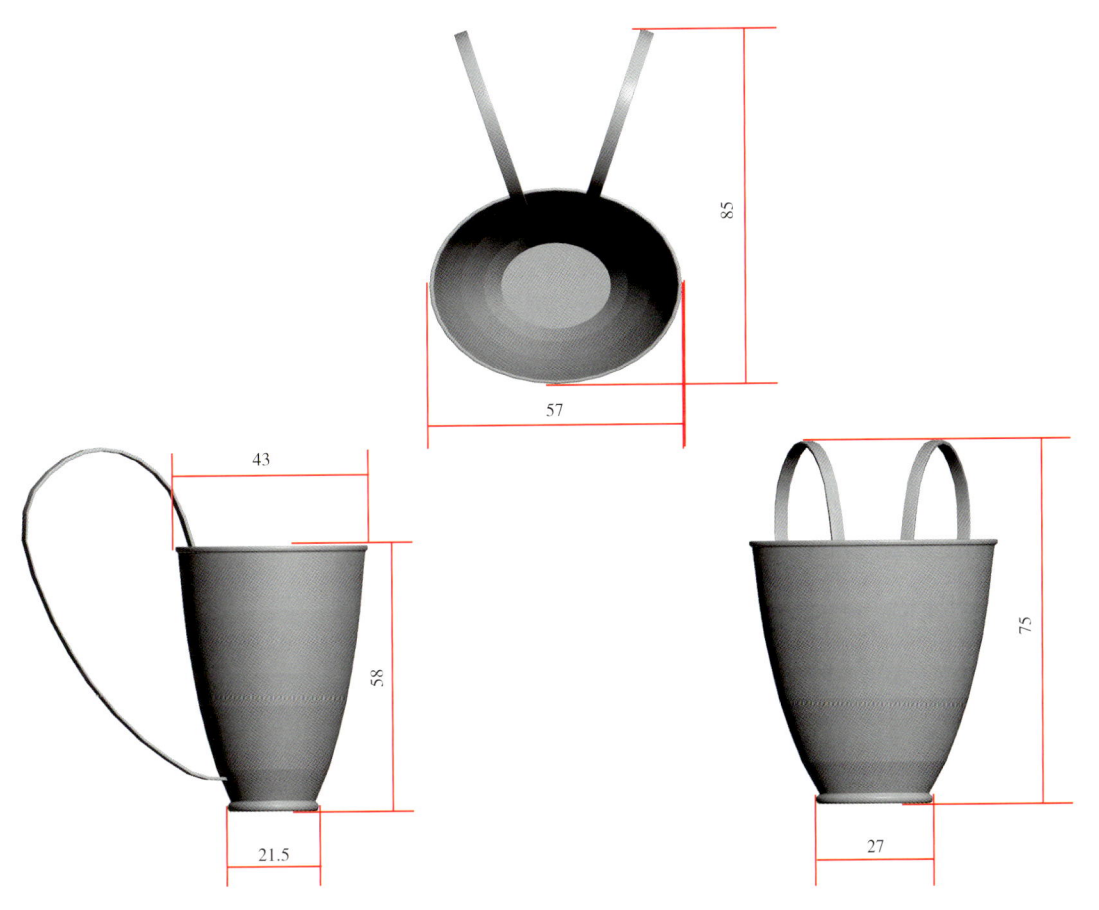

图二　土家族背篓尺寸图（单位：cm）

烟熏，表面会变成黑色。工艺背篓的彩色篾，主要是通过碱性染料的染色工艺获得。其方法是选择经过漂白后无损的竹段，放在2%的烧碱或碳酸钠溶液中，煮沸3～5分钟后取出，再放入碱性染料溶液中，煮沸半小时左右即可染上所需要的色彩。

5. 编制

竹篾处理完成后，篾匠开始进行背篓的编制。背篓编制过程一般有以下几道工序：盘底—编制—按压成型—打钎—底边加固—穿笼骨锁口—编背带等。

盘底时，篾片一圈一圈地盘，盘成一个圆圆的底，有面盆口大小。盘完底后，根据经纬线一圈一圈地织篾丝，织成圆形，每织完一圈便用手按压紧，使其不留缝隙，按压的结果影响到背篓最后的形状。在织的过程中，越往上圆圈越大，呈喇叭状。

当篾丝织到半米高时，背篓已见雏形。就该打钎了，将背篓的外边面用竹片进行拍打，保证背篓的形状达到编制者想要的状态。

底边加固与穿笼骨锁口是较为重要的编制工序，这两道工序是为了保

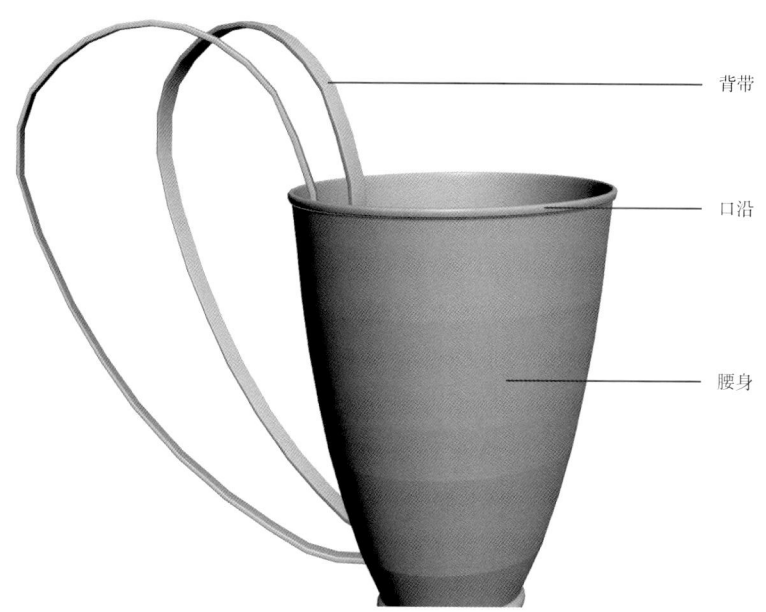

图三　土家族背篓结构名称图

图四　土家族背篓使用示意图

证整个背篓的牢固性。最后,编背带是用长度为一丈,十六分之一纵剖竹篾,保留竹青部分,竹篾厚度为0.1厘米左右,一根背带需要4根竹篾编制而成。

湘西是背篓的故乡,背篓是刻在土家族人脊椎与血液中的符号。

图片来源
图一至图四　胡万明　制图
图五至图七　湘西土家族苗族自治州民族文化遗产保护中心,湘西土家族苗族自治州民族工艺美术研究所.湘西民间工艺美术精粹[M].北京:学苑出版社,2007.9

图五　山竹

图六　土家族背篓编制场景图

图七　集市上的土家族背篓

土家族蓑衣

图一　土家族蓑衣（正面）主图1

在现代雨具出现之前，蓑衣斗笠一直是劳动人民雨天劳作时必不可少的工具，在土家族聚居地，蓑衣作为一种遮风挡雨的农具，已传承数百年的历史。

蓑衣包括上衣和下裳两个部分，劳作时穿上既可遮风挡雨，又可活动自如。本案例蓑衣上衣宽100厘米，腰部宽40厘米，下裳宽55厘米，总高90厘米。该蓑衣为成人蓑衣，重约450千克。在土家族地区，缝织蓑衣又叫撬蓑衣，一件蓑衣需要120片棕片，须铺上10层棕才能保证不透水，编织蓑衣的师傅旧时被列入"九老十八匠"的行列，编织蓑衣的手艺也是代代相传的。蓑衣都是纯手工缝制，一件蓑衣在材料齐备的情况下，一个匠人要一天的时间才能制成，可谓耗时费力。

蓑衣穿着简单，因为没有袖子，只需将蓑衣披在肩上，系好圆领和下裳的棕绳即可，穿蓑衣其实是披蓑衣。蓑衣遮雨的原理与茅草屋排水的原理相似，落在身上的雨水随着蓑衣的外表落差，排到地上，其实现代的雨具也都是采用的这一原理遮雨，只是所用材质不同，形象各异罢了。

编织蓑衣可分为以下几个步骤：

一、搓棕绳

从棕树上割下棕皮，处理杂质后晾干，抽出棕毛搓成棕绳，以备后面缝制蓑衣之用。

二、制作蓑衣

1. 编织上衣：先制作领口，领口制作至关重要，通常用一个直径约12厘米的竹圆圈作为定型工具，领口制好后，将棕皮包上棕毛，然后一片片摆好，拼接，缝制上衣。

2. 编织下裳：同缝制上衣一样，将棕毛包于棕皮之内，摆好，用棕绳缝制成下裳外形。

三、收蓑衣边

蓑衣编织到所需大小，即可进行收边，收边是防止棕丝混乱而将其定型，此道工序也至关重要。

四、安装挂绳

蓑衣收好边以后，最后安装挂绳和系绳，便于悬挂和穿着时系紧。

蓑衣作为原始的雨具，具有经久耐用、不易破损、透气性能好、使用方便等特点。

图片来源

图一至图四、图六　王琥，何晓佑，李立新，夏燕靖. 中国传统器具设计研究（卷三）[M]. 南京：江苏美术出版社，2004.12

图五、图七　胡万明　制图

图二　土家族蓑衣（背面）主图2

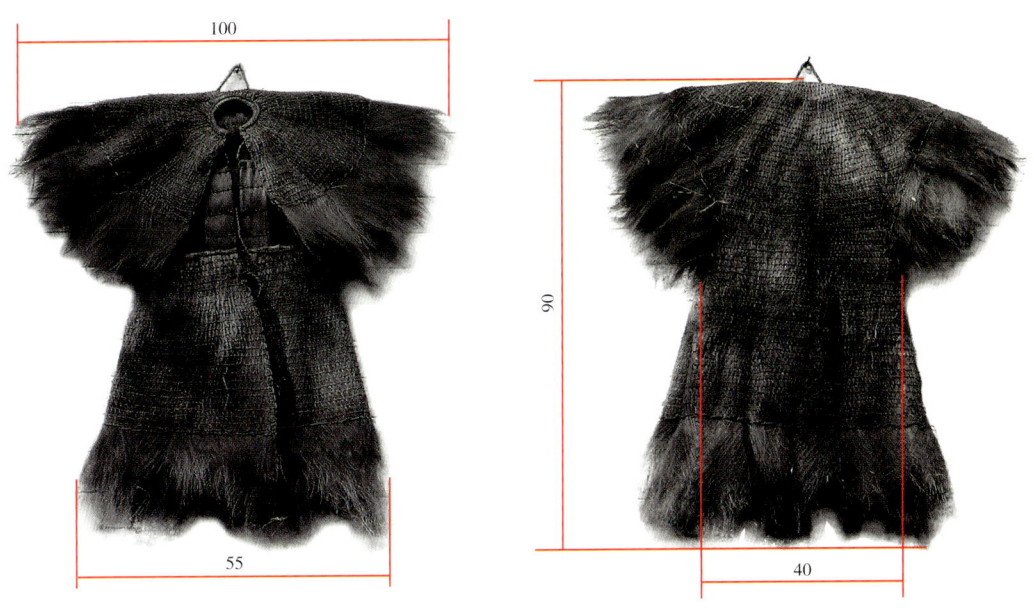

图三　土家族蓑衣尺寸图（单位：cm）

图四　土家族蓑衣结构名称图

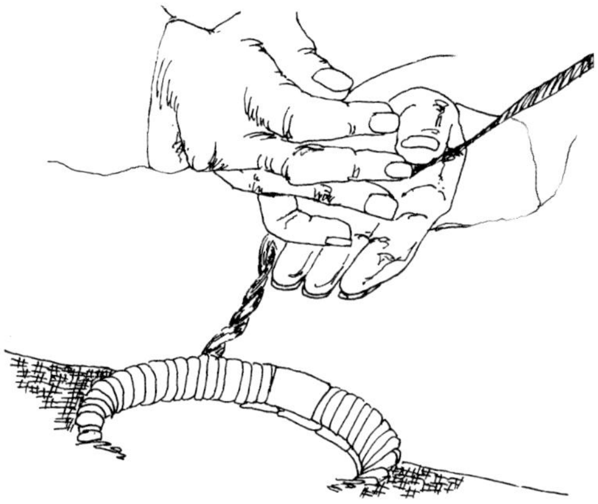

1. 搓棕绳

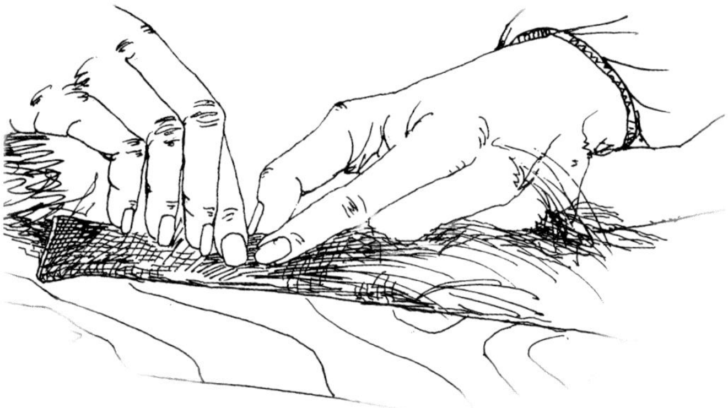

2. 包裹成片

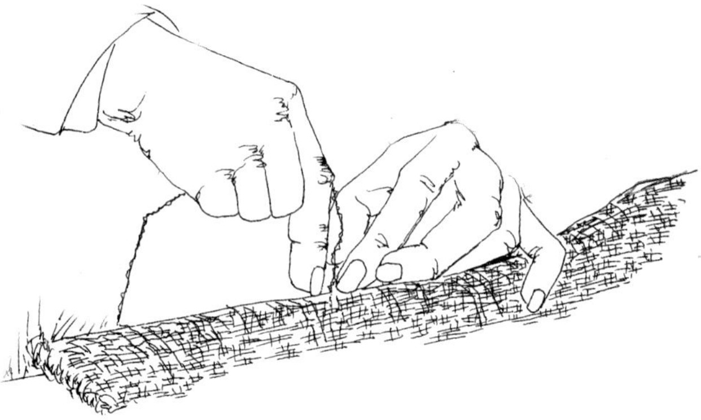

3. 挑长针

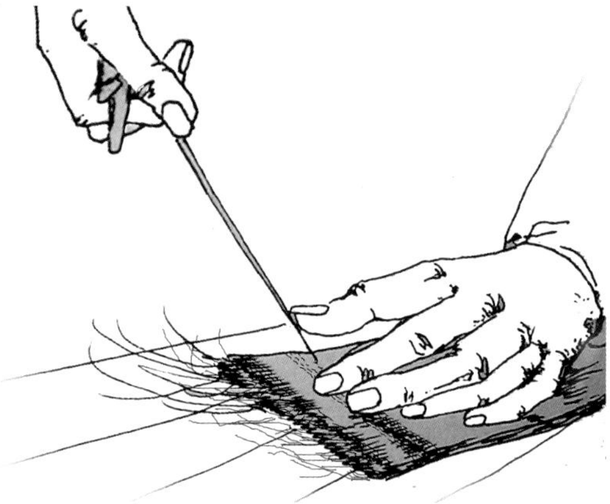

4. 蓑衣收边

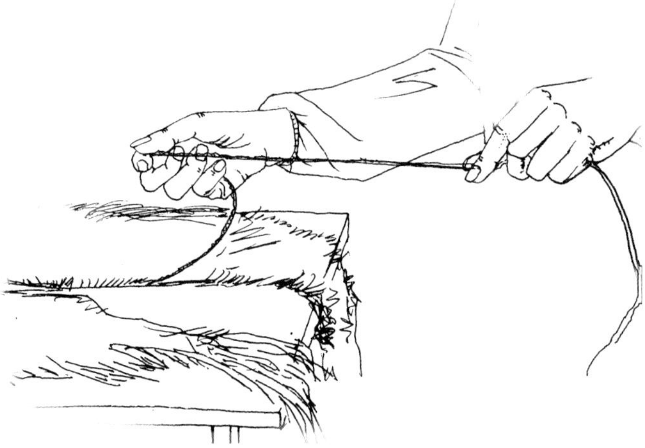

5. 安装挂绳

图五　土家族蓑衣制作流程图

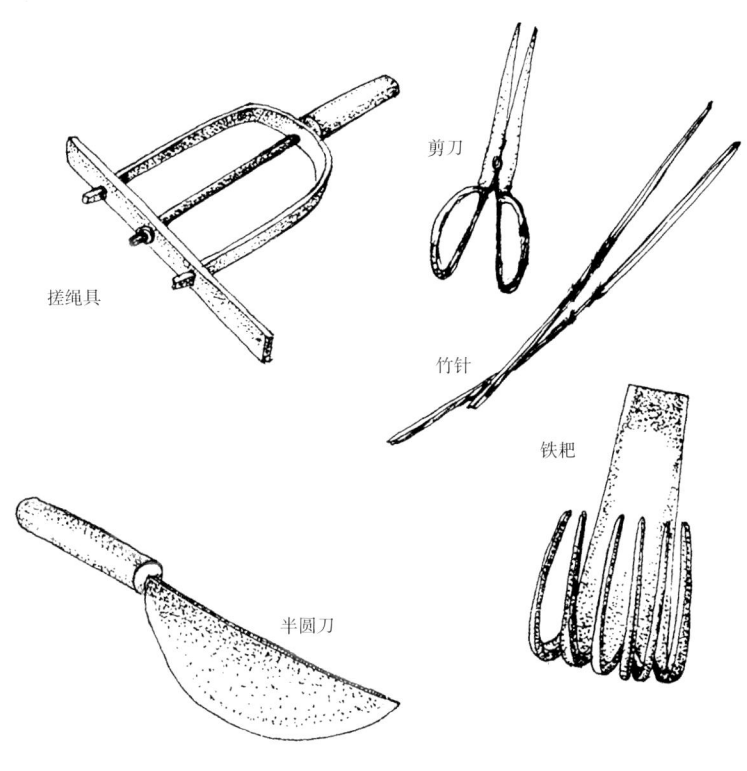

图六　土家族蓑衣制作工具

图七　土家族穿蓑衣劳动场景图

土家族斗笠

图一　土家族斗笠主图

斗笠，又名笠帽、箬笠，是一种古老的遮阳避雨的器具。斗笠的起源已不可考，《诗经·小雅·无羊》中有"尔牧来思，何蓑何笠"的句子，可见在先秦时期，笠就已经盛行于民间了。《国语》中说斗笠"或大或小，皆顶隆而口圆，可芘雨蔽日，以为蓑之配也"。因笠的顶面如斗，故称之为斗笠。

斗笠用竹篾、箭竹叶为原料，编织而成，有尖顶和圆顶两种形制。土家族地区的斗笠多为圆顶，由上下两层竹编菱形网眼组成，中间夹以箬竹叶、油纸，起到遮阳挡雨的作用。

编制斗笠的具体工艺流程如下：

1. 剖篾

将数年生的毛竹剔去竹枝，用篾刀破开竹干，成为筷状竹条，再分青黄层剥离开，分别将剥离开的青黄层用篾刀刮成薄而光滑的竹篾后，即可开始编织了。

2. 编斗笠坯

用经纬交织的手法编织加工好的篾条，其主要的手法是"挑"和"压"。编制的过程始终都是挑起两条经篾压住一条纬篾，即"挑二压一"的手法。将竹篾挑压编织成型之后，再放置在一个形似凉帽盖的木头模具上套模定型，此工序称之为盘脚，即成为斗笠半成品。

3. 铺箬叶

先把一顶斗笠坯翻转过来，顶部朝下放置在一个无盖中空的木桶中，均匀铺上几片油纸，盖住经纬篾间孔隙，铺上呈放射状、相互掩压、旋转而排列的箬竹叶。

4. 合坯

将箬叶铺满后，取另一顶斗笠坯翻转过来，连同铺好的箬叶一起按入这顶斗笠坯当中的凹陷部位，将其拢合挤压，然后用竹篾戳过箬叶，缝合上下两顶斗笠坯。为了使上下两层缝合时能够固定和严实，还要在斗笠窝内放上一块鹅卵石。

5. 锁边

缝合好后，剪去伸出斗笠边沿多余的箬叶，再用竹篾细密地进行绕沿锁边。

6. 上边环

锁边之后，在斗笠边缘装上边环，其目的是为了斗笠能够悬挂方便，至此，一顶斗笠即制作完毕。

旧时的斗笠除了箬竹叶之外，都是用棉纸或者牛皮纸铺在箬竹叶下面，斗笠做好之后，用桐油涂抹笠面，将牛皮纸或棉纸刷成"油纸"，晾干后即可防水。后来多用塑料布代替"油纸"，省了刷桐油的工序。随着现代雨具的出现，斗笠作为遮阳避雨的器具已经不再为现代人所使用，正逐渐淡出人们的视野。

图片来源

图一至图四　胡万明　制图

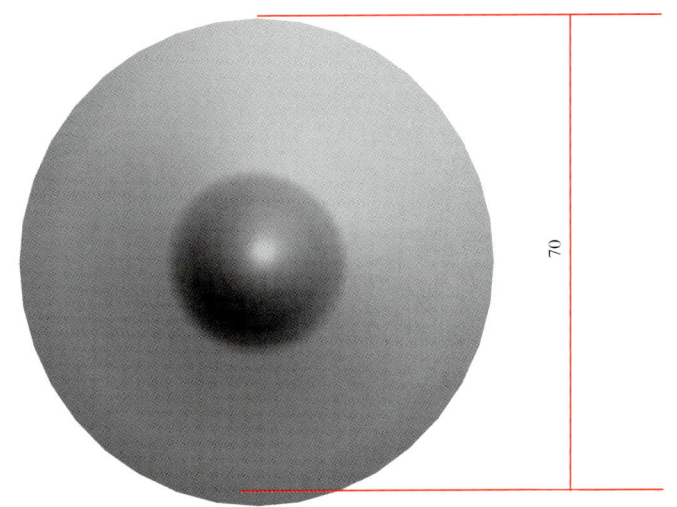

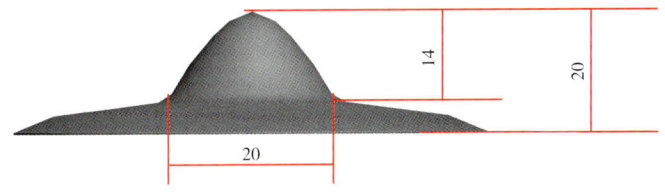

图二　土家族斗笠尺寸图（单位：cm）

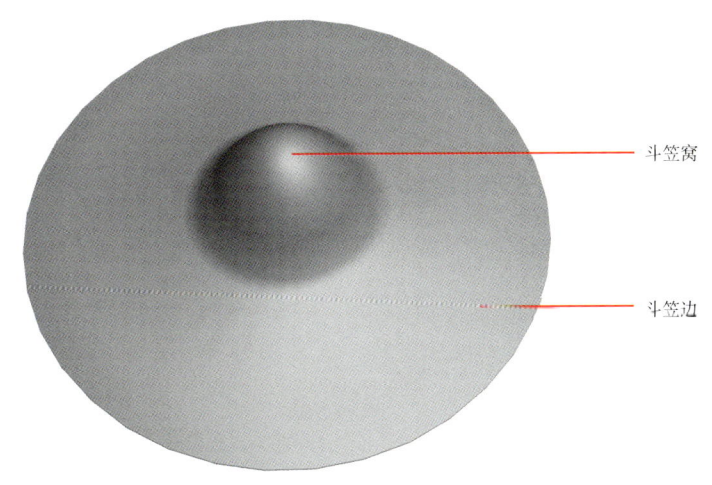

图三　土家族斗笠结构名称图

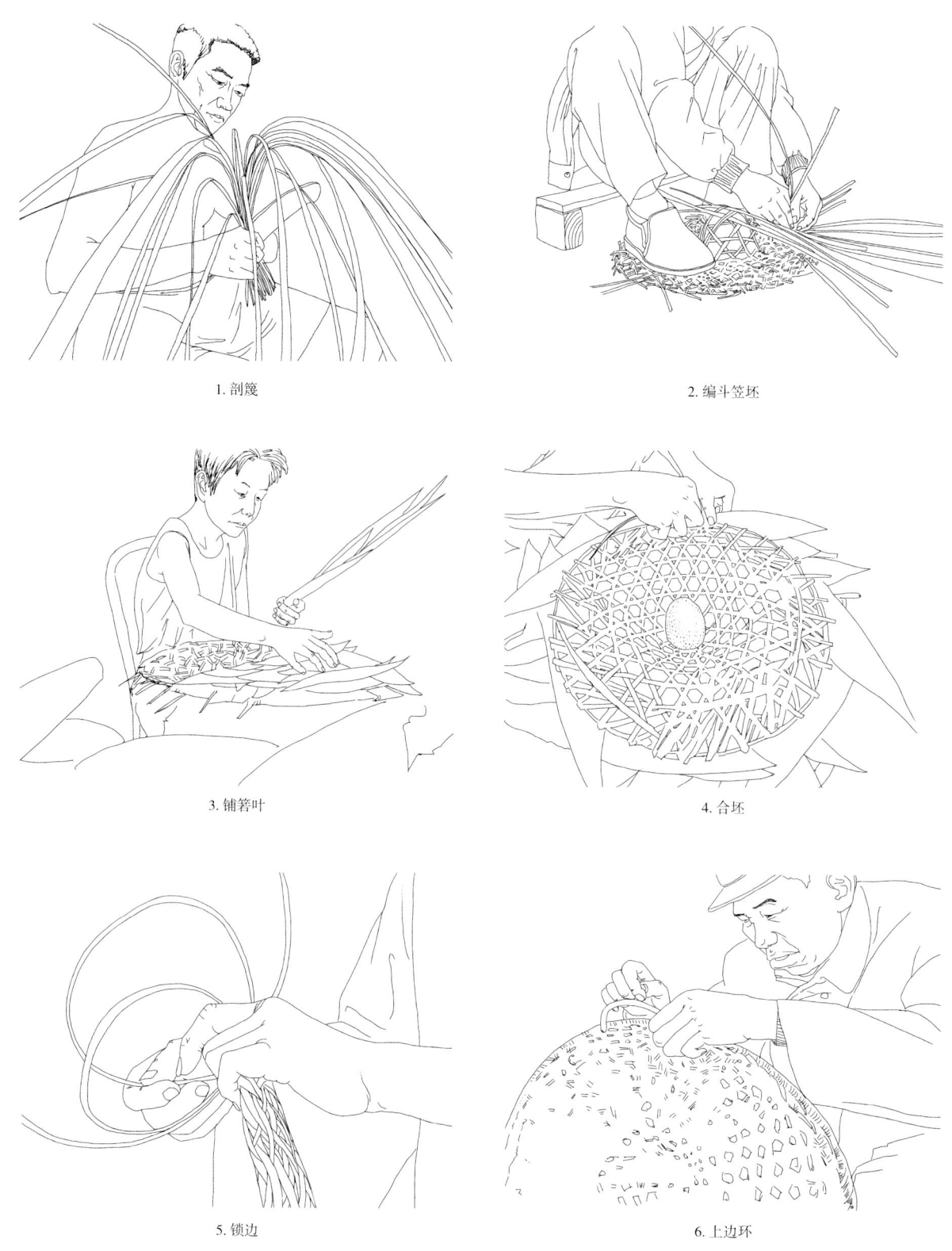

图四 土家族斗笠的制作流程图

土家族"台台花"

图一　土家族"台台花"主图

在湘西土家族地区，有一种专为孩子摇窝被盖裙装饰的织锦纹样——"台台花"。在土家织锦中，条状的二方连续纹样称为"台"。汪为义的《湖南织锦》一书对"台台花"的解释为："台台花纹的民俗应用另有保护小孩以防范野兽伤害的辟邪寓意。纹饰上部为半边船船花纹，民间土语称'补毕合'。主纹是虎头形的动物纹。虎纹表现在湘西土家族是一种邪神崇拜。其主体纹样酷似'虎头'，可见与土家族宗教信仰崇拜白虎神有关。""台台花"织锦的尺寸通常为11.5厘米宽度，35厘米长度，为土家族织锦的一种专用纹饰，用在摇窝被盖裙边上，一般用于三边，每边用两根织锦相接，留出一边不上织锦作为摇窝被的头部。织锦纹理较为粗糙，此举是为了保护小孩细嫩的脸部皮肤不受刺激。

同为土家族地区，对于白虎的态度也不尽相同，有崇虎也有射虎，此现象在民俗学上被认为是不矛盾的，反映了土家族族源的多样性。其一为古氏羌人中伏羲族团中的一支——巴人，包括发源于清江流域的"廪君蛮"，巴人崇虎，他们将虎做成各种装饰物；其二则为自古居住于峡江与武陵的土著人——濮人，对于虎的态度却截然相反。

而经过千年的融合，无论对虎的态度如何，都突出了虎的象征意义，而象征意义又具有双重性：一方面是对于百兽之王的敬畏之心，是作为英雄的崇拜，需要从中汲取生命力量，故敬之；另一方面又是对于山林之王的暴戾与凶残的惧怕与拒绝，面对现实的害人之虎则拒之。其敬与拒都使虎成为土家族织锦的形象母体，"台台花"也成为一种深层次的图腾崇拜意识在民俗文化中的体现。

图片来源
图一、图二　辛艺华，罗彬.土家族民间美术[M].武汉：湖北美术出版社，2004.2

1.织锦纹样

2.织锦局部

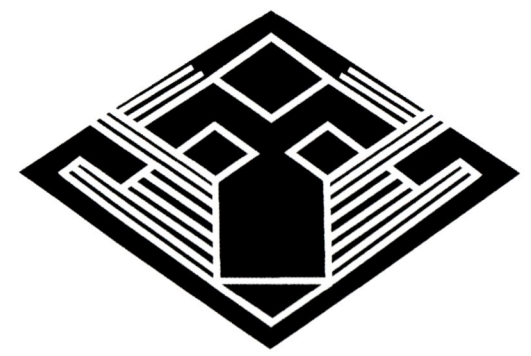

3.织锦虎头局部

图二　土家族"台台花"织锦花纹

土家族篾箍木桶

图一　土家族篾箍木桶主图

篾箍木桶为旧时土家族盛装粮食的器具，大小不一，均以木材拼接而成的椭圆形倒锥体，用篾箍加固。篾箍木桶上部有顶盖，卡于桶体两侧的耳的底部，顶盖上装有搭扣，桶体上有扣环，可加锁，锁后顶盖不可动，此种器具在别处较为少见。或因土家族地处深山，粮食一般靠从山外运输，比较紧缺，故用加锁的木桶盛装，足见其慎重。

本案例篾箍木桶根据相关资料建模而成，为椭圆形倒锥体，其基本构件为桶体、桶盖、多道篾箍，桶体两侧有耳，桶盖外缘有搭扣。这种篾箍木桶都是请匠人专门制作的，旧时箍木桶的匠人叫箍笿匠，箍木桶的工艺旧时叫箍笿，也叫圆木工艺。传统的圆木工艺制作木桶较为烦琐，随着市场化的现代材料与技术的冲击，圆木工艺已面临失传的境地。

传统的圆木工艺流程如下：

1. 选料下料：选料是圆木工艺的关键，最好选用老杉木或杉木心材。下料时要计算材料损耗，将损耗的部分计算进去，根据器物高度和上口直径来计算板材下料的长短，根据器物的类型确定板材的厚薄。

2. 砍削刨平：选板材四角平整的一面定为内面，锯口平直整齐的一端作大头（圆木工艺将上口径一端称为大头），以大头为基准点，将板材砍削成等腰梯形状。砍削后用靠尺与板凳刨（靠尺与板凳刨是圆木工艺专用工具）将的板材修整至需要的程度。

3. 上销拼接：修整好的板材要在板材两外侧钻两孔，须保证每块板材钻眼位置相同，便于拼接，钻孔之后上竹销拼接板材直至围成圆形。

4. 上箍加固：用铁箍或篾箍给成型的圆桶上箍，将拼接板扎紧，再用圆刨和木工刨将内外口刨光刨圆，再将箍加固。

5. 开槽装底：用桶底镂锯在器物底部内口锯线，然后在锯线上部用圆铲开槽。槽口开好后测量底部直径后拼接底板，完成后拼装底板。

6. 阴干备用：将做好的木桶晒干后擦白桐油，阴干百日，重新扎腰箍和底箍（前面扎的箍擦桐油后会松）后擦红桐油，阴干后即可使用。

图片来源

图一至图五　胡万明　制图

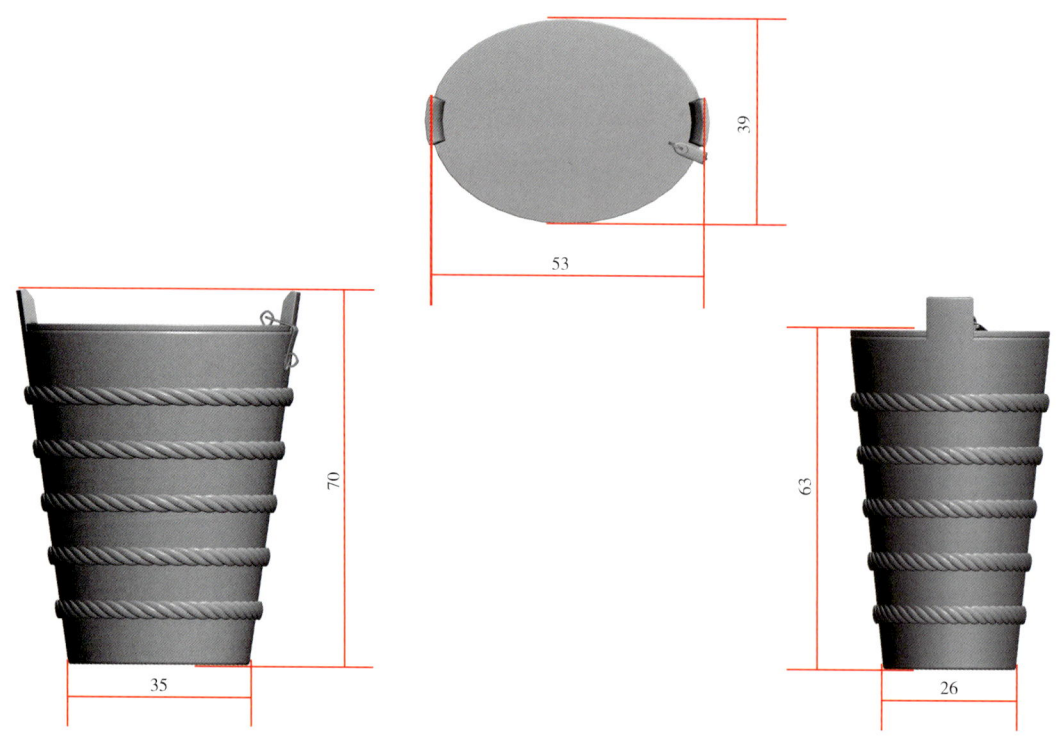

图二　土家族篾箍木桶尺寸图（单位：cm）

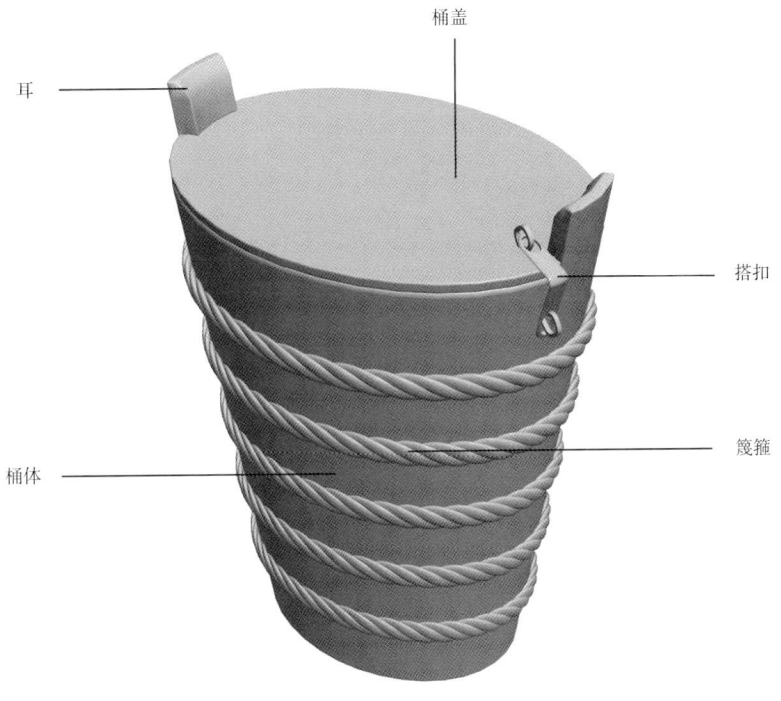

图三 土家族篾箍木桶结构名称图

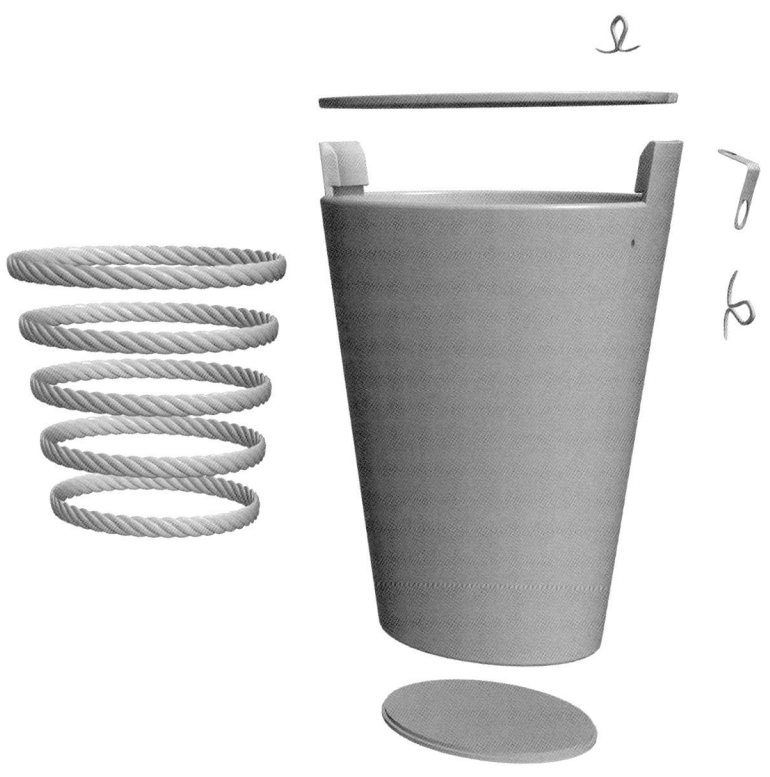

图四 土家族篾箍木桶结构分解图

1. 下料

2. 上销

3. 做底

图五　土家族圆木工艺主要流程图

土家族舀纸

——湖北利川土法造纸

图一　土家族舀纸主图

在湖北省利川市毛坝乡老木冲村的土家族山寨里，至今仍保留着土法造纸的传统工艺，他们世代以造纸为业，已传延了十多代，历时五百多年。

土家族的土法造纸被称为舀纸——用特制竹帘将做好的纸浆舀上来即可成纸。土家族舀纸工艺复杂，前后有七十多道工序，但造纸作坊简陋，只是几根木柱支起一个屋架，上盖小青瓦，四面通风。造纸工具也甚为简单，石槽、膏桶、石碓窝、竖棍、扒子、帘床、帘子等即可。造纸的原料为漫山遍野的楠竹。

每年农历的腊月到次年的正月、二月，村里人便到山上砍回一年生的楠竹，回来后用篾刀将竹子剃枝，划破成片，扎成把，长度 15 厘米左右，放入装着石灰水的池子里浸泡，竹子与石灰的比例一般为 10∶1。浸泡 4 个月后，将泡好的竹片捞出洗净，放置在发酵坪上，用稻草、薄膜等覆盖发酵。发酵约 40 天后，将变得柔软的竹片放入石碓窝里舂，将竹片舂成竹纤维。竹纤维要舂得细，成为粉末状方可。然后将竹纤维装进大石缸，放入清水，用扒子反复搅拌，用竖棍用力打水，将颗粒竹料打烂，捞出粗料，在舀纸前须加入事先准备好的滑水（滑水用猕猴桃藤、枞树根等进行泡制），之后用帘床进行舀纸。帘床由帘子和帘架组成，帘子放在帘架上在槽子里左右晃动一两次，帘子上就有了纸浆，提出帘床，将帘子翻转放在事先准备好的木板上，轻揭帘子，一张舀制的草纸就生产成功。

舀纸对技艺要求较高，舀出的纸要大小、厚薄均匀一致，将舀出的湿纸一张一张重叠在一起，待叠到一定高度后，须在纸上有规则地放上一些木枋，形成一个"木榨"，然后用纤索套上吊杆，经滚筒反复转动纤索，榨出纸中的水分。榨干水分的纸须一层一层分离揭开，通过阴干、烘、晒等形式使之干透，之后整理捆扎，打包出售。

土家族舀纸造出的是草纸，色泽金黄，柔韧皮实，吸水性能好，是书写、祭祀、卫生用品的上好纸品。

图片来源
图一　胡万明　摄影
图二、图三　胡万明　制图
图四　向民航. 湘西民俗映像［M］. 北京：中国出版集团·东方出版中心，2006.9

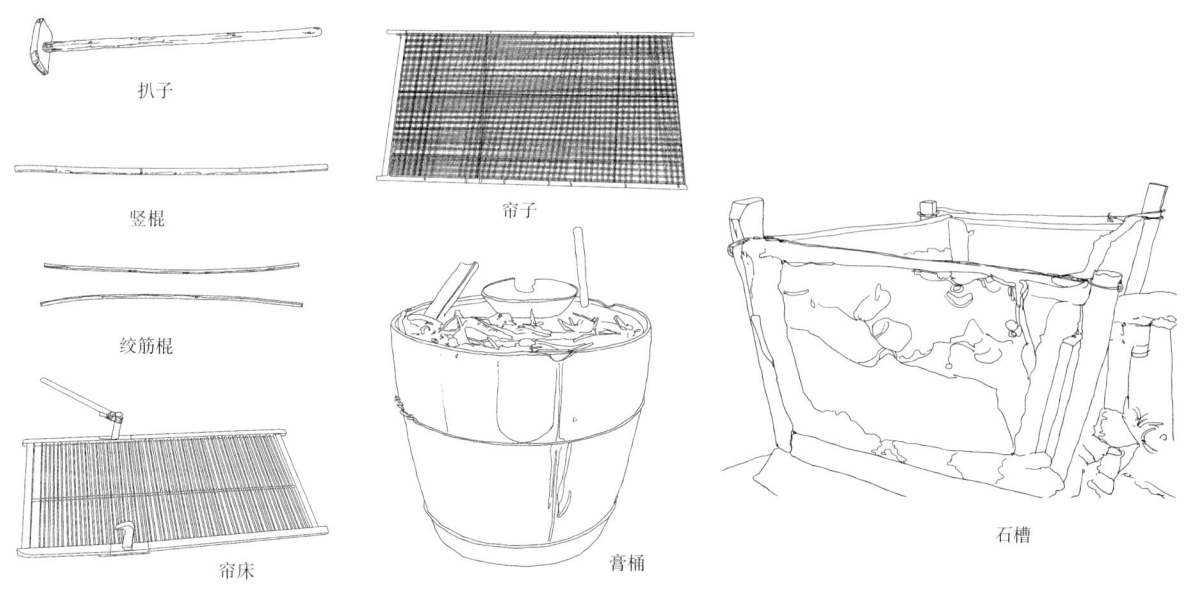

图二　土家族舀纸工具

图三　土家族苕纸制作流程图

图四　土家族使用舀纸祭祀场景图

第七章 土家族传统民俗和宗教造像

土家族茅古斯

图一　土家族茅古斯主图1

茅古斯是土家族古老而原始的舞蹈，土家语称为"古司拨铺"，大意即"浑身长毛的打猎人"，汉语多称为茅古斯，是土家族为了纪念祖先开拓荒野、捕鱼狩猎等创世业绩的一种原始戏剧形式，流行于湘西永顺、龙山、古丈等土家族地区。茅古斯从服饰、道具、表演形式和表演内容都真实地再现了父系社会至五代时期，"西溪人群"的渔猎、农耕及婚姻习俗状况。

茅古斯表演的内容表现土家族先民的生产劳动、生活方式，主要有生产、打猎、钓鱼、读书、接亲、接官等，粗线条地勾勒出土家族从远古走到现在的发展历史。保留至今的剧目有《做阳春》、《赶肉》（即狩猎）、《捕鱼》、《抢亲》、《甩火把》等。

表演茅古斯的人数有10~20人不等，一人身着土家族服饰，饰演老茅古斯（土家语叫"巴普"），他代表土家族先祖，由他主持祭祖和表演活动，其余为小茅古斯，代表子孙后代。小茅古斯都赤身裸体，身披稻草扎成的草衣，以示先民不会织布做衣，生活状态原始。其腹前捆有一条尺余长并用红布包头的草把，代表男性的生殖器官。面部用稻草扎成的帽子遮住，头上用稻草和棕树叶拧成冲天而竖的单数草辫，其中有四个单辫的是牛的扮演者。所有表演者均须赤脚，不穿鞋子。

茅古斯舞演出自始至终，讲土话、唱土歌，形态滑稽，诙谐有趣。其碎步进退，屈膝抖身，左跳右摆，浑身颤动，摇头耸肩，茅草刷刷作响，全是模仿古人粗犷的仪态。跳茅古斯的形式，相当自由，不受内容的限制，可歌可舞，可做游戏，玩杂耍，翻跟斗，打秋千。但以对白为主体，方式灵活多样，观众也可答话。

跳茅古斯，规模大者要跳六个晚上，大致以土家族的历史、渔猎、婚姻、工作等为内容，是歌、舞、话为一体的原始祭神戏剧。

图片来源

图一、图三　向民航.湘西民俗映像[M].北京：中国出版集团·东方出版中心，2006.9

图二　谢芹.湘西土家族服饰艺术的研究[D].苏州：苏州大学，2011.3

图二　土家族茅古斯主图2

图三　土家族茅古斯表演场景图

土家族三棒鼓

图一 土家族三棒鼓主图

土家族三棒鼓，也称为土家族花鼓，广泛流传于酉阳、龙山、永顺以及恩施等土家族聚居地。三棒鼓以抛三根棒和敲锣打鼓得名，是土家族山寨随处可见的一种艺术表演形式。

三棒鼓的表演形式可追溯至唐代的三仗鼓，至明代此曲种已发展成熟，明人沈德符的《顾曲杂言》记载："吴下向来有妇人打三棒鼓乞钱者，余幼时尚见之。"明朝时期三棒鼓传入湖北，在竞陵（今天门市）一带盛行。至清末三棒鼓与凤阳花鼓合流，流传渐广，遍及全国各地，三棒鼓甚至还随着艺人流传到海外。

三棒鼓表演所用之乐器主要是一面小鼓，小鼓用支架支起，支架是由六根木棍两两交叉构成一个架子，将小鼓架在架子之上，用鼓槌敲击发声。本案例三棒鼓表演用的小鼓以及鼓架系根据相关资料建模而成，为三棒鼓表演必备的乐器。

三棒鼓表演团队通常由三至五人组成，其中一人击鼓唱词，一人锣鼓配乐，一人耍花棒。花棒一般为三根小木棍，长30厘米左右，舞者双手各执一根，将另一根抛在空中，用双手所持的花棒击打空中花棒使之不落地。也有以各种刀具代替花棒的技艺，用菜刀、柴刀、斧子等抛到空中，做各种动作使所抛之物左右穿梭。

土家三棒鼓通常有"闹春耕""庆丰收""收割打场""拜年节"四套，分"鲤鱼跳龙门""玉女穿梭""板岩漂滩"等项目。打三棒鼓技巧性强，表演时需高度集中，用力适当，贯通一气，并与演唱者默契配合。

三棒鼓的表演形式类似杂技，技巧性极强，表演者的思想需高度集中，抛刀抛棒的力度控制要适度，动作更要敏捷准确，稍有大意，不但表演失败，还会被刀划破手脚或误伤他人。

图片来源

图一至图四　胡万明　制图

图五　何相频，阳盛海.湖南少数民族服饰[M].长沙：湖南美术出版社，2010.7

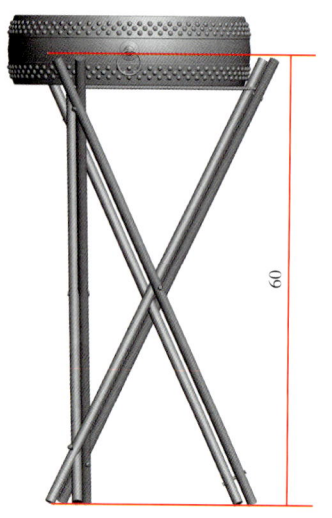

图二　土家族三棒鼓尺寸图（单位：cm）

小鼓

支架

图三 土家族三棒鼓结构名称图

图四 土家族三棒鼓结构分解图

图五 土家族三棒鼓表演场景图

第七章 土家族传统民俗和宗教造像

土家族哭嫁

图一　土家族哭嫁主图

哭嫁是土家族人婚礼的序曲，土家族的哭嫁习俗历史悠久，是极具地方文化色彩而积淀丰富的文化景观。哭嫁是一门传统技艺，土家族姑娘从十二三岁便开始学习哭嫁。过去，不会哭嫁的姑娘不准出嫁，如今，哭嫁只有偏僻的山寨还保留此习俗。

因土家族虽有成熟的语言却没有成熟的文字，所以哭嫁的由来缺乏可信的资料记载，但从现有的文献来看，最迟在清代以前，这种风俗就已盛行。田嘉懿在《关于土家族"哭嫁歌"的由来的探究》一文中，将哭嫁的由来归纳为以下几个方面：其一，历史上氏族形态的发展变化促成了土家族哭嫁的萌芽；其二，旧习俗对妇女的束缚是土家族哭嫁产生的重要原因；其三，封建包办、买卖婚姻的盛行是土家族哭嫁产生的根本原因；其四，女性自身的特点也促成了土家族哭嫁的形成；其五，土家族人把女子"善哭"作为衡量土家族女子才智和贤德的标准。可见，哭嫁也是对封建社会男尊女卑、重男轻女的谴责。

哭嫁的形式主要是以哭伴唱、以歌代哭、以哭伴歌，歌词有传统模式的，也有聪明姑娘触景生情的即兴创作。一般新娘在出嫁前一个月开始哭嫁，也有在出嫁前二三天或前一天开始哭的，以倾诉离别之情。会哭的姑娘一个月内不哭重复，要哭祖先、哭爹妈、哭兄嫂、哭姐妹、哭媒人、哭自己。土家族姑娘用"哭"这一形式倾诉心中的情感。

哭嫁的高潮是在新娘出嫁的日子。在出嫁的前一天，亲朋乡邻都前来祝贺和哭别。新娘家要邀请新娘九位最好的未婚女伴，陪着新娘哭，叫十姊妹会。这九位姑娘是陪哭的重要角色，新娘家要打轿派人去接。在上花轿之前，还要大哭一场，哭天喊地。

土家族的哭嫁分为真哭和假哭。真哭是因为土家族居住深山，交通不便，出嫁之后难得回家一次看望亲人。另外就是因为旧时婚姻都靠媒婆介绍，很多姑娘和未婚夫都未曾谋面，更谈不上了解，姑娘对未来的生活担心而哭。

假哭是有寓意的，土家族信奉神灵，她们出嫁前哭的寓意是将泪水哭干，出嫁后尽是幸福的日子，再也不用流泪。所以土家族哭嫁的阵容可是相当壮观的。

千百年来，在土家族的吊脚楼上，一代又一代的妇女先后哭嫁。哭嫁"哭"得好的，受人称赞，一生荣耀；"哭"得不好的，就会被人耻笑，甚至一辈子抬不起头来。为了不让别人指脊梁骨，争一口气，湘西土家族许多地方的女孩长到十一二岁，就会跟着大姑娘去陪嫁，专门学哭嫁。有些女孩的爹娘甚至花钱请哭嫁娘上门传授"哭"的经验和

图二　土家族送彩礼

第七章　土家族传统民俗和宗教造像

技艺。所以，一些待字闺中的姑娘们常常三个一堆、五个一伙，躲在吊脚楼上，或藏在树丛、溪涧，悄悄地模仿哭嫁，切磋"哭"的技艺。经过这样奇特的观摩演习和勤学苦练，等到她们出嫁的时候，自然就会显露出色的哭嫁本领，哭得滔滔不绝而又凄楚动人。

图片来源

图一至图五　向民航.湘西民俗映像[M].北京：中国出版集团·东方出版中心，2006.9

图三　土家族哥哥背出嫁的妹妹

图四　土家族接亲

图五　土家族唢呐迎亲

土家族花轿

图一　土家族花轿主图1

轿子是一种靠人或畜扛、载而行，供人乘坐的交通工具，由古时的车演化而来，曾在世界各地广为流行。《汉书》载：会稽太守严助"舆轿而隃领（岭）"，汉时的轿只是能行山路的车。《明史·舆服志》中说："轿者，肩行之车。"故旧时的轿子又称肩舆、平肩舆，据说至宋时方有"轿子"之名。北宋时，只有皇室可使用轿子，南宋孝宗皇帝为皇后制造了一种龙肩舆，装饰豪华，是最早的彩舆，即花轿。

用花轿娶亲，最早见于宋代，后来逐渐成为民俗，湖南龙山、恩施等土家族地区旧时一直保持着这个习俗。用于迎娶新娘的花轿，其种类及样式繁多，一般因地制宜，根据本地的习俗、主人家贫富以及主人的身份而略作改变。普通人娶亲用的一般是二人抬的花轿，罩轿子的帷子选用大红色的彩绸，绣有富贵花卉、丹凤朝阳或百子图等吉祥图案，并缀以金色、银色，用以烘托热闹喜庆的气氛。家境富贵之家常用四人抬的大花轿，轿子的装饰与二人抬的相差无几，只是用料及做工更为考究。

制作花轿所选用的木材要求既轻又有韧性，多选用香樟、梓木、银杏等，雕刻的多是八仙过海、麒麟送子、喜上眉梢、金龙彩凤等吉祥喜庆的题材。花轿的制作工艺复杂，多采用浮雕、透雕、朱漆、贴金、涂银等装饰手法，制作出的花轿精美华丽。

旧时，一般仅初嫁女子可坐花轿，寡妇再嫁则不可坐轿。至于纳妾，各地风俗不同，有的地方可坐花轿，有的地方不可坐花轿或者坐其他的轿。总体来说，旧时女性一生只坐一次花轿，故而其意义的深远，绝不是现代用轿车接新娘的意义可以比拟的。

图片来源

图一　辛艺华，罗彬.土家族民间美术[M].武汉：湖北美术出版社，2004.2

图二至图六　胡万明　制图

图二　土家族花轿主图2

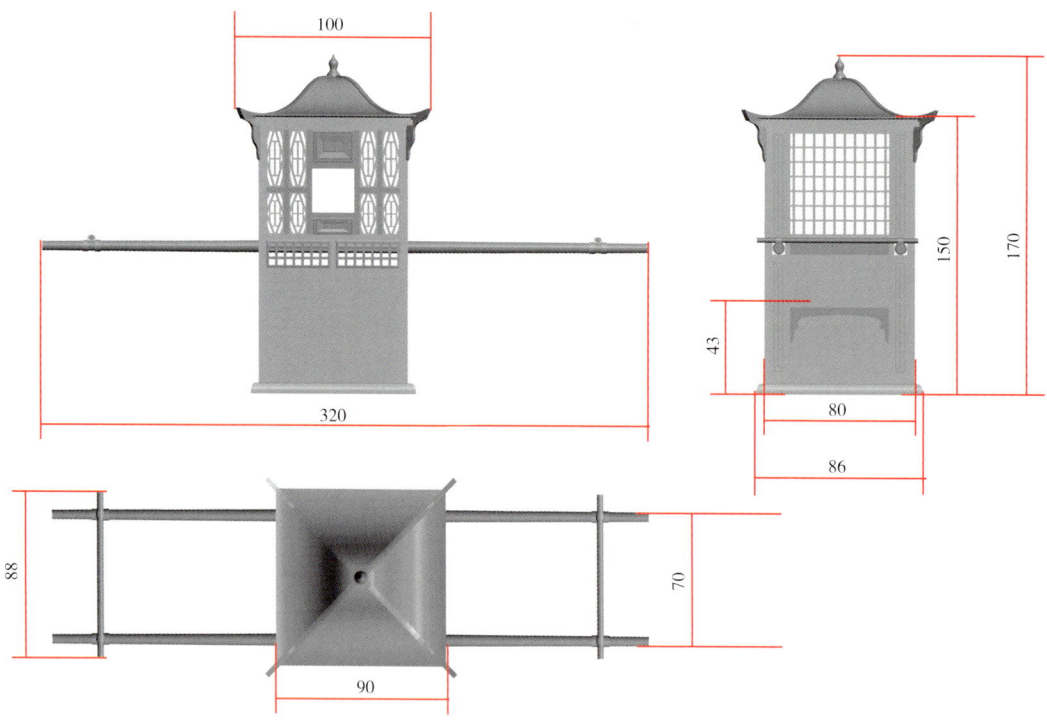

图三 土家族花轿尺寸图（单位：cm）

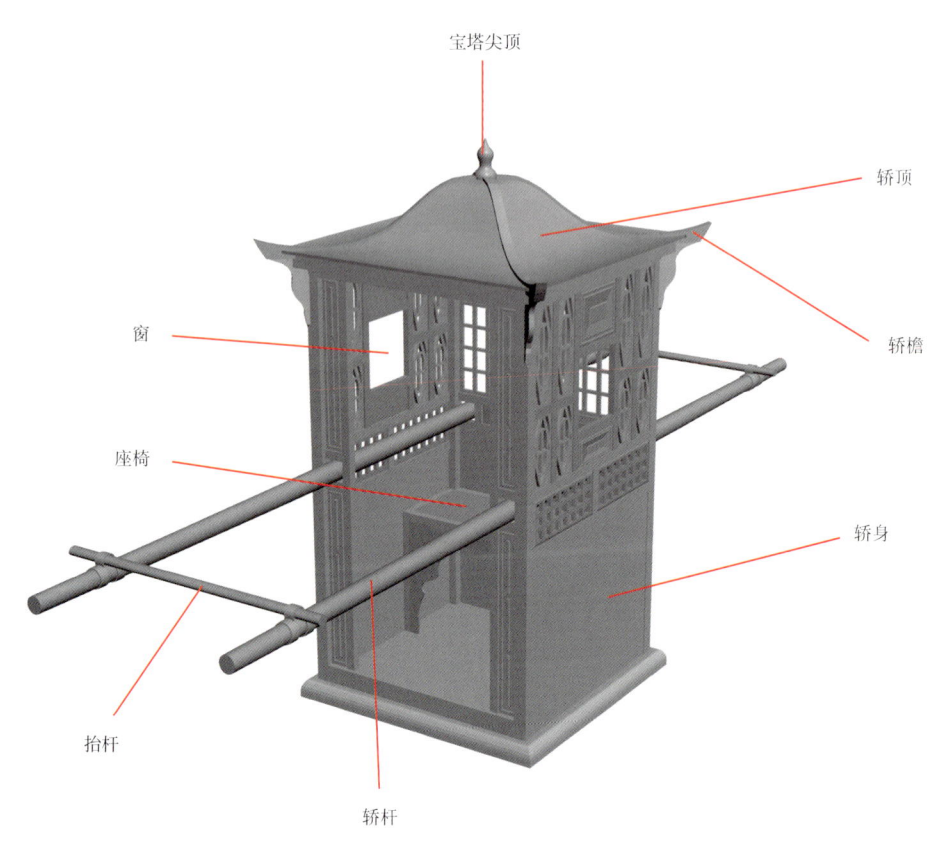

图四 土家族花轿结构名称图

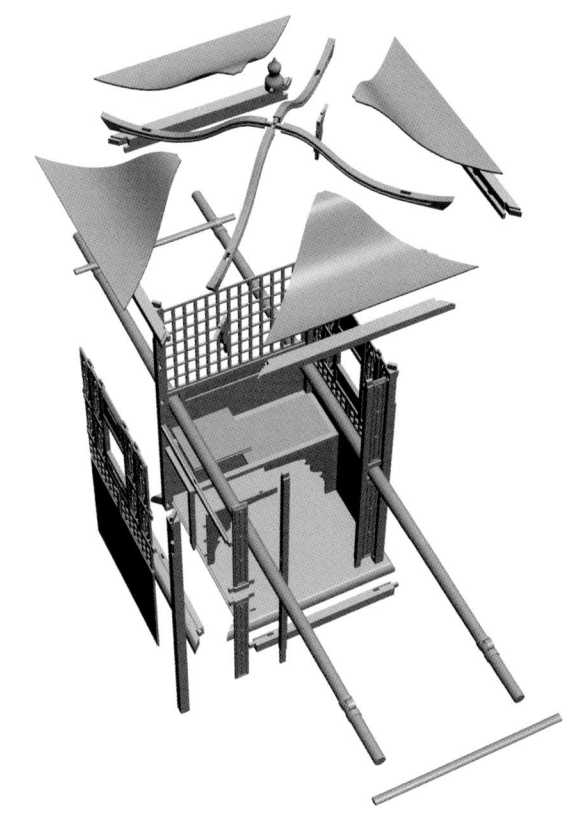

图五 土家族花轿结构分解图

图六 土家族花轿使用场景图

土家族礼担

图一　土家族礼担主图

很多地区和民族的婚俗中都有过礼的习俗，旧时过礼多用礼担和抬盒将男方家的礼品送往女方家。时过境迁，现代很多地区虽保留过礼的习俗，但用抬盒或礼担作为运载工具则多被淘汰。土家族很多地区地处深山，与外界交流多被大山阻隔，婚俗中过礼时的器具仍保留着旧时的风貌，所用器具仍为抬盒或礼担。

本案例礼担根据相关材料建模而成，其原型为常德民俗馆馆藏，略有差异。

两只礼担为一担，多做工精细，外表华丽，是过礼过程中的重要看点，在烘托喜庆气氛的同时，也是彰显男方排场的细节之一。土家族礼担的做工与用料都比较讲究，用料须精挑细选，各部件之间用榫卯结构连接，精雕细刻，极尽工匠之所能。木工之后还得用红色漆髹涂多道，方可完工。

本案例礼担的高度约100厘米，盛装物品的主体为正六边柱体，截面六边形边长为30厘米，六边形的每个顶点均为一根六棱柱体作为主要衔接部件，礼担主体的每个面均为镂空花窗状边板与顶点的柱体相榫接，其下面的底板和上面的盖子也为镂空花窗状，使得整个礼担主体玲珑剔透。礼担上方有架子，由两道横梁和两根立柱组成，与主体之间用榫卯连接，架子也做工精致，与主体相得益彰。架子的功用在于可以将扁担从两横档之间穿过，是主要的受力部件，在担运的过程中需承受装载物品和礼担本身在一起的重量。

礼担在使用时，将需装载的物品放到礼担内部，然后盖上盖，在礼担上再搭上一个红绸子结成的大红花，增添了喜庆气氛。大红花两边的红绸拖下来，使礼担内部物品半遮半掩。准备就绪之后，用扁担穿在两横档之间，挑起来行走。

礼担作为一种礼俗用器，在土家族的很多地区一直在使用，反映出土家族地区古朴的民风。

图片来源
图一至图五　胡万明　制图

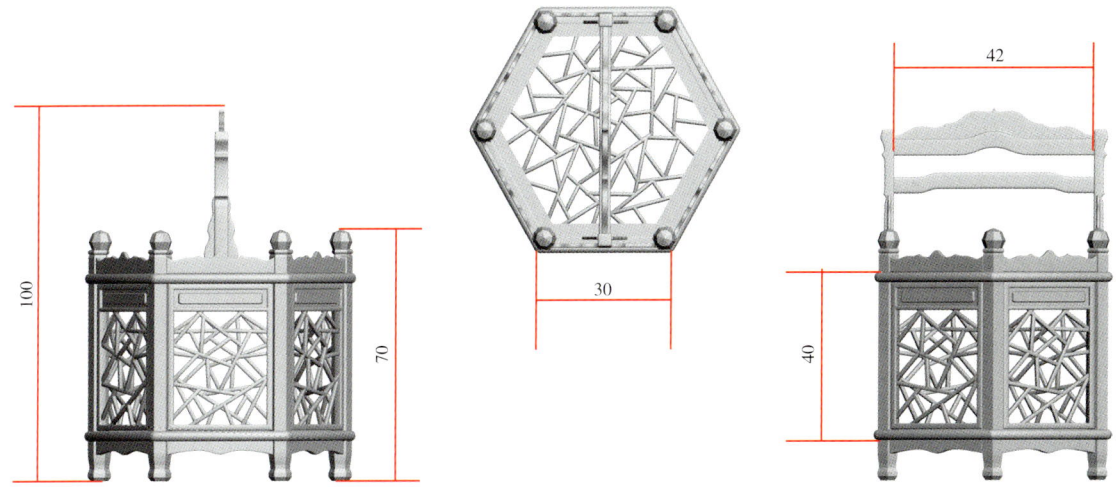

图二　土家族礼担尺寸图（单位：cm）

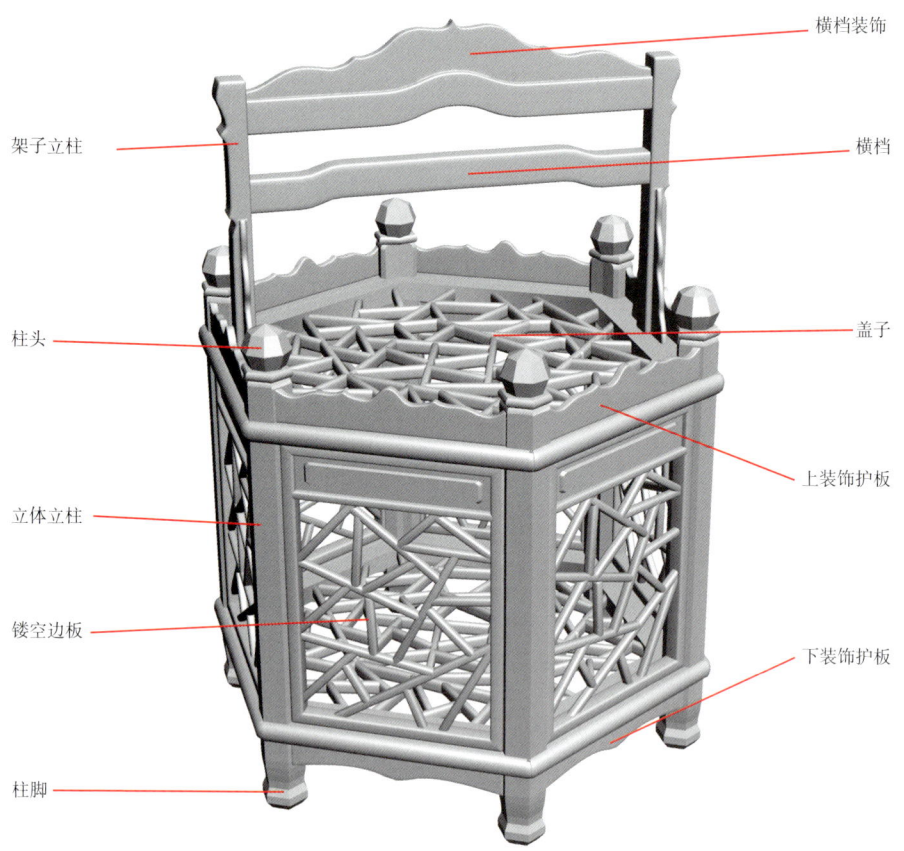

图三　土家族礼担结构名称图

图四　土家族礼担结构分解图

图五　土家族礼担使用场景图

土家族葬礼

图一 土家族葬礼主图

葬礼是人生礼仪的最后一项形式，标志着人生旅途的终结，是人结束了一生后，由亲属、邻里等殓殡并进行哀悼、评价的仪式，土家族称之为做"佛事"。佛事由度职①过的道士主持，称为掌坛师，死者的亲朋好友出席配合。

佛事场景分为三部分：灵堂、院坝、道场，这三部分构成佛事场景的整体。灵堂一般设在堂屋内，大门以内为灵堂，以外为院坝。丧葬过程按时间顺序可分为三个程序：开路、"三天好事"、送葬安葬。

1. 开路

由掌坛师根据亡人生辰、死期看日子，择吉日埋葬亡人。

2. "三天好事"

做"好事"又叫做斋事，就是请道士身

---

① 度职是学徒道士学会了各种本领之后，出师独立主持各种法事的一种仪式。

穿法衣，手持法器为亡人做佛事仪式，超度亡人。其间有各种仪式，一般三天，也有五天、七天的，最多九天。这几天里，参与的道士也不止一个，有主持的和协助的之分。道士携带各种道具，如法衣、乐器、朝简、令牌、佛菩萨神仙挂图、司刀、铜铃、锡杖等，各种道具的用途不同。

3.送葬安葬

"三天好事"结束，掌坛师为亡人举行送葬下葬仪式，其他道士回家。长孝子抱着灵牌走在棺前，碰到艰难险境，男女下跪哭泣，直至葬地。接着掌坛师在挖好的墓穴内烧纸、画太极图、洒朱砂、放地契。随后落棺，孝子及众人掩土堆坟，并在坟墓四周洒雄黄酒直到安葬完毕。安葬结束后，孝子边走边喊亡人的名字回家。到此，整个丧葬仪式结束。

土家族丧葬仪式的特点表现为仪式性强、程序完整，每个仪式环节都由道士、孝子、管坛人三种不同身份的人分工协作共同完成的，在仪式过程中说唱结合、器乐与声乐融合、表演形式丰富。土家族丧葬仪式还表现出较强的巫术性，其主要表现形式为以下几种：一是画字符；二是念咒语；三是挽诀；四是踩罡、穿花；五是打卦；六是诵读祭文。

巫术、法术的形式并非是道士随心所欲地创造出来的，而是从人对鬼神世界的理解中逐渐形成和发展的。总之，在整个丧葬仪式中强调了仪式的法术性、巫术性，增添了仪式的神秘性，体现了土家族的宗教心理。

图片来源

图一、图二 刘琼.土家族"佛事"丧葬习俗研究——以湘西桑植县洪家关乡化香岭村为个案[D].武汉:中南民族大学,2007.5

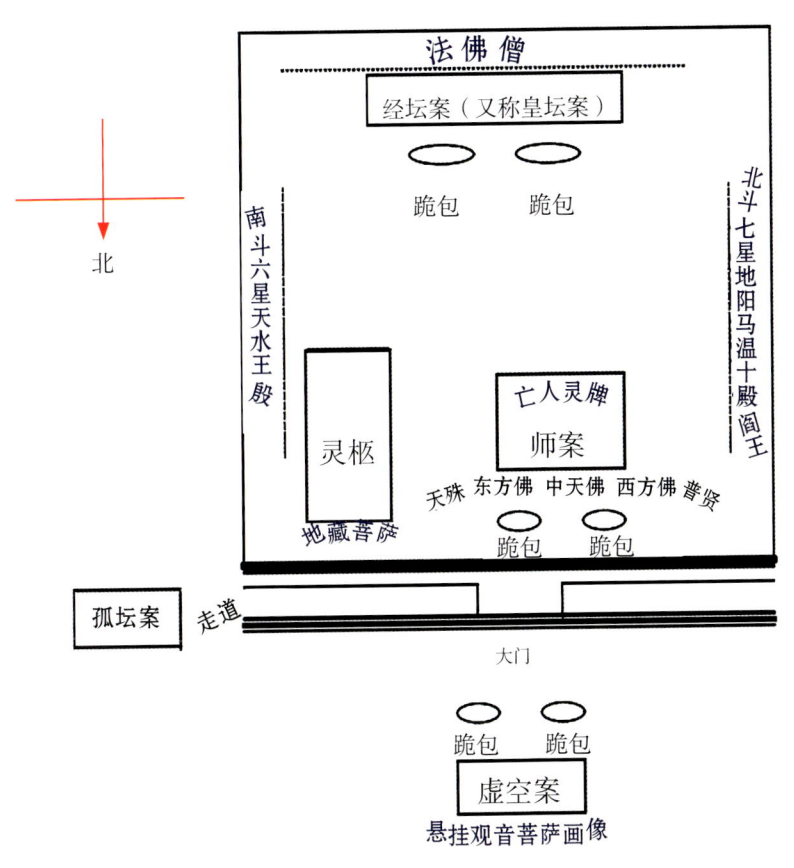

图二 土家族灵堂平面图

土家族八宝铜铃

图一 土家族八宝铜铃主图

八宝铜铃是梯玛（土老司）的法具，据传八宝铜铃起源于汉代。土家族传说土家老司去西天取经，所骑的马的脖子上原有八个铃铛，回来途中被汉家老司和苗家老司各要去一个铜铃，于是传统的土家族八宝铜铃只有六个铜铃了。所以传统的八宝铜铃多为木柄一端雕刻马头，颈部系红布条为马鬃，颈下和两侧各系一铃，木柄另一端也系三铃，其中间为手持部位。

今日的八宝铜铃为八颗铃，全长约 30 厘米，整体外观形似哑铃，其木制手柄名为八宝铜铃杖，两端各系四颗圆球形小铜铃，铜铃直径约 5 厘米。铜铃一端为环耳可系挂，另一端开一字形长口，铃内装一至两颗铁质圆珠。本案例八宝铜铃为现今土家族地区流行之样式，根据相关资料建模而成。

旧时，在梯玛主持的祭祀和迎神送鬼等仪式活动中会跳八宝铜铃舞，也称解钱。歌舞之时，梯玛头戴三亲五折冠，身穿八幅罗裙，左手持八宝铜铃，右手执牛角，时而摇铃，间或吹角，并伴以歌舞。表演者为八人，多则一二十人，在一平地（或院坝）表演。围观者可随意与梯玛对歌，气氛热烈，高潮迭起。土家族人认为逝去的先祖是永远庇佑后世的神灵。所以跳八宝铜铃舞的气氛喜庆欢乐，无其他祭祀形式的阴森之感。八宝铜铃舞除少量内容表现请神还愿外，大量舞蹈动作所表现的都是土家族远古先民骑马游猎与迁徙的内容，诸如上马、下马、喂马、逗马、奔马、赛马等动作，仅摇铃的舞姿就不下十五六种。

20世纪50年代后，改为舞者两手各持一个八宝铜铃，边奏边舞。20世纪70年代后，八宝铜铃又用于咚咚喹等器乐合奏中，成为富有民族特色的节奏乐器。

八宝铜铃舞早先盛行于酉水流域，但因其传统的师徒传承与家族传承的规则，加上其他方面原因，八宝铜铃舞日渐萎缩。现在，能够完整地跳一套八宝铜铃舞、做一场解钱法事的土老司已是凤毛麟角。

图片来源

图一至图五　胡万明　制图

图六　何相频，阳盛海.湖南少数民族服饰［M］.长沙：湖南美术出版社，2010.7

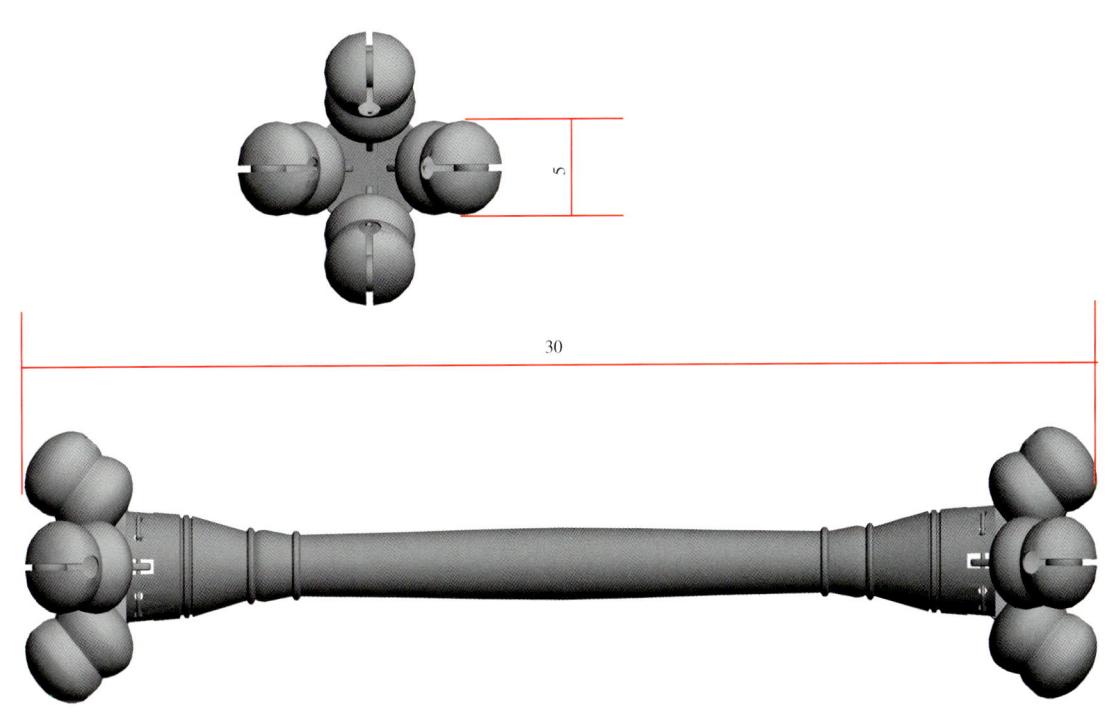

图二　土家族八宝铜铃尺寸图（单位：cm）

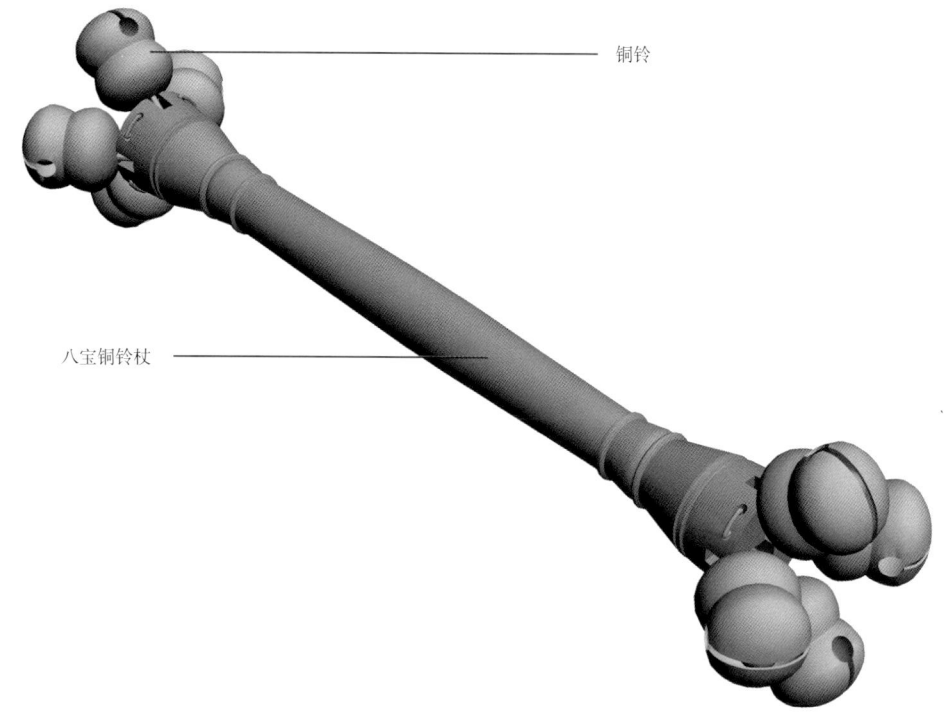

图三　土家族八宝铜铃结构名称图

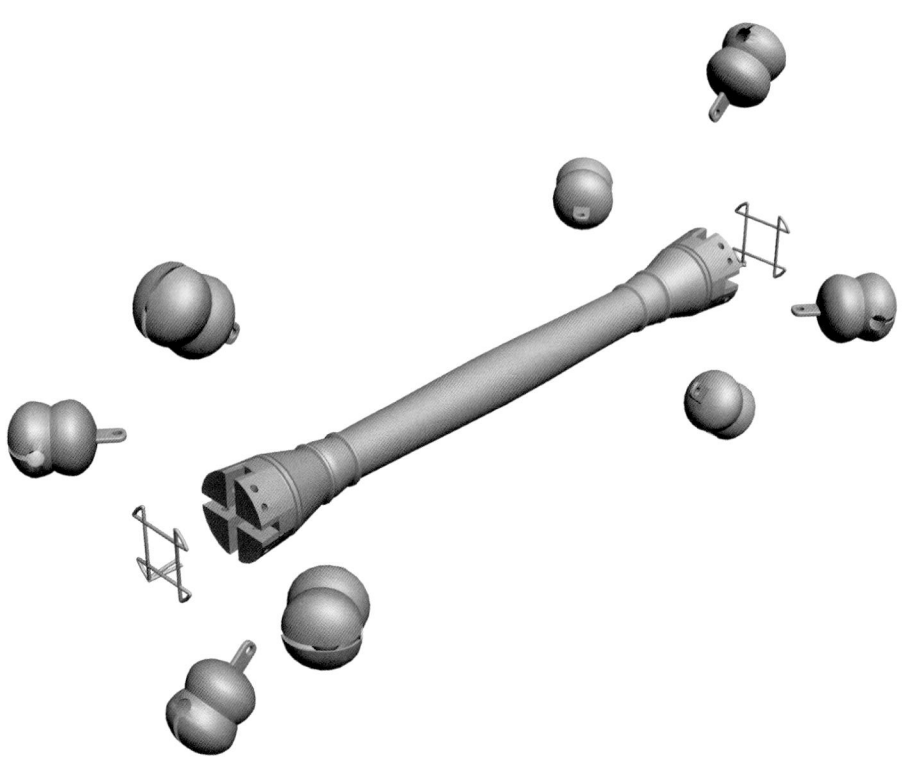

图四　土家族八宝铜铃结构分解图

图五　土家族八宝铜铃操持方式图

图六　土家族八宝铜铃演奏场景图

土家族牛角

图一　土家族牛角主图

牛角是一种唇振气鸣乐器，广泛流行于桂、黔、滇、川、湘、粤、琼等少数民族地区，汉族地区也有使用。土家族牛角为梯玛（土老司）所用，是举行梯玛祭祀时使用的器具之一，祭祀时，梯玛用牛角呼唤鬼神。

牛角的历史悠久，与原始狩猎和原始巫觋等活动关系密切。在史前及夏商时期，牛角作为信号器具使用。秦汉时期，角已在军中仪仗和鼓吹乐中使用，除动物的天然角以外，还有用竹、木、皮革、铜等材料制成的角。

本案例牛角根据相关资料建模而成，其原型为常德民俗馆馆藏，略有差异。其高度约为50厘米，底口截面为两头大小不等的扁椭圆形，长边直径约为10厘米，短边直径约为7厘米，吹嘴另外安装，由直径约为2厘米的竹管制成。

牛角多以黄牛角或水牛角制作,规格大小不等,全长约40~70厘米不等,制作牛角时,先将牛角尖端锯平,然后在锯口中心钻一细孔,使细孔与角的内腔相通,圆孔上端扩孔并呈钝角状,与号嘴相似。有的还要在角的上端装置一个竹质或木质的吹嘴。角无按音孔,也无固定音高,依靠口形变化和气息控制,吹奏出不同的音高。小者音色高亢、尖锐;大者音色浑厚、悠扬,可用于独奏或合奏,吹奏时可用锣鼓伴奏。

演奏时,角体较小者,双手一前一后持住角身吹奏;角体较大者,用左手托抱角底置于胸前,右手持角身吹奏。

各地的牛角均以黄牛或水牛的角制成,形制上大同小异。桂北南丹和黔南荔波等地的瑶族大牛角最富特色。吹奏时,用绳带挂肩,右手扶持牛角腰部,左手持吹嘴木管,喇叭口朝向身后,吹气发声。

图片来源

图一至图五　胡万明　制图

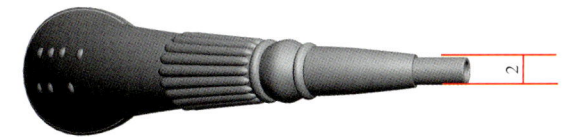

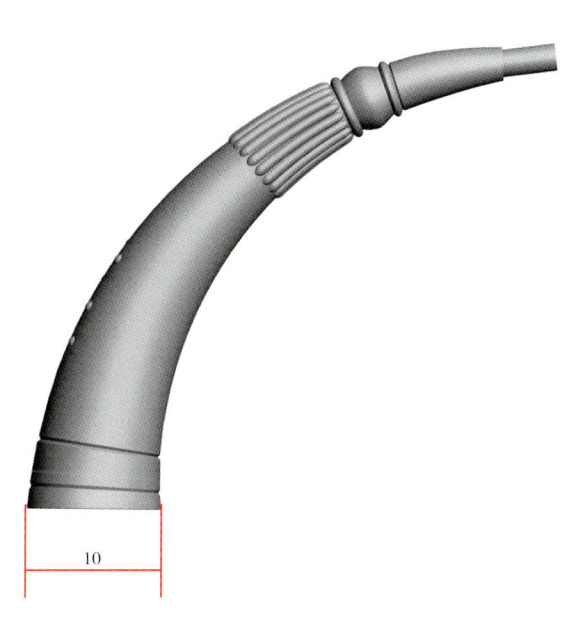

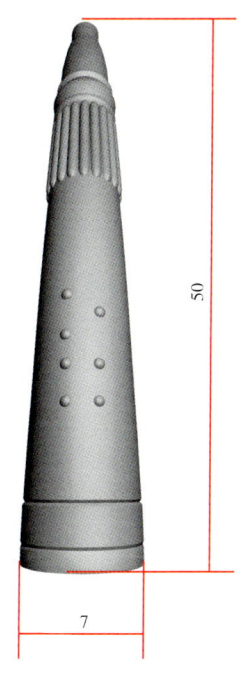

图二　土家族牛角尺寸图(单位:cm)

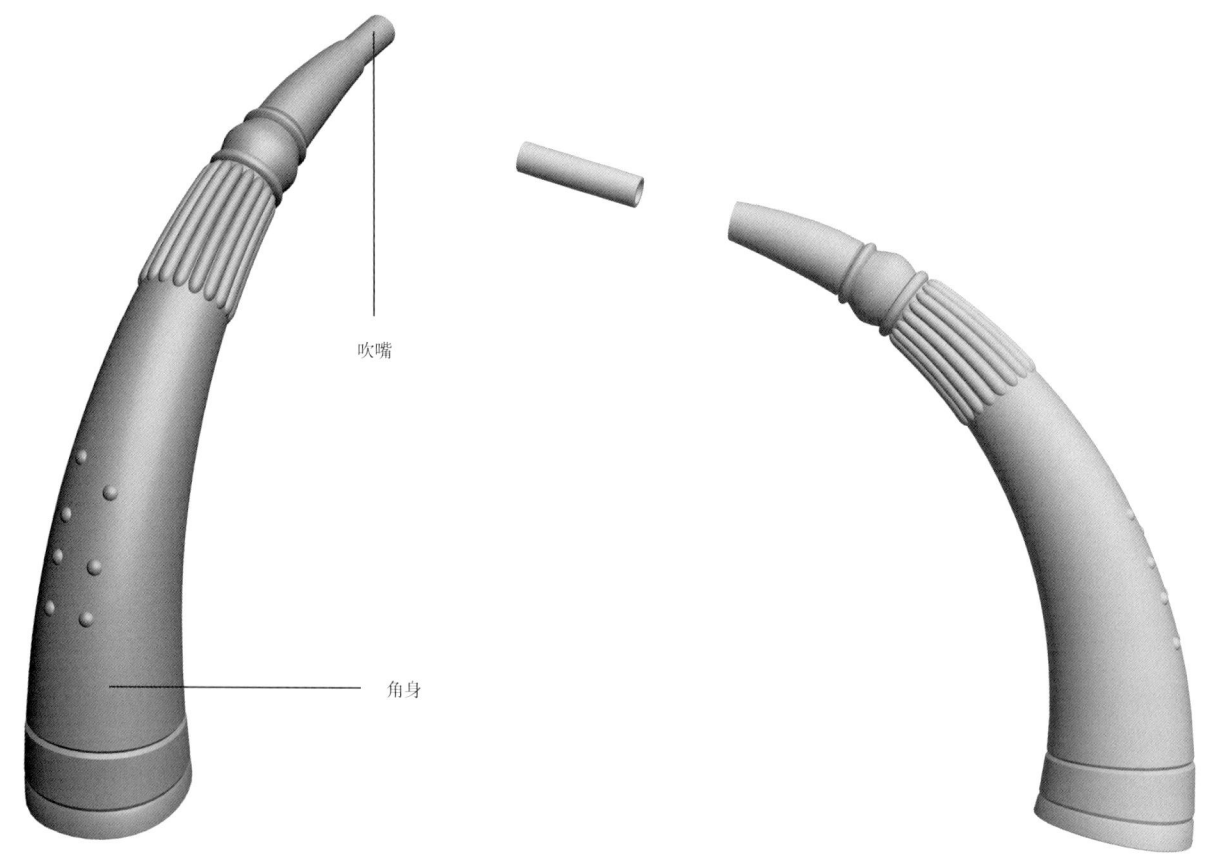

图三　土家族牛角结构名称图

图四　土家族牛角结构分解图

图五　土家族牛角演奏示意图

土家族虎钮錞于

图一　土家族虎钮錞于主图

　　錞于，战国时期青铜乐器，属古代巴人特有的军乐器。最早记载的有关錞于的古籍是《周礼》，东汉人郑玄注曰："錞，錞于也。圆如碓头，上大下小，乐作鸣之，与鼓相和。"錞于源于中原地带，传到巴人地区后，为巴人利用，造型上以虎或蛇为钮。錞于出土之地均为现今土家族生活地区，其年代为战国至东汉期间，即土家族先民巴人的鼎盛时期。据资料统计，在湘、鄂、渝、黔等土家族聚居区已发现了40多种类型的錞于，其中90%以上的是虎钮錞于，因为古代巴人崇拜白虎，白虎是巴人的图腾。随葬錞于的巴人墓，一般都是部落酋长等较有身份的人物。

第七章　土家族传统民俗和宗教造像

本案例錞于根据相关资料建模，该模型通高43.6厘米，圆形盘首，肩部突出，腹部向下收缩，作圆柱形，中空。盘首面径25.2厘米，肩径31厘米，足径21厘米，钮长18厘米，宽3.5厘米，作猛虎形。器壁厚0.3厘米。

錞于形制与编钟有共同之处，可以编组演奏，但与编钟的区别很大：其一，编钟是合瓦型，錞于是圆筒型，采用"失蜡浇铸法"石蜡与青铜器的定音换算关系，两者完全不同。其二，编钟是一器双音，可以自带一个半音，而錞于因其形状限制，是一器一音，音位的排列、音调的转换需严格控制。

錞于为非定音乐器，用绳系钮，悬挂于架上，以击打的方式使其发出声响，所敲击的部位是在錞于的肩部。

錞于战时为军乐器，在和平年代便成为娱乐乐器，宋以后在民间的娱乐活动中广泛使用。

錞于为青铜器，其主要成分为铜、锡、铅，錞于的制作和一般青铜器制作一样，须经过如下几个步骤：

1. 备泥：准备制作模型和外范的黏土。
2. 制模：用黏土制作出青铜器的器型。
3. 制范：即在干固的泥模外面刷上隔离剂后分块加制一层黏土以包裹模型，使其内部空间正好为青铜器模型的大小。脱模后外范整修、加刻花纹、制作铭文等。
4. 装配：将修整好的外范合到一起，并将其烘成陶范。然后将陶范搬运至熔炼青铜溶液之处。
5. 浇铸：加固陶范，注入铜液。
6. 去范：打碎外范，取出青铜器。
7. 打磨：将取出的青铜器打磨光滑。
8. 制成：青铜器制作完成。

图片来源

图一　中国历史博物馆.华夏文明（卷二）[M].北京：朝华出版社，2002.1

图二至图五　胡万明　制图

图二　土家族虎钮錞于尺寸图（单位：cm）

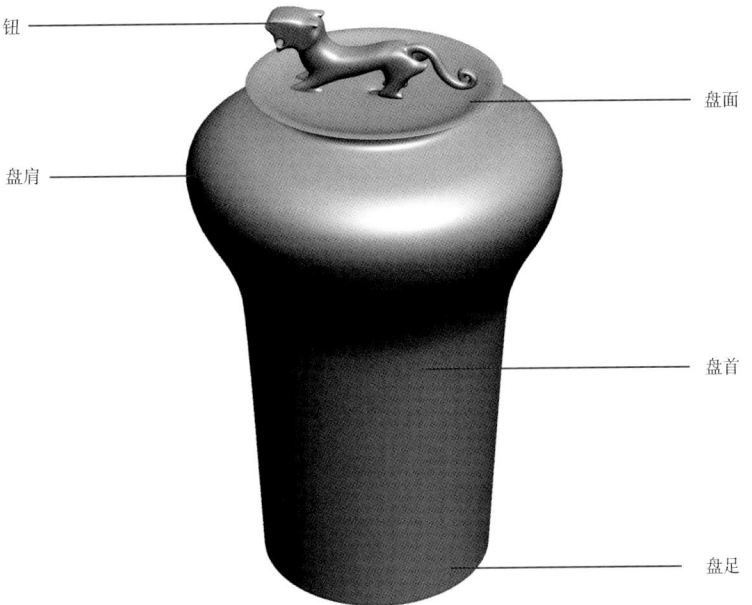

图三　土家族虎钮錞于结构名称图

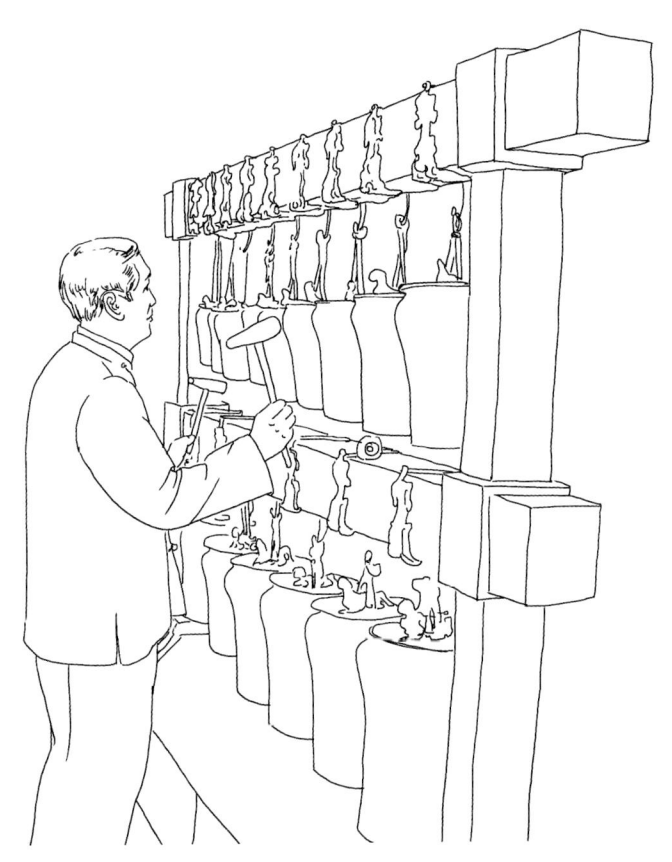

图四　土家族虎钮錞于的演奏方式图

图五　土家族虎钮錞于制作流程图

土家族傩戏面具

图一　土家族傩戏面具主图

　　土家族傩戏面具又被称为脸子、脸壳，是人与神沟通的桥梁，是土家族傩文化的象征符号。

　　土家族傩戏的起源最早可以追溯到商周时期中原地区的傩祭，它历经了傩仪—傩舞—傩戏的演变，是宗教艺术与民间戏剧相结合的产物。宋元时期，傩戏由中原地区传入湘、鄂、川、黔等土家族地区，在原有傩戏的基础上，土家族傩戏融合了中原文化、土家族文化以及巴蜀文化，形成了具有鲜明特点的土家族傩戏。由于地理位置相对闭塞、原始文化意识氛围浓厚，中原傩戏在这里发展并形成了具有土家族民族特色的傩戏面具。

　　土家族傩戏面具注重整体效果，风格粗

犷不羁，细节上精巧细腻。在塑造面具形象时，土家族傩戏面具运用写实、变形、夸张等手法刻画面具角色。土家族傩戏面具数量繁多、角色各异，大致可以分为三类，即正神面具、凶神面具和世俗人物面具。

正神面具：多为正义、宽容、慈善、神圣的傩戏人物。

凶神面具：多是凶猛英武、粗犷奔放、桀骜不驯的傩戏人物。

世俗人物面具：多是世俗生活中的人物形象。

土家族傩戏面具一般用白杨、梧桐等材料刻制，把直径20厘米左右的树干锯成30~40厘米的小段，一剖为二。雕刻时有两种手法：一种参照范本临摹雕刻；另一种不拘于范本，凭借艺人自己的想象来雕刻傩戏人物。制作傩戏面具者多为族中善于雕刻、有绘画特长的长者、智者。土家族傩戏面具的制作主要包含以下步骤：

1. 选材：选取树木，根据选取树木的长度、宽度、形状打造适合的面具。

2. 画形：根据所选取的木材，用笔在木材上划出脸谱的造型。

3. 挖瓢：根据画形完成后的脸谱图样进行挖瓢，预留出面具五官的部位。

4. 雕刻：对瓢模进行深入雕刻，做成初步的面具雏形。

5. 打磨：将完成后的面具雏形进行打磨，直至面具光滑为止。

6. 着色：打磨后开始着色，有的使用原色油漆彩绘，有的先上底色后再进行彩绘。

7. 油炸：将制作完成的面具放入桐油锅中油炸，面具变黄时捞出冷却，以防止其腐蚀。

8. 再次打磨：将油炸后的面具用打磨刀和砂石再次打磨，使面具的造型更加轻巧逼真。

9. 开光：由土老司为面具开光，接引灵性和仙气以便在还愿时得到神灵的帮助。

10. 配饰：开光后根据傩戏人物形象配上合适的装饰。

土家族傩戏面具色彩浑厚、凝重、大方，注重面具整体色彩的和谐统一，着色有淡彩和重彩两种，淡彩着色通常是在面具上用土黄或者赭石作为底色，用黑色勾勒，重彩通常采用红、黄、蓝、黑、赭石等着色。

图片来源
图一至图四　辛艺华，罗彬. 土家族民间美术［M］. 武汉：湖北美术出版社，2004.2

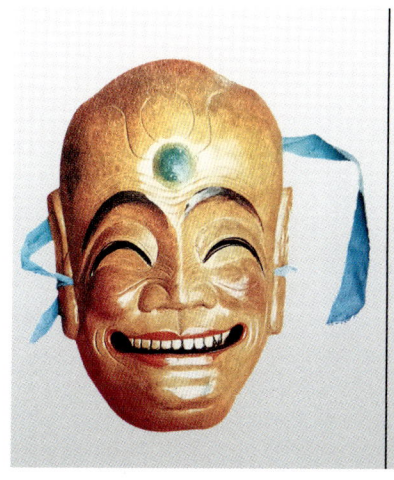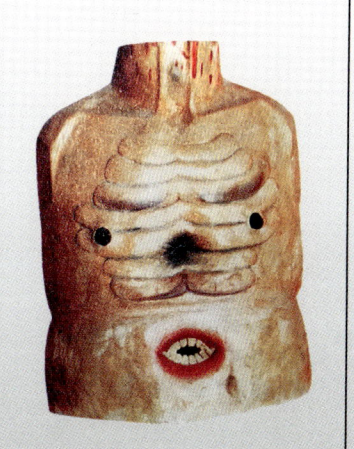

1. 正神面具：笑和尚、刑天、目连罗汉

2. 凶神面具：开山蛮将、二郎神、白骨精、鱼精

3. 世俗人物面具：阴阳人、懒童

图二　土家族傩戏面具的类别

1. 挖瓢

2. 雕刻

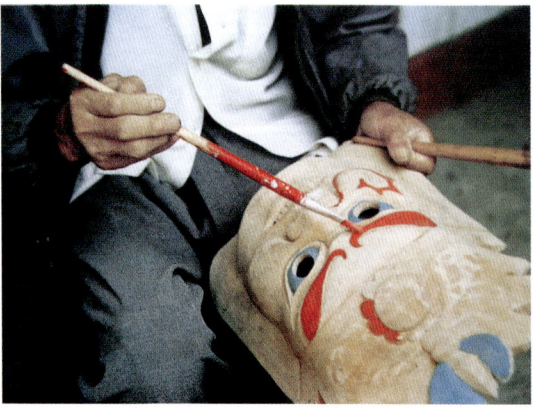

3. 着色

图三　土家族傩戏面具制作流程图

图四　土家族傩戏表演场景图

第七章　土家族传统民俗和宗教造像

土家族吞口

图一　土家族吞口主图

　　吞口是南方少数民族地区悬挂在门楣上用于驱邪的木雕，其形象为兽头、人头或人兽结合。吞口的造型夸张，基本都是怒目而视、龇牙咧嘴、獠牙突出、血口洞开，似能吞掉一切灾祸以及妖魔鬼怪。吞口是民间面具的变异，起源于图腾崇拜和原始巫术，经历漫长的时代演变后成为一种民间文化。

　　本案例吞口（图一）系根据相关资料手绘而成，为一件以人物面部为造型母体的木雕，从造型上看，吞口眼球突出、怒目张嘴，吐出长长的舌头，似要将妖魔鬼怪都吞掉。旧时，吞口在南方少数民族中比较盛行，土家族也不例外。

　　土家族吞口为白虎图腾崇拜的产物，一直是土家族代代相传的吉祥物。吞口作为门神在土家族地区广为流传，因为土家族居于崇山峻岭之中，生产力的低下使得原始土家族人将自然界中不可预测的变化都归结于神灵意志的显现，对大自然心存敬畏，创造出土家族人"万物有灵"的原始宗教。

在土家族地区，吞口是守门之神，门神的职责不仅仅是守卫家宅平安，挡住妖魔鬼怪，更重要的是吞口的口大可尽吞邪恶。另认为吞口不仅避邪，还有吸纳财源的功能。

土家族的门神——吞口，还受汉文化影响深远，其造型既具有汉族门神的特点，又具有本土文化的特性，它既蕴含着土家族朴素的审美文化，又体现出土家族最原始的宗教信仰。

土家族的吞口现在存世较少，难觅其踪，因为在"文化大革命"期间，遭到破坏。

图片来源

图一至图三　胡万明　制图

图四　向民航.湘西民俗映像[M].北京：中国出版集团·东方出版中心，2006.9

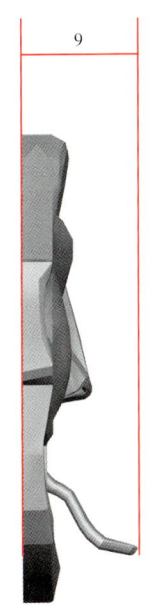
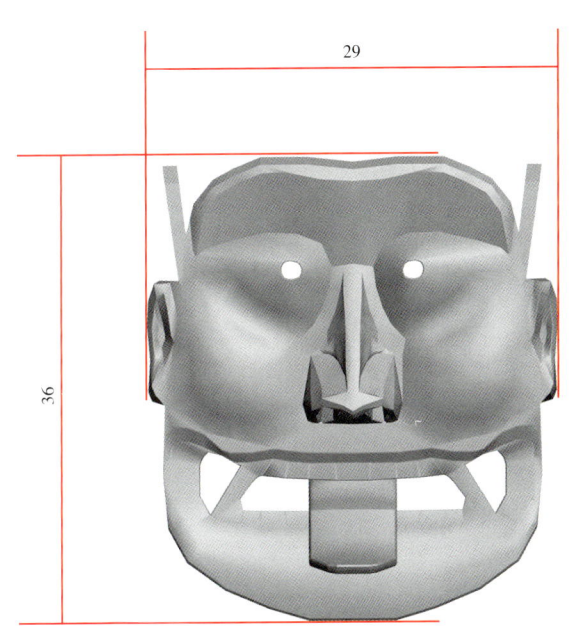

图二　土家族吞口尺寸图（单位：cm）

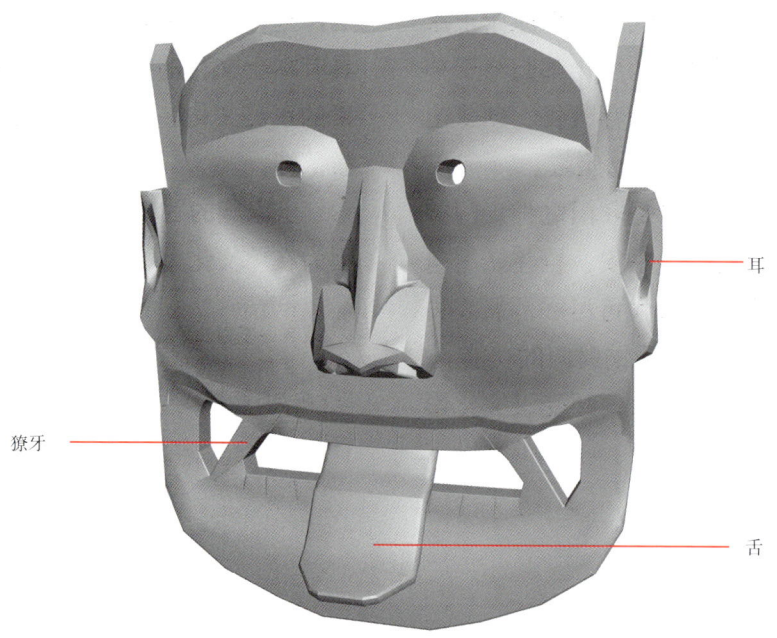

图三 土家族吞口结构名称图

图四 土家族吞口放置方式图

土家族梯玛造型

图一　土家族梯玛造型主图

梯玛是土家族最具特色的一种民俗文化，主要流传于酉水流域的土家族地区。梯玛既指从事这一职业的人，被称为土老司，也指梯玛所做的法事。清乾隆版《永顺县志》载："（土家族）信鬼巫"以及"病则无医……巫师击鼓铃卜竹卦以祀鬼"。可见，土家族的梯玛文化属于巫文化。据考，土家族的梯玛文化起源于原始社会前期，其巫术结构完整。

土家族的梯玛流派甚多，各派虽然有异，但其服装道具基本相同。

梯玛的服装为法衣、八幅罗裙以及凤冠。法衣为满襟或开胸对襟的红色长衫。八幅罗裙为红、白、蓝、黑、紫等颜色八条布缝制而成的长裙。凤冠为八角形半通透的帽子，每一角绘有一个神像，称之为八部大王。梯玛的大红衣用于拜见神灵，八幅罗裙和凤冠为拜见天神之用。

梯玛的道具有铜马、月皮（神图）、八宝铜铃、司刀、长刀、竹卦、牛角等。

铜马：由铜铸成，共五匹，其中大马一匹，

重约200克，上骑有八部大王，小马四匹，重约100克，无骑者。在作法事时，铜马须摆放在神桌上。

月皮：梯玛做法事用的神图，大、中、小各一张。大月皮分十二层，对应十二个月，含天、地、神、灵、火、山、鬼、人、水等内容，做法事时挂于东家大门内。梯玛按大月皮中的层面有序进行。中月皮分两层，上面是彭公爵主，下面是八部大王，挂在东家神龛的左边。小月皮共一层，绘三仕女、龙、凤、虎、蛇、鸭、鸡、猪、塔、打花兵、官骑兵、星伞兵、抬轿人、推车人、打旗人等，用于做法事上天河时铺在长凳搭成的天桥上。

八宝铜铃：做法事时边唱边在大腿上槌，发声清脆悦耳，是贯穿梯玛法事始终的主要伴奏道具。

司刀：铁质，用于算命和驱邪。其刀柄有南北斗星，下有一个铁环，铁环上有24个大小不一的铁圈，小铁圈能从大铁圈中穿动自如。

长刀：用铁制成，刀柄尾端有一铁环，其上系各种布条，用于赶鬼、赶白虎。

竹卦：竹质，分大、中、小三种，用于测吉凶祸福。

牛角：系水牛角做成，吹奏，用于渲染气氛。传说其音调浑厚，对鬼神有震慑力。

梯玛是土家族地区的一种特殊身份之人，改土归流前梯玛在土家族地区的社会地位很高，可以比肩土司王。因为梯玛不但掌握了神权，还拥有一定的司法调解权，同时也掌握着医权，所以，梯玛的社会地位很高，在土家族地区很有威望。

图片来源
图一 辛艺华，罗彬．土家族民间美术［M］．武汉：湖北美术出版社，2004.2
图二至图五 胡万明 制图

图二 土家族手持牛角的梯玛

图三 土家族手持司刀的梯玛

1. 八宝铜铃　　　　　　　　　　2. 竹卦

图四 土家族梯玛的道具

图五　土家族梯玛法事场景图

土家族神龛

图一　土家族神龛主图1

　　神龛是在建筑中专门开辟出来用于供奉神灵或祖先牌位的空间，一般位于堂屋正对大门的山墙之中间部位。神龛为竖立长方形，大多数神龛直接设在墙壁上，与墙壁处于同一平面，但也有少数神龛是专门制作的，如有的神龛镶在墙壁中，呈内凹状，有的神龛为外凸的柜状，并一直延续到地面。

　　土司制度时期，土家族民居内没有祭祀宗族祖先的堂位。改土归流以后，各地流官对土家族的住宅明确提出"内须供奉祖先"的要求，在改土归流经历了200多年以后，土家族堂屋内已普遍设立供奉祖先的神龛。

　　神龛供奉的主要内容是"天地君（国）亲师"牌位和祭祀宗族祖先的堂位。牌位上也张贴求财、求神、求福、求平安无灾、求富贵兴旺等对联和话语。

神龛上除了"天地君（国）亲师"牌位、祭祀宗族祖先的堂位、祈福求灵的对联和话语以外，由于佛教和道教的影响，在这些对联中，也有向佛教和道教的神仙祈福的话语，甚至在一些地方，因受汉族的影响，神龛上反而不供"天地君（国）亲师"了，而是贴上了"福"字等。

在神龛下面放有一木制供桌，高约75~85厘米，供桌上放有点香插烛的碗钵、供果。

图片来源

图一 辛艺华，罗彬.土家族民间美术[M].武汉：湖北美术出版社，2004.2

图二、图三 胡万明 制图

图四 向民航.湘西民俗映像[M].北京：中国出版集团·东方出版中心，2006.9

图二 土家族神龛主图2

图三　土家族祭祀祖先场景图

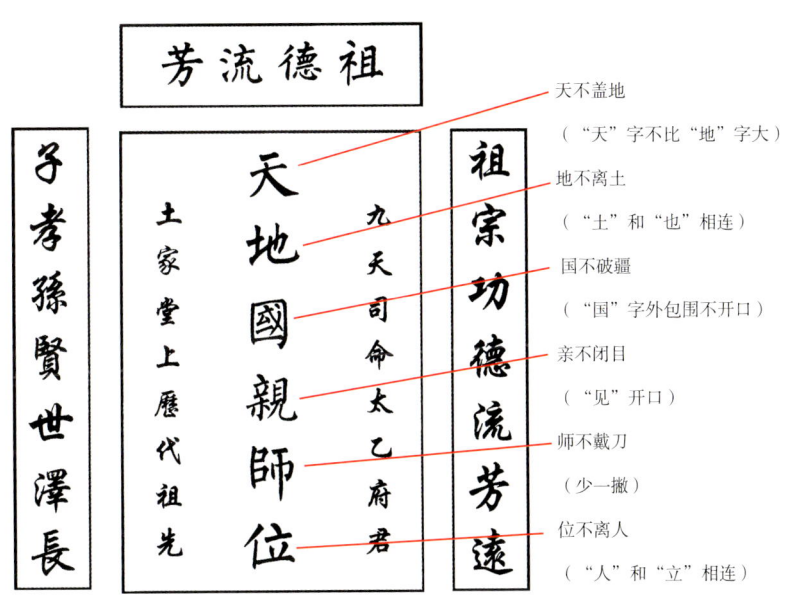

图四　土家族"天地君（国）亲师"书写规范

参考文献

[1] 湖南省少数民族古籍办公室.家族土司史录[M].长沙：岳麓书社，1991.12.

[2] 郁龙余.中西文化异同论[M].北京：生活·读书.新知三联书店，1989.4.

[3] 辛艺华，罗彬.土家族民间美术[M].武汉：湖北美术出版社，2004.2.

[4] 彭华.土家族服饰在现代时装设计中的应用研究[D].西安：西安美术院，2011.3.

[5] 何相频，阳盛海.湖南少数民族服饰[M].长沙：湖南美术出版社，2010.7.

[6] 王琥.中国传统器具设计研究：卷四[M].南京：江苏美术出版社，2010.1.

[7] 王莉诗.土家族服饰时尚化研究——以鄂西南土家族服饰为例[D].武汉：武汉纺织大学，2013.6.

[8] 马丽.西兰卡普图案的艺术特征及在服装设计中的运用研究[D].武汉：武汉纺织大学，2011.3.

[9] 湘西土家族苗族自治州民族文化遗产保护中心，湘西土家族苗族自治州民族工艺美术研究所.湘西民间工艺美术精粹[M].北京：学苑出版社，2007.9.

[10] 胡建荣.土家族服饰符号语义探析[D].武汉：武汉纺织大学，2009.5.

[11] 王卓敏.湘西土家织锦图案的艺术研究[D].长沙：湖南师范大学，2007.10.

[12] 徐辉.巴蜀传统民居院落空间特色研究[D].重庆：重庆大学，2012.5.

[13] 姚婧.湘西土家族民居营建技艺研究[D].广州：华南理工大学，2012.6.

[14] 孙雁，覃琳，夏志勇.渝东南土家族民居[M].重庆：重庆大学出版社，2004.9.

[15] 厉华.湘西干栏民居空间环境再设计研究[D].株洲：湖南工业大学，2012.6.

[16] 北京大学聚落研究小组，湖北省住房和城乡建设厅，湖北省恩施土家族苗族自治州住房和城乡建设委员会.恩施民居[M].北京：中国建筑工业出版社，2011.5.

[17] 罗德胤，孙娜，马薇，赵逵，陈颖，吴正光.西南民居[M].北京：清华大学出版社，2010.5.

[18] 潘伟.鄂西南土家族大木作建造特征与民间营造技术研究[D].武汉：华中科技大学，2012.2.

[19] 陈飞，方国建.鄂西地域宗法中枢堡垒——大水井李氏宗祠[J].西安：文博，2007.1.

[20] 刘志尚，黄忠民，汪传树，卢发明.大水井——隐没深山的土家庄园[J].北京：地图，2007.5.

[21] 王莉，吴凡.鄂西大水井古建筑群考察报告[J].武汉：华中建筑，2004.1.

[22] 杨建平.鄂西土家族民俗文化变迁研究[D].武汉：中南民族大学，2011.5.

[23] 向民航.湘西民俗映像[M].北京：中国出版集团·东方出版中心，2006.9.

［24］湖南省建设厅. 湘西历史城镇、村寨与建筑［M］. 北京：中国建筑工业出版社，2008.12.

［25］张爱武. 土家族吊脚楼营造技艺及其传承与保护研究——以兴安村为例［D］. 武汉：中南民族大学，2012.5.

［26］陈英. 湘西传统居住文化研究［D］. 长沙：中南林业科技大学，2008.6.

［27］周亮. 渝东南土家族民居及其传统技术研究［D］. 重庆：重庆大学，2005.5.

［28］文艺. 基于本土化的土家族餐具设计研究［D］. 无锡：江南大学，2009.8.

［29］潘妙. 长子响铜乐器制作技艺［J］. 北京：装饰，2007.8.

［30］周昕. 中国农具发展史［M］. 济南：山东科学技术出版社，2005.1.

［31］宋应星. 天工开物［M］. 明崇祯本.

［32］中国历史博物馆. 华夏文明史：卷二［M］. 北京：朝华出版社，2002.1.

［33］朱钰. 土家族傩戏面具艺术研究［D］. 昆明：昆明理工大学，2011.10.

［34］曾瑜. 土家族滴水床装饰艺术研究［D］. 长沙：中南林业科技大学，2012.5.

［35］刘琼. 土家族"佛事"丧葬习俗研究——以湘西桑植县洪家关乡化香峪村为个案［D］. 武汉：中南民族大学，2007.5.

［36］杨亭. 土家族审美文化研究［D］. 重庆：西南大学，2011.5.

［37］谢芹. 湘西土家族服饰艺术的研究［D］. 苏州：苏州大学，2011.3.

声　明

　　本书编写时收入的个别图片，因条件所限，未能同相关著作权人取得联系，获得授权，敬请谅解。请相关著作权人及时与编者联系，以便奉上稿酬。谢谢！